本书编委会

主　　任：李绍美
副 主 任：蓝　青
成　　员：(按姓氏笔画为序)
　　　　　王根巧　甘宗芍　白荣敏　宋派庆
　　　　　陈国珍　林成峰　郑　坚　洪振南
　　　　　高燕君　黄益闽
主　　编：钟而赞　李立华
编　　委：(按姓氏笔画为序)
　　　　　王丽枫　王美栋　宋尚志　张灵酒
　　　　　林振照　曾云端　董欣潘

福鼎乡镇文史专辑

店下·老安

政协福建省福鼎市委员会文化文史和学习委 ◎ 编

海峡出版发行集团 | 海峡文艺出版社

图书在版编目(CIP)数据

店下·龙安/政协福建省福鼎市委员会文化文史和学习委编.—福州:海峡文艺出版社,2024.5
（福鼎文史.乡镇专辑）
ISBN 978-7-5550-3594-7

Ⅰ.①店… Ⅱ.①政… Ⅲ.①乡镇—文化史—福鼎 Ⅳ.①K295.75

中国版本图书馆 CIP 数据核字(2023)第 252947 号

店下·龙安

政协福建省福鼎市委员会文化文史和学习委　编

出 版 人	林　滨
责任编辑	邱戊琴
出版发行	海峡文艺出版社
经　　销	福建新华发行(集团)有限责任公司
社　　址	福州市东水路76号14层
发 行 部	0591—87536797
印　　刷	上海盛通时代印刷有限公司
厂　　址	上海市金山工业区广业路568号
开　　本	787毫米×1092毫米　1/16
字　　数	700千字
印　　张	38.25　　　　　　　　插页　2
版　　次	2024年5月第1版
印　　次	2024年5月第1次印刷
书　　号	ISBN 978-7-5550-3594-7
定　　价	158.00元

如发现印装质量问题,请寄承印厂调换

总 序

李绍美

　　福鼎古属扬州，晋属温麻县，隋开皇九年（589）废温麻县改原丰县，唐武德六年（623）置长溪县，清雍正十二年（1734）为霞浦县辖地，归福宁府。清乾隆四年（1739）由霞浦县划出劝儒乡的望海、育仁、遥香、廉江四里设福鼎县，县治桐山。1995年10月，福鼎撤县设市，现辖10个镇、3个街道、3个乡（其中2个畲族乡）、1个开发区。

　　福鼎建县虽不足300年，但人文历史悠久，早在新石器时代就有先民在这块土地上繁衍生息，并因山海兼备的地理特征创造出丰厚和多元的文化，如滨海名山太姥山孕育了太姥文化，依海而生的马栏山先民则开辟了海洋文化。随着时代的发展，福鼎的文化愈发精彩和独特：与浙江交界的叠石、贯岭、前岐等乡镇，接受瓯越文化较为明显，其方言与温州的腔调接近；与长期作为闽东文化中心的霞浦县相近的硖门乡和太姥山镇，受儒家文化影响较深，文风盛于其他乡镇；地处山区的管阳、磻溪等镇和地处滨海的沙埕、店下等镇，在生产方式与生活习惯上均有很大的不同……新中国成立以来，特别是改革开放后，福鼎各乡镇立足各自的区位特点和地方传统，抓住历史机遇，走出了各具特色的发展之路，在经济建设、社会治理、文化繁荣等方面都取得了长足的进步，变化可谓翻天覆地。

　　基于市情，我们改变常规文史工作立足县市层面，把视角下移，提出为辖下的13个乡镇、3个街道、1个开发区编纂文史资料并合出一套丛书的思路，使得政协文史工作更细致入微、更接地气。这一思路得到了福鼎文史界和各乡镇（街道、开发区）的积极支持和大力配合。为了做好这项工作，市政协总体协调，聘请文史研究员跟踪、指导、参与丛书具体编纂事宜，努力推进这项工程量巨大的工作。各个乡镇（街道、开发区）成立工作小组具体落实，有的乡镇与高校合作，借助高校的科研力量；有的乡镇聘请当地文史工作者，借助当地"活地图""活字典"的力量……可谓"八仙过海，各显神通"，使得丛书的编纂进展顺利。

本次系统挖掘整理各乡镇的文史资料，是文史工作的一次创新，而且以乡镇为单位编纂成书，使每个乡镇零散的资料归于系统化，实乃为每一个乡镇写史纂志，对各乡镇的文化建设意义重大。在工作中，很多史料的价值以文史的眼光审视得到重新"发现"，更有不少内容属于抢救性的挖掘整理，十分难能可贵。也因此，这项工作具有开拓性，也更具挑战性。自工作开展以来，镇里、村里的老干部、老"秀才"和"古董"们，市里各个领域的文史爱好者，以及高校研究人员，纷纷热情参与其中，为完成这项浩大的文化工程付出了艰辛的劳动。大家既科学分工，又团结协作，怀抱对乡土的热爱、对家乡的厚谊及对文史的关怀，兢兢业业，埋头苦干，无私奉献，终于使煌煌几百万字的"福鼎文史·乡镇专辑"丛书与大家见面了。该丛书的出版，拓展了福鼎文史工作的广度和深度，使福鼎文史工作有了新的突破、质的提升。

文史工作是政协工作的重要组成部分，是一项有益当代、惠及后世的文化事业，在传播优秀文化遗产、繁荣发展文化事业、推进建设和谐社会等方面都具有十分重要的意义。市政协历届领导班子有重视文史工作的优良传统，以对历史负责的求实态度，尊重社会各界的意见、建议，注重文史人才的培养并发挥他们的积极作用，守正创新，破立并举，推进福鼎政协文史工作长足发展，为福鼎地方文化建设做出了积极贡献。在此，谨向所有关心和支持这项工作的各界人士表示诚挚的谢意！

读史可以明智。历史是昨天的客观存在，是我们认识现实、走向未来的前提和出发点。迈入新时代的福鼎，正孕育着新的希望，让我们紧密团结在党的领导下，一如既往地秉承"肝胆相照，荣辱与共"的方针，与全市人民一道，团结拼搏，鼎力争先，不忘初心，接续奋斗，为加快建设宁德大湾区沙埕湾生态临港产业城市发挥我们应有的作用，做出我们应有的贡献。

是为序。

（本文作者为福鼎市政协党组书记、主席）

目　录

上编　店下

山川故里

漫话店下	005
店下自然地理、人口及经济产业分布	009
店下行政区划沿革及各村概况	015
店下围海造田概述	022
店下旧貌	026
店下海域岛礁录	029
店下交通建设列举	036
店下的福鼎之最	041
历史文化名村——巽城	045
溪美村述略	050
岚亭村述旧	053
福鼎革命策源地——筼筜	055
朱峰八景诗	058
弹江八景	062

宗族聚落

店下畲族源流及各姓宗族入迁概况	069
店下李氏源流	070
店下林氏源流	072
店下黄氏源流	076
台峰王氏在店下	078
关盘陈氏	080

朱峰朱氏	083
清安张氏	084
店下喻氏	086
福安塘谢氏	089
傅岩林氏	091
巽城林氏	093
巽城许氏	094
海田费氏	095

文物古迹

马栏山遗址群	099
店下古道、津渡、市集概况	103
岚亭古渡	108
店下古城堡	110
屿前古城墙和城门桶	112
屿前西岐节孝牌坊	114
王恪亭大墓	115
店下古碑刻拾遗	118
种梅别墅和老厝基	125
蒋家洋李氏古民居	127
喻氏棋杆里大厝	128
巽城大厝	131
店下林氏部分古民居、古井、古墓	134
店下的举人贡生旗杆	137
巽城古村街巷	138
巽城砖瓦厂	140
巽城油坊	144
店下三处红色遗址	146
店下老街的三口井	148
大筼筜巡检司	150
三佛塔村的三塔	152
坝头拱桥	154

店下寺庙……………………………………………………………… 155
店下宫观……………………………………………………………… 162
溪美基督教堂………………………………………………………… 168

乡土百业

改革开放后店下各项事业建设发展情况……………………………… 171
店下脱贫致富奔小康记………………………………………………… 175
20世纪中业店下洋水稻种植概况……………………………………… 177
20世纪店下农业发展简述……………………………………………… 181
21世纪初店下现代农业发展述略……………………………………… 187
店下早期工业发展举略………………………………………………… 192
鼎华测绘器材公司的"前世今生"……………………………………… 194
店下临港工业发展简述………………………………………………… 196
店下茶业发展脉络……………………………………………………… 201
店下茶馆话兴废………………………………………………………… 203
旧时巽城茶业及茶人…………………………………………………… 204
店下紫菜业发展概况…………………………………………………… 206
店下邮政话今昔………………………………………………………… 208
店下农村信用合作社发展历程………………………………………… 212
店下旧街集市…………………………………………………………… 216
忆京杂店和复生堂……………………………………………………… 218
硋窑传统陶器烧制技艺………………………………………………… 220
杨氏"阉猪"…………………………………………………………… 221
屿前"二龙"…………………………………………………………… 224

往事钩沉

店下公谷局粮案………………………………………………………… 227
我所知道的店下大刀会………………………………………………… 228
钟大湖千里跃进大别山………………………………………………… 229
巽城战斗纪实…………………………………………………………… 232

岚亭土改往事 … 235
店下工作忆旧 … 237
八位农民的不平凡经历 … 239
"女状元"求学的艰辛经历 … 242
良种场创办始末 … 245
土地平整 … 246
虎头坝林场往事 … 248
包田到户 … 257
杨岐汽船埠 … 260
筼筜边防所 … 262
店下农哥造大船 … 264
露天电影 … 265
高山柳"聚宝盆"与福宁府城墙 … 269
没两下不要去店下 … 271

人物春秋

旧志店下人物传略 … 275
陈殿金乐清围海造田 … 277
玉岐与王其烈轶事 … 278
喻遐龄喻得端父子传略 … 282
武举人李德新 … 284
徐正泉轶事 … 285
福鼎早期革命领导人黄淑琮 … 286
临危不惧的郑一成 … 288
"红财神"钟义祥 … 290
巾帼英雄蔡爱凤 … 292
大校曾阿缪 … 294
大校钟大湖 … 295
周忠魁在象山小学 … 296
两位店下籍远征军战士 … 297
谢雨苍印象 … 299

两个讲书人	301
阿柿公小传	302
店下医苑人物传略	304
店下籍受省级以上表彰人员及单位	306

文教卫生

店下教育发展史略	311
福鼎七中办学史略	318
店下两所九年一贯制学校	321
店下中心小学简史	324
店下中心幼儿园概述	326
巽城幼儿园概述	327
记忆中的学校	328
寄宿制学校工作回忆	331
店下文化活动及文体设施	333
店下人民会场和电影院往事	336
店下文工团创办始末	339
店下镇提线木偶剧团	342
店下卫生发展简史	344
店下中心卫生院述略	349
1990年以前店下卫生大事记	350
巽城卫生院	352
篔筜村肝肿病防治纪实	355

民俗风情

正月十五闹元宵	359
"二月二"防火节	362
店下"四月八"	363
"头年粽"习俗	364
林西桥与"六月六"	365

店下过"七月半"祭祖习俗 …………………………………… 366
岚亭中秋"拖石猴" ………………………………………… 367
海田"九月九" ……………………………………………… 369
屿前鱼灯 …………………………………………………… 370
店下走马灯 ………………………………………………… 372
店下求雨习俗 ……………………………………………… 374
送瘟神 ……………………………………………………… 375
店下乡村酒令 ……………………………………………… 376
吃新和廪楻埕 ……………………………………………… 378
店下农耕文化节 …………………………………………… 379
硋窑畲族春耕节 …………………………………………… 382
店下民间方言传统谚语 …………………………………… 383
店下民间气象农谚注解 …………………………………… 390
店下婚嫁习俗 ……………………………………………… 392
店下丧葬习俗 ……………………………………………… 397
店下特色美食拾遗 ………………………………………… 403
店下炒米粉 ………………………………………………… 406
店下"肉片王" …………………………………………… 408
巽城肉燕 …………………………………………………… 410
店下"糯米酒" …………………………………………… 412
店下"松花"皮蛋 ………………………………………… 414
风味多样的店下蚕豆食品 ………………………………… 415
店下旧时酒宴"廿四碗菜" ……………………………… 418

下编　龙安

山川故里

福鼎工业重镇——龙安 ……………………………………… 423
龙安地理气候 ……………………………………………… 427
龙安建制沿革与行政区划 ………………………………… 429
从"杨岐"到"龙安" …………………………………… 432

龙安水陆交通	433
龙安各村居概况	436
龙华社区	446
话说龙安码头	447
卧龙山休闲漫道	449

乡土百业

龙安开拓者——新龙安人	453
龙安工业园	459
龙安商会	467
福能热电	470
邦普宁德新材料产业园	474
福鼎市安然燃气有限公司龙安分公司	475
敲罟捕鱼	476
讨小海	477
澳尾扳罾	480
大黄鱼养殖	482
龙安油库与西澳油库	484
龙安鱼露厂	486
晒岩盐	488
八月割山草	489
承前启后的织渔网业	490

往事钩沉

玉岐堡抗倭记	495
龙安围海造田概述	497
玉岐村名轶事	500
芽基村的来历	501
涵头村的三次搬迁	502
桑杨村的由来	504

桑杨村的移民史 ………………………………………… 505
杨岐围垦工程始末 ………………………………………… 508
围垦建设艰辛之回忆 ……………………………………… 511
龙安开发区设置始末 ……………………………………… 514
龙安开发区成立前后一些事 ……………………………… 516
"龙美"号客运快艇 ……………………………………… 519
"桑美"记忆 ……………………………………………… 520

文物古迹

玉岐古城堡 ………………………………………………… 525
玉岐甘公石塔墓 …………………………………………… 527
金竹湾王氏三官厅 ………………………………………… 528
玉岐王母李氏节孝坊 ……………………………………… 530
王其烈故居 ………………………………………………… 532
西澳村古井 ………………………………………………… 534
江家岭的古井 ……………………………………………… 535
杨岐旧渡船码头 …………………………………………… 537
翁氏宗祠 …………………………………………………… 539
龙光寺 ……………………………………………………… 541
金乐寺 ……………………………………………………… 543
杨岐清凉寺 ………………………………………………… 544
善庆寺 ……………………………………………………… 546
龙安五显灵官大帝宫 ……………………………………… 547
玉岐杨府宫 ………………………………………………… 549
玉岐墙头双宫 ……………………………………………… 551
杨岐地主宫 ………………………………………………… 552
"芙蓉宝殿"历建记 ……………………………………… 553
翁氏鼻祖宫 ………………………………………………… 554

文教卫生

龙安中心幼儿园 …………………………………………… 557

龙安中心小学……559
龙安中学……561
龙安教育发展促进会……564
龙安医疗发展概述……565
龙安"蛇伤科"特色医院……568
闽东蛇医杨光喜……571
民间刮痧能手吕孝桂……572
龙安敬老院……573

民俗风情

玉岐马灯道具及歌谱……577
周文基布袋木偶……579
陈宝珠和"桐诗"……580
玉岐连灯节……582
玉岐跑马灯……583
元宵龙安百家宴……586
杨岐谷雨节……588
西澳三月十五吃墓酒……589
玉岐立夏节……590
五月十六杨府圣王诞辰……591
九月廿八五显灵官大帝圣诞……592
江南十月十五"盘古节"……594
钓青蟹……596
蒸九层糕……597
桑杨村做寿习俗……598
江家岭奇特的丧葬习俗……599

上编 左下

山川故里

漫话店下

王绍据

店下原名"玉屿",因处象山之麓,别称"象山"。旧时在原硋窑村岭栋官道边,分水岔门上建有岭栋亭,亭旁开有小店,一条岭逶迤而下直至海边,来往行客习惯将后来围海造田筑堡之地称为"店下"。

历史上,店下区划、隶属沿革不一。清末废都为区,全县划为19个区,其中之一为店下区,这是店下作为一级行政区名之始。1949年6月福鼎解放初期,全县划为四区一镇,店下属秦屿区,称店下乡。1950年6月,店下增设为第六区,1952年5月又改为第四区。1958年8月成立店下人民公社、巽城公社,1959年4月合并,为店下公社。1961年6月改为店下区,1968年8月改为店下人民公社。1983年又改为店下区。1987年7月区改乡。1990年12月撤乡改镇,是为店下镇。1998年12月龙安开发区管委会成立,1999年6月升为地区级开发区(正科级机构),江南、西澳、涵头、玉岐、杨岐、桑杨6村约4700人划归龙安。至此,现店下镇域行政区划确定。全镇现辖店下、巽城、溪美、菰北、东岐、屿前、阮洋、洋中、溪岩、马山、硋窑、岚亭、海田、三佛塔、筼筜、石牌16个村和1个象山居委会。2020年,全镇总人口约4.8万人,其中集镇常住人口2万多人。

区位独特

店下镇地处福鼎市东南沿海,距市区20千米,水陆交通十分便利。东邻沙埕、龙安,西与太姥山、白琳接壤,北界前岐、佳阳,南与沙埕下片区毗邻,方圆面积达140.75平方千米。

店下人民耕山驭海,以海为田,古今延续。清光绪《福鼎县乡土志》,有如下描述:"治东南五十里起为四都。海水弯环,有内港数处。帆船所达以堤为岸,外捍潮汐,内护田园,通都横十里,纵二十里,略成大三角形。店下村居其中,实诸村之总汇。鱼虾蠮蛤按日两度随潮而鬻,贸易颇盛。福安塘、屿前、蚶澳,悉系港汊支流。土人砌石为塘,乃能耕种。泥泽低湿之区,多种莲子,为果品之特色。笋口、深坑、西岐、杨岐、上弹、富家洋、楼下洋、山门底,村户多寡不齐,皆以务农为业,白鹭、水澳两村鱼贯而下，为最南之土。"

清嘉庆《福鼎县志》载，自宋朝始，店下先民就围海造田，至现在已形成几万亩洋田，成为福鼎的名符其实"米粮仓"。中华人民共和国成立后，相继兴建15座水库，总库容642万立方米，为店下洋提供了灌溉、发电和生活用水之便。1963年春，福鼎县人民政府拨款建设牛矢墩海堤和闸门之后，店下洋免受海潮倒灌和洪水淹没之害，保持农业稳产高产。1988年杨岐围垦工程动工建设，1991年建成杨岐海堤，围垦面积达7200亩。至2019年，全镇粮播面积3.2万亩，其中水田2.34万亩。

店下位于沙埕湾西岸腹地，水陆交通发达。沈海高速、宁莞高速及国省干道纵一线在域内交汇，设有洋中枢纽及店下、巽城、洋中3处互通立交，温福高铁太姥山火车站及沈海高速太姥山、八尺门两个高速路互通口近在咫尺；镇域内干道纬五路东、西接八（尺门）杨（岐）、龙（安）太（姥山）疏港公路，经十五路北通沈海高速（沙埕湾跨海通道店下连接线）巽城互通、南连溪美，两干道一为东西走向、一为南北走向，在集镇近郊福安塘十字交叉，纵横全镇各村。龙安开发区与天然深水良港沙埕隔海相望，是福鼎建设宁德大湾区沙埕湾临港生态产业城市的重要版块。域内海岸线绵长，海域宽阔，近几年紫菜、网箱养鱼及船舶、钢铁、新能源等临海临港产业发展迅速。全镇现有紫菜加工厂近80家，已成为福建最大的紫菜初加工基地。位于阮洋关盘村的福建立新船舶工程有限公司跻身"福建省十佳渔业船舶修造企业""福建省名牌产品企业"，年产新船65艘以上。福建鼎盛钢铁有限公司2017年11月落户店下，是福鼎市截至目前投资第二大工业项目，也是福鼎四大主导产业向县市布局、延伸的产业链项目之一，总投资130亿元，年产能500万吨。天赐项目、邦普循环产业园项目、上海汇得新材料、福能热电等大项目相继落户，为店下工业振兴发展夯筑了坚实的基础。

店下集镇全景（董其勇 供图）

历史悠久

据考古发现,店下域内有马栏山、洋边山后保栏山等古人类活动遗址,距今已有四五千年历史。其规模之大、范围之广、年代之久乃居闽东之冠,其中马栏山遗址为1949年后福建省文物考古十九大发现之一。

因地处沿海及沙埕港湾,海岸线长286千米,历来为军事要塞。宋祥兴元年(1278),驻地村民就率族人筑堡御敌。据清嘉庆《福鼎县志》载,明洪武二年(1369)置福宁卫军防守,由蒋洋巡检徙置大筼筜,为大筼筜巡检司;设水澳巡检司(今属沙埕),由桐山徙驻,每司设有弓(机)兵100名。据周瑞光《太姥传音》载,1658年,民族英雄郑成功率领大军北上时,有400多名官兵驻守在"官城尾鼻"(今属沙埕)。尤其是明嘉靖之后,店下是福鼎防御倭寇的重要阵地,沿海村落纷纷筑堡抗敌。

入迁店下较早的居民主要有宋朝年间"关盘陈""玉岐魏",元朝的"弹港李""台家洋王",明朝年间的"丁家寮周""三墩(遁)潘""玉岐甘""坑里朱""罗口林"和邵、易、宣、喻、丁、郑等六姓,清朝年间的"屿前钱""清安张""福安塘谢""下街李""屿前郑""三门仔陈""海尾何"及蔡、纪、连等姓氏。

店下是福鼎革命策源地之一。1930年10月,黄淑琮在筼筜村成立了福鼎第一个中共党小组。1932年冬,相继成立了福鼎第一个党支部、第一个村农会、第一个贫农团、第一个妇女会、第一个儿童团、第一个区苏维埃政府。

文化深厚

漫长的历史长河,积淀了店下深厚的文化。店下文物古迹众多,如古人类遗址、抗倭古城堡、清溪寺七级六角实心石塔、古官道、进士墓、贞节坊、古祠、传统民宅、

举人旗杆、古寺庙等。店下宗教文化发达，福鼎最早15个大寺庙，店下就占有6个。据《福鼎佛教志》记载，店下的安福寺建于唐贞元元年（785），为福鼎最大寺庙之一，"殿宇宏大，仅僧房三百间，闻住僧三百，为闽东一大丛林"。清溪寺、资福寺同时建于唐咸通二年（861）。灵应寺建于五代十国的914年。三门寺建于宋景佑二年（1035）。清代以前兴建的寺庙有数十座。店下民间文化较为丰富，主要有龙灯、鱼灯、马灯、连灯、台阁、高跷、提线木偶、布袋戏、拖石猴、坐刀轿、吊七楼、九楼、十一楼，祈雨、驱瘟神、闹元宵等民俗活动，还有"闹元宵""二月二""三月三""四月八""六月六""七月二十""中秋拖石猴""九月九"等诸多独具特色的传统民俗节日。店下自古文武双修，科举士子众多，主要有名噪一时的"阮洋十八坦"，清代大画家陈九苞，武举人喻若楫、李德魁，清安昭武大夫张向庭，1955年被授予大校军衔的钟大湖、曾阿缪等。

店下当地主要通行店下话（桐山话）、闽南话、畲语。店下人民爱国爱乡、心地善良、勤劳质朴、忠孝厚道、热情待客，不恃强凌弱，不欺贫爱富。代表人物如：至孝感人的孝童王太邠，被清嘉庆《福鼎县志》列福鼎孝友第一人；清朝御赐贞节牌坊主人玉岐李寿娘、西岐郑绣娘；气量恢宏的王其烈。

资源丰富

店下依山傍海，物产丰饶。靠山吃山，以茶、林为主，明清时期店下喻姓的四座大宅院、下街李"火烧埕"大厝都是靠茶银发家建起的。靠海吃海，沿海村民靠捕捞及滩涂养殖为业，部分以传承的造（修）船技术致富，如关盘的陈氏家族等。现在，店下大力推进特色生态农业的发展，建立了优质稻、食用菌、紫菜、网箱养殖、茶叶、西红柿、蚕豆、大棚蔬菜等8个特色示范种养基地。

店下青山绿水，一派田园风光，西邻世界地质公园、国家级风景名胜区太姥山，东接小白鹭旅游度假村，乡村旅游正蓄势待发。景点主要有迷人的箕笸沙滩、美丽的西山"小太姥"、姆屿"神龟岛"、千年古榕树群、礁石岩洞、海蚀地貌、蒋家洋古民宅、乌岩种梅别墅、喻宅大院旗杆里、清安学士第、中国传统村落巽城、朱峰里古城堡、福宁古道、马栏山古遗址等，以及众多名寺古观和承载着无数英勇抗倭斗争故事的古城堡。

潮平两岸阔，风正一帆悬。如今，一座极具特色的福鼎临港经济区中心城镇正快速崛起！

店下自然地理、人口及经济产业分布

钟而赞

店下地处福鼎市东南沿海，镇域面积140.75平方千米，由丘陵山地和沿海滩涂垦区地组成，总体呈西高东低地势。域内低山丘陵盘踞，重峦叠嶂，植被丰茂；沿海拥有广阔的浅海滩涂，自宋以来，经历代围海造田，形成万亩良田，盛产水稻，被称为福鼎"米粮仓"。

一

店下围海造田之盛固然是为了解决人口增长的农耕用地需要，也与地理特征和气候条件有关。过去为"沧海"今天成"桑田"的地区，大多是内海港汊和浅海滩涂，围垦成本相对较小，沿岸的山体成为屏障，围垦的土地经过淡化，土壤为沙质土，pH在5.7—6.1之间。域内属中亚热带海洋性季风半湿润气候区，四季分明，全年热量充足，雨量充沛，气候湿润，年平均相对湿度在78%以上。历年3月份起进入雨季，5至6月的年平均降雨量占全年总雨量三分之一，10月至次年2月的降雨量仅占全年总雨量的20%，全年无霜期289天，初霜期和中霜期分别在每年的12月中旬和2月末期，年平均气温18.2℃。这样的自然地理条件全年适宜农作物生长。

但这样的自然地理条件同时也是店下灾害性天气频繁发生的主因。由于地处北回归线以北的低纬度地带，冷暖空气常在区域附近交汇，容易形成多种灾害性天气。大风是区内全年均可出现的经常性灾害性天气。台风则是下半年主要的灾害性天气之一，每年影响区域的台风平均有4次左右。2006年超强台风"桑美"对店下镇影响尤其巨大，对古建筑和民居都造成了严重损害。暴雨也是主要灾害性天气之一，全年均可出现，而以5—9月最为频繁，每年3—9月平均出现2—3次，因台风、暴雨引发的洪涝灾害过去时有发生，1990年8、9月间，因暴雨引发的洪涝导致店下万亩洋全部被淹。此外，还有干旱和低温阴雨等灾害性天气。

灾害天气促使人们重视农田水利设施建设。历史上，店下人民自力更生筑堤坝、建陂塘，以解决海水倒灌、山洪排泄、农田灌溉之需，然而由于组织力和物力、财力、人力不足，工程建设标准、质量未能达标。中华人民共和国成立后，党和政府高度重视农田水利设施建设，并将之作为政府行为加以指导、推动，修复、兴建含海堤、溪坝、水库及涵道闸门、引水工程在内的大批水利工程，为解决农田灌溉、防范海潮倒灌和洪水淹没之害，保持农业稳产高产，提供了保障。

二

考古专家在店下发现了多处古人类活动遗址，如：洋中村北面被称作"福建十九大考古发现之一"的马栏山文化遗址，马栏山文化遗址西面相距一千米的洋边山遗址，洋中村后保栏山遗址，位于镇域东南部溪美村的南洋岗遗址。这几处遗址大致属于同一时代，距今五六千年的夏商之际，说明当时店下不但有古人类在繁衍生息，且有一定的人口规模，形成了若干村落。

隋唐时已有外来人口迁居店下。据部分宗族族谱记载，唐代，镇域南部的溪美和西部的岚亭一带已有宗族迁入居住。今天的整个店下平原（店下洋）以及自岭店（栋）岭以西的硋窑、三佛塔、岚亭一带当时还是一片内海，涨潮时一片汪洋，退潮时是起伏的滩涂地，海边山脚、半山腰或山里稀稀落落散布着一些人烟。有宋一代，迁入店下的人口开始呈多点分布，先有陈氏于宋中叶在阮洋关盘落户，而后朱氏、魏氏、张氏和林氏于宋末先后迁入洋中朱坑底、玉岐（今属龙安）、店下肖家山和马山古坪。唐末战乱，王潮、王审知携河南军南下福建，割据一方，建立独立王国——闽，王氏闽国的宗室、开国将士因功分封或其他原因迁居八闽各地。而后又历北宋灭亡、宋室南迁，又有一批氏族于此时南迁入闽，其中部分迁入店下，包括今天店下王氏的某些分支、刘氏等。总体而言，明以前，店下全域人烟稀少，村落不多，交通极为不便，村与村隔山望海，几近老死不相往来。

明永乐二年（1404），这是店下历史上极为重要的一年。这一年某月，一支军队从福宁州（治所在今霞浦），经秦屿、岚亭方向西来，翻过硋窑东侧的山头，眼前是一片广阔的内海滩涂，海水直抵脚下这条山岭的岭脚。此时包括店下集镇、屿前、东岐、溪美村大部及今属龙安开发区的玉岐、涵头、杨岐一带，还是一片荒凉海域。来自闽北建宁卫的这支军队，由总旗邵佛保（一说为邹佛保）为长，带领喻、丁、宫、宣、易六姓（另据西岐钟氏修编于清雍正年间族谱引明正德年间旧谱记载，肇基祖钟舍子为建宁右卫左所夏百户下军小旗，于明永乐二年同总旗邵佛保带领郑、喻、丁、宣、易六姓来福宁店下屯耕，别迁夏家楼）开赴福宁州育仁里沿海地区屯种。六姓分散各处屯居，喻姓先居傅岩（今乌岩），后随山下围垦工程的推进，移居后埕，再在象山下筑堡移居于内。此后百余年间，不断有族群迁入沿山沿海地带居住，开垦荒山，围海造田，至明清交替之际，店下洋的围海造田已斐然可观，村庄众多，人口日趋稠密。

明清两代是人口迁入的高峰期。迁入的人口或因政策性移民，如上文中所说的屯种，或因战乱，或因子孙繁衍，原因不一。尤其在明末清初一段时期，由于战乱和清朝初年禁海迁界政策的实施，沿海地区大量人口向山区转移，而后随着时局稳定和禁海迁界政策的废止，又发生了一拨人口向沿海迁移的热潮。至迟至清雍（正）乾（隆）年间，镇域内的村落、人口布局基本稳定下来，形成大致与今天相同的村落、人口分布格局。清嘉庆《福鼎县志》记下了福鼎设县时的乡都村落可证：

> 治东南五十里为四都，原州育仁里十二都，一图。村十四：店下、福安塘、屿前、箩口、深坑（或作清安）、西岐、杨岐、蚶澳、白鹭、上弹、水澳、富家洋、楼下洋、山门底。
>
> 治东南四十里为三都，原州育仁里十三都，一图。村二十：沿周、巽城、朱坑、车头、彭家洋、江家岭、澳里、东洋山、印墩、小洋、贡洋、牙基、西澳、小巽、大小白岩、后湾塘、文侯山（今又称门头山）、阮洋、高山（今溪岩）、关盘。
>
> 治东南七十里为五都，原州育仁里十二都，二图。村十三：玉岐、弹江、澳腰、钓澳、南镇、台家洋、后港、涵头、金竹湾、福屿、牛矢墩、东岐、城门仔。
>
> 治东南五十里为六都，原州望海里十一都，一图。村十七：清溪、黄岐、屯头、佳湾、官仓、斗南、东溪、后坪、箩溪、旸谷、杨家坪、傅岩（乌岩）、后埕、大箕笃、小箕笃、日澳、番岐头。
>
> 治南七十里为九都，原州望海里十二都，三图。村十六：外宅、洋门、山兜、吉溪、澂城、茶堂、东山下、海田、后岚（岚亭）、三墩、秋兜、古坪、塔洋头、佳洋、箩溪头。

今店下域内村落大都在内，只是因行政归属沿革，以上村落旧各属三、四、五、六、九都，一部分今分属龙安、沙埕、太姥山（秦屿）、白琳等乡镇。同时区域中心也基本形成，如当时店下市、后岚亭市已成为县域内的两个重要集市，巽城渡成为全县主要商埠之一。

至清末，镇域内人口、村落、道路分布格局已定型，清光绪《福鼎县乡土志》载：

> 治东南五十里起为四都。海水湾环，有内港数处，帆船所达，以堤为岸，外捍潮汐即内护田园。通都横十里，纵二十余里，略成大三角形，店

下村居其中……福安塘、屿前、蚶澳悉系港澳支流，土人砌石为塘，乃能耕种……箩口、深坑、西岐、杨岐、上弹、富家洋、楼下洋、山门底村户多寡不齐，皆以务农为业。

治东南四十里起为三都……其间若沿周、若大小白岩、若巽城、若阮洋、若关盘、若后湾塘为止境，皆沿海岸而成村落……巽城之地处其中……绵亘数村之背有山，曰车头……山之阳颇平旷，村民陈氏聚族居者近三百年。其窈而深、缭而曲者则畲民数十户之居也。俯瞰而西，别开生面，则高山、文山、东洋山、印墩、小洋里诸村，一览可尽，皆附于兹山而名焉者也。由城东去，过石桥，俗名朱底桥。为朱坑，再为彭家洋、江家岭；由小巽岭下循山西行，曰贡洋、曰牙基，羊肠路小，行者等蜀道之难。

治东南七十里起为五都……金竹湾、福屿、涵头紧抱山膝，山坡迤逦，地势平旷，由弹江、东岐、玉岐、城门仔、牛矢墩在焉。

治东南五十里起为六都……东达大磨、胡章、安福诸山，至大箕筜边海……左由三十六坡、牛头山、叠石（今石碑叠石脚）、校椅坪抵黄岐……北从胡章分支，直趋洋头，至岭店亭，右抵四都店下，左后坪（今三佛塔），上行至傅岩（今乌岩），横过九都古坪交界……村有清溪（今亥窑）、东溪、后坪、箩溪、旸谷、杨家坪、傅岩、后埕，傍海如……大箕筜、小箕筜。

治南七十里起为九都。吉溪旁通洋门、外宅、山兜、箩溪头……左达海田、东山、下岚亭、三墩、秋兜、上古坪。

同期，林西桥（今溪美）至大白鹭等沙埕下片区域也已形成村落，渔民们的海货从陆路输往店下，象山堡俨然成一方集市，辐射范围不仅包括今天的店下东部和南部、龙安，还包括沙埕下片的广阔区域，全域的中心也逐渐转移到今集镇所在的店下及其他周边地区。而以巽城为中心，以关盘和朱峰为两翼的北部和西北部地区持续保持繁荣，以岚亭为中心的西部也持续发展，林西桥作为店下集镇与沿海各村的衔接点，也很快就繁荣起来，成为区域内的又一个次中心。随着20世纪90年代龙安片区的开发建设，东部很快又形成了龙安这个次中心，到龙安从店下版图析分出去之前，店下一直保持着"一主多次"的中心村分布格局。

三

"近海者以水为亩，依山者以农为命。"（《福鼎县乡土志》，下同）店下依山抱海，产业多元。历史上，水稻种植是店下最主要也是最根本的产业，平原各村以粮为主，"福安塘、屿前、蚶澳悉系港澳支流，土人砌石为塘乃能耕种……箩口、深坑、西岐、杨岐、上弹、富家洋、楼下洋、山门底村户多寡不齐，皆以务农为业"。"金竹湾、福屿、涵头紧抱山膝，山坡迤逦，地势平旷，而弹江、东岐、玉岐、城门仔、牛矢墩在焉。星罗棋布，绣壤相错，其居民执业则惟稼穑，不复问诸水滨。"山区各村"种植之产，以稻谷为大宗，杂以番薯。然山地实居强半，可耕之田只少数耳，惟草木尚蕃，乡民勤于樵苏，得值亦足果腹，而劳瘁实甚"。沿海地区则"居民咸舍耒耜以从网罟，亦不过篙橹小船，以捕鱼为生活计"。务农、业渔的区别只是体现一种大致情况，实际上，无论是平原、沿海和山区各村，经济产业都是多元的，或"耕种为生，业渔次之"，或"砌石为塘乃能耕种。混淬低湿之地，多种莲子，为果品之特色"，或"出产稻、粱、豆、麦、地瓜外，惟竹、木、柏、茶诸品"。总体上，各村以种水稻为大宗，以茶、林、果、渔为辅业，只小部分土地极为贫瘠的沿海村庄才以海产捕捞为主业。

进入21世纪尤其是新时代以来，店下农业已告别传统耕作模式，迈上了现代化发展的阶段，同时依托丰富的海湾港口资源，新的临港工业成为产业体系中的重量级角色。

目前，店下镇已建成优质水稻、蚕豆、紫菜、茶叶、西红柿、大棚蔬菜、食用菌、网箱养殖等八大特色农业种养基地及近百家的各类农产品加工厂，并依托闽威水产有限公司在巽城、阮洋片区建成万口网箱养殖基地。多家农业企业获得省市级农业产业化龙头企业称号。全镇拥有各类农业专业合作社76家，家庭农场19家。店下万亩洋全面推广"稻稻豆"（早稻+晚稻+蚕豆）种植模式，实现一年三季轮作种植，既增加一季农业收入，又增加地力。蚕豆种植规模11000多亩，亩产值达3500—4000元，

店下优质水稻产区，素有"福鼎粮仓"之誉（张晋 摄）

全镇产量8000多吨，年实现经济效益3600万元。

临港工业发展取得突破性成就。总投资100亿元、产能500万吨的省重点项目鼎盛钢铁落户阮洋沿海，截至2021年，累计完成投资47亿元，一期项目进入试生产阶段。福建立新船舶修造有限公司全年修造渔船近百艘，继续保持渔船市场占有率全省第一、全国第三。鼎港船舶、鼎丰机械、鼎华测绘等企业稳步发展。海翔建材沙埕港区迈拓通用码头、物流中转站等项目加快建设，5万吨水泥库建成投用。全镇现有钱盛食品、海圣食品等紫菜加工企业53家，年产值12亿元。邦普循环产业园项目、福能热电、上海汇得落户投产，天赐项目、东岐工业项目区、罗口食品加工区等基础配套设施不断完善。

在加快农业现代化和工业发展步伐的同时，近年来店下镇依托毗邻小白鹭景区及筼筜海滩、历史文化名村巽城等山海人文资源优势，积极推动"农""旅"结合，连续三届成功举办农耕文化节，推出特色"稻田画"项目，展销店下特色农副产品、特色小吃，逐步发展以筼筜山海景观及红色革命遗址、巽城传统村落、恒润千亩高优农业示范园、下南里百年古榕树群景观为代表的农业观光体验游、乡村一日游等旅游产业。

店下行政区划沿革及各村概况

钟而赞

行政区划沿革

闽东地区于晋始设温麻县，唐宋为长溪县，至元升为福宁州，始有较精细的行政区划。此时，今店下地界分属福宁州劝儒乡育仁里、望海里，具体为：巽城、洋中、阮洋、溪岩、马山部分及原属于店下随龙安析出的江南、西澳属育仁里十三都，店下、屿前、东岐、溪美、菰北及今属龙安的玉岐、涵头和杨岐属育仁里十二都，硋窑、三佛塔、筼筜、石牌和店下的乌岩、后埕部分属望海里十一都，岚亭、海田、马山部分（古坪等）属望海里十二都。

清乾隆四年（1739）福鼎从霞浦析出置县，行政区划进行了较大的调整，编街、社、坊、都。街、社、坊为城区及城郊地区，都大致相当于今天的乡镇一级行政区，全县共20个都，今店下全境分属三、四、五、六、九都，具体为：巽城、洋中、阮洋、溪岩、马山部分及原属于店下随龙安析出的江南、西澳属三都，店下、屿前、东岐部分（清安）、溪美大部、菰北及今属龙安的杨岐属四都，玉岐、涵头和东岐大部、溪美部分属五都，硋窑、三佛塔、筼筜、石牌和店下的乌岩、后埕部分属六都，岚亭、海田、马山部分（古坪等）属九都。

清末筹办自治，全县划为19个区，区辖乡，店下镇域大致划分为3个区——

后岚区：以今岚亭为中心，涵盖岚亭、三佛塔、硋窑、马山、石牌、筼筜各村及今太姥山镇部分区域。

巽城区：以巽城为中心，涵盖今巽城、洋中、阮洋、溪岩，今属龙安的江南、西澳及白琳沿周、大小白岩等区域。

店下区：以店下集镇为中心，涵盖今店下、屿前、东岐、溪美、菰北及今属龙安的玉岐、涵头、杨岐，今属沙埕的澳腰、后港、台峰、大小白鹭、官城、水澳等区域。

店下作为一级行政区名称，便从这时开始。

民国沿用清末建制，1914年，店下区析出澳腰乡、沙埕区析出南镇乡，合并成立澳南区，全县增至20个区。

1934年秋，编保甲自治，10户为甲，10甲为保，10保为联保，全县划5个区，区下设乡镇。店下区域大体为3个镇，即巽城镇、店下镇、岚亭镇，巽城镇被划入第二区，店下镇、岚亭镇被划入第三区。

1940年8月，改联保为乡镇，全县24个乡镇，店下域设店下、溪美、巽城、岚亭四镇（乡）。

1944年10月，区划调整，乡以8—15保编成，镇以12—26保编成，保以10—25甲编成，甲以12—30户编成，全县分10乡5镇，今店下镇域大致为玉溪镇、巽城乡。

之后又多次调整。1948年，配合年度户口与国民身份证总核对，全县区域重新调整，编为15乡镇、212保、2984甲。今店下镇域主体在巽城、玉溪两镇。

巽城镇（13保）

夏井保：巽城街、海尾、西山头、岭尾、莲池、过溪、埠边、蔗山里、暗门里、后门山、岭头、仁井里、半山。

沿州保（今属白琳镇）：沿州街、小沿、北山里、祠堂基、阮家渡、后湾塘、双头透、下岐、双宝湾、青屿。

白岩保（今属白琳镇）：大白岩、小白岩、定心、核月寺、鱼寮、后尾沙、东洋里。

棋盘保：棋盘、树岔、竹脚里、半山、岭口、天龙井、上早田、下早田、大山、金加湾、坑头、东坑。

墩头保：三树兜、墩头仔、小阳、大丘头、东洋山、水井湾、彭家洋、陈家樟、岔门头、梨地。

吉坑保（今属太姥山镇）：杞坑、太阳头、柴兰里、过洋、埋儿垄、东家洋、九斗湾、笼头、车坪、店坑、长保岭。

马山保：马山、车头山、架仔下、畚斗里、新厝、郑厝、水石澳、塔桥头、后岚、头坑。

坑里保：坑里、村头、东山下、资古后、上坑里、半山。

高山保（今溪岩村）：高山、总坪、大运、二箩五、门头山、花竹岭、虎湾、安基、石古、牛洋、占山里、后澳尾、新厝。

阳边保：阳边、鹧鸪岩、阳中（今为洋中）、彭家山、菜堂、牛兰岗、焦坑、下章兰、西坑下、后岭、王家栏。

关盘保：关盘、暗井、门头山、石头尾、石塘、小巽、长屿、菇北、鱼井、马坑头、下楼、横盘丘。

西澳保（今大部属龙安开发区）：西澳、阮洋、硖衢、三角丘、洋里、柘岚、花眉岩、半山、江南、务洋、南往、腰基坑。

仙宫保：马仙宫、朱家洋、燕盾、外宅、守阳、坑里洋、潭头、园坪。

玉溪镇（16保）

店下保：店下、带里、后埕、坑门、南山、王己洋、牛埕岗、周家澳、九斗湾、金兰头、阔罗、企岚、牛古地、上古鼎。

东岐保：福安塘、下墩、小加山、深坑、厝基墩、城门仔、田墩、东岐、山兜鼻、四斗。

玉岐保（今部分属龙安开发区）：墩田、牛矢墩、王家笼、新宫头、牌坊、马仙宫、树尾园、玉岐城里、威头、金竹湾、桃树湾、半岭、上羊栏、塘湾、老虎岩、竹岭。

蚶江保：塘石山、屿前、牌坊、西岐、牛西洋（月梳洋）、牛涸、蚶澳塘、牛上坪、杨岐、马岐、吕厝里、马坪、十宗岩、岐兜、牙基、龙尾、岗头、南池。

乌岩保：淇头、虎山下、罗口、大坪头、王家坪、外杨、周家山、罗溪尾、手兜里、大岗、乌岩新厝、乌岩大厝里、王珑、乌岩坪。

硋窑保：澳里、仓边、古坪、外澳、丁家楼、小麻洋、罗里坑、三门口、硋窑、田楼、洋头、铁炉坑、坑岗、青楼。

凤章保：三佛塔、后坪、后洋、仙宫、溪尾园、东溪、章家澳、松柴岗、丁其洋、火目、清溪、大古头、胡炉岩、南山、大岭、胡章、庵竹珑、林家宅。

筼筜保：大筼筜、卅六僻、坑门里、老虎仔、岗尾、半岭庵、墓楼、叠石、七姐妹、叠石下、赤礁屿、浮岐、沙头。

黄岐保（今属沙埕镇）：上城、东山、西山。

川澳保（今属沙埕镇）：后澳、交椅坪、梨园、必石、川石、川石后。

敏灶保（今属沙埕镇）：内大山、五渡桥、大敏灶、敏灶元、盾尾、盾头、官仓、竹逢。

马洋保（今部分属沙埕镇）：澳仔、王谷、牛鼻园、上下笕、振城、山头、山沓里洋、马宅、跳美头、北埕岗、马基墩、太阳坑、八十丘、猫坑里、南山、南阳。

翠露保（今属沙埕镇）：半岭、翠露坑、嗣亭里、门头山、外澳、吴家山楼前、水澳、园尾、官城。

台峰保（今属沙埕镇）：山头洋、三斗、东洋里、洋口、下宅尾、石板埕、党洋、竹岭、小白露、芦堂、西洋鼎。

溪美保：安岚里、亭头、东安门、老鸦洋、小坑里、新基垄、小坑、弹港、牌堂、溪美街。

菰北保：桥头、大厝下、下尾湾、东门山、厝基里、上水磨、横洋、菰岭尾、澳里、五里牌、山门寺、梨洋里、虎南。

中华人民共和国成立后，店下行政区划又经过数次变革（详见《漫话店下》），至1999年龙安开发区升格为地区级开发区（正科级机构），原属店下的江南、西澳、玉岐、涵头、杨岐、桑杨6村划归龙安，至此形成今天辖店下、巽城、溪美、菰北、东岐、屿前、阮洋、洋中、溪岩、马山、硋窑、岚亭、海田、三佛塔、筼筜、石牌等16个行政村和象山社区居委会的镇域区划格局。

各村（社区）概况

象山社区　象山社区地处集镇，于1987年店下撤乡建镇时设立，是全镇唯一的社区。辖区面积4平方千米，有10个居民小组，人口580户、1578人。区域内有市、镇直企事业单位26个，分布于三路六街十巷。社区老年康养工作得到各级充分肯定，先后被授予"宁德市老年人健身康乐家园""福建省老年人康乐家园"称号。

店下村　店下村地处集镇所在地。省道沙吕线纵贯全村，经十五路、纬五路在域内交汇，各自然村水泥公路均已贯通，水陆交通便捷。全村划七大片区，辖22个自然村，总人口4800人。全村水田2300多亩，园地1000多亩，盛产粮食、茶叶、水果、蘑菇、肉鸡、蚕豆等农副产品，是福鼎市的农业大村。近年来，该村坚持面向市场，立足村情，抓机遇，做到山、田、园齐发展，初步形成了粮、茶、菇、菜、果、豆六大宗生产基地和马铃薯、肉鸡、鹅等特色种养产业。

屿前村　屿前村位于店下集镇东北，东临龙安开发区，行政村所在地距镇区、龙安均为1千米许，经十五路、纬五路一纵一横穿越村域。全村陆地面积9.803平方千米，辖12个自然村，共919户、3606人。全村耕地面积4047亩，其中水田2487亩，农地1560亩，林地面积8100亩，主导产业为种植优质水稻、蚕豆、反季节蔬菜、白茶等。屿前村曾是闽浙边革命的区域中心之一。1935年，闽东特委在村中南榜山成立鼎平办事处，领导福鼎、平阳（含今浙江平阳、苍南）地区的革命活动。现立有"中共闽东特委鼎平办事处旧址"纪念碑、亭，为市级文物保护单位、爱国主义教育基地。全村有革命烈士17人。

东岐村　东岐村位于店下镇域东北部，东北邻龙安开发区，西南连店下集镇。全村面积10.01平方千米，辖14个自然村，常住人口1540户、5560人。2020年村党支部升格为党总支，下设3个党支部。该村以工业、农业和服务业为主导产业，近年来，邦普循环产业园、ABO项目、凯欣电解液等多个重点项目在村内落户。

溪美村　溪美村位于福鼎市东南部沿海，距市区45千米，是店下、沙埕两镇沿海经济、文化、贸易的活动中心。东邻小白露沙滩，西与国家级旅游风景区太姥山毗邻，南接筼筜老区，北与店下集镇接壤。村域面积9.68平方千米，辖有15个自然村,全村常住户数1126户、4176人。目前已形成以紫菜、茶叶、水果、香芋、米粉、糯米酒等农产品加工为主的特色产业体系。溪美村先后荣获"全国美德在农家活动"示范点,省级"先进基层党组织""文明村""小康明星村""优胜村庄""社会治安模范村""园林式村庄""敬老模范村"等30多项荣誉称号。

菰北村 菰北村与溪美毗邻,2000年自溪美析出,成立独立的畲族行政村,是革命老区基点村、"省级生态村"和"省级卫生村"。全村辖有16个村民小组,共756户、3050人,少数民族人口863人(其中畲族人口718人,回族人口145人),少数民族人口占全村总人口的28%。85%村民从事农业生产,主要从事水稻、茶叶、瓜果等经济农作物。全村水田面积1650亩,旱地770亩,茶园3000多亩,果园512亩,油茶220亩,黄栀子300多亩,毛竹120亩,林地9340亩。村内建有一座小(一)型水库——龟墩水库,蓄水量达208万立方米;一座小(二)型水库,蓄水量达11万立方米。

石牌村 石牌村位于镇域东南,是革命老区基点村,开国大校曾阿缪的故乡。辖15个自然村,共622户、2532人。村依山傍海,陆地面积9.8平方千米,其中,耕地面积2018亩,林地面积8320亩,海岸线绵延达数千米。近年来,石牌村确立"山海并举,粮果茶引路"经济发展思路,大力发展农业种植业和渔业捕捞,现有茶园面积1300多亩,黄栀子面积900多亩,海上远洋大马力捕捞船18艘。

筼筜村 筼筜村位于市域东南沿海,晴川湾畔。辖12个自然村,耕地面积1890亩,其中水田1080亩,旱地810亩,共有730户、3069人。紫菜养殖是主导产业,紫菜养殖面积全市最大,经过多年发展,该村紫菜养殖业从传统式养殖向差异化养殖转变。近年来,筼筜村依托筼筜海滨沙滩、海岸风光及红色历史文化,大力推进乡村旅游发展。筼筜是福鼎革命策源地,福鼎早期革命领导人黄淑琮烈士的家乡。20世纪20年代末至30年代初,福鼎革命的第一颗红色火种在这里撒下,筼筜人民用自己的鲜血染红了这片土地,牺牲了100多人,其中46人被评为烈士。现建有革命历史纪念馆、中共福鼎县委成立纪念碑、黄淑琮故居。

硋窑村 硋窑村东邻店下集镇,西接岚亭村,南交三佛塔村,北界马山村,秦(屿)龙(安)二级公路贯穿而过。全村辖12个自然村,共432户、1796人,其中常住人口1249人,少数民族581人,是畲族行政村,也是革命老区基点村、省级生态村。全村共有1150亩耕地、5480亩林地,主产茶叶、水稻、食用菌等。

岚亭村 岚亭村位于镇域西北,与太姥山镇相比邻,秦龙公路穿境而过。村域面积5.2平方千米,下辖有6个自然村,全村总户数557户,人口2089人。水田面积1200多亩,园地1000多亩,主要种植水稻、蚕豆、茶叶、蔬果等农产品。岚亭历史悠久,人文底蕴深厚，早在唐宋时即有族群繁衍生息，明清时已成为一方中心，为全县十大集市之一。近年来岚亭村积极打造高标准农田建设，大力发展粮食、蔬菜、水果等现代设施农业。全村现有家庭农场4家，先后实施了岚亭上村龙凤山村级森林小公园、室外活动场所和村庄绿化提升、下街公厕改造、路灯架设、室外体育场所建设、幸福院建设、水泥路硬化建设等民生项目。

三佛塔村 三佛塔村位于镇域西南，属革命老区基点村、福建省级生态村，曾获评"全国民族团结先进集体"。辖1个中心村、13个自然村，共598户、2468人，含汉、畲、回3个民族，汉族2285人，畲族181人，回族2人。村域面积10.57平方千米，耕地面积2273亩，茶园面积2500亩，果园面积70亩，黄栀子种植面积200亩，毛竹种植面积130亩。近年来，大力发展特色农业产业，积极引导村民种植白茶、黄栀子、蚕豆等特色产业，加快农业现代化发展。

海田村 海田村东、西分别紧邻岚亭村和太姥山镇，秦龙公路穿境而过。全村256户、987人，含费、林、王、吴、黄等数姓居民，其中费氏占人口总数的85%。村民以种植大棚西红柿、蚕豆、茶叶、水稻为主业，全村现有省级农业龙头企业1家（福鼎市恒润农业发展有限公司）、专业合作社3家、家庭农场2家、紫菜加工厂2家、茶企1家（福鼎市新本源茶业有限公司）。店下农耕文化馆设于海田，特色民俗文化含"九月九"节庆活动等。村先后获得福建省关心下一代工作委员会五好基层关工委先进集体、省级卫生村、宁德市文明村等荣誉。

马山村 马山村位于镇域西北，与太姥山镇潋城村、白琳镇秀阳村交界，辖16个自然村，共445户、1750人。全村以水稻、经济林种植为主产业，耕地面积1280亩（其中水田780亩），林地9800亩，茶园3100多亩，黄栀子800多亩。马山古坪林氏先祖于南宋孝宗隆兴年间迁入，是最早迁居店下的一支林氏。

溪岩村 溪岩村旧称高山，位于镇境西北，山区丘陵地貌，平均海拔250多米，面积约15.2平方千米，辖有25个自然村，共633户，总人口2460人。水稻、茶叶种植是传统主导产业，耕地面积约2800亩（其中水田1900亩，园地900亩），林地10000多亩，茶园3700多亩，近年大力发展高山老白茶、黄栀子种植及生态生猪养殖等产业。溪岩村革命老区基点村。

洋中村 洋中村东临巽城村，南靠溪岩村，西、北接白琳秀阳、沿州，沈海高速、甬台温复线高速穿境而过，设有洋中坑门里枢纽互通。村境内属丘陵地，面积14.64平方千米，有18个自然村，共631户、2627人。耕地面积2600亩，其中水田面积1650亩，旱地950亩，主要以种植水稻、茶叶、黄栀子为主产业，洋中辣椒和黑胡椒尤为知名。洋中人文底蕴深厚，域内发现多处古人类活动遗址，其中以马栏山遗址最为著名。朱氏于宋代定居朱峰里自然村，清代文人墨客笔下的"朱峰八景"描绘的即为此地风景。另有千年古刹"灵应寺"。

巽城村 巽城村位于镇域西北，沙埕湾跨海大桥（宁波至东莞国家高速公路沙埕湾跨海公路通道）南岸，域内设有互通口衔接沈海高速、国省干线"纵一线"，水路直达福鼎城区、沙埕港，交通便捷。生态环境优美，山海风光秀丽，人文景观丰富，是宁德市新农村建设示范村、文明村、美丽乡村示范点，省级生态村、卫生村、历史文化名村，中国传统村落。全村面积18.6平方千米，辖14个自然村（近年来，随着"造福工程"实施和城镇化进程发展，已有12个自然村搬迁到中心村），共有795户、3162人。主导产业是养殖业和种植业，耕地1229亩（其中水田820亩），山地面积10860亩，森林覆盖率65%。

阮洋村 阮洋村位于镇域北部沿海，沙埕港西北岸，八杨公路穿村而过。村域面积9.84平方千米，辖10个自然村，共443户、1990人。山海资源丰富，村民以种植业、养殖业和服务业为主导产业，盛产石斑鱼、黄花鱼、鲈鱼、青蟹、对虾、蛏等名贵海产。该村是福鼎临港工业经济的重要区域之一，福建立新船舶、鼎盛钢铁落户村域沿海。宁德市文明村。阮洋村人文积淀丰厚，域内关盘古堡筑于明代，有清一代陈氏一族名人辈出，"阮洋十八坦"名噪一时，开国大校钟大湖为阮洋村鱼井自然村人。

店下围海造田概述

✍ 李立华

店下万亩洋田，宋代以前都是沙埕港湾的内海，海水涨潮时东至龙安、涵头，西至岭栋下，南至溪美岐头洋，北至箩口、屿前、西岐，方圆达数十里，皆属浅海。店下往西距"店仔"村约百米处的石牛头山脚，原有石碑刻"飞云渡"三字，字大方尺（1958年修造公路，把石碑打作块石筑路）。由此可见这是个渡口，而"店仔"是供过渡的行人歇脚和住宿的客店。据清嘉庆《福鼎县志》记载，店下自宋代开始围海造田，历经元、明、清、民国，已形成万亩洋田。

闽东大地，山多田少。店下人民耕山驭海，以海为田，古今延续。尽管早在南宋之时就已是"插稻到山顶，栽松侵日边"（宋王十朋《入长溪》），但是引发人们更大兴趣的却是围海造田。在海滩或浅海上筑围堤隔离外部海水，并排干和抽干围堤内的水使之成为陆地，又称"围涂"。围海造田多数是与陆地海岸相连，或在岸线以外的滩涂上直接筑堤围涂，或先在港湾口门上筑堤堵港，然后再在港湾内部滩涂上筑堤围涂。围海造田工程基本设施包括围堤及其上的排水闸，以及围堤内的排水系统。当排水闸内水高、外水低时，开闸排水；当内水低、外水高时，关闸挡潮，必要时使用抽排。在陆地形成后，堤内排水系统要及时排除涝水，保持适宜的地下水位。当用于农业种植时，要洗淋土壤盐分和布置灌溉渠并适时灌溉，也可种植水稻或耐盐作物。早期农民皆以山上劳作为主，围海造田大大缓解了人口增殖与土地的矛盾，根据历代口传及相关族谱记载，简述如下：

明洪武二十年（1387）前后，弹港居民李姓祖先筑堤围田，海堤是从清安山鼻至城门仔，在清安一端造斗门二孔，并在堤两端筑造城门，以防海盗（据弹港李姓族谱），这是店下洋最早围成的一个塘。先是弹港李姓祖先李真一于元末避乱由浙江处州梅岐举族迁至店下弹港山下创居，利用弹港两岸已淤积出水面的海涂（港水是淡水，原称"淡港"），沿港岸筑堤垦田耕作，以后才筑海堤围成"弹港塘"及"城门仔塘"。城门仔陈氏村民至今还口口相传，弹江李姓因围海有功，他们的后裔直至1949年前后，到陈家桌上可随意动筷吃河港里抓捕的淡水鱼。

店下邹姓最先围的"后门塘"（亦称"塘仔里"），在店下卫生院旧址、下书堂

围海造田（李立华 摄）　　　　　　　　杨岐海堤（店下镇党政办 供图）

面前洋，下斗门内。

明永乐二年（1404）邹、易、宣、喻、丁、郑六姓，随拨福宁驻守，后移店下居玉屿（即现在的象山），于1422年筑海堤名曰"江夏塘"。堤从里磨石山脚（现茶厂）起向北围至对岸凤头鼻山。其后至明嘉靖初年的十年间，他们一直共同围海造田，统称"店下塘"（现马埕洋）。并按投工投劳比例划分耕作，邹家最多分得近半，易、宣其次，并造象山桥与象山斗门。

明嘉靖三十四年（1555）前后，店下福安塘谢姓居民，围垦店下"福安塘"，自店下下斗门起沿福安墩、厝基墩、下墩等几个大小墩筑堤至七十分塘堤线的官墩。这是店下洋最大的一个塘（此处摘自蓝清魁《店下洋围垦简述》，查现福安塘谢姓族谱并无此记载）。

明嘉靖四十五年（1566）前后，据屿前《钱姓族谱》，屿前居民钱玉桥捐资围垦屿前塘。堤从屿前村门口斗门起围接马埕洋塘堤。从明至清，屿前的钱姓和郑姓团结其他杂姓相继围就屿后塘。

清康熙中叶箩口居民林万殷捐资首围沿州白岩塘三十六箩，又于1727年前后，围杨岐塘二十四箩。堤靠海一面用石砌筑，在杨岐一端造斗门二孔。再于1763年前后围蚶澳塘九十九箩，堤从蚶澳斗门围接屿前塘堤，在蚶澳塘造斗门二孔。此塘是林万殷之子林希天继成。

清雍正二年（1724），据《王姓族谱》，金竹湾王姓居民围成金竹湾塘，堤从金竹湾左侧山鼻围至涵头内湾，在涵头内湾造斗门一孔。

清雍正十三年（1735）前后，玉岐居民王益溪与其他诸姓村民共同围成七十分塘（是按各村民投劳分成七十股份分配，故名）。堤从东岐田墩起经官墩至牛矢墩，再围至王家垅，在牛矢墩与王家垅各造斗门二孔。王其烈（益溪次子）又于清乾隆三十年（1765）率甘姓等乡亲耗资多年财力，前后围筑"赤屿塘""下店塘""函口塘""玉岐塘"。赤屿塘堤从牛矢墩至赤屿，并在赤屿造斗门一孔，堤的靠海一面用石砌筑。

巽城"莲池塘"系何氏先祖于清初最早围就，围垦面积160亩。"海尾塘"，系城内陈氏先祖率族人围筑，因堵口时缺少劳力，予每担土一片小银元激励邻村群众投工投劳围就120多亩。1958年9月4日强台风登陆时，海堤被冲垮一处决口，后修复。

据原东岐马仙宫路边石碑记载，清乾隆二年（1737），围就宝溪里塘。

据福安塘《谢姓族谱》，清乾隆三十六年（1771）前后，福安塘居民谢德山捐资围成安澜塘（俗称下南塘）。海堤是从大角头起至牛矢墩。造大斗门四孔，工程颇艰巨，失败几次才围成。

1962年，沙埕公社水生大队与南镇大队围成涵头塘。从涵头鼻筑至赤屿鼻。在涵头鼻造斗门二孔。1967年涵头围垦工程再次动工，堤用石砌，1971年6月竣工。堤长935米，总投资121万元，围垦面积1200亩。

1963年，集全公社之力围成大角头塘。堤用石砌筑，从牛矢墩斗门左侧筑至蚶澳塘。堤长约500米。

1964年巽城大队发动各生产队农民社员围就"小巽塘"。

秀兜洋、后坪洋、岚亭洋、海田洋水流皆于秦屿出海，因系晴川湾内海，海面平坦，历经各村历代先人在港湾内部滩涂上筑堤围涂，垒筑塘沽，至1970年5月秦屿后岐海堤竣工已是旱涝保收。

店下人民不但在当地围海造田，还到外省围海造田：清雍正十三年（1735），店下关盘陈殿金（字汝白）还偕其弟正桥到浙江省乐清县东乡（今乐清市南塘镇）沿海一带，开始了他省外围海造田的生涯。历经三十年风雨，共围海造田8640亩。乐清南塘人民为纪念陈殿金，写有"南有藏龙卧虎地，塘自闽才汝白创"等联句歌颂陈殿金的丰功伟绩。

1951年，政府发动群众全面修复旧时因年久失修的堤防和大量的引水工程，修建了牛矢墩、巽城、官村3座水闸。1958年建成蚶姆塘标准化海堤，并进行水闸改建，堤身加高培厚，截弯取直，使泄洪能力达到20年一遇。1963年春间，县人民政府拨款建设牛矢墩海堤和闸门，用块石砌筑从蚶姆塘至牛矢墩，再从牛矢墩至赤屿鼻的两处海堤，修建牛矢墩、蚶姆塘两处当时牢固且较为先进的水闸，确保整个店下洋免受海潮灌淹的危害。20世纪70年代新建了洋中防洪堤、秦屿屯头海堤。1970年5月秦屿海堤竣工，围垦4370亩，使海田、岚亭洋旱涝保收。1991年在这个美好的基础上，继续努力，围垦店下洋未围垦的龙安、涵头外围滩涂，建成杨岐海堤，全长1.26千米，流域面积61平方千米，堤高7米，设水闸2座九孔，净宽39米，工程总投资612.9万元，共投入劳力82.32万工日，围垦面积7200亩，可耕面积5760亩，保护农田19260亩。近年来又对海堤进行了多次的除险加固。

店下洋的田亩总数，减去一些山田与非海涂田约3000亩外，计有滩涂田2万多亩。田洋中及周围边沿计有居民3万多人，依靠店下洋过着丰衣足食的快乐日子。这要感谢我们的前人历宋、元、明、清、民国一直到今天，700多年来，经历了不知多少多次的天灾人祸、围垦、抛荒、迁徙、复垦、修造塘堤，不知花了多少劳力与钱财，流了多少汗水，甚至豁出生命，才开辟一个这样美好的家园。这种功绩，实在值得我们后人钦佩和歌颂的！前人种树，后人乘凉。如今，在杨岐（龙安）垦区内建成我市大型工业园区，结束了单一的围海造田历史，把美好的田园建设成更加繁荣昌盛的临海工业新城镇。

店下旧貌

> 喻仁务

店下有广义与狭义之分。广义的店下系指店下全镇范围,狭义的店下系指原店下象山堡内之区域,本文所述即狭义的店下,大致为今天的象山社区和店下村辖区范围。

店下集镇位于南北山相峙之间。南山马槽岗俯览店下洋全貌,从东到西山脉,经过阔罗、周家澳、企栏头、九斗湾、上宅、柴楼、牛埕岗、方杞洋、长湾至岭店。北山从西到东,眺望更远,可观望全域。经王珑、乌岩、乌岩坪、大岗至凤头鼻,沿山脚七中、王厝里、磨石山、后埕、墩头里、岩洞寺、坑门里、南山、港头里、店仔、石牛山、后坑里(今镇政府所在地)、卜鼎、河(澳)尾、河尾岗大枫树(原店下粮库)岭岔坪(店下中心小学旧校区,学校大门头围墙上有座防御炮台、沿围墙下喻氏祠堂旁又一炮台)、富楼下、外厝(王氏大厝)、南门陈厝、南门兜、李家大厝、后门塘、下书堂、塘仔里、下斗门。

来龙岗,古为海岛,岗仔由东朝西,面北靠南。靠南有连片的陈家、李家、喻家村庄和大厝。东北岗脚原有大帝宫(新宫,今菜市场边王姓房屋)、国民高小学校,至斗门头水流街(现称象前街)有成片住房和店铺。岗北山麓有座城头宫(现潘、钟房后),岗顶有座防御炮台,1949年后改建粮库、旧食品站和民居。

店下磨石山酷像一只凤。山的末角是凤头,叫凤头鼻。对面一座横卧矮山,像条长龙,是来龙岗。自古称为"龙凤相会"风水宝地。据传夜晚凤头和龙头会合拢到一起,

店下集镇全貌(施永平)

曾有多人夜行此地无路可行，天亮时才分开。人们便在两山之间筑起一条塘沽，加以阻断，并在凤头鼻和来龙岗下各建一座宫庙，从此凤和龙永远不会交会了。

象山桥在斗门头，位于现在信用社办公楼西边，桥长6米，宽2.5米，高4米，桥底至岩石，两旁墙砌大方块石，石柱凿成槽做成两扇闸门，桥面用5条大石板铺成。桥北距桥50米有棵大枫树，树枝伸到桥面上空遮阳，夏天乘凉人很多，桥下行船载人运货，桥右旁有个小埠头，人来人往很是热闹。枫树下左边有一间打铁店和几户人家，紧靠临水宫（即奉天圣母宫、旧宫），有戏台，香火兴盛。

店下河道，从象山桥向上沿纪厝墙脚经过临水宫，过育贤街郑桂花厝后门接新河道，直至店仔、坑门。向下经市场、旧小学操场尾至下斗门，回环S形经过福安塘、下墩，直至牛矢墩出海。

店下古时交通不便。往东，有一条很长的土塘沽，右边到牛矢墩，左边到蚶澳塘，经过外林石壁头搭船到县城。往西，出西门，经过岭店、碌窑、岚亭到秦屿、硖门，过牙城、霞浦、宁德达省城。往南，经过溪美到沿海各个渔村。村路四通八达，但都是土路小路。曾有人因土塘沽行路难，写了一首打油诗：

店下塘沽长又长，雨天行路难上难。
三步二滑是小事，滑倒爬起像泥人。
当地后生不要紧，老人客人叫皇天。

店下集镇一角（店下镇党政办 供图）

店下堡由最早迁移到店下的喻、丁、郑、邵、易、宣六姓开创，后又经诸姓共同开辟建设。整体是依托来龙岗西面整座岗脚和南面岭岔坪山下，沿西北土堡围墙而建设成丁字街，横街（称下街）从城头顶岭脚到斗门头，上街由丁字街口到西门外；上下街西旁有各种店铺经商贸易，天天集市，热闹非凡，堡内生机勃勃，欣欣向荣。

店下海域岛礁录

◇ 董其勇

东海自南镇鼻入沙埕港，由东南向西北斜入福鼎腹地。海港至龙安江南、佳阳蕉宕段，折为东西走向。店下的港内海域就处于该段水道中，坐南向北，扼沙埕港中部，阮洋、屿前、溪岩、巽城等村坐拥此处良港。外海的晴川湾，北起店下筼筜一带沿岸，东北至沙埕上黄岐，西至太姥山镇，南连里山湾。店下的筼筜村居晴川湾中部，左拥右抱，呈犄角之势，位置特殊。地理上的店下镇北连沙埕港，南濒晴川湾，是个沿海乡镇，有港湾4处、水道3条、沙滩2处、岛屿8座、礁（群礁）11个。

港湾

沙埕港 位于北纬27°08'—27°18'，东经120°10'—120°26'，闽浙交界处，福建沿海最北部，福鼎东南。东自沙埕港口，西至八尺门内，北至桐山溪入海口。因港口所在地沙埕而名。跨沙埕、龙安、店下、前岐、佳阳、白琳、点头、山前、桐城9乡镇（街道），并分别由上述乡镇（街道）所辖。港于清光绪三十二年（1906）开埠。

海湾因远古地层西落，河流侵蚀和海水入侵相互作用形成，属溺谷型海湾，两岸山丘夹峙，丘陵直抵水中。港口西南有南镇半岛环护，东南以南关岛（闽浙交界岛）为天然屏障，水面自港口至长屿间蜿蜒曲折，呈狭长带状，往内呈扇形开放枝丫状，港湾长度约16海里，宽度约1—3千米，最窄处仅0.25千米。水域面积22.94平方千米，滩涂面积45平方千米。港内山地环抱，入口狭窄与外海相通，为半封闭海湾。航道弯曲狭长，主航道水深大多在15—18米，最深45米，其中水深大于10米的水域长达28千米，沿岩多潮间带海滩。海岸多为泥岸，次为岩岸，局部为人工堤岸。底质以泥质为主，局部为沙和砾卵石。

港湾气候温和，降水充沛。因所跨区域广，年平均气温从18.2℃—18.9℃，从南至北年平均降雨量从1290.9—1661.6毫米，3—6月为春雨及梅雨季节，降水主要集中在5—9月，尤以8、9月最大。无霜期从北、西向南延长，每年266—314天。台风主要发生在夏秋，尤以8、9月见多，台风时多伴有大雨或暴雨。冬季多西北风，夏季多东南风，风向与港道走向基本一致，年平均风力2—3级。通常比外海小4级。1

—4月为雾季，年平均约13天，浓雾出现时能见距约50米，一般约半日消散，兼有平流雾和幅射雾性质。

有桐山溪、龙山溪、大岳溪、照澜溪、百步溪、岩前溪等河流和季节性山涧注入。海水颜色及透明度受季节及溪流排泄影响而变化。港内年均水温18.2℃，最高水温28℃，最低水温10℃，海水含盐量约28‰。正规半日潮型，潮流属反复流，一般流速约2—3海里/时，涨潮流向西北，落潮流向东南。港口平均高潮位9.23米，平均低潮位5.1米；潮汐，八尺门大潮升6.6米，小潮升5.6米，平均海面4米；流江附近大潮升5.8米，小潮升4.9米，平均海面3.4米。水面一般微波不成浪，台风正面袭击时，波高约0.5米，具良好的避风条件。

沿岸滩涂众多，以八尺门滩为最大，还有店下湾滩、蕉宕洋、沙股洋等，主要港湾有店下湾、姚家屿港、八尺门内港等。有莲花屿、金屿、长屿、青屿、牛屿、腰屿等24个岛屿和31个礁。沙埕港沿岸的沙埕、前岐、点头、桐城、桐山是福鼎主要集镇，并有大小村庄百余个。

沙埕港因水温、海水含盐度适中，潮流畅通，水质、土质肥沃，饲料丰富，使海湾成为内海养殖的良好场所，适宜各种鱼、虾、贝藻、蟹和一些珍贵海产品的栖息、繁殖、生长，故湾内水产资源丰富，有水生生物700多种。近海养殖业发达，盛产海带、贻贝、蛎、蛏、蚶、虾、蟹及小杂鱼类。西部玉塘是良好的避风地，台风季节沿海渔船云集此地，可避12级大风。沿港建有码头多座，货物年总吞量达百万吨以上。港口至金屿主航通水深30米以上，万吨轮船可自由进出；5000吨船只可行至纵深腹地长屿，3000吨船只可达姚家屿码头，500吨级船可进入八尺门内，200吨级船可乘潮直达城区。原在主航道及附近设有27个导航灯标、灯桩，虽部份损坏，但仍可昼夜通航。桐山至沙埕公路，长37千米，走向基本与港道平行，成为海湾连接内陆的纽带。

沙埕港为战略要地，北距温州港84海里，南距三都澳73海里。港内四面环山，港长水深，注入海流含沙量少，无淤塞之患。海湾外是著名的闽东渔场和浙南渔场，水产资源极丰富，是我省重要的渔业生产基地之一。腹地桐山、桐城和山前街道是福鼎政治、经济、文化中心，沿岸集镇村庄众多，建有多处码头泊位，大小船出入畅通，出口物资可直通港澳，是福鼎重要的物资集散地，亦是我国东南沿海不可多得的优良避风港、商港和渔港。

沙埕港店下段有溪岩、阮洋、屿前、巽城等村，地处海港中部，地势平缓，水深适度，腹地较大，可建5000吨级泊位码头多处，适宜造船、钢铁、新能源等产业布局发展。目前，福鼎市将该段港湾纳入沙埕湾区临港产业园区发展版图，陆续有立新船舶、鼎盛钢铁、邦普产业、福鼎新能源等大型企业入驻园区，成为福鼎经济发展新引擎。

晴川湾　位于北纬 27°02'—27°06'，东经 120°15'—120°21'，福鼎市南、太姥山镇东。北起店下筼筜一带沿岸，东北至沙埕上黄岐，西至太姥山镇，南连里山湾。民国时取唐诗人崔颢《黄鹤楼》中"晴川历历汉阳树"诗句首二字而名，别名"晴湾"，分别由太姥山、沙埕、店下三镇所辖。

海湾因远古地层陷落，海水入侵形成。面积约 40 平方千米，长约 10 千米，最宽 11 千米，最窄处仅 0.8 千米，口大腹小，呈喇叭型。东南有福瑶列岛、七星列岛、日屿等岛屿环峙拱护，岐头宫、番岐头分布湾内南北，形成隘口。水由东至西、西北渐浅，最深处 9 米，西北为潮间带海滩。两岸山丘隔海对峙，多为岩石陡壁，局部为沙滩。西部筑有海堤。海底底质主要由淤泥局部沙组成。

气候温和，降水充沛。年均气温 18.2℃，最冷月（1月）均温 8.4℃，最热月（7月）均温 28℃。无霜期 289 天，年降雨量约 1471 毫米，雨量以 5—6 月为大。冬季多西北风，夏季多东南风，年平均风力 3—4 级，台风主要发生在夏秋，尤以 8、9 月见多，风力最大可达 12 级以上，台风时多伴有大雨或暴雨。全年大风天数在百日以上。1—4 月为雾季，海雾兼有平流雾和辐射雾性质，年均约 13 天，浓雾时能见距约 50 米，一般约半日消散。

海湾内无大的河流，只有小溪山涧注入，海水表层温度多年平均 18.9℃。盐度较为稳定，累年平均 28.30‰，且变幅不大。潮流畅通，透明度大，海水多呈湖绿色。潮汐属正、半日潮型，潮流为往复流，沿岸大于外海，涨潮流向西北，落潮流向东南。西北小筼筜水面大潮升 6.2 米，小潮升 4.9 米，平均海面 3.6 米，流速约 0.8—2 节。大风季节海面浪较大。

内有跳尾、过境、姥屿等岛屿。沿岸除太姥山镇外还有牛郎冈、蒙湾、日澳、樟岐、小筼筜、筼筜、交椅坪、上黄岐等 10 余个村庄。

海湾海域辽阔，海底地势平缓，水质较好，饵料充足，适宜各种鱼、虾、蟹、贝、藻、类的生长、繁殖，也是多种经济鱼类越冬的好场所，是福鼎重要的浅海养殖和水产品捕捞基地之一。主要水产品有海带、紫菜、贻贝、龙头鱼、梭子蟹及其他鱼类，东南水域与闽东渔场相连。附近渔区的水产品多经此地销往内地，使其成为福鼎主要渔港。东北角上，黄岐附近设有导航灯标。

晴川湾地处国家级风景名胜区、国家 AAAAA 级旅游景区太姥山下，沿岸有明筑抗倭城堡 10 余处，大小沙滩多处，店下筼筜的海沙头为最长沙滩，是休闲旅游不可多得的理想场所。

马祖婆港　位于北纬 27°13'，东经 120°17'，沙埕港内，巽城村东 1 千米。自东入口，西至巽城，因东马祖屿而名。属店下镇巽城村。因地层陷落，海水与河流相互作用形成，面积约 0.4 平方千米。呈三角形。高潮水深约 1—3 米。底质为淤泥，海岸由岩岸及堤岸组成。潮汐为正规半日潮型，潮流为往复流，涨潮流向西北，落潮流向东南。大潮升 6.1 米，小潮升 5.1 米，平均海面 3.4 米。海水较深，透明度小于 1 米，含盐量及水温随季节变化。产小杂鱼等小宗海产，小船可乘潮进港。

店下湾 位于北纬 27°10'—27°11'，东经 120°21'—120°22'，沙埕港内，店下东北 5 千米，因店下而名。跨店下、沙埕镇，并分别由二镇分辖。因地层陷落，海水与河流相互作用形成，面积约 4.7 平方千米，东西长，南北窄，大部为潮间带，高潮水深约 1—3 米。底质为泥沙及泥海底地势平坦，海岸由岩岸及海堤组成。沿岸见红树林。潮汐属正规半日潮型。潮流为往复流，涨潮流向西，落潮流向东南。水较浑，透明度小于 1 米，海水含盐量累年平均 28.3‰，表层水温多年平均 18.9℃，海面较为平静。产蛏、虾、蟹、紫菜及小杂鱼等海产，小型船只可乘船进港，是良好的避风港，可避 10—11 级大风。杨岐建有 50 吨级斜坡式码头一座，年吞吐量达 1 万吨。

水道

苦门仔 位于北纬 27°13'、东经 120°18'，在沙埕港内，于石龟村东角 0.6 千米，介陆岸与长屿北部之间。因水道狭窄，船难通过而名。别名小门仔。属前岐、店下二镇分辖。因地壳构造活动，海水作用形成。长约 0.3 千米，宽约 0.02—0.2 千米，水深约 2 米。为干出水道，底质为淤泥，海岸为岩岸，潮流为往复流，顺水道流向。小船可乘潮出入，是沙埕港口至长屿以北小船的捷径航道。

大门仔 位于北纬 27°13'、东经 120°18'，在沙埕港内，于长屿村南 0.7 千米，介陆岸与长屿南部之间。因水面宽阔如门，又为别于大门而名，属店下镇。因地壳构造活动，海水与河流相互作用形成。长约 2 千米，宽约 0.4—1.5 千米，水深 20—25 米，呈弧形，底质为淤泥，海岸为岩岸及泥滩岸。潮流为往复流，顺水道流向。为沙埕港主航道，5000 吨以下船舶可航通，东侧礁仔、三姐礁对行船会构成威胁。长屿南端及东北二姐礁有导航灯桩。

小门 位于北纬 27°13'、东经 120°22'，在沙埕港内，于龙安西澳村东北 1.6 千米，介金屿与小屿之间。因水道小于相邻的大门而名，别名金屿门，原属店下镇，现归龙安开发区辖。因地壳构造活动，海水与河流相互作用形成。长约 1 千米，宽约 0.2 千米，水深 4—35 米，底质为淤泥，东侧海岸为岩岸，西侧为朝间带海滩。潮流为往复流，顺水道流向。为小型船只捷径航道，东侧金屿有导航灯桩。

沙滩

海沙头 位于北纬 27°06′，东经 120°19′，在晴川湾北、箕笃村南 0.2 千米处。因处海边而名，曾用名长沙景，俗名箕笃沙滩，属店下镇箕笃村辖。为干出沙洲，因海水作用堆积而成。主要组成物质为粗、中、细沙分选性，颗粒南粗北细。面积约 0.3 平方千米，呈茄状，地势由北向南倾斜。干出高程 0.7 米。有数条山涧流入。沙石英含量高，是上好的建材原料。

店下湾滩 位于北纬 27°10′—27°11′，东经 120°21′—120°22′，在沙埕港内，于店下东北 5 千米处，因在店下湾内而名，属店下镇。为干出滩，主要组成物为淤泥。面积约 3 平方千米，长约 2.5 千米，宽约 1.3 千米，地势较平坦。干出高程 3.6 米。海岸为岩岸，台风多发生在夏秋，潮汐为正规半日潮型，涨潮流向西，落潮流向东。沿岸有岩底、斗门等村庄。滩底质含养分比较高，有机制丰富。产蛏、虾、蟹等海产，沿岸分布有红树林，小船可乘潮进出停靠。

岛屿

马祖屿 位于北纬 27°13′，东经 120°17′，在沙埕港内，于长屿西、距海尾村东南约 0.2 千米处。因岛上妈祖庙而名，后谐音改今名。为店下镇巽城村辖。属大陆岛，由中生代火成岩及第四纪红壤组成。面积 1400 平方米，呈草帽状。地势中间高，四周低，高程约 10 米。岸线长 0.1 千米，为淤泥及砾卵石岸，坡度缓。中部为杂灌木、茅草覆盖。

长屿 位于北纬 27°13′，东经 120°18′，在沙埕港内，于巽城村东 2.2 千米处，距陆岸线最近点约 0.04 千米，因岛形长而得名。早前，岛上居民系乾隆间由阮洋一带迁来。1985 年，有住户 9 户，57 人，聚居在岛中部东侧傍海处。当时岛民以渔业为主，次为农副业。主要从事近海捕捞和垂钓业，生产方式为缗、钓、定置网等传统小作业，产鲻、鲈、石斑鱼、虾、蟹、小杂鱼等海产。有山地约 20 亩，种甘薯及少量茶叶。有船只往返岛、陆两岸。岛上居民在本世纪初，陆续内迁，现无人长居此岛，仅农时上岛劳作。为店下镇巽城村辖。属大陆岛，岛上丘陵盘踞，主要由中生代火成岩及四纪红壤土和残积层所组成。面积 0.23 平方千米，形呈狭长状。南北长 1.07 千米，东西宽 0.14—0.35 千米。两个高地分列南北，北部最高 58.5 米，中部陕窄，起落呈鞍形。岸线长 2.55 千米，多为岩岸，原居民聚落处砌有石岸，坡度较缓。水源在中、东部，为井水，水量随降雨而大小，久旱干涸。岛上植被茂密，中部更密，主要植被为马尾松、竹、杂灌木及杂茅草。气候温和，降水充沛，台风多在夏秋，最大达 12 级以上，冬季多西北风，夏季多东南风。1—4 月为雾季，年均雾天约 13 天。

北鸟屿 位于北纬27°13'，东经120°19'，在沙埕港内，于新厝村北约0.9千米处，与赤土屿相邻。因岛形似鸟而名。又因与崳山列岛鸟屿重名，改今名。属店下镇阮洋村辖。属大陆岛，无人居住，由火山岩组成，面积600平方米，形长，中间高，四周低。

赤土屿 位于北纬27°13'，东经120°19'，在沙埕港内，于新厝村北约0.8千米处，与北鸟屿相邻。因岛上土壤红色得名。为店下镇阮洋村辖。属大陆岛，无人居住，由中生代火成岩及第四纪红壤土组成。面积100平方米。岛呈浑圆状，中间高，四周低，最高15.1米。岸线长0.11千米，多为土岩，较陡。顶部见少量杂草。

宫屿 位于北纬27°13'，东经120°19'，在沙埕港内，于新厝村北约1千米处，与赤山屿相邻。因岛上曾有宫庙而得名。属店下镇阮洋村辖。属大陆岛，无人居住，中由生代火成岩及第四纪红壤土组成。形较圆，面积5000平方米。地势中间高，四周渐低，最高18.8米。岸线长0.22千米，为岩岸，较陡，顶部为杂草覆盖。

小屿 位于北纬27°13'，东经120°22'，在沙埕港内，于西澳村东北约1.6千米处，与金屿相邻。原为店下镇辖，现属龙安开发区西澳村。属大陆岛，无人居住，由中生代火成岩及第四纪红壤土组成。面积500平方米。东西长，南北窄。地势中间高，四周低，呈浑圆状，高19.9米。岸线长0.1千米，为采石、土岸。潮落时西部与陆岸相连。植被主要为茅草。

牛栏屿 位于北纬27°13'，东经120°22'，在沙埕港内，于西澳村东北约0.5千米处。因形似牛栏得名。原为店下镇辖，现属龙安开发区西澳村。属大陆岛，无人居住，由火山岩组成。面积600平方米。高9.7米，岸线长0.095千米，坡度较缓。

姥屿 位于北纬27°05'，东经120°18'，晴川湾北，筼筜村南约1.8千米处。因太姥山而名，曾错名"姆屿"。为店下镇筼筜村辖（权属与太姥山镇小筼筜村有过争议）。属大陆岛，由火山岩及第四系组成。面积0.072平方千米，东西长，南北窄。地势北高南低，岸线长1.29千米。北部有泉水出露，水量随季节变化而大小，但终年不竭。植被茂密，多为茅草。气候温和，降水充沛，台风多见于夏秋，最大12级以上，海雾多发生春季。20世纪八九十年代，岛上有住户，有农地20余亩，种植甘薯、花生、马铃薯等作物。往常居民靠小船出入该岛。

礁

三人礁 位于北纬27°13'，东经120°18'，在沙埕港内，于长屿村东南约0.5千米处。系群礁，由大姐礁、二姐礁、三姐礁等组成而名，别名七姐妹，属店下镇巽城村辖。由三个干出礁，一个暗礁散布组成，礁组成物为岩石。面积计约500平方米。群礁地处沙埕港主航道中，对航行有影响，二姐礁设有灯桩。

头埕礁　　位于北纬 27°13'，东经 120°18'，在沙埕港内，于长屿村东北 0.7 千米处。因地处长屿头埕前而名，属店下镇巽城村辖。为暗礁，由岩石组成，面积约 30 平方米，形长，距水面 0.3—1.6 米。

外礁　　位于北纬 27°13'，东经 120°19'，在沙埕港内，于新厝村西北 1.7 千米处。因地处叠石礁（里礁）外而名，又名大礁。属店下镇阮洋村辖。为暗礁，由岩石组成，距水面 8.6 米，在沙埕港主航道上，对行船有影响。

浮礁　　位于北纬 27°13'，东经 120°19'，在沙埕港内，于新厝村西 1.7 千米处。原以似竹排而名排礁，后因方言谐音成现名。属店下镇阮洋村辖。为干出礁，由岩石组成，面积约 40 平方米，呈半月弧形，顶较平。在主航道南侧，对行船有影响。

叠石礁　　位于北纬 27°13'，东经 120°19'，在沙埕港内，于新厝村西北 0.95 千米处。因礁顶两块石头相迭而名，别名里礁，属店下镇巽城村辖。为干出礁，由岩石组成，面积 40 平方米，形圆，干出高程约 1 米。顶上一块已为人工破取。

大姐礁　　位于北纬 27°13'，东经 120°18'，在沙埕港内，于长屿村东南 0.4 千米处。因在三人礁中面积最大而名。属店下镇巽城村辖。为干出礁，由岩石组成。面积约 300 平方米，形圆，顶不规则，干出高程 3.3 米。

二姐礁　　位于北纬 27°13'，东经 120°18'，在沙埕港内，于长屿村东南约 0.4 千米处。在三人礁中面积次于大姐礁，因此得名。属店下镇巽城村辖。为干出礁，由岩石组成。面积 70 平方米，形长，顶平，干出高程 4 米。在主沙埕港航道中，对行船有影响。

礁仔　　位于北纬 27°12'，东经 120°18'，在沙埕港内，于长屿村南 0.85 千米处。因在三人礁中面积最小而名。属店下镇巽城村辖。为暗礁，由岩石组成。面积 10 平方米，圆形，距水面 0.5 米，在沙埕港主航道中，对行航有影响。

三礁鼻　　位于北纬 27°11'，东经 120°11'，在店下湾内，于斗门村东 0.7 千米处。礁有三个顶形似鼻头而名。属店下镇屿前村辖。为干出礁，由岩石组成。面积 10 平方米，形圆，干出高程 4.7 米。

岐兜礁　　位于北纬 27°11'，东经 120°22'，在店下湾内，于岩底村西南 0.3 千米处。地处岐兜村前而名。属店下镇屿前村辖。为干出礁，由岩石乡成。面积 100 平方米，呈弯曲狭长状，干出高程 6 米。

店下交通建设列举

钟而赞

清光绪《福鼎县乡土志》载，店下"山海回护，水陆交通……西可达白琳以接官道，东可出南镇以泛外洋"，"帆船所达，以堤为岸"。由于特殊的地理状貌，古代店下交通山海兼行，陆路的交通主要有三条古驿道（旧亦称福宁古道），分别从东南、西南、北三个方向纵贯镇域，至店下、秦屿（今太姥山镇）交界的茶塘村出域，通往福宁府治所在地霞浦。另有一条古道自巽城西行至白琳，接白琳往杨家溪至霞浦的官道。这几条古道即是古代店下与外界交通的"大动脉"。在域内则将沿途各村加以勾连互通，密切了相互之间的往来交流。此外，域内村落之间的交通则依靠那些盘绕崎岖的山径，即《福鼎县乡土志》所谓"羊肠路小，行者等蜀道之难"。

"以堤为路"是店下沿海平原地区陆路交通的一个独特性。店下的围海造田史持续了千余年，万良良田是一个塘一个塘围成的。围塘的堤坝俗称"塘沽"，这些塘沽也是田间作业的便道、联通各村的捷径。不少塘沽成为主要的通村道路，如今店下、屿前、东岐、溪美等片区各村之间的通村公路，大多是在塘沽的基础上发展起来的。

这是陆行的道路，水行则主要靠港（渡）口和渡船。店下渡口不少，清嘉庆《福鼎县志》就载有店下渡、巽城渡、箕笃渡、杨岐渡、牛矢墩渡、关盘渡、小巽渡等数处，还有一些规模较小的渡口并未予记载，如石牌村的叠石脚渡、蒲岐渡，今属龙安的龙安渡及西澳渡、江南村下垅渡、花眉岩渡等直到20世纪八九十年代还在作业。渡口、渡船的存在实现了沿海各村及其所辐射的周边山区、平原村落之间联结互通，同时也是店下与域外交流特别是大宗农副产品外销的重要通道。历史上，店下域内各个渡口与沙埕、桐山两个大埠头之间交往密切，多个渡口有船只与之直航，通过沙埕港、桐山渡进而北上温州、宁波，南下福州、厦门，甚至行船可直指台湾。

至民国，店下的交通状况几乎没什么改变。中华人民共和国成立后，店下经济社会发生了翻天覆地的变化，交通建设也取得了辉煌的成就。以下列举不同时期实施的店下交通建设项目，从中可以看到1949年后店下交通事业的发展概貌。

茶杨、店巽、店筼公路

店下公路建设始于1959年。1956年10月，起自福鼎沙埕至霞浦吕峡的省道沙吕线动工。沙吕线是分段建设的，其中一段是白琳至秦屿公路，1959年11月由县交通局工程测绘队首次测绘设计，路线从白琳经沿州、巽城、店下至秦屿，全长39千米。1960年全线破土动工，店下至秦屿路基当年完成，其他路段的路基也完成了70%以上。1961年5月，因经济严重困难致工程"下马"。1973年8月，县交通局对白秦公路进行重新测绘，改变了1959年的线路走向，放弃原来的"沿海线"而改走"山区线"，从白琳翻越周仓岭，经郭阳、才岗、山兜、潋城、茶塘、董家沙至秦屿，新线路不再经过店下。

1975年，店下在1960年完成的原有路基上建设茶（塘）杨（岐）公路。公路起于省道沙吕线秦屿茶塘村，至杨岐码头，全长12.7千米，桥梁四座，途经海田、岚亭、亥窑、店下、屿前等村，路基宽4.5至6.5米，路面宽3.5米，属等内路，其中茶塘至店下集镇段为四级公路，作为沙吕线店下分线。

20世纪70年代，店下完成了另外两条境内主干道的修建，一条是店（下）筼（大筼笃）公路，1972年动工，当年建成，全长16千米，途经店下、溪美、石牌、筼笃四村，路基宽4.5—6.5米；另一条是店（下）巽（城）公路，1978年动工，当年建成，从店下经屿前、石塘、小巽至巽城，全长12.5千米，路基宽4.5—6.5米。

茶杨公路、店巽公路、店筼公路构成了店下的主干路网，直至今天，店下镇域路网走向大致仍没有太大改变。这三条公路都完全由店下自筹自建，沿线各村群众投入了极大的热情，体现了店下人民对发展的急迫期待和团结拼搏、勇于奉献的精神。

杨岐港

杨岐港位于今店下屿前村外林自然村石壁头与龙安杨岐村交接处，曾是福鼎县内八个主要港口之一，港内涨潮水深3—5米，水道弯曲狭窄，50吨以下的船只可顺水道乘潮驶入。

1956年，福州港务局三都办事处在福鼎海区开设"闽东号"客班轮航线，定杨岐港为停靠点。第二年在杨岐建了一座木构框架码头。"闽东号"客轮通航，开发了杨岐港，一度给它带来了繁荣，店下及秦屿、硖门各乡镇群众欲往县城，大都先步行至杨岐码头乘船，周围乡村的物资也由此处聚散。1963年杨岐港上游蚶澳塘修海堤建闸门，海堤便成为联接码头的交通大道，改善了该港对店下集镇的陆路交通，但也因此使该港的航道逐渐淤积。1972年，原建木构框架码头腐烂，闽东航运管理总站报经地区交通局批准，拨款6134元改建码头，建成一座54米长的凸堤引桥式码头。1977年，城关至秦屿和店下的公路建成后，使原从杨岐港口吞吐的客、货，逐渐转向陆路运输，同时"闽东号"客班轮因营业亏损停航，致使水上运输锐减。至20世纪80年代，只有运往店下的大宗物资在杨岐港码头靠泊，平时则成为民间小型机动船的停靠码头。80年代末，龙安杨岐海堤建成后，杨岐港随之消失。

八杨公路和杨秦公路

八杨公路是指八尺门至杨岐码头互通交通战备公路，杨秦公路是指杨岐码头至秦屿（今太姥山镇，下同）互通交通战备公路。

八杨公路起点位于八尺门特大桥下，与白岩至白琳公路相接，路线途经白琳镇白岩村、沿州村，店下的巽城村、阮洋村，龙安开发区的江南村、西澳村，终点于杨岐码头，线路全长26.5千米，其中店下域内12千米。全线按二级公路标准建设，设计速度为40千米/小时，路基宽度10米，全线水泥混凝土路面。

八杨公路由省发展和改革委员会委托宁德市发展和改革委员会批准立项，总投资1.51亿元，于2009年正式开工，经过近两年的紧张施工，于2011年9月建成通车。

杨秦公路起点位于杨岐码头（龙安安洋东路终点），路线主要利用龙安经店下至秦屿的原有老路，店下境内途经屿前、东岐、店下、硋窑、岚亭、海田等六个行政村，路线全长18.424千米，全线按二级公路标准设计，设计速度40千米/小时，路基宽度10米。

杨秦公路2005年立项，2006年4月20日开工，2008年1月完工，2011年3月通过竣工验收。

八杨公路和杨秦公路恰像店下的两只手臂，一只往西，一只往东环绕向北，拥抱着店下，两端各连接沈海高速太姥山、八尺门两个互通口，是店下通往域外的两条大通道，也是镇域经济社会发展的两条大动脉。

纬五路和经十五路

纬五路起点位于店下东郊环岛（福安塘村头）向东沿牛矢墩村边与龙安开发区路网相连，全长2820米，宽32米，于牛矢墩闸下设中桥一座，按城市Ⅲ级主干道标准建设。

纬五路采用BT融资方式，是福建省首个乡镇BT项目。项目建设将公路建设与土地整理开发、地质灾害治理和新农村建设融为于一体，建设内容包括道路工程、路线交叉、桥涵工程、交通工程及沿线设施，排水工程、综合管网、照明工程、绿化工程等，总投资1.3亿元。2011年12月5日开工，2013年10月建成通车。

国道 G228 线福鼎市白琳镇小白岩至店下段工程 A2 标项目狮头岩隧道（店下镇党政办 供图）

纬五路连接龙安与店下，西端与店下至太姥山镇二级公路对接，直达沈海高速太姥山互通口、温福高铁太姥山站，东端与八杨公路、杨岐码头无缝对接，陆路直通沈海高速巽城、八尺门两个互通口，水路直航沙埕港。

经十五路起点位于店下东郊环岛东侧，终点为溪美村，全线长 3763 米，其中主线长 2860 米，按二级公路标准设计建设，设计速度 40 千米 / 小时，路基宽 8.5 米，路面布置为 2×3.5（行车道）+2×0.75（路肩）米，设中桥 1 座。建设内容包括路基工程、路面工程、桥涵工程、安全设施及预埋管理工程等。

经十五路于 2019 年动工，2021 年建成动车。它的建成缩短了店下集镇与镇域南部中心溪美之间的距离，改善了沿线各村的交通状况，同时与溪美至小白鹭、大筼筜等海湾景区的旅游公路相衔接。

构建以集镇为中心，以东西走向和南北走向的两条主干道为框架的交通网，是店下镇历届党委政府的重要议程，并持续为之奋斗。纬五路为东西走向，经十五路为南北走向，两干道是店下镇的外联大通道，同时将沿线各村紧密联系起来，极大改善了沿线各村的交通状况。两干道在店下集镇东郊交叉，形成一个十字结构，根据规划，经十五路北向继续延伸，经屿前村罗口隧道，与沈海高速、国道纵一线的洋中枢纽及沈海高速巽城、八尺门两个互通口连接。目前，罗口隧道工程于动工兴建，计划于 2023 年建成。

沙埕湾跨海大桥

2003 年 6 月 28 日，福宁高速（沈海高速福鼎至宁德段）全线建成通车，标志福鼎迈上"高速公路时代"。福宁高速公路福鼎段全长 53.4 千米，途经贯岭、山前、桐

沙埕湾跨海大桥（店下镇党政办 供图）

城、白琳、店下、太姥山、硖门等7个乡镇、街道。尽管在店下境内并未开设互通，店下前往福鼎市区，从店下往太姥山镇上高速，车程比原先走沙吕线缩短了一半以上。

2021年1月18日，宁波至东莞国家高速公路沙埕湾跨海公路通道工程竣工通车。沙埕湾跨海公路通道工程起自佳阳乡双华村（浙闽界），与宁波至东莞国家高速公路浙江段衔接，过安仁建沙埕湾跨海大桥跨越沙埕湾，至巽城设店下互通衔接国省干线"纵一线"，路线终于洋中村长门，设置洋中枢纽互通衔接沈海高速公路。路线主线长20.193千米，其中店下段总长5.12千米。主线按双向六车道高速公路标准建设，路基宽度33.5米；全线设佳阳、店下、巽城、洋中共4处互通立交。

沙埕湾跨海公路道路工程建成通车，开创了店下交通的新纪元。

店下的福鼎之最

> 周瑞光　李立华　钟而赞

偌大的店下，有一些人和事在福鼎市乃至全闽东堪称第一，略述如下：

位于洋中村下底湾的马栏山遗址，是距今四五千年的新石器时代石器作坊遗址，其规模之大，范围之广、年代之久乃居闽东之冠，为福建省文物考古十九大发现之一。

据清嘉庆《福鼎县志》载，旧时福鼎全县有城堡31个，属原店下辖区的就有12个，乃全县之最。域内关盘堡，始建于南宋祥兴元年（1278），今尚在，为福鼎市目前发现有文字记载之最早古城堡。

店下拥有福鼎市最早最大规模的围海造田历史，可追溯600多年前的明洪武二十年（1387）。据《李姓陇西郡宗谱》载，弹港李姓祖先李真一于元末避乱，由浙江处州梅岐举族迁至店下弹港山下创居。沿港岸筑堤垦田耕作，称"弹港塘"。这是店下洋最早围成的一个塘，后陆续有店下邹、易、宣、喻、丁、郑、谢、林、钱、王等诸姓各自或共同围海造田。

明清之交，店下堡首举"反清复明"义旗。时有秦屿屯头村人黄大焞在店下，招集畲汉兵民上千人，配合郑成功、刘中藻之部与来犯清军作殊死搏斗，最后堡破兵溃，殉节于福安白云山。

溪美王太邠是清嘉庆《福鼎县志》中记载的清代孝子中的第一人，也是年龄最小的一个。据县志和《台家洋太原郡王氏宗谱》记载，王太邠，店下溪美林西桥人，顺治十三年（1656），倭寇掠至，邠年方7岁，适父死在床未殓，守尸不去，为贼所得。泣曰："亦知留则必死，顾父尸在床，不忍去耳。"贼怜其少且孝，为埋其父，纵之去。

店下关盘陈殿金（字汝白）是第一个往外省围海造田且数量最多的人。据浙江乐清博物馆资料及《陈姓族谱》载，清雍正十三年（1735），汝白偕其弟正桥前往浙江省乐清县东乡（今乐清市南塘镇沿海一带），开始了他浙江围海造田的生涯。历经30年共围田8640亩。

店下民间文化活动丰富多彩，除了龙灯、鱼灯、连灯、台阁、高跷外，还有玉岐、筼笤、店下、溪美四队马灯，是福鼎马灯最多的一个乡镇。

清同治年间，福鼎县城因遭"浙平金钱会"兵丁烧毁，县令陈培桂倡议重建，其首董梁丕纯——店下巽城人，染布出身，现福鼎博物馆珍藏有"重建城皇庙碑"留有其名。梁丕纯之族孙梁祥生，民国时期任钱粮征收员，广交博游，与巽城施安卿、店下陈涛山、岚亭费青野等为莫逆交，是福鼎第一个红色向导，曾为寿宁叶秀蕃引领到屯头、筼筜沿海地区，与黄淑琮、黄丹岩等早期革命人士配合工作，牵线搭桥。

店下镇东南之郊清坑村（原为清安村）有望族张氏，太学生张良卿之子张序爵，乃福鼎民国以来第一位晋京大学生。张序爵号献九，字孔晋，生清光绪二十八年（1902）三月，卒于1993年4月。1921年毕业于福宁府学（与游寿同班），旋晋京入北平中国大学（北京师范大学前身）教育系。一个月后，有同乡李得光（点头龙田村人）、陈子怀（沙埕澳腰人）亦相继进校。毕业后曾在山东青岛中学、聊城师范任教。抗战军兴，转入四川，先任教于江津女子中学，后于成都第二师范担任心理学教授、教务主任、副校长等职。

店下有福鼎首位中国人民大学的大学生——蔡存长，店下蔡厝里人，乳名"石头古"。1955年毕业于福安农校，品学兼优，同年考入中国人民大学，与人民日报社原社长邵华泽同级，毕业后返乡，曾任县委党校副校长、高级讲师。

20世纪60年代中叶，有牛矢墩贫寒之农家子弟薛宗碧以优异成绩考入北京大学图书馆学专业，毕业返乡后曾为福鼎首任文联主席，成为福鼎文学队伍中之领军人物。其先祖薛令之，字君珍，号明月先生，唐神龙二年（706）进士，充太子右补阙，系全闽登进士第一人，又是太姥题诗第一人。

在福安塘村，有一前清秀才，为民国元年店下小学第一任校长谢作霖（1886—1944），是当时福鼎年龄最大、文化最高的中共地下党员，并一度担任鼎平中心县委书记、闽东特委委员兼红四团团长。"二黄"壮烈牺牲后，谢作霖被委任为县委书记，继续作战，曾于1934年3月19日发动领导冷城暴动，10月间扩编成立霞鼎游击队第七支队（又称白毛队）并任队长，并于1935年1月16日夜袭店下大帝宫守敌；2月5日攻打下岚亭敌保安团连部，大获全胜。

店下是福鼎最早办私塾且最多的乡镇。公立学校尚未普及时，阮洋关盘陈氏清代先祖陈肖云，首创私塾，延名师课读子孙。据《福鼎教育志》载，截止1950年，全县分布各乡镇统计有72馆私塾，店下就有15馆，居全县首位。

土地革命时期，店下筼筜村人黄淑琮于1930年10月间在该村成立了福鼎第一个中共党小组，成员有陈春木、蔡加城等。1932年6月，黄淑琮在上澳村召开了20多个农民小组会议，建立了福鼎县第一支农民武装——筼筜赤卫队。1932年冬，店下筼筜相继成立了福鼎第一个党支部、第一个村农会、第一个贫农团、第一个妇女会、第一个儿童团、第一个区苏维埃政府。

1931年冬，店下的石牌、箕笃、岚亭、后坪等村农民群众最早掀起抵制日货的爱国运动。1932年11月，在店下三佛塔田头村建立第一个福鼎县畲族地下交通站，钟二妹为女交通员。

店下溪美三门寺蓝阿铨（1910—1941）、屿前西岐村钟义祥（1912—1936），是福鼎首批畲族中共党员。钟义祥，鼎平中心县委委员，1932年，经蔡加城等介绍加入中国共产党，在西岐村一带开展革命秘密活动，1934年6月参加筹建下南区苏维埃政府，担任区财政委员，先后5次用屿前大财主开设的"陈恒生"药店招牌，以运药材作掩护，从福州购回大批枪支弹药供红军使用。1936年9月在温州永嘉被捕牺牲。

店下籍的曾阿缪、钟大湖是1955年中央军委第一次授衔仪式上获得最高军衔（大校）的两位福鼎籍军人。

溪美弹港村李吓奶（女，1936—2004）全国"三八红旗手"、全锅劳模。上山下田，犁、耙、插男女活儿样样精通，曾被誉为宁德地区汉族妇女第一女能人，作为福建省代表出席1957年全国劳模表彰大会，受到毛泽东主席接见。

1958年店下商业办事处喻仁肖（岚亭三墩人）发明畜力抽水机、颗粒肥料机，是福鼎第一位晋京获奖的农民发明家赴北京出席第一机械工业部召开的全国农具技术改革会议，并获奖章一枚。

1958年福鼎商业局在店下清溪寺创办饲养牛、猪、羊、鸡、鸭成千上万，员工有300多人，是福鼎第一个也是最大的一个商业畜牧场。

1959年，店下邮电所改为店下邮电支局，是当时福鼎县最早设立的邮电支局。

根据中共中央、国务院《关于加强种子工作的决定》要求建立良种繁育示范农场的精神，于1962年5月创办至今，其全称为"福鼎县农业良种繁育场"，地处店下后埕村，种田农民一律是事业编制的全民工，是福鼎首家国营良种场。

福鼎七中前身是于1964年8月创立的福鼎第一个也是唯一的农业中学。店下学区最多时（1986年）在全镇办有108所小学校（含初小教学点），是全市办校最多的乡镇。

1970年1月，店下是福鼎最早由区公所改制为人民公社的第一个乡镇。

店下是福鼎革命的策源地，曾有大批革命志士为福鼎人民的解放事业，为社会主义革命和建设事业而光荣牺牲。至1995年，经省人民政府、国家民政部追认为革命烈士人员中，仅当时箕笃村就有烈士46人，是福鼎市烈士最多的一个村。

店下马埕洋的水田是福鼎单坵面积（220×55米，18亩）最大的，一人一天只插一手（直）秧苗。田埂最长、又是最窄的（220×0.15米左右）。自古流传"没两下，不敢来店下"，意思就是外乡人来店下务农打工，看到这又长又窄的田埂就吓怕了。

店下是福鼎最大米粮仓，店下农民为国家贡献粮食居福鼎各乡镇之首。年均完成征购任务83246担，占全县总任务32万担的四分之一。最多年份售粮120000多担。其中福安塘一个自然村水田只有316亩，每年要上缴公粮225担统购粮918担、加价粮660担，合计年上交国家粮食1800多担。

1985年，店下青年李立华创办的"个体新华书店"，店址在店下老街即现在的象前街50号，是福建省第一家经批准设立的个人新华书店，当时，福建新闻广播曾给予报道。

2017年，王绍据获得"全国脱贫攻坚奖奉献奖"，为福建省获此殊荣第一人。

店下牛矢墩农民邓正钟，自1998年以来，每年单季种植水稻200亩以上，是福鼎个人种田面积最多的农民，于2003年10月被农业部授予"全国种粮大户"，同年被宁德市评为市管拔尖人才。

福鼎溪美李氏子，法名释界诠，中国佛学院第一届毕业生，曾任莆田广化寺佛学培训班教务长，又任福建省佛教协会会长，是中华人民共和国成立后第一位福鼎籍省佛教会会长，后回太姥山，在平兴寺创建中国第一个律学研修院。

太姥山白云寺住持长净法师，系店下溪美弹港村人，他是第一位被多次拍成视频上中央电视台及国外电视台讲述福鼎白茶的出家人。

福建省立新船舶工程有限公司，创建于1981年，是一家专业从事钢质船修造的民营独资企业，连续多年实现渔船市场占有率全国综合评比排名第三、全省综合评比排名第一，曾获"福建省十佳渔业船泊修造企业""福建省名牌产品企业""诚信单位""先进企业""明星企业"等荣誉称号，在技术进步、产品创新方面成果丰硕，先后获得国家实用新型专利24项，自创建以来，立新船舶成功建造并交付各类船舶超过1000多艘，2016年以来渔船建造量居全国第三名、福建省第一。

福建鼎盛钢铁有限公司于2017年11月落户店下镇冶金工业园，总投资130亿元，是近年来除宁德核电、宁德时代之外在福鼎投资的最大工业项目。主要生产热轧炉卷板、中厚宽板、400—500兆帕抗震钢等产品，广泛应用于汽车、家电、通用机械等领域，能有效补齐我省钢铁产业短板。

1995年8月创建于店下溪美的福建福鼎登山石雕工艺品有限公司是店下镇引进的闽东最早的台资企业之一。

1995年店下镇引进于店下溪美落地，并于1997年3月在宁德工商局注册成立的福建上品农业种植有限公司，是宁德第一家涉农台商独资企业，引进台湾品牌"西螺米"和"池上米"在店下试种并成功推广。

历史文化名村——巽城

钟而赞

巽城村三面环山,东面临海,海陆相接,地理位置得天独厚,自古就是闽东北山海古道必经之处。村内主要河流巽溪发源于巽城西南部洋中盆地,流经巽城村东南侧,向东北注入沙埕港。山海特产丰富,盛产粮食、茶叶、水果及各类海产品。诚如《陈氏宗谱》所云:"(巽城)傍山而立,面临东海,地广田腴,盛产海鲜,为鱼米之乡,水陆俱便。"

一

清光绪《福鼎县乡土志》有一段关于巽城及其周边各村的介绍:

> 治东南四十里起为三都。山海回护,水陆交通,而平原甚少。西可达白琳以接官道,东可出南镇以泛外洋。村凡二十,户三千有奇,丁一万有奇。地势为长方,其间若沿周、若大小白岩、若巽城、若阮洋、若关盘、若后湾塘为止境,皆沿海岸而成村落。由县城泛舟东出,偏南之航路历历可数

巽城村牌(店下镇党政办 供图)

者也。巽城之地处其中，田数十亩，庐舍环居，前人筑土堡以自卫，至今依然，乡人以其有城也又在巽方，故以巽城名。城中有市，诸村交易之场，近来市肆日盛，阛阓周密，有鳞次栉比景象焉。绵亘数村之背有山，曰车头，峻大崎岖，岐路四出。山之阳颇平旷，村民陈氏聚族居者近三百年。其窈而深、缭而曲者则畲民数十户之居也。俯瞰而西，别开生面，则高山、文山、东洋山、印墩、小洋里诸村，一览可尽，皆附于兹山而名焉者也。由城东去，过石桥，俗名朱底桥。为朱坑，再为彭家洋、江家岭；由小巽岭下循山西行，曰贡洋、曰牙基，羊肠路小，行者等蜀道之难。生聚不多，而生计亦窘矣。溪源自小，畸北盘曲十余里皆小涧，堆积碎石，阔不及丈，至朱坑底桥，汇合山水，始见涟漪，流入于城之海尾。其西向水源则分倴头山之支流，农人砌坝以灌田而已。种植之产，以稻谷为大宗，杂以番薯。然山地实居强半，可耕之田只少数耳，惟草木尚蕃，乡民勤于樵苏，得值亦足果腹，而劳瘵实甚。天气之寒，以倴头山为最，冬春之交，开窗则雾乘之，衣饰每多霉渍，而民间耐作苦甘藜苋，山居者犹朴焉。

清乾隆四年（1739）福鼎置县，全县划分为二十都，三都的范围大致包括今店下的巽城、洋中、阮洋、溪岩，白琳的沿周、白岩、柴头山（车头山）部分村落，今属龙安开发区的江南、西澳、杨岐，巽城是这片区域最大的一个村，也是区域交通商贸中心，为集镇所在地。

巽城的历史可以追溯到石器时代。马栏山古人类活动遗址的发现表明，早在距今四五千年，这一带及周边地区已有一定数量的人口聚居，且产生过原始的商品贸易与流通活动。既然马栏山是一个规模较大的石器作坊，那么可以合理地推断，与马栏山近在咫尺的水陆码头巽城，应该是一个具有一定人口规模、为方圆内社会经济活动中心的村落。

二

巽城自古便是海陆交通要冲，所谓"兼摄五方道路""上通北浙，下属南闽，系要害之区，为行旅往来必由之路"说的正是巽城的交通枢纽地位。宋明以降，巽城一直是福宁古道上最为重要的集镇之一。过去，由桐山（福鼎县城）出发，经水路横跨沙埕港内港，至巽城渡登陆，经巽城村，过巽城桥，历朱坑里半岭亭、马山、缸窑、茶塘，到达秦屿，越境即可通达霞浦（福宁府治所在地）。

巽城渡又称海尾渡，位于今巽城村海尾，地处巽水入海处北侧、沙埕港内港西岸，其东面有长屿为天然屏障，常年风平浪静。该渡始建于明朝，清乾隆三十二年至

巽城老街（店下镇党政办 供图）

三十七年间（1767—1772），巽城何姓开基祖何启龙及其子孙，相继创建小巽、前岐、桐山、水流美等渡口码头，开通包括巽城渡在内的各处渡船航运。清代许多闽浙贸易的小宗货物都从巽城渡上埠下海，巽城渡遂成为沙埕港内水陆交通的重要枢纽和巽城段福宁古道最主要节点之一，是明清福鼎主要渡口之一，船只辏集，十分繁忙。至2003年高速公路开通之前，仍有数艘客货船往返于前岐、城区等地。今仍存巽城渡码头。

民国以来，由于公路汽运的发展，古道主要作为巽城乡间道路，逐渐荒废。现存巽城渡、海尾路、海尾路亭、巽城桥等古道节点建筑。

三

巽城历来就是店下镇域北部的区域中心。巽城的巽，因地处八卦的东南方，城，则是因该地早在明代即筑有城堡。清初，清政府为切断郑成功、张煌言等以反清复明为旗帜的义军与沿海地区之间的联系，实行禁海迁界政策，位于沿海的巽城堡因此荒废。至清雍正十二年（1734）福宁州升为福宁府，乾隆四年（1739）析霞浦县劝儒乡的望海、育仁、遥香、廉江四里置福鼎县，其时清政府已全面取消海禁迁界政策，巽城大姓林、陈、何等主要姓氏，即在康乾复界之后迁入。巽城村海陆相接，自古就是闽东北山海古道必经之处，又本就是一方都邑，基础坚实，因此陈、林、何、施等姓陆续迁入后，经营茶叶、制饼、航运等行业，使得巽城的经济社会发展很快得以恢复，逐渐成为福鼎重要商埠和五大茶叶集散地之一。清末，来自巽城的大茶商林嗣元成为闽东茶界领袖，他倡议、发动并筹募资金成立了宁帮茶商公所，亲手制订公所规章制度，团结同行共进退，为大家提供诸多方便的同时，也得到大家的拥戴。

有了雄厚的经济实力，各大姓开始了大营建。今天的陈氏三大厝、林氏大厝、何氏大厝和施仁泰大厝，都是清代建筑。福鼎市文联原主席、作家薛宗碧的散文《巽城散记》中写道：

> 随着财富的积累，人丁的兴旺，各族纷纷建造起恢宏的大厝，为的能长久地享几代同堂的天伦之乐。大厝有苏派建筑艺术、有徽派建筑艺术，或者南北揉合，东西交会，因为他们的主人都是跑码头见过大世面的。经历一二个世纪的风风雨雨，如今保存较完好的尚余一二十座。我们只参观了陈氏上锦芳、下锦芳、三房和施仁泰的四座四合院，以及何氏、林氏、陈氏祠堂，其设计之科学，建筑之艺术，让人叹为观止。据说，陈氏三房大厝的正大门，整整做了三年，工艺之精细，可想而知。

人文历史底蕴极为深厚的巽城，文物古迹远不只以上大厝。据调查，包括古道、渡口、桥亭、祠堂、宫庙、街巷、商铺和大小各类民居在内的传统风格建筑，巽城文物达61处之多，其中还不包括《巽城散记》中所说的"众多富于哲理、充满智慧的牌匾、楹联、雕刻、诗文"。

至20世纪中叶，巽城还为人们留下很重要的一样文物：巽城战斗遗址，即今何氏宗祠，是福鼎解放的最重要的纪念地之一。何氏祠堂的南面山墙留下近百弹孔，是解放福鼎最后一战的历史见证。其时福鼎国民党军队林德铭"搜剿队"残部，由县城逃至巽城，在何氏宗祠及附近炮楼内作困兽之斗。浙南游击纵队第一支队第二大队在

巽城红树林（店下镇党政办 供图）

鼎平警卫队、工人纠察队配合之下，歼敌100多名，击毙林德铭，俘虏80多人，解放巽城，也标志着福鼎陆域全线解放

历史遗存如此丰富的村庄实在不多。2011年，巽城被评为"福建省历史文化名村"；2012年，又跻身第一批"中国传统村落"名录。

溪美村述略

朱如培

溪美村位于店下镇域东南，距集镇 3 千米，距福鼎市区 45 千米，是店下、沙埕两镇沿海 13 个行政村经济、文化、贸易中心。村境面积 9.68 平方千米，辖 13 个自然村，共 1126 户、4168 人，中心村常住人口（含非户籍）达 5020 人。

溪美村人杰地灵，文化底蕴深厚。早在新石器时代即有先民在域内繁衍生息，唐宋时期即有族群迁居域内，明清时期的林西桥（溪美旧称）更是以人烟汇集、商贸繁荣闻名遐迩。留存到今天的古井、古街、古宅、古桥，以及临水宫、狮山寺、基督教堂和下南里百年榕树群，是溪美人文历史的见证。

沿革

穿村而过的溪流原先河面宽阔，河床平坦，溪水清澈见底，自西往东环绕如带，古时临溪建桥，"临""林"同音，俗称"林西桥"，溪美村旧称林西桥缘由在此。沿溪溯流而上，在猫坑里和梨洋里可见两溪交汇成潭，形如葫芦，称"葫芦潭"，溪美村则处于溪之尾，"尾"与"美"方言谐音，后来又改称"溪美"。原属福宁州劝

溪美村俯瞰（福鼎市融媒体中心 供图）

儒乡育仁里十二都，清乾隆四年（1794）福鼎置县，大部属四都，部分归五都，1940年为溪美乡（下辖台峰、沙埕下片沿海9个村），1948年，为溪美保，属玉溪镇（今店下镇）。1958年，成立溪美大队，归属店下公社。"文革"期间一度改为溪美小公社，1983年至今称溪美村。

溯源

20个世纪80年代全国第二次文物普查时，在溪美村南洋内发现较多石锛、零星印纹陶片，与马栏山文化遗址同属一个时期。可见，早在4000年前，就有先民在这块土地上劳作生息。据《高氏宗谱》记载，高氏始祖于唐代肇基林西桥。另据《陇西郡李氏宗谱》记载，明洪武二十年（1387），弹港居民李氏祖先李真一（元末避乱由浙江处州梅屿举家迁至弹港山下创居）后辈筑堤围田，沿港岸筑堤垦田耕作，形成了弹港塘和九曲溪（今溪美洋）。元末明初，王氏举家从崙山迁居台家洋（沙埕镇台峰村石板埕）。迁入溪美境内较早的先民还有新厝朱氏、梨洋里林氏、柏石叶氏、东门山陈氏、虎兰卢氏、三门堂郭氏（回族）、三门寺蓝氏和钟氏（畲族）等，他们组成了溪美先民。这些先民沿林西桥官道两侧搭建旧式草房或简易楼房，自成一条街道。据历代百姓口口相传，这条街曾建起大小草鞋庄达百余家，客栈酒肆20余家，通往各地船只在此停靠日达百余艘，南北转运业发达犹如苏杭古运行道，故林西桥又名"小杭州"，简称"小杭"，作为溪美村别名的"小杭"直至今天还在使用。林西桥历来是黄岐旧城、官城尾乡民生活用品的集散地，其手工编制草鞋转运到浙南各地销售。可见，早在明清两代，溪美人便着手从事编制草鞋手工行业。林西桥也由此闻名遐迩。

人物

溪美这个古村落，自唐代高氏始祖肇基以来，乡土人才辈出。

在溪美村历史以来的众多人物中，林七公是一位在福鼎大地上有着广泛影响的人物，相传他遇异人授其防疫消灾、治病救人的秘诀，用这个秘诀救活了不少人。他的事迹遍及福鼎各地。如今，很多宫庙还供奉着他的塑像。

清嘉庆《福鼎县志》记载："康熙五十九年，里人朱天华募建（林西桥）。"见于志乘的溪美人还有生活于清初和清中叶的王大邠和王斯潮。

第二次国内革命战争时期，从溪美村八埕岗、古岭头、上宅等地走出的英烈就达20多位。

20世纪60年代弹港农妇李吓奶被评为全国劳模，得到了毛泽东主席的接见。

教育

溪美村重视教育,兴教办学历史由来已久,可谓家学渊远,文礼持家。如蒋家洋李氏先祖来自浙江南宋,肇基之初,便将文风带到溪美,创立私塾。直到清光绪年间,村人又在溪美临水宫创办私塾大馆。1920年,溪美蒋家洋李氏族人发起成立奖学公约,资助困难学子读书。1922年,在溪美临水宫创办国民学校,校舍分设在溪美红旗厝、富老洋杨家厝、菰北七公庙,"文革"前夕重新迁回溪美临水宫。1925年,在溪美临水宫开办区立溪美中心小学。1942年9月改称为玉溪镇溪美中心小学,1960年学校发展成完小校,20世纪80年代初,搬到现在的溪美小学。另设溪美初中部,1995年创办独立初中(福鼎二十一中)。2019年9月,福鼎二十一中与溪美小学合并为九年一贯制学校。

文化

在溪美特殊的地理位置和悠久的历史长河中,多元文化在这里交融。经久不衰的文化氛围,造就了古意盎然的人文风物,留下了许多古迹:宗教建筑如溪美临水宫、七公庙、三门寺,古老作坊如油坊、造纸厂,经典民居如蒋家洋古民居、杨家厝,古道路亭如福宁古道、泗风亭。民俗活动主要有"击石"健身赛事、溪美马灯、梨洋里提线木偶、布袋戏、上宅坐刀轿、"六月六"等。

中华人民共和国成立后,尤其是改革开放以来,溪美村发生了翻天覆地的变化,楼房鳞次栉比,街道纵横交错,商贸繁荣昌盛,人民安居乐业,曾被国家文化部、全国妇联联合授予"全国美德在农家活动示范点",近几年先后被省、地、市党委、政府授予"明星村""小康明星村""文明村""先进基层党组织"及"家园杯""优胜村庄"等多种荣誉,是福鼎市新农村美丽村庄示范村之一。2016年,被福鼎市委、市政府确定为精准扶贫与小康建设典型培育点。

岚亭村述旧

潘明见

店下镇岚亭村南接秦屿,东邻硋窑村,西北通往白琳至市区。岚亭因古有观澜亭而得名,谐音后岚亭。清嘉庆《福鼎县志·山川》载:"清溪,源出孤岭,至礁潭,东入东溪,南历三佛塔,汇于观澜亭,至斗南入海。"

岚亭古时称九都鳌峰,亦称九都后岚亭,老人们惯称后岚亭。古时,这一带为海水淹没,海域贯穿马山、里澳、外澳、船避山、横泽洋,直至1950年以前,海水还涨至斗南港、茶塘港。秦、汉以前设有百家一里,十里有亭,唐代就有人在岚亭繁衍生息,迄今已逾千年。山上森林茂盛,海雾绕岚。最早时建有"观澜亭",位于岚亭通往斗门直路,旧下街岚亭私塾关帝庙东侧约10米处。因亭立于古街下端,后来又简称曰"街尾亭"。古官道经亭而过,亭内供奉泗州佛,亭内两侧有亭椅,来往商客赶集时都会在亭内歇息交流当天行市。

古官道两侧立有青石板,中间道路铺鹅卵石,通往三墩古官道、布政街、上杭街街尾亭、关帝庙、费氏九溜门楼。现保存于三墩官道边临水舍人宫墙外的碑志记载,明朝时期曾在此处设铺兵塘兵,护送沿海海警檄文。临水舍人宫建于元末明初,雕刻彩绘保存完整。三墩村现还保留着喻氏大厝、林氏古厝两大古民居,明、清两代三墩官道边曾开有潘氏桥头店和周氏爱莲居,均已在1950年以前被拆毁。沿古官道至布政街有当年的屯头黄氏祖宅,黄家当年在后岚亭置田千亩,富甲一方。黄家大宅内建有七溜主厅,厢耳、廊庑、院门、围墙周绕,联成院,两边小天井隔于中间大天井两侧。大宅与当年同样家道殷实的潘家所建的潘氏门楼相连接。黄氏大宅1950年以后转卖给三墩生产队作为当时的粮食仓库。1985年生产队解散,曾显赫盛极一时的黄氏大宅转卖给店下喻氏人家并最终被拆毁,所有木料被识货者买走。当年与黄家大宅彩绘雕刻一样精致的潘氏门楼及其大院毁于2002年的一场火灾。之后岚亭中带有古建筑风格的建筑仅只剩喻氏、林氏两大古厝。喻氏古厝里曾在清嘉庆年间出过一名贡元喻喟卜,曾参修《福鼎县志》。

1998年新岚亭小学修建校舍过程中,在整理场地时施工队挖掘出大片的方块青石板,颜色古朴、质感润滑,当时只见板石间排列整齐,密致有序,清理后发现道路上无一鹅卵石，均由长约 0.5 米，宽约 0.25 米的方块青石板整齐铺砌而成。而此之前在岚亭生活的本地人代代称此地为"布政街"，并口头相传明朝时，这里曾出过一名布政使官，在职期间建有布政大院，后来升官迁走后，从此此地便名"布政街"。

紧接布政街的是上杭街，1950年以前周家皮油坊即在这条街上，以出产皮油质量上乘而闻名一时。周家皮油坊专供杭州地区的市场，当年从杭州换回大量的洋油（煤油）、火柴、布料等紧俏生活用品。上杭街中部开有张氏茶馆，黄岐张氏曾在黄岐埠头做鱼牙（鱼货交易中介），发家后迁徙至后岚亭买房置地，后将张氏茶馆所在房舍租赁给人开设茶馆。茶馆内建有一宽大天井，建筑之风颇为豪华，后来人们一直习惯称此茶馆为"张氏茶馆"。茶馆在清末民初时期生意兴隆，至民国时期经营状况日渐凋敝，但茶馆建筑仍为当时后岚亭最为豪华的大宅院。最后茶馆经营者人丁凋败，茶馆也被国民政府侵占。1949年前后被焚毁，殃及四周商铺、房屋。

布政街下首称为下街，街面俱是青石铺就。在清末时开有泰和布庄和泰仓染坊，染坊的染布配方特殊、工艺精湛，所染布匹颜色经久不褪，闻名遐迩。1949年前，上海的布料行都慕名于岚亭泰仓染坊的漂染工艺，将布匹运至泰仓染坊进行染色加工，待布匹成品出来后从茶塘港上埠运回上海。清末在下街还开有一家林家烟馆，后被取缔，旧址尚存。街尾亭对面还有一家费姓油坊，油坊历史悠久可追溯至明末清初。

据清嘉庆《福鼎县志》载，后岚亭古街市（集市）为福鼎十大集市之一。1949年前，秦屿与屯头之间还未进行围塘，海水涨至茶塘、乌礁塘、斗门港一带，当海水退潮时，渡船无法到达秦屿，因此黄岐、筼筜、小筼筜、番岐头等沿海鱼贩都将鱼鲜挑至岚亭赶集，而岚亭附近村庄中潊城、茶塘、彭坑、佳阳、马山、硋窑、三佛塔、斗南（曾建有下斗门，后翻修时增设上斗门，群众习惯称"斗门"）、水村、屯头、日澳都往岚亭赶集，买卖生活用品，古街也渐渐发展成为方圆数十个村庄的商贸集散地，当时岚亭鱼鲜满集、街市人头攒动繁荣。

后岚亭私塾位于原岚亭小学校舍内，校舍最早原是武庙，庙内正堂供奉的关帝塑像在"文革"期间被毁。1914年，绅董周钟楠、黄瑞定等筹款创办区立岚亭初级小学，翌年，因校费缺收停歇。1922年春续办，后称岚亭国民学校。清末秀才林栖枫曾任校长，黄淑圭继任，1949年后郑敬漳、何加模先后任教。

福鼎革命策源地——筼筜

钟而赞

筼筜村位于福鼎市东南沿海，店下镇域南部，与"中国十大最美岛屿"之一的嵛山岛隔海相望。山海风光绝佳，村境西北的小西山以奇石危岩著称，有"小太姥"之誉；村南面直对宽广浩瀚的大海，波澜壮阔，极为壮观；更有绵延数里之长的多彩沙滩、海蚀地貌"十里长廊"和形神兼似的神龟岛，让人流连忘返，是福鼎市晴川湾的主要旅游景点。

清代本地文人曾写过一组竹枝词，吟咏各地自然风光，其中有一组写到筼筜（引自周瑞光《福鼎竹枝词》）：

一
海阔天空绿莽苍，
洪涛浩瀚隔沙塘。
卖鱼人去寒潮落，
晒网家家闹夕阳。

二
岛屿横行远近青，
波间隐约列云屏。
潮平一碧光如镜，
无数征帆下北溟。

三
数丛青树几人家，
沙岸旁通一径斜。
忽觉蒲帆港畔过，
绿莎原上市声哗。

以上三首竹枝词描绘了旧时筼筜的山光海色，也描绘旧时筼筜人民的经济生活，同时也可见当时的箩笒已形成一个较为热闹的鱼市。当时的箩笒人主要以捕鱼、卖鱼为生，一句"无数征帆下北溟"道出了旧时代箩笒人捕鱼生活的无限艰辛。

历史上箩笒是一处海防重镇，明初此处已建有城堡。据明万历《福宁州志》，称"大箩笒城"，后来的志书中均称"大箩笒堡"。明洪武二年（1369）明军将蒋洋巡检司移驻箩笒，为箩笒巡检司，可见箩笒在海防战略中的重要地位。

海就是箩笒人民的"田园"。和平时代，他们耕海牧鱼，过着艰辛、清贫而平和的生活。箩笒海域是紫菜和海带等海生藻类植物的温床，生长于这片海域的紫菜、海带以品质优良见称，曾是国营紫菜海带养殖场的主要生产基地。如今，箩笒村以紫菜养殖为主导产业、村民收入主要依靠紫菜养殖，产业的基础正是"国营时代"打下的。全村养殖紫菜面积达4000多亩，拥有6家紫菜加工企业和2家紫菜育苗室，是福鼎全市最大的紫菜养殖专业村。

箩笒村的知名，更在于它是福鼎革命的策源地和革命早期领导人黄淑琮烈士的家乡。黄淑琮出生于村里一户殷实人家，在福州读书时接受马克思主义，加入中国共产党。1929年，他接受福州市委派遣，回到家乡箩笒村，以创办蒙馆为掩护，传播知识，从事秘密革命活动。当时的箩笒是个拥有百来户人家的村子，在黄淑琮的宣传发动和影响下，革命圣火很快在箩笒村点燃并向周边地区蔓延。第二年7月，黄淑琮在村里成立了福鼎第一个农民小组，当年10月又成立了福鼎最早的党小组——中共箩笒小组，并在沿海一带积极开展"抗租、抗税、抗粮、抗捐、抗债"活动。1932年春，随着福鼎沿海人民革命热情高涨，黄淑琮及时发动青壮年参加赤卫队，组建了福鼎县第一支革命武装——箩笒赤卫队。这一年冬，中共箩笒支部成立，黄淑琮任书记。1933年，黄淑琮等人着手在店下、秦屿、白琳、前岐等地建立乡、村苏维埃政府，并组织抗租委员会、抗租团、肃反队。当年春天，正是春黄不接时期，黄淑琮发动贫苦农民开展分粮斗争，全县分掉地主粮食5000多担，使农民度过了春荒。8月，他在箩笒地主宫召开赤卫队员大会，成立福鼎赤卫队独立营，并亲自进行组织训练。

1933年冬，福安中心县委派詹如柏来到福鼎箩笒，在上澳自然村主持成立县委，黄淑琮为县委领导人之一。1934年2月，黄淑琮在店下田头村部署赤卫队武装暴动时，由于安福寺和尚告密，被浙江省保安团围捕，并被解押到秦屿，于2月23日在秦屿后岐沙滩英勇就义，年仅28岁。

在福鼎，黄淑琮烧毁自家房契、土地契发动群众闹革命，大义灭亲捕杀谊父、反动乡绅林步蝉等传奇革命广为流传。作为革命的火炬手，敌人对他恨之入骨，黄淑琮牺牲后，当局将他的头颅悬于国民党福鼎县政府门口。

在党组织的领导下，熊熊的革命烈火如火如荼在福鼎全县燃烧。在长期的革

1978年筼筜的紫菜养殖（店下镇党政办 供图）

命战争中，作为福鼎革命中心的筼筜村付出了巨大的牺牲。全村遭受敌人疯狂的烧杀抢掠，被烧民房40多间，被摧残死亡绝户16户，被杀害的革命志士100多人，1949年后被评为烈士的达46人之多。

为纪念这一段历史，赓续红色血脉，1984年福鼎县委县政府在筼筜村建立"福鼎县委成立纪念亭"，树立纪念碑，2010年福鼎市委又新建了"福鼎革命策源地筼筜历史纪念馆"，修缮了黄淑琮故居。

朱峰八景诗

冯文喜　朱良芳　何建华

朱峰，又叫朱峰里、朱坑里，古为巽城地，又叫黄泽垅。它与朱氏族人在此繁衍有着渊源。据朱峰里朱氏家谱记载，朱氏始祖朱演生活于南宋时期，因无意仕途遂生归隐之心，晚年告老还乡，从长溪搬迁黄泽垅。时值腊月，朱演所见门前双鲤、笔架等山头为皑皑白雪覆盖，唯独黄泽垅未见雪迹，于是认为此处是风水宝地，在无雪之处建造房屋。朱峰不仅为朱家认定是风水宝地，而且山清水秀，风光无限，曾有王赞臣作《朱峰即景》一诗来表达了自己对朱峰美景的喜爱之情。诗云：

　　高峰耸立势巉岩，奇辟天开万仞山。
　　僧院半藏烟树里，人家恍在桃源间。
　　目迷洞壑云千叠，脚踏池塘水一湾。
　　此日遨游饶眼福，夕阳斜照满林斑。

清代曾有两位文人就曾流连于这恬静秀丽的世外桃源——朱峰胜景。前有赵沆作《朱峰八景诗》，后有卢作彬续吟。赵沆同时在八景诗前作《朱峰八景小引》，卢作彬作《续咏朱峰名胜》，介绍了自己创作八景诗的历史背景。

赵沆，字芷畦，号语水。他自己说虽籍平阳，实则闽长溪人。在《朱氏宗谱》中记载，他受族人朱筠热情相邀，于乾隆十四年（1749）前后到朱峰为朱氏作谱（朱筠《重修族谱序》对这一经过作了详细的描述）。这样赵沆有机会到朱峰游历其间山水，感受一方名胜。他在小引中说："偕诸同人，放荡乎山峰水涯之间，得以搜刮而出之，目为八景。"赵沆的风景名胜观也在小引中得到体现，他不认为只有华岳江海才称为大观，认为这是对风景名胜的一种固执偏见，得到山水雅趣，全凭个人喜好和领悟，其关键在于一个"趣"字，他说："苟得其趣，号一丘何妨；作名山观，惟一壑何妨！"在为朱氏作谱的不长时间里，他偶出闲逛，沉浸其山水石涧，玩赏之下，见天地之奇妙，逸兴豪发，而有因形定名。他想："自今以后，倘有骚人墨客流览于此，高唱遏云，益以增乃胜筑，即与华岳河海齐观，亦奚不可足，则余之所厚望也者。"表明自己作朱峰八景诗的一个小小心愿。

卢作彬，生活于清乾隆年间，生卒年待考。卢氏为福宁长溪望族，其父亲卢澍在乾隆四年（1739）福鼎置县拨至秦屿，乾隆十年（1745）中进士。据清翰林朱仕琇《进士卢澍墓志铭》记："君（指卢澍）夫人王氏，生子二（作彬、作标），女子二……作彬年少补县学生，文笔秀异有父风，兼好古，天其或者将以竟君之施邪！"在郡守周懋琦《恩贡生卢春坡墓志铭》中记载："祖作彬，优廪生，为纪文达所器重。"

乾隆四十三年（1778），卢作彬见朱氏子孙日益繁盛，尤重文化教育，族内读书篝灯，通宵达旦，大为感叹其族渊源之远，积厚流光，将绍当年永嘉之盛。饱览其间山色，似有桃花源风韵。卢作彬与朱氏学子谈书论道，知道有浙江平阳赵语水先生曾对朱峰八景作了题咏，并志于谱牒，于是他一时兴起，同有感触又作了续咏。

《朱峰八景诗》共计16首，赵沅和卢作彬各作8首，题目相同，分别是独鲤朝天、峭壁龙湫、石笋凌霄、南山积雪、石龙跃涧、锦屏映月、仙棋留迹和灵应钟声，均为七言绝句。

朱峰八景

赵 沅

其一　独鲤朝天

懒与龙门百辈争，年年桃浪不关情。
无人知是琴高鲤，独向苍旻望玉京。

其二　峭壁龙湫

天半仙源泻清溅，琪花风洒点碧妍。
我来欲访天台路，日暮珠帘梦不卷。

其三　石笋凌霄

千寻剑拔脱蝉腹，藓斑雨溜湘妃哭。
我欲持竿取大鲸，石笋何年化修竹。

其四　南山积雪

山容共说春来好，缟素风姿雪更奇。
更种梅花三百树，谁人不道是峨嵋。

其五　石龙跃涧

霖雨苍生权不属，石化形骸肖犹酷。
樵夫牧竖浑不知，时从涧水跃双足。

其六　锦屏映月
子规声里春宵永，开窗起看山月冷。
谁倚云屏到夜深，桃花幻作美人影。

其七　仙棋留迹
漫道长安是弈棋，旁观袖手实便宜。
试来石上看残局，只有仙人局不移。

其八　灵应钟声
酽酒初醒独拥襟，严霜欲下动栖禽。
道人不作扬州梦，多谢晨钟度远岑。

朱峰八景
卢作彬

其一　独鲤朝天
何年离海独高骞，翘首青霄态宛然。
莫是有灵凭降雨，欲将消息问青天。

其二　峭壁龙湫
万仞巉岩一壑寒，千秋风雨老波澜。
年年自有春雷起，不信龙身到底蟠。

其三　石笋凌霄
地邻太姥石尤奇，百尺高悬玉版师。
狂客有诗思泼墨，漫教风雨洗淋漓。

其四　南山积雪
天意冲寒雪未消，峰南一片踏琼瑶。
山中高士知何处，折得梅花过小桥。

其五　石龙跃涧
古涧何年试跃龙，昂然头角若盘空。
莫非久向龙湫卧，戏海回头过此峰。

其六　锦屏映月
天然佳丽景溶溶，列嶂为屏月满峰。
银汉映来花似锦，千红万紫簇芙蓉。

其七　仙棋留迹
万事输赢事态迷，仙人何事剩残棋。
个中指点分明现，不着为高知不知。
　　其八　灵应钟声
万籁无音宿雾浓，飘然云外数声钟。
深山几欲疏名刹，唤醒频听度远峰。

弹江八景

◆ 李立华

大凡地之赐名，各有其义，或取诸山，或取诸水，或取诸物，每视其胜之所在而各有不同也。据《李氏宗谱》载："先祖李真一由浙入闽，至于兹土行见两山相对，水口周密，源发林西桥派分於此，可驾一叶之舟通其往来。不禁喟然叹曰：'此地不减桃源，吾避乱至此相度土宇今爰得我所矣。'遂居之。问其名于墅老，答曰：'淡港'。左右砌田，中剩港道，屈曲如弹，后改名为"弹江"。斯时也，闽海乱，倭寇兴，内地扰，族人离，当复界之时，旧址幸存，沧桑又辙改矣。李氏先祖鸠工砌造塘岸，迨乾隆丙辰复建宗祠，安居乐业。至清朝李门颇称盛族。户口初饶，人文渐蔚，旧时曾六人应试，五人扬名。"各地名人赠送的牌匾有："峻节芳规"，康熙四十一年刺史董公锡；"双筠清节"，康熙丁酉岁刺史唐公赠；"望重成均"，福宁州李公旌；"贞孝女宗"，督学汪公旌；"完贞裕后"，督学钱公旌；"德性超然"，邑侯苏公贶周给匾；"术得青囊"，福建峰火中军府加三级记录三次赠。还有，郡守甄时济，邑侯赵由俶，邑侯胡健伟等题文。这些挂满大厅，荣录谱序。时有文人李茂田赠族人游庠诗：

祖住弹江世泽长，六人应试五人扬。
柳营试马衣曾染，彩笔生花字亦香。
此日采芹夸众秀，明秋折桂卜联芳。
亢宗事业从兹起，艺圃文林切莫荒。

早期农民皆以山上劳作为主，弹江李氏先人开创围海造田，大大缓解了人口增殖与土地的矛盾，也让后来店下的其他族姓争相效仿，历朝历代店下不乏筑海成田的辉煌记录。

据清乾隆版《福宁府志》的记载，18世纪中期，福鼎县有塘、陂12处。明洪武二十年（1387）前后，弹港居民李姓祖先筑堤围田，海堤是从清安山鼻至城门仔，在清安一端造斗门二孔，并在堤两端筑造城门，以防海盗。弹港塘是店下万亩洋最早围成的一个塘。先是弹江李姓祖先李真一于元末避乱由浙江处州梅岐举族迁至店下"淡港"山下创居，把弹江两岸已淤积出水面的海涂沿港岸筑堤垦田耕作。以后子孙才筑海堤围成"弹港塘"及"城门仔塘"。城门仔陈氏村民至今还口口相传，弹江李姓因围海有功，他们后裔直至1949年前后，到陈家桌上尽可随意动筷吃河港里抓捕的淡水鱼。

又据清嘉庆《福鼎县志》载："弹江现名弹港，属店下溪美村，源出安福山，江流屈曲十里，至林西桥，历湖龙潭、牛角潭、经弹江，出福安塘入海。"弹江《陇西郡李氏宗谱》载："港道九曲如弹，故名之。区间可驾舟通其往来，弹江中间有一桥名丹凤桥，周围有岩厝坪、印墩山、龙爪岩、虎哮池、梅模墩、棋盘石、龙井潭及弹江水八景。旧时，村中文风兴盛，建有'一登楼'和'凌云斋'。"弹江《陇西郡李氏宗谱》载："一登楼在弹江主山下德轩公建以为子孙攻书之所前朝印墩后枕龙峰，凌云斋在弹江新宅之右松石公建于娱琴书。"可见"一登楼"在弹江主山下，为李德轩所建，属村中私塾。"凌云斋"在弹江以前的新大院右侧，为文人墨客琴棋书画之所。

当时文人雪门赋诗弹江八景七绝如下：

弹江水

江流一水有九曲，童子嬉游常濯足，
时有槺橹过西桥，戛声冲散沙鸥浴。

岩厝坪

寒碧突兀山之阿，上有石室高嵯峨，
我且低头拂石坐，还思可延几客多。

印墩山

草芳木秀见山峙，形如玉印共瞻视，
自是灵秀所独钟，休认前代遗玉玺。

龙爪岩

春山献翠秋岭碧，不是寻常一卷石，
忆昔潜龙飞在天，全身不露遗厥迹。

虎哮池

登池映日春水绿，共传当年陷虎足，

于今不闻虎咆吼，两岩衹有鸳鸯浴。

梅模墩
地非庾岭横老梅，一枝如任风雨摧，
莫道树头无嫩叶，春来为叶是莓苔。

棋盘石
岩花乱落铺锦褥，日永风清棋一局，
诗翁琴友不时来，子声抛处青苔绿。

龙井潭
溪头碧落绿水深，江流湍激讥龙吟，
此中若有真龙卧，久旱何不望为霖。

后又有署名蓝坡先生八咏律诗如下：

录弹江香山八景诗
金钩一曲射方塘，石室藏书奕世芳。
丝绣迴文山篆刻，竹敲棋局子丁当。
鲍樽酒酿龙泉美，士野风添猛气扬，
革故鼎新留爪指，木兰舟渡认梅香。

弹江水
九曲江分一脉连，面前流水泻诗弦。
鱼肥客少歌长铗，岸远人多相扣舷。
短午日龙舟竞夺，锦寒□鼓奏钧天，
和声好谱清平曲，绝唱深怀我谪仙。

岩厝坪
不夸轮奂鬪华鲜，古石生成别有天。
地辟门清留皓月，池高水冷酿寒泉。
烟云绕径崖双立，风雨护床榻一悬。

好把群书充栋宇，闲披静览乐万年。

印墩山
不假红炉火铸镕，居然一印镇高峰。
非关水丽龟文显，想是山灵鹊瑞锺。
鸟迹迟留疑篆刻，云烟深锁讶函封。
竚看荣爵天家授，姓勒名书自亢宗。

龙爪岩
云光高焕碧岩间，神物腾霄假道还。
不把逆鳞呈色相，偏留遗爪点斑斓。
寻芳莫认苔痕印，驾雾何愁天步艰。
此日灵钟犹在眼，应叫风虎会邱山。

虎哮池
曾闻芳躅隐高嵩，怎奈声扬水国中。
路失长林呼震谷，踪迷曲沼啸從风，
临流休讶蛟鸣烈，搦管难窥豹变功，
漫道咆哮今永寂，嘉名虎炳仰池东。

梅花墩
庾岭根分陇畔栽，小阳底事谢芳开。
分明古木平沙卧，错认罗浮好梦回。
雪点枯株浑玉蕊，美和宝鼎仰盐才。
一枝著果何时吐，品冠群英独占魁。

棋盘石
方罹天然片石成，当年谁与斗输赢。
旁观曾否烂柯斧，对奕奚须描纸枰。
竹竿深围局屈戌，松花错落子东丁。
何时移向文窗下，雅伴琴书画供呈。

龙井潭

弹江秀毓龙高卧，跡寄清潭得地佳。
月印浑疑珠吐彩，波回漫拟甲开花。
三春水暖融新角，九夏泉香沁老牙。
他日腾云观跃化，一声雷皷禹门挝。

宗族聚落

店下畲族源流及各姓宗族入迁概况

钟而赞

店下镇有畲族人口2075人（载自2019年，后同），在镇域内广为分布。畲族行政村2个，为硋窑村、菰北村，畲族人口分别为520人、518人，两个村的畲族人口占全镇畲族总人口的一半以上。畲族人口达百人以上的自然村有溪美的五里牌、下岚头，屿前的西岐钟，菰北的三门寺，三佛塔的丁松（又名丁其洋、陈其洋），洋中的后保蓝、鹧鸪岩，巽城的樟岚，硋窑的罗里坑、三门台、田楼。

明永乐二年（1404），钟舍子任职建宁右卫左所夏百户小旗，同总旗邵佛保率领郑、喻、丁、宣、易诸姓拨来福宁州店下屯种，创居于西岐夏家楼，其后裔自明正德年间陆续迁居屿前村西坑兜月梳洋，即今屿前西岐钟。这是最早入迁店下的一支畲族，也是第二支迁入福鼎的畲族和最早迁入福鼎的钟姓畲族，迄今已历610余年。

其后，陆续有钟、蓝、雷、李、吴五姓畲族迁居店下。其开迁居时间明确的有以下几支：

明崇祯九年（1636），钟德勤由浙江平阳状元内金澳迁店下牛埕岗；

清康熙五年（1666），钟明远自福安大林迁福鼎店下洋中鹧鸪岩；

清康熙四十八年（1709），钟世德由浙江平阳王庄迁店下巽城樟岚；

清嘉庆四年（1799），蓝光茹由浙江平阳牛皮岭迁店下甘家岐（今龙安玉岐）。

另有19支蓝、雷、钟、李、吴等姓畲族于清中后期导民国期间相继入迁店下各村。

西岐钟钟氏大厝（钟而赞）

店下李氏源流

李立华

店下弹江李真一脉 店下弹江亦名"淡港""弹港","弹江"因江有九曲而得名。弹江李氏,原系浙江青田梅岐李姓,于元末避乱迁居店下,至今约650年。据清乾隆元年《陇西郡李氏宗谱》记载:弹江李氏派,本浙括苍梅岐,厥李真一,当元末荒乱之际自浙来闽,相度土宇,遂卜胜於弹江。辟草莱,开阡陌,围筑弹港塘。是店下最早围海造田之族群,为店下镇后来各地历次围海积累了丰富的实践经验。

始祖李真一,系唐皇朝皇族名将李晟(字良器,727—793)的第四子李愿的后裔。李氏始自唐高祖神尧帝至睿宗子宁王居洛阳,世应王爵,至僖宗时,黄巢作乱,李宗国提师渡江至钱塘,巢兵犯关,天下兵戈竞起,宗国屯师守婺州,遂居婺,未几宗国之孙李嵩、李昂二人同徙括郡芝田梅岐居之。

李愿(字元祐,758—907)生子三,长子绛、次子绩、三子绪,任河中节度使,后隐居江西吉州之吉水盘乡谷村,称盘谷。李愿长孙李藩被分派到河南洛阳南澳为官并在南澳定居,直到李愿十一世孙李景让于唐武宗时任浙江观察使,其后裔居婺州(金华)后转迁浙江省处州青田梅岐。元末明初为避战乱,弹港李氏开基祖李真一由浙江青田梅岐里举家迁至店下溪美弹江隅居,迄今繁衍无数,世居店下的后人被当地人称"弹江李"。李氏族人爱居爱处斯生斯聚,三传而至李仁,生三子,长曰斌,次曰政,三曰统,分天地人三房,自是枝繁叶茂,子孙渐次繁衍,沿及明万历年代益见炽昌,遂为长溪望族。

店下蒋家阳李延地脉 据蒋家阳李氏谱牒载,李氏原籍福建安溪长泰里镇抚乡,始祖翁谥德斋妣陈氏,为人谦和,乡邦推重,叹老而无嗣难以继承,乃求南安榕桥武荣九甲祥塘村李氏忠义公之次男养为己子。天从人愿世代绵延支派番昌,至第五世李功赐时,于明万历二十六年(1598)从福建安溪长泰里镇抚乡携家徙迁到浙平邑三十一都"南宋垟",为迁居浙江平阳始祖。至十二世延地(1787—1863)于清嘉庆年间,前来店下谋生,遇弹江李氏遂与同姓收留看管菰北蒋家洋李氏仓楼,后成家立业并在鼎邑四都蒋家垟定居。

阮洋村石头尾李绳顺脉 据《阮洋石头尾李氏家谱》载,李绳顺(1732—

1785）原籍浙江永嘉，系唐宗室名将孝恭（591—640）后裔。李绳顺于清朝乾隆年间迁徙店下镇阮洋居住，为入鼎始祖。繁衍至今约260年，人口100多人，分别居住店下镇阮洋石头尾、箕笃等地。

店下镇下街李奕增（罙）脉　　根据《店下官林李氏家谱》载，永春县官林李氏始祖为李祖友派下十四世祖李奕增（字孟著，号加显 1744—1784），生男四：克燠（迁南镇始祖）、克港（店下始祖）、克活、克淲。在鼎邑店下繁衍10世，人口1000余人，分别居住在店下、沙埕镇、福鼎市区和浙江马站等地，人称"店下官林李"。1935年，第二次国内革命战争时期，红军赤卫队为打击支持国民党的民间势力，一把火便将建筑精美的李家四合院烧光，故店下李家大院为"火烧埕"。1954年，政府在"火烧埕"兴建店下粮仓，分上下埕两座。为当时店下一号粮仓，库容100吨。

店下村南山李氏　　唐末天裕五年（909），岳王李璟（唐高祖李渊的十四世孙）因避祸入闽，遣散随从亲兵，由旧臣陈梅枢兄弟带至李墩牧羊隐居，改名李璟。后辗转到银屏峰下，以马代耕，时年19岁。3年后育一男名昌，又3年（915年，后梁乾化三年）重返李墩定居，生次男晃。昌生二子，长德四居李墩，次聪五迁居坂头；晃开基仕坂，育三男，曰应六、愈七、态九。态九迁居寿宁修竹，于今各支派繁衍宁德（蕉城）、福安、霞浦、福鼎、政和、建瓯、建阳等地。第二十八世祖李若瑚（李墩茂四派）于清同治年间移居鼎邑四都店下碾转于南山周家澳、东花岚、上卜鼎，下一代子孙分别定居于店下集镇及福鼎城区和上海等地。

屿前李元德脉　　据《五凤李氏宗谱·叙祖序》载，明嘉靖二年（1523），李元德祖上李文贵随父从福建安溪湖头，后转南安回龙，生子明义。明义生子五：天福、天禄、天寿、天宝、天成。明万历三十二年（1604），为避倭寇，李明义五子迁徙福宁府十九都茗洋柏树内，后天寿回南安顾祖，天宝迁浙江平阳南湖，其后裔现居住在苍南余家桥，天禄后裔在苍南沈庄，天福后裔在平阳鹤溪。泰昌元年（1620），天成卜居茗洋石狮，妣张氏，生子七，分河、汉、江、淮、淋、海、渊七房。从明末到康熙二十三年的四十几年间，闽浙边界分水关一直是战场和禁海迁界范围，茗洋在其旁边居不安宁。后来汉房德清迁瑞安，寓三载，转迁平阳北港居住。康熙二十三年（1684）复迁苍南南港。康熙二十六年（1687），德清子昇迁居嘉隆，后升自朝环再迁岱之三十亩。德清子李世弼于清康熙年间由茗洋转迁浙江省苍南五凤居住，其子李元德又从五凤徙福鼎二十都流江衍至店下屿前村，后大部分迁居龙安。

店下溪岩罗六李有诗脉　　隶属浙江苍南九堡，原籍闽漳州平和县西山，明万历年间迁移平邑二十七都藻溪潘庄杉林脚居住，至四世祖启福于清康熙年间移居鼎邑店下溪岩碗洋山，六世祖续移入溪岩罗六繁衍至今。

店下林氏源流

> 王丽枫

林氏自宋开始入迁福鼎。最早的是宋太平兴国三年（978）迁入的磻溪林氏，为晋安林后裔。其余大部分支派在明清时期迁入，主要由莆田、漳浦、泉州安溪一带迁入或先由闽迁入浙江平阳、苍南后再转迁福鼎，并在福鼎广为分布、衍派，成为福鼎人口规模最大的姓氏之一。其中店下一镇，林氏人口为3820人（统计截至2019年7月，后文同），在全镇17个村（居）均有分布。部分分布情况如下：

象山社区

清乾隆年间，"梓溪林"六房派下林常春后裔林国祥孙林嘉德由瑞安马屿迁入，下传10世，30人。

清道光年间，"陶江林"林穆后裔林祖立由福州仓山建新镇江边迁入，下传6世，38人。

店下街南门外　清乾隆年间，"九牧林"六房林蕴后裔林学鍊由浙江平阳金乡迁龙安金竹湾后再迁入，下传8世，30人。

南门后门塘　20世纪40年代，"九牧林"六房林蕴后裔林国斯由浙江苍南华阳虎啸亭迁入，下传4世，22人。

下斗门　1951年，"阙下林"林尊后裔林仁桃由浙江平阳腾蛟尖后迁入，下传4世，17人。

屿前村

蚶姆塘（外林）　清乾隆年间，"金紫林"林既后裔林禄仁由兴化岐头迁入，下传9世，620人。

蚶姆塘（内林）　清康熙年间，"赤岸林"林嵩后裔林元职由福安上潭头建柄迁蚶澳塘企擗，后转迁入，下传10世，260人。

内林洋楼里　清嘉庆二十五年（1820），林舜华由莆田迁入，下传7世，100人。

罗口　明末清初，"九牧林"二房林藻后裔林宏谋由店下后坪（三佛塔村）坑底迁入，下传18世，20人。

磨石山　明万历年间，林耀隆由福州迁沙埕水澳后转迁入16世，25人。

内林明楼老厝（引自《福鼎林氏志》）

菰北村

梨洋 明宣德年间，林义章后裔林文宽由磻溪紫岭迁入，下传19世，450多人。

南湾 明永历年间，"梓溪林"六房派下林常春后裔林金山由浙江平阳北港彩温坪迁入，下传14世，120人。

横洋 清道光年间，"阙下林"林尊后裔林天厚由前岐石岩山上林迁入，下传6世，20人。

南洋 清光绪末年，"梓溪林"六房派下林常泰后裔林存传由前岐石岩山下林迁入，下传7世，21人。

巽城村

巽城 清康熙六十一年（1722），"九牧林"二房林藻后裔林南潮五世孙林汉瑜携子林天钦、林天锦由福鼎三都贡洋（今溪岩村）朱家基迁入，下传13世，400人。

城明路 民国时期，"九牧林"六房林蕴后裔林国苓由浙江平阳麻步敖寒村迁入，下传4世，35人。

溪美村

溪美 民国时期，林文元五世孙林存宸由跳尾头迁入，下传4世，40人。

清道光年间，林贤悌由长乐洽屿迁入，下传7世，100多人。

清乾隆年间，"九牧林"六房林蕴后裔林志得由浙江平阳麻步迁入，下传14世，33人。

跳尾头 清康熙年间，林尔创孙林文元由浙江闽南迁入，下传10世，80多人（包

巽城林厝里（引自《福鼎林氏志》）

括移居溪美的存宸后裔40多人）。

北洋新厝 清乾隆年间，梓溪林六房派下林常春后裔林贵宗由港边迁前岐下屿，后林淑平再迁入，下传7世，10人。

排堂 1940年，阙下林林尊后裔林圣杏由平阳腾蛟尖后迁入，下传3世，19人。

北洋大厝下 20世纪30年代，"梓溪林"后裔林上栋由江西洋百家庄迁入，下传3世，18人。

店下村

傅岩（乌岩） 明末，"陶江林"林穆后裔林鹤衢由闽县后浦迁沙埕，其长子朝玉于清顺治中期转迁入，下传16世，200多人。

阔箩 清雍正初年，林孟元由蒲门南坪迁入，下传10世，约110人。

后埕 清同治至光绪年间，"梓溪林"六房派下林常春后裔林定修、林定陆、林定马由新江平阳江西洋后林迁佳山村马路，咸丰初年再迁入，下传5世，62人。

三佛塔村

后坪坑里 元末，"九牧林"二房林藻十四世孙林孝常由兴化府莆田延及涵头等地迁入，下传29世，160多人，部分后裔迁厦门、福鼎市区、太姥山镇、店下、龙安等地。

马山村

古坪 宋隆兴年间，林义章后裔林仁一由磻溪杭下上宅迁入，下传27世，200人。今大部分搬迁店下等地。

朱坑岭头 清康熙年间，林元极由浙江平阳北港南湖迁入，下传11世，120人。

元坑 清乾隆年间，"梓溪林"六房派下林常春后裔林毓兴由浙江苍南灵溪坝头迁入，下传 8 世，46 人。

硋窑村

青楼　　清康熙四十六年（1707），"九牧林"六房林蕴后裔林孟英由汀州府永定县迁入，下传 11 世，150 多人。

海田村

清康熙中期，"九牧林"二房林藻后裔林鼎秩六世孙林惟荣由晋江南门外二十四都东头塘边乡后厝迁沙埕黄岐上城后再迁入，下传 8 世，60 人。

阮洋村

腰基坪　　清道光年间，"九牧林"二房林藻后裔林秀椿由前岐黄仁迁入，下传 7 世，43 人。

腰基坪外厝　　清同治年间，"梓溪林"七房派下林聪甫后裔林大孝由浙江泰顺富洋迁入，下传 5 世，12 人。

石牌村

梨园内　　清乾隆年间，林瑞香由长乐壶井迁入，下传 9 世，50 人。

（本文据《福鼎林氏志》整理）

店下黄氏源流

钟而赞

黄姓已知最早迁入福鼎者，为唐代进士黄诜。据店下各乡镇黄姓宗谱记载，黄氏后裔徙自福鼎基本上处于明末清初这个历史阶段，而且先祖都是由北方入闽，由泉州分徙长溪（今霞浦），后徙浙江平阳（含今苍南），尔后一部分才陆续徙居福鼎。这时期迁入福鼎的主要有泉州紫云派、莆田岸公派、湖州推公与宁德鞠公派及虎丘敦公派，形成现在的福鼎黄氏族群。其中徙居店下的主要有：

紫云黄氏

紫云黄氏始祖黄守恭（629—712），其父黄崖自侯官迁南安，居丰州东南郊（今泉州鲤城区），生守恭、守美。守恭生五子，后裔广布四海。其长子黄经，奔徙南安芦里隍山，又名黄山，为南安紫云黄氏始祖，是为南安紫云派。其三十世孙友龙，明天启四年（1624）自福建泉州晋江南门开元寺徙居浙江平阳北港四十都北山内澳倪庄。三十五世孙宏侯，字敦钦，移居福鼎四都店下西桥头，为福鼎始迁祖；其弟宏建，字敦坐，移居福鼎店下小鳌洋，为小鳌洋始祖。

黄守恭次子黄纪，于垂拱三年（687）徙居先祖黄道隆住过的县东黄田里（今属惠安张板镇后边村），又称锦田，遂为惠安紫云始祖。其三十世孙士登迁店下镇牛鼻岗，是为牛鼻岗黄氏。

黄守恭三子黄纲，于唐垂拱二年（686）奉父命分居小溪葛磐（今安溪凤城），为安溪紫云派开基始祖，其后裔广布各地，在福鼎支系亦繁多。据福鼎市江夏黄氏源流研究会初步调查，福鼎安溪紫云派黄氏支系共有82个之多，在店下分布于溪美、老虎洋、马坑岭、富老洋、岚亭、硋窑清溪、西洋顶、尼姑岭、彭家洋、坑门、巽城、西坑门、小巽瓦窑、贡洋、金竹湾（今属龙安）。

黄守恭四子黄纶，于唐垂拱二年（686）迁入县南坑柄（今同安金柄），遂为同安紫云始祖，三十二世孙一裕迁福鼎，后裔一支迁店下宝溪。

黄隆派系

黄隆，号硝山，河南光州固始县人，隋文帝时官西都留守、左班大学士。时隋炀帝无道，隆进宫面谏，炀帝不听，把黄隆拘禁天牢，于隋大业九年遇害，诸子遵父嘱分逃他乡。八子黄推，居湖州，十子黄鞠，居宁德，二十子黄威，居南昌。福鼎黄隆派黄氏，均出于以上三门。黄推十世孙慕芹于南宋绍兴年间由长溪赤岸迁居福鼎秦屿，慕芹四子黄恢迁居长溪大筼筜（今店下筼筜村），为店下筼筜村、秦屿屯头村黄氏开基始祖。黄恢自迁居大筼筜后，因居家地处海边，屡遭倭寇、海盗劫掠，谱谍几近散佚，故后世族谱出现断代，未知几传而至恒，恒生缘，缘生聪，聪生耿，耿生三子谦、让、谧，分为福、禄、寿三房。明嘉靖年间，耿及长子谦卒，让、谧二兄弟迁秦屿屯头开基立业，自明嘉靖甲辰年（1544）衍传至今。后裔派衍岚亭、甘家岐（即玉岐）马仙宫（今属龙安）等地。

（本文据黄坚定《福鼎黄氏源流》整理）

台峰王氏在店下

🍃 钟而赞

台峰，又称台家洋，位于沙埕南镇半岛的西端，与店下渊源极深。清乾隆四年（1739）福鼎置县时，台峰与店下的弹江、牛矢墩、东岐、城门团、玉岐、涵头、金竹湾、福屿（玉岐以下四村今属龙安）及今沙埕的钓澳、澳腰、南镇、后港同属五都。1947年福鼎区域划分时，台峰是玉溪镇（今店下镇）下辖的一个村。1962年，台峰生产大队归属店下区溪美公社管辖。当时党团员活动经常在溪美公社举行，共青团员晚上开会时，台峰的青年都是徒步走到溪美，会后踏着夜色再回台峰。直到1970年，当时的沙埕公社南镇大队学大寨要把大片的农地改造成水田，便在台峰村修建水库，为了行政管理和协调的方便，将台峰划归沙埕管辖。

台峰地处山岗，耕地不多，离海较远，许多台峰人为了谋生迁徙至店下、溪美、东岐、玉岐等处。由于地理、交通、语言、习俗等原因，历史上台峰群众的生产、生活与店下联系紧密。

王姓是台峰村的主要姓氏。台峰王氏因宗族源流分为两支：一是洋口王氏，一是石板埕王氏。

洋口王氏源于赤溪务琨支派，为唐长溪县令王务琨后裔。唐代的长溪县，县治在今霞浦松城街道西山洋岭尾庵附近，行政区域大致相当于今天的闽东地区。据《福宁府志》《霞浦县志》等史籍记载：唐武德六年（623），"王务琨袭父爵，家于长溪赤岸，是为肇基始祖"。西晋在闽东境内设温麻县，一直延续至唐开国之前，王务琨之父王怀铎任温麻县令。李唐立国，以温麻县域改设长溪县，王务琨袭父爵任长溪县令，于是举家从太原迁到原长溪赤岸村定居，为入闽王姓始祖，至今有1300多年历史。

明洪武元年（1368），王务琨后裔王清山从赤岸迁徙台峰定居。经过一百多年的开基拓业，王氏已在台峰打下扎实根基，于明弘治七年（1494）建成面积840多平方米的祖厅。随着人口的大量繁殖，台峰王氏一房后代迁居店下溪美村，又向东岐、篔筜、店下等村派衍，并于清乾隆三年（1738）在溪美建成建筑面积600多平方米的王氏宗祠。

石板埕王氏出于开闽王支派。台峰石板埕王氏始祖为开闽后裔王永吉，于洋口王氏先祖同期即明洪武元年（1368）从福州经霞浦迁崙山郎当再到台峰，乾隆四十三年

（1778）建造宗祠。随着人口繁衍，部分后裔亦往溪美、东岐、玉岐、筼筜、店下等各村派衍。

玉岐（今属龙安）王氏亦属开闽王后裔，与台峰石板埕王同宗。其先祖为王审知后裔王癸十，于明万历三年（1575）从福州闽侯南屿迁入玉岐（另据李立华《玉岐与王其烈轶事》一文，玉岐王氏始祖为台峰王氏五世祖王怀谨），并于清同治二年（1863）建造宗祠。

店下境内的王氏除赤岸务琨支派和开闽王支派外，还有三槐支派（福鼎王氏三大支派之一，一支在清康熙年间自福清龙口际塘迁入，另一支于清乾隆年间自龙岩永定迁入）。不同派系的王氏往往同居于一村，和睦相处，互为手足。例如店下筼筜村，王氏人口并不多，仅百来人，却三支派均有。

关盘陈氏

> 李立华　黄静玲

关盘陈姓始太祖圣猎肇基长乐鹤岭，宋徽宗年间迁至崙山关家澳（今东角村），生二子，次子百十一生千六，千六生万一，万一生三子开、旭、升，祥兴元年（1278），三兄弟各谋迁居，为子孙久长计，开迁关盘，旭迁澳腰，升迁东湾，各为始祖。

陈开派下各房子孙，人才辈出，翰墨流芳，后裔坦字行就有十八位进学采芹，成名奕代，流传至今，有"阮洋十八坦"之美誉，尤以陈珫坦、陈九苞出类拔萃。

陈九苞，字奕全，号筼崖，又号丹山，别号友石。道光十八年五月，清政府以林鸿年、陈九苞为正副使，率随从百余人，从闽江口启锭扬帆出海远航，经那霸港后安抵琉球群岛。陈九苞平日喜挥毫作画，为琉球带去了很多中华艺术文化精华，至今还留有遗存。陈珫坦出宰山西保安县，下车后，询悉民间疾苦，延河有双鳌大爬虫上山咬稻，连年闹荒，陈珫坦实地履田视察，原来是延河蟹为害，于是告示，此种爬虫是延河名贵水产品，实为美味佳肴。百姓争食河蟹，最终平息祸患，人民怀德，迄今有口皆碑。

陈氏宗祠始建于清道光年间，在关盘故里，面朝东海，左并石塘，右翼鱼井，当

始建于清道光年间的关盘陈氏宗祠（店下镇党政办 供图）

属仁美之地。迨道光年间（1821—1851），奕筠诸公谋择关盘故里建立宗祠。惜因规模宏廓，资用不敷遂至中止，兼以星霜变易、风雨倾颓，咸丰三年（1853）大水，祠宇溢坏，祠产并荒自是又数十年矣。

正厅五榴，两庑六榍，前进绕以砖墙，左边墙外另架厨房一所，正中肇迁关、澳、东始祖之位，左右配以显祖、功祖，东为左昭，西为右穆。遂议定春秋二祭，自光绪六年（1880）孟秋中元为始择族中正途功名之有职衔者以主祭祀。庙模初立，祀事方兴，因喜而歌之。歌曰："秩秩于关盘之间，面临沧海，背依高山，如竹苞矣，如松茂矣，祖及妣矣，式相安矣，永弗替矣。"

2005年，族中倡议旧祠拆掉，按原貌建新宗祠，正宇并两庑建筑占用地长宽面积1116平方米。聚沙为塔，盖上琉璃瓦，庙中涂漆彩画，四周垣墙鸟革翚飞规模宏敞。2012年季春祠堂左边用水泥砼灌成停车场1100平方米。2017年孟春再修建，焕彩一新。

附：陈氏祖训、家训

陈氏祖训

明明我祖，汉史流芳。训子及孙，悉本义方。仰绎斯旨，更加推详。曰诸裔孙，听我训章：读书为重，次即农工；取之有道，仕商何妨；克勤克俭，毋怠毋荒；孝友睦姻，六行皆臧；礼义廉耻，四维毕张；处于家国，可表可坊；为官为宦，必要忠良；祖宗佑汝，福泽绵长。倘背祖训，暴弃疏狂，轻违礼法，乖舛伦常，贻羞宗祖，开罪彼苍，神则殃汝，家运不昌。最可憎者，分类相戕，不念同气，偏伦异乡，手足不睦，干戈忧伤。愿我族姓，怡怡雁行，通以血脉，泯厥界疆；兄和弟爱，先灵安康，引而亲之，岁岁登堂，同舟共济，勉哉勿忘。

陈氏家训

重祀田：祀田为办祭品而设，轮流值祭年，或自己耕种或批佃承种，均可为祭扫之资。若典课他人临时借贷备办祭品，便非奉先孝道。昔陈敏齐公因念报本重事，训子孙不许典课公产，遂赋七言绝句十首并录之以垂训子孙。

人生百行孝为先，木则有根水有源。
祖设祭田孙转弃，阴灵痛诉欲呼天。

数亩轮流是祭田，春秋怵惕分宜然。
若行典课心何忍，不孝儿孙只要钱。

祭产贻留费苦心，纷纷籍口为家贫。
平时若不知勤俭，灭祖欺宗愧煞人。

祀典攸关几亩田，松楸垂阴木绵绵。
杯圈手口留遗泽，佩服铭心可奉先。

太邱家法自箴规，报本馨香慰孝思。
多少祖宗无产业，何从摒挡备盘卮。

世上贫穷最可怜，萧条四壁叹无田。
谁甘废却坟茔祭，鱼菽难忘荐豆笾。

克孝儿孙不必愁，还凭祖业广贻谋。
千言万语为谁告，只望庸愚厥疾瘳。

绵上封田君赐臣，存为霜露报艰辛。
祖功宗德千秋重，临祭何甘课与人。

血食年年春与秋，支分一本重轮流。
子孙若体先人志，旧德未湮并服畴。

丁宁奕世抒真诚，绳武无忘敬奉盛。
识得庐陵阡表意，光前裕后有贤声。

朱峰朱氏

李立华　黄静玲

朱峰朱氏始祖原起于朱梦松（大宋咸淳间由太学生出身，原居浙江平阳水头），生二子承钧、秉钧，皆为合门上舍，承钧生演，字图南，补福宁州教谕，因辽金梗化隐居朱峰，迄今有700多载，为一世祖。其后子孙繁衍人文日盛，至大明永乐年间，本地陈家偶出草寇，朝廷差御林军讨伐，本族有朱敬、朱良失散被掳往京。谱载宣德二年（1418），随驾至边，不期狄人大至，河道复困，寡难敌众，水泄不通，帝危甚，朱敬将帝背在身上，浮渡过河。因救驾有功，官升东厂职掌内臣。

另十八公支奕叶本地繁昌，后裔先分东西两房，继分天、地、人三房，后分长命富贵金玉满堂八房，迄今已传28世。

朱氏宗祠坐落福鼎市店下镇洋中村，地处福鼎市西北部太姥山麓马栏山境内，石笋林立，茂林修竹，古树参天，溪水清澈泉鸣铮铮，有独鲤朝天、仙棋留迹、峭壁龙湫、石笋凌霄、石龙跃涧等八景观，环境幽静，气候宜人。原为福宁府育仁里十三都，后为三都地。古为巽城地，又叫黄泽垅，朱峰朱氏迁居一世祖朱演于"宋室南渡"之际，由浙入闽迁居此地黄泽垅，更地名为朱峰，后来，人们俗称朱坑里，为朱氏世居之地。村中有河流巽水，朱峰居上，下游是巽城，方围有积谷山，山峰耸峙，《闽书》记载："峰峦青峭，有源泉一泓。岁旱，祈雨多应。山巅两峰对峙，有荒城遗址。"

据族谱记载，原有旧祠在宫岚鱼池头，因朱氏播迁，到明代毁圮。康熙四十二年（1703）九月朱桂臣带领族人在仓头龙山下重建，祠屋共五间，旧祠中有福宁州府赠匾"理学名宗"，福宁州教瑜徐其璘赠额"百代蒸尝"，肇济匾"绥我思成"，公玖匾"泽远流长"。另朱氏宅舍还有"黄泽堂"，即朱演归隐之处。"湛然堂"为卧庵所筑，"秉彝台"为文峰公所筑，肇济公赠匾"今之古人"。还有卓笔斋、东风楼、芝兰家、绍紫轩等建筑，今荡然无存。

重建的宗祠五间，四面交井。由于后来被村部占用，古文物尽被损坏，多年失修，破烂不堪。后于1996年元月由朱峰朱氏理事会倡议修建，占地面积6亩，建筑面积300平方米，系砖木结构，二厅二厢，四面交井，布局合理。

清安张氏

> 李立华

清安位于店下集镇东南方，其地肥美，张氏村民烟火稠密，耕读传家，文武双学、冠带荣身代不乏人。始祖张祯，于南宋德祐年间由福清县吴田海口徙迁店下萧家山。历有三朝，因明末屡遭倭患散避四方，至清初静平两派仍归萧家山，一派卜居清安，至今传28世。

清安张氏宗祠，坐落于清安村中平岗山下，初建于清光绪二十九年（1903）。宗祠五间一进，木质结构，建筑面积400平方米，占地面积1380平方米，主事者为族裔张子朏会同张秉艮、张秉韬、张秉如、张秉尖、张子清等。1929年张秉敦会同秉京、秉同、子藏、子钊等出力捐资增建前进五间及两廊四围砖墙，建筑面积450平方米。1962年东岐村张姓族亲并入清安宗祠。1958年大跃进期间，祠堂被占为食堂、民兵队部，祠堂内雕刻、牌匾被毁。2003年族内又筹资重修宗祠，雕梁饰柱，光彩照射，面貌大有改观。2016年除夕因祭祖不慎失火，上厅烧毁，2017年正月，东岐村张姓部分宗亲提出回归东岐原祖厅旁另立宗祠，约200多人复从清安宗祠分出，回到东岐新建祠堂。清安祠堂重建上厅成今貌，正厅顶匾"万派同源"，张文斌老先生所撰大门对联"祖溯福清吴田海口源流远，孙蕃鼎市店下清安世泽长"，诠释了张氏的来历，堂中有联语："祖德高昆荣万派，宗功著族旺千支""金鉴千秋渔阳惠政，簪缨七叶江左清才""黄石授书子房治国，紫光烛剑公艺齐家""南轩负公辅之望，西铭为理学之宗"。

宗祠背倚突兀七星遂龙岗，峰峦屏卫，竹树掩映；左连店下大街，右视东南牛矢墩。祠前横列川塘龙安明堂，外有万顷碧海，巨浪滔滔来朝，气概不凡。祠堂左边不远处，有一株古榕树，干分六杈，树龄数百年，树冠笼碧，绿荫遍地。右边有一地主宫，始建于清嘉庆二十年（1815），宫内保存有清嘉庆初铸造之铜香炉一尊，宫宇左右各附建房室一间，供守宫族亲住宿。不远处还有祖上传承经历次修建的棋盘寺。

清安张氏古民居，位于店下镇东岐村青坑自然村青坑94号。坐南向北偏西，通面阔16.65米，通进深13.8米，占地面积为2298平方米。由大门、过雨亭、天井、正厅及两旁厢房组成。大门中央上书"学士第"三字；过雨亭面阔313米，进深465米，过雨亭至天井有一门，门中央上书"职恩其居"四字；天井面阔1665米，进深2.05米，中间阶道宽1.55米；正厅面阔1间4.95米，进深5柱7.1米；左右各有厢房3建，分别为5.85米，属悬山顶穿斗式风格。

张氏民居建筑颇具特色，雕功精致，柱子雕刻有松竹柳等。张氏古民居见证了张氏先人那种勤奋刻苦，自强不息的拼搏进取精神，也为后人树立了个很好的榜样。

清安张氏古民居"学士第"门头（李立华 摄）

附：历代名人题清安诗联

技冠乡闱荣膺鹗荐，名传御殿喜叶鹰扬。
福宁水陆总镇侯名贵题贺张时庵公秋捷

秋晋千戎翁占豹变，技精百步子赋鹰扬。
福宁府书院山长张国纶题贺张云卿公七秩暨令郎秋捷

窦燕山联翩科第，马伏波矍铄精神。
福鼎县长丁芳题贺张云卿公七秩暨令郎秋捷

教子中高魁为震为坎为艮三英雄手折，
　　入官先外委升把升千升都五品级身荣。
林梦翰题贺张云卿公七秩暨令郎秋捷

桂枝定异日联步登龙褒典重重名不朽，
花诰喜今朝余力盘马元精耿耿古优稀。
林梦翰题贺张云卿公七秩暨令郎秋捷

三乾名门绳祖武，两铭家学启人文。
福宁府儒学训导刘尧臣题贺张梅村公迁居松城

不为名将学名儒，无数家珍故画图。闭户可能回蜀客，归山从此倦征夫。
藏书何止东西汉，作字谦谈大小苏。直把浮云看富贵，当年策马在皇都。
福宁府儒学训导刘尧臣题贺张梅村公之诗联

店下喻氏

> 李立华

喻姓起源有两支。一支源于黄帝医官俞柑，传至南宋有名俞樗，系宋建炎进士，博学多才，高宗喜欢，赐姓喻。另一支始于西汉，始祖为苍梧太空谕猛，因谕与喻形近义同，故省文作喻，后统称喻姓。汉置"江夏郡"，立堂号"兵部会试"。喻姓历代名人有唐代喻陟、宋代喻樗、喻汝砺、喻能良，明代喻德昭，清代喻宗论、喻国人，近代喻培伦。

店下喻姓始祖喻赵保，妣蒋氏。祖籍湖南长沙府茶陵州浮头桥。于明永乐二年（1404）会同郑、丁、易、宣、随总旗邹佛保等六姓一起随军屯兵店下，初于福宁州十二都店下乌岩坪大坪尾（旧址尚在）结茅暂居。生男四，玉一、玉二、玉三、玉四，分为天、地、人、和四房。后搬至店下玉屿境后埕村建宇创居。天、人、和三房失传，只有地房玉二，元配郑氏，继配苏氏，生男八，两个出绍，余下乃幼、乃福、乃寿、乃贵、乃生、乃堡，分为博、厚、高、明、悠、久六房。先人曾全力开垦石牛头山等山场，种茶植树，发展农作物，放牧牛羊，随着人口增多，为开拓土地，并围海造田，共筑海堤围"江夏塘"，再配合邻村群众围筑牛矢墩"七十分塘"。后由后埕再迁店下象山堡内，辟有街市，先建六座公堂厅，分布四处，作为后来发展资源。明嘉靖年间同乡邻一起构筑城堡防止倭寇扰乱，造闸门，建桥梁便利水利及交通，兴建过桥临水宫。

喻氏迁徙福鼎店下至今近620载，传22世，人口有2100人。

店下喻氏族人，明清两代有庠生、贡生、监生、太学生、武生、举人、处士、耆宝、八品冠等近50人。喻卓然曾被授于五品衔武毅将军，喻绍和五十诞辰获福建省省长萨镇冰赠一匾"修引梅花"。本族居住三墩喻渭卜系为清朝贡生，天性聪颖，勤学能文，于清嘉庆年间参于编修《福鼎县志》。土地革命战争时期，喻氏族人喻立锑、喻日卿等人跟随福鼎早期革命领导人黄淑琮光荣牺牲，被授予"革命烈士"。喻仁肖曾于1958年发明畜力抽水机及颗粒施肥机，晋京领奖。喻方兴被评为"全国劳动模范"，于2005年，光荣出席全国"五一"劳模表彰大会。

店下喻氏宗祠，坐落店下集镇旧南门城墙之麓，占地面积1000多平方米，建筑面积约 1500 平方米，祠堂为花岗岩石砌墙，楼高 17 米多，恢宏轩敞，16 个龙首翘檐，琉璃红瓦金光闪耀，气势辉煌。内部雕琢名人古迹，花鸟人物，龙舞凤鸣，栩栩如生，蔚为壮观。祠堂内正厅上方悬挂的"喻氏宗祠"为当代工笔花鸟画家喻继高先生墨宝。三楼正殿屋檐上"兵部会试"四个字为竖幅，系中国当代破体书法家喻富全先生亲笔题写。整个祠堂为南方古典一进合院建筑，雕梁画栋，富丽堂皇。

据《江夏喻氏宗谱》记载，宗祠始建于清光绪年间，在店下旧街后山南麓之傍，谱载旧时此地在店下凤堡（象山古堡）内，城头五显亭之右巷，祠前屋宇鳞比，后则峰峦耸翠，左有竹松，右有市尘。远看后山如屏，前水如带，左似张弓，右若勒马，层峦耸秀，诸峰并起，上可安祖宗，下可育子孙。祠堂原有上下两厅，四面交井，建筑精美，并有廊庑厨房设备齐全。民国期间因战乱纷扰，江山破碎，民不聊生，祠堂被国民党政府镇办事处占用，1949 年后被政府接管，原后厅于 1963 年先拆建为乡

"会续耆英"（李立华 摄）

"修引福花"匾（李立华 摄）

宗族聚落

"选魁"匾（李立华 摄）

政府办公，后为人民会场，后又改为大队办公楼，前厅廊庑为大队民兵营活动场所。1991年简易修缮后作为临时供奉使用。至1997年新建三层高楼，即为前厅，后于1999年赎回店下村旧办公楼，从2013年开始动工历时两年至2015年九月竣工，建成如今规模。

福安塘谢氏

🌿 宗　合

　　福安塘现为店下镇店下村管辖的一个自然村，原地处镇郊，现已和集镇连为一体，成为集镇的一部分。村庄所在位置称莲花墩，四周都是田野，周围河道环绕。

　　谢姓是福安塘的大姓、主姓。据福安塘谢氏族谱及其他史料，该支谢氏先祖可追溯到东晋时著名政治家、军事家谢安。谢安第二十九世孙十一郎从宁化石壁迁龙岩上杭古田镇谢家坊，宋建隆二年（961）第四十二世钟长分支迁居福安楼下，后裔于明末崇祯末年入迁今址，围海筑塘，营建家园，命新居地为福安塘，以示不忘根源。至今约411年，繁衍至第十九世"声"字辈，共900余人。

　　谢氏迁入之初，福安塘及今天下墩一带还是内海滩涂。此前，在今店下平原地区已有多个姓氏宗族迁入开建家园、围海造田，如弹港李氏，店下邹氏、喻氏，屿前钱氏、郑氏等，形成了今天的弹港塘、城门仔塘、后门塘、江夏塘、店下塘、屿前塘等。塘，指的是围海造田形成的田园。谢氏一族入迁后即以举族之力围海建塘，形成今天的福安塘。福安塘"自店下下斗门起沿福安教、厝基墩、下墩等几个大小墩筑堤至七十分塘堤线的官墩，是店下洋最大的一个塘"（蓝清魁《店下洋围垦简述》）。有了这方丰沃的田园，谢氏很快兴旺发达了起来，于是开始大兴土木，兴建了一批宅院、宗祠等建筑。今天福安塘还有多座古民居保存完好，其中谢氏宗祠初建于明天启五年

四合院式的谢氏祖厝与祖厝大厅（店下镇党政办 供图）

（1625），历史上多次翻修重建，最后一次重建为2008年。

  谢姓重视诗书传家，通过数代先人的努力拼搏，耕读文化气息浓厚，也是当地名门旺族，颇有声望扬名，享有盛誉。截止清末共有五品、六品、七品、八品、九品、监生、贡生、庠生、武庠、武生、增生、国学、耆民、乡耆共计58名，其中五品、庠生等多位名人围垦下南塘一片土地及谢作霖考取秀才，光绪甲辰年任店下区自治会乡董民国元年创立店下初级小学并任校长。

傅岩林氏

钟而赞

　　傅岩（今亦称乌岩）是店下村的一个自然村，位于集镇西北，紧邻乌岩水库。林氏一族于明清交替之际自闽候县后浦村迁入，很快便成地方一大望族。至第四代的林大奇，被举荐为"耆宾"，并获授"谷治子孙"牌匾。其后第五世林正森、第六世林国钦、第七世林邦典、第八世林德聘，世为"耆宾"，参与州县所举办的乡饮酒礼，并分别获授以时任福鼎知县名义赠送的牌匾"善嗣微音""宝筵雅望""耆德承家""世崇齿德"，可见傅岩林家在当时应为店下及福鼎县享有名望的乡绅之家。

　　傅岩林氏重视子孙教育，这是林家定居店下积三四代之功即成为一方名绅的关键。至今在傅岩林家大宅边还完整保存有一座相对独立的九间单进单层的老房子，林家后人说当年是书房。民国《福鼎县志》之"义行录"列举了一些被奉祀于兴文祠的人物，其中有傅岩的林国钦。正如志中所说："诸君子既为邑人所崇祀，平时义行必多可录。奈其事实无从征求，或函问其后人久未承答复，或间有答复而语焉不详，秉笔之余，

傅岩林氏祖宅（引自《福鼎林氏志》）

深以为憾。"

傅岩林氏自始祖开基至今传 16 世，现有人口 200 余人，大部分已搬迁至集镇等地居住。旧址遗存有大宅院一座，宅名"种梅别墅"，背依大山，坐西北面东南，呈长方形，占地约亩余，筑有围墙。大门安在围墙正中为花岗石门墙门梁，上书"种梅别墅"四字。建筑保存完好，总体呈方形，内部结构完好，两边各数间厢房，正房五间，院落宽敞，格局规范，饰物精巧。前文提到的牌匾，"谷治子孙"一匾毁于火，"善嗣微音"十多年前失于盗，其余数匾今仍悬挂于正房大堂正中梁下。

巽城林氏

> 宗 合

巽城有两支林氏，一为九牧林二房林藻后裔，清初迁入，经五百多年传承，蔚为大族；一为九牧林六房林蕴后裔，民国时期迁入，主要居住地城明路。本文所述林氏为前者。

林氏肇基始祖林汉瑜于清康熙元年（1662）自莆田涵江先迁三都贡洋（今店下溪岩村贡洋朱家基），再迁巽城。

巽城地兼山海，水陆交通便利，自古为商埠。据巽城《林氏宗谱》载，林姓家族"世以茶为业，诸多家庭业茶经商获利"。其中林汉瑜五世孙林嗣元"经商苏杭二十余载而茶规倡立，德戴同行"。六世孙林鼎魁也是"茶历抵苏杭"，八世孙林凤翔更是"习茶业蜚声闽省"。

发家致富后的林氏族人"广胰田""建大厦"，大量置办田产、宅第。巽城现存林氏古建筑多座，包括民居、宗祠等。始建于清康熙年间的林家大厝（过溪老厝），是一座两层砖木结构的古民居，共13间，占地1333.3平方米，建筑面积1000平方米，青砖山墙，前檐和前廊的雕刻精细美观。至目前依然保存较完好，尤其是门楼得到完整保存。建于清乾隆年间的街尾底老厝，为当时闽东茶界领袖林嗣元一手创建，10开间，两层独栋结构，占地面积约500平方米。建于清道光年间的林厝里林家大厝，双层四合院结构，占地面积约2000平方米，建筑面积1400平方米，中堂7开间，两旁厢房各两开间，斗拱、窗花精雕细琢，至今保存完好。

林嗣元除自家建楼房，还于清道光二十四年（1844）独资建造林氏宗祠，费资"千余缙"（一缙相当于一两银子）。林氏宗祠历经风雨几次翻修，1993年后裔林延筹投入50多万元独资重建。重建后宗祠占地面积约670平方米，砖混结构，一进两层，覆琉璃瓦。由前厅、天井、正厅组成。前厅面阔五开间15米，深10米，设三门、六个窗户，均为圆弧形拱券门。中门双开，门楣上嵌"林氏宗祠"石雕横匾。天井宽7米，深4米。正厅面阔15米，纵深8.2米。祠首场地175平方米。保留一对清末旗杆石。

巽城许氏

> 许联弟

清康熙年间，浙江一带有两户许姓人家先后辗转迁居巽城。

其一为许志荣（1705—1784），自浙江平阳北港渔塘北山奇岩徙居福鼎三都巽城狮山头（今称西山头），传承三百多年前，历志、永、大、以、承、英、庆、笃、生、俊、方等十一世，形成一个独姓自然村。自上世纪四十年代起，许姓族人陆续迁往巽城的五斗及集市周边，部分又迁往市区、店下及硋窑等村，至本世纪初全部搬离，西山头已无人居住。部分宗亲依然是日日上山劳作，因为山上有他们的田园。

另一家许姓人家同期自浙江灵溪大门迁来巽城岭头村，至今传10世，后裔分散居住于巽城、海尾、安井、福鼎城区等地。

许志荣定居西山头以来，带领儿孙，开石砌墙，挖山修路，伐木结庐，开荒种地，围溪造田，世世代代耕耘不止。今天的西山头还保存着一座许姓开基始祖开建的护村高墙（围墙）和后山挡墙，护村高墙由巨石砌成，长四十多米、高十多来。建于同期的通村道路——从西山头连接巽城中心村的山岭，高悬于高高鸡冠岩山腰，宛如一条云中垂下的绿带，六七百级的青石阶。溪滩上有是从沙石缝里挖出来的几十亩水田。

西山头许氏传至第六世许英足（字广德，号积三），于20世纪初从山上迁居山下五斗，并在巽城老街三角埕开了一家酱园店，制售豆酱、酱油、酱菜等，店号"宝兴"。他做生意买卖公平，童叟无欺，颇有声誉，因此生意兴隆，村中老少皆以"宝兴"店号尊称其名。据说许英足还习武健身，练就一身高强武艺高强。

许英足重视子女的教育，他先后把两个儿子送去福宁府（府治在今霞浦）接受中等专业学校学习。长子许庆铨（1915—1998）字巽贤，号衡卿，人称巽贤先生，学成归来，曾于民国末年当过一任秦屿中学校长，后又改任巽城民国最后一任镇长。

海田费氏

王世昌　李立华

海田村位于店下镇西南部，距集镇5千米，全村人口973人，为店下费氏族群聚集地，海田费氏出自广信府（今江西上饶铅山县鹅湖）隆庆元年（1574）先祖费尧年在福建为官多年，后因调任广东任广东左布政使，小儿子随母居住兴化府涵头村石牌巷（今莆田市涵江区涵头村），后经受海盗、倭寇骚扰，母子二人乘船沿着海边一路迁移到福宁府海田村安居，至今四百多年，历代从事农耕。

海田费氏宗祠，拓基玉屏山下七星半月沉江，太姥游龙过峡，位定乾巽金分亥，但谱内倘未记载何时贤公择吉建成五榴大厦，历经沧桑，柱梁朽坏，幸蒙前辈思省、思沛、作族、作匙、汉迁、思修、思荡、作谷、作仲、作、作爵等公发起，于1979共和己未年新建五榴两进四面交井，近代建筑风格。初逢改革开发未敢供奉祖宗神牌，前厅作为仓库和办公场所，后堂陈放列祖香炉。迄1989年重修家乘，完谱晋祖崇神主入祠，继承春秋祭祀，2006年"桑美"台风正面袭击福鼎，我宗祠摇摇欲坠恐有倒塌之危，当时族长作族公协同作匙公携族贤人汉存、思会、作柜、汉钱、汉立、汉苗等重修椽瓦加固桁梁，暂供后裔膜拜。至2011年中秋祭祖，众裔相议重建，于10月13日施工重建，经8个月的艰辛顺利完工。

海田村费氏传统下来有个独特的习俗——"九月九"。南朝时梁人吴均在《续齐谐记》中记载："汝男桓景，随费长房游学累年。长房谓曰九月九汝家中当有灾，宜急去。令家人各作绛斐囊，盛茱萸以系臂，登高饮菊花酒，此祸可除。桓景如言举家登山，夕还，见鸡犬牛羊一时暴死。费长房闻之曰，此可代也。今世人九日登高饮酒，妇人带茱萸，盖始于此。"（这个故事，生动地反映出重阳时人们的辟邪除灾心理）桓景感恩，特设立这一节俗以纪念费长房。

费氏家族迁至本地，相沿成习，流传至今，古老传说演变为民俗。一年一度的"九月九"，对海田村民来说，非同寻常。回家团聚，欢度佳节沿袭千百年，经久不衰，海田人称之："过年不一定回来，但是，九月九这天必定回来。"每年农历九月九这天，无论身在何处，作为地道海田村费氏后代，都会千里迢迢赶回家与家人团聚，与村民、乡邻八亲共享节日欢乐。

一个不足千人的费氏小村，每逢佳节"九月九"，海田村到处是张灯结彩，人头攒动，将近有几千余人参加这天活动，来者都是客。这天海田村挨家挨户都会烧上两三桌，多则十几桌的好菜招待十里八乡前来的客人，无论踏入谁家的门，任你拿上筷子和碗吃喝就是，村民绝不会因为你的身份贵贱或者来路不明将你拒之门外。

海田村"九月九"吃请迎往，以其农耕为主相联。村民秋收已经完毕，农事相对比较空闲，这时山野果实又正是成熟的季节，村民纷纷上山下田采集成熟果实和供给农副业用的植物原料。这种上山采集村民把它称之为"小秋收"，村民为了庆祝秋粮丰收、喜尝红粮的用意。另据《西京杂记》载：九月九在汉代时已有吃蓬（即古代之糕）之俗，即最初的北方重阳糕。"糕"与"高"谐音，吃糕是为了讨个吉祥之意、平安之福。因此，海田村费氏后代"九月九"吃请迎客便相沿成俗，保留至今。

文物古迹

马栏山遗址群

白荣敏

福鼎市位于福建省东北部,东北和北部分别与浙江省苍南、泰顺两县毗邻。西部崇山峻岭,南北向纵列太姥山脉;东临东海,港湾众多,许多港湾深入腹地,形成中东部沿海地带丘陵连绵、山水相连的地貌特征。

这种地貌特征,适合于人类的生产与生活。20世纪80年代以来,福鼎在文物调查中发现30多处青铜时代的石器遗址,其中,最有代表性、规模最大的,当属店下的马栏山遗址。

福建十九大考古发现之一

马栏山位于店下镇洋中村北面,临近沙埕港湾,东侧一条长3千米的洋中溪横穿洋中盆地而过。遗址于1987年4月的全省文物大普查中被发现。福建省考古队来到马栏山,遗址山坡暴露的石器星星点点,一下子吸引了考古队员的眼球。石器如此之多、如此之集中,实为罕见。专家初步断定,马栏山属新石器时期石器作坊遗址,范围12.5万平方米,相对高度15米,文化堆积层距地表1.6米,厚0.7—1.2米。遗址物品以常型石器为主,另有1件双肩石斧和6件双肩石铲,夹杂少量陶片。

据福建博物院、福鼎市博物馆资料记载,所见石器大多为不规整和残破的坯件,仔细观察发现其中仅有个别双肩石器有使用痕迹,绝大部分石器未经使用。这些石器

马栏山遗址

与出土的石器(店下镇党政办 供图)

明显是在制造加工过程中被废弃的，因为这些坯件大多存在着或多或少的缺陷，如石片有的局部残缺，有的尾部断裂。

制造石器的石料绝大部分为玄武岩，部分为细砂岩，极个别为花岗岩。所见石器都是打制品，未见磨制石器。绝大部分都属简单打制，片疤较大，刃部和两侧缘均加以处理。双肩石器柄部修理较精细，片疤细小。其中，一半石器表面风化，因而内部为黑色，表面大多为青灰色或黄灰色。

采集的陶片较多，但缺乏可复原器物，估计器物大致有罐和尊两类。陶片绝大部分为硬陶，其中有一半为黑衣陶。纹饰有雷纹、方格纹和条纹等，还有一片以红赭色描绘的网络纹彩陶。

马栏山遗址，被列为福建省 1949 年以来文物考古工作十九大发现之一，并于 1991 年 3 月 20 日升格为福建省文物保护单位。

遗址群的进一步发现

2008 年 10 月 25 日至 11 月 9 日，福建省第三次全国文物普查沿海史前遗址专题调查队在福鼎市进行了为期 18 天的文物普查。此次普查共涉及秦屿（今太姥山镇）、店下等 7 个沿海乡镇，复查 17 处，新发现 14 处。其中，在对马栏山遗址进行复查时发现，遗址范围可以扩大到 12.5 万平方米以上，与共处在洋中盆地的洋边山遗址、新发现的后保栏山遗址构成福鼎市目前发现的最大一处遗址群。

洋边山遗址位于洋边自然村，东距马栏山遗址 1 千米。相对高度 20 米，面积 10 万平方米。1987 年第二次普查时发现大量的石器和碎片。2008 年 11 月复查时也发现大量石器、石片及陶罐残片。从断面分析，文化层堆积达 0.3—0.5 米，最厚处可达 1 米。地面到处是半成品，很可能既是石器加工场也是聚落址遗址。马栏山遗址应属同时代石器制造场。

后保栏山遗址位于洋中村，与马栏山遗址距离较近。相对高度 30 米，面积 0.5 万平方米。2008 年 11 月普查新发现石器、石片密布于山南坡。该遗址采集早期文化遗物较多，从采集的石器观察，它与马栏山石器制造场石器基本类同，应同属马栏山石器制造场遗址群。

另外，位于溪美村的南洋岗遗址，在 1987 年第二次普查时，专家曾在山东坡发现较多石锛、零星印纹陶片，2008 年 10 月调查队又在南坡脚坳地发现陶片。该遗址面积 800 平方米，相对高度 30 米。

值得一提的是，11 月 6 日，调查队在秦屿彭坑村后门山遗址复查时，在村东机砖厂取土区发现一处新石器时代晚期彩陶遗址。该遗址规模宏大，文明堆积层保存较好，文化遗物丰富，文化内涵单纯。在遗址中不仅发现较多精美的彩陶器残片，而且还发现较多的石器加工工具和大量石锛坯件，初步可以确定，它是福建地区迄今为止首次发现的有确切文化堆积层的新石器时代晚期石器加工场所。它具有明显的区域特点，是新石器时代晚期中国东南沿海滨海文化类型的一个典型代表。这个发现表明，在福鼎这块土地上，我们所能"看到"的"文明曙光"，又可能推前了几百年。

时光倒转4000年，遥远的新石器时期，这里已活动着我们的祖先。那时人们利用石器来砍伐刨土、对抗野兽，石器是他们维持生存的主要生产工具。在马栏山这片土地上，有一个大型的采石场和石器制作场，先民们在此打制石锛、石斧、石镞、石铲，冶烧陶器。难免的，会出现一些失败品，他们就将坯品废弃在原地，而加工好的石器，则运往等着使用的地方……

宁德师专林校生教授在《远古文明发端》一文中指出："我国幅员辽阔，区域文化发展很不平衡，当中原地区迈进早期国家的门槛，诸多城邑聚落比较普遍使用青铜器具的时候，广大周边地区，包括号称'闽荒'的福建地区，仍延续着石器时代的社会生活方式。闽东青铜时代的石器文化遗存，主要有福鼎店下的马栏山遗址……这些遗址和文明表明，商周时代闽东一带的人口数量已有较大的增长，分布范围也更加扩大。"

福鼎的考古发现亦印证了林教授"商周时代闽东一带人口数量已有较大的增长"这一说法。1958年第一次省普查时，就在白琳湖尾山的白琳寨发现新石器时期石镞、石锛和硬纹陶片。1987年第二次省普查时，由省、地、县组织的史前文物普查在福鼎共发现包括马栏山遗址在内的35处新石器遗址，分布于福鼎各处，除马栏山遗址较为集中发现之外，其余多为零星出土。

为什么马栏山会有古人类居住？马栏山的先民们后来迁往哪里？他们所加工的石器又送往哪里？这一切，给后人留下了许多悬念，也向专家学者研究马栏山文化提出了重要课题。

在马栏山的采集物中，最具研究价值的是双肩石器。顾名思义，此类石器呈双肩状，为方便人手把握而设计，年代至今约4000—6000年，主要分布在华南地区，学术界普遍认为："使用有段石锛和双肩石斧"是百越新石器文化的第一特征。马栏山出土了1件双肩石斧，应是闽东百越文化的代表性遗存，其中的历史意蕴非常丰富。

专家认为，因为该文化在隔海相望的台湾岛，以及东南亚和南太平洋岛屿也有不少发现，福鼎位于海峡西岸，与台湾一衣带水，该遗址的发现为探讨闽台史前文化的渊源关系，以及南岛语族的起源与扩散课题等，有极大的研究价值。

除此之外，一些学者还提出：浙江通往福建有两条长廊，一条是闽北建阳，另一条则在马栏山所处的闽东地区,马栏山文化与浙江河姆渡文化是否可以相连接?

这些很专业的学术问题,只有留待专家来考证研究;我们很高兴地看到,在福鼎,从市委市政府,到广大市民,对马栏山文化的认识和重视已经大大提高。2006年,店下洋中村自发成立了马栏山遗址保护小组;2007年6月,又成立了民间学术性社会团体马栏山文化研究会,组织开展了一系列文化遗产保护的宣传活动和相关协调工作。可喜的是,福建省文化厅、文物局已把马栏山遗址列入重要的涉台文物点,并于2009年下拨60万元的保护规划补助经费,马栏山遗址保护规划编制工作也已经完成。

店下古道、津渡、市集概况

李立华

福鼎的古干路旧称"驿道",原为军事和政治所需而设,后随工商贸易业的发展,渐为各地交通运输之要道,人马熙攘,日夜行人不绝。店下亦不例外。

古驿道

途经店下的古驿道旧亦称"福宁古道"有三条:

其一,从黄岐至白鹭(另有古代军用支路官城至水澳至白鹭)至泗凤亭至溪美至弹江至店下至岭店亭至下(后)岚亭至六岭至茶塘(秦屿界)出秦屿通往霞浦(旧福宁府)。

其二,从海尾渡至巽城至朱坑里至半岭亭至马山至缸窑至茶塘。店下镇巽城村自古以来就是闽浙两省水陆交通的要道。除水上环沙埕港交通以外,陆路交通更是必经之地。闽浙古官道在福鼎境内又称福宁古道。店下镇境内是由白琳镇沿洲村过下坑溪古碇步进入巽城岭头村,(岭头就是因为地处古岭顶端而得名的)。由古岭下至巽城埠边(原茶站对面,因早年有古埠头而得名。可见古老的巽城村以前数百年,是紧临海边的)跨过一座三米长的古石桥,进入巽城公立茶业站,进入巽城古街。到"街头顶"往西南方向拐入小巷到当年粮食街,到米厂,到打银店,到柘山里,过十节古石桥,到桥面(指上方的路上)古亭,进入洋中境内的三斗岗、仓头、东山下、朱峰里,过古石桥,到上坑里、泗洲文佛,到鲤鱼山下,过小桥到达马山境内,爬上一座高耸的古岭(如今大部分被山林淹没)到达积谷后古亭,再向上攀登至水圭岔,开始下坡,沿"三十六弯"过古茶亭、石拱桥到达今太姥山镇的潋城缺窑村。福宁古道绝大部分由青石卵石砌成,路面宽1.5至2米,双人并肩,马轿可以畅通。如今,该路中巽城埠边古石桥,柘山里古石桥,鲤鱼山下小古桥,马山三十六弯下古石拱桥均保存完好。一路上有三座古亭,当年都每日备有茶水,亭内有石磴、条木供路人休息。正梁上或石碑上都刻有文字,记载修路、桥、亭的时间和捐资义人的芳名数据等,如今皆已损毁。巽城岭头,马山水圭岔两座古岭和部分的路面保持完好,依然是村民上山劳作的最佳路径。

其三，大笡笃支路。从笡笃至上澳至葫芦湾至石竹门泗州佛至安福寺至胡章至三佛塔至茶塘。

店下属沿海丘陵地貌，古道路面宽不到两米，部分干线坡较缓、台阶平整，其余大部分山岭崎岖，全程大都用块石或鹅卵石铺设，沿村相接。现古道除部分改用为公路路基外，有的成为乡村小路、耕樵小径，行人冷落；有的久已废置，杂草丛生，荒芜不可辨认。古道已完成历史使命，退出昔日的繁华。

店下段古道沿途曾建有6个路亭。

岭栋亭　又称"岭店亭"，今毁。在原硙窑村岭栋官道边，旧分水岔门上，亭的东西门楣上分别书有"东连海屿"，"西接姥峰"。亭旁开有一小店。旧有一岭直下至海边，来往行客习惯将后来围海造田筑堡之地称为"店下"。

岚亭原　在岚亭村旧下街古道旁。清嘉庆版《福鼎县志》载为"观澜亭"，毁于1949年左右。

泗风亭　在溪美柏石村，今尚存，自清咸丰六年起历经多次重修。亭中长年置有茶桶，一直都有好心老人为来往歇脚行人免费供茶，善举从古至今延续不改。

半岭亭　在洋中坑里半岭故曰半岭亭，今毁。

永安亭　始建于清朝末年，巽城"仁泰里"施善臣出巨资修建，于1958年公社化时，因修建洋中村公路被拆。

海尾亭　在巽城海尾渡口边，为便于来往行人遮阳避雨，洋中坑里朱姓先人倡建。四角长方形，占地面积30多平方米，原为木构瓦顶，后改建为简易混凝土石构，今尚在。

古渡口

店下渡　始于明朝，在旧店下斗门头象山桥右下边。牛矢墩渡的上游渡口是店下粮食运往城关及海外的主要水路通道，1949年前后都热闹非凡。1956年在屿前村外林自然村石壁头（旧杨岐港所在地）简易渡轮码头建成汽艇停靠站，"闽东3号"客轮每天一班，视潮水往返航行于福鼎——杨岐——沙埕之间。随着20世纪70年代后客货轮的逐步发展，店下内河港道基本停运，店下渡的功能被杨岐和牛矢墩两渡口取而代之。店下磨石山村民王德南、福安塘村民谢世德（尚在）是摇到70年代末的最后一批船夫。1991年杨岐围垦工程建成后，现在新的龙安渡客货码头又取代了旧小的杨岐和牛矢墩码头。

牛矢墩渡　在东岐村牛矢墩，是旧店下的重要出海口，各村民来往客货运的主要水路通道。主要是开往沙埕、流江、城关客货机帆船，可直通福鼎县城及周边乡镇

海尾古渡口

和浙江。1991年随着杨岐围垦的竣工，只遗留1963年建的排洪闸门。

巽城渡 又称海尾渡，位于巽城海尾村，处沙埕港内。该渡始于明朝，福鼎县主要渡口之一。乾隆三十二年（1767）至三十七年（1772）之间，海尾村民何启龙开通创建了往来前岐、桐山、小巽的渡船，以及修建海尾古埠头等，巽城渡由此开始。时任福鼎县令熊琛（江西新建人，乾隆四十年即1775年在任）批复巽城诸渡业，希望何启龙"开垦报粮，作渡利济，以便行旅往来，庶免跋涉艰难之苦。"在当时交通极不发达条件下，何启龙发展航运事业，无疑极大地推动了贸易发展。其后有多家接踵而至竞争办渡船。

渡口东向是长屿，横截海面，是其天然屏障。当时许许多多的物资在码头装卸转运，巽城渡口成为沙埕港内水陆交通的重要枢纽，许多浙江要运往福州小宗货物，皆在此上埠。渡口有一批专业挑夫，长年在福宁古道上来往从巽城挑到福州单程8天。如今的巽城渡涛声依旧，碧波漾漾，渡舟来往濒仍，不时有舟楫从渡口穿梭往返。至高速路开通之前，尚有数艘客货船往返于前岐、城区等地。周边还有小巽渡，在小巽村。关盘渡，在关盘村，都是邻村群众生产、生活的交通要口。关盘村周围现已建成为我市最大的造船基地。

筼筜渡 在店下镇筼筜村，主要是方便村民来往筼筜与秦屿之间及海外渔业生产、客货运之便。

市集

店下原有三市集：店下市、后（下）亭市、黄岐市（旧属店下，现归沙埕）。

店下集市 旧时因周围村大人多，水陆交通方便，集市贸易量最大。象山堡内丁字街，店铺林立，十分热闹。1950年以前较出名的有"喻秋记"等24家茶庄，城头顶"王恒泰"等7家酒肆，横（上）街（现西门街）澳腰黄家"太丰"号洋（煤）油供应公司、布庄、典当行、食杂店等，"太丰垾"占地面积最大，光一晒场就可铺60条晒谷的竹箪。下街李"德记"南货、"世昌"京杂店、布庄、染坊及横街涂家和诸姓南货店10家，西园高"天一堂"、巽城林"乾春"、下街李姓"大德"、易姓"大可"、福安堂谢家"福生堂"药店（房）等。"宝兴"里黄姓鱼货铺、布店，王家油坊，王垅胡家油坊，张乐生、何顺生等诸家米厂，李家、高家饼店，钱家祖豪面店，董家丝线、日用品店，谢儒一"美友斋"饼店，儒二"谢祥记"布店，"茂昌"号林姓等肉铺三家，何氏鞋店，李芳彩豆腐坊，王氏"万金"客栈等三家，陈氏青草店，王家理发店，郑"协盛"烟草行，丁字街中心"温州赌场"，上街黄家鸦片馆，西门外喻学诚糖仔厂及诸家南北京果、五金、碗鸽、寿器等。每天几十担至上百担鱼鲜，有多少销多少，从无剩货，故店下素有"老虎街"之称，名闻遐迩。

黄岐市 因是外海码头，视潮水而集市，渔市就设在沙滩或小码头上。每逢渔汛期，千帆归来，码头上人潮涌动，人声鼎沸。鱼、螺、蛤、蟹各样海鲜，五花八门，令人目不暇接，各路商贩云集，主要以鱼贩采货为主。

后岚亭市 周边小村庄较多，小小岚亭旧时有布政街、上街、下街，街上开有周家皮油坊、泰仓染布坊、泰和布庄、张氏茶馆、食杂货店等。以前电头至秦屿没有海堤，黄岐、筼筜的鱼鲜及邻村大都往岚亭赶市，因早上抢做农活，自然形成以午后为主的乡村集市。这里也是店下、秦屿以前肩挑小贩们的落脚点。

桥梁

旧时店下辖区内有桥梁19座。

巽城桥 在永安亭下边，后因洋中溪拓宽改造时拆移。

珠峰桥 在洋中坑里朱峰里，为双拱石板桥。桥面宽2.5米、长12米，桥面石板用0.5×6米整块青石板拼就。于1980年"9·23"洪水时被冲垮，新建水泥桥在原址下方7米位置。

象山桥 在店下象山堡外斗门头大榕树下，过桥即是临水宫。桥长6米、宽2.5米，桥面系由5根大青石条铺就。桥身青石雕砌，做工精美，桥栏墩上刻有各种棋盘，供人纳凉休闲。

林西桥 一名林师桥，元朝已存，清康熙五十九年（1720），里人朱天华募款重建。每年六月六举办墟市，名扬闽浙两省，甚是热闹，纪念活动延续至今，声名远播。

丹风桥 在溪美弹江，为四、五都界，始建于元末，为李氏族人跨港劳作之桥，原桥于"文革"中平整土地时毁，现有简易水泥桥。

山门桥 菰北山门寺外。

谢家桥 在小弹，宋绍兴二十七年（1157），谢召建。

清溪桥 在清溪屿前，僧应宗建。

白桥 在东溪，还有溪柄里桥，三佛塔桥。

大厅桥 宋熙宁间建。

龙潭桥 宋咸淳间建，在丁家寮水口。

另外还有福安桥、清坑桥、虾姑桥、溪尾桥、沙墩桥等。

碇步是一种特殊结构形式的桥梁，亦称碇步桥或堤梁式桥。一般是在水流较浅的溪流中，用砾石或条石，筑起一个接一个的石蹬，便形成一道堤梁式的"碇步"。多修建在洪水期短而水浅的地方，无建桥必要，或乏资无力建桥，故因地制宜而修建碇步。店下计有26道，主要有店下坑门3道，屿前罗口2道、西岐、西岐钟各1道，硋窑三门台2道，三伏塔、清溪、东溪3道，东岐宝溪、山头鼻、白叶坑3道，溪美、南洋大三角3道，箕笃3道，巽城2道，洋中、罗八、坑兜等3道。现大部分碇步都改为简易道路或桥梁。

岚亭古渡

◆ 陈启西

岚亭古渡距店下岚亭村仅百米，旧址在村前船避山下。据传古渡废弃已久，而周边的氏族入迁较晚，因此岚亭渡旧址鲜为人知。岚亭之名，源自岚亭通往三墩古官道上的过去建有一亭名曰"观澜亭"，深为历代文人传诵。亭废多年，因谐音后俗称后岚亭、岚亭等，古渡因此称岚亭渡。

多方寻访，找到了岚亭古渡旧址所在地——土名"船避山"。古时海水沿内海湾秦屿入，向西涨至吉坑，向北涨至坑门前，旧时船避山是一座孤悬海中的小岛，称之为"船避岛"，应该更为贴切。"船避岛"南面为广阔的海田洋，往北溯水而上直达坑门里白虎潭。白虎潭水深不可测，终年不涸，潭水清碧，至今尚存。"船避岛"海拔高不到40米，与四周山丘不相连。从航拍图上看，全"岛"酷似一腹中待产的婴儿，头朝上首白虎潭，"岛"上方圆约几万平方米。据传，古时岛上俱为低矮灌木，周边村民曾于岛上零星开垦山地，种植番薯、油菜、小麦等作物。"船避岛"四围隔水分布着岚亭、三佛塔、坑里等村落，距岚亭最近，退潮时有浅滩可通。岚亭古渡，南临海田、茶塘、下尾，向东隔水与东溪、斗门相望，西北通往白琳，北连三墩、店下、龙安，陆路过周仓隘直达城关。地方古有童谣《墩》曰："墩墩墩，骑马去三墩。三墩田，骑马去海田。海田街，骑马去东溪。东溪门楼好大厝，三百鸬鹚飞不过。"岚亭渡就处在三墩、海田、东溪三个村形成的三角地中心。

过去岚亭古街为福鼎境十大集市之一。元末明初，海水涨潮时可达亥窑、坑里，直至白虎潭，船避山孤悬于海中一岛。退潮时船避山四周俱是滩涂，过去曾是天然的避风良港，每至台风暴雨天气，船避山四周千帆如云远连天，俱是抛锚入港避风渔船。缘于周边秦屿、黄崎等渡口远离内山，海上贸易上渡口，还需肩挑车载运往内山，再者海鲜不易保存，因此不便交易。而岚亭渡处纵深内海湾，最靠近内山，周边计有后坪、潋城、斗门等二十几个村庄，地理位置十分优越，辐射周边几千人口。当海涨潮时，渡船可直达岚亭渡，甚至亥窑。每年渔汛时节，船避山前渡口停满各地商船，时令海鲜卸满渡口，内山十里八乡村民带上山乡的笋干、猪、番薯干等农副产品云集岚亭集交易。有心切者，甚至自己直上岚亭渡口交易，岚亭集市与渡口间，一连片人声鼎沸，岚亭集也因此日渐繁荣。

　　清代时岚亭古街面相当繁华，有饭店、客栈、杂货店等商铺几十家，古街延绵至三墩方向的布政街。光听"布政"两字，足以让人们浮想联翩。20世纪末岚亭小学修建校舍过程中，在整理场地时施工队挖掘出大片的方块青石板，颜色古朴、质感润滑，当时只见板石间排列整齐，密致有序，清理后发现道路，均由长约50厘米，宽约25厘米的方块青石板整齐铺砌而成。相传过去时岚亭曾出过一名布政使的大官，在职期间在此建有布政大院，并在这里建了一条街，当时就相当繁华，后来布政升官后举家迁他处，整条街就此废弃，此地空余"布政街"之名。想来当时还有不少的官宦巨富往来于此，再者周边村民来赶集时，岚亭集往来熙攘，俱显古街繁华。随着狂风暴雨，从古渡上游的山涧、谷地溪水带来丰富的泥沙，日渐堵塞港道，终成废港。

　　缘于周边村民习惯了岚亭集交易，不久在岚亭沿海前方的茶塘，形成茶塘渡。因岚亭集失去的渡口优势，渐渐地周边黄岐、秦屿、沙埕等地的鱼贩贸易开始辐射到此，渐渐有不少鱼贩将海鲜挑至后岚亭赶集。缘于外村运来的海货达岚亭基本上是午后，于是岚亭集形成一个奇特的午后集，但仍延继着繁荣。至民国初年，外来的船只小一点的还能驶进斗门榕树下渡口，而岚亭渡船只早已无法靠近就此荒废，不久岚亭与斗门之间的滩涂，建起一条通径，一下子将岚亭渡与海洋完全隔开。不久乡民就于古渡滩头前开发了一些良田。岚亭渡内海湾的地势到底上升了多少？渡前的乌礁石是绝好的参照物，涨潮时乌礁石隐没水中，过去乌礁石高度多少已不得而知。许多年来，乌礁石不知撞翻多少过往商船，给周边人民进出船只带来很大的威胁，历代地方航海图上都标有乌礁石。民国初年，内海滩的陆地上升了不少，但海水退潮时，乌礁石露出水面的部分，还有三四米高，礁石整体方围三十余平米。至六七十年代，整个乌礁石露出大地的部分如同一个倒置的铁锅。随着时光继续推移，在人们不经意间，曾经让渔民、商船刻苦铭心的乌礁石悄悄地隐没在那片土地上。

　　至中华人民共和国成立，岚亭渡滩前已是田野纵横交错，青苗依依的景象，完全没有往日渡口的印迹。屯头围垦海堤建成后，岚亭渡前及海田洋的广阔地带又造田五千余亩，形成了"粮仓"。但至今海田洋的田原上还有几处"深田"（深泥潭），特别是船避山边上一个叫"官池里"的地方分布很多类似的深泥潭，这一带的田地几十年来一直只能采用人工翻地，耕牛无法下地，否则连牛都要被陷没。据说这些地方曾经是内海的一部分，"海"者深不可测也！这些从侧面印证了船避山一带曾经是海洋的事实。

　　如今古渡埠头荒滩已远离大海，每年春上，船避山前是一片翠绿芳草依依，曾经几度繁华的岚亭古渡就隐没在这芳草萋萋间。

店下古城堡

李立华

历史上，倭寇侵扰我国沿海长达200余年，古城堡一直是闽东沿海抗倭斗争的坚强堡垒。现存的古城堡，就是记载福鼎人民爱国主义精神的历史丰碑！

旧时福鼎有城堡31个，店下域内就有13个（因行政区划沿革，现有部分城堡归属沙埕镇、龙安开发区），居全县之最。因店下地处沿海，倭寇猖狂，海盗盛行，各村屡遭抢掠。有最早建于宋朝的关盘堡、江南堡，明洪武间相继建有玉岐、大小筻筜、水澳等大小城堡，还有建于明嘉靖间的店下、巽城、白鹭、屿前堡，始建年代无法查考的有黄岐上城官城、筻筜古城等。本文介绍今属店下行政范围的古城堡。

关盘堡　关盘城堡位于店下镇阮洋村关盘自然村，城门坐东南向西北，主要用于抵抗倭寇的入侵，城墙现已被新修公路拦腰截断，剩余部分长约160米。关盘堡旧属三都，陈氏开山始祖——陈开，于南宋宝祐六年（1258）从福州长乐先徙居崙山关家澳，再定居关盘，肇基后于宋祥兴元年（1278）率族人筑堡御敌而建。据《陈氏宗谱》载："为不忘关家澳之旧，并有取盘石之安，且砌石为堡可以卫家室，亦古者为关意也，故称关盘。"依文中意，盘当为磐，后讹为盘，名传至今。城堡靠山面海，后门峦头雄壮高耸，五条山岗奔腾而下，俗称"五猪落槽"之穴。城墙从海边围往山上，为便于防御，只开一小门，门最宽处仅1.7米，厚2米，高3.5米。城墙因2009年修建通往龙安的二级公路再次遭拆，城门及部分城墙尚在，为我市目前发现有文字记载的最早古城堡。

巽城堡　明嘉靖年间建，旧属三都，20世纪70年代，在开展"农业学大寨"运动中，大搞土地平整时，被全部拆毁。

店下堡　原名象山堡，明嘉靖年间建。堡从西门外建造城门，沿西北方建围墙，接来龙岗到城头顶，再筑石土墙至岭岔坪柴栏头，接西门外形成土堡。堡内建有丁字街。开南、北、西三门，现尚存南门一段城墙。系店下邹、易、宣、喻、丁、郑六姓历时多年共同筑造而成。明清之交，时有秦屿屯头村人黄大錞在店下，招集畲汉兵民上千人，配合郑成功、刘中藻之部属，在店下堡首举"反清复明"义旗。与来犯清军作殊死战，最后堡破兵溃，黄大錞殉节于草堂山南白云山。

屿前堡 早期郑姓、钱姓族人修筑。东西各设一座城门，人们都叫它"城门桶"，尚遗西城门及部分城墙。

玉岐堡 旧属五都，最早是由先期开发的魏姓族人带头修筑土堡。明洪武时增筑，嘉靖四年（1525），甘氏族人历经三年，在土堡的外围加砌石头，高一丈五尺，立东、西、北三城门，环山而筑。南面平坦，东北两门内加筑弯曲内墙，成瓮状，十分坚固，易守难攻。城堡建筑结构之科学，为沿海诸堡之少见。此类建造在古建筑中称"瓮城"，更具建筑和军事科学的研究价值。清嘉庆四年，监生王斯清、里民王功宏等倡议修葺。该堡一直保存完好，可惜20世纪90年代，村中修建水泥路时，拆掉南向部分城墙，所幸剩余城墙及三城门，以及同时期八株巨大古榕树和建于明洪武二年（1369）古墓至今尚在。玉岐《渤海郡甘氏宗谱》载甘氏族人甘纲于明嘉靖乙丑年（1565）作的《玉岐堡记》，现摘录点校如下：

> 古者人情风土，莫不有记，而山川城池，尤其显者也。溯予始祖甘台莱，创居玉岐后筑土堡，以备不虞，其实有可纪者。堡始营於嘉靖四年乙酉（1525），越六年丁亥（1527）甫成。周匝一里，高一丈五尺，厚乃三之一。雉堞七十有奇，立东、西、北三门。三隅属山，环绕而下，惟南向坦道。三十五年十月二十日倭寇万余攻秦屿堡不克。贼三十七年四月十一日，复攻秦屿堡，敌又遁。至八月初四日，倭旋海而来，攻本堡，三战而退。三十八年二月廿七日，由桐而入柘。三月廿六日，攻州城，御之，倭逃。四十一年，倭以十大船归日本。四十五年五月，倭寇经流江、沙埕、望洋至本堡时，把总王公追贼於小石岭而歼之。四十三年十一月，南贼十余船，乘夜来犯，本堡赖乡勇力得全。以知一隅有警，全州贻忧，今幸巩固，可不识之，以为后之聚国族於斯者，知一方诚全辖之咽喉。预防，洵生灵之保障也乎。数世而下，有同心竭力者，庶其修葺之，以承先志而勿坠厥基可也。

大筼筜堡 旧属六都，位于筼筜往浮岐的半山坡上。城堡较简易，今尚存一城门和部分城墙，占地约40亩，始建年月无从查考，现址住有后裔杨、韩、陈姓等少数村民。建于明洪武二年（1369），曾置福宁卫军防守。1960年上城被拆建为大队部，下城被拆建为小学，今只存东城门一个。州志和省志皆为大筼筜城。明洪武二年，由蒋洋巡检徙置于大筼筜，为大筼筜巡检司。每司有弓（机）兵100名，弘治十六年（1503）裁减20名，嘉靖三十八年（1559）再减其数，每司只留弓兵16名。2003年9月，村民们在城门外的沙滩上发现有两门古炮（长约1.6米，发射口内径约0.06米，外径约0.22米），现保存在筼筜历史纪念馆。

屿前古城墙和城门桶

张宗发

屿前是个自然村，位于店下镇东北方向，距集镇五华里许。屿前的地名来由，体现在一个"屿"字，屿即岛屿、海屿。上溯到几百年前，屿前中心村所在地确实是座岛屿，四周是浅海。

屿前原先有个古城堡，始建于明嘉靖年间，为早期迁居屿前的郑姓、钱姓族人修筑。据传郑氏先辈迁徙到此，耘海耕地，奋发图强，勤奋劳作，丰衣足食，繁衍生息，生活过得殷实。由于此地地理条件及经济丰殷，也因此成为了海盗倭寇的劫掠目标，时常会遇到海盗的抢夺劫掠。于是祖先们多次商榷，最后商定只有围筑城墙，关起城门，才能抵御倭寇海盗的侵袭。

城墙结构全部采用石料筑砌而成，整座城墙成四周环型，呈椭圆形，周长800米，高3米多，宽4米多，东西城门是拱圆型，并有城门关锁。城门头种有3棵榕树，东向2棵，西向1棵，今东向的榕树因人为砍伐失了1棵，仅剩1棵，西向1棵因"桑美"台风刮倒损毁。仅有东向1棵长势甚旺，郁郁葱葱，被市政府评为古树保护树种。城墙的筑砌可是一番考究：其工程量之大，又在岛屿上建筑，全靠人工肩背肩扛上船、下船，在那个年代其工程建筑的可想而知，不知花费了多少年月，多少经费，多少汗水。

20世纪60年代，这座城墙被拆去了一半多，东门至西门的南向城墙全被拆除，北向的城墙还保存有一段残垣断壁。

屿前古城堡今还保存有西城门及部分城墙（店下镇党政办 供图）

屿前村四向都是水田，城墙把整个屿前村包围起来。东西各设一座城门，俗称"城门桶"。目前西向城门还尚存在，岗后一整片城墙还完好无损。城墙和城门设计颇为巧妙，外人一旦进入，不注意时就走不出来。据说20世纪70年代，有一个平阳人挑担卖糖仔，走进来后就是走不出这座城。他从东边城门桶进来，沿街叫卖。当他走到西向城门桶要出城时，看见前面是一大片稻田，他想走错了；就顺着城墙边继续走，走到东向城门桶时，一看又是一条港，他又一想肯定错了；又返回沿城墙走，结果又到了村里。他觉得奇怪，不是刚刚到过这个村吗？走了三圈就是没走出城门桶。

屿前村整体形如一条大鲤鱼，头向东海，神似欲跃，栩栩如生。西边有一狗牙齿山。传说这条鲤鱼从太姥山脚向东而来，游到这里，后面紧紧跟着一头水獭，水獭要吃鲤鱼。水獭山旁边又有一狗山，这只狗就是保护鲤鱼的。每当水獭蠢蠢欲动之时，这只狗就会叫起来，一来吓唬住水獭，二来给鲤鱼提个醒。这个故事一直流传至今，狗牙齿的地点就是现在福鼎七中的东北角。

屿前还有一座山叫虎山，虎山脚有一个猪母墩，猪母墩旁边有一个锣墩。相传，老虎下山要吃猪母，猪母叫起来，锣墩的锣就会响起来，老虎听到锣响就跑回山上去了。

屿前有过一段繁华的历史，1949年以前还建有街市，有上街下街之分，上街卖柴草，下街有药铺、布坊、米店、金果店、海鲜店、鱼货店，周边群众都到屿前来赶市。上街有石板埕，下街有大宫埕，大宫埕年年春节做大戏，附近群众都到大宫埕来看戏，热闹非凡。

屿前西岐节孝牌坊

李立华

西岐陈志华妻郑氏绣娘节孝坊，乾隆五十七年（1791）建。《关盘陈氏宗谱》载：西岐陈志华（1729—1747），字舜翰，号墨园，娶屿前耆英郑世禄三女郑绣娘（1790—1803），未及三载夫殁，育子本珊正在乳哺，节哀抚养冀其成立。七岁时，诗书皆亲自课读大有画荻遗风，至于周恤匮乏，善持家政犹其余事。乾隆庚戌年（1790）请旨旌表坊建西岐塘沽头。

碑文如下：

兵部尚书兼都察院右都御使总督闽浙等处地方提督军务觉罗伍拉纳，兵部侍郎兼都察院右飘都御史巡抚福建等处地方提督军务徐嗣曾，经延官工部左侍郎管理乐部事务提督福建全省学政邵亦孝，福建承宣布政使司布政使伊辙布，福宁府知府钱受椿，福鼎县知县王鸿运，福鼎县儒学谢国治，详请会题奉旨旌表故儒士陈志华元配郑绣娘。

屿前西岐节孝牌坊

王恪亭大墓

李立华

　　王家大墓坐落于店下象山富楼下，即现在的店下小学教师旧宿舍楼右后方山坡上，坐南向北安着，呈"凤"字形，三合土构筑，系秦屿王姓族人于清嘉庆年间所建。大墓上下长30米，左右宽18米，含墓堆占地面积约800平方米，其规模为店下镇之冠，墓主为清福州府教授、鳌峰书院监院王恪亭。墓碑上刻"清福州府教授王恪亭佳城"，墓室两旁对联"泽在胶庠神归蓬岛，进馀兰桂世美梧桐"，以示行绩。墓的左边有一高2米、宽0.7米的"清教授王烙亭君碑"，由辉绿岩青石雕刻，系其门生、乡进士、台湾县训导郑兼才撰文，翰林院编修陈寿祺书丹，墓前有福建学政题名"海邦师范"的牌坊。

　　倘若站在王家大墓的后山顶上，俯瞰大墓恰似"金线钓葫芦"，惟妙惟肖。相传清嘉庆年间，秦屿王姓先祖聘请闽南风水名师遍访邻乡山水，寻得店下此块名穴。其地原为店下之大姓喻氏族人的园地，王姓家人便花巨银在店下开设南货食杂商店，并想方设法与主人结为挚友。为了笼络人心任由店下街民赊欠，尤其是一些无赖小人，历经3年，方开口向主人买地，此时已成酒肉朋友便是一口应允。日后知是风水宝地，悔时已晚，但安葬之时，王姓后辈方面想让先人棺木体面地经过店下城内；另一方面又担心中途有人"敲竹杠"，节外生枝，延误良辰吉时。因此行棺当天为防万一，王家置办了真假两具棺木，空棺由城堡内大街风光经过，尸棺却早就由城外小路抬至坟墓。然三年有目的赊欠、交朋，当时象山堡内黑、白两道全因吃人家嘴软，且破例大开城门，任由送葬队伍一路风光而过。葬后，各姓族人相互遣责，引为羞事。

　　墓主人王孙恭，字敬相，号恪亭，清雍正十一年（1733）出生于福鼎秦屿镇一书香门第之家，少年聪颖好学，十八岁考中秀才，乾隆四十四年（己亥恩科）赴省城福州乡试中举，后任建宁府政和县训导，在星溪云根书院讲学。其间大量收集了当地人文风俗景观，撰写了《政和县志》《星溪集》。后移任漳州府诏安县教谕，丙午年升迁福州府教授，兼管福州鳌峰书院。

　　当时福州城西有西隐寺，停棺累累，孙恭为人仗义，不忍棺木曝外，便捐银六百两，买地埋葬计八十具，并将亡者姓名、住址立碑，另外还置义田以赡养孤寡者。福州知

清教授王恪亭君碑（李立华 摄）　　　　　王家大墓（李立华 摄）

府知其为人和才干，任命他修学官及书院。在鳌峰书院授课传学时，其学生成就较多，著名有郑兼才（台湾府教授）、闽候谢金銮（台湾嘉义县教谕、《台湾县志》总撰）、陈寿祺（嘉庆年间进士、鳌峰书院山长）等等。

　　孙恭家室曾出现父子公孙6名举人，叔侄兄弟5名拔贡，一时轰动秦屿。晚年，孙恭不顾年老体弱，多次徒步登上太姥山，对山势进行详细勘查绘图，编写了《太姥山续志》一书，为研究太姥山文化做出贡献。嘉庆六年（1801），孙恭因操劳过度，病逝于官事上，终年68岁。其事迹载入当时的《福建通志·良吏传》。

　　王孙恭留有著作《太姥山续志》《寄草庐集》《无聊集》《无聊二集》《熊山学吼》《星溪集》《丹诏集》《榕荫书屋集》《乳香集》。

附：

清教授王恪亭君碑

　　先生讳孙恭，字敬相，号恪亭。嘉庆六年八月二日，以福州教授卒于官，八年九月，卜葬于本县四都店下。其子锡龄，以兼才旧肄业鳌峰，庚戌入太学，又从雨严先生游，稔知家世行谊，命兼才志诸碣。先生先世自福清迁福宁，会康熙二十年，海宇荡平，奉旨开沿海禁地。高祖九候公遂迁秦屿，再传曾祖和夫公，祖羽国以先生贵，貤赠文林郎。父敦齐公，郡学生，貤封修职郎，晋封文林郎。子六人，先生居长，次洪亭，次成亭，次崇亭，次雨严先生，次集亭，皆先先生殁。先生年十七，籍诸生，旋食廪饩。未几，遭敦斋（公）及高孺人丧，先生哀毁骨立，不能自存。除服后，念先志未售，诸弟茕茕，益发奋读书。庚辰恩科，举于乡，丙戌大挑二等，授政和训导，在任十三年，葺星溪、云根两书院，倡鸠费以资乡、会试，政和人德之。会邑有应覆事，卷积盈箱，徐两松方伯密札，令先生代覆之，不数日，申覆，方伯以为能。乙巳调诏安，丙午迁福州府教授，方伯以中丞开府，遂檄委鳌峰监院事。时掌教为闽县孟瓶庵先生，外郡生徒云集，中丞更定章程，增设膏火，先生如期监发，宿弊一清，士望翕然。先生既以训士为责，不愿出就县令。其弟雨严先生，由选拔充《四库全书》誊录馆，庚子捷京兆试，例选县，先生移书，令改国子监学正。及补官，先生得报，喜谓其子若侄，曰："吾非薄视县令，欲以文字福贻尔等也。"于是乃益有所欲为。福州城西西隐寺厝棺垒垒，先生买地为坟埋之，计棺八十。其奉宪委办，如修学宫，新考棚，葺鳌峰、文笔二书院，浚河沟，完省垣，（襄力）军需诸大役，尤尽心竭力。浦城祝、周二姓讼产，岁久未决，汪稼门中丞命先生往勘。先生积诚敦劝两家息讼，愿充所争产为鳌峰、南浦两书院薪火资。海盗充斥，福鼎频年被扰，先生谋堵御甚周。所居烽火城坏，移书当道，议当修筑。又以沿海多盗，皆由民无生业，移书霞浦游彤卤侍御史，反复数千言，盖异有言责者，因事入告也。其通达政体，留心吏治，又如此。素敦内行，遇父母忌日，必伏地号。又广先志，立义田，以赡族人之贫窭。戍亭及雨严先生少患血疾，赖先生得至成立。雨严先生官京师久，日用所资，多出先生节奉邮寄，有所谆论，动盈数纸。甲寅，雨严先生由学正出为蓟永运判，卒于官，先生痛手足摧残，欲引疾归，为大宪慰留，不得已，勉就职。戊午，兼才就任闽清学，自京再游鳌峰，先生每日鸡鸣而起，宵分始寐，酬应纷如，公私毕始，评文作札，无少倦容，其精神之奋，盖十年如一日。云所著诗集七，曰《寄草庐集》《无聊集》《无聊二集》《熊山学吼》《星溪集》《丹诏集》《榕荫书屋集》。雍正癸丑五月念五日未时生，寿六十有九，配七品吴孺人，男子三，长锡龄，丙午科举人，娶邓氏。次绍言，出嗣洪亭，己酉科举人，任海澄训道，娶黄氏，续娶柳氏。三绍勤，贡生，娶张氏，女子二，俱适名门。男孙四：宇处、圣保、紫登、祖望。

嘉庆十二年丁卯六月吉日，乡进士、台湾县训导，议叙知县、受业门生郑兼才撰文、赐进士翰林院编修、年姪陈寿祺篆额并书。

（本文参考了王世昌先生提供的资料）

店下古碑刻拾遗

潘明见　李立华

道务□□□主沈公仁德遗碑

道务□□□主沈公仁德遗碑在三墩福宁古道边，临水舍人宫旁，是2009年文物清查时发现的明朝碑刻。碑文如下：

道务□□主沈公仁德遗碑

钦差福宁州兵巡道沈公，为恳恩赐示以救民善事，据本州式都三墩居民周兴昊等呈，称昊等□都三墩官路边，向耕辨纳当差，蒙设铺兵塘兵护送公文，与民无干。近因□□受贿，买嘱欺□乡遇，勒送行李，昊等出耕，需索妻儿，威逼挑送，更有白役□籍□挨查名色，勒索茶篾棕茨木□等项，旧载蒙沈公赐示禁□之幸。

　　□台爱民如子，恳乞赐示立碑等情到道。据此看得，年来海警频仍，羽檄交□，故设铺兵塘兵次速邮传，命原非为挑运行李计也。乃今有等奸役不遵宪法，或奉差遣，或私出入贿，受铺塘买脱而勒指乡民挑送行李。夫挑送行李，在铺兵塘兵日夜无食，尚且不堪，而况小民耕作自食其力者乎？据云已经州示，而勒索如□□禁其无奔□□苦之控，合行给示禁谕。为此，仰地方人等知悉，以后凡有紧急公文，俱系铺兵塘兵遵依限程星夜飞递，不许躲懒，如有稽迟，时刻罪究，铺兵塘兵敢再倚借衙门名色，勒及小民挑送行李者，许擒送道州以凭重□不轻徇。特示！

　　周兴昊　钱旺照　陈明□　周进郎　潘秉聪　周景信　方幼松　仝建
　　崇祯戊寅年仲秋辛丑吉日立

蒋家洋民约碑

店下镇孤北村蒋家洋自然村，居住着从浙江平阳南宋搬迁繁衍之李姓家族。族人为了让后人知书达理，勤奋读书，更好培养人才，由宗嗣执事公议村规民约及奖学公约,并立碑示众。蒋家洋民约碑,系陇西郡延地公派下兰桂腾芳四房公约公禁事。蒋延地派下族众浩繁,然知书达理者少,贫而辍学者众,故而立此公约,以规范族人行为。惩聚赌盗窃者,助勤勉读书者。

碑文有二,摘录如下:

陇西郡延地公派下兰桂腾芳四房为公约公禁事

窃思盛后昆者务除非法,恢先绪者必继书香。吾族自赐公由闽之浙,迄延地公后,由浙南送洋还于鼎之蒋家洋居焉,逮百余年。宗族虽云浩繁,而读书明理者每觉廖廖,非读书之果无人也。盖因贫而辍学,故尔名等爰是佥议,将延地公所有公产以及生植物,除抽出租谷若干担以为值轮祭扫外,余并饭管公人生息,以为贫家子弟未修膏火宾兴之费,庶读书者不致间断。至若开灯聚赌窝藏盗窃,尤为伤风败化之甚,吾族亦当自行禁止,以辅国法之不逮。今议约章开列于左,凡我族人各宜遵守勿违,特碑。

蒋家洋民约碑(李立华)

延地公公田一石二斗,坟荫、屋荫各一所,瓦窑岗、蛇仔穴公山各一片,除提出干谷三百斤以为祭扫之需外,余具永远藏管生息,不得私心窥觎致坏公益。

设场聚赌开灯供吃以及窝藏盗窃者,此系不法行为,一经查获定送官究治,绝不姑贷。

凡我族人如有不遵守公约,私砍厝后屋荫、面前坟荫、蛇仔穴、瓦窑岗等处,查获定即从重惩罚,绝不徇情。

中华民国九年春月吉旦立公禁首事

知妙 新荆 知名 雁英 仝勒石

陇西郡延地公派下兰桂腾芳四房公约

窃思吾族,素来书香克绍,芹藻流芳,自延地公还居在此,迄今百余载,遂成大族。至于读书明理者廖若星辰,于是名等恐长此以往,庶几将成落伍民族，故于民国前九年爰集族众佥议，将延地公遗产并生植物划归管公人储存生息，以为助给贫家子弟膏火之需。前已呈县存落立碑，兹特重申议定约，开列于左，凡吾族人各宜遵守毋违，特碑。

凡吾族内设馆宴请教师，即将公款每年津贴大洋六拾元正。

凡吾族内有子弟升入高小学校者，理当按年补助其学费大洋三十元正，分两季领取。

凡吾族内有子弟升入中学者，理当按年补助其学费大洋陆十元正，分两季领取。

凡吾族内有子弟升入大学者，每名按年当视其所在校之远近与公款之多寡，能够补助若干元，须听管公人与族里开议，讨论斟酌助给若干款。若是家塾高小中学，亦当再议补助。

族内管公人必须选举廉洁正直人充当之，于公款内每百元抽出五元，以为薪水之费。如有吞欠公款者，当族众得估量其私产，照款赔偿外，另选他人管理之。

无论何人私砍公山树木或摧残公益，破坏书灯及造言，轮流瓜分，主持移作他用，并私自侵占公山者，族众当鸣官究治，所有耗用即以储存公款对付之。

租谷应照时价出租，如族人租作粮食者，当备现款不得赊欠。

义隆公派下子孙，其有志求学者每年另抽三十元助其学费，为念知名创始之功永志勿忘云。

中华民国十八年冬月吉日立

三块捐款碑

一是东岐村地主宫旁"捐款碑"，立于清道光二十八年（1848），碑文罗列有捐款名单，捐款人共220人，因损毁严重，字迹难辨，不知为何事捐款。碑文可识部分如下：

"题档共计钱三百三十四千零□拾文正……"

二是修罗里坑路碑（罗里坑为硋窑村的一个自然村），立于清道光四年（1824）。碑文如下：

东岐村地主宫旁"捐款碑"（李立华 摄）　　　　修罗里坑路碑（李立华 摄）

　　监生周士琦捐钱五千二百文

　　庠生林邦材捐钱三千六百文

　　庠生陈时、周兆测各捐钱四两正

　　陈三郎、周瑞□各捐钱二千八百文

　　林震峰、周□尝各捐钱三两正

　　周兆勉、林德□各捐钱二千文

　　周瑞镞、周兆豪、林绍智、吴桂绍、贡生陈志豪、林大健、林协华各捐钱二两正

　　林正余、陈□敏各捐钱一千四百文

　　周兆翠、周兆云、林绍平、林绍鹏、林正国、吴桂伟、吴英玉各捐钱一千二百文

　　陈汉功、陈君器、陈君坦、庠生王良標、周兆鳣、周资玉、潘際波、吴大彦、周任清、周兆专、林正蔚、陈□正各捐钱一千文

　　陈汉江、陈汉田、吴义谷、陈君丰、陈君雅、周瑞款、周虞元、喻志泰、喻维圭、林步华、费功泮、费功涛、费功田、费功地、潘□顺、陈维圣、

胡世榜各捐钱一两正

　　吴温玉、费功源、费功□、周朝贤、陈均若、陈理若各捐钱六百文

　　陈君铚、王俊钦各捐钱五百文

　　林正豪、林正就、林正训、林阿□、洪刘成、朱厚佑、陈嘉美、陈柱若、陈君车各捐钱五百文

　　陈玉□、陈玉池、陈四信、陈宜南、陈嘉志、周兆钜、周云杰、周兆驾、周兆藻各捐钱四百文

　　周资□、周资秀、周在鲲、周在燕、周乃动、周乃□、周乃□、周乃临、周乃□各捐钱四百文

　　周德和、费其仓、费其□、阮文发、曹开泰、萧绍奇、萧振春、黄起辉、黄成渊各捐钱四百文

　　（职员）喻志东、喻志芳、喻志用、喻志单、□朝□、吴桂猷、吴桂璨、洪世荫各捐钱四百文

　　周永洽捐钱二百文

　　以上共计收录金一百千零一千六百文正，修理罗里坑路共应六百八十五工的工钱，八十一千六百文，碑用并打造石碑钱二十千文

　　　　　　　　　　　　　　　　　　　　石匠阮文发

　　　　　　　　　　　　　　　　　　道光四年　谷旦

董事林邦材、林正余、周兆测、周瑞枚、陈君□、林正□、周绍镞　仝立

三是泗风亭碑，立于咸丰六年桂月（1856年农历八月）。碑文记载：

董事郑良盛补凑捐钱9600文正。共有捐款人90人，捐款额14两30800文。

屿前村买地产碑

屿前村买地产碑立于光绪十三年（1887）七月，碑文如下：

泗风亭碑（李立华）

林邨境社王公业列明于左

一墂买得王为祯公产坐落箩口榠楒下，田一斗正

二墂买得林绥丰己产坐落箩口上厝园照墙下，田一斗正

三墂买得林木陵公产坐落箩口竹岚头园二坪正

四墂买得林绥吉公产坐落箩口竹岚头园五坪，上至蒋家，下至林家，左至李家，右至林家正

以上公业四墂共契二张，向后卖至不得行用老契

其四墂公业列年福资首输流承值香灯贴出明金一百文，又有银一元正，以为完粮共项之需

光绪十三年七月　吉旦　本境众弟子仝立

屿前村买地产碑（李立华）

敖峰寺碑刻

敖峰寺碑立于民国庚午年（民国十九年，1930），碑文简述敖峰庵（寺）初建、衰败进而毁于火灾、而后重建的一段历史及寺产，立碑为仁悦。碑文如下：

敖峰庵系瑞起老和尚所兴也。开荒碑□□寺购田几经，何等勤劳，乃成基业。讵料竟为非法器徒派所破坏，田被典出将半，不幸复遭四禄，遂致基址为墟，悦目击心，感发愿恢复前绪□

民国八年，本寺重建始成，田尽取赎，方不没前，此老和尚功德。愧亦可告无罪于后嗣。特将各田亩地墂斗数勒碑垂诸永久。

检原田契焚而灰之，庶免饬龙者再蹈覆辙也，是为志。

瑞起手置田亩，地墂开列于后：

一田山墂下村曲路下田七斗五升　　一杏头宫路下田一斗

一本寺后门墓下田四丘　　一本堡直下三丘一石

一本堡直下田一丘　　一本堡泽下田六斗

一本堡和尚泽田二斗　　一本堡加减丘二斗

仕悦乎买田亩地墂徒□愿捨租六百斤

一后岚亭石门限田六斗，南镇蘱松柏　一大塔里田三斗
一后岚亭□□丘田三斗，辛未年喜舍／□□六都三　一大坑桥面六斗
一三佛塔横截洋四斗，佛塔土名横截洋，苗田四斗

　　　　　　　　　　　　　　　　　　民国庚午年　仕悦

种梅别墅和老厝基

钟而赞

种梅别墅，地处店下镇一个叫乌岩的自然村，从集镇往西北向约两里，再登山径到乌岩水库，沿水蛇行数百步，翻两座山坎便到了。再右翻一山梁，便是老厝基。

这是一座古朴简雅的建筑，占地约亩余，主建筑呈长方形，旁边另建一排九间单进单层房子一座，居者介绍说是书房。房子背托山势，坐西北面东南。一道围墙箍住三面，高有二米多。大门开在围墙正中，花岗石门墙门梁，上书"种梅别墅"，行书体，清瘦而随缘，像是漫笔写来。两边还对称地刻有一双梅花、一对鸳鸯。跨进大门，是一方形院子，两边是厢房，正前方便是正房。正房二层重檐，宽九柱深两进。正厅壁龛里供有祖宗神位，槛梁下悬挂着四面横匾，分别是清乾隆、嘉庆、道光间任福鼎知县事的王履吉、岳廷元、许佶、包巽权给当时的别墅居主林正森、林国钦、林邦典、林德聘的题匾。匾上分别写着"善嗣徽音""宾筵雅望""耆德承家""世崇齿德"，居主落款称"冠带耆宾"。

由于林家后人所提供的族谱是连环谱，非有大功名者仅列名不做介绍，无法推知林正森等人的功名成就，只好从居主落款自称"冠带耆宾"和四块题匾推测林家先人的部分情况。大致可以确定，林家先人或任过地方政府的幕宾，或是地方缙绅，以品德高而名望卓著，并延续数代。而且可以肯定，林家先人颇重视读书，声望的得来很可能是由于在地方具一定的声望文名，或者在家业小有所成后，特别重视子孙的教育。这样，才能理解在山间有一处被命名为"种梅别墅"的大房子，才能理解别墅之外那一排九间的书房。别墅旧指住宅之外另置的园林游息处及其建筑物，又称别业，其名也久，《晋书·谢安传》有"（安）与玄（谢玄）围棋赌别墅"的句子。种梅，则是一个很清雅的名字，可推知主人的知识修养和情趣。林家的后人、房子今天的主人却这样解释，所谓"别墅"，意为方没有旁人杂揉的野土，"种梅"却是他们的先人当初选址定居时发现一棵梅种，甚为喜爱，并加以培育，并以此命名别墅。

老厝基与种梅别墅仅一条山梁之隔，踏着微布薄薄青苔的卵石钉筑的小径，穿过一片青翠的竹林，便到了。

这个叫老厝基的小山村，如今只剩下几座有些残破的普通民间。不过从遗存的方形柱础来看，当年应该是一座规模恢宏的大宅院。传说最初居住的是张姓大家族，这些柱础是当年张家府邸的遗存物。不过今天村民主要以陈姓为主，一位七十多岁的陈姓婆婆说，这些柱础都是他们陈姓祖先刚到这儿安居时祖房的奠基石，在这之前，传说中张家十八学士的府邸早被挖地三尺摧毁了，朝廷降罪，诛灭九族，鸡犬过刀，掘地三尺，寸草不留，哪里还有什么痕迹，又隔了这么遥远的岁月，家族谱系断绝，谁又能说得清是真是假？

相同的故事在店下溪岩、原属店下现归龙安的江南等多个地方都在流传。或许历史上真有过一些蛛丝马迹，但年代久远，又不见相应史料记载，可能是一个永远的谜了。

傅岩林氏祖厝大厅悬挂的清代匾额（店下镇党政办 供图）

蒋家洋李氏古民居

马英杰

蒋家洋李氏古民居位于福鼎市店下镇菰北村蒋家洋自然村对面。李氏民居坐东向西,通面阔 194 米,通进深 115 米,占地面积为 223.1 平方米。由大厅及两旁厢房组成,大厅面阔 3 间共 3.4 米,进深 7 柱带前廊 10.5 米,属二层重檐悬山顶穿斗式木构架建筑风格。二楼有一美人靠,为老人、女子方便休息。

自然村内有数座民居,由于没什么人居住,已经有些破旧了,给人印象最深的是民居的雕刻了。雀替及枋雕刻有花草鸟兽、人物戏文等,运用圆雕、浮雕、透雕等雕刻技法,极其精美。并有蓝色琉璃镶嵌其中,技艺甚为精湛,让人叹为观止。

进入李氏民居,映入眼帘的是一对鳌鱼雀替。鳌鱼是神话传说中的动物,相传在远古时代,金、银色的鲤鱼想跳过龙门,飞入云端升天化为龙,但是它们偷吞了海里的龙珠,只能变成龙头鱼身称之谓鳌鱼。左右两条鳌鱼鳌头相对,鳌嘴大开,显示了蒋加洋李氏民居在当地所有民居中独占鳌头的地位一些雕刻精美的雀替,为了防止偷盗,主人把他藏在了其他地方。这类雀替以人物为主,其中有个胖头陀,袒胸露腹,站在枫树下,一手握着衣服,一手扇着,显示了在大热天远行多时,极热极渴的苦行僧模样。其他雀替还有和合二仙戏文人物等栩栩如生。

蒋家洋李氏古民居的木雕
(店下镇党政办 供图)

喻氏棋杆里大厝

> 李立华

店下喻宅棋杆里大厝，坐落店下西门街，坐南朝北，依山面洋。有新旧两院、四厅、两个拱门，基址高爽，规模宽宏，四面环墙如城堡，风格独特，古朴厚重。院内木雕镂刻珍禽异兽、花卉神物，巧夺天工，栩栩如生。旧的一座大厝三进大厅，设有读书馆、练武厅、八角楼、石棋杆、书房、迎宾室，拱门外大埕左右竖立两根石碣举人棋杆（今毁），四面围墙，称得上是豪宅大院，远近闻名。

棋杆里大厝，据喻氏族谱查证是店下喻氏六房始祖乃保公六代孙喻太旭始建，其嗣子喻若楫手竣工。距今约300年。右边明楼新厝号称"碧梧轩"，则由喻遐龄手所建，距今约165年。现居住喻德端后代儿孙。

旗杆里正门朝北，门楼为三檐青瓦楼角，雕有栩栩如生的鲤鱼吐珠，可惜原楼已损，今尚存留两个屏风石。新门楼是2020年在原址上修缮重建的，进大门是一道屏风，行人必须从左右两边进出。正门上方"武魁"匾，是喻若楫科举中武举人朝廷所赐，两边是旗杆里女婿胡宝平先生题写对联："旗杆傲立三百秋伟业垂千载，家族复兴十二代儿孙衍万年。"

旧的祖厝沿南北中轴线上建有正厅、下厅、前厅，左右六个厢房，形成四面交井、三进封闭式官厅建筑。东西宽约20米，南北深65米，建筑面积1300平方米。设有读书馆、练武厅、书房、迎宾室。祖厝右边碧梧轩为两层明楼，分前厅和后厅，左右4榴厢房。宽约25米，深18米，建筑面积450平方米。后厅天井置有花台，种殖各种名花异卉。前厅厝埕前有个八卦圆门。祖厝大门前

棋杆里大厝内景、门楣及内墙（李立华）

旗杆埕有两对石旗杆礅，旗杆里因此得名。旗杆埕右边是"魁星阁"花园。旗杆埕围墙与古城墙之间有一个大鱼池。城墙外就是名闻遐迩的马埕洋。旗杆里四际筑有封火砖墙、隔墙、围墙防火防盗。

旗杆里大厝采用官厅结构，栋梁均采用乌桕木，坚硬无比，正厅为迎宾和祭祀祖先的场所。大厅后悬挂武举人若楫公"武魁"匾；大厅上方悬挂曾任福鼎县县长周赓慈在民国丁巳春俊阁公寿介古稀时赠"性海无波"匾。大厅壁上嵌着四幅山水画，柱子上挂着黑木金字雕刻的楹联条匾。可惜时代久远，这些文物都不知所踪。2020年，祖屋修缮中根据史料做部分恢复。

棋杆里大厝大门经过改造（李立华）

目前，大厅柱上挂有秦屿王亦鸣先生题写的楹联："门朝玉石山竹苞松茂，庭倚来龙岗桂馥兰馨。"上下厅挂有族人喻立杉自己创作的60幅旗杆里历史展板，供族人瞻仰和友人参观。

大厝下厅比较宽敞，是喻氏活动练武的主要场所，厅前上方悬挂"筠操流馨"匾，《江夏郡喻氏宗谱》记载："太旭公淑配吴氏年二十二，夫故矢志靡他，事姑以孝，抚女至为嗣教养成立，乾隆二年丁巳，霞浦知事冷岐晖赠以匾表彰贤德。"厅后上方挂"选魁"匾，是清庭表彰遐龄公恩中科举考试贡生第一名。大厅下天井两侧是书房和花厅。

碧梧轩为两层明楼结构，分前厅、后厅，左右两边厢房。宽约25米，深20米，建筑面积约500平方米。"碧梧轩"前厅，前埕八卦圆门，原为二檐青瓦建筑，做工精细。八卦圆门用青石构成上方石刻丹卷匾，上有怡园主人题写的"桂芳处"绿灰岩油青花岗石雕磨八角门，至今保存完好。原门楼损毁，后重建。修缮后在圆门两边，悬刻有本族后人请笔者根据宅院之主题，为其题写的对联"挥棒厅前独掌空拳飞武石，携樽月下碧梧芳桂点魁星"。该联寓意旗杆里喻氏族人做为屯军后代尚武崇文，保家卫国的民族情怀。

从圆门往里望去一条由青石铺成的路直达台阶，台阶和厅沿均青石构成，可见当时之富足。抬头望去，"碧梧轩"前厅悬挂本邑书法家李笃平先生书写"碧梧轩"匾，正厅挂喻德端公遗像，两边挂十六幅德端公七十寿辰诗作画轴。后厅天井有花台，两边建有花厅，后面建有小门斗，小门通向老街。

碧梧轩大厅前檐雕有各色雀替、横栱、梁头装饰。平梁底部雕刻精美花色，嵌有玉片。在斗栱上以承担脊博。碧梧轩月梁上木雕镂刻珍禽异兽、花卉神物巧夺天工，细微处还镶嵌着玉片，檩上两边是圆雕双龙、月梁是浮雕双凤，中间有两对双狮抱球，左边可见人物雕刻，上面雕有蝙蝠。构思巧妙，结构严谨，栩栩如生，精美无比。至今保存完好。

碧梧轩后厅楼上栏杆尤在，可住人。当年楼上楼下设有旗杆里的谷仓。有两部楼梯上楼，至今还可见倾倒谷物的入口。《江夏郡喻氏宗谱》记载喻绍藩写曾祖喻鹤年行状一段描写："碧梧轩书室中植名花异卉，清雅可人。尤工韵诗词笔，风雅典赡，为一时贤流所激赏，喜宾接文士，每值春秋佳日，偕二三骚友即景联吟，文酒盘桓无虚日，言笑风生，谈惊四座。晜子若孙必以诗书为本，务聘秦川林士恭、周仲濂前辈主西席，款待极其周至。其时昼则服务商贾，夜则课子读书。严于教子，持家有方，农茶并举，富甲一方。"碧梧轩前厅厝埕有一个八掛圆门通向喻厝菜园和"魁星阁"相通。

"魁星阁"坐落旗杆埕右边和八卦圆门有小东门相通。喻俊阁于清道光三年（1823）所建。魁星楼楼开四门：东朝旭日东升，西仰仙都太姥，南靠象山，北望磨石山重叠。楼下，池中鲤鱼嬉水，院中名花异草，梅兰菊竹，是一个文雅幽静的好地方。阁外假山滴泉奇花异卉，里面花厅前面是排门字型花台，中间有一石金鱼缸，两边各有一个小鱼池兼做消防用水。颇有园林雅趣。可惜毁于一次大台风。

巽城大厝

> 蒋招春

巽城现存比较著名的大厝有陈氏三大厝、何氏大厝、林氏大厝以及施仁泰大厝等。巽城大厝的建造借鉴苏州建筑艺术，集科学设计与精美艺术于一身，是彰显巽城当年作为一方古镇之繁荣富足的一面旗帜。但是经历"文革"浩劫，每座四合院均受到严重的破坏。环城而行，重访古厝，追寻旧时风情，只得一二，未免欷歔。

陈氏三大厝

陈氏三大厝有"上锦芳""下锦芳"和"三房"三座四合院，由陈启捷于19世纪80年代始建，分别传给三个儿子陈鼎唐陈鼎声陈鼎禹定居，并不断修葺完善，至今已有120多年历史。三座大厝合计占地面积近10000平方米，建筑面积约15000平方米，呈三角形分布在城内东南方向。大厝均为二层砖木构造，四面交井布局，有上、下厅，两侧厢房走廊。月梁、雀替及门窗雕刻精致生动，外墙大门上浮雕造

陈氏上锦芳大厝门楼（店下镇党政办 供图）

型舒展气派。前堂后院均有多个牌匾，上书大字，如"绣抱东山""斜阳夕照"等，寄寓主人宏愿或雅趣。不过"文革"一劫，镂花窗扇多有遗失，院内外的浮雕、牌匾上的大字均不同程度被人用錾子铲平破坏，多数已模糊不辨。

陈氏三大厝中建造最为精美的要数三房。三房占地面积约3000平方米，建筑面积约3500平方米。院内月梁、雀替及门窗上均刻有祥云、瑞兽、花草和戏曲人物，镶嵌红蓝绿三色宝石，雕工精细，形象逼真。

最值得一看的是正大门，门高8米，宽10米，为苏式建筑。上下共五层石灰浮雕，层层雕塑戏曲人物，有如一个华美的戏台正在上演一部大剧。据说，这个门头是陈鼎禹续娶之妻西澳林氏一手主持修建的，光是建这个门头就花了三年时间，其精雕细作可见一斑。门头上的石灰雕塑，用料特别，是选用大朵海蛎壳，烧成石灰，在石灰中加入捣碎的苎麻，所以特别牢固，历经百余年不毁其形，不变其色。

关于陈氏三大厝，还有一个在巽城家喻户晓的传说。当年陈启捷住在巽城西北方东洋山上，一心想要发家致富，为求仙人指点，到太姥山上的梦台求梦。当晚梦到一位老人给他一个布袋，一根竹子。梦醒后陈启捷非常沮丧，心想这岂不是暗示他将来当乞丐的命运。到白云寺请当家住持析梦，得到另一解析：布袋为面粉袋，竹子乃晾面之面筷。住持指点："你应该到你家东南方向去开店，专门做饼做面，日后一定能够大富。"得解之后，陈启捷大喜，回家依住持指点到巽城（在东洋山东南方向）定居下来，开店做饼做面，家境渐渐殷实。

有一年，附近一伙海盗盯上了一个行水路回乡的官员，连船带物洗劫空。海盗得手后看到满船是装得鼓鼓的袋子，大喜。打开袋子一看，竟然全部都是白糖，大失所望，把船靠到巽城的海尾码头，要把满载的白糖全部脱手了。打听得巽城街上陈家开饼店，就把所有的白糖都卖给了陈启捷。海尾何家也从中分去了三袋。

当天，海尾何家往缸里倒白糖，不想却"乒乒乓乓"倒出一大堆白银，惊喜不已。原来，那个官员刮取民膏告老还乡，怕钱财外露引来劫匪，就把白银藏在袋子里，上面用白糖覆盖作伪装，装了整整十个大袋。却说何氏狂喜之余又不满足，以为陈家可能还不知道袋子里藏着白银，就跑到街上找到陈家说还要再买两袋白糖。这边陈启捷一家也已知道了糖袋中的秘密，听了何氏这个要求后冷冷地说："你也够了吧！"何氏悻悻而回。就这样，这笔飞来横财对陈家、何家可谓是锦上添花，陈家建起了陈氏三座大厝，何家则用这笔钱在海尾盖起了何氏大厝。

施仁泰大厝

施仁泰大厝修建年月及建筑风格与陈氏三大厝基本一致，为巽城施姓老屋。当年施仁泰茶行生意昌隆,家业兴旺,修建了这座大厝。这是一座有着光荣革命历史的老屋。1936年,闽东特委叶秀蕃来到巽城培养了许多地下党员,施家施宜古就是其中的一个。为了不让国民党反动派起疑心,明里仍然为白兵办事,暗地里却在楼上建暗仓住红军,保护共产党。土改时房屋被征收改建做粮库,大厝遭到严重破坏。现在施家后人已购回老屋,稍作修葺,用于老人家居。

店下林氏部分古民居、古井、古墓

古民居

过溪老厝　过溪老厝位于店下镇巽城村，始建于清康熙年间，由巽城林氏先祖林坤山建。共13间，占地1333.3平方米，建筑面积1000平方米，房子年久几废，但门楼保存完整。

街尾底老厝　位于店下镇巽城村，建于清乾隆年间，为清代大茶商林嗣元故居。10开间两层独栋结构，占地面积约500平方米。林嗣元，同治三年（1864）举孝廉，又加翰林待诏钦加五品职衔。

林厝里　位于店下镇巽城村，建于清道光年间。双层四合院结构，占地面积约2000平方米，建筑面积1400平方米，中堂7开间，两旁厢房各两开间，斗拱、窗花精雕细琢。

巽城林氏过溪老厝（引自《福鼎林氏志》）

巽城林氏过溪老厝（引自《福鼎林氏志》）

洋楼底老厝　　位于店下镇屿前村内林自然村，系林山建于清光绪年间（1875—1908）。占地面积1330多平方米，18间两层结构，前厅、中堂、后院，保存完好。一楼层高2.8米，二楼层高2.2米。水井两口，一口饮用，一口防火，水井井栏为三合土，高1米，宽1.5米，能饮用，供有水神。门口字"双桂流徽"已毁。

明楼老厝　　位于店下屿前村内林自然村，建于清道光年间，由林振秀修建，占地面积约1000平方米，建筑面积800平方米，5榴双层结构，中间为祖厅。

古井

西澳古井　　位于西澳村（今属龙安开发区）。建于清光绪二年（1876），井深3米，井口直径0.95米，下深2.3米，上窄下宽，呈瓮状，井口由十块花瓣状石块砌成，寓意"十全十美"。

古墓

林仲珠墓　　位于店下镇三佛塔村东溪九坎，取"猛虎下山"之穴，俗称"老虎墓"，坐东南朝西北（巳向亥兼巽乾）。是斗南林氏六世祖林渊于明正统年间建造，至2019年约历580年。墓区总斜长45米、宽15米，由大量花岗岩石条和石块建成，四台墓埕依山势逐级而上，左安福德正神，右设祥兴宝库。据口传，建造"老虎墓"时，共损耗砻谷土砻九个，加工稻谷计四五十担用于造墓人就餐。因年久失修，整墓损毁严重。墓主人林仲珠，字汝明，系太姥山镇斗南林氏三世祖。

林彦遂墓　　位于店下镇三佛塔村九坎惠泉田墟，坐南朝北（丙向壬兼午子）。是斗南林氏六世祖林渊于明正统末年建造，至2019年历570多年。整墓由石块、石条、石雕砌成。保护较好的圹门面阔3.1米，上压厚约0.2米石板。圹门造型别出心裁，由上、中、下三部分组成，下由圆面浮雕图案着地，中有正面为棱角的石条作上下相衔，上由五块浮雕组合；五块浮雕：中间一块刻双狮戏球形象逼真，两边四块雕花卉图案线条流畅，六根竹节纹路圆形立柱将五块石雕衔接而成整体。墓主人林彦遂，字功祖，号衍祚，系太姥山镇斗南林氏五世祖。

林中珩墓　　位于西澳村牛乳屿（今属龙安开发区），坐东北朝西南（丑向未兼癸丁）。始建于清道光元年（1821）。墓为三圹，墓圈、照屏、拜墩、埕沿三合土打造，圹门、墓碑为石雕。墓主人林中珩，字启璁，系西澳林氏十一世祖。

林则翰墓　　位于店下镇菰北村梨洋公路边，坐西北朝东南（壬向丙兼亥巳）。始建于清道光十七年（1837），墓主人林则翰，系菰北村梨洋林氏先祖。

林贤悌墓　　位于店下镇溪美村大山角自然村大岗头，坐西北朝东南（辛向乙兼戌辰）。始建于清光绪二年（1876），至2019年历143年。墓为三圹，2010年重建，重建时扩大规模，墓碑、碑亭、圹门为石雕，墓埕围栏砖砌，用水泥加固，围栏外向镌刻"山明水秀"四字，外圈用混凝土浇灌，左外圈置福德正神神龛。墓主人林贤悌，夫人陈氏、卢氏，系店下镇溪美林氏开基祖妣。

林禄仁墓　　位于店下屿前村内林柘里，坐东北朝西南，始建于清光绪七年（1881）。照屏、墓丘、上下埕为三合土筑造，墓圈、圹门块石砌成。墓主人林禄仁，系店下屿前村外林林氏肇基祖。

（本文摘编自《福鼎林氏志》）

店下的举人贡生旗杆

◇ 李立华

旗杆是为褒扬贡生而树立的。贡生,是科举制度中的产物。秀才若考入京师最高学府国子监读书的,称贡生,意即以人才贡献给皇帝。明清贡生名目有所不同:明代有岁贡选贡、恩贡和纳贡;清代有恩贡、拔贡、副贡、岁贡和优贡,又称"五贡"。每三年在各省省城举行乡试,若遇庆典加科为恩科即恩贡。店下于清朝年间考取举人5人,贡生人数较多尚难计准。

科举时代,莘莘学子,十载寒窗,皓首穷经,而高中者甚寡。清制,乡会试中试人员,按照举人、进士例发给银钱立匾、竖旗杆的银两("称匾银"),及表里缎疋。竖旗杆那天都要选择黄道吉日,大办酒席广邀亲戚朋友庆贺一番,花费颇大。它标志着该家族重视教育,鼓励后人勤奋读书,并有耀祖荣宗的浓厚色彩。店下的举人及贡生旗杆早已人为破坏,而能保留下来的是石质旗杆碣。如玉岐王其烈故居遗址门前10米左右,有2个大旗杆座,十分大气,是福鼎市现存旗杆座中最为气派的。店下原建有5副旗杆:

象山堡内喻氏旗杆,乾隆丁卯科清朝武举喻若辑立。

屿前堡钱氏旗杆,清乾隆拔贡生钱万选立。

罗口里林氏旗杆,清乾隆贡生林鹤山立。

玉岐堡王氏旗杆,清乾隆候补少尹王其烈立。

店下下街李厝旗杆,清光绪甲午科中举二十二名李德新立。

巽城古村街巷

△ 宗 合

巽城村之古村街巷，形成于清中后期，民国时期因设乡镇而格局完善、持续繁荣。谱载在巽城街经营商铺而发家者不乏其人，见证了历史上巽城街市的活跃程度。典型如林钟荣，由设肆经商而成为阖族中流，"少习农务，长兼商业，既乃设肆巽城，君家距巽城五里许，朝往暮归，农商兼营，饶有积储，建厦屋，置腴田"，"为乡族望，遂推为族中总理……翁甫任事即整理宗祠、修族谱，尽心竭力，不惮勤劳，人莫不羡其公而忘私焉。"（《用卿翁跋》，见《林氏宗谱》）巽城现存古街巷，以城明路及其延伸段茶厂路为主干，旁系有巽文路、前街、后街等，格局清晰可辨。

城明路 是清至民国时期巽城街主要商业街，北半段南北走向，南半段东南—西北走向，形成一个接近曲尺形的街道空间，现存约239.8米、宽达5米，其中南北走向段东西两侧存木构两层商铺建筑11处，东南—西北走向段则有共和国成立初建置的供销社，为两层砖木结构建筑，占地面积286平方米。

巽城老街（店下镇党政办 供图）

茶厂路　　城明路北端延伸段，现存约194.5米，是巽城街通往西北方巽城茶站的道路。巽城茶站，是1950年国营福鼎县茶厂在巽城设立的大规模茶叶收购站、制茶所，为单进前后两座的合院式砖木结构建筑，占地面积1577.6平方米。

巽文路　　是巽城西南方福宁古道由巽城桥至城明路的入村道路，大致为西南—东北走向，交城明路于曲拐处，形成三岔路口，是巽城古街道最繁华的节点。巽文路长332.3米，存木构两层商铺建筑13处，并有共和国成立初建置的碾米厂一处，为两层石砖木结构建筑，占地面积301平方米。

巽城前街、后街　　是城明路西侧沿地势而上的路巷，东西走向，贯穿巽城村西片核心区。其中前街129.3米，沿路有仁泰茶坊、粮站粮库等重要建筑；后街120.9米，曲折通幽，沿巷有林氏下锦芳、威震南天庙、林氏宗祠等重要建筑。

渡口路桥　　巽城地处福鼎东南方，"兼摄五方道路"，"上通北浙，下属南闽，系要害之区，为行旅往来必由之路"（《肇基鼻祖创渡何启龙暨正柏二公传》，见《何氏宗谱》），从由桐山（福鼎县城）出发，经水路横跨沙埕港内港，至巽城渡登陆，经巽城村，过巽城桥，历朱坑里、半岭亭、马山、缸窑、茶塘，到达秦屿，越境即可通达霞浦（福宁府），是福宁古道路线之一。

据林、何、陈等姓族谱记载，清代巽城乡族股户持续捐资修建道路桥亭，维护了福宁古道的畅通和完整。民国以来，由于公路汽运的发展，古道主要作为巽城乡间道路，逐渐荒废。现存巽城渡、海尾路、海尾路亭、巽城桥等古道节点建筑。

巽城古巷（店下镇党政办 供图）

文物古迹

巽城砖瓦厂

◎ 许联弟

巽城砖瓦厂厂址位于现在的巽城学校及其北侧的大片区域。始建于1970年，整个龙窑及烟囱是从上海聘来技术人员花费半年多始建成。烟囱高30米，底座直径3米，龙窑高出地面4米，窑面屋架高5米，窑体宽10米，长25米，地下迷宫似的烟道深3米，从各个烟道口通向大烟囱底部。第一次烧窑时，从窑内点火到烟囱口冒烟，要等十几分钟。烟囱上设有攀登齿梯，烟囱外侧有用石灰水泥抹成的"福鼎县巽城砖瓦厂"字样，每个字有1米见方。这是当年福鼎一处较大的工业设施遗址。

该厂当年设有机械车间、龙窑车间、制砖车间、机修车间、磁器车间，还有食堂、会议室、医务室、财务组、采购组、门卫室、职工宿舍等，设施完备。

机械车间主要负责提供电力，拥有两台大型柴油发电机组，保障各车间正常生产和厂区照明。两台机组轮流发电，根据天气情况和各车间开工情况变换生产电和照明电。

龙窑车间共分五个组，主要负责拖草、砖坯进窑、排窑、烧窑、退窑。工人数量多，二十四小时三班制，因为龙窑轻易不能停火，从新烧窑把冷窑烧热，代价很大。

拖草组负责从草场上用板车运草到龙窑上，保证窑上燃料充足。拖草时必须把一车车的茅草沿一条长20米高4米的斜坡往上拉，工人必须两人一对，到了坡下，一个在前面拉，一个在后面推，前面一车推上去了，还要返回来帮忙把面一车推上去。

龙窑上面的烧火孔呈一排排分布，一次烧五至八排，烧48小时，再换烧其他几排。烧窑时，工人用钢叉把茅草一缕缕捅进料孔，下面在燃烧，上面工作的人就像坐在蒸笼上烤，满身大汗。

进窑组负责从砖埕把晒干透的砖坯收集装进板车，拉进窑里。从砖埕到窑口，也有一段长坡，一路艰辛一路汗。负责排窑的职工，就把这些砖坯按一定间隔排列堆叠，到达一定的排数，就用牛皮纸把这一段窑体封起来等待烧制。这一过程，虽然劳动强度不太大，但是窑里热度太高，工人承受高温"烤验"。

退窑组则负责把已经烧制完成的成品砖稍经冷却后，从窑里拆下像火炭似的装上板车，拉到窑外，按品质等级堆放。

制砖车间也是最主要的生产车间。它分为山土组、海泥组、制坯组、出青组、晒砖组，各组紧密协作，上班铃一响，电源一到，机械开始运转，大家各就各位，马上开始紧张而有序地工作。

山土组人员分工，一部分上山挖土，初步捡去石块，把粗土敲碎，顺坡滑到下方的垛口，滑到下面的板车里，车子装满，垛口就堵上，让下一辆板车进来。拉车的工人顺着坡度把山土送进制砖车间的搅拌机前。

海泥组也分成两部分，一部分人撑着挖泥船到附近的滩涂上挖来海泥，再堆放到岸上备用。海泥从滩头到船上再到埠头上岸，这也高强度劳动的过程。另一部分是拖海泥（海泥的作用主要是与山上的松散的沙质较高的黄泥搅拌，增加砖坯的粘度和表面的光洁，也更易烧制），也是拖着板车到海泥堆上取土装车送到制砖车间搅拌机前。

还有两个工人，一个负责把煤碳粉一车车送到搅拌机旁，另一个把一车车"干粉"送到搅拌机的另一旁。这两个人都归山土组管。砖坯需要一定比例的煤碳粉，让砖坯在烧制的过程中可以内燃自燃，从而把砖彻底烧透，提高成品砖质量，减少次品。这"干粉"其实就是去砖坯埕上拣来那些搬运过程中出现的断砖，收集一起打成干粉，用于搅拌机前调节砖坯的干湿度，砖坯太干了，就会有裂痕；太湿了就会软软的不成形。

制砖组其实只有几个人——

配料员。他挥舞着大锄头，口里含着口哨，一声哨响，山土组的工人马上往搅拌机斗里倒进一车山土，然后马上退位，下一车马上送就位。配料员根据观察山土的质量和干湿度，一会儿打开水龙头，往斗里加水，接着铲几铲煤粉，铲几铲海泥，一会儿又铲几把干粉，保证砖坯质量。配料员的工作强度大，技术要高。

输送带操作员。从搅拌机里出来的料要经过一条十几米长的输送带，将料传给制砖机。输送带旁必须守着一个工人，他的职责就是专捡料里的异物，如小石头、树根等。如果这些异物不捡去，就会破坏制砖机的配件，也会让砖坯变形。他的工作效率越高，砖坯质量越高，机械磨损越少。

控制员。负责送电断电，开机停机，如果机械运转太快，则令工人强度加大，手忙脚乱；若机械运转太慢，则无效益可言。所以，把握送料速度，让整个车间忙而有序，达到效益最大化。

制砖机周围，有三个工作组。

一组为切砖工，负责切割。砖坯从压砖口呈长方体状挤出，先切成十六块砖的长度被推向由滚轴组成的传送带平移到切砖口，切砖工先在钢板底面上涂上费机油，待一段砖柱移来，按下按扭，起动马达，把砖柱平推，前面有由十六根等距离的钢丝组成的门，当砖柱被推出门外时就被钢丝整齐地切割成十六块砖坯，推上特制的砖板上，再顺着滑轮一板一板地往前移。

　　一组为运砖组，推着板车来到出砖口，当车轮压上翘板时，十板的青砖就稳稳地落入板车架上，被拉向晒砖埕。

　　另一组为晒砖组也分两班，一班晒砖工负责把刚拉来的砖坯小心地搬上砖股上确保不变型，紧紧地排列着。叠完一层，再撒上粗糠灰，再叠上第二层。另一班负责翻砖，就是把晒过三四天，外表较硬的砖坯进行翻晒，把紧挨着排成两层的砖坯翻叠成有很大空间的、首尾相叠的六层砖墙。他们还有一个附带的任务，就是盖砖。砖埕的沟里堆放许多"＾"形的草或油毡加竹片制成的两米长的盖子。俗称砖篷，晴天时，砖坯一直晒到干透被进窑工收走；若遇上打雷下雨，不管白天黑夜，一声哨响，他们必须第一时间冲向砖坯埕，把每一排砖坯盖好，确保不被淋雨。

　　机修车间配备了一些技术工人，主要有几项工作：一是制造板车架，巽城砖瓦厂的主要劳动工具是板车，各车间各组的板车又不尽相同，有的只有架子，有的必须车底密封。只有车轱辘是统一采购的，其他部件需要制造。二是对这些工具进行维修，比如修补车架，修补轮胎。三是机械维修，如更换电力车间的设备零部件，焊接制砖车间搅拌机搅拌掌等。

　　瓷器车间在当时算得上是大车间，在南侧的山坡上建起一排排的瓷窑，在车间平地上砌起一排排大水池，购置很多高岭土，在池里加工沉淀处理，制成一平方厘米的薄瓷片，烧制成有彩色图案的"马赛克"。这个车间还制造另一个产品——平瓦，因此这个车间也叫平瓦车间。平瓦是由山泥海泥煤粉精细搅拌，在很干燥情况下用瓦模冲压成坯，再烧制而成，当时也生产了很多，产品质量也非常好。

　　食堂设在原巽城碗厂的旧房子里。食堂的大餐厅，当时也是职工会场，建厂之初，主管局县二轻局经常下厂指导工作，在食堂里召开职工大会。食堂里配备有一台二十六英时彩色电视机，每天晚上都有包括职工及家属、周边群众共七八百人集中在食堂看电视。当年福鼎全县只有三台西德进口的二十六英时彩色电视机，其中一台即在巽城砖瓦厂。

　　砖瓦厂设有医务室，配备一名全职医生，另安排一名职工为医生助手，专门为劳动中的轻微伤免费医治。另设采购组，配备专职采购人员，负责收购柴草、煤碳、医药、工具、燃油等；其他还有门卫室、财务室等，门卫室配备2名专职门卫。

　　当时全厂职工400多人，分为行政人员、正式职工、家属工、合同工、临时工等。行政人员享受固定工资，正式工、家属工工资计件计工，一般一个班八个小时工资在1.2元以上。龙窑车间的正式工除上班计件工资外，还有营养费、降温费等额外补助，加班则按时间发加班费。

巽城砖瓦厂残损的大烟囱（店下镇党政办 供图）

该厂自1970年创办，1990年后彻底停产，存续二十年。停办的原因，主要有三个方面：

一是盲目转产。巽城砖瓦厂办得红红火火之际，主管局决定抽调资金技术在福鼎流美附近再建一所同样规模的砖厂，把大部分运转资金和骨干技术人员抽调到新厂，导致巽城砖瓦厂陷入困境，而新厂也因先天不足而未能坚持多久。

二是管理混乱。因骨干力量和技术熟练的工人被抽走，行政班子也换了很多新手，管理渐趋混乱，作风散漫，甚至出现偷盗现象，生产效率低下，产品次品率越来越高，销路渐渐收窄。

三是设备老化。厂里的工具设备特别是发电机组严重老化（部分设备本是二手货，其中一台柴油机还是从原巽城米厂折价购来的），生产过程中时常因为电机故障停电或是制砖机故障而造成一天停工好几个小时。

四是缺乏创新。生产的砖又厚又重，成本自然不低。而此时市场上受欢迎的是轻型的薄砖和空心砖。在原料方面，先进的厂家已用上工业和建筑广发料，巽城砖瓦厂仍遵循老一套，未能及时创新。

巽城油坊

◎ 许联弟

20世纪60年代起，巽城青年生产队与周边的几个生产队合并成立前进生产队，是巽城最大的生产队。当年，生产队的负担也是很重的，要完成国家军粮和征购粮，要承担诸如兴修水利、修桥造路等基础工程的义务摊派，还要照顾病灾户、五保户、军烈属。而当时很多生产队只是单一地搞粮食生产，社员们一年到头只分得一些粮食，有的甚至还没到分红时，他们的口粮已经提前支取，吃完了，或是超支了。更不用说，有谁会分到钱。

于是，前进生产队大胆创新，顶住压力，搞多种经营。他们安排一部分人专门从事副业，捕鱼、航运、拉板车运输等，挣到钱全部交给生产队换工分。这样一来，生产队就有了生产成本，可以购置新型农具，提高生产力。年终分红时，社员们或多或少能分到一些钱。当年巽城碗厂就是生产大队办的。前进生产队副业办得最成功的一件，就是油坊。当年，我的祖父许庆杰就曾有十来年时间在该油店里当店员，也兼记账。本文就以本人所知道的，谈谈当年油坊的情形。

油坊，就是提炼食用油的作坊，在当时的条件下，生产过程主要是靠人力畜力。巽城油坊，原址在华光大帝宫的下首，即现在的巽城村老人会及前面的通道处。前面临街处，是一片店面。后面就是"厂房"，里面分成两个区域，在上首的一块区域为碾料坊，下首是较高的瓦房，就是榨油坊。

碾料坊是一间大草房，四面也没墙，地上是一圈石槽，石槽是用巨大的略呈扇形的块石凿成的凹槽，围成一个大圆圈，并且有一半埋在地里。这个圆槽的上面立着一块直径足有2米、厚约0.5米的铁饼状的巨大的石碾，令人敬佩的是，这石碾与石槽居然是严丝合缝！这铁饼状的石碾的圆心处被凿开了一个圆孔，装进一个很大的轴承，轴承里打进一根长长的杉木，在一圈石槽的圆心处立着一坐石墩，上面插着一根铁棍，也套上轴承，石碾中间的长杉木的另一头就被套在铁柱的轴承上。自从石槽石碾装好的那一天起，就买来了一头年轻的黄牛，被拴在石槽边，吃喝拉撒都在都在这个圆圈上，拉着那笨重的大石碾，一个社员举着鞭子，拉着牛绳，坐在横木上，边赶牛边铲着槽里的油料，日复一日，伴随吱吱呀呀的磨擦声，不知拉了多少万圈，直到老死的那一天！

石槽里碾压的是油茶籽、油菜籽、乌桕籽、蓖麻籽之类的，它们先是被火焖炒熟了，再在石槽里碾碎，再搬去榨油房里压榨的。该油坊里主要榨的就是山茶油、菜仔油、乌桕油、蓖麻油。茶油、菜油，直接在本地出售供社员食用。蓖麻油则作为工业和药用原料，直接交由供销社收购。

巽城当年的乌桕树是特别受保护的，不管它是野生的无主的，也无论它是长在哪里，全部归生产队集体所有，尽管当年山上的柴草都砍光了，甚至连红树林、大榕树都有人砍去当柴烧，然而乌桕树却没有人敢动。直等到秋冬季节，树叶落尽满树果食，社员们才会拿着特制的乌桕刀（与柴刀相反，刀口朝外，形状比柴刀小，套在竹竿尖上），把树稍上的果食捅下，收拾起来，晒干脱去外壳，雪白的乌桕仁的假皮经过加热，被分离出来，假皮直接被压成银锭状或圆柱状，我们称它为皮油，向外省销售作为制作香皂和蜡烛的原料，而乌桕仁被炒熟碾碎再榨出来的油则是出售给浙江杭州等地的雨伞厂用来涂油纸，做油纸伞的。

榨油的过程主要是在大瓦房里完成的。里面靠墙一侧有五六口特大的铁锅斜放在土灶上，这就是炒灶。中央位置上树起一棵巨大的空心树筒，外面套上铁条（因为没有钢丝），炒熟碾碎的油料放在长茅草或海滩涂上的咸草制成的草蓁子上包扎起来，放进树筒里，再套上篾条制成的圆圈，树筒敢满后，上面再放上大圆木墩、块石，最顶端压上一根巨大的长木棍，木棍的两头切开一个凹槽，像一根匾担，套上大绳索，绳索的下面各有一块巨大的称砣石（石头的上面有一个凹槽，上窄下宽，套进木构件，或凿出一个孔洞，系上绳索）当绳索通过一个圆棍被绞紧宿短，巨石离地悬空的一刻，巨大的压力，使得油脂哗啦啦地流出竹圈子，流到树筒下放置的油桶里，油香满屋。当称石着地时，上面的横木抬起，再填入木桩再压，如此反复三四次，直到把料中的油脂压干。最后乘下的油渣，一个个像月饼一样，取出来，拿去做肥料。

我小时曾在放假的时候，偶尔去那老黄牛的油碾石横木上坐着玩，饿了去爷爷那里讨来两分钱，去买一个刚出炉的光饼，切开两面，拿到树筒下接一勺子鲜茶油，浇在光饼上，吃起来，太香了，至今难忘！

直到实行联产承包制，生产队解散，巽城油坊也就此停办。为了写下本文，我多方寻觅，才发现了一块当年油坊里的称石，还在某户人家庭院的墙脚下发现了一块当年油坊里碾料槽的槽石。

店下三处红色遗址

鼎平办事处旧址

鼎平办事处旧址位于店下镇屿前村南榜山山顶，1935年8月，中共闽东特委在柘荣褚坪举行会议，决定成立四个办事处，鼎平为其中之一。旧址系南榜村土地宫。现仅存石构围墙，高1米，长10米。1985年在旧址边立碑纪念。碑亭6角，水泥构筑攒尖顶。纪念碑宽75厘米、高1.61米、厚9厘米；底座上宽95厘米、下宽1.25米、上厚31厘米、下厚66厘米、高55厘米，青石构成，因2006年8月被桑美"超强台风毁坏后，断为两截，现已修复。碑身正面刻"中共闽东特委鼎平办事处旧址"，背面刻碑文："中共鼎平办事处，在中共闽东特委领导下，于1935年8月在南榜宫设立后，领导人民粉碎敌人多次围剿坚持游击战争，做出了重大贡献。当时由叶飞、叶秀藩等在南榜宫领导组织革命。公元1984年7月，中国共产党福鼎县委员会，福鼎县人民政府立"。

鼎平办事处旧址是土地革命战争时期中国共产党的重要游击基地。纪念碑、亭设立以来，一批又一批党员、共青团员、少先队员前来瞻仰，接受革命传统教育和爱国主义教育。2006年5月被评为福鼎市第一批爱国主义教育基地。

巽城战斗遗址

巽城战斗遗址所在本为巽城何氏宗祠，位于店下镇巽城村。1949年6月10日，浙南游击纵队第1支队配合中国人民解放军第21军189团入闽作战，打响了解放福鼎战役。此前，敌福鼎"搜剿队"和"反共突击队"闻风逃窜，11日晚逃到店下巽城村，企图依靠坚固封闭的何氏宗祠负隅顽抗，伺机再往他处逃窜。当夜，担任堵截任务的浙南游击纵队第1支队第2大队第4、第6中队和鼎平警卫队，迅速抄小路将敌包围于巽城何氏宗祠。6月12日清晨，战斗打响。经过激烈战斗，敌反共突击队队长张琼被活捉，敌福鼎搜剿队队长林德铭被击毙。巽城战斗大获全胜，共歼敌100余人，俘敌80余人，缴获机枪8挺、步枪180支、子弹2000余发。

巽城战斗遗址——何家祠堂外墙弹孔累累（店下镇党政办）

巽城战斗是解放福鼎的关键之战。至此，除大嵛山和台上两岛屿外，福鼎全境解放。

巽城战斗遗址因受台风影响，多处受损，加上年久失修，部分墙体倒塌，现仅剩南面一堵留下近百弹孔的墙，建筑占地面积80平方米。

筼筜历史纪念馆、纪念碑亭及黄淑宗故居

店下筼筜村俗称大筼筜，以别于太姥山镇小筼筜村。位于福鼎东南沿海，晴川湾畔，与"中国十大最美岛屿"之一的嵛山岛隔海相望。这里是福鼎革命策源地，屹立在村头的中共福鼎县委成立纪念碑、资料完整的历史纪念馆、至今保护完好的烈属安置房、黄淑琮故居，就是那一段光荣历史的见证。

1933年冬，福安中心县委派员到福鼎指导成立中共福鼎县委，县委驻地就在筼筜村，以县委主要负责人之一的黄淑琮家为办公地点。1985年，福鼎市人民政府在筼筜立"中共福鼎县委机关驻地"纪念碑一块，并建碑亭，1989年1月公布为县级文物保护单位。黄淑宗故居是一座砖木结构的民居，近年来政府出资加以修葺，与纪念碑亭、纪念馆共同组成筼筜村革命历史记忆。

福鼎革命策源地筼筜村革命历史纪念馆建于2010年，馆内收藏有一批革命历史文物和介绍革命烈士事略资料。其中陈列的2门大小土钢炮，是清咸丰、道光年间村民为抗击倭寇保卫村庄留下的。20世纪30年代初，这些土钢炮还还剩有10余门，红军战士将其安装在沙坝芒芋丛中和海岸石洞口，用以抗击来犯的海盗和盘踞在对海嵛山岛上国民党散兵游勇凑合所谓乌军，并多次击沉其大小船只。

筼筜村后山的西山岗有一丛奇石，石丛中有一个悬崖大石洞，曾是红军秘密办公场所。

店下老街的三口井

🍃 胡宝平

店下镇所在地的店下老街，小街当中有三口非常有名的水井。

南门外山脚下的水井叫"南门外井"，在现在幼儿园旁边的叫"祠堂井"，还有一口井就在我家的后门，因井离我家房子后门只有两步之遥，我们都习惯称"后门井"。三口井都在一个小山包的山脚下，呈品字形排列，店下最大的族姓喻家祠堂就建在这三口井正中的小山包上。"祠堂井"和"后门井"分别在喻家祠堂大门口的左、右下方，"南门外井"在喻家祠堂的正后方。

喻家是六百多年前店下方圆百里富甲一方的大财主，商店和作坊几十家，单每年田租就有一千四百四十担谷，现在走进店下三座喻家残留的大宅院，就知道当年喻家的兴旺与发达了。按喻家的后代们说，喻家祖先请了个非常著名的风水先生，在家侍奉达一年之久，想请风水先生选一吉地建喻家祠堂。喻家钱财有了，人丁也兴旺，就缺官势。后来按风水先生的卜卦遴选，祠堂就建在三口井正中的小山包上，从空中俯瞰三井呈"品"字，"品"象征着官"，有品就有官。而三口井又各有寓意，后门井深寓财深不可测，祠堂井出水快又多寓人丁旺盛，南门外井口大又圆寓官大圆通。可是想不到，建了祠堂之后五十年，喻家总体上走了下坡路，不但子孙当中没有当过七品以上的官，财富方面也没有超过祖先的。后来又有一个著名风水先生到了店下看了喻家祠堂，说喻家的"官"和"财"都被前一个风水先生"破"了，祠堂建在"品"字上，把官"品"压在下面也就无"官"了，井水源源不断流出，就把"钱财"给流掉了。喻家祖先的宏愿没有实现，但喻家祠堂至今巍立，且焕然一新。三口井井水至今源源不断，井水像母亲的乳汁养育了喻家的后代和其他店下街居民。"南门外井"最大，井口圆形有大圆桌大，井壁用条石砌成，两人深，井底也是条石铺平，井台井栏都筑上三合土，井台空间很大，挑水的人来往十分方便。井台靠山一面还供奉着水井神，每逢初一十五，还有很多老人在那烧香叩拜。说精致要数"祠堂井"为最，正方形的井口，只有一人多一点深，井底和井壁都是用磨得非常光滑的方块青石砌成，井底还雕磨一个凹半圆球状，让人可以方便在井底用水瓢舀水，容易清洗井中污垢，怕挑水人滑倒，井台是用没有打磨过的平平整整的方块青石铺成，井栏也是用条形青石砌成，很是细致，足见颇费造井人匠心，井台空间也很大，挑水也很方便。"后门井"为三井中之外形最丑，造工最为粗糙，井口是四方形的而且，井壁和井底却是不规则的圆形，为三井之最深，有三人深，井台井壁井底都是用乱石砌成，年久失修，井壁长满青绿色的苔藓，有的石块已脱落，形成一个个窟窿，夏日水紧张时可以方便大人小孩爬入井中舀水，只有井栏用四块不规则的花岗岩石铺就。井台空间很小，放两担木桶就觉得很拥挤，井台三面靠山，也用乱石砌成挡土墙，有三人高，石缝中长满野草。

"南门外井"虽大气，但下大雨后井水有点浑浊；"祠堂井"虽精致，但井水微咸，烧开水和泡茶不好喝；"后门井"的泉水甘甜可口，三口井就数"后井"井深水质最好，全店下街人都喜欢，有的人跑了很远很远的路来挑井水。夏天井水冰凉，天气闷热时我经常直接瓢饮刚打上来的井水，如喝加了蜜的冰水，沁入心脾，透骨爽快。也有人把西瓜放入刚打上来的井水中，过了一会儿切开吃，更是冰凉可口。许多冷饮店喜欢用山上采摘来的一个个像小皮球大的叫"苹柚"的野果，晒干后掺入后门井的井水做成像现在果冻一样的透明冷饮，店下的大人小孩非常喜欢喝，成了店下人解暑解渴的最佳饮料。冬天，后门井的水不冷，刚打上来的井水洗碗洗衣不冻手。后门井的水又是酿造店下白糯米酒最好的掺和物，用后门井水酿造的米酒，色泽微黄，口味甘爽醇厚，有如茅台"风味隔壁三家醉，雨后开瓶十里芳"的魅力，店下人戏称店下白糯米酒为"店下茅台"。更为神奇的是，住在后门井附近，常年饮用后门井井水的居民，长寿的人特多，很多人都活到九十几岁才谢世。按现代科学的解释，后门井的井水应该富含人体必需的矿物质和微量元素。

夏天用水高峰期，许多家庭把后门井的井水只作为做饭烧菜和泡茶省着用，洗漱就用其他井的水。后门井排队等水的人最多，从白天到黑夜24个小时按先后顺序轮流汲水从不间断，井台上人来人往，川流不息，挑着水桶的吱吱声和喊叫声响成一片，十分繁忙。

店下街三口水井至今泉水汩汩，有心人还请来泥水匠重新修砌了三口井，老街的中老年人喝惯了三口井的井水，嫌自来水有消毒剂的异味，还是喜欢到老井提一桶井水回家煮饭烧菜泡茶，特别是自酿"店下茅台酒"就非用后门井的井水不可了。我虽然离开店下老家多年了，但三口井的故事随同我在店下几十年生活和工作的记忆深深的刻入我的脑海，我时常喜欢在同事和朋友面前深情地讲述家乡的三口井和三口井的故事。

大筼筜巡检司

> 李立华

筼筜村位于福鼎市东南沿海，晴川湾畔，与"中国十大最美海岛"之一的嵛山岛隔海相望。距店下集镇16千米，村域面积6.993平方千米，辖11个自然村和一个中心村，全村共780户，2800人。

筼筜历史悠久，古有大筼筜、小筼筜之分，小筼筜现属太姥山镇，大筼筜在店下境内，清乾隆四年福鼎建县后为六都。大筼筜地处沿海，在古代是个重要的海防军事要地和重要商贸港口，明朝时就设有大筼筜巡检司，当时是将设于蒋阳的巡检司迁来大筼筜。据嘉庆《福鼎县志》"巡检司"载："大筼筜司，旧蒋洋司。洪武二年（1369）徙驻大筼筜。"

巡检司旧址在大筼筜古城，旧址尚在。古城略呈圆形，城墙依山建筑，地势险要，易守难攻。开东西南北四门。城堡始建年月无从查考，据最早定居旧城内的杨姓村民口口相传，他们祖先于清初时从闽南永春来到筼筜，当时筼筜村都还没人居住，他们住在西山上，经常下来海边讨小海，一次偶然割草时发现旧城堡，居然有很多房子淹没在草丛中，遂举村移居堡内，后陆续有韩、陈等姓少数村民陆续住进来。

据《中国官制史》等史料记载，巡检司为我国元、明、清时期县级衙门下的基层防卫机构，通常为管辖人烟稀少地方的非常设组织，一般设于关津要道要地，其功能性以军事为主。明朝依其例沿用，佐以行政权力。至晚清，中国人口大增，相对的县衙数量并无增多，于是次县级的巡检司在数量上与功能上日渐增多，也多有通判等官职设置。

据王兴文在《国家制度与基层防御》一文考证，明朝廷非常重视巡检司，将它视为基层防卫的重要力量，于明洪武时规定其职能："凡天下要冲去处，设立巡检司，专一盘诘往来奸细、及贩卖私盐犯人、逃军、逃囚、无引面生可疑之人。"巡检司设巡检一员，从九品；吏一员，隶于州县。巡检司弓兵有定额，一般为80—100人。因巡检司是驻扎在县级以下基层，维持治安的重要机构，从职能上看，明代的巡检司相当于现在的公安武警边防大队。

当时为何设立巡检司？文献中有较为明确的记载。朱元璋曾敕谕天下巡检说：

"朕设巡检于关津，扼要道，察奸伪，期在士民乐业，商旅无艰。"（《明太祖实录》卷一百三十）万历《大明会典》载："关津，巡检司提督盘诘之事，国初设制甚严。"不难看出，关津、要冲之处，是设置巡检司的主要地点；盘查过往行人是巡检司的主要任务；稽查无路引外出之人，缉拿奸细、截获脱逃军人及囚犯，打击走私，维护正常的商旅往来等是设置巡检司的主要目的。

嘉庆《福鼎县志》卷五"兵制"载："江夏侯入闽备倭，于要害处增设巡检司。平居则巡缉奸宄，会哨则督催官军声势联络，互相应援。弓兵六十、七十、一百名不等，于附近海澳募充。每名银七两二钱，其法以田赋定差役，而民间私雇实倍之。"

考笊笠旧城，《州志》《省志》皆为大笊笠城。明洪武二年，由蒋洋巡检徙置于大笊笠，为大笊笠巡检司。配有弓（机）兵 100 名，弘治十六年（1503）裁减 20 名，嘉靖三十八年（1559），倭贼入寇，弓兵尽属市民，闻警多逃，不足御敌。因议减其数并裁其直，每司只留弓兵十六名，给银五两六分一厘五毫，而征其余充饷云。清初沿袭明制。

清康熙元年（1662）徙秦屿巡检司（原大笊笠巡检司）于杨家溪（今属霞浦县牙城），乾隆八年（1743）又迁潋城改为潋城巡检司。

近代，由于其他港口兴起，大笊笠已不再是重要港口了，原本住的几十户人家这几年生活条件好了都陆续搬离了旧城。今天，还是留下了这个石砌的巡检司旧城遗址，只是明朝时的老房子都被后来者改成民房了。

三佛塔村的三塔

李立华

　　店下镇三佛塔村位于店下镇西南部，距集镇所在地7千米，与太姥山镇相邻。境内草堂山风景秀丽，畲、回民族风情独特，历史人文景观丰富。

　　三佛塔村历史悠久，境内拥有两座市重点保护古刹——始建于唐朝的安福寺和清溪寺。

　　顾名思义，三佛塔村史上肯定有三座佛塔才因此而得名，可几百年来，人们只知道清溪寺院内有两座石塔，其他一塔成迷。清溪寺院前两座七级六角实心石塔，高4.32米，底径1.1米，底座高0.9米，一层高0.5米，宽0.8米，以上逐层收小。塔座六级，一级为八角形，以上均为六角，二、三级为正反莲花形，四级有力士柱，每层塔交错各凿3个门状，塔刹葫芦形。塔身有精美的浮雕佛像和花卉，石刻力士状貌威严，目如铜铃，肌肉隆起，手持器物，或双手抚膝，或单手顶天，很有威慑力，表现了佛法的广大。石塔座铭文7行，每行3—7字不等，镌刻："斗南境林公□恭仝僧修宝塔二造一天井报资恩有者景泰四年癸酉岁主持比丘惠渊立。"由此可见，清溪双石塔是斗门林氏先人为造功德而捐建。石塔旁立《重建清溪寺信士捐献功德碑》，署"1982年主持僧悟成立"。

　　两座石塔均由花岗石和青石构建，风貌质朴、厚重，体现了早期佛教建筑典型风格。清溪双石塔于1997年12月列入第二批福鼎市级文物保护单位。

　　《福鼎县志·寺观》载："清溪寺，在六都，唐咸通二年（864）建。"历宋、元、明、清各代均有重修，至今已有1140多年的历史，是福鼎早期著名寺院之一。现有山场面积80亩，寺院建筑占地面积2300平方米，坐北向南，依次为山门、双塔、大雄宝殿。殿面阔五间，进深五间，穿斗式木构架，歇山顶。走廊五尺见宽，硕大石柱上了朱漆，有光彩。与雕栋画檐浑然相映，古朴中透出几分亮丽。殿前的院台宽阔，用条石平砌而成，占大半个庭院。阶前有石榴、桂花、榕树，展示着旺盛的生命力。寺内有五代至北宋时期的佛座、石斛、香炉、供案、马槽等，历经沧桑。早在1989年1月确定为福鼎市级文物保护单位。

　　据《福鼎县志·疆域》载："清溪，原福宁州望海里十一都，现福鼎县六都。"《福鼎县志·山川》载："清溪，源出孤岭，至礁潭，东入东溪，南历三佛塔，汇于观澜亭，至斗南入海。"

清溪三面环山，一谷中开。溪上有古桥叫"清溪桥"，在清溪寺门前，为寺僧应宗所建。寺、塔、桥和村均以所在地溪流命名。群峰翠谷，绿意迭出，竹林幽翳，溪流曲折，几处农家依山而建，点缀山间，一派田园风光。东溪在下游，所居叫东溪村，人口众多，房宇婵媛，古有"东溪门楼好大厝，三百鸬鹚飞不过"之说，形容东溪村的兴盛。斗南即今太姥山镇斗门村，宋时就有林氏徙居于此，当地一大望族。

故第三塔一直成为三佛塔村名来历之谜，2019年初冬，清溪寺住持释修正师父，勘察寺院东面塔坪岗，冈山原有一旧尼庵址，庵旁有一塔基，发现山上草丛中竟真有一塔帽，周围杂草丛生，将草割除，发现该地有塔基直径约8米，地上斜躺的塔帽直径约1.8米，花岗岩石材，翘檐八角形状，从塔帽看，该塔应比清溪寺双塔大很多，经过多方了解，村民们只知这一地名叫塔坪岗，却不知有塔之缘故，通过发现，恍然大悟，此处有塔故名塔坪岗，举一反三，加上清溪寺双塔，三佛塔村名就顺其自然了。

坝头拱桥

> 张宗发　王美栋

　　坝头拱桥，位于店下镇屿前村村后。20世纪70年代，国家提出：农业的根本出路在于机械化。之后很快就在全国多地掀起一股兴修水利、平整土地的热潮。屿前村后的一片水稻田原先田块小，田埂窄而弯，不便于农机下田操作。于是进行土地平整，改变旧貌，使水稻田小块变大坵。经过平整后，水稻田井然有序，一排排一溜溜，整整齐齐，方便大、中型农业机械下田实施犁田、耕耘、收割、脱谷等作业，大大提高了生产效率。

　　流经这一带的小河，从笋口山坑里、宫后两条溪流汇合到笋口溪头，经獭尾、凤头鼻转下港尾到屿前村斗门头，形成一条C字形河道。过去几乎每年都会遭遇洪灾，而每遇山洪暴发，一片汪洋，农作物受淹、受浸，轻则减产，重则绝收。

　　当时的屿前生产大队党支部借土地平整的时机，决定实施河道改造，将C字形河道改直，即从獭尾取直到下塘子与大可湾汇合，这样可以快速排洪，也便于灌溉，同时方便大型农机作业。河道改造后，考虑到人、畜、农机交通需要，必须架设一座桥。桥选址于坝头，形制为单孔拱桥，横跨河上，沟通两岸，这就是现在的坝头拱桥。

坝头拱桥（店下镇党政办 供图）

店下寺庙

李立华　魏乃渺　冯文喜　李立华　朱如培　黄益巧

安福寺

安福寺，原名芭蕉寺，地处店下镇三佛塔村胡章自然村，坐东北朝西南。《福宁府志·杂志·寺观》记载："安福寺，在六都。唐贞元元年（785）建。"《福鼎佛教志》记载："当时殿宇宏大，仅僧房三百间，闻住僧三百，为闽东一大丛林。"

古寺原有山门、天王殿、祖师殿、大殿法堂、观音楼、僧舍等，占地40多亩。唐时的规模非常之大，在之后一千多年的历史长河中，几经兴废。几经劫难，芭蕉寺至清初重建，改称安福寺至今。清嘉庆《福鼎县志》载："芭蕉寺，宋代毁。清初在遗址上建安福寺。"

有记载的第一个有身份的来客应当是北宋进士裘暨（淳祐七年进士，字叔平）。裘暨题云："良月上浣来游于此，午风方作，众窍皆号，万叶争动。未知风动叶，叶动风。窍号风，风号窍也。"第二位应是清乾隆二十八年（1759）任福宁郡守的李拔，他也为安福寺留过诗："公余策马过城西，古寺香烟金碧齐。明月清风无限意，勾留信宿是招提。"

目前，寺外田间地里，到处可见许多高大凿花大石柱、石板。现存石柱有瓜棱柱、方柱、圆柱等三种类型，直径在0.4—0.6米之间，长度在2.7米至3.8米之间。目前尚有8根瓜棱柱仍立于重修后的大雄宝殿中。有的石柱顶部凿有长方形孔槽，用于架设梁架，每个柱础凿莲花状，直径0.9米。寺内尚存北宋元丰三年（1080）大小石槽各1个，石雕覆盘莲花3个，石香炉2个，皆为珍贵文物。现有大石槽，整块花岗岩石构，长2.1米，宽0.68米。槽沿右镌"当院僧宝□备并童行德胜同捨永为不朽"，槽沿左镌"元丰三年（1080）壬戌岁住持释苗宗少门善备记"。另有一个青石构龙，龙身长0.65米、高0.45米、宽0.2米，青石上长满青苔，龙身雕刻精细。寺后院存花岗岩石构古井一方，直径0.8米，井沿高0.45米，厚0.08米，井身石砌。须弥座以力士为主，辅有花卉牡丹、荷花等雕刻，造型古朴，但风化严重。遗址中有大量的石柱，枕藉于梯田坎沿或深埋地下，另有石香炉、石莲花座难以计数。

安福寺周遭林木荫翳，篁竹丛生，现地名还有叫"安竹垅"。安竹垅"文化大革命"后期为店下公社虎头坝林场所在地，后为知青点，原寺属山地皆为林场所用，寺内只有陈氏老尼修行。"文革"后期，僧人释界相主持至今，现有僧众8人，山场15亩，水田4亩，亦禅亦农。经多方筹资不断修葺，从无到有，装饰寺貌，建筑面积达3000多平方米。如今大雄宝殿焕然新，三座新建大楼，食宿设备齐全，为香客游人朝山观光、避暑度假之胜地。

灵应寺

灵应寺，位于店下洋中村王家兰山中腹地，背靠福宁高速公路，寺前梯田层层，风光秀丽。灵应寺始建于梁贞明元年（915），据《福鼎佛教志》记载，五代时期，北方限制佛教发展，严禁私度僧尼、兴建寺院，废寺达十分之九，而南方十国重视佛教，闽王王审知及其家族统治福建，为巩固统治大力扶持佛教，促使佛教在福建广大地区广泛传播。福鼎灵应寺就是此间修建，迄今已一千多年的历史。

该寺几经兴废，现存为前后两殿的四合单体结构，大殿系清光绪三十三年（1907），主持僧融洼徒孙元修重修。前殿乃坑里朱氏祖先修建，占地面积约2亩。前为一个大门，面墙长近17米，进深约18米，共36平方米；后为大殿，进深7柱，面阔8间，通廊左右各一，对称严谨。寺宇单层，硬山顶式，后院砌石壁，夯地平整洁净，开蓄水池2方。寺前"Z"字形石径由梯田折进，有曲径通幽之感；院前坪地开阔，远峰相对，环境清幽。明代泗洲文佛庙立于古道旁。前人卢作彬有诗《灵应钟声》："万籁无音宿雾浓，飘然云外数声钟。深山几欲疏名刹，唤醒频听度远峰。"

清溪寺

清溪寺位于店下西南部的三佛塔村，距集镇所在地7千米，与秦屿镇相邻。清溪三面环山，一谷中开。群峰翠谷，绿意迭出，竹林幽翳，溪流曲折散落几处农家，一派田园风光。溪上有古桥叫"清溪桥"，在清溪寺门前，为寺僧应宗所建。寺、塔、桥和村均以所在地溪流命名。东溪在下游，所居叫东溪村，人口众多，房宇婵媛，古有"东溪门楼好大厝，三百鸬鹚飞不过"之说，形容旧时东溪村的兴盛。斗南即今斗门村，宋时就有林姓徙居于此，系当地一大望族。

《福鼎县志·寺观》载："清溪寺，在六都，唐咸通二年（861）建。"历宋、元、明、清各代均有重修，至今已有1140多年的历史，是福鼎早期著名寺院之一。寺占地面积1080平方米，坐北向南，依次为山门双塔、大雄宝殿。殿面阔5间，进深5间，穿斗式木构架，歇山顶。走廊5尺宽，硕大石柱上了朱漆，有光彩。与雕栋画檐浑然

清溪寺双塔（店下镇党政办 供图）

相映，古朴中透出几分亮丽。殿前的院台宽阔，用条石平砌而成，占大半个庭院。阶前有石榴、桂花榕树，展示着旺盛的生命力。寺内有五代至北宋时期的佛座、石斛、香炉、供案、马槽等，历经沧桑。清溪寺于1989年被公布为福鼎市级文物保护单位。

清溪寺院前两座7级六角实心石塔，高4.32米，底径1.1米，底座高0.9米，一层高0.5米，宽0.8米，以上逐层收小。塔座6级，一级为八角形，以上均为六角，2、3级为正反莲花形，4级有力士柱，每层塔交错各凿3个门状，塔刹葫芦形。塔身有精美的浮雕佛像和花卉，石刻力士状貌威严，目如铜铃，肌肉隆起，手持器物，或双手抚膝，或单手顶天，很有威慑力，表现了佛法的广大。石塔座铭文7行，每行3至7字不等，镌刻："斗南境林公□恭仝僧修宝塔二造一天井报息有者景泰四年癸酉岁主持比丘惠渊立。"由此可见，清溪双石塔是斗门林氏先人为造功德而捐建，为明景泰四年（1453）所建，至今保存完好。两座实心石塔，均由花岗石和青石构建，风貌质朴、厚重，体现了早期佛教建筑典型风格，于1997年12月被列入第二批福鼎市级文物保护单位。石塔旁立《重建清溪寺信土捐献功德碑》，署"1982年主持僧悟成立"。

资福寺

资福寺位于店下镇亥窑村洋头，距福鼎市县城40多千米。始建于大唐咸通二年（861），历经宋、元、明、清历代重修。建筑占地面积五十亩，乃是当时福鼎栖林寺、

资福寺（店下镇党政办）

资国寺、资福寺、清溪寺、安福寺、三门寺六大寺庙其中之一。

资福寺是一座具有千年历史的古寺。古寺庄严，法轮常转，走进山门便是雄伟庄严的千佛宝殿，千佛殿两侧有联："资慧双修广结善缘，福林并秀普度众生。"殿内中央供养的毗卢遮那佛，两旁依序供养着千尊缅甸玉佛。二进乃是大雄宝殿，殿内供养如来佛像、阿难伽叶、十八罗汉，庄严肃穆。三进圆通宝殿，供养千手千眼观世音菩萨。宝殿西侧僧寮、斋堂，后山三座舍利塔，安葬历代高僧，两边建地藏殿，祖师殿。整座资福寺掩映于青山绿水之中，超然物外，出尘脱俗。

资福寺为福鼎文物保护单位，历经千年，因天灾人祸，期间多有重修，而如今最能证明这座庙宇历史的便是宝殿前宋绍兴年间的石槽。由于年代久远，碑记残损严重。

资福寺还有段光荣的红色岁月，革命先辈到此寺领导"五抗"斗争，民国以来，释步雄、释题功、释题香，先后进寺任住持。1980年后，释题为法师进寺创业复兴，重建千尊玉佛宝殿，圆通宝殿，地藏殿，祖师殿等。

"文革"期间，寺僧被逐一空，寺院亦遭劫难，寺中法器文物所剩无几，"文革"后经步雄和尚，题为法师暨等众之努力，古刹旧观得以逐渐重现，僧众云集。

题为法师，1954年5月18日出生于店下镇玉岐村一个普通家庭，原名陈乃合，从小常往寺院，为追求佛教发展而修练佛法。1973年，在太姥山香山寺出家为僧，拜住持品善法师为师，取名释题为。参佛以来净心精研佛法，得法师真传同修拾年。后受戒于莆田梅峰寺，1992年二次受戒于南京宝华山隆昌寺，得到宝华山隆昌寺茗山法师、台湾戒德法师、香港大屿山圣益法师三位高僧的传授，领悟佛法僧三宝妙处无边。

2005年，因太姥山香山寺初建罗汉堂需要主持，后来因师命难为前往罗汉堂任主持，负责工程建设，五年完成，罗汉堂已具规模。五年间呕心沥血，克尽己任。名下皈依弟子700多人。自奉甚微，为佛教的事业倾注了全部精力和心血。

2011年千佛宝殿破土动工，2012年3月圆满竣工，此楼高11.8米，使用面积达320平方米，是一座集念佛堂、千佛堂为一体的弘法大楼，继千佛宝殿竣工圆满后，圆通宝殿、地藏殿、祖师殿，接连告竣，它们与大雄宝殿有机地整合为一体，组成了一个气势恢宏庄严无比的古建筑群。

该寺历经唐、宋、元明清，旧貌全无，唯有旧大殿的大佛龛底座保留至今。寺内尚存宋代年间的石凿大镜菜勺一个，棱方形石柱一根，石圈一个（原有左右两个），清乾隆年间及之前的坟墓各一座。清嘉庆《福鼎县志》载，宋朝时，"北乡三博"之一的霞浦籍文人、太学博士黄荐可曾为资福寺题诗一首：

一径崎岖步翠微，乱山深处掩柴扉。
烟萝密锁人家少，碎石崚嶒马足稀。
泉跳浮沤圆复散，人生幻梦是还非。
何时识得林泉趣，饭饱参禅向上机。

山门寺

山门寺位于店下镇菰北村西南牛角峰山下，三面环山，风景清幽，峰高林密；右侧溪水清澈，乐鸣铮铮；前有三门山峰拱朝，面对山门，故名三门寺（山门寺）。据清嘉庆《福鼎县志》记载："三门寺建在四都，宋景祐二年（1035）建。"该寺兴盛时建于现址右侧。建有堂、院、僧寮数座，常住僧众百余人，曾几经损毁，明、

三门寺旧址（店下镇党政办）

清两代重建。1932年又移现址重建。之后不断修葺，面貌一新。殿中佛像俱全，金碧辉煌、雄伟壮观。1973年起，被店下镇虎头坝林场借用，2006年8月，被超强台风"桑美"虐扫而毁。现留遗址，遗址内保存石槽2个，地下石拱藏洞一个（宽12米、长22米），画栋雕梁数十块埋于地下，至今尚未恢复重建。

岩峰寺

三门寺旧砖窑、唐代马槽（店下镇党政办 供图）

岩峰寺，原名西湖洞，俗称岩洞寺，位于店下镇店下村坑门自然村，距店下集镇仅2千米，龙（安）秦（屿）二级公路从该屿前方绕过，地理位置优越，交通十分便捷。

岩峰寺始建于清朝光绪三年（1877），寺宇坐南朝北，依山而建，山水环抱，鸟语花香，景色怡人，是静心念佛理想之地，有常住僧8人。

该寺最具特色的是因为有一个天然的山洞，洞内供着福德正神塑像。因香火十分旺盛，在原洞口增建大雄宝殿，几经重修，如今的大雄宝殿富丽堂皇，每逢初一、十五，历来都是店下域内香客最多的一个寺庙。两侧分别建有寮房和斋堂，建筑面积达1800多平方米。

普云寺

普云寺位于店下镇溪岩村文侯山，始建于明宣德二年（1426），距福鼎市区20千米左右。寺院总占地面积20余亩，屿前清水潺潺，周围林木苍翠，山清水秀，风光美好，登上寺右边小山，可以瞭望大海。现今还保存着明朝遗留文物泗洲文佛石台、莲花座石条。1914年圆山法师率弟子重建普云寺，后来寺院遭毁，1983年国家落实宗教政策后，普云寺成为福建省级开放寺院。1989年界亲法师带领十方信众重兴寺宇，农禅并重，使古寺得以恢复。2013年，寺院住持界亲法师自感年事已高，交与界宏法师接管。普云寺有山门、大雄宝殿、功德堂、念佛堂、寮房等仿明清古建筑，建筑面积约3亩，茶地2余亩，菜园2余亩。

现任住持界宏法师生于1974年，1997年出家，1998年受具足戒，2002年毕业于天台山佛学院，专学天台宗。早年于福鼎太姥山平兴寺、马来西亚广福寺、天台山国清寺等各大丛林参学，亲近界诠法师、可明大和尚、允观法师等诸山长老知识，曾在天台山佛学院任知客8年。

庆元寺

庆元寺坐落于海上仙都太姥山麓集福山，隶属福鼎店下镇岚亭秀兜村。该寺占地面积80亩，建筑面积7000平方米，寺院坐北向南，前有良田千亩，青山环绕，后依青峰拂云，松柏葱茏，气象蔚然。左右大道环如阁带，风水天成，伽蓝圣地。

庆元寺自创立迄今约400年，旧名重明堂。据说是当时晚明抗清将领因复明无望剃发为僧居此地故名。鼎盛时期有前后五进殿堂，住僧500多人。因其年深岁久，世道沧桑，几经兴废之变，几乎淹没不存。后有乡耆喻氏施地募银，续佛明灯，更名庆元禅寺。"文革"时改为农场。宗教政策落实后还寺予僧，有长印尼师带领僧俗十几人清修此地，农禅并重，汲汲度日。

1970年，释品德法师恢复重建，1993年释长印尼师重兴，2012年释大证法师来山，2016年大证法师重建有悲智楼、行愿楼、正念楼、五观堂、山门、菩提大道、归心大道、大雄宝殿等。大证法师祖籍福建霞浦，生于1989年，2002年礼太姥山平兴寺监院本通法师披剃出家，于2013年在江西云居山真如寺圆具，学习于广东佛学院、扬州大学、中国佛教高级讲师研习班等，现任福鼎店下庆元寺住持。

庆元寺（店下镇党政办 供图）

店下宫观

李立华 黄益巧 潘明见 柳善乐 喻捷宏 郑桂忠

象山宫

象山宫系原店下玉屿境的临水宫与珠峰境的大帝宫二宫合一而建改称。

大帝宫始建于元末明初，位处店下河尾（旧称澳尾海边山脚）。后于清道光五年（1825）重修，故通称"新宫"。整座庙宇由石木结构组建，集石雕与木刻为一体，飞禽走兽，人物花木，栩栩如生。宫宽16米，南北深32米，集主殿、中庭、下厅、回廊、天井、戏台为一体。规模宏大，气宇轩昂，斗拱翘脊，雕梁画栋。大殿堂构辉煌，殿上斗拱八卦天，殿内雕刻精美，工艺精湛，蔚为壮观。惜于1958年9月4日，遭受罕见的特大强台风袭击，整座庙宇只剩正殿神龛完好无损，其余戏台楼宇均毁。"文革"时期再遭破坏。

临水宫亦称奶娘宫，在店下象山过桥头大榕树下，通称过桥宫。大帝宫搬建后，始称"旧宫"。相传于宋明年间，临水三夫人在店下坑门仓前桥头临水宫显圣，店下玉屿喻氏族人于明永乐年间，为祈家族及全境妇女分娩安全，孩童健康特分请香火于店下象山桥头临水宫奉祀。临水宫坐东朝西，为青砖灰瓦拱斗建筑，三间两进，中有天井，大门正对太姥山峰，乃店下喻姓家族所建，主要供奉达摩祖师及临水三位正神。据《江夏郡喻氏宗谱》载："旧宫"曾于清同治十三年（1874）重修，于民国时被国民党粮站用作仓库和门市，1976年被政府拆除，改建店下电影院。那棵12人方可合抱、状如天伞的珍贵大榕树及象山古桥皆遭砍拆。

以前每逢神诞期间，店下新旧两宫都会"请神观戏"，并进行赛戏。"新宫"为杂姓奉祀，因杂姓人多捐款则多，宫中资金较为雄厚，所请之戏班水平较高；而"旧宫"乃喻家单姓奉祀，势单力薄，所请戏班自然逊色。两宫近在咫尺，"旧宫"戏班时常出现冷场。喻姓头人每每于演戏期间会做肉包点心分发，以招揽观众。看戏的小孩及外村赶来的群众便会在两戏台间跑来跑去，这边分包，那边看戏，甚是热闹有趣。每年"闹元宵"游境，为了取乐，新、旧两宫抬轿的往往拼劲互扛，节后第二天都相安无事，和睦共处。

1986年，各姓头人决心重建新、旧两宫，合玉屿、珠峰两境为象山境，两宫合称象山宫。象山宫落于店下河尾原大帝宫遗址，东至岭边，西至坎沟，南至后山，北至大道，占地面积约2300多平方米，建筑面积600平方米。1986年9月在本境王纯道、董希松等12位董事倡议下，重建成今貌。

　　新的象山宫较为简单。大殿正中神龛供奉"五显灵官大帝"；左边两个神龛供奉"顺天圣母""舍人公""土地公"；右边一个神龛供奉"陶一府君"、"陶二府君"、"八部将军"。神龛前有四个大香炉及香案，正中香案左边供奉"千里眼"，右边供奉"顺风耳"。大厅左右两边站立袁、杨二位太保威武神像。整个大殿诸位神像，庄严肃穆，栩栩如生，汇两宫之八方威神聚一宫，甚是威风。正厅柱联："三眼分明遍观大地，一边威武永镇象山。"正殿上方原有一块镇宫之宝"威镇象山"神匾。值得一提的是，该匾虽经百年沧桑，但鎏金大字，苍劲有力，似凹若凸，雕功精湛。木匾重达300多斤，相传为清道光年间一探花路过本地所书。每年农历九月廿八神诞和正月十五顺天圣母年祭，店下群众都会举办传统祭祀活动，尤其是每年正月十五闹元宵，十分隆重，热闹非凡。人们都会抬出诸位神明"游境"，祈愿风调雨顺、国泰民安。

　　（以上参考了喻守熙、董希松、高定进、王纯道等历任象山宫理事的口述）

罗口大帝宫

　　罗口大帝宫位于店下镇屿前村罗口自然村，始建于元末明初年间。此地树木参天，岩石耸翠，风光旖旎。大帝宫依山而建，宫址上原有一巨岩，下为洞穴，深不可测，瑞气冲天。先人在此地设一座石龛，每逢初一、十五信众到此焚香祝拜，祈保平安。于"文革"中被毁。

　　1977年，各地善男信女筹资重建庙宇。建筑为木结构，单层一间，面积20多平方米，悬山顶。1995年，鉴于大帝宫香火逐日旺盛，宫庙渐显狭小，不能满足信众朝拜需要，且有失宫庙庄严，八境信士倡议再次于原址上重建。经过两年多的建造，宫庙竣工，焕然一新。重建后的大帝宫为砖混结构，面阔四扇三间，进深一间，单檐歇山顶。宫内保留了石龛、香炉等古物。新殿中座上殿供奉观音，下殿为五显灵官大帝，左为高府元帅，右为白马明王、地主明王、福德正神，神像栩栩如生，殿内香火熏陶，常有香客不远千里慕名而来，在这里祈愿祝福，焚香跪拜。大帝宫在不断地扩大和完善中，在宫的右侧，临溪将建石亭一座，大帝宫又添一景致。

溪美临水宫

　　溪美临水宫坐落于店下镇溪美村象山山脉，左邻狮子山，可俯瞰溪美村全景。临水宫原址在现宫墙下向东南方60米处，坐北朝南。始建于唐乾符二年（875），供奉福德正神（土地神）至今已有1130多年的历史。至宋庆历元年（1041），因为庙宇破小，遂进行扩建，并改名为临水宫，供奉临水三位正神。临水宫至今已有近千年的历史。

据弹江《李氏宗谱》载：临水宫原为弹江、小杭、南洋、下杭里四境同建。宫边创小室招人驻守以供早晚香灯，凡有祈雨驱螟等事四境公议。临水宫历经沧桑，损毁严重。2007年，在村众道教徒的倡议下，各乡信众踊跃献资，群策群力，在原址上扩建了临水宫。临水宫现占地面积1000平方米，建筑面积500平方米，有前殿、后殿、客房、僧舍各两层。前殿为两层重檐歇山顶，后殿为单檐歇山顶，斗拱翘脊，雕梁画栋。整座临水宝殿雄伟壮观，庄严神圣。殿内供奉临水三位主君、陶一公先生、陶二公府君、土地爷、舍人公、林七师公、洪大王、八部将军、袁杨二位太宝等神像。

民国《福鼎县志》记载，临水宫祀下渡（属闽侯地）。陈昌女，古田刘杞妻，名临水夫人。外区若前岐、磻溪、后畲、上弹、秦屿、潋村、石床、店下、沿门、南镇、巽城等乡，均有此宫。邑中妇女之求子者多崇拜之。

三墩临水舍人宫

临水舍人宫，坐落于岚亭三墩福宁官道边，坐北朝南，背靠二级公路，面朝安福寺青山。迄今有500多年历史。该宫砖木结构，四周青砖防火墙，宫内木材结构，明代雕刻彩绘依然存在。占地80多平方米，宫外还保留明崇祯十一年（1638）沈公仁德遗碑一块。宫内供奉临水舍人，临水舍人系古田明经贡士刘杞与临水夫人陈靖姑的儿子。母子皆为神，成为天下妇女、儿童保护神。

每年正月初四，三墩、三村、茶亭、丁家寮几个自然村都有福首，几个自然村都集中做福，举行临水舍人出宫游境。福首从神笼中，移出临水舍人神像，沐浴更衣，请进舍人轿，集中村里年青人小孩敲锣打鼓，彩旗林立，张灯结彩。先到秀兜自然村临水宫看望舍人母亲临水夫人陈靖姑，秀兜村里头人，燃放爆竹，出来迎接一年一度舍人看母。从正月初四起，舍人出宫游境，遍游岚亭海田、硋窑、三佛塔等几个邻村，有的地方还亲自派人接舍人到他们村游境。晚上出游，小孩们抢着拿灯，因为临水舍人是儿童保护神，大人们也喜欢孩子们拿灯，祈求平安。舍人灯四方形，灯下有木棒撑着，灯周围框架，用五色纸糊上，写上"国泰平安""五谷丰登""平安吉祥"之类祝语。福首灯由村里比较有威望的人拿着，每年正月初四出宫游境，直到正月十五夜闹完元宵节，才回宫安位就座。农历八月二十五日，相传是临水舍人诞辰。几个村福首都会请来木偶戏，在粮食仓库墙外搭起戏台，唱平安戏，人神同乐，一般都是5天。由每个村福首向本村每户进行集资唱木偶戏的开支，每年在八月二十五日做福期间，举行签轮换下届福首。这项活动，很久以前就成为整个岚亭的地方传统节日习俗。

玉石山杨府宫

杨府宫位于店下镇玉石山公园（旧称磨石山）内玉石寺的后山腰上，坐西北朝东南，建筑面积约500平方米。系店下邹家弟子为首倡建，始建于道光末年（1850），咸丰三年（1853）遭自然灾害破损。光绪十八年（1892），居住在磨石山下百姓发现杨府宫旧址上空，有两只老鹰时时盘旋，长达半年之久，意为神灵示兆。3年后，谢家弟子在原址上重建了杨府宫。而后百余年间，年久失修，破败不堪。1980年，朱、潘、陈、喻、林、周等姓弟子同心协力修缮了此宫。

玉石山树木丛生，百草丰茂，风光旖旎。杨府宫建有一亭、一塔、一大殿。亭为杨府亭，四角四柱，素面无饰，亭内置一石桌，供来往香客休憩。抚栏远眺，南山相望，鸟鸣萦耳，雾霭沉沉，山风习习，店下镇景一览无余。亭后有一陡梯，依山势而建，只容一人过。拾级而上，可见左侧立有一塔，塔高九层，高14.5米。塔身隐于林间，立于山腰，恰似杨府爷高瞻远瞩，庇护着这一方乡土。陡梯的尽头便是杨府宫主殿，殿前有一空地，空地上零星地设有五张石桌，供香客烧香敬神之用。主殿高二层，也是傍山而建，面阔三间，为单檐歇山顶，檐顶旭日东升，碧波层层。大殿正门门楣上刻有"杨府宫"三个镏金大字，两侧有对联："神威显灵千古在，圣王祈保万众安。"正门画着"秦叔宝""尉迟恭"两门神，色彩艳丽，威武庄严。平时，宫门紧闭少有香客，透过门缝，有一盏青灯忽明忽暗，杨府爷像隐约可见。宫外的清静与宫内的昏暗交织交融，随着袅袅上升的香火的青烟，心底便油然而生一股敬意。每逢杨府爷诞辰，信徒云集，热闹非凡。

杨府宫虽没有精美的雕梁画栋，没有华丽的色彩，但亭、塔、殿错落有致，简约素朴，与玉石山的秀气相得益彰，浑然一体。

巽城妈祖庙

巽城妈祖屿，位于福鼎店下镇巽城至沙埕港中段，是城关腹地货运出海的必经之地，也是前岐至秦屿、牙城的古官道所经之地，还是本地茶叶北上苏杭、南下福厦的重要码头。在当时社会，科学不发达，渔民都会焚香祈福，祈求始祖娘娘庇护，纷纷建了妈祖庙，巽城妈祖庙就是其中的一座。

巽城妈祖屿是个别致的小岛，妈祖庙与小岛浑然一体。屿长约45米，宽约30米，小屿礁石林立，灌木丛生，青翠欲滴。远远望去，恰似一颗翠色透亮的明珠，浮在碧波粼粼的海面上，熠熠生辉，令人流连忘返。妈祖庙正对着巽城渡，庇护着来来往往

巽城妈祖庙（店下镇党政办 供图）

的客商。庙门两侧有对联："圣灵端坐恩德重千秋，庙堂高筑中华照万代"大堂正中立着一尊妈祖像，雍容华贵，外饰近似宋代人物风格。像的四周有木龛，镂空雕刻，花草图案，工艺精致，惟妙惟肖。庙旁有石碑记录如下："水月流光绕圣地，始祖威灵镇海疆。"

妈祖娘娘庙始建于道光十五年（1835），光绪二十六年（1900）重建。庙宇历时长，濒临坍塌之危，1996年再修。

筼筜村妈祖天后宫

筼筜妈祖天后宫，坐落于店下镇六都长沙境筼筜村内，依山望海，前望姆屿岛，左为营门里（古代清兵驻扎营房，现已废），右为筼筜村。

妈祖宫始建于明朝万历年间，历经数百年，多次修葺扩建。为了支持当地教育，曾将大部分作为私塾、小学。

"文革"期间，宫殿被占为大队会场，小学停办。

1980年，妈祖宫重新收归宫产。黄瑞典、陈妹古、陈国清、洪其明、许道兴、陈永云、黄玉妹等组成管委会，筹资重建天后宫。2002年选举新一届的领导班子，主任洪其明，理事陈国明、卢孝江、黄玉妹，会计黄瑞荀，出纳陈永义。2006年，"桑美"台风来袭，宫庙受毁严重。管委会再次筹资修建妈祖宫。

如今的妈祖宫为两面坡灰瓦硬山顶风火墙砖混木建筑，占地面积900平方米。面阔三开间，进深为六柱，建筑面积600平方米。建筑布局依次为前廊，戏台，天井，两旁为双层回廊，神厅与神龛，神龛中主祀天上圣母妈祖娘娘。

宫内尚存咸丰己未（1859）贰月吉日制的"天上圣母"香炉一尊，同治十年（1871）制的"舍人炉"一尊，光绪十八年（1892）制的"杨府圣王"香炉一尊，以及新制的"平风大将"和"血浪将军"香炉各一尊。

篑笃村民信仰妈祖，经常前来妈祖庙虔诚地烧香、叩拜。每年的农历三月廿三妈祖圣诞日，村民都会举行延续几百年的重大祭祀活动。

南洋玄帝宫

南洋玄帝宫，坐落在福鼎市店下镇菰北村南洋岗。坐北朝南，背枕八埕岗山脉，面向北洋，四周青山环绕，峰峦叠嶂。宫宇居高临下，站在宫前水泥埕上向前俯视，菰北村内一座座高低不一，错落有致。

南洋玄帝宫约始建于乾隆末年，为土木结构，200多年悠久历史，期间有过数次修建。2002年春，村民郑桂忠带领本村几位热心人士携手动工拆旧宫，在原址上重建新宫，占地400多平方米，历时8个长月的千辛万苦，一座砖混结构，建筑300多平方米，规模壮观，气势恢宏的玄帝宫圆满告竣。

宫内供奉神明玄天上帝、林七师公、灵山傅母、白马明王，马仙娘娘、陈府元帅、莲花仙娘、林四师公、林洋姐、福德正神、看牛大王、袁正罡、桃花仙姑等，主神为玄天上帝（真武帝、北极真君）。

溪美基督教堂

缪存安

店下镇溪美基督教堂坐落于小杭后门山（今溪美至小白路的路边）。

民国初期，溪美村已有10余人接受耶稣救恩的信徒，并到店下青坑堂聚会一年。1914年，福鼎圣公会在玉溪乡（今店下镇溪美村）建立教会。受福鼎牧区议会委托龚勃勋为青坑堂传道士，兼溪美堂传道工作。初时，信徒在玉溪乡（溪美）桥头陈国龙家聚会。1929年，在玉溪乡下杭里建堂（老堂）。直至1958年，该堂楼房被台风刮倒，后在原圣堂后旧屋（由王可付奉献）聚会。

1984年，在原教堂地建了一座单层木石结构的教堂。1998年，因信徒人数增多，原教堂小而拥挤，不利教会发展。同年，在小杭后门山购地2.5亩，依靠当地的信徒奉献，于3月28日动工，1999年1月5日竣工，建起一座高23米，堂前5层连十字架高达7层，堂后4层，建筑面积1472平方米，可容纳600余人的钢筋水泥结构的新教堂。并建有厨房、厕所、围墙等配套设施。1999年1月6日举行新堂落成典礼。

2006年教堂遭受"桑美"台风的袭击，四周围墙、厨房倒塌，圣殿大堂屋顶、椅子被砸坏不能使用，教堂门前道路被冲毁。2008年信众集资，对教堂给予修缮，建成综合楼一座，内设有主日学教室、诗班教室、祷告室、灵修室、负责人办公室、休息室等。

乡土百业

改革开放后店下各项事业建设发展情况

> 喻捷华

店下镇靠山面海，东濒沙埕良港，西向太姥胜地，北隔桐城，南与崳山隔海相望。全镇面积140.75平方千米，耕地39360亩，其中水田面积27670亩，16个行政村1247户、43813人，是全县主要的产粮区，素称鱼米之乡。

1949年后，在中国共产党的领导下，偏处一隅的店下和全国各地一样起了翻天覆地的变化，特别是党的十届三中全会以后，农业生产、文化教育、市政建设各方面方兴未艾发展迅速，进入了一个历史发展的新时期。

大力兴办农田水利

土地改革以后，农业进入了集体化，店下人民在党的领导下，意气风发战天斗地大力兴修农田水利。1957年全镇首次修了蓄水量为30万立方米的后坑里水库，次年又修了蓄水量为40万立方米的东岐宝溪水库，人民公社化以后在全县人民的支持下

乌岩水库（店下镇党政办 供图）

店下镇龟墩水库（张根柱 摄）

又修了蓄水量为150万立方米的龟墩小（一）型水库，社教期间又修了蓄水量为60万立方米的小（二）型罗口红湖水库。1967年又在岩洞瀑布峡地方修起蓄水量为120万立方米的小（一）型灌溉、发电两用水库——乌岩水库，发电量为125千瓦，供应店下、屿前、东岐3个村的工农业生产和家庭生活用电。20年间动员近百万以上的民工，投入45万个劳动日，挖掉土石方400万立方米。1961、1962两年中修了16千米长的东岐总干支渠道。1975年后先后动员了上千个民工两次疏治了店下洋田的各条渠道，大平整土地时搬走了洋中3个近万立方米的大土墩，挖走了十多万立方米的土方。为了有利排洪，填平了"龙船环"的河道，改直了从后埕至牛矢墩3千米长的河道，1987年又修了4千米长马埕洋石砌渠道。长达28千米长的牛矢墩长堤，因年久失修每年遭受大潮冲淹的危险，1956年县水利部门投资14万元的支持下，改建了牛矢墩的水闸工程，建设了启闭机台，加宽加固了闸门孔，成立了海堤管理所，长堤全部石砌加固，堤上建了防浪墙，使万亩良田解除了旱涝的威胁。

积极推广水稻改制工作

1970年国家大力推行了水稻改制工作，普遍推广了单季改双季的耕作制度，1977年又推广高产杂优良种水稻，使粮食生产获得了高速度的逐年增长，1989年粮食总产达到40万担，人均粮食达到900斤，单产比1950年以前翻五倍左右，交国家的粮食统购量达到8万担。支援了国家的建设，又改善了人民的生活，改变了1950年以前人民的苦难日子，同时也使店下成了全县名副其实的最大米粮产地。

开展多种经营

根据本地自然条件，1965年建了虎山茶场，植茶105亩。1977年建了乌岩茶场，植茶120亩。1969年建了乌头坝林场经省实地丈量落实7200亩，其中，用材林占2000多亩，蓄积材质量20000立方米。党的十一届三中全会以后，国家为支援老、少、边，改变山区落后面貌，给店下投资总额62万元左右，用于发展山区茶林业，同时栽种了40万棵桃、李、杨梅、荔枝等果树；建设了17个虾塘，养殖水产面达到1300亩，1988年虽然遭灾，1989年又养了15个塘。在发展乡村交通方面又修了店下至巽城14千米长的简易公路，以及修筑了屿前、溪岩、南往、阮洋、罗溪等村的机耕路。此外并帮助赟笃、溪美、石牌、阮洋、后坪、岚亭、马山、林家宅、乌章等村输送电路，还帮助赟笃和石牌两村建设了两个总库容量30万立方米的水库。

发展乡镇企业，促进经济飞

1950年以前仅有两家碾米厂。1969年安排3个职工办了个火力发电厂兼米粉厂，后转为农械厂。20年间这个厂在磨石山建了七座厂房，安排了7个车间，产品有仪表车钻车床、缝纫机轴等，现有职工100多人，每年向上海缝纫机第十厂订下业务120万元，全厂资金为百上万元。其次是后坑里的仪器厂，是1971年秋由14个手工人开办的，由乡工交委领导，目前这个厂发展建设厂房六座，拥有职工97人，安排八个车间，年产值达到100万元，固定资产为百万元。党的十一届三中全会以后，贯彻了改革开放的国策，城镇扶助个体企业的发展，其中包括化纤织造、针织、织带、工艺美术、蘑菇加工等，从业人员达200多人，资金达到200多万元。

积极发展文化教育事业

店下中心校1949年学生只有160多人，教职员工7人，4个复式班级，一所光线极差的破烂校舍。1950年以后学生不断增加，校舍不能满足要求。1986年在象山之麓大坪园建起一座3层980平方米的教学楼，并附建小卖部、厨房、办公楼、厕所。全校占地10多亩。校内辟有操场，校园内种上各种花木，各种体育器械和教学仪器、图书等设备齐全。店下中学前身是1964年8月开办的农业初中一个班，学生30人，教师2人，课堂设在喻厝秋记堂。1965年搬迁清坑张氏祠堂。下半年又搬凰头鼻供销孵坊，添一个班40人，增加1个教师。"文化大革命"期间停办。1970年升为初中班，教师增至4人。1972年设高中班，学生增至150人、四个班，教职员工8人。1975年升为完全中学，脱离小学领导，学生增至7个班级，教职员工21人，1978年学生增至300人，9个班，教职员工28人，在校学生836人发展20个班，其中包括职高两个班。到目前为止共建校舍8座，包括学楼、办公楼、师生宿舍、厨房和其他用房。学仪器价值4万元，理化、生物样样齐全。勤工俭学种茶35亩及种果树一部分。一个白手起家从无到有的中学校初具规模。

加强市政建设和建设龙安开发区

从镇市场开始到仪器厂以下新建一条育贤街,全长900多米,宽16米,安排民房600多榴,目前已建200多榴。1989年又在人民剧场后边利用河道和旧小学操场旧址建设市场,安排商店120多间摊推位170个,每榴地址向社会投售7000元,目前市场商户麇集,建设已初具规模,从而逐步改善了旧的卫生环境,促进文明建设。

建设龙安开发区,从龙安到澳头鼻跨海筑一条1280多米长的海堤,高埕1.25米,底120米,七孔闸门。从1988年底动工,目前海堤建设完成,可围垦良田7000多亩,并已种上四季柚、棉花等作物,将来收益大大可观。镇计划靠近杨岐一边建设一个命名为"龙洋乡"的小集镇,将移民20000人,建设民房5000间,目前已建200多间。今后还将计划建设一个吞吐沙港商埠物资的大码头,贯通龙洋乡建筑一条公路和内地衔接沟通,繁荣经济的发展。

随着国家改革开放步代的加快,全镇到处生气盎然,从下书堂、来龙岗、西门外、白门楼,旧城新房矗立,星换斗移,景物全非。入夜以后火通明,高音喇叭声乐悠扬,红男绿女携手共游,一些小咖啡店、小书店、小舞厅等新兴的小店,颇得青年男女的青睐。各种机动车川流不息,店下的城乡经济将随着全国各地一样日益腾飞!

(本文摘编自《福鼎文史资料》第12辑,原题为《店下旧貌变新颜》)

店下脱贫致富奔小康记

张宗发

店下农业大镇历史悠久，明、清时期店下原名"玉屿"，别称"象山"。位于福鼎市东南部，离城45千米。原属福宁州劝儒乡育仁里十二都。1739年从霞浦析出后为福鼎县四都，民国初为店下区，1940年为店下镇，1946年改为店下乡，1959年成立店下人民公社，1980年改为店下区，1987年复为店下乡，1990年改为镇。现全镇下辖16个村委会，1个居委会，人口48000多人，耕地32680亩，其中水田22171亩。居民汉族居多，有畲、回等少数民族同胞。

店下是福鼎主粮区，域内多为海滩冲积平原，店下洋田连万亩。福鼎米粮川。粮食主产稻谷，甘薯处之，少量小麦大麦油菜等多种经济作物。店下原先是沙埕港的一个内港——杨岐港，台风时可停泊船舶舰船避风甚多。港内涨潮时水深3—5米。水路四通八达，交通非常便捷。店下的祖辈们迁徙到店下之后，耕山驭海，勤劳耕作，奋发图强，围海造田。先是一小段一小段围起来，不知经历了多少个春秋岁月，不知有多少个日日夜夜人工肩挑手提地就地取材奋斗出来的。一直围到蚶姆塘至牛矢墩，赤屿塘，横塘，连成万亩洋。1987年店下镇党委政府又在龙安至岐澳头陈厝里筑堤围海。工程竣工后使店下洋又增加了7000多亩耕地。原先的杨岐港有杨岐码头、牛矢墩码头、蚶姆塘码头从此不复存在了，杨岐港也消失了。店下位于中亚热带季风气候区，枕山脚海，气候总特征为：海洋性气候显著，气候温和，秋温高于春温，夏长冬短，春秋平分，冬季季风交替。雨季旱季分明，雨量充沛。地势较复杂，富有区域性特征，夏冬季受海拔。地形的影响，时间长短差异悬殊。气温夏热冬寒，年平均在18℃—19℃左右。降雨量年平均1300—1700毫米左右。主要降雨量都集中在水稻生长期的2—10月，其中4—5月梅雨季和6—10月的台风暴雨高峰期。雨量少的是11—12月。生物资源丰富，木本植物有：杉木、柳杉、马尾松、木麻黄、桉树、栲木等各种竹共有50多种。山坡地郁郁葱葱，生机勃勃。农业作物主要品种水稻、甘薯、小麦、大麦、油菜、蚕豆、豌豆、大豆、花生、晒烟、甘蔗、芋头等50多种。洋田实现稻、稻、蚕豆三熟制。政府大力发展农业生产，对农业生产大力推广良种化，农业机械化。推广双轮双铧犁，插秧机，脱谷机，球肥机，手扶拖拉机，机耕船等等。1966年在屿前生产队推广矮南特样板田，及后每年改良双晚杂优化，甘薯从土种的台湾乌，改良新种花、胜利百号、不论春、60天红心早熟等。小麦改良南大2419、华东5号、扬麦1号等。大麦有早熟3号、莆麦4号、天津米麦、啤酒麦。油菜有胜利油菜、红脚油菜、魁油1号、矮脚早。蔬菜品种有大白茶、小白菜、包菜、花菜、芹菜、冬瓜、丝瓜、南瓜、四季豆、豇豆、马铃薯、葱蒜等55个品种。食用菌类有蘑菇、草菇、香菇、猴头菇、银耳、竹荪、金针菇等。

福鼎处于闽浙边界，工业基础十分薄弱，店下的工业基础更薄弱，小型手工业只有制鞋、裁缝、打铁、修锁，都是个体。20世纪70年代大兴乡镇集体企业，企业发展迅速，有农械厂、测绘器材厂、织带厂、化工厂、纸品厂、皮蛋厂、花炮厂、茶厂、建筑公司。测绘器材厂生产的"三脚架"，农械厂生产的"仪表车床"获得很高的评价，两企业是宁德地区的先进企业称号。改革开放后集资办企业，百花齐放，农副产品加工类企业遍地开花。目前较稳固的是茶叶加工厂、紫菜烘干厂。社会效益、经济效益都不错。

党的十八大以来，店下人民在镇党委政府的领导下，踏踏实实，勤勤恳恳，以农业为中心的路子向小康社会大踏步迈进，至2019年底全镇规上企业总产值17.56亿元，商贸企业零售总额1.5亿元，比增37.6%，农、林、牧、渔业总产值7.252亿元，比增5.25%，农民人均可支配收入18988元，比增9.47%。水、电、路、讯、娱等基础设施全面改观。

20世纪中业店下洋水稻种植概况

喻仁务

店下多低丘盘踞和海滩冲积平原，多堤坝、围塘，后经多次围垦，海滩连成一片，形成"万亩洋"，且绝大部分被开垦为水田种植水稻，所以店下成了福鼎的"米粮仓"。

20世纪中叶的店下洋虽然广阔无垠，但水稻亩产极为低下。总的来说有几个方面的原因。

首先，水稻耕作次数少，一年只种一季，并且种的都是高秆老品种，如齐王头、河花、秋佳等，抗病虫害能力差、容易倒伏、产量低，亩产只有三四百斤。

其次，旧时天气寒冷，育秧、播种时间要到农历四月份，而且秧田旧式，整垞播种，水深些谷种就上浮，水浅了谷种露出秧床，雀鸟争吃，农民只得造假人或用布条、纸条插在秧田中驱赶鸟兽。遇到"倒春寒"，还会烂秧缺种，急坏了种田人。

此外，旧时插秧规格宽大，"行行尺二，蔸蔸十二"，即行距一尺二寸，每蔸12苗，稻田利用率不高，也是一大原因。

如果遇到干旱水灾、虫害等自然灾害，水稻产量大为减少，甚至颗粒无收。农民在长期治虫过程中，摸索出群团作战灭稻飞虱浮尘子的办法。农民联合起来在中午太阳炎热时，个个手执举荡（灭虫工具，一根两米多长的竹柄固定在一尺见方的

店下稻田画（店下镇党政办 供图）

木板中间）排在田头（前头派二三人滴撒桐油）一起下田，整齐用力连续地往前推水，像一层层浪花，把浮尘子推到尽头，桐油黏虫除尽杀绝。整片整洋地打歼灭战，效果好。

1949年以后的店下是福鼎全县农业生产主产区之一。尤其是水稻，面积大，种好水稻，是关系着全区人民的生计。

1950年，国家开展土地改革运动，把全部土地分配给农民。耕地按等级上中下，好差搭配，不论男女，按人分配，人多多分，人少少分。农家祖祖辈辈所祈盼的"耕者有其田"的愿望真正得到实现，农民感激党的恩泽，倍加珍惜分来的耕地。一方面，店下农民在政府领导下全面大胆地进行水稻种植改革。改变过去种水稻的旧耕作方式，变过去一年种一季高秆水稻为一年种双季矮秆水稻，促进粮食增产增收。另一方面，农民自愿组织互助组，后来成立初级社、高级社。1958年，体制改革，区改公社，政社合一，村改大队，下属生产队。店下大队把店下洋划分为南门、西门、斗门三个生产队。公社化，大办农民食堂；到了"大跃进"时代，全民炼钢铁，对农业生产不够重视，1960年，出现粮食饥荒。随后农民对集体生产，积极性不高，出工不出力，耕作效果差。有首顺口溜："六点在床头，七点到灶头，八点站门头，九点到田头，未干多少活，大伙叫回头。"党的十一届三中全会后，农村实行包产到户，调动了农民积极性，干活认真出力，粮食生产形势大好，年年丰收。

在粮食生产形势一片大好的背景下，农民也清醒地认识到影响水稻种植的几个因素，如水利、土质、品种等，必须要得到解决。早在20世纪70年代，店下开始兴修水利，修建水库，平整土地等为种植水稻、粮食丰收打下坚实基础。

民以食为天，粮食生产至关重要，要搞好粮食生产，必须科学种田，全盘考虑，全面规划，全力以赴，以达到提高产量的目的。

首先，搞"干部试验田"。所谓"干部试验田"就是干部领先，农技干部动手。但是这种试验田，农民有看法，认为"干部试验田"吃小灶，当大娘子照顾，把大田当小姨子不理睬。经过此事，人们清醒地认识到，农民是种田主人翁，要种好田，必须要发动、依靠群众才行。科学育秧靠农民自己动手，干部协助，农技干部技术指导，耐心地一次又一次，直到成功。实践出真知，科学育秧，先要搞好秧田：一、多耕多耙；二、秧田整畦；三、稀播种、压种育壮秧；四、覆盖薄膜；五、巧施秧肥：基肥、壮苗肥、送嫁肥；六、管好秧田：秧床早期湿润、中期薄水、后期寸水，两次拔秧草，中午太阳热要揭开薄膜两头通风防止烧苗。

其次，科学插秧。"种矮秆水稻要密植，不密植就会影响产量。"这是科学常识。开始密植时农民思想有顾虑，太密苗多太挤，太挤不透风，苗黄死苗。因此，密植很不自愿，采取瞒天过海，干部在插密，干部不在插稀，路边田边插密，中间大田插稀。有首顺口溜"6×6能上千，6×7八百边，7×7七百下，8×8叫皇天"。经过试验对比，产量有很大差距，事实教育了农民，密植就能增产。后来大面积推广矮秆良种，农民自觉自愿地插密植。

再次，科学田管，过好三关。有句谚语"三分种七分管"说明田管很重要。三关：管水、管肥、管虫病。管水：插秧时水不能太满，水满浮秧，薄水扎秧根；寸水除草，浅水分蘖，分蘖盛期搁田，搁田后灌水。管肥：磷肥沾秧根，十天追施返青发蔸肥，半月后施壮肥，三施穗肥。管虫病：水稻有"四病六虫"（四病：纹枯病、白叶枯病、稻瘟病、细菌性条斑病。六虫：三化螟、二化螟、白翅浮尘子、黑尾浮尘子、白背稻飞虱、食根金花虫）。

此外，推广良种双季稻。早季良种矮南特、珍珠矮、威优77、红四一，都试种成功加以全面推广。但种二季晚稻，没有实践经验，第一年失败了。农民有怨言，花时花力花成本，不如种单季。通过总结二季失败的教训是，误时迟插，稻苗一路青黄不结实。晚季到底种什么？此时党政干部非常关心，千方百计为解决晚季良种，派农技干部自制种子，到外地购买良种，晚季试种珍珠矮、倒种春，结果取得成功，亩产700斤，

1972年店下东岐粮食征购场面（店下镇党政办 供图）

随即推广。后引种威优 6 号、汕优 1 号、闽优 1 号都试种成功，并加以全面推广。全镇实现种双季稻矮秆良种化，粮食产量翻三番，供给全镇人民口粮有余，还为国家贡献约 200 万担。人民群众欢欣鼓舞，过去吃地瓜米口粮不够，现在吃白米饭，口粮有余。这真是：人口增长近两倍，粮食生产逐步高，新房高楼遍地起；幸福生活美又甜。

在党的政策引领下，店下出了很多"种粮能人"。撒谷种的，撒的又快又准又均匀又平整；插秧的，插的又快又整齐，横、直、斜一条线；割稻谷的，午夜进行，天亮收工。因此，店下流传一句话："没两下不敢到店下。"意思说，外来工到店下要有能耐，要经得起考验。如插秧，店下田垞大，半天只能插两手（一个来回），要求严格，横直斜一条线，很有难度的，有的人受不了。又如割稻，都是在午夜进行的，外来工不习惯，操作不灵活，一起割稻跟不上。再说挑谷，一箩担湿谷 200 多斤，要在田埂上疾走，碰到水沟时，泥土又软、沟又宽，你要一脚即过，否则一踩下去就难以自拔了。

20世纪店下农业发展简述

◎ 黄信湖

店下素有"福鼎米粮仓"之称，也是福鼎的农业重镇。

之所以说是农业重镇，与其自身的地理条件紧密相关。

店下地处福鼎市东南部，属中亚热带海洋性季风半湿润气候区，年平均气温18.2℃，雨量充沛，适宜农作物生长，水润条件好。温润的气候条件为农业发展奠定了坚实基础。

早在新石器时代晚期至青铜器时代，就有马栏山先民在这片古老的土地上繁衍生息。为了生存，他们从"刀耕火种"向"锄耕农业"过渡，开始种植农作物。此后，历经唐宋元明清，农耕文明在店下薪火相传。

1949年后，店下农业更是得到长足发展，主要经历了水利、土质、品种三部分的演变过程，使今天的店下镇成为福鼎的主要米粮仓。

传统农业靠天吃饭，店下农业发展水平普遍不高。特别是店下马埕洋因地理位置不佳，农业对自然条件的依赖严重，当地至今流传着一首民谣："马埕洋、马埕洋，三天没雨跑马埕（场），场大雨变海洋。"从另一侧面反映了水利条件对农业的重要性。20世纪60年代，店下公社在"以粮为纲，全面发展"的生产方针指导下，全力以赴大搞农业生产，大抓水利建设，投入大量精力、劳力和财力，大建山塘、水库，搞"大兵团战役"，打破大队之间原有的界限，各生产队抽调劳力。自发地携被带饭到工地参加义务劳动。经过几年努力，全社共建成引水渠道54条，山塘42座、水包34处、水库14座，其中水库库容较大者达10万立方米以上，北部有江家岭水库库容20万立方米、坑里水库50万立方米，中部地区洪湖水库库容42万立方米后坑里水库库容24万立方、宝溪水库28万立方、乌岩水库114万立方，南部的胡章水库18万立方、三门寺水库130万立方米、龟墩水库277万立方米、安坪尾水库200万立方米、葫芦湾水库15万立方米、后坑水库20万立方米。全社旱涝保收田有8221亩，占水田面积29.4%，易旱田18819亩，占水田面积67.3%。全镇范围内水利设施的修建，建立了互补的水网系统，水源充足，为当时公社夺取稳定高产创造了有利条件。

1968年福鼎·店下公社水车灌田（店下镇党政办）

龟墩水库（店下镇党政办）

1981年店下公社水田总面积统计简表

灌溉方式	灌溉面积	百分比%
机械灌溉	662	2.37%
引水灌溉	19019	68.01%
蓄水灌溉	5515	19.72%
望天田	2767	9.9%
合计	27963	

兴修水利很大程度上解决了农田灌溉问题，但土质问题也至关重要。

为了了解土壤结构性状和肥力状态，以便因地制宜，改良土壤，配方施肥，1981年县里组织开展土壤普查工作，店下公社从各大队抽调人力组成土壤普查专业队，配合县土普队开展全社土壤普查工作。

土普队走村入户，足迹遍及数10个行政村、大小自然村。通过一年的努力，造册耕地面积38725亩（水田27963亩、农地10762亩）、茶园3334亩、果园140亩。挖土剖面1002个，其中耕地剖面932个。在各大队所在农作区域取样1002个供土壤化学分析其结构和养分含量，绘制出各大队土壤图18份，编写土普说明18份（土壤普查的结果揭示了在100—500米的不同海拔高度的水田分布情况，统计出水田中以滨海平原田占多数，梯田次之，洋田第三，山垅田最少；农地中坡地占99.7%）。

据普查，店下水田土壤主要有五类：（1）淹育型水稻土亚类11845亩，占42.36%，有明显的旱作土壤的特性分布于坡地、梯田、垅田、洋田等；（2）潴育型水稻土亚类11555亩，占41.32%耕作年代久，土壤熟化程度高、土壤母质有坡积、冲积、海沉积、三元等,地下水位70厘米以下属良水型;(3)盐渍型亚类有4425亩,占15.83%由滨海盐土经过洗盐、水耕、熟化发育而成的水稻土主要分布于店下、屿前、东岐溪美、海田等大队;(4)潜育型稻土亚类,全社138亩,占0.5%;(5)滨海盐土亚类91亩,占0.28%;旱作红土亚类10731亩,占农地总面积99.31%。土壤普查资料表明,店下土壤普遍存在"三要素"肥料缺乏、严重偏酸、土壤肥力一级的很少(大部分都是二三级)等方面问题,找到了影响店下农业整体生产发展的原因。

同时,也摸清了店下的田岩成分,土普队归类统计出以中壤土、重壤土、轻壤土为主的三类耕地中水田与农地的数量和比例、水田和农地的不同耕层厚度、土壤养分等级分类。

针对店下以前的耕田表现为田块小、田埂窄弯,形状不规则,高低不平等现状,20个世纪70年代,店下公社开始大抓土地平整运动。领导、干部下乡包片包队,层层落实,每个生产队男女老少齐出动。在"举着红旗向平整地出发"的口号指引下,对山区梯田采取等高线测量,根据平整地地形、高低来决定田块的大小。通过截弯取直,小丘并大丘,不规则的变为方块形,挖高填低,挖墩填沟。从此,板车、三轮车、拖拉机、货车、收割机等农业生产设备都能进入田间。店下农业机械化生产逐渐拉开序幕,灌、排水和田间生产操作都较以往劳力得到解放,劳动负担也相应减轻,土地的重新规划还扩大了耕地面积,为高产丰收创造了有利条件。

在水稻品种方面。20世纪50年代,店下单季稻品种主要有白米仔、竹仔秋、铁秋等。早稻有平阳秋、店下秋,亩产只100—200斤;中稻有齐黄、红米仔、铁秋、光磊满、白芒满、黑艺满、三百粒、质枝糯,后期早稻推广高秆的陆财号、南特号,中稻有荷花种、晚籼九号。

20世纪60年代,因高秆品种不耐肥易倒伏,产量不高,店下大力引种试种推广矮秆良种。1965年开始抓早稻矮南特、珍汕、珍龙红410、温先青等品种的试种推广工作,淘汰陆财号、南特号高秆品种,晚稻推广珍珠矮、鸭仔矮、早金凤、晚籼9号、农垦58。

到了20世纪70年代,店下开始重点抓推广引种试种杂交水稻,1976年晚季杂交水稻闽优1号试种25亩,平均亩产890斤,比常规稻早金凤平均亩产649斤,亩增产241斤。

在亩产取得显著成效的形势下,公社召开各大队领导的现场会,进行总结推广、1977年全社杂交水稻面积达2万亩,占全社连作稻26000亩水稻的77%,居全地区各公社种植杂交水稻面积的首位。同一时期,店下公社还推广早杂优主要有V优64、V优77,晚杂优主要有四优30、汕优66、汕优63、特优63等品种。

为了解决杂优种子不足的问题，1975年县委开始"三下海南二下漳州"搞制种和繁育种子工作。当时店下公社先后在1976年、1977年分别派农技员到海南岛制种。全县制种平均亩产200多斤的成绩，更居全国各地生产小组到海南制种的平均亩产成绩的第二名。

由于当时店下杂优种植面积大，每年需杂优种子700多担，店下本着自力更生的原则，从1977年开始店下马埕洋、坑门洋、屿前洋及溪美的伏老洋等地开始自行制种。随着制种技术的提升，制种面积开始不断减少，从最初的1100多亩，亩产80—90斤，发展到1980年制种600多亩，亩产150多斤，最高单产达到300多斤，做到店下公社全社杂优种子自给有余，还可外调支援其他公社。

20世纪80年代公社全面推广早稻杂优化，以V优77、V优64、V优35为当家种，搭配常规稻早糯717、荆糯6号、早粳科丰、科情；以中熟杂优V优63、V优66、特优63为主要品种。

公社农技站对推广新品种采用品种小区试验、大田示范和大面积推广三步骤推进的方式，选择在大路边中等肥力稻田每年搞品种区试40—50个品种，120—135个小区，把区试表现好的品种选出，再每年搞10—15个品种20—30亩的较大面积品种示范田，最后从示范田中抽取表现好的品种推广全社使用。

1984年水稻杂优示范片获得高产丰收之后，双杂丰产示范片得到大力推广，面积逐年增加，到1989—1990年已达6000亩以上。早杂优与晚杂优平均亩产比非示范片杂优亩增优势大，尤其1991年在屿前村搞双杂吨粮田示范片，获得的全年亩产跨"双纲"，通过地、县科委和有关部门实地验收，早杂平均亩产与晚杂最高亩产均超千斤，双季平均亩产达1666.6斤。1987—1989年在溪岩、马山搞中低产田改造示范片面积达2000多亩，1987年全年早晚平均亩产891.5斤，1988年全年早晚平均亩产1029斤，比1987年亩增产137.5斤，1989年全年早晚两季平均亩产1190.5斤，比1988年亩增产161.05斤，比1987年亩增产298.55斤。

20世纪50年代中期，随着合作化运动的开展，农民的生产积极性得到了很大提高，大大推动了生产的发展，耕作开始由"一年一熟"逐步向"一年二熟"和"一年三熟"的方向过渡发展。

1955年，店下开始试种双季稻，同时耕作方式从间作改为连作，推动"水稻"和"冬种"的"一年二熟"制。

到1957年，随着双季稻耕种面积不断扩大和生产技术不断提高，促进了水稻和冬种的"一年三熟"方向发展。从1963年至1973年，店下双季稻发展迅速。1973年整个公社连作晚稻面积达26000亩以上。

但是，因不同地区的气候、水利、土壤肥力等条件差异，水稻生长也有所不同。在山区地方，因盲目追求耕种连作稻，造成晚稻生长不好。因此，1974年至1979年，店下公社开始逐步调整耕作制度，采取根据水田地不同情况制定不同的年熟制指导农耕生产，对不适宜种双季稻的水田，改种单季杂优，加种油菜或小麦、蚕豆、马铃薯的"一年二熟"制，在平原地区开展"一年三熟"制。

实践证明，科学种田至关重要。在"科学技术是第一生产力"的思想指导下，公社更加重视农业生产技术的宣传、培训工作。每年按不同农事活动季节，把全社包片、包队干部和各大队领导的科技示范户等集中到公社办农技培训班培训，并分期分批到各大队举办农业科技讲座，每年共达20多次，受培训人数达3500多人次。农技站还按不同农事活动，编写印发科技资料，分发给各生产队和科技户。在农业生产的大忙季节，每个月党委书记更是亲自带领公社包片党委成员，各站、所负责人、大队支部书记等深入到各大队的各个片区，巡回检查农业生产情况，发现问题及时解决。20世纪70年代，公社很重视农业技术力量的配备工作，农技站按不同农事季节对农民技术员进行农技培训后，再回到各大队进行农技指导工作，除县给农技站每年拨款及配备两到三位农民技术员外，公社还在主要农事季节中拨款给每个大队配备1位农民技术员。

水稻是店下的主打农作物，除此还有甘薯、小麦、油菜等。

店下传统甘薯品种传统甘薯品种产量不高，抗薯瘟能力差，20世纪60年代开始店下不断从外地引种试种其他新品种，其中主要有华北48、湘农黄皮、不论春和潮薯1号，特别是潮薯1号产量较高，抗病力较强，品质较好，一直沿用到现在。

上世纪八十年代店下洋杂交水稻试验田（店下镇党政办）

县农技专家进行水稻种植技术指导（店下镇党政办）

20世纪70年代以前店下每年要从外地调进三四千万株甘薯苗,造成人力、财力的浪费,增加成本负担。为解决薯苗不足,当时公社农技站开展对店下式甘薯温床育苗经验总结推广。同时,县、社供销部门把店下作为重点甘薯育苗基地,进行收购,供应外公社做到产、供、销一条路。1971年开始店下全社薯苗不但自给,每年还支援其他社队薯苗7000万苗以上。

　　以前和尚麦、白芒麦是店下的当家品种,20世纪60年代店下开始引进欧柔小麦;80年代引进华北5号、扬麦1号、南大2419、碧玛1号和福清早麦;90年代开始引进郑引1号代替其他品种搭配和尚麦这一麦种。

　　店下油菜品种则比较简单,1978年以前都是白菜型的"本地油菜",因为抗病力差、产量低,1978年引种试种甘蓝型矮架早品种,1980年推广全社种植1990年公社在岚亭、海田油菜示范片,获得平均亩产230斤左右,最高单产达400多斤。

21世纪初店下现代农业发展述略

曾云端

21世纪以来，乘着"中央一号"文件的东风，店下农业发展迅速。至2020年，全镇农作物种植面积3.92万亩，产量2.71万吨。粮播面积2.32万亩，产量1.25万吨；全镇茶园面积达2.8万亩，茶叶总产值超3.6亿元；实现水菜总产量2500吨。2020年实现农林牧渔业总产值7.58亿元，农民人均纯收入达20540元。

这一时期，店下形成了"大农业"发展格局，除巩固发展传统优势水稻种植业，大力发展蚕豆、紫菜、茶叶、大棚蔬菜、食用菌、网箱养殖等六大特色现代化农业产业，多家农业企业获得省市级农业产业化龙头企业称号。全镇拥有各类农业专业合作社76家，家庭农场19家。基本形成"点面兼具、农旅结合、特色突出、快速发展"的现代农业发展格局。

总的来说，21世纪以来店下农业在特色农业和现代农业两方面下足功夫。

紫菜是店下特色农业之一。紫菜养殖以筼筜村为主，该村凭借得天独厚的海湾优势，大力发展紫菜养殖业，全村紫菜养殖面积高峰时突破10000亩。由此也带动紫菜产业发展，至2021年，全镇拥有紫菜加工企业50多家，约占全市的70%，年产值达12亿元。紫菜行业为店下人民农事之外提供了就业岗位，成为增加收入的又一渠道。

在畜牧方面，以"马山羊"养殖为主。"马山羊"养殖以马山村为代表。马山村距店下镇10千米，属山区村，经济相对落后，但该村森林覆盖率和植被覆盖率分别

店下农业生产科技化水平不断进步，实现飞机喷雾作业和水稻收割机械化（福鼎市融媒体中心 供图）

达到30%和50%，村里有天然草山草场面积300多亩，人工草场150亩，为山羊养殖提供了良好的条件。

2003年，马山村水圭岔自然村村民苏传铨利用这个有利条件，成立福鼎市"未来羊业专业社"，投资200多万元，创建办闽东生态山羊繁殖场。几经摸索，后采取集中与分散相结合、关栏与放养相结合的做法，山羊养殖得到长足发展。至2013年已发展养羊户60多户，年出栏肉羊达2200多只。

冬种蚕豆也是店下镇的一张特色农业"名片"。蚕豆在店下镇种植历史较久，多为自己食用。20世纪末新世纪初，有种植大户在果场套种，取得很好的经济效益，有少部分群众利用滩涂地进行试种也取得较好的经济效益。后经当地政府引导，引入"早稻+晚稻+蚕豆"的三季种植模式，并连接销售市场，使得店下蚕豆种植逐渐兴起，终成规模。据悉，店下镇种植蚕豆面积从2001年的800亩发展壮大到目前的11950亩左右，涉及7个行政村，20多个自然村，2000多户农民，可谓掀起了"全民种植热潮"。全国一村一品示范监测合格村镇中，福建省共有47个入选，店下镇店下村凭借着"鼎逗豆蚕豆"上榜。

与此同时，店下还引进一批现代化农业企业，带动农民增收。比较著名的有"恒润""绿丰""闽威"等农业企业。

食用菌是店下的一大特色农业。20世纪八九十年代，店下充分发挥稻草资源优势，大力发展双孢蘑菇，后随市场变化，双孢蘑菇产业渐渐衰落。2000年以后，杏鲍菇逐渐兴盛。2011年8月，店下农民响应福鼎市政府"回归企业"的号召，在硋窑村以土地流转的形式，兴建一个占地30亩的现代设施农业项目，主要种植杏鲍菇，兼种双孢蘑菇，年产鲜杏鲍菇约4500吨，带动村民就业150多人。

恒润农业的引进与发展是店下农业发展理念创新、探索体验型观光型农业经营模式的有益尝试。福鼎市恒润农业发展有限公司创办于2012年12月，是一家以农业综合开发、农业休闲观光等为主要经营业务的现代农业企业。该企业通过创立"农民田间学校"实习基地，不断培训农民，打造农产品"五个统一"（生产、种植、管理、包装、销售）的一条龙新模式，使周边群众由农民向产业工人转变，增加农民收入。2017年以来，企业引进新理念、新技术，不断提升公司农业科技水平、改进园区现代化设施设备，建设300亩现代农业休闲乐园，拓展旅游观光、休闲采摘和餐饮住宿等二、三产业，逐渐形成比较完备的集采摘、观光休闲、餐饮等一条龙综合农业服务项目。

此外，店下利用海岸线长的特点，大力发展网箱养殖，主要盛产鲈鱼、大黄鱼等。引进"闽威实业"在巽城村长屿海域处建立"闽鼎养殖基地"，借力高校科研机构，开启了绿色环保型基地建设新模式。

店下镇还不断加大农业科技投入力度，积极主动对接市农业部门及各科研院校，积极开展农业技术推广示范工作。同时组织农技站、农机站、茶技站等站技术人员举办实用科技培训，不断提高群众利用科技知识发展生产的能力和水平，真正致力将现代化农业这条路子走好。

附：三家农业龙头企业

福建绿丰农业开发有限公司

福建绿丰农业开发有限公司（福鼎市绿盛菌业专业合作社）位于店下镇硋窑村，用地近30亩，总投资5000多万元。2011年8月开始建设，次年3月投产。是一家集产供销、技术研发、科技培训、冷藏加工为一体的现代化高效农业企业，也是福鼎市首家以工厂化生产杏鲍菇和首批通过土地流转形式兴建的现代设施农业项目。企业采用国内先进的食用菌工厂化专业设备，现建有19540平方米的实验室、无菌室、养菌房和出菇房以及自动化机械等流水线设施装置、750平方米的生产操作车间和2个100吨组装式冷库。企业采取"合作社＋公司＋基地＋农户"的经营模式，积极探索杏鲍菇下脚料再生利用种植草菇和白色双孢蘑菇、水稻蔬菜基质育苗，为周边农民种植黑木耳、香菇等大棚设施栽培提供菌种，带动本地农业发展和社员增收致富。公司年产鲜杏鲍菇达约4500吨，解决就业150人，带动周边农户创收400多万元。多年来企业（合作社）先后被评为全国农业科技试验示范基地、省级示范社、福建省省级农业产业化龙头企业，其注册商标"鼎融"，荣获"福建省名牌农产品""无公害农产品""宁德市知名商标"等称号。

绿盛菌业菌菇成长室（店下镇党政办供图）

福鼎市恒润农业发展有限公司

福鼎市恒润农业发展有限公司成立于2012年，总建设面积2000多亩（其中大棚面积1800亩），是一家集产供销、科技研发、示范推广、人才培训、信息交流和农业观光等功能为一体的现代高新农业企业。

公司先后被授予全国基层农业科技改革示范基地、福建省现代化农业蔬菜产业集约化育苗基地、福建省休闲农业示范点、福建省农业产业化龙头企业及宁德市科普示范基地等称号，并被国家科学技术部、教育部、福建农林大学新农村发展研究院荣设为分布式服务站。

公司创立之初就设立了"农民田间学校"实习基地，定期举办相关专题培训班。近几年来，公司共举办"果蔬高产栽培技术""现代农业营销"与"市场开发"等形式多样的培训班。培训项目达20多期，培训人员超过2000人次，发放农业科技技术资料35000余份，为公司和周边乡镇、村培训和储备农业技术型人才奠定良好基础。以带动周边农民共同致富为己任，立足店下镇，面向全市，加强公司内部规范化、现代化管理，积极主动和国内外大型蔬菜批发市场对接，带动其他农业专业合作社以及周边种植户拓展营销市场，打造农产品"五个统一"（生产、种植、管理、包装、销售）的一条龙新模式。

2013年，公司承接了福鼎市店下镇千亩高优农业园区项目建设。示范园占地面积1300亩，示范园生产、经营几十种有机叶菜，附作草莓、葡萄柚、芭乐、火龙果、杨桃、木瓜、柠檬、百香果、青枣等多种水果。在发展观光旅光的同时也带动周边群众就业，带动1800多户农民实现增收。

2017年福鼎市恒润农业发展有限公司与由上海新海西资产管理有限公司控股的福鼎嘉博文农业科技有限公司合作。并引进了技术指导方百米马（天津）有限公司的新理念、新技术，以不断提升公司农业科技水平、改进园区现代化设施设备，同时拓展旅游观光、休闲采摘和餐饮住宿等二、三产业，建设300亩现代农业休闲乐园，该乐园集农产品采摘、花卉观赏、儿童游乐、农家乐、自助烧烤等项目于一体。

闽威实业养殖基地

福建闽威实业股份有限公司水产养殖基地位于巽城村小巽自然村57—58号，建有办公综合楼、育苗室、亲本池、产卵池和海水蓄水池等，于2008年完成建设。

基地以港阔水深的沙埕港为依托，以现有国家级良种场和网箱养殖为基础，充分

闽威鲈鱼养殖基地（福鼎市融媒体中心 供图）

发挥科技合作单位——黄海研究所在网箱制备方面的技术优势，以及智能化离岸抗风浪网箱等相关成果；同时引进新型浮式合金网箱框架及其制造技术等，配置智能化管理作业平台、海上风光发电、海水自动化检测系统，并将环保型海上活动房等技术应用到养殖基地建设中，建立集装备制造企业、饵料原材料供应等上下游企业间具实质性合作关系的产学研用协同创新体，开启了绿色环保型基地建设的新模式。

基地在提高科技含量的同时，还注重能源节约和净化，为离岸智能化抗风浪深水网箱养殖产业化发展提供可复制样板。

店下早期工业发展举略

李立华

1950年以前，店下的工业相对落后，主要以茶叶加工、酿酒、修造船等为主。

围海造田之前，店下主要以山地为主，店下地近沿海，气候温和，雨量充沛，海雾多，适宜种茶。靠山吃山，早在清朝初期农民们就在山上种植大面积茶树。

茶业，使店下兴旺发达。农民种茶获利，种多利多。早期的茶叶加工远销全国各地。茶叶经营规模由小变大，小小店下街先后开办茶馆达24家之多，还不包括巽城、岚亭、玉岐、溪美等地，清道光年间盛产时，每年约在5000担以上。当时比较著名的有喻、李、王、施等族，资金雄厚。每年春分时节，福州、厦门、广东和江西南昌、苏杭一带的茶商接踵而来，和当地商户配合开办茶馆，或由当地商户派人到福州茶行接头，设馆经营。"喻秋记"茶行每次汇兑茶银都在数万元。当时较著名的茶馆有喻厝的"秋记""福记"，巽城施姓的"仁泰"，李厝的"魁记"等大户，这些茶馆制成的白毫针、白牡丹、红茶等包装成箱（袋），每箱重量均在40—45斤，成品茶叶，包装存箱，各馆会齐后由内港帆船运抵沙埕茶栈，再由常年往来的"玉江""海超"号商轮运往福州、厦门、广州等地销售；有的运往福州，住进长设福州的福鼎会馆，待交易好，即刻将银两汇回，清朝时汇回茶叶银两之多使店下建有诸多明楼大院，有喻厝旗杆里、后门堂、西门大厝、下街李原"火烧埕"、巽城"施仁泰"等大院。因茶叶盈利，发家致富广置田宅，显耀一时。百业俱兴，一些小本生意也十分活跃。

除了茶业就是油坊，过去每家每户都种植油菜或油茶籽，尤其油菜籽收成数量最多，大户人家几百斤、小户的也有几十斤，收成后都要榨油供食用或点灯用，菜籽饼又是上等肥料，因而油坊也曾是热门的加工业。其中，著名的有台峰搬迁到店下的王家油坊、王坡的胡家油坊、海田费氏油坊、岚亭周家皮油坊等。菜（茶）籽粉碎加工主要靠黄牛拉动石碾研磨，经人力打压榨取菜（茶）油。

随着茶市的兴旺，入迁移民渐多，人多地少，聪明的先人就想到了围海造田，据清嘉庆《福鼎县志》记载，店下自宋代开始，历经元、明、清、至民国，围海造田已形成万亩洋田。水稻大面积栽培，使得店下一举成为名副其实的福鼎"米粮仓"。

以前没有电动机械，只靠水磨碓谷，利用溪流带动水磨。店下最早出现米厂有坑门、溪美等地的水磨米厂，后来出现了张乐生、巽城何顺生等诸家碾米厂。粮食的大力发展，带动了谷物再加工，尤其是酿酒业的发展，当时较为出名的是城头顶王家"王恒泰"、富楼下"许福村"、横街的"方登宝"、福安塘谢乃河"等七家酒坊。据统计，"王恒泰"酒坊，在20世纪中期合办福鼎酒厂时，投资并入的酒具不计其数，光是酒坛就有380个，可见原来之规模。

店下地处沿海，海边村民自古以渔业为生，修造船业由来已久。从古老的小舢板、木帆船到机帆船、大铁船、货轮等，技术不断创新、舱位不断增多，吨位不断提高。从早期巽城何氏、杨岐张氏、水澳高氏的小修木船厂到后来龙安叶氏、关盘陈姓的大修厂，改革开放后发展到现在投资几千万的有好几个，最大的江南造船厂投资资金人民币十多个亿。

鼎华测绘器材公司的"前世今生"

张宗发　曾云端

20世纪八九十年代，在"改革、开放、搞活"的方针指引下，乡镇企业蓬勃发展。1988年，福鼎县政府出台《关于发展乡镇企业的若干政策措施》（鼎政〔1988〕3号），并在全县三级扩干会议上，宣布推出13条扶持乡镇企业发展的政策措施，推动乡镇企业持续加快发展。这个时期也是店下乡镇企业发展最火热的时期，形成镇办、村办、联户办、个体办"四个轮子一起转"的大办乡镇企业的热潮，涌现农械厂、测绘器材厂（仪表机械厂）、织带厂、化工厂、纸品厂、皮蛋厂、花炮厂、茶厂、建筑公司等一大批乡镇企业。全镇乡镇企业总收入达到2000万元以上，是福鼎全县5个总收入超2000万元的乡镇之一（其他是前岐、秦屿、沙埕、桐城）。

这些乡镇企业中，测绘器材厂（鼎华测绘器材公司）、农械厂最为知名，两家企业先后获评"宁德地区的先进企业"，当时店下青年以进入这两家企业工作为荣。其中测绘器材厂生产的"三脚架"、农械厂生产的"仪表车床"在市场上获得很高的评价。

位于店下镇的福鼎市鼎华测绘器材有限公司，创办于1971年，它是在店下镇手工业联社及"五七"农场积累发展建立起来的，在当地享有一定的知名度。其产品销往世界各地并享有盛誉，尤其是大地测量仪器三脚架是该企业的拳头产品。

大地测量仪器三脚架属小众产品，主要用于水电、公路、城建、交通、教学等领域，该产品一经推出就深受消费者青睐。

大地测量仪器三脚架的问世过程有一个故事：店下手工业联社的工作人员在一次偶然的机会，发现了该产品的样机，萌生了生产仪器的想法。经过三年多的摸索，基本上掌握了该产品的结构基础以及技术性能要领，于是决定开始生产。但是，原来的生产设备简陋，难以生产仪器。后来想了一个办法，在打铁铺通过人工压制铝压件，结果一举成功，然后将木材与铝铸件组装成样品，送到苏州第一光学仪器厂检验，经技术部门检验，结果多项指标符合专业技术要求。

令人惊喜的是，双方达成合作意向，苏州第一光学仪器厂同意接收该产品作为仪器配套产品。

但很快新的问题来了。要批量生产，有两个难题必须攻克：一是三脚架的木料必须选用东北地区生产的，因为东北地区气温低，木材生长周期较长，木质结构结实，纹理密实漂亮，不易弯曲变形；二是铝铸件必须严谨采用优质铝合金锭熔炼压铸成型。通过努力，难题迎刃而解，于是开始批量生产。经过全体人员的努力，年产"三脚架"上百副，此消息一出，店下镇政府及业界纷纷为之祝贺。

乘胜追击，决定从"五七"农场抽调一批年轻力壮的技术骨干充实力量，成立福鼎县店下仪器厂。同时购置了压铸机、木材加工机器等先进设备，开足马力生产大地测量仪器三脚架。

由于经营有方，福鼎县店下仪器厂稳步发展，产品产量年年翻番。生产有经纬仪、自动安平水准仪、电子测距仪、视距仪、红外线仪、水准仪。木质、铝合金、玻璃钢型等各种系列伸缩式、升降式三脚架。由于重视产品质量，促使该产品产量年年增长。合作配套厂家也从苏州一光厂一家，发展到南京光学、上海光学以及天津、北京、江西、南方、常州、陕西等国内外十多家仪器公司合作。自1993年起从苏州外贸配套出口样机到后来每年经苏州市外贸公司出口20000多副三脚架，产品销往国内的香港、台湾和日本、东南亚、欧美等国家和地区。从年产100副到年产5000副。

1987年引进瑞士威尔特三脚架样机，经吸收、分解、消化、仿制成功，具有平稳性能稳定，架头平面度精确，伸缩锁紧适中，下沉量符合等十几项技术指标均符合国家标准，具有轻便、流线美观、价优质好等特点。1989年FWD-S20型三架脚经省级鉴定，达到20世纪80年代国际水平，填补了国内空白。

大地测量仪器三脚架应运而生，安排就业人员130多人，年创产值1500多万元，每年为国家上缴税费60多万元，是福鼎市工业企业规上企业，连续多年荣获省、地、县先进企业、纳税大户。1986年全国乡镇企业产品北京展销会上荣获了优秀产品称号。

企业几经改制，该产品目前依旧在生产，出口海外，为国家创收外汇。

店下临港工业发展简述

🍃 宗 合

店下镇位于福鼎市东南沿海,海岸线长达 28.6 千米,且腹地广阔;东临沙埕港,地理条件优越。店下镇紧抓这一有利地理条件,发展临港工业,早在 20 世纪 80 年代就引导企业发展造船业等,进入 21 世纪以来,扶持壮大立新船舶的同时,大力发展临港工业,店下工业实现跨越发展。本文列举鼎盛钢铁、邦普、天锡等企业简述之,以窥店下临港工业之全貌。

福建立新船舶工程有限公司

福建省立新船舶工程有限公司创建于 1981 年,前身为福鼎市渔轮修造厂,是一家专业从事钢质船舶修造的造船企业,获得农业部批准的建造船长 60 米渔业船舶的认可证书,具备省经贸委批准二级 Ⅱ 类钢质一般船舶生产能力,公司的船舶修造项目被福建省列入 2016 年省重点项目。

建立新船舶万吨级散货船下水(福鼎市融媒体中心 供图)

企业注册资本 3000 万元，占地面积 486 亩，岸线长 1692 米，海域使用面积 239 亩。公司拥有一系列现代化造、修船舶设施，包括 1 座 5000 吨级滑道船台、120 吨门式起重机、2 座 3000 吨级滑道船台、2 座 5000 吨级船台、1 座 7000 平方米数控车间、60 座 500 吨级船台（气囊下水）。公司现有在职员工 600 多人，中高级技术人员 60 多人，2016 年实现产值 11.6 亿元，2017 年上半年公司承接省内外各种类型钢质船舶建造订单 68 艘，实现产值 7 亿元。公司荣获"福建省十佳渔业船舶修造企业""福建省青年突击队""宁德市龙头企业""宁德市诚信单位""福鼎市先进企业""福鼎县明星企业"等称号。

公司以"渔船为主导产品，其他船舶为辅助产品"为企业定位，以广东、广西客户为主；服务好老客户，不断以产品质量与企业信誉拓展新市场、结交新客户，将经营路径定为"走出去、登门访谈、承接业务为主，采取迎进来、看船型、观质量、商价格、定合作、签合同为基本模式"。

该公司于 2010 年 7 月起实施立新船舶技改扩建和码头建设项目，项目总投资 5.5 亿元，占地面积 450 亩，计划建设 3 万吨船台 2 座、1 万吨船台 1 座、3000 吨码头泊位 2 个。投产达标后，年产值可达 30 亿元。目前，已完成林地报批、环评、二期土地报批及 120 吨龙门吊安装；同时，进场直线建设已完成及验收，完善厂区道路硬化，完成 1 万吨船台及 3000 吨码头泊位建设、3 万吨船台正在填方施工中。

福建鼎盛钢铁有限公司

福建鼎盛钢铁有限公司位于店下镇冶金工业园内，由河南亚新钢铁集团有限公司建设，于 2017 年 11 月签约落户，总投资 130 亿元，是近年来除宁德核电、宁德时代之外在福鼎投资的最大工业项目。

项目总规划面积 357707 亩，总规划产能 500 万吨优质钢。主要建设内容包含 115 吨量子电炉，115 吨 LF 炉、115 吨 VOD 炉、ESP 薄板热轧机组、型钢生产线等，配套沿岸 4 个 5000 吨码头泊位。

项目分两期建设，一期总投资 70 亿元，实际用地 1540.73 亩，规划产能 200 万吨。二期规划设计长流程生产工艺、配套 ESP 薄板热轧生产线、酸平线、镀锌线及公辅配套系统。

鼎盛钢铁主要生产热轧炉卷板、中厚宽板、400 和 500 兆帕抗震钢等产品，广泛应用于汽车、家电、通用机械等领域，能有效补齐我省钢铁产业短板。项目以发展高新技术，打造绿色企业为目标，以节能、减排为要点，通过引进全世界最先进三条生产线之一的德国西门子高效电弧炉和全球最先进的第二套量子电炉设备，整体实现绿

鼎盛钢铁生产车间（福鼎市融媒体中心）

色、环保、高效的生产工艺，对生态环境影响小，符合节能、环保、节约资源和可持续发展的社会要求。

项目投产后，可实现年产值165亿元以上，税收5.5亿元，带动就业4000人以上（其中，一期可实现年产值80亿元以上，税收4.5亿元，带动就业3000人以上）。同时引进配套关联企业10家，全产业链产值可达600亿元，对促进福鼎市进一步改善基础设施，增加社会服务容量，加快城市化进程，提高福鼎市在宁德市的经济地位具有一定的推动作用。

自项目签约后，福鼎市举全市之力，将其列为"一号工程"加快推进，党政主要领导亲自抓，制定细化产能置换、供地工作、用林报批、项目进场道路、LNG用气配套、电力线路建设等12大项73小项工作方案和任务分解路线图，督促要求各部门按时间节点全力推进。

一期项目于2021年投入生产。

宁德邦普新材料产业园

随着宁德时代进驻福鼎，作为其配套项目的宁德邦普新材料产业园也随之入驻福鼎。

宁德邦普新材料产业园基地位于龙安化工园，总投资约217亿，规划占地面积约2750亩。该基地分三期建设，规划产能包括30万吨电池回收、12万吨三元前驱体、8万吨三元正极材料、14万吨磷酸铁前驱体、8万吨磷酸铁锂正极材料、2万吨钴酸锂、4.35万吨碳酸锂、2.1万吨镍化学品和1000吨金属钴。

一期用地面积约740.7亩，建设年产12万吨三元前驱体、8万吨三元正极材料，6万吨磷酸铁前驱体，4万吨磷酸铁锂正极材料，达产后产值约130亿元。2020年12月正式动工，预计2022年实现一期投产。

二期项目于2021年6月30日与福鼎市政府签约，项目拟选址在店下镇东岐马仙宫、羊栏、白叶坑、宝溪、四斗自然村，总占地面积约400亩，总投资约17亿元，其中固定资产投资约13.5亿元，规划产能为年产8万吨磷酸铁前驱体、2.1万吨镍化学品、5000吨碳酸锂、1000吨金属钴，项目建成达产后预计新增年产值约45亿元。2023年逐步实现二三期投产。

宁德邦普项目主要由广东邦普循环科技有限公司投资兴建，该公司是国内领先的废旧电池循环利用企业，聚焦回收业务、资源业务与材料业务，除了福鼎，还在广东

邦普产业园（福鼎市融媒体中心）

佛山、湖南长沙、宁德屏南、宁德福鼎、湖北宜昌、印尼莫罗瓦利、印尼纬达贝设立生产基地。作为宁德时代新能源科技股份有限公司的控股子公司，邦普循环为电池全生命周期管理提供了一站式闭环解决方案和服务。

宁德福鼎基地践行绿色低碳可持续发展理念，一方面将回收的废旧电池转换为可用于电池再制造的正极材料，保障宁德时代电池材料的安全稳定供应，打造自动化、智能化、集约化的绿色低碳示范工厂；另一方面，发挥龙头企业的辐射带动作用，夯实宁德市高质量发展基础，推动产业结构优化升级，协助构建相互支撑、串联山海、梯次布局的锂电新能源产业新格局，助力打造锂电池新能源千亿产业集群。

福鼎市凯欣电池材料有限公司

福鼎市凯欣电池材料有限公司是由宁德市凯欣电池材料有限公司100%控股的子公司。项目位于店下镇东岐村汇德新材料西面A01地块，建设用地69.8亩。于2020年3月16日签约落户福鼎市，项目总投资60130.06万元，建设年产10万锂电池电解液。

项目主要生产动力电池电解液，用于新能源汽车、便携式电器、通信设施、消费类电子产品等用电器具的电池制造，预计年产值可达到60亿元。经过两年多建设，2022年6月底完成项目主体建设和设备安装，7月底投产运行。

凯欣项目二期选址于福鼎市龙安精细化工园内一期旁，项目占地面积78亩，项目总投资约13.3亿元。二期新建破碎楼、空压站、控制楼、变配电站、仓库等公用工程等，购置粉碎机、磁选机、分选机、输送机及集尘器等设备，设备安装费用约1850万，建设废旧埋电池的回收拆解、破碎生产线，形成年破碎处理10万吨废旧锂电池的生产能力。

店下茶业发展脉络

△ 曾云端

店下、巽城曾经与桐山、白琳、点头作为福鼎五大茶叶交易集散地，参与福鼎茶叶交易，为福鼎茶业发展繁荣做出重要贡献。福鼎五大集散地店下占了两地，足以说明店下茶业的地位举足轻重。

店下茶叶源远流长，可以追溯到上古时期。新石器晚期到青铜器时期，店下的马栏山即有人类活动。尧帝时代，乐善好施的蓝姑，在太姥山下，采植灵芽（灵芽即为茶叶）医乡里，解麻疹肆虐之苦。

自唐以降，店下茶叶已广为植种。唐陆羽《茶经》引隋《永嘉图经》"永嘉县东三百里有白茶山"语，专家查证"白茶山"即太姥山，而店下地处太姥山区域，其气候温和，雨量充沛，适宜种茶，辖区的每个村落都有种植茶叶传统。至清代中后期，店下茶叶盛产年份在5000担以上，远销国内外，茶业已成为店下重要的支柱产业。

店下、巽城两地是店下镇茶业发展的典范。

巽城处沙埕港中段，依山傍海，为种植、贩卖茶叶提供了前提条件。巽城茶人北上苏州、南下福州等地苦心经营茶叶，为当地茶业发展奠定了坚实基础。同时也涌现出"施仁泰""林长盛"以及林嗣元、林大钰等一大批茶人茶商。经过梳理得知，有清一代，巽城的财主多达19户，其中有一大半竟是以经营茶叶为生或依靠茶叶发家。林嗣元是众多茶商的代表，他一生在苏州、杭州一带经营茶叶长达二十年之久，因"宁帮茶商公所，鸠资创立并订立新规，同业便焉而彪炳史册"（《福鼎县乡土志》），为福鼎茶商赢得话语权。

1906年沙埕港开埠以后，清末至民国，巽城茶业得到长足发展，当地茶人纷纷办厂制茶、贩茶。根据周瑞光的《摩霄浪语》记载，在1941年前后，巽城共注册茶厂13家，注册资本金达31300元，抗战前期巽城茶产业进入全盛时期。

除了巽城，店下集镇是另一个重要的茶产业集中区。1950年以前，店下街茶馆林立，先后开办茶馆达24家之多，分布在西门外、旗杆里、后门塘等地，较出名的有喻厝的秋记、福记，李厝的魁记，以及李家、王家、张家的茶馆等。同时还有外地人来店下与当地人合办茶馆，构成店下茶业欣欣向荣的景象。抗战期间，由于战乱频仍，运输受阻，茶叶滞销，茶业陷入低谷。除此之外，岚亭、溪美等也有不俗表现。1949年后，政府十分重视茶业发展。1950年4月8日，在中茶公司的支持下，国营福鼎茶厂宣告成立，同时在桐山、白琳、点头、巽城等地设立4个收购站和4个制茶所。巽城茶站作为福鼎四大茶站之一，从20世纪50年代开始持续到80年代末期，书写着巽城茶业的繁荣。改革开放以后，店下茶业取得长足发展。至2020年底，店下全镇共有茶园面积28080亩，茶农5100余户，茶叶总产量达1450吨，茶叶加工企业65家（主要分布在店下、溪美及菰北），总产值3.6亿元其中SC认证的茶企业14家，白茶授权的茶企8家，市龙头茶企业1家，正在申请SC认证的茶企业3家。近年来，店下镇采取强化茶叶质量管控、茶园绿色防控、茶园信息建设等，推动茶业发展，让茶业成为群众增收致富的重要产业之一。

店下茶馆话兴废

喻捷华

成品茶叶，包装存箱，运往福州，住进"福鼎会馆"，待交易好，即刻汇银，一个个银桶，专人押运回家，锁在密室，四周门户用铁链钉牢加锁，挂上门铃，还有专人看管。清朝时汇回茶叶银两之多，使店下建有诸多明楼大院。

1950年以前的店下，茶叶经营颇具规模。当地名门大族多数靠经营茶叶发家，小小店下街先后开办茶馆达24家之多，比较著名的有喻、李、王等家族。茶馆最盛时期，喻秋记一馆就有工人30多人，馆内设司秤、记账、出纳、茶师等，每天餐桌4张；另有拣茶女工上百人。

每年春分时节，福州、厦门、江西南昌、苏杭一带和广东的茶商接踵而来，与当地商户配合开办茶馆，或由当地商户派人到福州茶行接头，设馆经营。茶叶旺季，满山遍野是人，茶贩远至白琳、柏柳、柴头山四处收购茶青。

茶业兴，百业俱兴，一些小本生意因此十分活跃，同时也给拣茶女工提供了就业机会。她们起早摸黑为的是多攒些银钱，但要经过验茶师严格的把关，认可发签，以签取款。茶馆里有专门聘请几位茶师，负责秤、制、验茶。验茶师专门对拣茶女工拣得干净不干净，不干净的要重拣，有的拣茶工就发牢骚，有首打油诗云："天光早、闹渣渣，一班诸某（指妇女）去拣茶，未拣一下仔，就叫师傅来验茶，师傅就讲茶么使（不行），就骂师傅目瞅（眼睛）花，暝晡（晚上）回家有钱款，全家大小笑哈哈。"这首打油诗也从侧面反映当时的盛况。

1950年以前，店下每季出产茶叶在千箱以上。这些茶馆制成的白毫针、白牡丹、红茶等装裱成箱（袋），重量均在40—45斤。各馆春茶出售在几百箱或千箱不等，由内港帆船运抵沙埕茶栈托运，再由玉江、海超商轮运往福州、厦门、广州等地转销香港、柬埔寨和南洋诸岛，或北上江西南昌、苏杭、上海等地销售。

太平洋战争爆发，海路断绝，外商停购，茶馆多数关闭，仅剩逢发春数馆而已，只向厦门茶商洪奕佳和福州茶行胡阿苞老板承办莲心茶过香港。

旧时巺城茶业及茶人

🍃 曾云端

巺城茶站占地1577.6平方米，为单进前后两座两层的四合院式砖木结构建筑，原是清末民初巺城茶商林大钰的私宅。1950年国营福鼎县茶厂在这里设立较大规模茶叶收购站、制茶所，后为集体所有。21世纪初，当地一朱姓茶人买下这栋老宅，成为茶站新主人，仍然从事茶叶加工。前些年，因为建设高速公路需要，巺城茶站永远退出历史舞台。

巺城茶站规模不算大，却是过去巺城商人制茶、贩茶的一个重要实例。据林大钰后人介绍，祖上大钰公以制茶、贩茶为业，每年制茶几百担，经巺城渡上埠，运往福州等地贩卖，因经营有方，再加上茶叶品质上乘，其"新同成"牌茶叶受到当时市场的欢迎，经多年苦心经营，积下了家业，成为富甲一方的大茶商。

同样是巺城林氏族人，比林大钰生年较早的林嗣元却因"宁帮茶商公所,鸠资创立,并定新规,同业便焉而彪炳史册"（《福鼎县乡土志》）。在众多茶商中，林嗣元是位重量级人物。亦商亦儒，深得巺城人，尤其是林氏后人尊崇。据《林氏宗谱》载："巺城林氏原居莆田涵江，清康熙年间，林汉瑜迁入巺城下井，不久，长子、次子相继迁入，并分为乾坤两房。林氏家族世以茶为业。"这为林嗣元日后经商积累了一定的资本和拓宽了贩茶门道。

林嗣元（1781—1872），字士雄，国学生，早年过嗣给伯父恒泳为子。《福鼎县乡土志》载："天性孝友，尤笃睦谊。弟文昭，客死江苏，为扶榇归葬。"林嗣元为人平易，浩然正直，赢得族人及友人尊敬。据清人庠生陈道南写的《赠嗣元七秩寿文》中记载，林嗣元一生在苏州杭州地带经商达20多年之久，对当时福鼎茶叶如何在众多茶叶中脱颖而出，颇有思考。遂以其人格魅力，联合同行，集资创立宁帮茶商公所，并订立新规，为福鼎茶商赢得话语权，为福鼎茶叶在苏杭江浙一带营销打下了良好基础。

巺城隶属店下镇，三面倚山，一面临海，地处福鼎东南沿海沙埕港内。"兼摄五方道路，上通北浙，下属南闽，系要害之区，为行旅往必由之路"（《何氏宗谱》）。水陆交通便利，历史上有古驿道经过，由桐山（福鼎县城）出发，经水路横涉沙埕内港，至巽城渡登陆，经巽城村，过巽城桥，历朱坑里、半岭亭、马山、缸窑、茶塘，到达秦屿，越境即可通达霞浦（福宁府治所在地）。因地理位置优越，巽城为福宁古道上重要的集镇。明清时期，古村边贸交易繁荣，盛极一时。《福鼎县乡土志》为我们还原了这样一个边贸集市景象："城中有市，诸村交易之场。"

据史料记载，因在巽城街经营生意而发家者众，其中不乏贩卖茶叶的茶商。除了前文表述的林大钰、林嗣元等茶商外，"施仁泰""林长盛"等均是从巽城老街走出来的茶界重要商号。有人做过统计，旧时，在巽城这样一个不过区区500余户的沿海村落，大大小小各色财主达19户之多。巽城老街是当地重要文化遗存之一。在这条街上，沿街商铺、祠堂庙宇等传统建筑，历史风貌清晰可见。

巽城的茶产业可以追溯至明清时期，至清末民初业已成为福鼎县域内重要的茶叶交易之地。沙埕港自清光绪三十二年（1906）开埠以来，举凡福鼎乃至邻县霞浦、福安、柘荣以及浙江的泰顺、平阳、苍南等地许多小宗货物都从巽城渡上埠下海，巽城渡遂成为沙埕港内水陆交通的重要枢纽和明清福鼎主要渡口之一，巽城的先锋人士慧眼识商机，抓住这个有利时机，大力发展茶产业。清代巽城既出产茶叶，又兼海陆交通两便，渡船航运、茶叶贸易一度兴盛，适时际会清中后期中国茶叶内需和出口之发展大潮，遂成为与白琳、点头、店下、桐山并称的福鼎茶叶集散地。而巽城的茶叶作为福鼎茶叶的重要组成部分，正是通过沙埕、福宁古道源源不断输送到全国各地，乃至远赴重洋欧洲，成为欧洲人士饱餐之后的重要饮品。

抗战前期巽城茶产业进入了全盛时期。据福鼎地方文化学者周瑞光《摩霄浪语》的《福鼎市县茶叶厂花名册》一文梳理得出，在1941年前后巽城共注册茶厂13家，注册资本金达31300元。从中我们可以遥想当年农妇漫山遍野采茶忙，茶厂机声隆隆，挑工成群结队挑茶入埠上船的繁荣景象。

店下紫菜业发展概况

曾云端　黄益闽

福鼎是著名的中国坛紫菜之乡，而福鼎的紫菜70%来自店下，店下的紫菜粗加工产量占全国的50%以上，可见紫菜是店下极其重要的一个产业。

店下紫菜产业非一日形成。根据史料记载和专家考证，其栽培历史距今已有700多年。之后，栽培技术不断改进，产业赓续至今。

店下之所以有栽培紫菜的传统，得益于有利的地理条件。店下地处东南沿海，海洋资源丰富。丰富的海资源为紫菜养殖提供了先决条件。特别是晴川湾畔的筼筜村依山傍海，海湾优势凸显，是紫菜生态养殖较佳的环境，所产紫菜因其口感脆嫩、鲜美、品质优良而广受消费青睐，这也使当地百姓向海而兴成为可能。

店下紫菜业大约经历了零星栽培、普及推广、鼎盛发展、转型升级四个阶段。尽管店下紫菜栽培有700多年的历史，但彼时都是零星栽培，不成规模。即使是20世纪五六十年代，店下紫菜也还是在沙滩上栽培，栽培数量受到一定限制，养殖面积有限。而到了20世纪80年代，"毛竹插杆法"的出现，紫菜由沙滩栽培向海洋养殖迈开了重要一步。由此，养殖面积得到大幅度提高，仅店下筼筜村紫菜养殖面积逾6000亩，紫菜养殖已经得到普及。

进入20世纪90年代以后，随着紫菜养殖面积不断扩大，店下紫菜业也初具规模。一方面由于养殖技术的提高，促进紫菜大面积养殖；另一方面随着改革开放深入，老百姓消费能力不断提高，当地群众看到潜在商机，在养殖紫菜的同时也开始加工紫菜。店下由于紫菜栽培历史悠久、技术先进、水资源丰富、劳动力富足等因素，很快紫菜业形成规模。1992年至2008年店下紫菜产业发展强劲，大约在2006年前后，店下紫菜业产值达到1.5亿元。

2010年以后，店下紫菜业发展更加迅猛。至2021年，全镇紫菜养殖面积逾万亩，加工企业53家，集中分布在筼筜、溪美、店下、屿前等村（其中，溪美11家、筼筜12家、菰北8家、罗口7家、东岐3家、硋窑3家、海田3家、岚亭2家、宝溪路3家、三佛塔1家），涌现出钱盛食品（紫菜）有限公司等一批紫菜龙头企业；拥有全自动及半自动生产线100多条，年产紫菜干品2万吨，年产值12亿元，从业人员8000多名，

筻筼紫菜养殖基地（店下镇党政办）

在全市紫菜产业中占70%，已初步成为福鼎紫菜初加工成品的主要集散地。

紫菜业在发展的同时也遇到技术、气候、产业零散等诸多"瓶颈"。随着紫菜收益向好，部分养殖户没有充分考虑气候和不同海域水温变化，盲目抢种头水紫菜，固守高密度养殖模式，导致烂苗事件时有发生。2016年甚至出现大面积减收绝收的局面，紫菜养殖户损失严重，部分养殖户转产浙江等地发展，昔日忙碌的晴川湾异常空荡。

鉴于此，店下紫菜养殖户在福鼎市海洋与渔业局的支持下，不断通过更新迭代栽培技术，积极破解养殖技术"瓶颈"，将传统的紫菜养殖技术去芜存菁，发明引进更加科学高效的"翻板式全浮流"技术，促进产业发展。与传统的插杆式养殖技术相比，"翻板式全浮流"技术突破了海域限制使紫菜养殖得以拓展到深海，而且养殖户可根据天气及海况灵活掌握"干露"的时间，利于紫菜生长，劳作时间也不受潮汐限制。

与此同时，自2018年开始，店下紫菜养殖户在专家的指导下，探索实施基于水温变化的坛紫菜差异化养殖新模式，通过紫菜孢子成熟控制技术，控制育苗环节孢子成熟放散时间，使之与海区最适合紫菜生长的温时间段契合。2021年至2022年冬春之季，店下紫菜丰产又丰收，每亩紫菜收益近万元。

纵观店下紫菜业，存在有规模、无规划，有品质、无品牌，有企业、无产业，有产量、无产品，有协会，无团队的现状。解决了养殖技术难题，大约自2018年开始，由店下镇人民政府牵头，协会、养殖户配合等，致力产业发展壁垒突破。组织相关人员对店下紫菜业进行调研，并对加工企业进行摸底，形成调研报告，提出切实可行的解决办法，建立紫菜交易及物流仓储冷藏配套市场，进一步推进紫菜进园区生产、仓储、交易，规范紫菜精深加工和流通交易管理；鼓励企业打造特色品牌，促使企业转型升级。

（本文据郑可武口述和黄益闽《关于店下紫菜加工产业的调研报告》整理）

店下邮政话今昔

李立华

店下的邮政史，跟中国邮政史一样走过了漫长而曲折的发展道路。

古时候店下周边山顶就设有烽火台，每座烽火台都间隔一定距离。外敌入侵时，就燃起烽火报警，附近的官府看到信号便会派兵赶来救援。

福鼎在宋代即设有驿站。清光绪二十九年（1903）九月二十六日，福鼎县设立邮政代办所。当时店下因地处福鼎岭外之水路交通要塞，秦屿、硖门、沙埕下片都要经过店下码头乘船到达县城。邮差事务便应运而生，1950年前，店下一林姓大户林泉礼家就开办私人邮政代办点，专门为地方百姓与外界传递信件之便。

第一次国内革命战争期间，店下筼筜是福鼎革命策源地，店下是中共福鼎县领导的地方组织活动主要根据地。为革命斗争服务的特定秘密交通路线，是共产党组织内部信件、情报的传递及军事物资和人员输送的需要。

1930年秋，中共闽东组织首次开辟筼筜—屯头—斗门—后坪和筼筜—石牌—梨洋—黄岐交通干线。

1932年，黄淑琮、王宏文、王忠守等人在前岐西宅建立交通站。

1933年冬，中共福鼎县委建立筼筜通往南区、下南区、下西南区交通线，同时特设西澳—筼筜—南山交通线。

1933年冬至1935年春，建立海上秘密交通线，主要路线为：福安赛岐—沙埕—后港（黄岐、墩洋—溪美）—石牌—筼筜—屯头—斗门—东溪。

1934年开始架设联乡电话。店下、巽城都装有手摇电话。

1934—1936年11月，中共福鼎县委在磻溪湖林建立交通中心站。主要路线为：店下青坑—磻溪五蒲岭—湖林—桑园—梨园—仙蒲—霞鼎县委。

1935年初至1936年，闽东红四团在马兰溪建立交通站。主要路线为：南福溪—霞浦三区。

1935—1937年，中共福鼎县委在外宅建立交通总站。主要路线为：外宅—后阳—东洋山岭门后—马山—高山—巽城—小巽—屿前—南往—乌岩；外宅—苏家山—郭阳—蒋家—磻溪五蒲岭—后坪—霞鼎县委。

1935年8月至1936年冬，喻玉卿、蔡爱凤在店下小巽建立交通站。主要路线为：小巽—下楼—牛栏基—高山；小巽—阮洋—南往—西澳。

1935年11月，邓质玉、周锦明、陈德胜等人在鼎泰区八斗村建立中心交通站，该站主要路线之一是：八斗—石鼓岚—银硐—三井面—牛矢墩—王海。

1936年1—6月，郑宝玉等人在店下彭家山建立交通中心站。主要路线为：彭家山—下樟岚—王家岚—坑里—屿前—西岐—南境—西澳。

店下这些革命秘密交通传递路线的开通为福鼎地下党组织留下光辉的足迹，功不可没。

1949年6月11日，随着福鼎解放，县人民政府筹委会接管了原国民党邮政机构福鼎邮局，设立福鼎县邮政局。原古田籍国民党局长黄乃樵续任局长。1949年10月，即开设店下邮政代办所，根据邮政总局统一规定，办理的函件业务有信函、明信片、贸易契、商务传单、瞽者之件和货样等，并规定对现役军人寄递平信免费优待。1950年1月，国内平信邮资为人民币0.05元，5月调整为0.08元。还开办快递小包裹业务。

当时，县内区、乡间没有旱班邮路，通邮的邮路都是水上邮运，秦屿、硖门均归店下转拨。11月1日开通福鼎—巽城17千米和福鼎—店下34.6千米的水上邮路，均由民船按潮水往返逐日班。1952年改为隔日班，乡村邮件靠民船带运，增设福鼎—秦屿邮运线，秦屿、硖门信报归秦屿。7月开办定额汇票、兑付稿券和汇票业务。1953年起，办理个人小额汇票300元以内业务。1954年8月，报刊实行破订制度。1955年，根据上级指示精神，逐步解决农村信报投递问题，有计划地组织社会力量建立农村义务乡邮站和群众自办邮路，解决农村通讯需要，大的行政村设立义务乡邮站。

1956年七月租借在店下宝荣里黄家大厅店面营业，改为邮政所，宋淑清任所长。增设农村电话店下交换点，增开福鼎至店下中继线路一对。知道的乡邮员有叶开模、兰景金、施正生、谢梅弟等，王汉年当时负责内业接送，每天往返店下—杨岐轮渡码头接送报纸信件包裹，店下当时分为四条邮路，叶开模负责集镇范围，其他人负责3条邮路：店下—溪美—大白鹭—王谷—敏灶—川石—后澳—黄岐—交椅坪—筻笪—石牌—三佛塔—岚亭—亥窑，店下—溪美—大白鹭—水澳—官城尾—西洋顶—小白鹭—台峰—玉岐—东岐，店下—马山—溪岩—洋中—巽城—石塘—阮洋—江南—狭衕—西澳—油库—屿前。

1957年，改名店下邮电所。1958年1月1日，实行全国统一的邮电资费标准。开办国内保价、印刷品业务，并办稿券业务。同时为简化邮件种类，将资费标准相同的印刷品、新闻稿件并入印刷品类将贸易契、瞽者之件改名为事务文件和盲人读物。

因店下长期担负沙埕下片多个村庄邮路，为当时全县最大邮电所，1959年，升格为店下邮电支局。店下各生产大队都架设了电话，开通省到公社和专区到大队的会议电话，增辟自行车邮路，扩大自编投递线，并增辟公社至大队自行车邮路，扩大了投递面，使80%生产队达到亲投。基本做到生产大队有省报，生产小队有专区、县报，各类报刊发行普遍回升。

1960年，大抓农村邮电网路整顿工作，调整机构，增辟邮路，全面组织社队邮递员决信报投递问题，基本做到"社员寄信不出队"。1961年，开通办理特挂业务，开通长途电话。

1962年7月1日，又改为店下邮电所。1964年巽城并入店下，1965年上级拨款5000元买下店下水流街（现象前街）喻家三榴民房作为邮电所自有房产。8月26日，省邮电管理局转发邮电部决定：各级机关团体、部队和新华书店向各地邮局寄《毛泽东选集》《毛主席语录》、毛主席诗词和印刷的领袖像一律免收邮费。

1966年受"文化大革命"影响，外邮时断时续，邮件积压，杆路被窃，电话不通，邮电各项工作停滞不前，遭到不同程度的破坏。1969年11月，邮电所分为邮政所和电信所。1972年设巽城邮电代办所。1973年12月，邮政所和电信所合并为店下邮电所。1974年王汉年任店下所长，期间，何玉英当机线员，店下支局被评为全国邮电先进单位，1975年评为福建省革委会红旗单位，福建省全省邮电会议在店下隆重召开。1977年3月职工叶开模出席福建省第二次工业学大庆会议，获福建省革命委员会授予"福建省劳动模范"荣誉称号。1978年4月5日，复改为邮电支局。

1979年5月14日，经国务院批准扩大收寄寄往台湾的邮件，其资费按现行国内函件资费标准计收。1980年7月1日，开始在全国普遍推行邮政编码制度。后因各种条件尚不备未能推广实施。同时开办"邮局代发广告"业务，并恢复办理"存局候领"业务。

1982年，上级下拨59000元，在育贤街兴建新办公楼，五溜三层，占地1134平方，1984年邮政所从象前街斗门头搬到新楼办公。1984年9月17日接省邮电管理局通知，自10月1日起，全国范围内对中国人民解军和人民武装警察现役义务兵恢复执行"义务兵免费邮寄平信"规定。

1985年12月，邮电部经国务院批准寄往港澳地区的邮件实行特殊资费，其特殊原则印低于国际标准，高于国内标准，调整后比国际资费平均低63%，并于1986年1月1日起实行。

1986年，随着国内商品经济的发展，邮政业务迅速增长，邮寄物品日益增多，沿袭的邮件分类和收费标准不利于进一步提高通信质量，决定对"印刷品"和"包裹"的业务种类进行调整。1987年4月1日起，试办国内邮政有声信函业务，需要办理航空或回执的，加纳航空和回执费。1988年5月1日起开办"国内邮政快件"业务。

1989年12月31日，省邮电管理局根据《邮政法》第二十五条规定，决定自1990年3月1日起全省各地用户交寄的各类信函，在详细书写收、寄件人名址的同时，必须书写收、寄人所在地的邮政编码。

1990年7月30日，邮电部经国务院批准对国内邮政资费进行部分调整，其调整幅度为150%。调整后的国内寄递业务种类有信函、明信片、印刷品、盲人读物、包裹（含商品、纸质品包裹）、大件商包、邮政快件、挂号邮件、保价邮件、特挂信函、航空邮件、存局候领邮件及代发广告业务等。没有调整的业务种类有报刊发行、邮政储蓄、特快专递等。取消的业务有快递小包、代收货价、用户专用袋包裹、收件人总付邮资、收取回件手续费及部件回执等。对现行国际及港、澳、台邮件进行了适当调整，将原有国际及港、澳、台邮件资费均作相应调整，提高25%，并在邮电营业厅设置"多口信箱"，即"县内、国内、国际、港澳台"信箱。

邮递员送邮上门（店下镇党政办 供图）

1995年，拥有本地电话中继数字电路60路，邮路6条单程141.6千米。邮政编码为355208。邮政下属又新增成立店下邮政储蓄所。因当时育贤街办公楼早期建设基础没打桩，办公楼建成后没几年出现严重倾斜和断裂，上级决定迁建办公楼。新址选在目前的店下象山东路1号，1995年动工，1996年乔迁至现址，1998年邮政电信分家。

店下农村信用合作社发展历程

> 李立华

农村信用合作社，是在1951年农村进行土地改革后，在农业劳动互助组的基础上组织起来的。农村信用合作社，是农村集体所有制的合作金融组织，实行自主经营，独立核算、自负盈亏，具有法人资格，并接受中国农业银行领导。农村信用合作社经历了合作制发展阶段（1951—1959）、失去合作性与独立性阶段（1959—1996）、深化改革阶段（1996年以来）。20世纪50年代是农村信用合作社蓬勃发展的时期，实现了信用合作化。农村信用合作社的普遍成立，对推动农村经济的发展发挥了重要的作用。

首先，农村信用合作社的金融服务，沉重打击了农村高利贷活动，建立信用合作社的农村，私人借贷利率显著下降。其次，农村信用合作社发放贷款，支持了农户及集体经济组织的生产活动，解决了农户的一些生活困难。为地方经济建设聚集了资金。农村信用合作浪潮也留下不少经验教训，对当今深化农村信用合作社改革有历史与现实的借鉴意义。

店下农村信用合作社，前身是信用合作社。福鼎的信用合作社组织始于1937年，属本省第二批实行农村合作社组织的县份之一。1937年4月，省建设厅派陈承群来福鼎任"福鼎县合作指导员办事处"指导员，时任县长为县合作社理监委员会主席，在全县农村首建以村、保为单位的"信用合作社"。发动各村、保农户自愿投股（每股国币二元）兴办。全县首先在山前村筹建。

1937年9月，省建设厅派陈德慧任"福鼎县合作指导员办事处"指导员后，县内各种专业合作社组织有了较大发展。店下于1938年底，建立玉溪、巽城两个信用合作社。

1943年1月1日，福鼎县合作指导员办事处改称"合作指导室"，纳入县政府编制，费用薪俸由县政府财政支付。本县合作指导室附属县政府建设科，后于1944年3月改属民政科，又于同年5月1日改属社会科。同年12月，福鼎县政府根据福建省合作事业管理局的训令，决定成立合作指导员分区工作站，全县44个乡镇分设三个工作站，第一工作站驻地桐山镇，第二工作站驻地秦屿镇，第三工作站驻地点头镇，店下、巽城隶属第二工作站。

1946年春，福鼎县行政建制由原44个乡镇，调整为桐山、前岐、秦屿、点头等4个镇和11个乡，共15个乡镇，店下含玉溪乡、巽城乡，乡下设保。

1949年后，随着农业合作化的发展，农村信用合作发展很快，1954年福鼎人民银行贯彻总行"积极领导，稳步前进"的方针，筹建信用合作社。是年7月，县支行在一区山前乡成立第一个农村信用合作社。取得经验后，积极组织稳步前进，店下和巽城信用合作社都于1955年1月成立，入社每股2万元（时1万元即人民币1元），那时，稻谷每担（50公斤）才2.5元。店下信用合作社成立时计有股金1万股，当年实现50%贷款，有部分贫下中农得到贷款。店下办公地点最早租在南门兜杨家大厅边。第一任上级派来福州人胡尚贵同志任主任，理事吕有忠，林时荣，喻守用招聘为信用社农金员。后来，林诗荣调任农行店下营业所，吕有忠转去供销社。

1958年8月，全县实现人民公社化，将8个区和1个直辖镇划为22个人民公社。同年10月，县支行以人民公社为单位建立信用部，把社辖内的信用社合并，以大队或联队为单位建立信用分部。全县22个人民公社设立24个信用分部。信用社由人民公社代管，信用站以行政村设置，在各村设站。由县人民银行支行领导，业务方面由农行指导，农行信用合作股专门指导信用社工作。其中店下设有店下、巽城2个信用部。1962年底以小公社为单位设置店下、巽城、溪美、西澳、溪岩等信用社。1964年原店下大队书记李承鸿转任信用社主任。

从1958年到1978年这20年，农村信用社先后下放给人民公社、生产大队，以及后来又交给贫下中农管理。信用社的干部队伍、资金和业务受到严重的损害和损失。

"文化大革命"以后，国家决定，把农村信用社交给国家银行管理，首先交给人民银行管理，后来交给农业银行管理，使信用社既是集体金融组织，

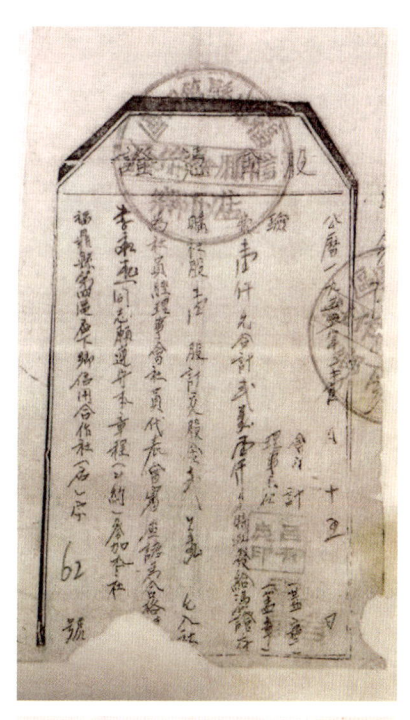

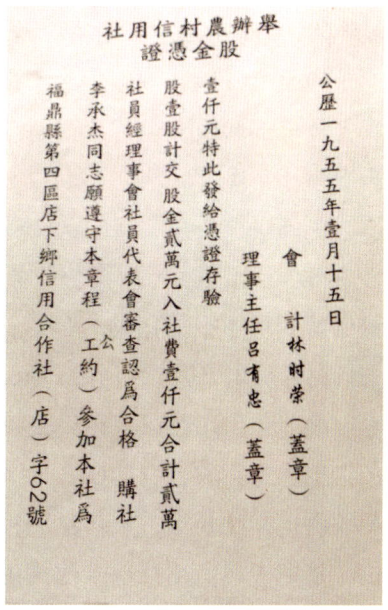

店下信用社图片（李建强 供图）

又是国家银行的基地单位。当时,虽然在国家银行领导下,信用社的业务得到一些恢复,但是,由于国家银行管得过多,管得过死,使信用社丧失了自主权,而成为银行的附属,走上官办的道路。

1973年1月,县支行按大公社建立信用合作社,成立大社,店下信用社与农行营业所在同一营业厅一起合署办公,营业所派出工作人员充当信用社农金员,信用社不付薪酬,经营亏损都是财政拨补。大队设站,店下信用社下辖店下、巽城、溪美、岚亭、筼筜、屿前、东岐、东风8个信用站。信用社员工自1973年才开始转成正式员工,全日制上班,以前员工都是半脱产的。1978年店下增设三佛塔信用站。

1979年,国务院在恢复中国农业银行的通知中指出,农村信用社是集体所有制的金融组织,又是农业银行的基层机构,信用社一律划归农业银行领导。为了落实领导农村信用社的任务,中国农业银行从总行到省地县的四级分支行,层层内设了信用合作管理部门(部、处、科、股)。至此,农村信用社与农业银行之间形成了行政隶属关系。

信用社业务主要是面对三农。以前,信用社贷款业务主要是农民、社办企业、生产队,解决生活生产资料资金需要。1983年国务院105号文件明确规定,把农村信用社办成合作金融组织。这以后,信用社的管理体制在农业银行的领导下,有了一定初步改革,信用社当时也都搞了一些民主管理形式,业务也得到了一些发展,内部管理也都有一定的加强。但是,信用社在农业银行领导下的改革不彻底,合作制的原则没有得到很好的贯彻落实,民主管理很多地方流于形式。贷款业务主要是农民、个体户、经济体,解决居民生产生活,多种经营资金需要。

1984年11月,福鼎县信用合作社联合社成立。1986年后,农行营业所派出的支农人员全部调回,经营亏损财政不下拨补贴。全县撤站成立信用分社,店下相继成立店下分社(辖店下、寺前、东岐、玉岐、涵头)、溪美分社(溪美村)、岚亭分社(岚亭、三佛塔、亥窑、海田)、巽城分社(巽城、江南、洋中、西澳、马山)。元当分社(石牌、元当)。后又随业务需要逐步拆并,先后陆续撤销岚亭、元当、溪美分社,只保留巽城1个信用站。最后,于1999年6月撤销巽城分社,随着龙安开发区外来人口与日俱增及建设服务需要,1997年成立龙安信用分社。

之前,信用社以乡镇设置,独立法人机构,自负盈亏。店下信用社没有金库,当天存款都寄存农行营业所金库。根据国发1996第33号《国务院关于农村金融体制改革的决定》的要求,农村信用社管理体制的改革是农村金融体制改革的重点。改革的核心是把农村信用社逐步改为由农民入股、由社员民主管理、主要为入股社员服务的合作金融组织。自1996年后市联社为一级法人,基层网点是市联社派出机构,由福鼎市联社统一核算。信用社开始自设金库。业务上与其他四大国有银行公平竞争，进入各项金融业务全覆盖。

2007年4月8日龙安成立福鼎市农村信用合作社龙安信用社，独立开展业务，与店下信用社完全脱钩，同属市联社管理。

至2023年，信用社现有员工11人，其中9人正式，都实行合同制。年各项存款余额5.3亿元（其中个人储蓄存款4.8亿元），比上年增加3000多万元；各项贷款余额3.7亿元，比上年增加3200多万元。

老员工喻捷维深有感触地说："我1983年底进入信用社工作，当时店下信用社各项存款才70万元，各项贷款43万元。1996年国家金融政策改革，实行行、社脱钩，人、才、物全部分离，那是信用社开始走上最辉煌时代。至2023年，整整走过了40年，各项存贷款业务均达到或超过800倍。"

近年来，店下信用社一直在搭建服务三农、造福民生、奉献社会的舞台，服务基层，践行着支农支小、深耕本土的宗旨。深入实施"深学争优、敢为争先、实干争效"行动，持续聚焦支农支小主责主业，围绕乡村振兴、实体经济、消费升级、绿色发展等重点领域，深入推进"党建＋金融助理＋多社融合"工程，积极探索共同富裕新机制，切实履行"农村金融主力军、普惠金融主渠道、乡村振兴主办行"责任。

（本文参考了1993年版《福鼎县金融志》和杨萃、喻捷维等提供的资料）

店下旧街集市

喻仁务

店下街市，源远流长。600年前，店下原名玉屿，是个濒海的小集镇，沿海岛屿罗列，内地河汊甚多。店下回环皆山，东南临海，地广人稀，山川清秀，可以聚族而居。堡从西门外建造城门，沿西北方建筑围墙，接来龙岗到城头顶，再造石土墙到岭岔坪柴栏头接西门外形成土堡，称凤城。堡依象山而筑故通称象山堡。堡内建造丁字街，店铺林立，十分热闹。有了街市经商贸易，上下街两旁酒店、肉店、南货店、京果店、布庄、药店、饼店、旅店……酿酒兼开酒店就有王恒泰、谢乃河、许福村、方登宝等七家，从城头顶岭脚到斗门头和上街店铺遍布，往来买卖客人之多，川流不息，热闹繁华。现列举旧店下海市而言。

海市，店下海货门路广、种类多，当时有17个渔村（沙埕的南镇、澳腰、后港、官城尾、水澳、店下的小白鹭、大白鹭、王谷、敏灶、川石、后澳、黄岐、筻笪、叠石脚、西澳；秦屿的小筻笪、日澳），鱼货之多难以计数。大体分鱼类、虾类、贝壳类、水母类等。

西澳、杨岐、蚶澳塘、牛矢墩、小白鹭、筻笪等村有大片的滩涂和沙滩、盛产贝类、鱼虾。每当夏、秋捕鱼旺季，海鲜之类如石首鱼（黄瓜鱼）、带鱼、鳗鱼、墨鱼、海蜇等满街都是，价格便宜。内港的木帆船和小舢板从南镇、沙埕、敏灶、黄岐等渔村满载鱼货停靠在斗门头象山桥的埠头脚，起运之人络绎不绝。陆上肩挑海鲜的小贩每天可达百来人，小小的店下街鱼贩汇集，鱼鲜充斥，这时集中在十字街的鱼牙们（经纪人）招揽生意，称鱼报账，熙熙攘攘十分热闹。

店下集市有三个特点：三集中、三固定、销路好。

三集中　地点集中，从历史上很久以来就逐步形成买卖海货鱼鲜最大的集中地点在古堡内丁字街。时间集中，在每天上午，从卯时到巳时（5—10点）。买卖人集中含沙埕片有三十多个村落，从四面八方都来店下赶集。

三固定　街段固定，旧时店下街，街中是鱼鲜的集中点，南门兜是停放柴草的集散地，下街摆的是小海、蔬菜和淡水鱼鳖之类，上街是滩涂鼎螃（海瓜子），太丰埕是木材停靠点，过桥宫边是毛竹堆放栈。摊位卖主固定，以前乡民讲信用，买卖都喜欢找熟人。称秤记数人固定。称秤人要具备体魄强壮有力、矫健灵活，能在拥挤的买卖人群中穿梭称秤报数。记数人站在特制的高方椅上，眼观四方，耳听八面，认主、认人、认货，正确无误地记数，以免个别人收款时赖账。称秤、记数人之固定这是店下街市的特点。一般买鱼鲜的人都是先记账，后还钱。退市以后，乡下人柴草卖了自动来还，彼此全凭信用，不会差错。居住在街上的人，老贩子比较熟悉，凭着记账自己去收，新贩子对买主不熟悉，则由记账之人带去收回，偶有个别贪心的人买鱼不给钱偷偷溜走，一经识破，就要被处罚和放鞭炮，既失掉面子又受人鄙视。鱼贩根据当天盈利适当送些鱼、钱款拿给"鱼牙"（鱼贩中介）和记账之人作为报酬，多赚多给，少赚少给，送多送少也无规定，彼此都无计较，这种淳朴民风已成习惯。拿秤和记账之人，拥有自己的鱼贩，各个鱼牙从无争拉现象，这种职业是固定的，每年正月元宵节内，鱼牙都要请鱼贩午餐（过了元宵熟食业已经开张，这种宴请也就停止了），这是店下墟市的独特风俗习惯。一直延续20世纪中期。

销路好 一年四季，除了正月初一及"三个六"（"三个六"指五月初六、七月十六、八月十六，因以前的人刚过节日第二天很少买菜），每天的鱼货只在上午半天就销售一空，人称店下"老虎街"，意说海货鱼鲜再多也能卖光。

原来旧时店下没有鱼货商行，靠小贩天天肩挑的海鲜，随卖随完，不可剩余，尤其是夏天。几十担乃至上百担只是价格上有差异。上午三四个钟头就完了，所以人称店下是"老虎街"。

上午半天到处都是叫卖声、讨价还价声、吆喝声、让路声、嘈杂震耳，本就很小的街市显得十分拥挤，水泄不通。未近晌午，赶墟人烟消云散，繁华的街市又转入寂静。

忆京杂店和复生堂

李留梅

"京杂店""复生堂"是旧时店下较为出名的两家商店（铺）。那时候，因为幼失父母，无力继学。为了谋求生活，我先后在店下街世昌京杂店、复生堂中药铺当学徒，所以对两家的情况比较了解。

货源渠道

两家商品的进货渠道均是从桐山批发，由中介人（收取手续费）代办。中介人每月逐家登记所需采购商（药）品汇总，前往桐山批发商采购。京杂批发商是"丰太"，药材类批发商"蔡回春"。两家与批发商采供关系基本固定。两家进货（采购）采取现金与挂账结合办法，一般付现金50%—70%，挂账30%—50%。上批挂账30%—50%的赊款都到下批采购时付清。每批进货、供货其现挂比例基本固定。进货店不仅不需付给利息，还增加资金流转，批发商也扩大了业务量，双方均有利。

销售特点

两家的顾客基本上是恒定的。顾客买货除少数量交付现金外，平时多是挂账，积累汇总，一般要到秋收粮食登场后才主动到店还全部或部分账。对顾客的挂账，店主到年终雇人按地段分人头逐笔罗列汇总收回。所挂账款一律不收利息。

利润情况

售出货品不论在淡季或旺季，不论货品是否紧缺，两家抽取利润率基本固定或稳定，不能随意提升。京杂店按20%利润（毛利）出售，药品按60%利润（毛利）出售。（因为损耗大，加工、炮制多等缘故，同时也有计算上方便）那时按市斤计算，一市斤16两（进货）销出去按10两算（其6两算作毛利）。

经营作风

两家都坚持"一视同仁、童叟无欺"的原则和经营作风。药铺壁上书有"不为良相为良医"横幅，以救死扶伤的职业道德为准则。出售商品做到货真价实，不掺假、不以次充优，不短斤少两，博得信赖。药品按处方保质保量逐件核实，以示负责。对危重病人的处方药品，一般采用单味包裹，从不含糊。医生还开包复验。顾客不论新熟均热情接待，叫座让茶递烟（土烟）。货物要包扎牢实，当面点清，尔后还要喊声"慢走"。

那时社会上人际关系讲信用守信用的风尚较好。商业活动中零售商与批发商，零售商与顾客，商家与商家之间，货物交易，钱账往来，一般较讲信用守信用的，按约按时交还款项，货真价实，维护信誉。反观当今商界风气，令人扼腕叹息。

工资待遇

我在两家当学徒，与别人有所不同，说是学徒实是帮手（伙计）。上午墟市生意较忙，两家雇主都参加经营活动，其余时间其店务、经营、收款、理账等全部由我包揽。店里不起伙食，一日三餐由家人从五里远的福安塘住家送来。工作生活虽辛苦，却也自由，自己可以安排，雇主对我十分信赖。吃、住由雇主负责外，还在年终给我一些佣金，以供零用。

硋窑传统陶器烧制技艺

◎ 黄益巧

硋窑村是店下镇历史以来唯一一个专门烧制陶器的村落。清乾隆年间开始烧制陶器，制陶和烧陶的人是该村陈姓人家。在当时，这是他们维持生计的主要手段。窑址位于硋窑村一个地名叫岭店的小山坡上。当时，这个大型的烧陶窑子，每次出窑各种大小陶器达千余件。20世纪80年代初期，为纪念该村曾经辉煌的烧制陶器历史，硋窑村村民将岭店村更名为硋窑村，并沿用至今。

烧制陶器的过程看似简单，但需要较高的技艺，对各道程序的要求比较严格。具体制造过程是：一、取土，取硋窑本村特定区域的自然土，根据制作陶器品种的质地和形状需要，将特定区域的黑色、红色、白色自然土按一定比例进行合理配制；二、和泥，将取来的自然土加入适量的水，用特制的木棍和木槌进行充分揉搓、拌匀、捶打，待到所和的泥干湿适中即可；三、制陶，利用自制的木料轴承装置的工具，通过脚踩制陶装置和手捏陶土相配合，将型号适合的亥锤放置陶器内部，再将木槌放置陶器外面，进行互相配合拍打。待陶器的基本模型完成后，而后用竹制或木制的工具进行刮边、修整，并雕上龙、凤花、草等图案；四、晾晒，将制作完整的陶坯置于30摄氏度左右的环境下晾晒2—3天；五、上釉，用特制的釉（用草灰加海土按适当比例进行配制、过滤、提炼）涂抹制好的陶坯；六、烧陶，将制好的陶坯有序地放置窑中，用松枝当燃料（其他树枝当燃料，窑内温度只能达400℃—500℃，只有用松枝当燃料，窑内温度可达1000℃以上），烧24小时后，待窑内的陶器冷却24—36小时，就可将陶器搬出来使用或出售。

硋窑村烧制陶器的品种主要有水缸、酒缸、瓮、茶壶、骨灰罐及各种花盆等。除了本地销售各乡镇及霞浦、浙江平阳等地商贩也到此批量采购陶器。到20世纪80年代初期，由于该村烧制陶器所需的自然土渐尽，缺乏制作所需的原材料，加之随着人民群众的生活水平的逐渐提高，烧制的陶器满足不了人们的使用需求，就渐渐淡出人们的生活。目前，该村只有陈先庆等少数陶器烧制传承人在业余时间从事陶器烧制技艺，烧制的陶器数量也很少。

杨氏"阉猪"

◎ 李立华

提起"劁猪",让我想起童年时代一种奇特的声音:"│1 2 3-│2 3 2 1│"哦,那不就是老杨师傅走街串巷悠扬回荡的吹箫声吗?

"劁猪"即"阉猪"。阉猪技术是中国劳动人民在长期的辛勤劳动中用自己的聪明才智和经验摸索出来的杰作,具有悠久的历史,对人类养猪事业起到了不可估量的作用。据现代著名学者闻一多等的考证,商代甲骨文中已经有了阉猪的记载。这说明,我国至迟在商代就掌握了家畜的阉割术。

《易经》说"豮豕之牙吉",意思是阉割了的猪,性情驯顺,牙虽锋利,也不足为害。《礼记》说"豚曰腯肥",意思是阉割后的猪长得膘满臀肥。另外,民间也有传说这种神奇的古传妙法,乃得自当年华佗高超外科手术的真传。我国老北京的七十二行中也有此等营生。

阉割亦称"去势",就是摘除或破坏动物卵巢或睾丸的手术。阉猪是胆大的活,在某种意义上说,也不亚于杀猪。阉割后的家畜,失去了生殖机能,性情变得驯顺,便于管理、使役、肥育和提高肉的质量,还可以防止劣种家畜自由交配,对改良家畜品种起了积极作用。家畜阉割术的发明,也是畜牧兽医科学技术发展史上的一件大事。

以前,阉猪匠每逢出门下乡总是少不了自备一把弯柄长骨布伞、竹箫、阉刀、小铁钩4种工具,腰佩阉猪小钩刀,口吹竹箫,手拄一根竹竿(既为拄杖又为打狗棒),在相对固定范围内走村串巷,定时重复来回,兜揽生意、赚千家钱,吃万家饭。以前的乡村农民家家户户都有养猪,大队生产队还办有畜牧场,20世纪90年代以前阉猪的生意十分红火。

阉猪一般是事先预定的,但也有不期而遇的时候。阉猪师傅常常一大早就出现在乡村小道上,到了村口便把一只短箫竖着吹奏,嘹亮清脆。那是一种独特的音律,一听到这种声音,人们就知道是阉猪的杨师傅来了。只要家里有待阉的,总是少不了招呼阉割师傅登门,竹箫据说也是他们先祖一次做成多把,代代留传下来的。至于竹箫的制作,主要是用山上的一种箫竹晾干烘燥后自制的,箫管长一般为22厘米,中间挖两个洞,可以通过手指的控制吹出音的长、短、顿、扬4个调门,七个音符就成为杨家阉割行业特殊的广告音乐。

　　阉猪时，主人会帮忙抓住小猪，阉猪匠便将其摁倒在地。两脚踩住。拿出阉猪刀，先用嘴叼着，双手抓住公猪裆下的一对睾丸，捏住，再腾出右手，拿过刀。阉猪刀头部有半个鸭蛋大小，呈三角形，顶尖和两个边是锋利的刃口，用来划开猪的皮肤，任凭猪的嘶叫与挣扎，把猪的下腹切开一个小口，随后阉猪匠大胆地把一个指头探进去，不紧不慢地给猪动手术，后面有个手指长的把，末端带个弯钩，如问号，经过"先下指，后下钩"的顺序，娴熟的用它钩出猪肚里的"花花肠子"。说来奇怪，猪好似也通灵性，一见阉猪匠操起那把刀，就嘶声竭力大叫，作宁死不屈状。阉猪匠麻利地将刀对针捏起的卵子，轻轻划两下，伴随凄惨的哀号，两个像去了外壳的荔枝果似的肉蛋蛋，就落在了阉猪匠事先准备好的麻纸上。整个手术差不多只5分钟。也许是让声嘶力竭号叫的小猪破坏了情绪，阉猪匠总是累得额头出汗，腿微微发抖。当他一抬脚，小猪立即站直身子，夺命逃向远方……

　　阉好后，阉猪匠会在猪的刀口处涂上一把黑黑的烟灰消毒，烟灰是烟囱的灰，加一点菜花油或山茶油涂抹，不用缝线，刀口过两天就会自然愈合。

　　阉下来的猪卵子，一般会被老练的阉猪匠一挥手，便轻轻将两颗玩意儿抛到了猪舍的屋顶上。为什么偏偏要扔到屋顶上？这大概是从阉人那里得到的启发。以前，太监阉割下来的东西是不可以随意扔掉的，一般要放进一个木制的锦盒子里，安置在高架子上，行话叫"高升"，目的是要让现管太监验明正身，同时死时能够全尸下葬。猪卵子自然不能在家安置起来，那就只能将它抛向屋顶，权当是为它也图个"高升"吧。

　　通过采访杨师傅得知，在店下此种手艺都是杨家独门秘传，且传男不传女。杨家阉猪的手艺也不知始于哪位祖宗，他只知道祖上传说是经过明太祖御准的，是父传子的手艺，从不传女和外人。据考证在陈云瞻的《簪云楼杂记》上记载明太祖朱元璋定都金陵时，有一年的除夕前日，忽然心血来潮，命令公卿士庶，家家户户门上一定要贴春联，表示一番新气象。第二天，他微服出巡，到民间观赏各家的春联，以为娱乐。在巡游了一段路后，他忽然发现有一家没贴春联，便遣侍从去查问究竟。原来那家杨姓主人是阉猪的，既不识字，也不会写，年前事忙，尚未请人代笔。太祖听后，叫人取来文房四宝，欣然挥毫道："双手劈开生死路，一刀割断是非根。"信手拈来，语气不凡。侍从捧着对联，交给了阉猪人家。后来阉猪主人获悉是皇上御笔亲书的对联，便装裱起来挂在中堂，视为家宝，每日烧香敬奉，世代相传。朱元璋的这副春联，也算得上是对阉猪匠最形象贴切的定义了。

　　据老杨师傅讲，杨家自祖辈于清光绪年间从浙江平阳（今苍南）灵溪横阳迁居到店下，是福建泉州南安县南门内武营坡杨氏后裔，先祖杨训于明天启年间从武营坡迁出，于清康熙年间，在浙江瑞安、平阳县一带转迁，最终由其孙杨振贤定居于灵溪横阳村，至今已繁衍 15 代，杨振贤成为苍南派杨姓肇基始祖。世代从事此行，为了顾及生意，避免碗里争饭，族内规定，同行兄弟必须分散居住，一般一辈只传一位，传男不传女。

随着社会的不断进步，科学技术的迅猛发展，养猪业在三元杂交猪占领畜牧业市场的情况下，肉猪生产早在 20 世纪 90 年代前就开始实行计划生育，猪苗的阉割手术，在大型种猪场出生后就进行了科学的"小挑花"处理。"小挑花"技术时间短、刀口小、不出血、无应激反应、愈合快，加速增重，提前出栏，是一项国家大力推广的增产措施。

"小挑花"彻底取代了传统的阉割技术，杨家的独门手艺也由此无法传承。那种类似现代广告的特殊、悠扬的箫声，早已成为我们的回忆……

（本文据杨仁源口述整理）

屿前"二龙"

张宗发

屿前有"二龙":一位叫"做木龙"(木匠),大名王承龙;另一位唤"做篾龙"(篾匠),大名何祖龙。两人都是手艺人,在店下无人不晓。

"二龙"年纪相近,均识字不多,但是聪慧过人,手艺了得。在他们的本职内,无论什么活,没有做不好的,真正的匠心艺人。

做木龙是位拼料高手。20世纪70年代属于计划经济时代,建房材料相当紧缺,做木龙都会想东家所想,充分利用好每一块木板、木条。譬如要用一根木料,他会在现场仔细地挑选一根合适的,避免小了不行,大了浪费。除了会拼料外,做木龙的手艺也无可挑剔。过去木工活儿都以榫卯为主,他所制作的榫卯,相当吻合,看不出丝毫缝隙。过去,作为手艺师傅,少不了会得到东家好酒、好菜、好饭款待。可做木龙非常节简,从不贪杯,也不会要求大鱼大肉,饮一小杯,一碗饭吃饱就满意了,还经常说,人家省吃俭用好不容易积蓄几块钱装修房子,做师傅的不能乱来,很能替东家着想。

做篾龙的品德也让人称道。他家住半山区,为了不给东家添麻烦,几乎每天收工吃完晚饭就步行回家,第二天早晨早早地赶到东家家里干活。中午经常不休息,总是乐呵呵地踏实干活。做篾活看似简单,实则深奥。从破篾再到油光发亮、均匀平细的篾条,都有讲究。篾活儿有粗细之分,粗活就是修修补补;细活就是要做一件好家具,东家需要做什么,他就会做得好好的。没有图纸和底稿,全凭艺人的一双巧手。譬如簸箕、茶篮子、萝子、米筛、糠筛、篾席、篾箱等,经他做出来的东西让人爱不释手。

木匠、篾匠逐渐退出历史舞台,但现今人们每每谈起建房或谈起家中用具时,都会不约而同地说起这"二龙"。

往事钩沉

店下公谷局粮案

王美栋　陈明岳

1941年，自然灾害严重，粮食歉收，同时受闽粤大饥荒影响，福建多处闹粮荒，在福鼎范围内也出现粮荒。当时，福建民国政府统筹办公谷局，以做余粮平价收购。秦屿洋里的林诗然时任店下公谷局负责人，带领李伯如、李章孔、李都牵、易小丹等人按农户估产，后下乡督查、抄仓，防止村民私藏谷物，查处过程中曾发现下挡倪红孙将10多担稻谷藏于稻草堆内，督察队将其查获挑走。

因为饥荒的发生，秦屿区署遵照上司公文决定开仓供应缺粮户。开仓当天前来购买大米的约有800人，村民们自带米袋子，但公谷局只供应一个钟头的米量就说无米了。群众怀疑公谷局有意不卖粮，开始吵闹、起哄，夹杂着怨恨的情绪喧闹开始，情势变得无法控制，一片混乱。西岐里陈延游、下挡倪建机等因买不到大米的愤怒村民在群众中喧喊："冲打公谷局！"易小丹等人见状，赶紧将店门关闭，买米群众在激动的情绪中，全部冲进设在店下喻厝祠堂的镇公所。城门仔村民陈云生也在场看热闹，被拥挤的人群挤跌下天井，头破血流，晕倒昏死半个钟头。流言四起，有人讲被打死，有人讲有听到枪响。陈云生侄儿陈永涛是一个学过三年武功的后生仔，当场上前把易小丹抓着挥打几下，就把对方摔倒地上。镇长随后打电话将公谷局被购米村民围攻这情况通报给秦屿区署。

第三天晚上，福鼎县长陈廷桢派县大队带人到城门仔，以策动围攻公谷局为由，逮捕了陈老介（陈赞涛），随后又抓走陈云生、陈赞兴等二人。而后，城门仔全村的年轻人都害怕被抓，多数人都躲至山上，有的晚上还在旧墓里睡觉，好几天不敢下山。

此前，全省同一时间在其他地方也发生过多起围攻公谷局的案件。福建省长陈仪、归国华侨陈嘉庚等对此案亦有支持民众之意。之后，店下群众在厝基墩陈赞兴家研究对策，最终由店下商人中较有说服力的涂西民，拿出公谷局人员易少丹等人暗中做贩卖木炭至嵛山岛的账簿作为证据，当时嵛山岛为日军所占据，此举有通日之嫌。经过多月申诉后，陈云生、陈赞兴二人才得以担保获释，此时，他俩已被关押两年，回家后残疾瘫痪在床。

我所知道的店下大刀会

李留梅

店下的大刀会是同善社的武装组织,坛址在店下南门外,坛主是姓易的老人,住下街开京杂店。店下同善社与前岐、桐山、白琳等地的同善社串连策划。店下同善社趁机拉拢信徒,不断壮大,组织了一支大刀会。入会者均需经过物色,坛主布道讲法,念经、吃斋、喝符水、操刀梭标、秘密操练,并向信徒灌输有神保佑、刀枪不入等谎话。

一天,据报桐山保安队来店下清剿,同善社欲对其阻击,立刻率领大刀会几十人前往。在小巽岭双方交火,打了一阵。毕竟刀矛抵不过枪炮,大刀会当场死2人,狼狈败退。保安队尾随紧追,大刀会逃回店下城内(当时有城墙)。保安队疑有诈,怕诱敌被歼,不敢贸然直入城内,就驻扎在磨石山(磨石山与城内之间是一片稻田,约1千米路)。为了试探虚实动静,保安队将城堡团团围住,以密集的火力向城内开火。当日近午,米刚下锅,忽听枪炮声响,大家便拔腿快逃,躲在河尾岗竹林底下,子弹呼呼从头上飞过。为安全起见,又往南山奔跑转到礁里。这里是做米粉的陈阿狮家,房子蛮大,就在楼上过夜。次日,离开阿狮家往潋城逃避。后经打听保安队进店下城一巡即离开,返回县城。店下大刀会吃了苦头,后来也就作鸟兽散了。

钟大湖千里跃进大别山

钟而赞

1917年5月13日，位于海边山腰处的渔井村一座单门独户的茅草房里传来一阵婴儿的啼哭。这是个极度贫困的畲民家庭，年届中年的父母一边为孩子的出生而欢喜，一边也深深感受到身上的负担更沉重了。

渔井是福鼎店下镇阮洋村下辖的一个自然村。这个新出生的孩子就是后来的开国大校、原福建省军区副政委钟大湖。童年、少年时期饱受压迫、剥削的生活让他很早就看清了旧社会的黑恶，萌生出反抗的意识。当党的思想和革命的理念传播到这个偏远的小山村，钟大湖明白自己找到了一直在苦苦寻觅的道路。

1933年，不满16周岁的钟大湖参加了革命，从此开始了一生的血火征程。从赤卫队员、闽东红军独立师战士、闽东北特委机关警卫队队长、游击队指导员，到随部队北上驰骋抗日战场，担任新四军连指导员，参与领导开创淮南抗日根据地，担任含和（安徽含山、和县一带）独立团党总支书记、桐西大队教导员、桐潜怀工委书记、沿江团二营教导员，参加了繁昌保卫战、乌龟山激战、收复红杨树等著名战斗。十年间，钟大湖从一个懵懂无知的山村少年成长为我党我军一名优秀的领导干部和人民军队指战员。

刘邓大军千里跃进大别山的故事耳熟能详。在这之前，有一批先行者在大别山区开创敌后抗日根据地，为刘邓大军跃进大别山打下了坚实的基础。这其中，就有受党的委派留在皖西坚持敌后斗争的钟大湖和他领导的皖西大队。

1945年8月，全国人民还沉浸抗战胜利的喜庆之中，国民党当局却在暗中紧锣密鼓为打内战做准备。一天中午时分，新四军沿江支队沿江团二营教导员钟大湖领着该营五连和一支手枪队在皖南的贵地、东流、至德一带开展工作，团部通信员突然气喘吁吁地赶来，向他传达了命令：迅速率部返回团部接受新任务。

团部驻地在江北无为县。钟大湖率领部队风尘仆仆赶到时，沿江团的大部分队伍已经出发了。他顾不上喘口气，立即找到团长周亚农。见到钟大湖，周亚农很高兴，说："我已经等你们几天了，现在有一个重要而严峻的任务交给你。"看到周亚农神情一下子变得严肃起来，钟大湖知道这一定不是一个简单的任务。没有比接受艰巨的任务更让他振奋了，他挺起身姿，庄重聆听团长下达命令："团部根据中央指示和师部的命令，已集中大部分部队和地方干部随七师撤往苏北，目前皖南、皖西大别山区只留下少数地方游击队。但是大别山是一个重要的战略要地，不能完全空虚。因此，团部决定留下部分正规部队，坚持大别山的斗争，一方面牵制敌人兵力，减少对我军主力的压力，同时创立游击根据地，为将来大部队重返大别山做准备。团部决定留下三营九连、七连和手枪队，由你率领与湖东中心县委书记桂林栖同志配合，开展皖西地区的游击战争。"

"老钟啊！"周亚农直视钟大湖的眼睛，语重心长地说，"大部队离开后，皖省地区将很快为国民党反动派所占领，你们将与数量上优于你们几十倍、几百倍的敌人进行斗争，这斗争一定是十分残酷的。你有丰富的斗争经验，我们相信你一定能完成任务。"钟大湖确实有丰富的斗争经验。当年在主力红军长征后，他和同志们顶住敌人的百般"清剿"，成功坚持了三年南方游击战争。三年前，正在抗日战场与日寇和伪军战斗正酣，上级给了他新任务——调任桐（安徽桐城）西大队任教导员，开辟抗日根据地，他和大队长洪鸿携手奋斗，完成了开辟、巩固、扩大桐西根据地的目标。

"一定完成任务。"钟大湖和团长的手紧紧地握在一起。

尽管为使命光荣而神情振奋，钟大湖的头脑是十分清醒的。他们将成为一支孤军，面对的是数十倍、数百倍于己的敌人，不但在生存下来，而且还要发展起来，把根据地开辟出来，还要不断扩展。他查看留下的装备和人员，和干部们进行了一次严肃庄重而豪情奋发的谈话，动员战友们投入新的战斗。大批敌人正快速向他们推进，当地的反动武装又重新打了鸡血一般变得十分嚣张。钟大湖和桂林栖会谈后，针对当时的严峻形势迅速做出工作部署，整编留下的部队和地方革命武装组建了新四军皖西大队，由钟大湖任大队长，桂林栖任政委，同时充分发动群众广泛开展敌后游击战争。

新组建的皖西大队在巢湖中的姆山岛进行了为期三天的整顿。第三天夜里，钟大湖向部队下达了命令：出发，挺进皖西！

十余只船在湖面上悄然滑行，半夜时他们到达庐江县藕塘离船上岸，接着又急行20多里，按预订计划到达张家老屋。

敌人得到情报，知道新四军留下了一支队伍，他们正在到处搜索，企图在皖西大队立足未稳之际消灭了这支革命队伍。

第二天就和敌人"碰面"了。下午，钟大湖率领部队正在一片丘陵地带急行，突然前面传来密集的枪声。他心里一紧，知道是前面的侦察兵和敌人遭遇上了。敌人有多少？是正规军还是保安团？情况不明，不可轻率。钟大湖决定先撤退避开，等侦察兵回来后再决定这仗该怎么打。情况摸清楚了，敌人大约有一个营，是桂顽（广西桂系部队）。可以好好打一仗，让敌人尝尝人民军队的厉害。硬碰硬肯定不行，还要巧战智斗。钟大湖摸清了敌人的行进路线，决定来个"迎面打狗"，安排手枪队隐蔽在山坡上准备伏击。约半个小时后，敌人追过来了，等敌人落进射击距离之内，钟大湖一声令下，枪声大作，敌人措手不及，倒下一片，后面的掉头往回跑。

敌众我寡，敌强我弱，不可恋战。钟大湖组织部队迅速转移。果然敌人很快就跟了上来，一路紧咬着他们。驻桐城的和驻舒城的敌军也赶来了，前有堵截后有追兵，形势十分危急。钟大湖心里绷紧了弦，沉着冷静地指挥部队找着时机给敌人以打击，再抓住间隙迅速转移撤退，成功地甩掉了敌人，把部队安全带到桐舒两县交界的长岭张家楼，再按计划抵达皖西桐（桐城）潜（潜山）舒（舒城）三县交界地区。

为了对付敌人的"围剿"，保护好自己，更好地开展工作，皖西大队决定分成四路行动。钟大湖率领一路在潜、桐、舒一带活动。敌人又调来一个师的正规军，同时把各县、区、乡反对地方武装也动员组织起来，四处追剿新四军部队。在险恶的形势下，钟大湖等人率领皖西大队和革命群众与敌人周旋。战士们时时准备战斗，有时一天会打上两三场遭遇战，部队被拖得十分疲惫。由于敌人的封锁，部队的给养出现了极大的困难，大雪封山的寒冬季节，战士们仍穿着单衣薄裤，吃的是野草、粗玉米，一般一天只一餐，有时连着几顿没吃饭，晚上就睡在石洞里、大树下或野猪窝里。在极其艰难的条件下，钟大湖、桂林栖率领着皖西大队和敌人斗智斗勇，时不时给敌人予迎头痛击，粉碎了敌人的一次次"围剿"，使这支坚持敌后战斗的孤军成功地保存了下来，发展了起来，在敌后站稳了脚跟。

1946年，国民党全面挑起内战。4月，皖西大队为适应战争形势，又重新整编扩建了皖西支队，钟大湖任支队司令。钟大湖和同志们一边重建皖西地区的党组织，一边开展对敌军事斗争，不断扩大根据地，壮大队伍，建立了多处游击根据地。到刘邓大军跃进大别山时，皖西支队已从最初的300多人发展到了3000多人。随着武装力量的不断壮大，支队在军事上也从被动转入主动，他们在皖西广阔区域开展游击战争，四处出击，攻碉堡，拔据点，攻打敌人的乡公所和粮仓，同敌人进行了大小战斗百余次，搞得敌人终日不得安宁，皖西支队的威名震撼了整个大别山区。

对于皖西大队的贡献，当时华中局主要领导给予了充分肯定，他说："你们在大别山以数百人牵制了大量敌人，起到了几千人甚至几万人的作用，对整个解放战争是有贡献的。"

直到今天，当年皖西支队和钟大湖等人的革命传奇还在当地广为流传。人们传唱着皖西支队两打青草隔，活抓3县19个反动乡保长、土豪恶霸、刀会头目，传唱着他们如何设巧计擒杀国民党中将司令张凌云，传唱着桂车河夺粮战和攻打石牌镇战役，传唱着钟大湖如何率领新四军千里转战打顽敌灭匪奸……

巽城战斗纪实

庄孝赵

"当年鏖战急，弹洞前村壁。"在福鼎巽城村有一座砖砌祠堂，南北两侧的高墙上镶嵌着一个个洞孔，这便是当年解放巽城留下的弹洞。这一排排弹洞经数十年的风雨，至今依然清晰可见，依然在讲述着巽城战斗的情景。

1949年6月11日，解放大军南下解放福鼎，臭名昭著的福鼎搜剿队队长林德铭同突击队队长张琼如惊弓之鸟，闻风而逃。这天林德铭逃到前岐时掳掠了一批贵重财物，直至午夜才失魂落魄地逃到巽城。他想当夜从秦屿下海逃跑，怎奈巽城的一些反动分子见主子们就要溜走，大有兔死狐悲之感，便再挽留，好壮壮胆。林德铭向来狂妄自大，不可一世，自以为当地共产党游击队好对付，而解放军最快也要一两天才能追到；况且巽城有坚固的祠堂和炮楼可固守，于是便决定留在巽城过夜，待天亮再逃。

林德铭由于"反共"有功，从前岐桥亭乡乡长提升为福鼎县"搜剿队"队长。这个反动头子培植地痞流氓，广罗党羽，疯狂"围剿"福鼎根据地，摧毁共产党地下政权。他曾扬言："宁可错杀百，绝不放过一个共产党人。"他先后捕杀了中共鼎平县委农运部长林书画、宣传部部长朱善醉、武工组组长章志中和上东区委书记吴明注，带兵枪杀浙闽边办事处主任王明扬，密裁中共福鼎县城工部负责人丁梅松等，并滥捕、关押无数群众，施以种种酷刑，使不少人惨死刑下。福鼎人民尤其是老区人民对之无不恨之入骨，巴不得逮住他碎尸万段。

当夜，林德铭到巽城便立即调兵遣将，布置手下众喽啰分兵把守。在与当地反动分子觥筹交错之后，便躲进祠堂里去。

几个月来，这条丧家犬处心积虑，妄图负隅顽抗。他知道自己的双手沾满共产党的鲜血，在解放大军压境之时，不禁时时心惊肉跳。今天，终于逃到了巽城，只要过了这一夜……

然而，多行不义必自毙。正当林德铭蒙眬入睡时，突然被一阵激烈的枪声惊醒了。林德铭睁开双眼一看，天已微明。他一脸惊愕，难道解放军插翅飞来了吗？

原来，林德铭一伙逃到巽城，我军便得到了情报。负责拦截这股敌人的浙南游击纵队第一支队第二大队，当晚已从矾山赶到前岐，在鼎平县委组织部长陈勉良的配合安排下，连夜乘船渡海，追到巽城。这时已是深夜，四周漆黑一团，伸手不见五指，我军便神不知鬼不觉地占领了巽城西面山头，并绕过码头的敌哨，迅速包围了祠堂和炮楼，布下了天罗地网。浓重的夜色有利我军行动，也有利于敌人逃脱。故我军待天一亮便发起了攻击。

林德铭猛然醒来，自知大势已去，他要做最后的垂死挣扎。就在他急匆匆调动人马增援前山之时，"搜剿队"的一个排长跌跌撞撞地跑来报告说，前山制高点已经丢失，踞守的队员逃之夭夭。林德铭一听前山失守，犹如五雷轰顶，但他故作镇静，指挥祠堂里的士兵进行顽抗。

我军从前后左右发起进攻，子弹如暴风骤雨般袭向祠堂，穿过两侧砖墙，射进窗内，使祠堂里的敌人龟缩着不敢动弹。当我军发起冲锋时，"搜剿队"的一些队员为了活命，再也不顾林德铭的凶残，将白衣挂在枪上从窗口伸了出来。我军见敌人表示投降，便停止了射击。此时，狡猾的林德铭趁机从阴沟里爬出来，潜进了炮楼。

我军占领祠堂后，便立刻集中全部火力，围攻炮楼。这座炮楼有二层，四周密布枪眼；全是用大块青石砌成，十分坚固。

这时天已大亮，淅淅沥沥地下起雨来。我军冒雨猛攻了一个多小时，却未能攻破炮楼。

当时，我游击纵队带有2门火箭炮、10发炮弹。这原是在一次战斗中从国民党军缴获的。在攻打炮楼中，先后发射了8枚炮弹，但都没有爆炸。四中队队长谢和快觉得奇怪，为了揭开其中奥秘，他不顾危险，便拿了一发仔细观察，不断拨弄，竟将一个按钮打开了。这一发炮弹打出去，好像长了眼睛，"轰隆"一声，立刻将炮楼炸开了，炸死了敌排长，炸伤了好几个敌兵。炮楼里敌兵哇哇叫，顿时乱成一团。

林德铭自知罪孽深重，难逃死路。但他心生一计，妄图死里逃生，便唆使士兵向外大声喊叫："别打了，我们投降！"

于是，我军又停止了射击，但要敌人把枪扔出炮楼。敌人果然从枪眼里向外抛出数根长枪。有的新战士以为敌人真的投降，便向炮楼跑去。不料敌人竟然开火，使我军牺牲了一位战士，负伤了好几个。

我军战士怒火中烧，齐向敌人射出一颗颗仇恨的子弹，剩下的一发炮弹也立刻在敌楼里开花，炮楼被炸塌了，敌人死伤过半。

冲锋号声响了。随着"杀啊！""杀啊！"的喊声，义愤填膺的战士们英勇地向炮楼冲去。

敌兵投降了，连张琼也被捕获了，却不见怙恶不悛的林德铭。

原来在我军停止射击之时，狡黠的林德铭从炮楼里溜了出去，只身逃跑。

天网恢恢，疏而不漏。在战士们追击中，有位战士发现林德铭凭借田埂的陡坡作掩护，躲躲闪闪地逃蹿，便立即扳动机枪，击中他的腰部，结束了他罪恶的一生。

巽城战斗胜利结束了。福鼎人民听说林德铭被击毙，无不拍手称快。

巽城战斗共歼敌 100 余人，俘虏福鼎"反共突击队"队长张琼和"搜剿队"副队长颜鸣长等 80 余人，缴获轻机枪 8 挺、步枪 180 支、子弹 2000 余发。

"装点此关山，今朝更好看。"半个多世纪以来，巽城祠堂依然高高矗立，那砖墙上密密的弹孔，不仅是当年巽城战斗的见证，也历阅着巽城的巨大变化，它成了巽城村一道独特的红色风景。

（本文参考了《王烈评同志谈解放福鼎》等资料）

岚亭土改往事

陈启西

1950年6月,中央人民政府政务院颁布了《中华人民共和国土地改革法》。10月,中共福鼎县委在福鼎城关第一区镇西乡率先搞土地改革试点。1951年1—4月,正式进行首批土地改革。岚亭在国民党时期是一个重要的乡,民国时期因地方封建及黑恶势力活动猖獗,百姓生活在白色恐怖之中,据不完全统计,仅1936年,在岚亭被杀害或致残的无辜群众达百余人,周边乡村人口锐减三成,所在地贫苦百姓倍受欺压,因此被确定为首批重点土改点。第一期土改除了岚亭乡外,还有24个乡,第二期有43个乡,第三期安排在1951年11月至翌年3月,共29个乡。全县97个乡,分三期开展土改运动,至1952年3月全部完成土地改革。

1949年6月份福鼎解放,不久就派出工作组着手收集辖区内地主、富农情况。第二区秦屿岚亭乡(现为店下镇辖)确定为首批重点土改点后,1951年1月份,梁兴治区委带领土改组进驻岚亭乡,辖区各村农民协会主任负责本村土改工作。当时费思沛任岚亭乡海田村农民协会主任,店下马山人郑祥仁任岚亭乡乡长。白天,土改组宣传干部在岚亭旧街的墙上书写标语及宣传口号,"吐苦水,挖穷根,团结起来闹翻身""吃水不忘挖井人,翻身不忘共产党"等标语老百姓都背得滚瓜烂熟,有的墙上至今还遗留有当年的痕迹。晚上,工作组的同志不是开会,就是到农户家访贫问苦。土改组在掌握确凿资料后,立即组织全乡干部,秘密召开了一次会议根据之前掌握的资料,分片抓人集中到岚亭乡关押。只有把地方封建势力镇压后,才能有效地组织贫下中农、雇农分田地。费思沛主要负责落实海田村的工作,因当时海田村地主或有势力的都是费氏本族人,大家都知根知底,也没做什么伤天害理的事。费思沛想,这事可难办了,怎么入手呢?

过去海田村罪名最大的当属民国时期任保长的费思太,当保长时主要罪行是抓壮丁捞包庇壮丁钱将无辜百姓当土匪抓去杀害。费思太正是这类人,在当地臭名昭著,此人在1950年前就已病亡,不然他肯定是首选就地正法的对象。除此之外,岚亭乡就没有什么大恶人。而本村费思须、费思端等人虽是地主、大刀会分子,但都没做什么大坏事,如果抓出去,又可能轻中取重而被正法。费思沛不忍心这样做,于是暗地里袒护他们，只抓了三四名无足轻重的妇女押到岚亭顶数，但因为其他村都抓了不少在册的坏人。梁兴治区委对费思沛的举动很不满，当面质问费思沛为什么才抓几个妇女，费思沛瞒不过去，当场就被土改组关押了。当时费思沛一点都不怕，事后才知当时说的每一句话都是"刀子"，但因当时年轻不谙事而无畏。

梁区委为人也很善良，他见费思须虽然被划为坏人，但并没有人控诉，而且村民这样护着他心知此人不坏，因此虽然抓了费思须，但没有将他正法，因大家的"包庇"，费思须逃过一劫。土改后，大刀会众、地主出身的费思须得痨症病死了。

为了震慑地方恶势力，上级要求土改每乡须正法一人。当时各乡都在枪决人，让坏人闻风丧胆，但作为重点土改点岚亭乡却迟迟找不到合适"人选"，只好到秦屿区公所借人，借了一个名叫王东光的海贼，押到岚亭乡关在乡部，由一位土改组名叫小丁的年轻士兵看押。王东光趁小丁不留神时逃脱了，衣服还套在绳索上掩人耳目。据说此人相当狡猾，先是朝南方向踏着岚亭乡村民的瓦房上过，接着反向逃走，一直逃到海边的番岐头村。岚亭乡的民兵听到屋上有人踏瓦片朝海田方向的声音，误认为王东光跑上海田山；岚亭乡土改工作组动用大量民兵上山寻找搜寻了一整晚没找到。后来王东光在番岐头海边正准备驾舟逃跑时，被当地民兵发现抓回。押回岚亭后，梁兴治区委怕他再次逃走，当场令民兵用草绳，将王东光从脚绑到脖子，当晚集中所有镇压对象在岚亭宫内开会批斗，并就地将王东光枪决，好多镇压对象当场瘫倒在地。当时被关押的坏人如有人控告，经设在秦屿财堡特设法庭李汉昭庭长审判即可枪决。罪行较轻的坏人被吊在岚亭林家大厝厅里打，每天那里都传出号啕的哭声，让人心惊肉跳。那时只要做过一点坏事的人都怕得要死，生怕有人控告。

镇压过后，土改组就分头找地方的贫农、雇农放牛娃等被剥削对象了解情况，将这些人员带往各地田间地头，落实各处土地归属情况，由土改组丈量统计登记后，向全体乡民公示，再将所有土地集中按人丁分田地。

经过土地改革后，封建土地所有制被彻底摧毁，实现了耕者有其田，农民生产热情空前高涨。1951年冬至1952年，全县陆续向农户颁发《土地房屋所有证》。

店下工作忆旧

◆ 傅克忠

1953年春，本人从福鼎县大山区调入店下，刚到店下时就被广阔的田野迷住，想起大山区各村里都是小丘田、梯田，这是多么大的差别啊！

洋中村农民为夺取农业更大的丰收，都忙于春耕春播，掀起一片生产热潮！冬季里可以看到粮食丰收的场面，大户农民收成可达一二百担谷子，还见到东岐乡各村农民集体卖余粮。

1953年省委贯彻中央关于实行粮食"统购统销"的政策，由省、地、县派来不少的干部，到店下粮区搞试点，宣讲计划用粮等等。当时店下区、乡干部积极配合下派干部晚上进村宣讲政策，后来全面推行，实行统购统销政策。1954年店下区开始为适应农业大生产，扩大农业互助组组织，逐步发展起合作化、小公社、大公社化。

店下当时物价稳定，一角钱可买到10个鸡蛋，猪肉一斤只3角2分，在党的良好政策下，农村经济繁荣。1954年秋季店下首次举办物资交流会，全街披上节日的盛装，街上摆满了农资以及生产、生活用品，山村各地群众都赶来购物和观看交流会。交流会的三天热闹非凡，同时演地方戏三昼夜。

店下位于内海湾，当时并无公路，只走水路，要到县城办事、开会的唯一途径便是搭乘牛矢墩的渡船，或走上罗口翻过溪岩山来乘小巽渡口的渡船，当时群众有个顺口溜"行程爬过山，书生落难罗口山"。那时到秦屿区须先绕小路，后搭屯头渡。记得每年正月初三，县委召开农业生产大会，到县城参加会议的区干、乡干和互助组组长、农民代表们便搭乘牛矢墩渡，要花5—6个小时，返乡都在夜间搭渡回家。店下粮站将国家粮上运时，只靠店下至牛矢墩的一条港湾用舢板载运粮食到海边，转上木帆船。

店下民俗同，周围各地大同小异。

店下一带地方特色的趣事当属八月中秋节晚上的滑石活动，年轻小伙子们用一块大石头放在老街鹅卵石铺成的路面上，石头上坐着一人或大小两人，后面几人用力推送，板石与路面摩擦发出震动时的"呵喏"声，男女老少围观。还有一种青年们平时玩的"掷光饼"游戏，即甲方用几块光饼叠起形似堡垒，乙方应在一定的距离，同样用光饼来掷射甲方的饼，如打中了，乙方收来对方的饼同伙伴共尝，乙方若掷不中，

1975年店下生产队夜校（店下镇党政办 供图）

则由甲方收去分同组人共享。街头阿风饼店里，中秋月饼都贴上饼花。据说上面这些民俗、游戏的传承与抗倭名将戚继光有关。店下区范围当时没有娱乐的场所，区干部、学校老师中的年轻人们，同街里的群众、学生每天傍晚聚集在小学校操场，展开篮球友谊赛以娱乐。到1953年，省里下派电影放映队，约一个月巡回的时间里来区上公演1—2天，附近农村群众都前来观看。如遇到中央和省里下来慰问台峰驻军的慰问团，带有文艺明星或电影来公演时，年轻人都会不知疲劳跑到台峰、溪美两地观看，大饱眼福。

那时，农村在晚上还会经常上演布袋戏或嘭嘭鼓，群众用零星钱，换来快乐。白天在村头上会看到小伙子们玩孵猴蛋的游戏，拿来了几块小石头，一个人弯腰来守护，几个小伙来抢，但不能碰到猴王脚手，否则换人顶替，如石头被抢光，他们围上打猴王屁股。店下街是区公所所在地，范围不大，南门外有座古城墙，街中保持南、西、北三门称呼，还有富楼下、旗杆里等原有老地名。村里有供奉陈靖姑的临水宫和大帝宫遗迹。街上没有医院卫生所，农民看病只靠当地两间中药店铺的中医诊疗。市场方面只有上午两三小时买卖交易，货源来自周边农村家禽家畜、蔬菜之类，海鲜从黄岐、秦屿等周边沿海由小贩起早肩挑赶来上市。中午市场则转到岚亭村。店下历史悠久，名胜繁多，如后坪村内有唐代建造的安福寺、清溪寺，硋窑村阳头寺（资福寺），并有杨岐龙庵、店下岩洞庵溪岩明头庵（寺）等。后坪片里安竹垅岭上有个古寨，据说有御敌的堡垒及喂牲畜的石槽。此外，还有筼筜西山、屿前、河尾、南榜山、马山岭门头等早期革命基地。

八位农民的不平凡经历

✎ 陈启西

70多年前，福鼎店下海田村，8位普通村民有过一段不平凡经历。

8位村民唯一健在者费思沛老人，年近九十身体还很硬朗。他回忆起1949年与其他7位同乡一起徒步往返福州的经历时，心中充满温情。1949年6月初的一个早上，为了生计，费思沛同本村7个青壮年，把一批生活物资送到福州去卖。8人中，除费思沛与其中3人各挑一担番鸭外，有两人扛一头猪，其余两人则各挑一担鸡，一行8人徒步上省城。当时国民政府为阻止解放军南下，不顾当地百姓的困苦，到处毁路炸桥，破坏交通要道，弄得百姓无路可走，怨声载道。当时，费思沛刚出了福鼎县境，就听说解放军已经打到江浙一带了。国民党要员及大富商、大地主、资本家等携家眷涌向福州城，福州城内顿时人满为患，物价飞涨，特别是生活物资空前紧张，周边地区的生活物资都被吸纳过去，波及闽东大地。费思沛就是在这种背景下，与几个同乡冒险闯福州。

这是费思沛他们第一次出远门，前途未卜，大家满脸严峻，出发都3天了，才出福安专区。一路上他们风餐露宿，苦不堪言，遇客店还好一点，在山区野地里，没得吃不说，还要当心抢劫。当时兵荒马乱，到处有土匪出没。可能是过于担心路上的安全，大家肩上挑着100多斤的东西也没感觉到累。一路上家禽都是关在竹笼里，只有到了旅店时，才被放出来喂食。而奇怪的是，家禽被放出来喂食时都出奇的听话，吃完就进竹笼，从不到处乱跑。一路上裹在竹笼里的猪也被折腾得够呛，当抬猪的人上下坡或换肩膀时，只要猪脑袋朝坡下，猪难受了，便自个会调转头来，一路上就这么来回几十次调头，猪毛被磨得精光。

过连江，已是第五天晚上，只见南面山的背面一片光亮，像是背山处几个连着的村庄发生火灾一般。听路边客栈里的掌柜说，已离福州城不远了。费老他们的心情特别激动，有人激动得一宿没怎么合眼。第二天出发时，大家特有精神，走得也利索。中午时分，已进福州城北大路附近，不远处有一座石板桥，桥的附近聚了不少人。费思沛他们还没走近桥时，有一伙人争先恐后地扑面奔来。大家心里一下子沉了下来，快进城了，该不会遇到抢劫吧？幸好不是抢劫，原来他们是来抢"接水"

的（外面的货物想进福州城，不能自己运，必须由他们来转运）。按惯例，"接水"的人要收一点脚力钱，钱是等货物交易完再给。再说此时大家也筋疲力尽了，有人接一程倒也省心，一路上大家就紧跟着"接水"的人走。据费思沛老人介绍，当时挑一担家禽到福州城交易后赚的钱可抵在老家干一年的活。也就那个年代、那个时期，会出现这样的"商机"。因局势变化莫测，交易时费思沛他们也留了一个心眼，要银元不要现钞。虽然他们不懂什么政治，但是北方解放军炮轰声他们还是晓得的，知道收银圆比纸钞更可靠。

紧跟"接水"的人拐过一座山角，眼前突然是一片的光亮，如同仲夏夜天上的银河一般，大家顿时好像双眼都模糊了，如同刘姥姥进大观园似的，这就是费思沛他们这几天途中日思夜想的福州城了。一进城，顿觉人流密集了许多。大家稀奇的劲头也过了，都更加关注自己的东西了，哪怕跟丢了人，紧挨"接水"的人一起走，大家不时地回头互相照应着。等物品交易完后，天色也渐渐地暗下来。他们就近找了一家客栈住下。在福州的头一个晚上，他们睡得并不踏实，钱虽赚到手了，怎么安全地带回家是一个棘手问题。外面到处风传解放军就要打进福建了，就是在这样不安的夜晚，他们当中还是有人按捺不住好奇心，偷偷地上街闲逛。他们东瞧西逛了一阵子，没多久，旅途的困意还是一阵阵地袭来，到底没能架得住困意，只得依依不舍地拖着疲惫的步子往回走。快走至落脚客栈时，只见远处有一头"野牛"狂奔向他们，他们吓得连滚带爬，冲进客店，脸都吓白了，有人连鞋子都跑丢了。只听"呼"的一声，"野牛"从他们身边呼啸而过，他们庆幸自己刚才跑得快。而近处商店的伙计们看见他们刚才惊魂落魄的样子，都哈哈大笑。他们根本不知道人家在笑什么，后经打听，才知道那就是汽车，根本就不是什么野牛。据说就这个笑话，后来在本村笑传了好多年。

他们在福州磨蹭了六七天，用赚来的钱采办当时农村紧缺的布匹、红糖等。等忙完这些事情后，大家又怕路上不安全，于是又将余下的银圆装进竹竿的一节竹节里，两头用棉花塞严，以防发出声响。等一切准备妥当后，他们于6月中旬开始返回。从福州返程至罗源一带，一路还算稳当。过罗源县后的一天（据查有关资料是1949年7月19日），福安、霞浦刚刚解放，他们正走到福安、霞浦交界的山区，投宿在客店。此时，刚解放的县城及人口较多的集镇已有解放军驻兵安民了。天色渐晚，他们就近投宿安歇，这是他们进解放区的第一个夜晚，睡得很踏实，直至第二天太阳升得老高才醒过来。刚在客店用过早饭，客店前就闹哄哄的，前面大路上也聚了不少人，还有几位解放军。走近一打听才知道，准备前往的下段路又发生了土匪抢劫，有几位路人东西被抢了；而上段路，昨天刚刚发生土匪抢劫。这可怎么办，眼前可走的两条路都发生了抢劫，谁还敢上路？正当他们一筹莫展的时候，来了6位解放军，说："你们不用怕，我们可以送你们过去。"大家这才把心放下来。解放军自备干粮，一路与他们（同行的还有其他人）一起风餐露宿，一路护送他们直到福鼎白琳天王殿附近（古驿站）。在他们一再说明接下来的路段已没什么危险了，几位解放军同志才放心地离去。当时国民党散兵游勇四处抢劫，弄得百姓人人喊打，有如过街老鼠。费思沛后来说，从当时双方官兵的表现，就能清楚地预见国民党必败。据费思沛介绍，后来那支部队继续南下，再也没有这几位解放军同志的任何消息，也不知道他们现在是否还健在。说到这里，费思沛深情地说："我一辈子都不会忘记那几位解放军战士的，他们真是世上大好人。"1949年7月下旬的一天，费思沛一行8人安全到家，结束了这次艰难的长途旅程，往返徒步近1000千米（途中为了躲避抢劫绕了很多弯路）。老人说，解放军为地方老百姓做了许多好事，深得老百姓的拥护，当时很多有志青年以先入伍为自豪。费思沛当年也许是受那几位解放军的影响，从福州徒步往返回来的那年冬，也光荣地加入地方民兵组织，后来还被培养为基层干部，任岚亭乡海田村首任农民协会主任，并参加了1951至1952年的地方土地改革运动，为地方做了不少的好事。

注：2009年10月初，笔者再次采访费思沛老先生，据其回忆，当年一同往返省城的另外7人是店下镇海田村的费鼎笋、林学树、叶开茂、费作叙、费作标，及邻村秦屿佳湾陈二长、陈阿宝，现唯费思沛老先生健在。

"女状元"求学的艰辛经历

● 李赛莲

我是店下溪美村第一个到外地中学读书的女孩,曾被村里人称誉为"女状元"。而今每次回故里,见村里的孩子们成群结队地上溪美中学,便不由地回忆起我这个"女状元"鲜为人知的求学经历。

一人一个班成了"女状元"

人生的道路从求学开始便有许艰多坎坷,但只要坚持不懈地走下去,就会出现坦途。我出身于贫苦农民的家庭,小时在溪美初有小学读书,读到四年上学期时另两个男同学转学走了,全班只剩我一个人。老师便让我去教一年级,课后给我补课。这样"读"了一年后,才转到店下中心小学插到六年级又读了一年,小学便毕业了。可是家里没钱念不起书,不让报考初中,我就哭。后来在姐姐的支持下,村里有位热心肠的叔叔到我家,主动我陪到店下小学报名。可是报名表已送县里,怎么办?班主任李鹏飞老师见我失望地流泪,十分同情、关心,他给我补填了报名表,说让家在桐山的朱守瀚老师明天带回县城。这使我看到了升学的一线希望,高兴得破涕而笑。

过了报名这一关,又面临升学考试另一难关。这是在1953年,那时全县只有一所福鼎初级中学,招2个班100名学生,而报考的人数却有500多人,录取率为五比一,比现今考大学还难。况且我小学的书未读足,也未读好,这就更难了。但对待困难的态度往往决定人生的命运。我当时年纪虽小,却觉得这个机会不能错过;否则,不是背着书包上学,而是挎着篮子上山讨猪草。于是,我抓紧时间准备,考试时满怀信心,认真笔试,大胆面试(那时还有口试),终于考出了水平,闯过了这一难关。

我父亲没念过书,吃过没有文化的苦头。接到录取通知书时,他比我还高兴,笑得合不拢嘴,逢人便说:"我女儿考上福鼎初中,要到桐山念书啦!"这是当时村里破天荒的一件喜事,人们纷纷前来祝贺,都称赞说:"溪美出了个女状元。"

"女状元"求学的辛酸

被誉为"女状元"的我,在求学的路上迈出了第一步,而走好这一步却充满着艰辛。动身到桐山上学时，我犯愁起来。因为那时没有公路，走陆路得翻山越岭，有45千米的路程；水路得乘小舨（那时只有这样的小船），要整整一天，还须看潮水。到桐山参加升学考试时是夜里乘船，就摇了一个通宵。尤其在小船里无处小便，这对一个女孩来说是多么的苦恼。想着路途的艰难，我夜不能寐，泪水汩汩地流下来。

而这次是白天乘船。我一大早起来，只吃点干的，不敢喝汤。早餐后，便由父亲送我到小巽下船，船里几个人已挤得满满的。风浪一起，小船便颠得厉害，水花飞溅船内，我紧抓住船沿，一路担惊受怕，天黑时才到桐山。

一个农村女孩第一次到县城读书，该穿件像样的衣服，但我知道家里的难处，穿着妈将我哥的一件衣改了的"新装"；平时穿的都是妈做的布鞋，这次头一回穿上新买的跑鞋，别说多高兴。上街走到学校门口外的田塍时，只顾低头注视着脚上的新鞋，不料对面一只大水牛从石板上（那时没有桥）来到我面前，我一惊一蹦，"扑通"一声踩在水田里，一双新鞋沾满泥，身上也溅了泥水，觉得真晦气又好笑。

我小学时没读多少书，上中学又增加好几门功课，学习颇感吃力。但想起上学时父亲说的话"种田人要种好地，有个好收成；读书人也要读好书，考个好成绩"，就加倍努力。第一学期回家过寒假，父亲早早起来买回一尾大鲜鱼让妈煮了，还拿两个酒杯，招呼我与他一起喝酒。妈说："阿莲你看，你爸这样爱你，连我和你哥都没有份。"在酒桌上，父亲问我学习情况，我说有些科成绩4分，有的只3分。他听了，端起的酒杯又放下，皱起眉头。我赶忙解释说，学校实行5分制，5分就是100分，3分够及格。父亲这才端起酒杯，点点头："这还差不多。"我知道父亲对我的期望，天道酬勤，这以后学习便有了较快的进步，还加入了共青团组织。我本来普通话没学好，第一次在生活会上发言，怕得嘴唇直发抖。但练了几次后，我诙谐有趣的发言，常常博得同学们的掌声。

1956年我初中毕业，同年福鼎初中增设高中班，改称福鼎中学。因读高中费用大，我便报考福安师范，结果被录取。这一年福鼎到福州开始通车，到师范（设在赛岐罗江）不再徒步长途跋涉。可是好事多磨，我在桐山买车票便滞留了3天。头两天是下半夜就到车站买票，忍饥挨饿坚持排队，到下午3点多钟轮到我时，车票却已卖完。第三天早些动身，一路摸黑（那时街上没有路灯）一路流泪，心想再买不到，就拎着老鼠啃了个大洞的旧箱子回家。这天终于买到了最后一张28号票。也许是命运的捉弄，乘车的这一天，不巧遇上强台风，车子又坏在乍洋附近，在狂风暴雨夹击下被困在车上过夜。第二天车子虽已修好，但柘荣附近的一座公路桥被洪水冲垮，只得到管阳连等了3天，还是无法通车，我与同车的同学便弃车步行到财洪，等乘福安车，在那里又住了一宿。到了福安，不料前面公路被洪水淹没，又过了两夜。这样，整整花了10

天时间到罗江。这十天有说不尽的辛酸,真比现个出国留学还难哩!

真情难忘

我这个"女状元",在求学的路上常遇到"山穷水尽",却又出现"花明柳暗"。这固然离不开党的培养,也靠自己坚定的信心和坚强的毅力,更靠人们真诚的相助。令我感到幸运和难忘的是,有许多好心人关心、支持、帮助过我,使我成就了学业,成为一位人民教师。这些人中,除了前面提到的那位村里的叔叔和我的老师,还有我的同学。特别是去师范读书被台风围困的日日夜夜,同车的同学包括去福安一中读书的同学中,只有我一个是女的,他们都把我当作小妹照顾,帮我背行李,牵我趟洪水;在当地学校住宿时自己起伙食,也不让我帮助烧煮,处处呵护。这使我第一次出远门遭遇这么大的艰险,却不觉得孤单害怕,还感到很温暖。人世间这种纯洁的真情,乐于助人的精神激励着我战胜种种困难,也使我学会了如何做人,影响着我以后的人生道路。

(本文摘编自《福鼎文史资料》第22辑,由庄孝赵根据李赛莲口述整理)

良种场创办始末

◎ 李立华

店下的"福鼎良种场"是福鼎市唯一的国营农场。创建于1962年5月。原系福鼎县商业畜牧场与福鼎县农业良种繁育场，后于1963年合并而成，场址在店下后埕村。

商业畜牧场是县商业局于1958年响应国家号召创办的，当时从三佛塔大队胡章、大毛、清溪等村划来上千亩土地，最先选址在胡章安福寺，后迁址到三佛塔清溪寺。当时提倡"百牛鸭、千猪羊、万头鸡"，全场养有水牛300多只，田鸭600多只，猪、羊各1000多只，土鸡10000多只。同年，因遭受强台风侵害，亏损惨重，由全县各乡镇调来300多名工作人员，到1963年只剩8人。

良种场原名"福鼎县良种繁育场"，是根据1962年中共中央国务院《关于加强种子工作的决定》要求建立良种繁育示范农场的精神建立的，行政上归当时县农业局领导，业务上实行县和省双重管理，行政规格为副科级事业单位。由当时店下公社划拨店下大队土地面积约500亩，其中有茶果园220亩，耕地125亩、山林100多亩。选址店下后埕村作为场办基地，1963年合并商业畜牧场。当时有干部4人职工75人，主要经营水稻良种繁育和茶果栽培等。

1963—1982年生产分配按工计算工资。1983年起，推行多种形式的生产责任制，水田、茶园、果园包产到组，茶厂、碾米厂由职工投标承包，试验田定补贴承包。

在20世纪七八十年代，场部常住人口最多时将近300人。现有定编人员59人，在职工人数15人。现场部常住人口89人，为城镇居民户口，1989年场部户口全部从店下村划出，归属象山居委会。

自建场以来，良种场一直承担区域内农作物新品种的引进、选育、繁殖、试验、示范和推广任务，曾选育、筛选、推广了100多个新品种，为福鼎市农业生产发展尤其是粮食持续增产作出积极贡献。如今，是省级水稻新品种试验基地，2009年还被省农业厅推荐申报农业部"福鼎市国家级农作物品种子区试站"。

（本文据汪敬积口述和邱光祖提供的资料整理）

土地平整

☙ 张宗发

土地平整，是20世纪70年代响应毛泽东主席"农业的根本出路在于机械化"的指示精神而开展的。是国家发展农业生产的总体布局需要，将原状土地进行平整成片、成形，将土地小块拼成大块，田埂弯的改成直的，使灌溉、排洪、渠道、农田水利重新进行调整，使农业生产旱涝保收，增产增收，使农民受益，使农村发展，是一场受益于民的大运动。

店下公社党委、政府在福鼎县委、县政府直接领导下，公社党委书记周月俊带领党员一班人意志坚强、意气风发，敢于接受事物，形成一股上下一致，敢于同天斗，同地斗，同自然灾害斗的大无畏精神。毅然决定第一期中心放在岚亭大队搞试点，与秦屿公社"挑战"。从海田尾到硋窑岭脚，排开"战场"。搞大兵团会战，按工程总土方分配到各个生产大队。各生产大队抽调壮劳力，带饭、带菜、带被席。劳动现场红旗招展，人山人海，大张旗鼓地"农业学大寨"。各大队支部书记亲自带队，每个支部书记在动员誓师大会上表决心，保证不折不扣地圆满完成上级党委交给的战斗任务，场面非常壮观。各大队还组织民兵突击队、青年突击队、妇女突击队，气氛热烈、气派。总指挥部高音喇叭从早晨太阳露面到傍晚太阳下山，轮番广播，表扬先进集体、先进个人，热潮一浪高过一浪。从1971年冬季收成结束，冬种任务完成后就是服从命令听指挥，没有讨价还价的理由。干一处冬季，整个工程圆满完工。上千亩水稻田平整地整整齐齐，方方正正，一字排开，一溜溜，一排排。小块稻田变成大坵的稻田。高处的田土搬到低洼的田里，用锄头挖、掘，用土箕装，肩挑手提，没人叫苦没人叫累。整个场面只有争先恐后，你追我赶，形成的干劲热潮一波高出一波。从太阳上山干到太阳落山，好热闹的现代化人力竞赛。

第二年以岚亭大队为榜样，各个大队同样开展热热闹闹的平整土地运动。店下洋的四个大队，店下、屿前、东岐、溪美，以及半山区、山区的各大队全面铺开，改河道、改灌渠、改机耕路。同样使用锄头、土箕，肩挑手提，男女老少齐上阵，场面同样精彩，整个店下洋红旗簇簇，没有闲人，全部投入到平整土地的大热潮中。经过一个冬季的平整土地，店下洋的旧貌改变了，马埕洋、屿前洋、东岐洋、溪美洋小丘田看不到了，都是直溜溜大丘田。

  党中央、国务院为了农民翻身，农业现状改观，进行的土地平整运动是惠及百姓的大事、好事，是一个年代的丰硕成果，现在大型农机下田，效益大大地提高。大型拖拉机、犁田机、插秧机、收割机下田耕作，一是好用，二是快，三是双方都合算。实施家庭承包责任田后，种田大户都纷纷表示土地平整是一场革命，一大进步，确确实实造福于民。

虎头坝林场往事

李立华

原店下公社虎头坝林场兴办于1968年10月，地处店下镇南部，东连菰北、石牌村，西连原秦屿公社日澳村山杯，南至大、小箕笃村，北接三佛塔，辖三门寺、胡樟、虎头坝、石中门4个林区，为当时店下公社集体林场。总面积7400多亩，场内山峦起伏，地势高峻，是店下溪美龟墩水库、箕笃葫芦湾水库、秦屿日澳山杯水库的源头。1982土地体制改革后，划归给秦屿镇3520亩，店下镇剩下3880亩。

建场之初，时任公社党委书记周月俊，找来当时在任溪美公社社长李守排同志，告诉他："党委决定在三佛塔、溪美、石牌、大、小箕笃及日澳之间的这片荒山，兴办店下人民公社集体林场。并任命你为场长。"几天后，公社从各大队周边的生产队村民中抽来二十几户村民，组建店下公社林场。

第一代林场人在无房、无路、无电的"三无"条件下，举家迁来林场驻地，分别安置在三门寺、安竹垅、虎头坝、石中门四个点。只有三门寺利用原来寺庙的房子，员工可直接搬进入住。安竹垅原有八户村民收录为归林场员工，所有山林充公，保留几分山田和自留地。其他地方都临时修筑茅草房安置，大家坚持边基建边修路，劈山整地，植树造林。

创办初期是最艰难的一段日子。当时，温饱都成问题，林场职工常常在山上挖野菜充饥。可他们从没有想过放弃，一门心思想要把树种下去，憧憬未来林木出产时带来的美好生活。那时，场里社员职工生活极度困难，平时劳动跟在原户籍生产队一样都是按工分年终分红，每天也就几毛钱。

老职工李传思至今记忆犹新。建场时，当时场部每个点的房屋是林场职工自己动手盖的几间非常简易的单层砖房，四周的墙有的是用石头和土墙夯的，上面用茅草苫盖。当时林场的职工无论在场部还是在工棚都是住这种简易房，靠烧柴做饭，后来，公社建了两座砖瓦房，给林场办公和上山下乡知青住。造林拉苗木，全靠步行肩挑，那时造林"两头黑"——早上摸黑起床，晚上黑天才回到林场。林场就是一个公社办的小社会，社会上的一个大农家。有时大家还要白天上山，晚上开会。后来，知青们来了，每周都要组织学习。

农村天地犁耙能手（1970年店下知青点）（店下镇党政办 供图）

20世纪70年代初，为响应号召，福鼎知青分为四批先后来到了虎头坝林场。

第一批是1973年6月，下派到林场的知青有王文辉（福州籍）、王怀仁、刘正销、周志诚4位。

第二批，1974年7月，下派知青有王斌（女）、王秋缘（女）、方宣瑜、刘晓鸣、李言照、余向群、林宗斌、林宣玉、林惠水、林俊银、黄绵祥、刘雪珍（女）等12人。

第三批，1975届毕业下乡的有：陈晓庆、张书斌、林细霞、林俊明、柴素菓（女，天津人，时流江部队首长女儿）5人。

第四批，1977年7月13日到场有王绿卿（女）、庄友来、李桂英（女）、李茂灵、陈雪玲（女）、张淑萍（女）、徐亦良、喻守明、黄海燕（女）、刘晓文（女）等10人。

店下是福鼎米粮仓，农业大镇，当时有好几个知青点。知青们先集中到店下公社开欢迎会，然后各奔知青点。知青都是从集镇分开出发，带着几许兴奋和期待踏上征途。虎头坝林场算是最远最高的，知青们刚开始的感觉几乎是失望与无助，背着行李在崎岖的山间小道艰难地爬行了快两个小时，想象中的林场才出现在他们面前。那林场——供他们安身的一座石头楼板房、竹木条钉的木床、潮湿的泥地……"每批刚来时，都逢暑假大热天，山上卫生条件差，没有卫生间，只有简易公共厕所，晚上蚊子多，冬天山间霜冻厉害，洗脸巾经常都结上了冰。我们带来的薄被、大衣都不足以御寒，我们甚至想到在被子上压些书本来保暖，当然无济于事。"老知青们回忆说。

知青们跟林场员工同等待遇，真正过着贫下中农的生活，每天工资8毛钱，第一年国家每人每月补贴12斤大米，后来改成每月8元钱补贴。生活条件十分艰苦。但他们跟着农民员工，开荒整地护林的热情却依旧高涨。只要天气情况允许，他们每天都要上山开垦二三尺宽的水平带，为下一年造林整好地。手捏锄头，腰挂柴刀，脚上穿的是解放鞋。这些粗笨的装备常常使知青们娇嫩的双手磨出血泡。坚持！大家相互勉励，共同坚持了下来！虽然当时普遍只有如紫菜虾皮汤那样的伙食，但他们吃得也很开心！劳动的收获填充着他们枯燥乏味的生活。

老知青黄绵祥说，林场缺少文化生活，那时只有半导体收音机，平时只能看到一份《福建日报》和自带的书籍，生活十分单调。以致每到星期天，就有几位十七八岁的小青年倒在床上哭，想念家中父母兄妹。年纪大的知青就安慰他们、鼓励他们！比如先到林场小卖部赊两斤"店下茅台"和他们分享，那都是一次非常难得的熨帖了！但二三月过去后，苦中有乐的滋味也让大家逐步适应了艰难，并开始要求自我做出点成绩，像学习整地育苗，与场里农民社员一起下地干活，俨然就是农民，只比农民多读几年书而已。他回忆说："我是第二批上山的，1975年被公社派下来当农村电影放映员。那时林场知青们的生活很艰苦，每年秋冬，为了增加林场集体收入，大家将修剪下的树枝和山草堆积打捆，联系好客船，再一担一担从林场挑到筼筜码头出售，一担卖不到一块钱，半天来回只能挑一担。"

第三批知青李桂英是个性情开朗人，她说："那时我们来回都是靠步行，每次经过三门寺长坑的溪水都会喝上几口，又清凉又爽口！偶尔双休日听到溪美村有放电影，我们几个年轻的就会为了看场电影，来回步行两个多小时，夜晚回来，还得穿越又长又黑的长坑，那时一点都不累，第二天起床继续干活。真值得回味。"

"每年初春，造林前要在荒山上劈坡整地。山高坡深，乱石青苔，山顶小道路狭难行，往往两边就是陡坡深沟，使我们低眼一看就忍不住背脊出汗。过程是惊险的，但劳动的成就感却更令人喜悦！造林的基本方法是'一锄法'，挖、插、打实，我们青年人经过一番锻炼学习，后来也能完成半天300株的要求了！我原本都想这辈子只能死心扎根林场了，连老婆都带上了。"第一批来、住得最久的周志诚老知青说。

"那时候条件很差，我们不仅种树还要参加双抢，收稻子插秧，稻田里蚂蟥特多。"天津籍女知青柴素菓的一句话，又勾起大家深深的回忆。

巽城女知青王秋缘满怀深情的回忆：

那时我双手采茶，场长老李叫我"双枪老太婆"。谢谢他给我莫大的鼓励！我越采越来劲。无论我走到哪里，他都是满面笑容地向我问好！他真是个贴心的好场长。在他的关心下我很安心扎根知青点，真不知他现在还健在吗？

1974年7月我从店下中学毕业，我爸就斩钉截铁地对我说："你要听党和毛主席的话，去上山下乡，走光明大道，我是没法再养活你们。"同时叫我姐也退婚去上山下乡。我们兴高采烈地下去接受贫下中农再教育。

7月6日我到虎头坝林场，展眼眺望近万亩松林被风一吹哗啦啦响成一片，刚好，两只野鸡昂首独立在对面的岩石上，迷人鲜艳的高山映山红婀娜多姿频频向我招手，别提多高兴，我从没见过这时候的映山红，是它掀起了我对美好未来的美好憧憬！

当时场里一天就给我3分工钱，一段时间就分给我一些地瓜米，我再把米向管理员爱花同志换成地瓜米，节省着吃，平时只靠国家分配的8元生活，不向忍辱负重的爸爸要一分钱。我终于独立了，减轻了爸爸的负担。我高兴我满足，虽然三餐没菜吃，我就喝泡茶饭，饭吃饱就不亦乐乎！我乐观满足。

我们去时林场知青宿舍已建好，我被分配在一楼最角落的一个小房间，一张床铺，还有一张桌子。二楼有男知青，我们见面都会问好，晚上收工，我会随手采一把映山红，插在玻璃瓶里。吃完晚饭独自欣赏，偶尔有绵祥大哥带一些男同学过来玩，我很欣喜。

一次我觉得无聊就跑到苹妹姐（王斌）那里睡，第二天老鼠在我房间被窝里生了一窝小老鼠，红红的，真的又害怕又搞笑。男知青林惠水竟然把它们装在火柴盒里，在我面前晃来晃去，我简直疯了，吓得浑身发抖，哭了起来。我没被子睡了。怎么办呢？

最惨的一次，春耕开始了，田里水冰凉冰凉的，七点出工，我卷起裤腿踩下去，嘴唇发抖，早上吃'咸带柳'下饭，嘴巴一开始就很渴，大约过了二十分钟，我实在口渴难忍，就用双手把田里的水一捧一捧往口里送，幸好没拉稀。生活总是有苦有甜，这就是我真实的知青生活。

有一阵子，老知青刘正销被分配到林场最边角的一座茅房住，离知青点将近有一里地，我到他们那里采茶他就多准备一份我的饭菜，虽是一碗紫菜汤和一碗饭，可就觉得忒好吃，感觉开心又温暖啊！他还不停地说音乐家来了！因我当时唱歌还算是比较特长的，经常被店下文工团召去下乡，一起参加唱歌、跳舞表演等。现在想起来还是感到无限地欣慰，谢谢正销大哥。

一次我喉咙红肿起来，福州籍的王辉同志拿出自备的银针给我针灸，没想到一忽儿工夫真的好了。两双眼睛一对视，想一下扑哧一声笑出声来。

"王怀仁到场里不知多久，我见到他时眉清目秀，脸色白净，瘦高挺拔，十分帅气。他总是拿眼睛说话，我很好奇总想和他见见面，可他不知啥时走了，我的心里总觉得像失去了什么，空落落的一种说不出来的感觉。

总而言之，经历了一场史无前例的"文革"和上山下乡，锻练了自己也了解了人与人之间的复杂情感。

老知青刘晓文时时沉浸在充满童趣的回忆中：

我是刘晓文，1977年7月从城关来，属最后一个人，独自来到虎头坝上山下乡，我在林场插队时安排与平妹姐同住楼下一间，承蒙大姐在劳动和生活上给予我的关心帮助，不觉孤单。那时很单纯，生活虽有些苦，但我们毕竟年轻，集体的知青生活很愉快，真值得怀念。那时每周末都要组织学习时事新闻、批林批孔、《毛泽东选集》等，上面好像有重大新闻，就要求聚在一起收听，但都没有磨灭大家造林护林的干劲，坚持做到生产学习两不误。

当时，每月国家补贴8元，我来时工分提高到2毛钱，年底结算我还有余30多元。男生好像都不够吃，经常向小卖部赊账，他们主要买酒喝，我记得最喜欢干的事，就是轮当巡林员，可以顺便采些野菇、野蒜回来煮薄面条和地瓜粉条吃。男生们劳动之余，抓蛇，杀狗，偷拨农民种的黄豆。带枝烧着吃，哈哈，当时没东西吃，年轻食欲好，什么都好吃。因我时常一人回家返场不敢走山路，经过多次申请，一年后被照顾转到后坪大队（现称三佛塔村）插队。

林场的确值得大家回忆和留念，当时，我们有几个知青，还在石头房前面空场地边，每人种了一棵杉树（取名"扎根树"），表达扎根林场的决心。知青点还成就了我们知青中两对美满姻缘。我们彼此相识一场，同吃同睡同劳动，上次虎头坝寻找青春的痕迹，大家都很激动和珍惜，愿我们都安康吉祥！

女知青林细霞每每看到与柴素菓的合影就笑着说："店下的水很会养人，在虎头坝吃蕃薯配'咸带柳'还会把我们养得这么胖，非常羡慕那时的岁月，我现在怎么吃也都胖不起来。"

随着知青的增多，1974年店下公社考虑知青管理问题，专门为林场配置了知青点负责人。第一位下派的公社干部是巽城人钟友仁，协助老李场长专门管理知青，第二位来替换的干部是店下磨石山人李笃树老干部。

时光如流，岁月不居。一转眼，知青们就"成长"了。这不仅仅是年岁的增长，也有对林场工作适应力的提升。慢慢地，他们不仅熟练掌握了育苗、造林、抚育、防火线维护、制茶叶等十八般林业专业技术，还努力学习和提高文化知识水平。1978年10月，上山下乡运动停止，政府着手妥善安置知青的回城和就业问题。第三批来得知青，时间最短，有关系的人不到一年就开始陆续下山了。1979年后，绝大部分知青陆续返回了地方，随着政策开放，知青们陆陆续续离开了林场。那时除了参加刚恢复的高考，大多数人都被安置在父母亲的原来单位上班。

到了20世纪80年代，林场职工主要的交通工具还是步行。随着林场发展所需，林场买了一辆手扶拖拉机，造林拉苗子，拉工人就全靠它了。各个方面条件相对好了些，林场职工们都说，这是吃着甘蔗上台阶——步步高来步步甜。

每天工作十几个小时，一干就是30多年。这30多年里，谁也说不清这群务林人流了多少汗，挑坏了多少把扁担，磨坏了多少把锄头，挖断了多少把铁锹，磨坏了多少双解放鞋……他们把青春奉献给了公社林场，收获了满山绿色。

老场长章学祥说："说起虎头坝林场，最让个感动的还是场长老李同志。老李是首任场长李守排，林场及周边村民们都叫'老李'，称他是"林场活地图'。"他不喜欢人们叫他场长，在林场干护林工作时间最长，工作扎实，经验丰富，办法多，在林场没有事儿能难住他，又热心肠，又乐于帮助别人。那时的场长和工人一样，在办公室待的时间少，平时要么就和生产的人研究如何造林，在哪造林，哪块林子该幼抚了，要么就和林区的工人一起上山去栽树，测量，一心扑在工作上。他没读过书，场里什么事都很难瞒过他，拿发票给他报销签字，他从不签名，先听你汇报什么开支，然后从裤腰暗袋中掏出一粒随身带的小方形牛角章一盖就通过了，月底财务会记跟他汇报账目，他能分文无差说出每笔收支。别看他平时就爱喝一杯小酒，清醒得很，从不含糊。林区的群众熟悉他，林场职工喜欢他，都喜欢叫他一声"老李"。

李守排1955年参加土改工作，自1968年林场开创任场长，一干就是30年。他常说："我喜欢山，我喜欢看树苗成林，我喜欢把山变绿的感觉，我喜欢在林里穿行的意境，我喜欢护林这份工作。"场里7000多亩的林地，哪个沟岔坐落在哪，和集体、个人的界限在什么地方，哪片哪山的哪棵树多大，杂木、松木、杉木他都胸有成竹，哪棵树被人砍了一看便知。知青们刚到林场当护林员，对辖区林情、边界四至、社情民情都不了解，工作闲暇，老李都会就主动帮助他们，从三门寺到安竹垄、石中门、虎头坝、日澳山杯，他领着新来的知青逐地块告知边界四至、面积、以往的管护情况，逐山逐片告知哪个村有几群羊、几群牛、几个喜欢盗砍林木的人，有几位"林区五种人"，村生产队长是谁，然后再带领大家到各村各组走访、签责任书、到各家做工作，讲简单的林业法规。在他的帮助下，新来的知青们很快成为护林阵线的行家里手，成为护林队伍的新秀。

当时交通不好，造林苗木运到造林地，要两三天，再假植，然后再上山造林，成活率大打折扣。为了克服这个难题，老李找到县林业局，请来技术员到林场一同研究，最后决定：先按不同地块分别进行三至五年的造林规划，然后在造林地附近选址，实行山地全光育苗，从而有效避免了苗木运输中失水，提高了苗木适应性和造林成活率。这些山地育苗床，有的现在还有当年育苗的痕迹。

提高造林成活率，缩短起苗到造林时间，也非常关键。老李每天要比工人起得早一点，去苗圃把准备新起的苗子检查好，才放心的让大家送到造林地，他就像幼儿园老师爱孩子一样照顾好每一株苗木，给他们包装好，不让他们失水，不让他受到伤害。经过他检查过挑运到山上的苗木，全都像哨兵一样精神挺拔。

随着栽植树木的增加，林场防火的任务也越来越艰巨，林场人很自然地就多了一份责任——护林防火。由于林场人员少，老李场长不但是林场场长，自己还兼职林区护林员。

经过十几年的拓荒培植，知青们辛勤的汗水已经浇灌出一片生机勃勃的人造林。然而，林木被盗伐的担忧伴随而来。那时候，植物燃料稀缺，连茂密树林下的柴草、树枝条时常都被周边村民来偷割，偶尔还会有人盗砍林木，甚至出现村民白天公然上山，三五成群拿着两枪担、柴刀冲击护林房的现象。在老李的带领下，护林员据理力争，严厉地指责，同时与村民真诚沟通，多次化解了纠纷，保护了集体财产。当年，公社武装部为林场专门配备了枪支弹药，组建了林场知青民兵队，乱砍盗伐不法分子时有被抓获。轻微的按规定罚出资放映一场电影，盗伐者要在现场公开认错、表示悔过，这在农村算是很丢脸的事。偶尔还有周边群众想以场地纠纷为由，找碴恐吓护林员，老李坚决据理力争，而对私下求通融的，老李总是说："放心吧，我不会无故为难你们，只要大家讲理。"

走进虎头坝林场，就像走进一个天然氧吧。每一棵树的成材都是一滴滴汗水滴成的，一片山林的成器却是无数个身影站立而成的。松林的色彩时常和护林员的脸色一同呈现。护林人粗犷的吼声如同喇叭一样，萦绕林间，余音阵阵，令偷盗者闻风丧胆。一把割草镰刀在手，时时在砍断生活的艰辛，深邃的眼里透出松树的性格，为自己奔波，也在呵护整片山林。林间的小路纵横交错，孤独、乏味地日复一日来回行走，曾经磨破护林人的鞋底而熟记于心。手上的老茧亦如松树皮，剥落了又生长。蘑菇的清香弥漫林间，在护林的同时，也从一棵棵松树的颜色上读懂坚守。

在老李的带领下，林场人始终把保护培育森林资源作为首要任务，开辟防火线，建设林区道路，组建护林员，累计育苗培育各种林苗1000多万株，造林7000多亩、其中杉木林2000亩、松木林4800亩、自然杂木和毛竹200多亩，茶园41亩。用以维持生计的水田、农地近50亩。场区内森林覆盖率从原来的10%达到1980年的96%。几十年来林场没有发生一起大的森林火灾，成为福鼎县保护森林资源的典范。虎头坝林场第四任场长翁华基回忆：每年正月每天天不亮，林场人就扛着锄头，挑起装着树苗的篓筐，上山挖坑、栽树，一直忙到太阳落山。第一任场长老李带领大家干了十几年，我来时，他已退休，但还坚持在场里担任护林员。

翁场长还说："我是箕笃人，打小就知道，五十多年前，这里曾是一片荒山秃岭。我来时已经过十几年努力的虎头坝林场，历经一代人的艰苦奋斗，造林7400亩，植树50余万株，当年已经是满山绿色，原先的荒山野地变成了一片林海。"

第三任老场长章学祥还很惋惜地说："1991年，老李带着他的二儿子，也是原林场老员工李传星，拿着一张店下镇政府特开的证明，企业站为老场长特批一根杉木，送给他做寿木，以回报他毕生为林场所作的特殊贡献。我当场就开口说：'老李我陪你们去长坑，你只要看上哪一根，你随便砍。'我和他们在长坑（三门寺到安竹垄的山坳，林场杉木最茂盛的点），来回找了好几趟，看这棵他嫌大，看那棵他又说不行，在大路边的怕影响不好，一直都舍不得砍下一颗。他儿子气的扔下斧头，一边要走，一边生气地说'我不砍了'。最后，在我一再劝说下，才勉强砍了一棵普通大小又不在路边的杉木运回。2010年，全市实行殡葬改革，他交代家人坚决要火葬，很后悔说当时批了那棵寿木。他于2010年8月11日寿终正寝，享年八十四岁。最终，还是舍不得带走一棵自己一手培植大的树木啊！"

30多年，一万多个日夜，历经六任班子的努力，荒山植树300多万棵——虎头坝林场人和一代知青用毕生事业诠释了艰苦奋斗，无私奉献的"虎头坝精神"。这群老林场人子女有的接过父辈传来的接力棒，勤勉敬业，一张蓝图绘到底。他们始终坚信：绿水青山就是金山银山，有决心和勇气一直栽下去，坚决守住店下人民这道亮丽风景线。

2020年11月28日，当年的知青组织了返城后的第一次聚会，大家一致提出重走虎知青点，回到了当年虎头坝林场。听说老李走了，大家很是伤感。"萍姐"王斌打听到老李走了，感慨地说："在林场期间，李场长就像父亲对子女一样的关心、爱护我们，和我们同甘苦。他离开人世我也不晓得，否则，要送他最后一程。"王秋缘又是眼含泪水深表哀思地说："李场长虽离我们远去，但我们永远想念他！他的音容笑貌历历在目，他对我的关心我将没齿不忘，他喜欢表扬大家，从不随便批评、苛责我们，他是个善良忠厚的老场长。感谢老场长的关心和爱护。最后我们没送他一程，是我们一生的遗憾。"

由于体制改革及林场管理方面的问题等诸多因素，虎头坝林场于2004年出租承包给私人经营，后因受2006"桑美"台风影响，允许其进行砍伐改造，所有成材林被砍伐改造成现在的速生林，有的被改造成茶园、油茶园或种上黄栀子，昔日的林场已成为我们过去两代人的记忆。

（本文参考了老场长章学祥、翁华基，老知青黄绵祥、周志诚、王秋缘、李桂英、王斌、刘晓文、林细霞、柴素菓，老员工李传思、黄加姜等提供的资料，谨此特表谢意）

包田到户

钟而赞

"那年我才30岁，任溪美生产大队党支部副书记。县委工作组主持召开村民代表大会那天，离过年就剩下4天。会是连夜开的。"

王为春所说的这次会议，是1980年农历年底在店下溪美召开的推行家庭联产承包责任制试点工作的村民代表大会。1980年9月，中共中央下发《关于进一步加强和完善农业生产责任制的几个问题》，同年冬，福鼎县委派出工作组，选择店下公社溪美大队作为试点单位，时任县农业局副局长卢家旺带领县农业局经管干部前往溪美大队蹲点开展家庭联产承包责任制试点工作。

其实早在1979年，店下的一些生产队即已经开始探索农业生产责任制改革，实行"定产到田，分户管理""三包四统一"的经济管理办法，解决了集体与社员之间的矛盾，调动了社员生产积极性，获得了增产增收。中共中央发出的《关于进一步加强完善农业生产责任制的几个问题》，是从政策上对在生产队领导下的包产到户给予了肯定。

"工作组来村里开的第一场会，地点在大队供销社的化肥仓库，参加会议除了工作组同志、公社干部、大队干部，还有各个生产队的代表。我们大队有29个生产队，每个生产队都来了十几个人，总共有两三百号人。要讨论的事关系重大，大家都很重视。绝大多数干部、村民对包产到户、包干到户都很拥护、很支持，会后，每天都有人到跑来问什么时候可以分田。当然，也有人表示担心，怀疑包产到户、包干到户的路子对不对，能坚持多久。"

县委工作组就联产承包责任制的具体做法向村民代表们做详细解释：将生产队集体耕地分包给农户耕种，承包户的生产收入扣除生产成本和交售征购粮、加价粮及上交"三金"（公积金、公益金、管理费）后，余下全部归己，体现多劳多得原则。承包户需合理负担义务工。林、茶等项目，也实行联产计酬承包到户或到组。承包年限为五年，由农户与发包单位即生产队签订承包合同。

为了赶在来年春耕备耕前完成分田到户工作，确保不误农时，在县委工作组的指导下，生产队干部抓紧时间丈量田地，研究制定分配方案，发动队员与生产队签订承包合同。

"那段时间我们这些生产队的干部很忙，也遇到很多困难，毕竟是新生事物嘛！最关键的当然是田要怎么分。田有两种，一种是水田，一种是旱地，也就是山林地。总体上按人口数平均分配。田地的优劣在制定分配计划时已进行过适当的搭配，不过肯定不可能做到完全均衡。为了公平公正，田地以分配计划的搭配为根据，不再分一等二等三等，分配采取大家最认可的抓阄方式，每户来一名代表抓阄，从第一阄到最后一阄，抓到第一阄先挑选，抓到最后一阄最后挑。这样大家都没意见。"王为春说。

实行农村联产承包责任制是农村经济体制的一次历史性重大变革，极大地解放了农村生产力，激发了广大农民的生产积极性，大大提高了劳动效率，从而掀开了农村经济发展的新篇章。王为春清晰记得，1981年农历新年刚过，正月初五家家户户就抢着下地上山劳动，溪美村往日冷清的田地里就呈现出一派忙碌的景象。

"以前烟筒带到田里干活，还没插秧就开始抽烟筒，一整排坐在田头，没半个小时也要十几二十来分钟。分产到户后插秧，连烟筒都不带了，抽香烟，香烟可以边干活边抽，这样就不会误工。过去是'出工一条龙，收工一阵风'，什么意思呢，出工慢吞吞，队伍稀稀拉拉着能排成一条长龙，收工一个跑得比一个快。活也做粗糙，田头田尾的草包住了稻株，也没人割没人理。包产到户后，许多人天不亮就到地里拔草施肥，农活做得精细，田埂被清理得干干净净，一根草都见不到。思想变了，过去是力气藏在骨头里，现在是力气全使出来了。"

当年，溪美大队就实现了粮食生产大丰收。王为春家分到了两亩八分地，早、晚稻两季稻谷收成40多担。王为春说："大集体最好的时候，一亩也只收成七八担，现在一亩都是十二三担左右，我家一个人口分两分八的土地，十个人口分两亩八，两季共收稻谷40多担，算来每亩收成1400多斤。"

王为春至今还收藏着《国家粮食收购收粮证》。收粮证标明，他们一家每年应交粮食104.5公斤。"1981年是第一年，第一次收获了这么多粮食，除完成国家收购粮的任务，剩下还很多，肯定吃不完，不过很多人都没拿去卖，吃不完就藏在谷仓里，一是过去饿怕了，二是怕政策会改变。直到第二年，粮食生产又获得大丰收，政策也没有变，大家才放下心，把第一年的陈谷子向市场出售。这也是店下公社历史上第一次有社员卖余粮。"王为春说。

在溪美开展试点工作为新政策在全县推行积累了宝贵的经验。1982年，家庭联产承包责任制开始向全县铺开，全县5537个生产队全部实行包干到户，当年福鼎农业生产迎来了有史以来第一个丰产高产年。而随着家庭联产承包责任制的全面实行，农村经济焕发出蓬勃的活力。1983年秋，福鼎县委派出学习考察组到四川学习县乡体制

包产到户大大激发了店下农民的生产积极性（店下镇党政办 供图）

改革经验，带回了鲜活的新经验，全县 14 个公社都建立了经济联合社，指导各种合作经济的经营管理工作。1985 年 7 月人民公社改制为乡（镇）人民政府，经济联合社下设企业办，指导管理乡镇企业，推动乡镇企业蓬勃发展。农村经济出现多种经济形态并存的新面貌，除农户个体经济，还有农户之间合资经济、集体与农户合资经济，专业户、重点户、联合体不断涌现。至 1989 年，全县农业总产值增长到 30299 万元，比 1978 年增长 61%，农村合作经济收益分配中农民个人所得每人平均 386 元，比 1978 年增加 319 元，比 1957 年增加 345.5 元。农村经济全面发展，欣欣向荣。

杨岐汽船埠

🖋 张宗发

　　店下镇杨岐汽船埠，已有70多年的历史。

　　店下洋原来是沙埕港湾的一片内海。涨潮时水深3–5米，可挂网而渔；潮退时是一片滩涂，可拾取螺蛤，讨小海。

　　店下洋东至沙埕港，西至岭店脚、坑门、后埕，南至溪尾林西桥、淡港、城门子、涵头、玉岐，北至罗口、西岐，方圆万亩。早先，店下洋有店下渡、牛矢墩渡，舟通沙埕渡、巽城渡、流江渡、石龟渡、八尺门渡、后胆渡、塘底渡、水北渡、前岐渡、桐山渡。明清时期，先辈们在店下洋开始围海造田，海堤一直向东筑至蚶姆塘、牛矢墩，以致舟进不了店下渡，就形成了杨岐埠头。

　　最早埠头选择在岙坡鼻，用木桩木板搭成的，当时埠头窄而矮，加上年久失修，很不安全。1949年后，人民政府投资重建杨岐埠头，由岙坡鼻向上延伸五十多米，选址至蚶姆塘向村头。埠头选用石料砌筑，中间有一段采用木料架设，是考虑到涨水涨退时的潮水冲击而设立的，上面行人，底下过水，非常合理。

　　该埠头的设立稳定了船只停泊，方便船只通往沙埕、桐山、流江、澳腰、南镇、巽城、石龟、白琳、点头以及外海的福州、泉州、厦门、温州、上海等地。埠头还专门雇佣一位钟氏老者在管护，退潮时扫除淤泥，清扫垃圾杂物。

　　埠头早时只有帆船、小舢板停泊。直到大概是20世纪50年代末，福州马尾一公司派出一艘机动船，很是洋气、气派。当地人从来没见过这么大的庞然大物，行走起来比帆船还要快得多，都觉得很稀奇，觉得船上喇叭响起来也很悦耳好听，所以人们就将这艘船叫作汽船，埠头也随之叫"汽船埠"。

　　这艘汽船从沙埕载客，从沙埕埠头进港（涨潮）经停杨岐汽船埠带客，经巽城海尾，从前岐海尾驶入桐山缯坪埠头。那个年代交通十分不便，陆路没有公路没有汽车，只有步行，因此该汽船是人们出行的主要依靠。店下、秦屿、硖门等乡镇的干部群众到县里开会或者进城送卖农产品、购物等，都依赖这艘船。后来店下人民公社、屿前大队先后各购置了一艘机动船，往返桐山等地，福州的这艘汽船就返回福州了。客人来往就乘坐后来购置的这两艘机动船，同样按流水进、出港，从杨岐埠头进港，经停巽城海尾，到桐山一般停靠在水流尾、后胆、灰窑。行驶两个小时左右到桐山。

因受潮水限制，这两艘船在涨潮时顺水进港，返回时退潮顺水返回，一天一流水，台风天停航。因为进城开会、办事、走亲访友都要乘坐，所以船上常有些乘客手提肩挑些许农副产品、禽蛋鸡鸭、生产生活用品等。

杨岐汽船埠头在当时可以说热闹非凡，尤其逢年过节更是人声鼎沸。埠头还设有小客店、副食品供销点。小客店是为赶早潮水的远方客人提供住宿。远方客人因早潮赶不到，必须提前一天到而住下。副食品店则提供糕点、烟酒、小吃、食杂等。

杨岐汽船埠经营了几十年之后就告别了历史。一是因为国家经济发展，公路一条条铺设，汽车也能畅通无阻；二是龙安围海造田，内港没有了潮水。现时想起来，杨岐汽船埠的那段流金岁月都是乡愁的记忆。

现今，杨岐汽船埠已不存在，乘车出行已经是很方便了。店下至桐山及各个乡镇的汽车比比皆是，道路四通八达，交通畅通无阻。

还记得20世纪70年代，店下的客运班车只有两班，上、下午各一班，而且是回头车，没有绕行的路。现在不仅可以回头，还可以从龙安往八尺门绕过去，也可经大坪头走。不仅如此，今年沙埕湾跨海大桥店下巽城互通口至店下的双向四车道的大坪头隧道又动土建设了，以后店下至桐山仅需20分钟左右就可以到达，靠步行、乘船的出行方式更成为历史了。

每每我将曾经仅能步行和乘船的故事告诉下一辈，晚辈们几乎可以说是不敢相信的，他们认为坐车都很累，怎么能仅靠这样简陋的交通方式走到桐山呢？在他们的理解中，这是完全不可能的。如今，我国的脱贫致富创造了前所未有的辉煌成就。各民族人民欢欣鼓舞，斗志昂扬，不断为中华民族伟大复兴的中国梦努力拼搏，勇攀高峰。

筼筜边防所

◎ 李立华

　　边防所选址在筼筜村，占地面积1200平方米，建筑面积600平方米，当年驻有武警战士近20名。于1982年11月成立，刚成立为正连编制单位，1985年后转营级，担负着沿海社会治安管理和边海防管理工作。关于筼筜边防所的经过，我幸运的采访了曾在那里担任所长的张利榕同志。

　　1980年，全国国家口岸和地方口岸的边防检查工作由军队移交公安机关担负，边防武装警察部队组建，由各级公安机关直接领导；之后列入中国人民武装警察部队序列，担负国家授权地段的边防武装警卫、边境管理、出境入境检查等任务。武警边防部队执行中国人民解放军条令条例，实行义务兵和志愿兵相结合的兵役制度。在沿边沿海地区设边防支队。经省公安厅和武警总队批准，成立福鼎市公安局边防大队筼筜边防支队。

　　老所长张利榕介绍：筼筜边防派出所从成立到撤销，历时6年，共3任领导。第一任指导员邱学贝（已故）主持工作，配有副所长彭明华（1985年调南平）。1984年，第二任所长庄国贤主持工作。1985年、1987年庄国贤所长调往泉州，邱学贝指导员退休。第三任由张利榕副所长主持工作，边防所由连级升转营级单位。在此期间官兵多的时候20多人，少的时候10人。1988年、1989年兼负福鼎边防新兵培训任务，全市所有边防武警新兵都要来筼筜集训，最多批次有50多人。

　　筼筜村因地处福鼎市东南沿海，晴川湾畔，台海之岸。自古为兵家必争之地，史上多次屯兵。明洪武二年（1639），福宁府即在此设巡检司，考筼筜旧城，《州志》《省志》皆为大筼筜城；由蒋洋巡检徙置于大筼筜，为大筼筜巡检司。配有弓（机）兵100名。

　　解放战争时期，1930年7月在筼筜成立福鼎县境内第一个"农民小组"、第一个贫农团、同年10月先后成立第一支革命赤卫队、第一个苏维埃政府、第一支海上游击队、第一支肃反队、第一个武装独立营、1932年冬成立第一个党支部、第一个沿海区委、第一个妇女会、第一个儿童团等革命组织。曾为革命事业而作出了重大牺牲和卓越的贡献。全村遭受疯狂的烧杀抢掠，被烧民房40多间，被摧残死亡绝户16户，被杀害的革命志士100多人，为此筼筜村被冠以"福鼎革命第一村"，是"福鼎革命策源地"。

1955年3月，鉴于浙江沿海敌占岛屿全部解放，华东地区对敌斗争的重点已转至福建方向。为适应今后对敌斗争的需要，有利于转入正常防御和部队的军事建设，经中央军委批准，华东军区3月12日颁发了《海岛守备部队及边防部队的组织与部署调整计划》，明确了海岛守备部队及边防部队的任务、组织形式和隶属关系，并对福建、浙江、江苏和山东四地区的部队进行了部署调整。当时，鉴于台海局势紧张，入住筼筜解放军一个加强连分散荫蔽于老百姓家中，平时帮助村民挑水劈柴，战时演练，驻军历时近两年，军民亲如一家。

1989年随着国家战略调整，上级决定撤销部分基层边防所，筼筜边防所也在撤编之列，于1989年12月撤离筼筜。边防战士走后，原建设的营房及场地被村里扩建为筼筜小学，部分改建为"筼筜革命纪念馆"，供后人参观。

店下农哥造大船

◎ 良 琮 绵 祥 庆 游

1994年11月上旬，福鼎县店下镇关盘村鼓乐阵阵，一艘由320吨钢质货船改扩的520吨的新货船，沿着船坞徐徐下滑，平稳地停在海面上。这船是陈家四兄弟联办的钢质船修造厂改造的。

陈家四兄弟曾在浙沿海一带修船。1981年，四兄弟回到关盘村，搭起了简易房子，开始了造船生涯，从造小舢板，发展到造200多吨的渔船。可他们不过瘾，要造大船。1993年3月，陈家四兄弟又办起福鼎县渔轮修造船厂修造钢质船。

招牌是挂了，但陈家四兄弟懂得，光靠自己十几年的技术和经验是不行的，特别是要修造钢质船。为此，厂里派人到厦门水产学院培训，学习船体设计，同时选派20多个工人到省渔轮厂进修，学焊接、轮机、装配、冷作等技术，并从省渔轮厂聘请了3位工程师驻厂指导，各项技术要求得到省船检处的认可，1994年8月，正式承担钢质船的修造。前来联系修造的不仅有本省各地和浙江、江苏等省，香港的一些船只也来联系。现在，这个厂已拥有工人110人和50名技术人员，最大的可造千吨的钢质船，当年的产值可达到500万元。

陈家兄弟创办的钢质船修造厂即现在福建立新船舶工程有限公司的前身。经过四十多年的发展，如今已成为福建省十佳渔业船舶修造企业、福建省名牌产品企业，获得农业部批准承建一级渔业船舶的资质证书，具备省经贸委批准二级Ⅱ类钢质一般船舶生产能力，年生产能力达百艘以上，在技术进步、产品创新方面成果丰硕，先后获得国家实用新型专利16项。

露天电影

<small>李立华</small>

记忆中童年最兴奋的事,应该就是看电影了。20世纪70年代,农村乡间的生活是枯燥单调的,以前儿时的娱乐活动很少,看电影就是那时生活中重要的文化娱乐活动。

刚记事时,我就疯狂地爱上了看电影。看电影为我们那一代的少年儿童增添了无限乐趣,也让我们增长了许多知识。每逢听说放电影,我就像过节似的,欢呼雀跃,奔走相告。

我懂事的时候六七岁,公社刚好成立电影放映队,每有新影片发下来,放映员就会逐村去放映。放电影的地方也有讲究,第一需要在村中有宽敞的地方以方便大家观看。地点一般是农村的晒谷场或者是学校操场,其次,最好前方有两棵相距合适的大树,可以挂屏幕。若没树,就要提前立两根毛竹竿,经常放电影的村,会长期立着两根柱子或竹竿。晚上有放电影的都会提前把银幕先挂起来,就成了"露天电影院",类似当广告。一块黑边白色幕布、一部放映机、一台发电机、一束光、两个放映员、一群人,就构成了"露天电影院"的全部要素。

那时听说晚上有电影,占据好位子是最重要,还没吃晚饭,各家小孩就早早地搬着自家小凳子、来到场上占位子,凳子有高、有矮、有长、有短的参差不齐,很多人都是一个人替全家占的位子。甚至有的大人还帮忙搬来石头放在那里给小孩占位,最搞笑的就是石头上还标着记号,这样做的目的就是不会发生认错石头而争吵。

每次一听说今晚有放电影,我的心早已插上了翅膀。家中奶奶最疼我,我屁颠屁颠地粘着奶奶快做饭,好不容易端上饭,我不知品味,更不会向平时一样挑剔,狼吞虎咽,三下五除二就吃好了。奶奶还没有来得及收拾,我便会缠着奶奶快点走,不然怕抢不到好位置了。我记忆中看得第一场电影是《战友》,太好看了,好像一直打战,长大才知道是抗美援朝的故事片。

我们这群孩子们赶到"露天电影场"的时候,天都还很亮,但场上已经摆上了很多大大小小用来占座的石块、板凳和椅子,周围热闹非常,有卖手工糖的、有卖时令水果的,我们些小孩欢呼雀跃,兴奋地追逐打闹着、模仿着电影中的台词,有人大声招呼着刚刚才来的家人和朋友。凳子占据的地盘中间，大家会自觉地会留出一块空地，到时大人就会抬来一张八仙桌，放在中间这里再绑个竹竿。

看电影的大人们也陆续来到，有人在大声喊着谁的名字，寻找自己的座位，有的小朋友在座位上招呼着自己的家人，让他们赶紧坐到位子上来。大人都会催促小孩子先去场边随地排好小便，以免中途挤进挤出，有的人如果来得晚了，淘气点的都爬到周边的树上或别人家的草垛子上去，有的人后面看不到就只能去看反面了。

到了天擦黑的时候，当放映员搬着放映机和影片来到中间，放映机边就会挤满了孩子，这时候，放映员就会先去连接音箱和发电机的线，天色也快完全黑下来了，挂上灯泡，放映员把放映机放在八仙桌上。开始调试放映机的光束和银幕的距离，并开始测试音响效果。强烈的光束投射到银幕上，把放映场辉映得十分明亮，很多小朋友会在光束中做着各种手势，让影子投射到银幕上，还有的人用手的影子变幻着各种动物形状。过了一段时间，如果电影还没有开映，小孩子就会开始急躁不安起来，一些人焦虑地站起来，张望着放映机，一些人以口哨的嘘声和鼓倒掌的声音抗议着电影的迟迟不映。终于，放映机旁的灯光熄灭了，银幕边响起了"喂，喂"的声音，平常都会有人发表一通简单的讲话，经常会听到说今晚是谁偷了生产队的什么东西被罚电影一场或谁家有喜事捐赠一场电影之类的话。

于是电影开始了，电影场就变得安静下来。这时候，我们最急于知道晚上电影放什么片，如果听到说是打仗片，多半会高兴得合不拢嘴，然后四处传播。同去的孩子，稍大一些的，会到装拷贝的盒子上看电影的名字，如果是自己已经看过的，那么在影片放映的时候，四周还没看过的孩子会不停地围着问，下边怎么样？某某被打死了没有？等等。如果是新片子，就会在人群中引起一阵兴奋的传话声，如果是放映一部放过N次的老片子，有些人会失望地搬着凳子提前回家，而剩下的都是一些像我一样的铁杆小影迷，有时，一个晚上还有放两部的，我时常也会困得睡去直到电影结束才醒来离开。

开始放映时，开头一般都会放一小段《新闻简报》《科学种田》或《疾病防治》之类的科教片，十来分钟的样子，这些对于我们小孩子是最讨厌的。正片开始大家就安静下来，所有的人都沉浸在银幕上剧情里，聚精会神看电影，大家都看得津津有味，精彩之处，便会全场大笑。有时候，电影正在播放的时候，突然喇叭会响起谁家紧急找人的声音"喂，喂，王某某，场外有人找你"，让人特别烦躁。有时，由于老式胶片会磨损等原因，经常也会断片，这时候，往往会引来急噪的嘘声，也有时因为跑片子（和其他场地轮换的）影片来不及倒片，或等不到片，整个电影场，像开锅一样沸腾起来，甚至还有谩骂声。

后来长大点，方圆三五里内如福安塘、良种场、清安等村有放电影一般我们大一点小孩都会跑去看，我们就会早早吃过晚饭赶往邻村，有时放学晚来不及晚饭，干脆在放晚学的时候从学校背着书包直接赶去电影场。记得最深刻的一次，为看《洪湖赤卫队》我们3个小朋友还步行到秦屿电影院，看了好几场，第二天才回来。以前，既没有电视，也没有电脑，更没有手机，文化生活十分匮乏。

我记得小时候看得最多的就是战斗片《地雷战》《地道战》《上甘岭》《渡江侦察记》《智取威虎山》《英雄儿女》，至今记忆犹新；反特片《海霞》《黑三角》《羊城暗哨》《东港谍影》《国庆十点钟》《秘密图纸》《保密局的枪声》，惊心动魄；故事片《舞台姐妹》《李双双》《刘三姐》，历历在目；革命样板戏《红灯记》《智取威虎山》《沙家浜》《红色娘子军》虽令人难忘，但因看的太多次了后面几乎都在打瞌睡；到后来，影片《瓦尔特保卫萨拉热窝》和《桥》的异国风光和独特的爱国情调令我们心神向往。

电影结束时，散场后大家都恋恋不舍，不时回头看看荧幕，久久不肯散去。一行三五人，上年纪的又提着灯笼的，也有很多手电筒，远远望去，如星星点点。在电影结束的时候，正常的都会比较乱，你叫我喊的，这样做也有利于大家一起回家，路上大家交流各自观后感，都是以好人或者坏人来划分，不会有什么中间环节。更不会像现在无论看个什么电影都会看出一些子丑寅卯来，或者愤怒、痛苦，或者慷慨激昂。那时候，如果一部电影中好人死了，大家会认为这电影很不好，甚至是失败，反之则都拍手称快。想想那真是无知的快乐。如果有喜剧片，在回去的路上会互相学说着里面可笑的台词，甚至这种情况会延续很多天，乃至很长一段时间，直到被下一部影片的新台词所取代。每次在学校操场放电影后，第二天语文课老师，都会布置要写一篇电影观后感。

那时我们这些十来岁的小朋友最喜欢看的是战斗片，有的电影剧情很精彩，我们就到处赶场，看四五遍也不觉得乏味，有的电影也不知看过几遍，以至有些台词都会背，有些镜头至今仍历历在目。看过之后，第二天在学校里就学电影里台词："炮弹离炮位太远了""长江！长江！我是黄河，听到请回答。""为了胜利，向我开炮！向我开炮！"……午间休息，几个小朋友分成二队，一队为解放军，一队为国民党军，用木棒、扫帚当"枪"，大干一场，直到上课铃响起。

以前，看电影也经常碰到刮风、下雨的，很多人都会撑着雨伞坚持看到放映结束，心里从没怨天尤人总是乐滋滋的。当时看电影不仅是在欣赏，也是在学习，在了解每个时期的历史，并且通过电影还知道了好多表演艺术家，从他们身上学到了很多书本上学不到的知识，在那样艰苦的条件下，拍出这么好看的片子，真的值得我们尊敬。

回到家，已经接近10点，洗完澡，奶奶就催促着："还不快去睡觉,明早还上课哦"，我连忙钻进被窝,却怎么也睡不着,明天又会在哪儿放电影呢,我到底去不去看?"想啊想啊,不知不觉,在迷糊中昏然睡去。可笑,梦中我竟放起了电影!

时光荏苒,随着时代的发展,我们现在出入的是豪华的电影院,社会在发展、人类在进步,而大家的生活水平也在不断提高,完全沉浸在霓虹闪耀的富足社会。

前几年,上级有专项财政补贴,镇村经常送电影下乡,看"露天电影"的人寥寥无几,有时真很可笑,就剩两个人,一个傻子,一个乞丐,加上一个放映员,想到这些,不免有些伤感。"露天电影"伴着我们渡过愉快的童年,以至于忘了"露天电影院"的存在。很多人也找不到小时候在"露天电影院"看电影的那种感受了,所以人有时候还真的要想想自己的童年,怀念童年那些天真单纯的日子。无论是快乐还是痛苦都是一种经历,一种一生都不能忘记的记忆。每当夜晚来临的时候,梦中时不时会想起童年的过去……

高山柳"聚宝盆"与福宁府城墙

李立华

相传，石鼓村有户柳氏人家祖上于元至正年间从福安柳溪迁入，世代贤良，家住茅房。这年天逢大旱，山上草木将要枯死。柳家想到久旱必有大雨，就乘早上山割些茅草以备茅房翻修之用。那天，走到村前一处园坪，看到一丛茅草特别茂盛，刚好割了一担，旁边又长着几条葛藤，又刚好绑草。第二天，他又想来附近再割，看到昨天割过的地方又长出茅草，就像没割过似的，她欣喜之余又割了一担挑回。第三天，他又看到同样情景，感到奇怪："怎么会天天长出这么多好青草？"左思右想明白了，此地下肯定非同寻常。一天他偷偷带着锄头到那里挖，挖出了一个石猪槽，再也没其他东西，心想刚好家里养猪有用就带回家，这里就再也不长新草了。

他就用它喂猪，第二天，经过猪圈，忽然，看到一盆满满的白米饭，农户以为老婆把米饭煮给猪吃了，见着老婆就骂开了。农妇纳闷了，昨天，明明只是几粒洗锅的剩饭拌着野猪菜喂食的啊？哪舍得米饭去喂猪啊？那晚，就唤老公一起喂猪，也跟昨天一样猪食里也看到几粒洗锅的米粒。说来也奇，第二天，又是一盆白花花的米饭。老两口知道这就是所谓的"猪母盆"了，赶紧拿起洗净，他老婆在洗刷时，不慎把唯一陪嫁的银戒指掉进盆中，第二天，他们看到一盆都是戒指。刘家人知道此盆是件宝贝了，他就试着丢了一枚铜钱，第二天就发现满满一盆铜钱，后来用铜钱换成银子，又用银子换成金子，发现了原来这真是"聚宝盆"啊！他就在自家门口挖了七口水井和一个半月形池塘，将金银存在下面，上面注水，对外称是风水先生叫他改的，是"七星照月"水井和池塘，至今都在。

柳家得了"聚宝盆"就发财了，怕海盗倭寇上山打劫，就举家搬到更远点的高山村择地，先是建了明楼四合院，为了防盗又建了城墙，人称"柳家城"，现称"城仔里"。

那年，柳家第六代孙柳伯诚长大要娶傅岩村张氏大户人家闺女，张氏也是当时店下北山有名的官宦人家，自吹祖上还出了"十八学士"，为了不让柳家瞧不起，也不甘示弱，便私下做了一顶比柳家城门略宽几寸的花轿，新婚那天为不让新娘和抬轿的人都脚不沾地，便打开粮仓将粮食装入麻袋从家门口翻山越岭一直铺到男方家门口。事后，陡坡地方的有些麻袋被踩破了许多，路上洒满稻谷，周围村里的鸭子来吃了好久，至今,那条路人们都称为"鸭母岭"。

那是1370年,倭寇第一次入侵福宁府城(今霞浦),南路乡镇普遭掳掠。面对这突如其来的侵犯,当时的福宁府采取了一些措施。首先想到得是筑城抗倭。在被倭寇侵害后第二年(1371)官府就带领当地人民群众建了一个周长3里的福宁城墙,可城墙有处地基总是无法合拢,今天做好第二天总是没了,屡做屡倒。无奈,府尹求助神灵告知:"福宁府城地处霞浦松城,后山有承接太姥的五条山脉,乃为'五猪抢槽'之风水吉地,若欲堵此决口,须到劝儒乡育仁里十二都(明朝时的店下)高山村'城仔里'柳宅有一'猪母盆'镇之始成,此'猪母盆'乃皇家御宝'聚宝盆',原为朱家之宝,善人柳家得之,子孙忘本,践踏钱粮,天地不容,今当回归。"

话说此"聚宝盆"乃南宋年间,天下大乱,黄泽垅有一朱氏先祖在朝中为官,想告老还乡,皇帝任由他带回一件宫中宝贝,他挑中一个"聚宝盆"。一路有随从抬至高山村石鼓地方,因回程日久,路途劳累,天色已晚,因长期在外,路已生疏,遂问路人,知此乃邻村,已离黄泽垅不远。心想"聚宝盆"甚重,晚上先藏山中,明天到家后再派人来拿便是,遂将宝盆藏入山中,岂知第二天宝盆已没入土中,后被柳家获得。

再说,柳财主先被请到府衙问他得宝的情况。后被扣住,并说他得宝不献,罪该万死,前辈该斩,后灭九族。如若献出宝贝堵住城墙决口,造福百姓有功,城内城外豪宅田地任他挑选,亦可给他封官厚禄。柳财主带着聚宝盆,仗着家中有钱来到福宁府与府尹讲好条件,只要城墙,其他一概不要,也命该至此,他想如果拿了城内房产店租,又没田地,要是拿了城外土地收租,又没房子,他认为只要守住城墙即守住自家的"聚宝盆"。府尹随口答应,并画押签字。柳财主来到决口处,拿出"聚宝盆"往盆内放了一把土,将盆投入决口处,决口立即堵住。

根据约定此城墙永归柳家管辖,柳家每年的八月十五中秋节,要义务将城墙杂草除尽。柳家自从失去"聚宝盆"后,家道便一蹶不起,连遭三次火宅,原来的柳氏后裔自清顺治十年(癸巳)陆续迁往山下小哭等地域流落他乡。但他的儿孙世代都信守承诺,健在的老人至今都说,柳家人坚持在每年的八月十五中秋节,都会带人去霞浦城墙拔草,一直延续到1950年。柳宅及城墙于"文革"后期,被改建为现在的溪岩村委会。古城墙遗址尚在。

(本文据柳述铁、陈成柏、黄小苏口述整理)

没两下不要去店下

李立华

坊间自古流传"没两下不要去店下",其意有多种说法,主要指路难行,秧难插,谷难挑,弯难过,酒好喝。

店下洋都是海滩围垦的,旧时,乡村之间的主要交通,都是泥泞的塘沽路。曾有人为店下塘沽行路难,写了一首打油诗:

店下塘沽长又长,雨天行路难上难。
三步二滑是小事,跌倒滚起象泥人。
当地后生不要紧,老少客人叫皇天。

其次,店下水田之大,田埂之窄更是出了名的。店下马埕洋的水田是福鼎单坵面积最大的(220×55米),田埂最长、也是最窄的(220×0.15米左右)。真是种田农民出能人:撒谷种的,撒的又快又准又均匀又平整;插秧的,插的又快又整齐,横、直、斜一条线。意思说,外来农民工来店下赚钱要有能耐,要经得起考验。如插秧,只许一个人用眼睛瞄准在田间俗称"竖旗",不准拉线,插好后第一株秧苗自成一直线,刚好是田的中心线,左一点不行,右一点也不行,水田一两百米长,一天只能插一个来回,路边行人赞不绝口,真令习惯于山田耕作的"里山"农民望洋兴叹!要求严格,横直斜一条线,不像山田可顺着山势弯着插,对于外地山里人难度太大了,没经验的外地农民工真受不了。"双抢"都在大暑天,为了避开中午闷热的高温,都是在凌晨两三点就下田割稻的,天亮就收工。以前据说有从管阳下来打零工的不习惯洋田耕作,一起割稻已基本跟不上当地人。更难的是挑田头谷,收工时每人必须要挑200多斤收割的稻谷,踩在十几厘米宽的又长又窄的田埂上,两旁水汪汪,碰到水沟时,泥土又软、沟又宽,你要一脚甩过,否则一踩下去,单脚没过膝盖就很难以"自拔"了。常将稻谷跌倒水田里而被地主发现拿不到工钱的!他们回家后跟村里人交代,干农活没两下可千万别去店下啊。

以前,秦屿周边一带要去桐山的人都要来到店下乘渡船,且都一路徒步秦屿过来经董家沙、才堡、潋城、缸窑或吉坑，翻过马山，才能到达店下，秦屿到店下必经之路是要经潋城村的缸窑到马山村的水鸡岔中的三十六弯，这里山僻路弯，秦屿过来店下是上坡三十六弯，店下过去是下坡三十六弯，旧时，此地常有劫匪及强盗出没，有急事单人独行的，盘缠及随身值钱物品，常遭抢夺，故秦屿这边行人，往往都是在潋城、缸窑、吉坑等村，等候后面的来人至少三五人，才敢结伴同行，非有武功者实不敢单人独行。故秦屿一带老人至今都在传说"没两下不敢去店下"。

店下自古是鱼米之乡，老百姓历来好客，只要客人来，总要捧出家酿的陈年老酒待客，俗称"店下白"，黄中泛绿，香中带甜，来客都会慕名贪杯，刚喝很顺口，酒过三巡后，后劲开始显现，因此福鼎民间广泛流传一句话："没两下不要去店下。"

人物春秋

旧志店下人物传略

钟而赞

明

陈绍嘉 阮阳（今阮洋，下同）人，性友恭。兄以非辜逮狱，惧倾产，令嘉异爨。嘉尽鬻已业，赎兄归。

清

王大邲 字劾生，林西桥（今溪美）人。顺治十三年，倭寇劫掠，邲方七岁，适父死未殓，邲守尸不去。为贼所得，泣曰："亦知留则必死，顾父尸在床，不忍去耳。"贼怜其少且孝，为埋其父，纵之去。

陈正桥 字汝陆，一字肖云，阮阳人，贡生。有祖坟被豪毁占，冤埋十载，桥求伸，覆盆濒死者数。潘中丞察其孝行，狱为平反。福宁府学教授池以"孝道曾孙"旌之。

谢钟巘 字蓉峰，福安塘人。郡增生。成童时道拾遗金，坐待失者至，还之。事祖母，中裙厕牏，身自洗涤。事继母尤能得其欢心。生平酷嗜书史，年七十余手不释卷。工书法，所作行书得者宝之。

陈珖坦 字碧川，阮阳人，乾隆己酉举人，授陕西保安知县。保安地界西陲，汉回杂处，民顽俗悍，向称难治。王光坦道以德礼，百姓蒸蒸向化，风俗一变，久之狱讼渐稀。公余辄手披医书，有入署求诊者悉为施治，全活甚众。当时有人诉说，延河有双螯大爬虫上山咬禾，以致连年闹饥荒。珖坦实地勘察，知是延河石为害，便集众晓谕：此种爬虫乃是延河的名贵水产，实为美味肴欲除田禾之害，只需大捕石蟥烹食。邑人遵命，此患遂息。任上，他善于排难解纷，境内士民和睦相处，诉讼渐次稀少。在任六载，并理宜川县事，卒于官。扶柩回籍，囊无一钱。绅耆集赀助之。祖奠日，哭声震巷，有白衣冠送至数百里者。著有《述德堂诗钞》《杂述》等。

王斯潮 林西桥人，膂力绝伦。嘉庆间，天地会匪蔓延，大白鹭一带尤为贼薮。潮赴郡请兵捕剿，郡守秘不上闻，群贼愈猖獗，乃创立乡兵防御，地方得少安。大尹袁礼诚率兵来剿，为贼所擒，潮率社民出援，夺还袁尹，捕贼首董希圣，并击毙逆党我人。贼退，叙功五品，不受。

陈殿金 阮洋人，庠生，慷慨有大略。在浙江乐清南浦、葵澳等处，筑塘成田计八千亩。后充为东山书院膏火。父老念其功，立祠祀之。（载民国《福鼎县志》）

林嗣元 字世雄，巽城人，国学生。天性孝友，尤笃睦谊。嗣伯父恒泳。后亲殁，丧葬尽礼。弟文昭客死江苏，为扶榇归葬。待族之兄弟辈，罔不加意周恤。尝手辑家乘，建宗祠，费金千余缗。又念螟蛉无祀位，于祠外筑三盈处之。又鸠赀创立宁帮商茶公所，并定新规，同业便焉。同治纪元，诏举孝廉方正。其书法学怀素，为时所重。

陈琪坦 阮阳人，乾隆壬子优贡。少聪颖，师所授书，过目不忘。弱冠游庠食饩，肄业鳌峰书院。山长孟瓶庵超然奇其文，试辄冠军。邹念乔学宪称为"文坛煮凤"。贡成均后，肆力为文。陈为鼎望族，同堂兄弟皆以文艺名，当时士林中有"十八坦"之称，而琪为优著。奈乡闱屡踬，六荐不售。嘉庆纪元，诏举孝廉方正。所著有《制艺草存诗赋》《和声双溪韵语》《古文杂著》诸集，其书法之工，得之者尤珍若珙璧。

李文龙 五都章家阳农家子。早岁失怙，母年四十余丧明，而性好清洁，厕（片俞）浣涤，龙躬任之。及母老且患心病，每夜时辄狂呼曰："曷置我空山，不亟携我返？"龙必扶绕室行数十遍告之曰："母已抵家矣！"始就寝。如是者殆十年，无倦容。母殁时年逾九十，龙亦已六十，哀号之声闻于邻右。

林俊山 字德溪，巽城人；林国钦：字重安，傅岩人，入兴文祠。"诸君子既为邑人所崇祀，平时义行必多可录。奈其事实无从征求，或函问其后人久未承答复，或间有答复而语焉不详，秉笔之余，深以为憾，附志于此，使其姓名不至于淹没耳。"

（本文摘编自《福鼎通志》《福建通志》和《福鼎县志》）

陈殿金乐清围海造田

黄益巧 李立华

陈殿金（1719—1799），福鼎店下阮洋村关盘堡人，字汝白，号西庚，别号怀辛。世居福建福鼎县院洋乡三都关盘，雍正十二年设置霞浦县，福鼎三都等地划属该县，于是陈殿金更籍为霞浦人。据《关盘陈氏宗谱》记载，陈殿金自少有志行，嗜血不倦，性情刚毅，不从流俗。早年和其弟陈正桥（字汝陆，号肖云，又号傲寒，子五，孙十九，其中十八人即名噪一时的福鼎"阮洋十八坦"）就读于霞浦县学。

清朝初年，经更迭鼎革，随处可见"地亩荒芜，百姓流亡"的景象，为了恢复生产，以国固本，清朝廷推行了一系列改革措施。顺治帝一再下令，允许各处流亡人民开垦无主荒田废地，所垦土地由州县官府给以"印信执照，永准为业"。至康熙年间，政策愈加放宽，对垦荒者的奖励也更加具有吸引力。东南沿海尤为特殊，入主中原的满族统治者在内忧外患的压力之下，曾下谕东南沿海迁界弃地，造成乐清沿海有田地山池 30 多万亩因无人耕种而荒废。

在这样的历史背景下，陈殿金毅然开发清江塘垟。率众首先围垦大西塘，由亨乾口至塘角南浦，约五里，得田 3700 百亩；次围南塘，得田 3700 亩。陆陆续续围垦的有东山塘、镇浦塘、南浦小塘等，共围田 8640 亩。

陈殿金自 36 岁开始着手围塘，一干 30 年，为此付出了毕生心血，奉献了全部家产，在这期间遭遇了各种艰辛险恶，是常人所难以承受的。他变卖了老家所有资产和经商资本，背井离乡携家眷落户乐清。他在家乡已有原配夏氏，育有一女，许配原籍方姓，抱养一子，名示煜。迁到乐清后，续娶两房侧室，一为永嘉徐氏，生二子，名德煜、和煜，另为乐清黄氏，生一子名韶煜。

后来，陈殿金的辛苦成果被地方恶霸无赖侵吞，不断遭人陷害。山穷水尽之际，他只好落叶归根，返还乡土，最终含恨谢世，享年八十有一。陈殿金死后，南塘人民为纪念他，在塘头建庙三间，塑像以祭祀。遗恨未终，但他赢得了百姓的爱戴，流芳百世，是陈氏宗族的代表人物之一。

玉岐与王其烈轶事

🍃 李立华

玉岐其实是个堡，靠山面海，最早肇基始祖为魏姓和陈姓。原先为抵御风浪，就筑有简易土堡。明洪武时甘氏先祖迁入，魏陈两姓逐渐衰弱，故曾名甘家岐。明嘉靖年间，倭寇多次侵犯我东南沿海，烧、杀、抢、掠，烽火告急，沿海群众纷纷筑堡御敌。甘氏先祖带领族人，历三载，在土堡的外围加砌石墙，环山而筑高一丈五尺，造东西、北三城门。南面平组，东北两门内加筑弯曲内墙，成瓮状，为沿海诸堡之少见。此类建造在古建筑中称"瓮城"。后又有王家迁入，先为"外街王"，后来从王家垅迁来"里街王"，而"外街王"人丁兴旺，势力逐渐壮大，成为旺族。且甘家岐在方言中容易被当地群众叫成"千巴岐"（店下方言"千巴"是"没用"的意思）。后来，当地周边群众还将带岐字地名联成顺口溜："前歧、后岐、东岐、西岐，岐头、岐尾、岐角、岐腰，最后岐到干巴岐。"这时，强盛的王家以此为由，欲把甘家岐改为王家岐，而甘家不让，两家打起官司，告到福宁府。福宁府知府也知道王家是旺族，不好得罪，就将王字加一点为玉岐，改称玉岐。这样即照顾了王家面子，又不得罪甘家。可是自明代至今数百年，群众不叫玉岐，还是叫"干巴岐"。真是俗名传千古，雅号无人知。

如今登上玉岐古堡，仿佛听到当年乡民与敌寇的厮杀声，看到城墙上的肉搏战。玉岐堡是英雄堡，堡里有8株巨大的古榕，当地群众称八大金刚，它们和其他古树名木，沿古道而立。古榕树根在地面上相互盘错，游人可坐、可卧，树冠如伞，覆盖大地，终年陪伴着这座英雄古堡。另外，玉岐村还流传着王其列的故事。

据《台家洋太原郡王氏宗谱》载："王其烈，原名王秉镕，系台峰王氏第五世祖王怀谨迁居玉岐的第十一世孙，王益溪次子也。字其烈，号光亭，候补少尹。生雍正三年乙巳五月初七日亥时，卒乾隆六十年乙卯正月十七日酉时。生平聪睿刚正，兼文武双才，行事有胆识，见义勇为，乐善好施，气量恢宏。原配阮洋庠生陈殿之女，未婚而卒，继配官仓监生张仕鹏女，生二女，三配佳湾监生陈云龙次女，生二男一女。二男斯潮、斯涌，皆为乾隆年监生。七孙中，一贡生四监生二庠生。"

围海造田

清雍正十三年（1735）前后，玉岐居民王益溪（王其烈父）与其他六姓居民共同围成七十分塘。是按各村民投劳分成七十股份划分，堤从东岐田墩起经官墩至牛矢墩，再围至王家垅，在牛矢墩与王家垅各造斗门二孔。

东屿至牛矢墩有新塘水田180亩，原是玉岐"城里王"王姓先祖所围筑因堵口屡试不成，家产将尽，遂向"城外王"其烈借款。其烈问他，若是围不成如何偿还？后经商谈由其烈接围，围成后分成。堵口一事确实艰难，相传那天他亲自督看，只见水流十分湍急，真是一筹莫展。忽见水中一人头时隐时现，命人立即打捞，却是一杨府圣王神像。是夜神像显圣，由一凡人口中说出，神像乃由下（闽）南被洪水漂流至此，要求村民答应筹建龙宫、塑金身、保证三天内合口成功，其烈率村民悉数答应。第三天早上果真如意合口。

王其烈又于清乾隆三十年（1765）率王、甘等姓乡亲前后围筑"赤屿塘""下店塘""函口塘""玉岐塘"。赤屿塘堤从牛矢墩至赤屿，并在赤屿造斗门一孔，堤的靠海一面用石砌。因逐年大量的围垦，粮田面积不断扩大。鼎盛时王其烈每年光田租固定收入粮谷13330担，富甲一方。

神乎其"神"

围海堵口成功，杨府圣王显圣化身，自己前往福州请名师绘图筹建龙宫，宫内计划建有双层木构精雕戏台。王其烈见图后，整座龙宫及戏台皆为木构，考虑到堡内又都是木房容易着火，不同意在城内建戏台，而杨府圣王又不允。传说有一天，王其烈站在城墙下，杨府爷骑马在城上，王其烈的华光竟比杨府爷还高出三尺。无奈，神炉只好自己飞到堡外牌坊湾内自寻宫址。且又到外方显圣，让船商从外地运来许多建宫专用的精美六棱砖头（尚存）。龙宫建成后，尤其是戏台建筑精美，透雕细刻，并加粉敷。台前左右雀替镂空透雕双狮戏球，造型生动。天花板采用倒八卦藻井构成（已损坏），用木架组成八卦形级级相锁，其中彩绘戏文花卉，彩料全用矿物质，虽时间久远，色彩还鲜艳古朴。戏台对面为正殿，中间天井，两厢建筑为双层。古时看戏妇女多在两厢楼上，男人在天井。从戏台建筑的精美，可看出玉岐当年王姓旺族的繁华，每年正月在这里办马灯、莲灯，十月十日请戏敬神。他们的牌灯书写"开闽第一"四字（闽王王审知为开闽第一，喻玉岐王姓为王审知之后），深入附近乡村，庆祝风调雨顺，五谷丰登，村安人旺，乡邻和睦。

家丁出"头"

玉岐王家家丁在泉州花300两银子剃头的故事,家喻户晓。说是泉州有个大户人家叫李牛,路过福鼎,闻说其烈家财万贯,特去拜访,并故意向王其烈借银三百两。年关将近,不见还钱,派家丁往泉州向他要钱。家丁便以路过泉州顺便拜访李府为由,说是拜年,实是向他要钱。商人却说上次借的钱至今分文未用,挂在后厅的一只牛角上,你自己去取,家丁到后厅一看,确实一个扫马袋挂在一对金牛角上。家丁想,你这样明明是在炫耀,让我知道你家财万贯,蔑视我家主人。遂心生一计,二话不说,便告辞离府。家丁出了大门便到这个富商家对面的剃头店剃头。他走进第一家理发铺,店里的小师傅见是一奴才打扮的,就不屑一顾,让他一直久等。他便走到另一家理发铺,剃完头就将这一袋钱付给理发师傅。这件事在泉州马上传开,据说第一家理发铺师傅两夫妻为此事大骂一场,还将那位伙计失手打死。福鼎王其烈的家丁剃头就给了三百两,声名鹊起,也给这个富商一个下马威。家丁回鼎后将这件事头头尾尾告知主人,王其烈听了大加赞赏,称赞家丁聪明能干会办事。

气量恢宏

有一次,当年卖艺走江湖非常出名的南京婆来到玉岐演练武戏,闻说王其烈会武功,南京婆自恃武艺高强,便扬言说若能胜她,全场免费。那时,为了保村卫家,抵抗外贼及倭寇、海盗,村民常年四方邀请名师授武。王其列带头习武,因聪敏过人,身强体壮,练得武艺精湛,名闻遐迩。一场比试下来,南京婆竟然输给其烈,被他一铁棍打下。南京婆当时在闽浙两省也是英名远播,立即收拾行李,万分惭愧之下不辞而别。王其烈闻听,深感跑江湖的困难,立刻策马追上真情挽留不住,奉送白银60两以充盘缠。

弃官侍母

王其烈曾往福州马尾买埠头做船骨,想做闽东最大过海大船。不巧母亲患病。他想回家侍母,顺带师傅回乡。师傅问他家财多少,他说有七仓银(其实仓是谷),师傅说只够做船无法运货。母闻知气病无脉,随请当地名医看后亦是摇头。师傅去后,他跪在母亲病床前,保证不投资做船,其母听后即缓过气来,因其母乃自扎脉搏假装病重。

闽海家声

王其烈故居由3个门楼组成，每个门楼进去有前、中、后3进大院组成，多座大院错落有致，占地面积约有3000平方米。203年不慎失火，主体建筑烧毁，只留下残墙和部分小院。来到旧址，首先映入眼帘的是遗址右门头"闽海家声"四个铁红大字，苍劲有力的颜体，出自大家之手。从"闽海家声"四字，更证实了他当时在福、厦、漳、泉一带的影响。距门前10米左右有2个大旗杆座，十分大气，是我市现存旗杆座中最为气派的。从遗址的地基巨石、柱基、庭院结构布局也可看出它的规模宏大。后院大厅还挂有巨幅的丈二长五彩插金的王其烈画像，比真人还大。王其烈平素乐善好施，周边群众十分钦佩。

喻遐龄喻得端父子传略

李立华

店下喻氏为一方望族,子弟多有杰出人物,喻遐龄、喻得端父子为其中之佼佼者。

喻遐龄(1825—1889),字君甫,号鹤年,清贡生,精货殖者。《江夏郡喻氏宗谱》载:"少明敏,即异常童,矢志读书,力图进取,为人胸怀洒落,有名士风,尤工词语,诗笔风雅,瞻为一时贤流所激赏,喜宾接文士,每值春秋佳日,偕二三骚友,即景联吟,文酒盘桓无虚日,言笑风生谈惊四座,其风趣有如此。善理财以经纪起家,然不为自殖计。当咸丰癸丑年,岁大饥,哀鸿遍野,告赈无从。公具资往台湾等处,采运谷米以济民艰;宗党姻友有贫乏来告者,恒加意赒恤;或遇社会公益、地方利弊,知之者无不为,为之者无不尽;乡有口角争就,公平曲直每为之剖决是非,间以谈笑解之,以此乡民多尊重其好善急公。少时不克竟学,以为憾,故勖子若孙必以诗书为本,务聘秦川林士恭、周仲濂前辈主西席,款待极其周至。其时昼则服务商贾,夜则课子读书,备历艰辛。知书达礼,好诗书,好文人墨客,持家有方,严于教子,农、茶并举,富甲一方,以广其堂构,扩建旗杆里碧梧轩。逝后墓在六都杨家坪,虎头山之原,另左边建墓亭一所,名曰孝思亭,尚在。"

喻得端(1848—1918),清庠贡生,字志人,号俊阁。以承先志,以继书香,更加创业,光耀门庭,在碧梧轩外续建魁星楼(今毁),并于清宣统三年(1911)协同店下乡贤筹款,在店下斗门头"大帝宫",开办公立店下初等小学堂,名扬县内外。魁星楼楼开四门:东望旭日东升,西望太姥仙都,南靠马槽冈坪,北望磨石山。楼下,池中鲤鱼嬉水,院中名花异草,梅、兰、菊、竹分外馨香,是一个文雅幽静的好地方。由怡园主人题写的"桂芳处"绿灰岩油青花岗石雕磨八角门,至今保存完好。

清附生、时任福鼎县修志局协修员、桐山王翼谋曾作喻俊阁先生传。兹录如下:

喻俊阁先生传

先生讳得端,号俊阁,世居福鼎之象山,少读书刻苦自励,年补学宫弟子,志期远大,不欲止青其衿。无何,父鹤年归道山,先生无兄弟,孑然一身,遂辍举业管家政。盖不数年,资产日增,田租岁入窖莫能容,爰筑仓屋五以储存之。继建魁星楼于宅外右方，楼外群山环拱，送翠输青，烟云竹树，玲珑映蔚，图画天张，豁人心目。复于旁篱外凿小池一方，杂植蕉榴兰桂，地不轩广而致颇闲靓。春秋佳日，良朋庋止，或置酒楼中，或烹茶池左，相与酬嬉，剧谈啸咏，笑呼以自适其乐。既而，以蜷伏里门，见闻有限，遂运茶走闽海，藉以览风景之佳胜，扩耳目之迂拘，非徒营情赢利而为，是仆仆也。先生既有以自乐，颇能急人之忧。宗党姻友有穷乏来告者，加以赒恤之，贷，而不能偿者，不过问也。及遇社会公益，不辞力任其劳。如修葺玉屿境大帝宫，筹设店下常平仓义举，鼎鼎在人耳目。其最禄襮众口者，莫如筑塘捍潮一事。牛矢墩地滨海，以塘障水于外而耕其中，岁大潦，塘溃，先生曰："此地无塘则田尽化斥卤，人不得安居，而往来之路亦绝。"乃毅然出橐中金倡筑，至今潮不为患，先生力也。先生性和易，遇人无贤愚贵贱皆尽懂忻，故与世少龃龉，既退理其家，无意进取，援例贡成，口望。子孙能世其业，屡岁延师课读甚勤，清宣统三年被选为店下区议事会正议长，有所提议悉切和弊，人有虞芮之争多就决直曲，得一言无不折服。民国丁巳春，先生寿介古稀，时名人林栋、陈锟等咸祝之以诗，县长周庚慈赠额匾曰"性海无波"。

武举人李德新

◆ 李立华

李德新（1867—1913），系店下下街"官林李"后裔，生于清同治六年（1867）十二月廿五日，光绪甲午科武举人。

清乾隆年间，李德新祖上李曾焊，携二子来鼎营生。长子李克墺（迁居为沙埕南镇始祖公）、次子李克港（为店下始祖公），在鼎邑繁衍10世，分别主要居住在店下下街、沙埕南镇、市区和浙江马站等地，其后人称"店下官林李"。

原店下象山堡内旧下街建有李家大院，坐西朝东，整座大院为连体四合院建筑，造型美观，东面沿街有八个门面，为开店经商所用，西面是花园，内有鱼池，周边住有纪姓人家，南邻王厝里，北至城墙。与西面喻氏"旗杆里"大院，互为店下城堡内两大户宅院。李氏自号"维杨斋"，武学世家（疑咏春拳传承后裔，待考），"维杨斋"曾置有练武石320斤，还有石锁等，堂上大厅中央常年立着一把关刀，这把关刀来历非凡，因使用它而成名的是一举成名的店下武举人李德新。

他身材高大，体强力壮，从小爱好武术。十六岁起，每天清晨就扛着这把祖传200多斤重的关刀，到店下象山来龙岗演练，寒暑不辍，风雨无阻。就此练得一身高强武艺。时至清光绪庚寅年取进福宁府武学第一名，光绪甲午科他应试荣中武举人，赐立旗杆。官府欲聘其从政，他毅然婉辞。虽不肯出仕，但仍受邻里尊重，不呼其名，店下人皆称之为"举人"。他的继任老婆系甘家岐王氏（1873—1935），就被人尊称为"举人嫂"。不知何因，李德新无意仕途，却喜欢经常下福州经营茶叶。店下以前是茶叶集散地，船运远销福州一带，生意倒也兴旺。他本想凭借一身武艺奔波四海之内，但终因缺少经济头脑，不谙营商，陷入亏损境地，几乎倾家荡产。此后，便洗手闲居，抑郁不乐，于1913年八月二十日辰时撒手尘寰，终年46岁，"举人嫂"尊礼守寡。

徐正泉轶事

喻捷华

清道光年间，店下象山之麓富楼下住着一位敦厚笃实的老人徐正泉。他原出生于书香世家，因家道中落，无力进学中试猎取功名，以卖卦兼及家塾课徒为生。老人人品端正，颇受村人敬重。

老人好音律、善丹青、喜扎花灯。远近慕名求画请卜者趋之若鹜。生平遗作存画两幅。其一，为松鼠葡萄图，画中松鼠飞、鸣、跃、食动静有法，姿态逼真，无不毕肖。鼠身皮毛均匀，浑然一体，浓淡恰到好处。葡萄枝条、老干盘屈伸展，嫩老绿叶浓淡相间，虫蛀、风动翻叶覆盖层次不紊。果实累累，粒粒晶莹可爱，光线向背之叶颇具立体感。据说该画挂在厅堂，家猫偶过睇视良久奋威欲扑，主人叱之，猫遁去。其二，为和合二仙图，画中梧桐亭亭玉立，枝干挺拔，伸展自如，深浅浓淡，翻动覆盖独具匠心。和合二仙立梧桐树下，一执如意，一执荷莲，衣袂宽松飘飘欲举，神态端庄，笑容可掬，肌肤丰腴，体态自然，露臂跣足，手指足趾白皙肥嫩，线条细腻匀称，十分可爱，布局结构十分严谨得法。余少时偶得机会欣赏，爱不释手。旧时书肆字画极少，村人举行婚礼，每向借用，挂在厅堂华美门庭增添婚礼气氛，引以为荣。据说国民党一军官欲以重金购置，其孙徐则同视该画为传家之宝，不忍割爱。镇长喻绍鼎借用作为摹本习绘两幅赠送县长王道纯，借用太久未还，徐则同愤而恚曰："汝欲谋吾画乎？"喻绍鼎当即送还，并道歉不已。1958年"大跃进"时，该主人家被集体办做猪场，画亦失踪。至今家人尤为惋惜。

徐正泉不仅善绘画，而且喜爱扎灯。经其妙手扎成的花灯，无不惟妙惟肖。每逢元宵佳节，大闹花灯之时，求者若鹜，偶经承诺喜之若狂，老人尤擅于扎鳌鱼灯，鱼首昂藏，张口吐舌，凸眼翘须，神态猛恶，俨像活鲜。其子徐景粟、其孙徐则同仍承其技，旧时七月佛事活动期间，坛面布景，绘画结彩，不离其人。春节民间娱乐大办马灯、鱼灯、龙灯，村人登门求教者络绎不绝，诚乡中一民间艺人也。

福鼎早期革命领导人黄淑琮

黄淑琮（1906—1934），学名黄坚，号石卿，福鼎店下筼筜村人，生于清光绪三十二年（1906）。幼年失怙，由母喻三妹抚养长大。少时聪灵，9岁到秦屿谊父林步蟾家寄读，10岁转店下学堂。1917年进福鼎桐山第一高等小学。1923年考进福建省立第三中学（在霞浦）。他学业成绩优异，对书、画、雕刻和文体活动也饶有兴趣。

黄淑琮重理义，常资贫助弱，深得同学拥戴。1924年，在福建省立第三中学读书时，为要求改善学校伙食，与同学欧阳宽、林时勉等发动集会请愿，集体联名要求转学福州，被拒绝后，即率领同学赴榕在省教育厅静坐两昼夜，迫使教育厅撤去校长高兴伟的职务。当时"五卅"反帝爱国运动席卷全国，淑琮积极发动同学联合霞浦各界举行游行示威，并撰写讨伐帝国主义的檄文。

黄淑琮像

1926年，淑琮高中毕业后，在福州结识了叶秀蕃、范俊等人，接受马列主义教育。1929年，他在福州加入中国共产党后，回乡办蒙馆，传播知识，从事秘密革命活动。翌年7月，他向自家的佃户、店员蔡加城、梁其泽等7人宣传"除捐灭债""打倒土豪劣绅"等革命道理，并建立了福鼎第一个农民小组；接着，又从中发展中共党员，于10月成立了福鼎最早的党小组——中共筼筜党小组，并在沿海一带积极开展"抗租、抗税、抗粮"活动。不久，叶秀蕃到福鼎，淑琮配合秘密发展"反帝大同盟"成员，使革命组织遍布店下、潋城、秦屿等处，并在沿海地区掀起了抵制日货的爱国热潮。1931年，叶秀蕃、黄淑琮在店下秦屿发展了20多名中共党员。至年底，共建立了20多个党小组。

1932年春，福鼎沿海人民革命热情高涨，淑琮发动青壮年参加赤卫队，建立了福鼎县第一支革命队伍——筼筜赤卫队，并将自家商店、作坊归公，带头捐献粮食、现金充作经费。同时发动群众筹资购买枪支弹药。是年冬，中共筼筜支部成立，黄淑琮任书记。为进一步发动群众，他于同年10月在筼筜上城门召开赤卫队员和群众大会，亲自将自家的田契、账簿当众烧毁，宣布"种田不交租，欠债不要还"的决定。淑琮倾产革命，得到沿海群众的拥护，许多青年参加赤卫队，沿海赤卫队员发展到300多人。1933年，淑琮等人着手在店下、秦屿、白琳、前岐等地建立乡、村苏维埃政府，并组织抗租委员会、抗租团、肃反队。是年春，淑琮发动贫苦农民开展分粮斗争，全县分掉地主粮食5000多担，使农民度过了春荒。同年8月，他在筼筜地主宫召开赤卫队员大会，成立福鼎赤卫队独立营，并亲自进行训练。冬，中共福鼎县委成立，淑琮为县委负责人之一。这期间，他带领赤卫队先后镇压了国民党征收员周红猴和富豪林步蟾等。是时，沿海民众武装斗争如火如荼，黄淑琮欣然作诗赞云："夜漫长，螺号响，战帆片片穿雾海，如箭样；渔火点点照征程，水乡闹解放，红旗动，迎曙光。"

　　1934年2月，黄淑琮在店下田头村部署赤卫队武装暴动时，由于安福寺和尚陈阿猜告密，被浙江省保安团围捕，解押秦屿。秦屿恶霸林步蟾家属用烧红的铁条烙刺其身，用剪刀剪其肌肤，但淑琮始终威武不屈，于2月23日在秦屿后岐沙滩英勇就义，年仅28岁。黄淑琮牺牲后，敌人残酷地将他剜心并割头。

（本文摘编自2003年版《福鼎县志》）

临危不惧的郑一成

◆ 陈　耿　李宪建

郑一成，原名郑新坎，1911年5月出生于福鼎县店下区屿前村一户中农的家庭。幼年失怙，7岁入村塾就读，后入桐山小学。小学毕业后考入福建省立第三中学（在霞浦）。1927年，郑一成考入省立农林学校。郑一成一踏进省城，即受革命的局势所影响，在校时积极投身学生运动。1928年夏，他由地下党组织介绍到中共福建省委机关工作。不久，因叛徒出卖，省委机关遭到破坏，郑一成回乡，于蚶江小学执教。同年8月，国民党福鼎县政府"委任"郑一成为屿前村保长，并令他带民工修筑碉堡，被郑一成拒绝。1930年，郑一成加入中国共产党，并与黄淑琮、叶秀蕃等秘密从事革命活动。翌年"九一八事变"爆发，他在屿前、南榜等地散发传单，张贴标语，抗议日本侵略中国东北。在福鼎店下、硖门等地发展革命组织。

郑一成像

1932年，郑一成与蔡加城等在后坪、屿前等村组织赤卫队。翌年5月，他参加红军长枪队，任文书，在沿海一带发动群众打土豪、分粮食。

1934年3月，中共福建临时省委机关遭到敌人破坏，郑一成被迫再度转回闽东。他一到闽东苏维埃政府所在地——福安柏柱洋，立刻全身心扑在革命事业上。

1934年6月，郑一成任中共闽东特委机关报《红旗报》编委。是年冬，跟随闽东红军独立师辗转闽东山区打游击，负责部队的宣传教育工作。1935年5月底，闽东特委恢复，郑一成被派到周宁西北区工作，不久担任西北区区委书记，领导农民开展"二五减租"斗争，恢复当地党组织。并组织"红带会"，抗击国民党民团和保安队的骚扰，深得当地民众拥护。

1935年下半年起，革命形势逐渐好转，独立师在周宁的活动更加频繁。郑一成经常随独立师外出宣传，扩大革命影响。1937年7月，郑一成接替张云腾担任周墩中心县委书记。1938年2月,闽东主力红军北上抗日,留下部分干部和战士坚持斗争,周墩中心县委为宁德中心县委所代替,由张云腾任书记,郑一成任闽东特委委员,与罗富弟、张华山等人坚持在周墩、宁德交界地带宣传抗日民族统一战线政策,领导群众抗日救亡。4月,他兼任特委干训班教员,既教文又授武,培养了一批闽东革命骨干。

1939年5月初,郑一成在咸村樟岗一带活动。同年冬,郑一成怀揣一支曲九枪,只带一个通讯员,从宝岭里村下来,去找特委其他领导研究下一段斗争策略。当走到下洋坑的南山里村一座小山包处,猝然遇见国民党士兵,在与敌人的战斗中,郑一成不幸中弹牺牲,时年28岁。

"红财神"钟义祥

钟而赞

1932年春,一个星月黯淡的黑夜,屿前村"陈恒生"药店门前,钟义祥提着一盏汽油灯,指挥一干伙计把福州采购回来的一箱箱药材搬进店里,存进仓库。谁也不知道这批药材里藏着秘密,混在药材里的还有12支毛瑟枪和一批子弹。

此前,福鼎县党组织把南区(福鼎东南沿海地区统称)20多个农民小组的负责同志召集到店下筼筜村开了一个重要的会议。在这次会议上,福鼎第一支革命武装——筼筜赤卫队正式成立。钟义祥参加了这次会议,并成为筼筜赤卫队的一名队员。有了队伍,还要有武器,最需要也是最难获得的是枪支弹药。钟义祥想到本村"陈恒生"药店每年多次要雇请人手前往福州购置药材,提出可以"借机行事",并主动请缨负责筹办枪支弹药的任务。

钟义祥像

屿前村位于店下万亩洋的东北角,与集镇的直线距离不过千余米。作为县域东南沿海一带的重镇,福鼎县第三区区公所驻地就在店下集镇。在敌人的眼皮底下,钟义祥先后5次以为"陈恒生"药店采购运送药材为掩护,从福州购回枪支弹药供革命之用。

钟义祥出生于屿前村畲族自然村西岐钟的一户贫困畲民家庭。早在1931年,他就参加了革命斗争,并于第二年秘密加入中国共产党,成为福鼎县第一批畲族共产党员之一。他在屿前、西岐、内林、外林和杨岐里一带积极发动群众开展"五抗"斗争,使得该片区成为当时革命最活跃的地区之一。1933年2月,下南区苏维埃政府在西岐村成立,作为主要筹建人之一,钟义祥担任区苏政府财政委员、副主席和西岐赤卫队队长。

钟义祥善于理财,筹款筹粮、买枪买药,办这些事非他莫属。在同志们的眼里,他就是革命队伍的"红财神"。

钟义祥不仅善于发动群众组织群众,善于为革命理财,他还是一个英勇无畏的战士。在加入筼筜赤卫队后不久,他即被编入新组建的福鼎红军赤卫队独立营,参加了福鼎县委成立之后发动的第一场农民暴动——冷城暴动。此后，他还参加了叶飞领导的闽东红军独立师在白琳柴头山区发起的梗树岔伏击战、郭阳松坪伏击战。1935年5月打响的梗树岔伏击战是红军在福鼎境内发动的一场重要战斗，战斗取得重大胜利，全歼国民党军一个连，毙伤敌人30名，缴获轻机枪3挺、冲锋枪1支、步枪多支、军用地图1幅及一批弹药，击溃了敌人消灭红军游击队的企图。一个月后，钟义祥再次率领当地游击队配合闽东独立师特务队袭击了沙埕海关，全歼敌水警一个排，缴获一批现金和枪支弹药。作为一名战士，钟义祥以坚定的革命性和作战英勇给同志们留下了深刻的印象。

1935年6月，闽东特委为了加强对鼎平地区的革命领导，决定在鼎平边区成立鼎平县委，不久又升格为鼎平中心县委。同年8月，闽东特委又在今店下屿前南榜宫成立直属特委领导的鼎平办事处。钟义祥被任命为鼎平中心县委委员和鼎平办事处主要负责人之一。鼎平边区如火如荼的革命形势引起了国民党当局的极大恐慌，他们组织大批军警和地方反对民团组织对边区进行"清剿"，千方百计破坏和镇压革命活动。钟义祥和同志们与敌人斗智斗勇，积极开展游击战争，打击敌人的破坏和"清剿"，先后取得了昌禅（今苍南县辖乡）伏击战、夜袭蒲门城（今苍南县辖乡）和李家山（今前岐镇李家山）伏击战等多场战斗的胜利。1936年9月，钟义祥随游击队转战浙江平阳南宋（今苍南县南宋镇）时，在一处叫洋李坑的地方与敌人展开激战，身先士卒的他不幸负伤被捕，被敌人关押在浙江永嘉县监狱。

敌人残酷的严刑拷打没有撬开钟义祥的铜牙铁齿，恼羞成怒的敌人决定对他施行极刑。9月12日，钟义祥迈着从容的脚步走向刑场。人们看到，这位才24岁的年轻共产党人尽管伤痕累累满脸血污，却始终高昂着头，目光里闪耀着坚定的信仰之光。

巾帼英雄蔡爱凤

蔡爱凤 1914 年 4 月生于福鼎县店下筻筜村的贫苦农家。她是福鼎最早参加革命的妇女之一。在艰苦的斗争岁月里，英勇顽强地同敌人进行斗争，为人民的解放事业和福鼎妇女的解放运动献出了毕生精力。

爱凤从小受革命思想的影响，遂于 1933 年走上革命道路，始在福鼎沿海区组织妇女协会和儿童团。1934 年初，加入中国共产党。翌年，调任中共福鼎县委妇女会主任。

1936 年初，爱凤在小筻筜治病遭敌追捕，躲入岩洞，被潮水浸淹昼夜，幸被当地群众救回。不久，她转到鼎平（福建福鼎及浙江平阳、苍南）一带活动。6 月，任浙南人民革命委员会委员、妇女部长。随后转入泰顺的峰门、白姑庵等地活动。当时，国民党军队在这一带修筑碉堡，移民并村，妄图断绝山上游击队同群众的联系。爱凤同其父等 10 余人被困在天门上下后山 1 月余，忍饥挨饿，坚持与敌周旋。后在当地群众的救援下，终于脱离虎口。

1937 年初，爱凤返回福鼎坚持隐蔽斗争。她的双腿因长期蹲山洞受潮而溃烂，经茗洋南山岭交通员洪儒鹏夫妇悉心疗理，得以痊愈。此时，其父在泰顺已被捕牺牲，她强忍悲痛，到三门里组织妇女协会和儿童团，发展黄艳菊、吴三妹等 6 名妇女为中共党员。是年重阳节夜，爱凤和警卫员池方喜在高滩村宣传抗日，突遭闽保四团一个连的包围。当地联络员金维娇等舍身掩护，两人方得脱险。此后，爱凤转移到岭头一带活动，发展谢梅兰等为中共党员。

1938 年，中共浙南特委调爱凤任中共鼎平县委妇女部长，协助恢复鼎平县委工作。她在平阳矾山、埔坪（今属苍南县）等学校开展宣传活动，吸收 2 名妇女入党。不久，到福鼎的前岐西宅、黄仁、彩澳等地又发展了一批妇女党员。1940 年，爱凤任中共鼎平中心县委委员兼中共福鼎县委妇女部长。同年 5 月，中共鼎平县委派她协同陈百弓在前岐彩澳举办妇女干部训练班。训练班结束后，她途经前岐被捕。后由陈百弓等人多方营救，终得获释。出狱后，她到筻筜重建沿海区地下党组织。

1941 年，爱凤在埔坪三百丘被捕。被押到崇安集中营。1942 年，在狱中因病危获释。她贫病交加，沿途乞讨回福鼎。中共浙南特委书记龙跃派池方喜、中共福鼎县委书记陈辉等人前往慰问。1948年,爱凤又遭国民党福鼎"搜剿队"逮捕。她多次被捕入狱,受尽严刑拷打,但始终严守秘密,坚贞不屈。中华人民共和国成立后,爱凤曾任福鼎县妇联会副主任、县人民委员会委员、县政协第一、二、三届常委等职。1990年9月病逝于福鼎,终年76岁。

(本文摘编自2013年版《福鼎县志》)

大校曾阿缪

曾阿缪（1914—1999），福建省福鼎县店下镇石牌叠石脚人。1932年9月加入中国共产党，1933年9月参加中国工农红军。历任闽东红军独立师第二纵队班长、分队长、队长，参加了开辟闽东苏区的斗争和艰苦卓绝的三年游击战争。抗日战争爆发后编入新四军北上抗日，任新四军三支队六团一营三连连长，新四军一师营长，浙东纵队营长等职，参加了开辟江南抗日根据地的斗争。解放战争时期，历任苏浙军区一纵三旅七团参谋长，苏中军区一纵副团长，华东野战军一纵团长等职，参加了苏中战役进军福建等战役战斗。1949年后，任福建军区福安军分区独立团团长，组织和领导闽东地区的剿匪斗争。此后，任福建省军区南平军分区副司令员。1955年被授予大校军衔，荣获三级八一勋章、二级独立自由勋章、二级解放勋章，1988年二级红星功勋荣誉章。1999年10月22日因病在福建省南平市逝世，享年85岁。

大校曾阿缪（店下镇党政办 供图）

（本文摘编自2009年版《福鼎文史·店下专辑》）

大校钟大湖

钟大湖（1917—2003），1917年5月13日生，福鼎市店下镇阮洋村渔井自然村人。1933年参加"五抗"斗争。1934年春，加入赤卫队，编入闽东红军。参加过店下、沙埕战斗，并长期在南溪、泰顺、寿宁、霞浦、福安交界一带活动。1935年加入中国共产党。在三年游击战争中，曾任闽东红军独立师班长、排长等职务。1936年，在参加屏南、建瓯交界的伏击战中负重伤，后调任闽东北特委机关警卫队队长。1937年冬，任崇安）（浦）城游击队政治指导员。1938年春，率部在崇安县城集结北上，被编入新四军五团二营四连，奔赴抗日第一线。后调新四军教导总队学习。1939年，随新四军挺进团过江，

钟大湖大校（店下镇党政办 供图）

在抗日战争期间曾参加繁昌保卫战、乌龟山激战、收复红杨树等著名战斗。1945年，奉命组建皖西大队，任大队长。1946年4月，任皖西支队司令。1947年9月，率院西支队在大别山迎接刘邓大军。此后，任皖西军区二分区、桐城分区、安庆分区副司令。1949年9月，调南京军政大学学习后任福建省南平军分区副司令、司令员。1955年，被授予大校军衔，荣获二级独立自由勋章、二级解放勋章、三级八一勋章。1956年起，先后任闽侯军分区司令员、晋江军分区司令员、福安军分区政委中共福安地委常委、中共福安地委书记处书记、中共福安地委副书记、福安军分区政委、南平军分区政委、建阳地区革命委员会副主任、福建省军区副政委等职。1971年9月—1981年3月，任中共福建省军区第三、四、五届委员会委员。1982年，任福建省军区顾问。1983年离休。曾被选为全国第三届人大代表、全国人大民族委员会委员；福建省第二、四、五届人大代表、常委、省民委顾问。2003年6月18日因病在福州逝世，享年87岁。

（本文摘编自2009年版《福鼎文史·店下专辑》）

周忠魁在象山小学

◆ 李留梅

1936—1937年间，我在店下象山小学（店下小学前身）念书。校长周荫莲，教员是她丈夫谢琬，辛亥革命老人周忠魁同女儿女婿住在一起。校址在店下街上街喻厝里（旗杆里），一座大院，学校占用了一大半，有操场、魁星楼、荷花池塘、乒乓球室。两厢七八间教室，后面是大礼堂，堂后面是大厅，梁上横匾书"海不扬波"四字。教室后面有间小书房，连着小厅挂着一把短剑。据说是孙中山赠予周忠魁老人的纪念物。小厅前面一道小围墙下面种植花草，两旁是鱼池，中间有石砌的小鱼池装饰珊瑚假山，环境优美。景致宜人。

谢琬老师厦大毕业，教美术课，擅长国画，尤工蟹菊。传说他爱吃猪肚，有人求画送猪肚，他就给幅蟹菊画。一个小孩，名叫阿植，比我大些，是谢的儿子，老人的外孙。老人非常疼爱他，经常教习剑。老人常坐在靠背藤椅上看书，赏花观鱼生活很自得。傍晚放学时，同学们轮流打扫教室，先喷洒地面，都到小鱼池取水。老人见到总是慈祥地说上一二句话，同学们也乐于行个礼。

那时我才念二年级。一年左右周校长调离，老人也随着离开象山小学。

两位店下籍远征军战士

李立华

1941年12月8日，军在偷袭珍珠港的同时，分兵进犯东南亚各国。12月23日至25日，日军轰炸仰光，缅甸形势岌岌可危。英国为了挽救其在缅甸的危机，于12月25日与中国签订了《中英共同防御滇缅路协定》。在美、英两国的建议下，于1942年1月2日成立同盟国中国战区统帅部。该战区包括中国、越南、泰国和缅甸，由蒋介石任总司令，美国将军史迪威任参谋长。从此，中国人民和东南亚各国人民组成了反法西斯统一战线。

1942年1月初，气焰嚣张的10万日军分3路入侵缅甸，缅甸战场上打响了大规模的保卫战。为了援助缅甸的反法西斯战争，同时也为了保卫滇缅国际公路，从2月16日起，我国派遣10万远征军奔赴缅甸。当时的口号是"一寸河山一寸血，十万青年十万军"。国民政府在实行征兵制的同时，也曾一度动员青年志愿参加青年远征军。店下街优秀青年喻立坚（1923—1955）、谢绍桓（1924—1987）积极响应号召随军出征，告别家乡，远赴国外战场。家里父母及亲人热泪相送。当时的远征军由国民军原第五军、第六军和第六十六军组成，军长分别是杜聿明、廖耀湘、张轸。3月1日，远征军乘上英军的红头大卡车，直奔国门畹町而去。这次出兵，受到了缅甸人民的热烈欢迎。

中国远征军用鲜血和生命为中缅关系史谱写了可歌可泣的新篇章，患难与共的中缅两国人民，将永远珍惜这经过战火考验的友谊。根据战后盟军公布的档案材料，中国远征军首次入缅兵员为10万人，伤亡总数达61万人，其中5万人是在撤退途中自行死亡或者失踪的。盟军伤亡及被俘约1.5万人。

喻立坚、谢绍桓两位参战军人能平安回国更是万幸，喻立坚回乡后曾在秦屿工作，后在第二批的土改中因当时的历史原因，被关到江西省新建县洪都监狱劳动改造，后病逝在狱中。谢绍桓2年后从远征军回到国内，在国民党驻长春第一兵团第60军曾泽生部下（部队司令郑洞国），1948年9月参加辽沈战役，1948年10月17日，军长曾泽生率所属3个师2.6人万全部起义，谢绍桓因此加入中国人民解放军，并奔赴朝鲜战场参加抗美援朝战争。回国后在中国人民解放军华东区6007部队营建委员会运输二队任班长，于1954年12月18日荣立三等功。1956年退伍，安置在福鼎手工联合社，后送福安党校培训专业会计，回来后辗转于城关、秦屿、店下等二轻下属单位工作，退休后于1987年11月病逝家中，享年64岁。

谢雨苍印象

李留梅

谢雨巷，名作霖，雨苍是字，店下福安塘人，清秀才。

他早年从医，在店下街开设中药铺，坐堂看病卖药。医术精湛，医德高尚，救治过许多病患者，特别是救治过许多染患天花麻疹的儿童。20 世纪 20 年代天花麻疹频发流行，儿童深受其害，群众畏为热病瘟神。由于雨苍精于其术，使许多儿童免于夭亡，病家颂德，声名鹊起。我记得少时，麻疹渐愈，邪火未清。母亲叫我到他药店买西河柳（中药）煮服，给我留下雨苍名字的印象。不知何时谢雨苍弃医投身革命。据资料载：曾任福鼎第二任县委书记，后任闽东特委委员、中心县委书记，兼任红军第四团团长。在福鼎、福安、寿宁、泰顺一带进行革命活动，同国民党开展斗争。

我七八岁时的深秋，母亲和邻居庆龙婶携带我和她的儿子阿前，去南榜村小龙庵"进香"。傍晚时分我们敲打庵门，两个尼姑半开门缝，一个尼姑说，谢雨苍在开会。另一个尼姑见"漏了嘴"马上纠正说是红军在开会。欲拒我们于门外。在我们再三央求下，见是妇女和小孩才让进入，但只准在佛殿"进香"，特别要严管小孩子别到处乱吵乱跑。这倒引起我们小孩子的好奇心，总想看个究竟。几次偷偷窥视，厢房半虚掩，可里面黑乎乎，看不清也听不到声音。晚上睡前两个红军进房东问西查，不久又有红军来查问，有的还用手电筒打照，我们害怕只得装睡。天一亮，又有两个红军进房查问，并叮嘱你们回家定要守口。我们离庵不远，尾跟两个身着便衣围着围巾的红军，还不时叮咛不准乱说。到了店下，红军也在人群中消失了，也许来打探消息的。

谢雨苍有次潜回老家，被国民党获悉，派兵包围捉拿。急忙中脚踏妻肩，越窗逃脱。因其妻有孕受压流产，母婴俱亡。国民党当局屡次捉拿屡次扑空，恼羞成怒，采取残暴手段，烧其房屋枪杀其子。雨苍长子谢绍枕逃亡闽南，次子谢绍桐被抓。有一天街上群众惊恐，纷传国民党要烧其房屋，枪杀绍桐。我跟随大人站在大帝宫边民房二楼观看。遥望福安塘一股冲天滚滚浓烟——谢家房屋被烧，近见前面大草坪上，绍桐被五花大绑，随枪声倒在血泊中。其惨状，令人悲愤。

从闻其名到见其人，约是 1942 年间。当时我小学未毕业，就在谢世昌京杂店当学徒。对面是李大德的中药铺，兼营邮政收发信件和报纸。偶然发现有个陌生老人店当学徒。

对面是李大德的中药铺，兼营邮政收发信件和报纸。偶然发现有个陌生老人每天来浏览报纸。此人身材高大，平头，八字短须（发须花白），黄军服。步履稳健，两眼直视，不左顾右盼，一支手杖（实际没用撑地），人家说他是虎行。一派军人风度，没有一点秀才斯文样子。店里人告诉我他就是谢雨苍，曾向国民党"自新"过，并为国民党做事，现在才回家。

谢雨苍"自新"以后，外逃闽南的长子谢绍枕回乡在店下十字街开设中药铺，继承父业，坐堂看病。谢雨苍此时也帮助看病，因他医术和医名，求医者仍似往年热闹。其时，重娶了老婆，只有年把时光，谢雨苍病已严重，为治病，买杀一头牛，取其器脏配药，终不治而死。

十多年前，我偶然遇见某一识友人，他曾在寿宁工作过，在闲聊中谈起了谢雨苍其人的情况。谢雨苍"自新"前即在寿宁一带活动，曾给当地群众看过病，此时他自己也有病，所开药方由人（接头人）到某中药铺买药，该店主屡见药方似曾相识，心存疑团。药方配伍系出自名医之手，且墨迹也非一般土医所能及。同时他已风闻谢雨苍在此处活动。于是决定解谜。有一天店主又见常来买药的人持方买药，便旁敲侧击，仔细盘问，不出所料，自告奋勇，请其传话。当前国民党没有动作，叫他下山。店主的儿子在南京国民党政府做事，可以为其斡旋，他愿当保，保证无事。不久，谢雨苍便向国民党"自新"。

两个讲书人

● 李留梅

店下是个小集镇,在旧社会人民缺食少衣,艰苦度日文化生活的匮乏可想而知。大戏自然就难得一见,只不过偶尔看看木偶戏、布袋戏,听听嘭嘭鼓而已,另有两个讲书人至今还未被人们淡忘。这些文化生活对群众是宝贵的享受,尤其对小孩们能起个启蒙教育的作用。

先说陈旺,桐山人寓居店下南门外,染布为业,人称阿旺师。他文化不高,其貌不扬,可是博览强记,凭一张嘴巴,讲述历史故事,讲得有声有色,极有魅力,听众很喜爱、佩服。一年四季,一到夜晚布店就围着一大群人,有中老年,有小孩,大家都盯着阿旺师。陈旺师善于讲三国故事:什么桃园结义、蒋干盗书、苦肉计、草船借箭、关公过五关斩六将、刘备招亲、赤壁大战、诸葛亮舌战群儒等等,每次一般只讲1—2个故事。这些故事,他背得烂熟,却不干巴巴背书,而是把人物环境、对话情节等讲得活灵活现。讲诸葛亮舌战群儒,把孔明、张昭、鲁肃等人物用不同声调、不同动作、不同节奏,或缓慢或激昂,或讥讽或劝解,或商榷等方式表达,讲得绘声绘色,令人入迷,听众们仿佛身临其境,流连忘返。

陈旺师讲历史故事,趣味盎然,而林达坚讲故事也受欢迎。林达坚住店下亭兜,脚有点拐,以卜卦星算为生。他不是讲历史故事,而是关心时局,讲述世界大事。店下南门兜城头顶是块开阔地方,南东坐向,乘凉休闲处。夏季傍晚时分,总有老小群众在乘凉,他们是达坚的忠实听众。那时正值第二次世界大战,战火纷飞,搅乱了全世界,而店下小镇仿佛是块世外桃源。经他一讲述,听众惊奇,打开了眼界。我那时还小,至今只记得什么"四大怪杰"墨索里尼、希特勒、罗斯福、丘吉尔,也是鸭子听雷公,只是凑热闹。

阿柿公小传

费作辍

> 手表戴手撸，领导林代伍。
> 社员问生产，领导问阿伍。
> 阿伍好领导，化肥拿去磨。
> 洋肥七厘三，嗑好硫酸铵。
> 化肥施下去，苗子透脚青。
>
> 重阳九月九，各户泼流流。
> 有鱼冇猪肉，人客没敢留。
> 有钱冇处买，阿位有一头。
> 想留卖高价，多卖二块头。
> 每户分斤半，多余集体留。

这两首桐诗出自店下镇海田村阿柿公之口。用本地话吟诵起来，幽默风趣，朗朗上口。

阿柿公（1911—1985），大名费鼎柿，海田村人，双目失明。他幼年时因患天花病被误诊，导致双目失明。为了生计，在海田村费氏宗祠旁经营一家杂货铺。

阿柿公爱唱桐诗，他唱的桐诗都是他自己编的。小孩子很喜欢他的桐诗，他也乐意教小孩子。他编的桐诗，主要内容有，村里的好人好事、村里的节庆、一年四季哪一个农时种什么作物、怎样科学施肥等等。桐诗多为五言，内容积极，健康向上，朗朗上口。

阿柿公成年后，家里没有其他人，平常生活都是自理的。他除了自己洗衣做饭外，还做点小买卖维持生活。他每天拄着拐棍，提着竹篮到村头村尾转转，卖姜糖、炒黄豆、炒蚕豆等。姜糖一粒一分钱，炒黄豆一小竹筒一分，一大竹筒二分，炒蚕豆也是用固定的竹筒量着卖。阿柿公还会酿酒、做草鞋、编草席等。平时一有空，他就坐下来编织草鞋。只要你说要多少码的，他编织出来的草鞋保证合你的脚。

阿柿公虽然双目失明，但一点也不妨碍他做生意。钱、秤他一摸一个准，从来没有错过。不过他也有拿不准的时候，只要有疑问，都会找人去验证一下。

　　阿柿公还有一项特别的本事——结绳记账。全村几百户人家，几乎所有的小孩子都有向他赊过糖和豆之类的零食。他就用一捆麻线来打结记账。账目记得清清楚楚，年终收账时，从来没有出过差错。

　　阿柿公是个勤劳、乐观的老人。他那种自食其力的精神值得人们学习和尊重。

店下医苑人物传略

钱立仁 李立华 黄益巧

郑香岩

郑香岩，字仲习，1913年10月出生于福鼎县白琳镇秀阳村，家道颇殷实。1949年以前迁居店下区巽城乡，经营"香林堂"中药铺，自己坐堂行医。香岩性聪敏，倜傥不羁，诙谐善谑，好饮酒谈诗，重情感，轻财帛，待客酒杯常满，持家钱囊时空。

郑香岩之医学渊源，少承父教，及长以自学为主，博览历代名家论著，对《伤寒论》《金匮要略》《温热论》潜心穷究，融会贯通，常有独特见地；成立巽城青草药研究所，曾自题"欲与西医较长短"。由于临床效果显著，加上服务认真周到，远近病员慕名上门求医者接踵而至，医名之盛冠于一时。香岩1956年起历任巽城中西医联合诊所主任、巽城卫生院院长、巽城青草研究所负责人，工作颇多成就，曾博得福建省卫生厅的表扬与嘉奖。1962年被评为福鼎县名老中医。

1966年4月，郑香岩参加浙江省温州地区（扩大）中医学术交流会议（浙江省的温州、台州、丽水和福建省的福安等4个地区参加），并在会上宣读论文《狼把草治疗白喉之研究》一文，获得会议很高评价。

郑香岩于1972年10月病故，终年60岁。

陈明杰

陈明杰（1921—1981）出生在浙江省平阳县北港鹤溪农家，7岁丧父，8岁随母客居福鼎沙埕。其母从事青草医生生涯，历经艰辛，持家课儿。明杰17岁中学毕业后，因家贫无法继续升学，遂致力自习医药，20岁行医，在沙埕开设"福音"诊所，青草、中医药或单用或合用，颇能融会贯通，左右逢源，甚为当地病家信赖。1951年，首倡组织本县第一家联合诊所——沙埕中西医药联合诊所，任主任。1953年到麻疹疫区巽城一带巡回医疗，工作认真负责，受到当地群众欢迎，被挽留在巽城联合诊所任主任。1956年下放到店下大队，创办合作医疗站，认真贯彻勤俭办站方针，以种药养医，两年时间为合作医疗站积累资金4000多元。1972年调任店下卫生院巽城分院院长，即开办巽城中草药药场,并坚持抓好采、种、制、用中草药工作,符合当时客观需要,小单位做出大成绩,当时《福建日报》曾予报道。

陈明杰从事卫生工作40多年,始终勤勤恳恳,埋头苦干,不计名利,生活朴素,诚恳待人。患糖尿病、高血压,不甘休息,带病坚持工作。1980年突发脑溢血,1981年1月逝世,时年61岁。

陈明善

陈明善（1917—1983）,字修性,生于店下镇硋窑村,针灸医师。自学针灸,后在岚亭合作医疗站任针灸医生,以针灸治疗中风、风湿病等疾病而闻名。当时,医疗站病床数目达10多床,每天平均有10多人在岚亭医疗站接受针灸治疗,取得很好的疗效。陈明善发扬祖国医学特长,也是店下老辈特色中医。

朱纯钊

朱纯钊（1929—1997）生于福鼎县店下镇洋中村一户贫困农民家中,自小家境贫寒。10岁过继给其在巽城的婶婶为嗣,其婶含辛茹苦,一直培养他到柘荣中学读至初中毕业,15岁返回巽城学医,师从福鼎名老中医郑香岩。他天性聪敏,医文并重,为郑老医师平生最得意的门生之一。习医期间受其师熏陶,不仅学得精湛的中医望、闻、问、切之技,更好舞文弄墨,琴棋诗书为其行医之余所悦。

朱纯钊从1952年起在店下联合诊所从医,1985年9月获福建省人民政府"从事中医药工作30年"荣誉证书。朱医师为人谦和,医术精湛,在店下、沙埕沿海一带有着极佳的口碑,无论深夜、风雨,逢有人前来就诊,都耐心为人切脉问症开药,如遇病重无法前来者,即背负药箱上门为人诊治。

朱纯钊于1997年8月病故,终年69岁。

店下籍受省级以上表彰人员及单位

李立华

1949—2023年间，店下籍荣获省级以上劳动模范和先进工作者及特殊奖项已知的计有44次。1969年，店下村妇女代表蔡梅娇（女），当年作为全国农民妇女劳动代表，应邀参加中华人民共和国成立20周年国庆庆典，并在人民大会堂受到毛主席等党和国家领导人接见并合影。到北京及接受表彰的有1958年店下商业办事处喻仁肖同志（岚亭三墩人），发明畜力抽水机、颗粒肥料机，赴北京出席第一机械工业部召开的全国农具技术改革会议，荣获奖章一枚。全国民兵先进工作者范红妹（男，1960年店下武装部长），进京参会获得半自动冲锋枪一支及奖状、勋章等。叶开楔，店下邮电所乡邮员，省劳模进京参会并受表彰。2021年3月25日，进京出席全国脱贫攻坚表彰大会，受到习近平总书记等党和国家领导人接见并合影。

附：

店下籍受省级以上表彰及特殊人员名单

序号	姓名	性别	所在单位及职务	荣誉称号	授予单位、时间
1	林明达	男	店下菾北村社员	福建省劳模	1955年，省委、省人民委员会
2	李吓奶	女	溪美弹港农业社社员	福建省劳模	1957年，省委、省人民委员会
3	喻仁肖	男	店下商业办	发明奖章	1958年，全国农具技术改革会议
4	谢祖岳	男	店下稽征组税务员	福建省劳模	1959年，省委、省人民委员会
5	范红妹	男	店下人民公社武装部	全国民兵先进代表	1960年，中央军事委员会
6	高月恒	男	岚亭三门台社员	省农业先进生产者	1962年，省人民委员会
7	倪世须	男	店下公社社长	省水利先进生产者	1962年，省人民委员会
8	蔡梅娇	女	店下大队妇女代表	全国农民妇女劳动代表	1969年，进京参会
9	叶开楔	男	店下邮政乡邮员	福建省劳模	1977年，省委、省革委会
10	何玉梅	女	店下牛矢墩小学教师	福建省劳模	1978年，省委、省革委会
11	何玉梅	女	店下牛矢墩小学教师	全国"三八红旗手"	1979年，全国妇联
12	李吓奶	女	溪美弹港农业社社员	全国"三八红旗手"	1979年，全国妇联
13	朱纯钊	男	店下医院医生	从事医药工作三十年	1985年，福建省人民政府
14	纪如意	男	溪美小学民办教师	福建省教育先进工作者	1985年，福建省人民政府
15	陈敬樟	男	宁德地委组织部	优秀党务工作者	1989年，福建省委

续表

序号	姓名	性别	所在单位及职务	荣誉称号	授予单位、时间
16	陈敬樟	男	宁德地委组织部	全国优秀党务工作者	1989年，中央组织部
17	罗昌荣	男	店下镇养路队队长	省优秀共产党员	1993年，福建省委
18	张序相	男	福鼎计生委主任	省计划生育先进工作者	1994年，福建省委、省人民政府
19	黄兆松	男	店下镇人民政府办公室	百分之一人口抽样调查工作中获国家级个人先进	1995年，国家人口普查办
20	林立慈	男	福鼎市副市长	抗洪救灾先进个人	1996年，福建省委 省人民政府
21	林立慈	男	福鼎市副市长	全省千里海堤加固达标建设先进工作者	1997年，福建省委 省人民政府
22	王绍据	男	《闽东日报》社总编	全国百佳新闻工作者	1997年，中华全国新闻工作者协会
23	陈世孝	男	秦屿镇镇长	全国人口普查先进个人	1997年，国家人口普查办
24	王根巧	男	店下溪美村党支部书记	省第六届精神文明建设先进工作者	1998年，福建省委、省人民政府
25	王绍据	男	《闽东日报》社总编	国务院政府特殊津贴	1998年，国务院
26	林立慈	男	福鼎市副市长	全国绿化先进工作者	1998年，全国绿化委
27	倪守银	男	福鼎市民政局	全国民政系统抗洪救灾先进个人	1998年12月，民政部
28	郭毓麟	男	福鼎市农业局局长	全省减轻农民负担先进工作者	1999年，福建省人民政府
29	喻方兴	男	福鼎车站	全国劳模	2000年，国务院
30	周敏	男	宁德军分区供应科科长	双拥先进工作者	2000年，福建省人民政府
31	王绍据	男	《闽东日报》总编	全国报业先进工作者	2001年，国家新闻出版署
32	邓正钟	男	店下牛矢墩村民	全国种粮大户	2003年10月，农业部
33	王绍据	男	《闽东日报》社总编	全国报业先进经营管理工作者	2004年，国家新闻出版总署、中国报业协会
34	喻守宁	男	市殡葬管理所所长	全国民政系统先进工作者	2006年10月，人事部、民政部
35	喻红	女	福鼎市残联	第二次全国残疾人抽样调查工作先进个人	2007年4月，国务院残疾人工作委员会、第二次全国残疾人抽样调查领导小组
36	吴剑秋	女	福鼎市妇联主任	全国优秀妇联干部	2007年6月，中华全国妇女联合会
37	郑元齐	男	电大福鼎学院院长	先进教育工作者	2009年，中央广播电视大学
38	倪守银	男	福鼎市民政局局长	全国殡葬工作先进个人	2016年12月，民政部
39	王绍据	男	宁德市诚信促进会	全国脱贫攻坚奉献奖	2017年，国务院扶贫领导小组
40	王绍据	男	宁德市诚信促进会	共和国建设功勋人物	2017年，中国中外名人文化研究会
41	喻守强	男	霞浦县公安局局长	"五一"劳动奖章	2020年3月，福建省总工会
42	林泽然	男	溪美学校	福建省扶贫攻坚先进个人	2021年5月，福建省委、省政府
43	王绍据	男	宁德市诚信促进会	全国脱贫攻坚先进个人	2021年，中共中央委员会、国务院
44	释界诠	男	太姥山平兴寺法师	全国宗教界先进个人	2022年12月，中央统战部

附：

店下镇获得省级以上奖项单位

获奖单位	获奖名称	颁奖单位	时间
三佛塔村	全国民族团结进步先进集体	国务院	1988年
店下镇	省级文明镇	2000年至今连续7届省委、省政府	2000至2023
溪美村	省级文明村	2008年至今连续5届省委、省政府	2008至2023
巽城村	第一批中国传统村落	住建部、文化部、财政部	2012.12
店下村	全国一村一品示范村	农业部	2013.07
店下镇	全国重点镇	住建部等7部委	2014.07
店下村	福建省一村一品示范村	农业部	2020.12
店下镇	省级乡村治理示范乡镇	省委农村工作领导小组办公室等7部门	2022.10
硋窑村	省级乡村治理示范村	省委农村工作领导小组办公室等7部门	2022.10
溪美村	省级乡村治理示范村	省委农村工作领导小组办公室等7部门	2022.10
溪美村	福建省乡村振兴实绩突出村	省委扶贫开发成果巩固、乡村振兴工作领导小组办公室	2023.10
筼筜村	2022年度省乡村振兴示范村	2023.4省农业农村厅、乡村振兴局	2023.04

文教卫生

店下教育发展史略

李立华

发展概况

店下早在新石器时代就有先民劳作生息。年代久远，史上族人搬迁频繁，因设县较晚，远古的人文及教育历史，已无从查考。但是店下教育事业自清以来较为兴盛，办私塾盛行，遍及城乡。据《福鼎教育志》记载：截至1950年全县分布各乡镇计有72馆私塾，店下就有15馆，居全县首位。历代科举考试中，科甲联芳，文武并举。据不完全统计有举人36名（其中武举5名），贡生30名。截至2008年，全镇下辖16个村委会，1个社区居委会，12260户，46272人。全镇办有1所完全中学，1所初级中学，1所九年一贯制学校，1所中心校，7所完小校，1所中心幼儿园。在校生高中生912人、小学（含初中）生2399人。民国时期店下清安张序爵（1902.2—1993.4）是福鼎第一个考入北平中国大学的大学生。"文革"前北大毕业1人，中国人民大学毕业1人，上海第一医学院毕业1人。

店下当地较早办私塾的有关盘陈氏族塾，陈氏和仲家塾，富楼下徐姓、下书堂谢氏家塾，旗杆里、卜镏、后埕、南砲、清安、牛矢墩、溪美、巽城、岚亭、屿前等村塾。任塾师的一般有贡生、秀才等，如后期的徐正泉、喻屏秋、方联森、陈明善、李鹏飞喻学联、陈祖燕等。塾师薪资有的由宗嗣公租（学田）负担，有的由村中头人筹措及学生家长负担，后期每人年缴50斤稻谷。课本初授《三字经》《弟子规》《百家姓》《千字文》《五言杂字》，继而教授《幼学琼林》《四书五经》等。通常塾师案头备有一戒尺，拍桌镇童之用，可对愚顽学生行体罚。开馆时间一般于农历二月初二开始，平时没有双休日和暑假，只有端午节、中秋节各放几天假，闭馆在本学年冬至节前一天，常有"圣人公不吃冬节丸"之说。塾师实行一年一请，闭馆时决定来年是否续聘。1953年硋窑陈明善、方杞洋方联森先生，分别在南鹋、后埕教村塾，是店下办到最后的私塾。

店下私塾较出名的，是在清朝乾隆年间，名噪一时的阮洋陈"十八坦"，就是阮洋陈家十八位堂兄弟相继入了县学，闻名遐迩。如陈珖坦、陈珙坦、陈璗坦、陈瑀坦等，尤其乾隆三十年（1769）举人、曾任陕西保安知县的陈珖坦和乾隆壬子（1792）优贡陈琪坦，是阮洋"十八坦"中最有名望的人物。

清光绪三十一年（1905）官立初等小学创办（民间捐资）。教学内容还是老一套，把《福鼎乡土志》加入教科书。

清宣统三年（1911）地方绅董喻得端、李鼎元、李鹏翔、谢作霖等筹款，在店下斗门头"大帝宫"，开办公立店下初等小学堂。民国元年谢作霖任校长。1913年国民政府推行"壬子、癸丑学制"，规定六岁入学，初等小学四年为义务教育，毕业后入高等小学修业三年。至1914年以经费支绌停办，1918年恢复开办，1922年国民政府推行"壬戌学制"，六岁入学不变，小学修业改为六年，即高等二年，初等四年。同时国民学校改称初等小学校。民国十七年1928改成第三区立象山初级小学校。历任校长有：喻凤在（字竹安、店下人，象山镇长、县参议员、民国时福鼎南派名人）、林德梅、李模荆、李鹏搏（字图南，店下人，三青团区队长、民国时福鼎北派名人）、林畅春（字伯亭、沙埕澳腰人，民国时福鼎北派名人）。1934年在喻厝旗杆里大厅上课。1936年周荫莲任校长，硖门人，其父周忠魁系同盟会会员，亦跟随在店下生活。1939年，时任校长李鹏搏带领全体师生，拆掉富楼下南朝宫、后埕洋太使保庙、河尾旧大帝宫，三座宫庙的砖、瓦、石头，作为建校材料，在店下新大帝宫左侧，兴建象山小学，三榴两层，一楼中间设小礼堂，两边为教室。该校的建成为后来店下造就了一大批人才。

1940年3月改称玉溪镇店下中心国民学校，国民政府对小学实行所谓"管、教、养、卫一体"，恢复国民学校制。期间，林畅春（伯亭）担任一段时间的校长，1944年计有学生101人，下拨教育经费545元。李鹏搏（图南）又调回复任至1949年7月店下解放。1950年前各乡村前后陆续开办学校的有：

1914年在岚亭街武庙，由绅董周钟楠、黄瑞定等筹款举办区立岚亭初级小学，翌年因校费缺收停歇。1922年春续开行办，后称岚亭国民学校。

1924年，董首陈光蔚在巽城大帝宫，开办区立巽城初级小学校（时归第二学区）。1941年3月改称为巽城乡巽城中心国民学校，地点在夏井保大帝宫。至1944年有学生167人，下拨教育经费570元。

1924年在水澳九使宫开办区立水澳初级小学校。

1925年在溪美临水宫开办区立溪美中心学校。1942年9月改称为玉溪镇溪美中心校，至1944年有学生123人，下拨教育经费495元。

1926年在玉岐杨府宫创办区立玉岐初级小学校。历四载，因校款不敷暂停。1930年春筹足校款呈请恢复。1938年4月改称为玉溪镇玉岐国民学校，至1944年有学生

32人，下拨教育经费135元。

1926年春县长周赓慈谕校董董群纯、董光雪、曾永朝筹款，于是年七月在大白鹭玉峰里天后宫成立区立鹭州初级国民学校。1944年3月改玉溪镇水（澳）（白）鹭代用国校，至1944年有学生34人，下拨教育经费60元。

1927年在台家洋水尾宫开办区立台峰初级国民小学校。

1931年在关盘陈氏宗祠设立区立关盘初级小学校（时归第二学区）。1942年9月改巽城乡关盘国民学校，至1944年有学生53人，下拨教育经费135元。

1935年在洋中坑里地主宫，创办巽城乡私立谷山小学，至1944年有学生26人，争取下拨教育经费60元。该校至1950年还在。

1941年因县财政困难，暂停筼筜国民学校。1944年暂停蚶江国民学校。

1946年8月，为普及义务教育，省厅通知各区乡除原设有小学外，并推行短期小学教育。通过短期师资培训结业，次年春招收学生，对象均系社会儿童，免费就读。鲍琴娟任店下短期小学校长。

1948年，店下、巽城为中心国民学校。1949年6月，福鼎解放。8月，福鼎解放后店下第一任校长王为孝将原中心国民学校接管，改称店下中心小学，其他国民学校改称初级小学，沿用"四二"分段制。时校长工资为每月满一担稻谷（约150斤），教师每月平一担稻谷（约110斤）。1950年2月林泉宝（地下党员）担任校长，6月1日，各小学少年儿童同全国少年一起，欢庆中华人民共和国成立后第一个国际儿童节。1952年建立中国少年儿童队。是年起，小学改为秋季开学，有收学杂费，部分学校试行五年一贯制。11月组织学生参加福鼎县第一届运动会。

1953年6月，遵照团中央规定，中国少年儿童队改称"中国少年先锋队"。9月停止小学"五年一贯制"试验。是年各学校响应"身体好、学习好、工作好"的号召，开展"创三好"活动。

1955年2月小学全面贯彻教育部公布的《小学生守则》。1956年暑假全体教师参加"肃反"学习。1957年春，中国新民主主义青年团改名"中国共产主义青年团"。7—8月，全体教师集中县城，参加"整风运动"。1958年9—10月小学全部停课，师生按连排组织，参加洗铁沙、大炼钢铁运动。1959年设店下学区，配双线校长，一个管理中心校，一个管理学区教育业务。全学区开展推广普通话活动。1960年店下学区有四个学校，六个班级实现五年一贯制。1961年全县开始推行小学五年一贯制与六年制双轨并行。小学分为三种类型：店下中心校为一类校，溪美巽城、岚亭为二类校，筼筜为三类校。1962年中心小学附设幼儿园1班。1963年3月5日响应毛泽东主席"向雷锋同志学习"的号召，开展"学雷锋"活动，并修建店下中心校。

1965年1月20—27日，全县教师集中县城，开展社会主义"四清"教育运动。

1966年6月，"文化大革命"全面开始，学校停课，停止招生考试。

1968年2月中小学复课。3月，小学实行春季招生。10月，响应毛泽东主席关于"知识青年到农村去接受贫下中农的再教育"的号召，动员城乡初、高中毕业生到农村插队、农民学子回乡劳动。1969年春季陆续复课，农村学校均由"贫下中农毛泽东思想宣传队"进驻管理，店下中心校在操场对岸龙循环还划有一块水田，作为"五七"劳动基地。开始以《毛主席语录》为课本，教珠算学。店下学区由"店下工人毛泽东思想宣传队"管理。8月，取消学区建制，成立店下公社教育革命委员会，领导中小学复课闹革命。1970年，小学成立贫下中农管理委员会，提倡"读小学不出生产队"，各村都办小学，复办店下中心小学附设初中班。1971年学校开展"批林整风"运动。1973年复办幼儿园1班45人。1975年7月恢复秋季招生，10月店下中心小学附设初中班分校独立，改称店下中学。

1977年，按照上级精神，恢复大中专升学考试制度。3月恢复开展"学雷锋、创三好"活动。1978年9月，恢复校长制。次年恢复学区建制，任命学区正、副校长。1981年店下中心校增设2个幼儿班，巽城、溪美各增设1个幼儿班。学校开设思想品德课，以"五爱"为基本内容进行教育。同年9月，贯彻执行《小学生守则》，开展以"五讲四美"为内容的文明礼貌教育活动。1982年中小学建立升国旗制度。进行以国歌、国旗、国徽为内容的爱国主义教育。1985年秋执行《福建省全日制五年制小学教学计划》，以"尊师重教爱生"为内容进行道德规范教育，开展创建文明学校、班级活动。9月10日，各个学校庆祝第一个"教师节"。1986年7月1日《中华人民共和国义务教育法》开始实施，店下学区"四率"达省颁一类标准。

店下中心小学，于1986年搬迁到富楼下大坪园，学校占地近20亩，建筑面积3636平方米，兴建有中心校教学楼、宿舍楼、办公楼、操场、学生公厕等。1990年，上级下拨体育活动经费，深入开展体育"达标"活动。店下学区中心校、职业中学均得到表彰。店下中心小学被列入福鼎县中小学体育传统武术项目学校。1991年9月实施初等义务教育。从1991—1995年进一步加强德育队伍、制度、环境和基地建设健全学校家庭社会"三结合"教育网络使学校文明建设工作跃上新台阶。

1995年5月学校开始实施"两基"规划，完善中心小学学校20所（包括龙安、玉岐、涵头、杨岐、西澳、江南），校舍面积18985平方米，在校生6000多人，幼儿686人，小学入学率保持在99.72%以上，小学辍学率控制在0.18%。1996年巽城小学附设初中升为巽城初级中学。复办岚亭小学附设初中。12月，巽城初级中学改称福鼎市第二十二中学。岚亭小学附设初中升为独立初级中学。1998年度店下学区在校生6833人居全市第二。2003年8月取消学区制。到目前为止，现有在职教师143人，中心校区教师48人，行政人员10名，2009年春季中心校区招生648人，16个教学班。现职教师大专学历达85%以上，宁德市级骨干教师10余人，大批优秀青年教师在教育教学中取得了优异的成绩，获得各级教育行政部门授予荣誉。钟而赞、颜余龙、钟秉德、林高雄四老师获得省级以上教学论文奖。数学教学课件参加全国教学课件评审荣获二等奖，《轴对称图形》一课获福鼎市小学"中央教科所立项课题"课堂教学评选一等奖，全国第三届、第四届语文教师范文写作比赛多人获得二、三等奖。学校学生在各级各类比赛中屡获佳绩。喻婧同学《崇尚科学，传播文明》一文荣获省小学生征文比赛一等奖，吴观栩、喻晓羽两位同学硬笔书法获省赛一等奖。

随着农村人口城镇化和教育集镇化步伐的加快，村级学校办学规模越显薄弱，针对教师资源相对浪费的实际情况，在深入调查、广泛取证的基础上，加快了撤点并校的步伐，撤并了马山小学、石牌小学、阮洋小学，重新整合教育资源，科学合理布局，改变办学规模，把整治校园环境、建设优美和谐中心校园作为工作的重点，尤其是近三年来，学校在实行一费制收费制度后，资金十分短缺，店下中心小学通过多渠道筹资，投入巨额资金用于改善办学条件，先后修建了中心校两条水泥路，一个水泥羽毛球场，兴建多媒体教室、音乐室美术室、计算机室，已建成校园网络，并实施农村现代远程教育工程。硬化、绿化了中心校大部分场地，添设了中心小学行政和中心校办公设备，添置课桌椅400多套，并进行了中心校及教师宿舍楼的旱厕改造工程，使中心校园环境更加优美怡静、亮洁、和谐。

自2000年以来，店下镇的教育事业迎来了一个转折点，进入了一个高质量的全面发展的新阶段。之前，店下镇的教育也和全国各地一样，追求普及率。因办学条件受国力的制约，学校分布依然点多、面广、分散。虽然所有的单人校，教学点，初小校已全部合并到以行政村为单位的完全小学，但是教学质量依然普遍偏低，还是一种广种薄收的办学模式。

从2003年开始至2011年，随着祖国改革开放的深入进行，经济建设的成就使国力较大增强，也加速了农村人口城市化的进程，一部分生活条件有所改善的农村人口对当时农村的教育条件已经不满意，转而追求县城及以上的教育条件较好的大校强校，一部分学生开始放弃他原来的弱校，转学去城里择校，加上城市化政策的效应，计划生育政策的效应，上述这些农村学校的生源逐年减少，办学规模日渐式微，三类、二类乃至个别一类校最终不得不撤并。

部分完小校及附设初中

菰北小学　　到2000年已成为单人校。由于离溪美近，随着路况越来越好，学生大部分流入溪美小学，该校于2003年停办。

石牌小学（原称观洋小学）　　自1998年起改为寄宿制学校，至2000年，有130多名学生，而且绝大部分是寄宿生，有四个教学班，（其中两个双复式班）。此后学生数快速减少（没有新生）。教师数（含代课、炊事员）8人。历任校长有蔡庆全、许联弟、方维文等。该校于2003年底停办。

马山小学　　当年是店下学区下辖四所山区寄宿制完小之一，但由于办学条件相对落后，又由于生源分散，各自然村人口外出务工多，人口减少非常严重，原来一些自然村与中心村的山路长期少有人走，路况很差，不安全因素较多，因此，马山小学在2003年王克松校长完成撤并。

阮洋小学　　自1998年起成为寄宿制小学，当时也有150名左右的学生，有一半是寄宿生，有教职工8人，5个班。当时的办学条件在石牌、阮洋、溪岩、马山四所寄宿制学校中算是稍好一点。由于生源迅速枯竭，至2004年，学生数减到40人以下，在最后一任校长许联弟手上停办。

岚亭小学　　最早称后岚亭私塾，位于原岚亭小学校舍内，校舍最早是武庙，庙内正堂供奉的关帝塑像在"文革"期间被毁。1914年在岚亭街武庙，由绅董周锺楠、黄瑞定等筹款举办区立岚亭初级小学，翌年，因校费缺收停歇。1922年春续办，后称岚亭国民学校。清末秀才林棲枫曾任校长，黄淑圭继任，1949年后称岚亭小学，林泉宝、郑敬璋、何加模老先生先后任教。朱有桑校长任职最长。岚亭小学占地1700平方米，原来是一所办学规模与质量都与巽城、溪美不相上下的一类学校。其撤并的原因与岚亭初中差不多。首先是高年级学生先流失，加之，计划生育之后，新生源少，学校规模日渐式微。终于在岚亭初中撤并两年之后，于2006年丁善易校长任上完成撤并。一所近百年的老校终于退出教学历史。

岚亭初中　　1998年由原岚亭小学附设初中升为独立初级中学，在2000年时，依然有6个教学班，学生有350人左右，但毕竟是一所规模小，条件差，师资水平有限，独立办学时间短的学校，制约着该校的教学质量。最大的原因还是因为相邻的秦屿镇（现太姥山镇）矩离得近，办学规模大，质量高，对岚亭学生家长的吸引力很强，而且交通极为方便，随时有班车经过，于是学生纷纷流失。2002年降为岚亭小学附设初中，终于2004年撤并。

硋窑小学、三佛塔小学　　同在2005年停办。因为这两所三类校同属于岚亭片区，规模相对更小,学生流失情况与岚亭小学大致一样。。

箕筜小学 学校设施也很齐全,应该说,政府对这所福鼎革命彻源地的老区学校还是呵护有加的。但由于该校离店下镇区较远,学生流失去向复杂,福鼎、秦屿(现太姥山镇)、溪美、店下、龙安都有。该校因生源缺乏不得不于2006年撤并。

屿前小学 原下辖有蚶江完小校,是一所环境优美,学风浓厚,生原较多,成绩在本地保持中上水平的一所完小。自2000年起由6个班级,200多学生开始快速流失,原因显然是由于距店下中心校近,距龙安开发区也很近学生两头分流。于2006年9月"桑美"台风后撤并。

洋中小学 2000年时称民族希望小学,由朱承凤负责,得益于捐建的新校舍,环境优美。有学生近200人,6个教学班,有10名教师。由于该校教师总体年龄偏大,没有补充年轻老师替补,教学质量偏低,加之,洋中距离巽城较近,随着交通越来越便捷,学生开始流失,进城关择校的也占了一大半。到了2009年,由朱良光老师负责,剩下30名学生,最后只能撤并到巽城学校。

溪岩小学 一所福鼎闻名遐迩的山区典型寄宿制小学,2000年时有学生200多人,是全镇寄宿学生最多的学校,到2004年还有学生110人,有寄宿生80人(最多时寄宿近200人)有四个班两个复式,这所学校办到2009年撤并时,剩下20多个学生。是店下镇最后撤并的山区二类校。

东岐小学 是一所办学条件较好的学校,尤其是有新校区,环境优美,学校的教学成绩也稳居学区中上水平。历任校长工作能力都很强,学校各项工作开展得有声有色。但是,自2000年以后,大势所趋,生源也迅速流失,部分流入店下中心小学,部分流入龙安新建的设施较好的龙安小学。到2007年,学生由2000年时将近400流失到只剩110人,教师也只剩下10人。2010年喻守慧担任校长,只有10个学生,不得不在2011年撤并,是店下镇最后撤并的一所村级小学大校。

福鼎七中办学史略

许联弟

福鼎第七中学创办于1964年，位于店下集镇，是省属农村普通完全中学。50多年来，在各级领导和店下乡贤的关心支持、历届校领导班子的正确引领、几代教师群体的共同奋斗下，办学条件日益优越，校园文化氛围浓郁，教育教学成果凸显，成功走出了一条符合校情、适应社会发展的特色办学之路，为社会培养出一届届合格的毕业生，为各大院校输送了一批批品学兼优的人才，赢得家长与社会的广泛认可，业已成为市内一所莘莘学子求学成才的理想场所。

农业中学阶段（1964—1968）

1964年8月，为响应党中央发展教育、服务生产的号召，店下人民公社决定创办店下农业中学，主要以学工学农为主，当时开设初中一个班，学生30多人，公社派干部倪世须同志兼任校长，只有李茂品、李友信、姚联延等同志承担教学与管理工作。学校最先租用西门外喻厝大厅，1965年开学搬迁到外清坑陈氏祠堂上课，当年下半年

福鼎市第七中学（《福鼎教育》）

创办初期的福鼎市店下中学（福鼎七中 供图）

又搬迁至磨石山（现址）原店下商业畜牧场（公社划给5亩土地作为校园和生产用地），添加一个班，40人。学校实行"半工半读"制，从创办到"文化大革命"学校停课止，共招3届约120名初中学生。

附属中学阶段（1969-1974）

原"文革"期间分批到外省各地串联的学生于1969年春复课，1970年学校恢复为店下中心小学附设初中班，委派当时福州籍王以钦教师负责学校管理工作。稍后上级增派王文崧（福州籍大学生）、王玉珠（归国印度尼西亚华侨大学生）、杨经栋等教师。1971年学校开展"批林整风"运动。1972年始办高中增设高中一个班26名学生，教师共8人。1974年2月又开展"批林批孔"运动。

农村普通完中阶段（1975-1984）

1975年10月，经省教育厅批准，学校成为农村普通完全中学，脱离小学领导，更名为福鼎县店下中学，上级委派陈太忠同志任学校革委会主任，学校规模进一步扩大，设有4个初中班、2个高中班，教职工21人，修建了一座拥有10间教室的教学楼。1978年学校取消革命委员会，秋季郭建森副校长到校主持工作至84年，着手整顿内部管理，改善办学条件，校园面积扩大至20亩，修建了食堂、教师宿舍和面积近1000平方米的教学楼，新招学生300人，9个班，教职工28人。

农村职高阶段（1984—1995）

1984年依教育体制改革，学校高中部改办职业高中，1995年学校改名为店下职业高级中学，成为福建省第一批农村职业中学之一。当年搬迁校内原始居民房，扩征用地，修建校舍，进一步美化校园环境。20世纪90年代初校园占地已达28亩，校舍面积达3000平方米，扩大初中部招生规模，职高先后开办畜牧、茶果、农技等十几个专业班，为当地经济建设培养了500多名初级技术人才，多次受到省地教育部门的表扬。

中学大发展阶段（1996年以后）

1997年经福鼎市人民政府批准，学校更名为福鼎市第七中学，兼挂福鼎市店下职业高级中学校牌。学校借助"两基"契机，多渠道筹措资金，加大改革力度，大力改善办学条件，1998年校园面积已扩大至80亩，建筑面积11700平方米，相继修建了求知楼、行知楼、科学楼和师生宿舍楼以及一系列配套工程。2000年，经省教育厅、宁德地区行署批准学校复办普通高中，形成普职高兼办，一校两牌，学校教职工近百人，已发展为初具规模和实力的农村完全中学。如今校园占地面积已达83亩，绿化面积16350平方米，建筑面积15580平方米，校园整体布局合理。在校生源500人左右，设有11个班级，教职工73人，其中在编教师62人。

近年来，学校教育教学成绩斐然。多项课题已立为县市级课题，学校师生共50多人次获国家、省、地、市等各类荣誉称号，数十篇教师论文在刊物上发表；每年高考高职上线率达90%以上，名列全市农村中学前列；初中教学质量也稳步上升，上重点中学人数逐年增加，深得社会家长好评。学校曾获得"宁德地区优美校园""宁德地区农村分流教育改革先进单位""宁德市素质教育先进校""宁德市文明学校""福建省'学陶'先进集体""福建省党政工共建教工之家先进学校""福建省义务教育标准化合格校""全国青少年读书活动先进单位"等20多项荣誉称号。

店下两所九年一贯制学校

许联弟

溪美学校

福鼎市溪美学校是一所九年一贯制学校,隶属福鼎市教育局直管。2019年9月,由原福鼎市二十一中学和溪美小学合并而成。现有9个教学班,在校学生280人(其中,初中70人,小学210人),在编教师31名(其中高级教师4人,一级教师16人,党员7人)。

目前,学校占地面积31亩,建筑面积6045平方米,建有一座2700平方米的教学楼,一座1017平方米的学生宿舍(现租给私立小月芽幼儿园)。2020年春,该校建成同步课程,与名校共享优质教学资源,希沃触控一体机班级全覆盖,一个环形200米人塑胶跑径运动场,一个硅PU篮球场投入使用,计算机室、科学实验室、学生课桌和教师办公设备等硬件配置已得到更新升级。

福鼎市第二十一中学原是一所独立初级中学,位于店下镇溪美村,创建于1995年8月,原名福鼎县溪美初级中学。1997年经福鼎市政府批准更名为福鼎市第二十一中学校。

溪美学校(《福鼎教育》)

学校占地面积35亩，建筑面积3717平方米。当时有两个教学班，七名教师，先后经历陈瑜、吴圣秋、蔡祖强三任校长的长期不懈努力，最多时在校学生高达735人，教职员工40人。共培养了22届2500多名初中毕业生，其中很多人经过自身的努力，考上全国各重点大学。学校也先后荣获"福鼎市先进基层党组织""福鼎市中学八率评此二等奖""福鼎市爱国读书教育活动优秀组织奖""福鼎市平安校园""福鼎市文明单位"等荣誉称号。

2000年时，溪美小学还有在校学生约500人，12个班级，其办学规模是店下三所一类大校之一。教学质量在当时的店下镇范围之内也是一流的。新世纪以后，近20年时间都是由朱联剑校长主持工作。学校也取得了一系列的成绩。在城镇化推进，撤点并校浪潮的冲击后，依然保持了一定数量的生源和办学规模。20年来，有240名学生（含初中）获得省地市各类荣誉称号。

巽城学校

福鼎市巽城学校为九年一贯制学校，现校址位于巽城村海尾，学校占地面积13573平方米，建筑面积3490平方米。配备理化实验室、多媒体教室、图书室、电脑室、心理咨询室等。服务半径辖3个行政村，9000余人。现有12个教学班（含幼儿园），在校学生270人，教职工40多人。

巽城学校始建于1921年，建校之初为区立巽城初级学校，1941年改为巽城中心国民学校，1995年巽城小学附设初中升为独立初级中学，1998年经福鼎市人民政府批准，学校命名为福鼎市第二十二中学。

2006年12月，福鼎市二十二中与巽城小学、洋中小学进行资源整合，三所学校合并成福鼎市巽城学校（下辖一所公立幼儿园），为市局直属九年一贯制学校。首任校长吴正勇，副校长朱一真，下设9个教学班，3个幼儿园班级，教师35人、学生280人左右。合并后学校对软硬件实施进行完善的提升，在此期间，学校教育质量取得一定成绩，多位教师获得获福鼎市"先进班级班主任"、福鼎市"优秀教师"等荣誉。

2013年11月，由于人事调整，何建华任校长，朱一真任副校长。新一届学校班子领导对办学校发展，提出"以人为本，传承国学，培养习惯，特色办学"的办学理念，确立"质量立校，特色强校"的办学方针，以魏乃渺引领的学生"读书、劳动、礼仪、健身"四种习惯培养为目标，大力开展经典诵读活动，学生精神面貌发生极大的改变，良好的校风和学风和教风初步形成，学生行为习惯发生质的改变，为学校整体教育质量的提升奠定良好的基础。此时，学校基础建设、校园环境建设也一并展开，一年时间，学校建设了舞台、旗台；学校运动场后围墙在经历诸多困难下，按期完成建设。教学

巽城学校（《福鼎教育》）

区和运动场完成了隔离墙、学校四周绿化带完成建设，校园面貌焕然一新。教学质量提升明显，考取一级达标学校学生数曾上升状态。

同时，学校大力优化教师团队，设立青苗培养计划，学生素养和行为习惯得到极大的改变，教育质量开始取得成效，2014年中考开始取得良好成绩，当年考取一类学校学生2名、二类学校学生9名，实现80%以上的学生上高中，列福鼎市所有中学第6名。2015年中考成绩平均分获福鼎市第11名（实际第5名，1名学生缺考0分计算，影响平均分），当年2位学生考取福鼎一中，9位学生上二级达标校，实现83.5%的学生上普高目标。

2016年2月，学校新一届领导班子在传承原有的办学理念基础上，提出了"提升初中教学质量"为三年发展目标，力促学校教学质量的腾飞。经过几年的铺垫和发展，学校教育质量取得了历史性的飞跃。2016年中考成绩大突破，一中上线率达43.2%，6位学生上一中，100%学生上普高，综合比列宁德市第二名（福鼎市第一名），福鼎一中录取率全市第一名。2017年中考综合比列福鼎市第三名，15名学生参考，3名学生上一中，一中录取率福鼎市第3名；11名学生上六、四、二中，普高上线率93.3%。2018年中考综合比列福鼎市第四名，普高录取率第一名。

2019年2月，魏乃渺校长上任后，以创建高品质农村示范校为办学目标，秉持"以人为本，重在发展"的办学理念，打造"小班化分层教学"的高效课堂；发扬"团结拼搏　开拓进取"的集体精神，着重打造书香校园为特色文化，开展经典诵读活动、培养学生的"读书、礼仪、健身、劳动"习惯；推进"美·雅"春苗培养计划，努力把学校办成学生"学习的乐园、成长的舞台、快乐人生的起点"，实现"小学校，优教育"，为福鼎市的农村教育树立标杆。2019年中考13人参考，平均分列福鼎市公办校第一名，一中录取3人，普高录取9人，一中录取率第2名，普高录取率第1名。2020年初三毕业班地区质量检测成绩再创辉煌，总分列宁德市第七名，福鼎市公办校第一名。

店下中心小学简史

  曾庆奋

清光绪三十一年（1905）官立初等小学创办（民间捐资）。清宣统三年（1911）地方绅董喻得端、李鼎元、李鹏翔、谢作霖等筹款，在店下斗门头"大帝宫"，开办公立店下初等小学堂。民国元年谢作霖任校长。1913年国民政府推行"壬子、癸丑学制"，规定六岁入学，初等小学四年为义务教育，毕业后入高等小学修业三年。1914年以经费支绌停办，1918年恢复开办，1922年国民政府推行"壬戌学制"，六岁入学不变，小学修业改为六年，即高等二年，初等四年。同时国民学校改称初等小学校。1928年改成第三区立象山初级小学校。历任校长有：喻凤在（字竹安、店下人、象山镇长、县参议员、民国时福鼎南派名人）、林德梅、李模荆、李鹏搏（字图南，店下人，三青团区队长、民国时福鼎北派名人）、林畅春（字伯亭、沙埕澳腰人，民国时福鼎北派名人）。1934年在喻厝旗杆里大厅上课。1936年周荫莲任校长，硖门人，其父周忠魁系同盟会会员，亦跟随在店下生活。1939年，时任校长李鹏搏带领全体师生，拆掉富楼下南朝宫、后埕洋太使保庙、河尾旧大帝宫，三座宫庙的砖、瓦、石头，作为建校材料，在店下新大帝宫左侧，兴建象山小学，三溜两层，一楼中间设小礼堂，两边为教室。该校的建成为后来店下造就了一大批人才。

1949年6月，福鼎解放。8月，校长王为孝将原中心国民学校接管，改称店下中心小学。1950年2月林泉宝（地下党员）担任校长，6月1日，各小学少年儿童同全国少年一起，欢庆国际儿童节。1952年建立中国少年儿童队。

1959年设店下学区，配双线校长，一个管理中心校，一个管理学区教育业务。全学区开展"推广普通话"活动。1960年店下学区有四个学校，六个班级实现"五年一贯制"。1961年全县开始推行小学五年一贯制与六年制双轨并行。1962年中心小学附设幼儿园1班。

1968年2月中小学复课。3月，小学实行春季招生。1975年7月恢复秋季招生，10月附设初中班分校独立，改称店下中学。1977年，按照上级精神，恢复大中专升学考试制度。3月恢复开展"学雷锋、创三好"活动。1978年9月，恢复校长制。次年恢复学区建制，任命学区正、副校长。

2019年9月学校搬迁到位于店下镇磨石山下的现校址（店下中心小学 供图）

　　店下中心小学于1986年搬迁到富楼下大坪园，学校占地近20亩，建筑面积3636平方米，兴建有中心校教学楼、宿舍楼、办公楼、操场、学生公厕等。历任校长为何晨辉、黄挺鼎、胡宝平、林高雄、陈先钗、邱元法、徐向党、曾庆凤。

　　2019年9月在校长曾庆凤的主持下，学校搬迁到位于店下镇磨石山下的现校址。校园占地面积18972平方米，建筑面积10852.12平方米。有26个教学班，在校生1200多人。

　　学校遵循"共享成长"的核心理念，依托校园香樟，探索"成长文化"建设，提出"共享阳光　茁壮成长"的校训，通过改变校园面貌，提升教师素质，提高课堂效率，拓宽教育渠道，丰富师生活动，全面落实立德树人根本任务，扎实推进素质教育，努力提高教育质量，践行育人使命。

　　近年来，学校先后荣获"福建省义务教育管理标准化学校""福建省示范性社区（老年）学校（学习中心）""宁德市文明学校""宁德市第三批中小学（幼儿园）示范性家长学校""宁德市义务教育标准化学校""福鼎市平安校园"等荣誉称号。

店下中心幼儿园概述

店下中心幼儿园创办于1983年9月,于2011年12月21日独立,2012年9月搬迁至新园,位于店下镇象福街。幼儿园占地面积6667平方米,其中建筑面积4156平方米、绿化占地面积1800平方米、运动场地面积3500平方米。2014年,通过宁德市示范性幼儿园评估。

幼儿园坚持以党的教育方针为宗旨,注重特色内涵发展,坚持"一切为了孩子的健康成长"为办园宗旨,以"敬业、团结、友善、创新"为园风,在内部管理、环境创设、师资队伍建设、教育教学改革、实施素质教育等方面大胆创新,逐步形成了独特的园所文化,实现文化育人,促进师幼健康快乐富有个性的发展。通过不懈努力,赢得了上级、社会及家长的信任和赞誉,先后两届被评为"宁德市文明校园"及"宁德市级巾帼文明岗""平安先行学校""先进单位""模范职工之家"等荣誉称号。

随着二胎、三胎政策放开,辖区适龄幼儿人数不断增多,为应对学生数增多带来的就学压力,2021年9月,新建一所幼儿园——玉屿幼儿园,新建1栋3层教学楼,规划班级数12个,于2021年9月6日投入使用。目前招收4个班,小班2个,中班1个,大班1个,共114人。共有教职工19名(在编教师5人,编外教师4人,保育员4人,食堂工作人员3人,保安2人,门卫1人)。学校教学设备完善,有高标准班级活动室、厨房、多功能活动室、美工室、图书室、角色一条街等。各活动室均配了希沃一体机、钢琴、开放式玩具橱、适合幼儿身高的课桌椅、饮水机、空调、监控、紫外线消毒等先进设备,园内体育设施齐全,配备各类大型户外玩具。本园作为一所环境幽雅、功能齐全、教学设备先进的一类幼儿园,能为孩子们提供优质的教育资源和成长的良好环境。

(本文由店下中心幼儿园供稿)

巽城幼儿园概述

许联弟

巽城幼儿园的办学历史可以追溯到20世纪70年代。1971年，巽城学校设立附设初中班时同时开办幼儿班，当时设两个班，50人左右，由小学部的四五名老师分别兼课。当时对这种办学模式，老师们戏称为"穿鞋戴帽式"学校。幼儿班的作息时间与小学相同，只是入学稍迟，放学稍早些而已。当时幼儿数人数比初中班的人数还多，此后幼儿入园率逐年提高。

到20世纪80年代，学生数达到高峰。学校（当时学校在巽城何厝祠堂）根本容纳不下，只好把幼儿班连同其他一些低年段班级搬到别的古民居四合院里上课，大厅当教室，板壁涂上黑漆当黑板，天井当操场。

后来，巽城学校的新校舍在原龙宵阁山下巽城碗厂旧址上建成。先是一座砖木结构两层教学楼，后又新建砖混结构三层教学楼，此时，幼儿班人数达到100多名，分成大中小三个班，留在何厝祠堂，小学、初中部搬到新校区。

1996年，巽城初中独立，搬至原巽城砖瓦厂食堂附近的新校区，这时起，幼儿班搬入小学部，仍和小学部统一作息时间，统一管理。

直到2006年，巽城小学与福鼎市二十二中合并为福鼎市巽城学校，小学部全部搬入初中校园，幼儿班开始真正独立出来称巽城学校附属幼儿园，留在小学部校舍，经济核算、师资调配、日常管理仍由巽城学校统一管理，卓一冰、詹美英，先后在该园担任园长。2008年起，园内配备了专职保安。这段时间由于计划生育政策等历史原因，幼儿人数也明显减少，但还是维持着大、中、小三个班的教学模式。

2016年，福鼎市教育局下发文件认定，巽城幼儿园为普通幼儿园。园内配有专职幼师毕业的保育员，炊事员，园内设施达到全市普通幼儿园标准，由市教育局幼教股统一管理，流失的幼儿开始回流，人数稳步回升。

记忆中的学校

许联弟

20世纪60年代，正是百废待兴时期，办学条件十分落后，直到1970年前后，店下镇只有一所中心小学有正式校舍，唯一的中学——"农中"，是在店下"磨石山"边的乱坟岗处建起一排简陋的砖瓦房，作为中学唯一的教学楼。其他所有的小学校都没有自己独立的校舍。巽城学校是从大帝宫再搬到何氏宗祠。其他各村完小都是如此。而村级以下，还有许多初小校，教学点。完小以上的学校有课桌椅，而初小校则教无定所，师生在破烂的宫、庙、寺、庵、民居的厅堂、生产队的仓库，甚至是养猪场、废弃的牛栏教学，绝大部分要自带桌子凳子，有些孩子坐在石头上，把书放在膝盖上。

在那艰难的岁月里，在这样恶劣的办学条件下的老师，他们的工作、生活之艰难，也是如今的年轻人所无法想象的。

老师分公办、民办和代课三类。公办老师虽然说有稳定的工资，但在当时的情况下也非常艰难，他们中的大部分人必须是远离家庭，到外乡或乡下去工作。由于当时的交通条件的限制，他们不可以天天回家，必须在所在学校（不少是宫庙祠堂）里寄宿。教师数比较多的学校，往往是请某位老师的家属做饭（一般没有工资，干得时间长了，才能争取到一个民办或代课的名额）。这些寄宿在学校里的老师一起凑合着搭个伙，每人每月交一点搭伙费。每周上课五天半，周六下午还要集中参加政治与业务学习，每周只有一天休息时间。如果要回家，受交通条件限制，光来回一路，一天还不够用。很多老师往往是几个月或一学期回家一趟。民办和代课老师的待遇更低，生活更艰难。他们绝大多数被分配在教学点（初小校、单人校），想寄宿想搭伙也不可能，只能带上一把米一节咸鱼或一个蛋放在学生家里搭伙，或是在自己的"教室"里用三个石头搭个锅。早上必须是起大早出门，赶上一两个小时的路去"上班"，晚上再赶回来。他们每月只有几块至十几块的工资（初中民办有21块），往往一个人带十几至三十来个学生（三十个以上的可以定位为初小校、双人校，可以有两个教师），一至三年级复式班，光语数就6种教材，一天轮流讲下来口干舌燥。

有些艰苦的地方，还提倡多种形式办学。例如，当年店下牛矢墩何玉梅老师的海潮班，学生趁退潮云讨小海，何老师就备课改作业，海水涨潮，学生回来了，她就吹响哨子，把孩子们集中起来上课。她的海潮班成为典型，受到上级的褒奖。

再如巽城村的西山头和下楼两个教学点，近30个学生，由于只有一个老师，只好办隔日制教学，逢一三五教这一边，二四六教另一边。后来为了提高教学质量，办成巡回教学班，逢一三五，把下楼的学生带到西山头来上课；二四六，把西山头的学生带到下楼去上课，学生则变隔日制为全日制。而在那里任教的民办或代课老师就要付出双倍的辛苦，今天一早跑到下楼把十几个学生翻过公鸡岩带到西山头来上课，晚上再把下楼的学生从西山头送回下楼去。明天则反之，把西山头的学生带去下楼，一人教3个年级，每天从巽城到下楼、公鸡岩、西山头4个点三座山头上来回奔走。其间的辛苦，如今年轻人是从来体验也无法承受的。还有些办半日制的上午读书，下午劳动。

当时大力提倡普及教育，对那些没条件上学的孩子、超龄少年和青壮年文盲，要进行扫除文盲，要办扫盲班。扫盲班的教学时间都是选择在夜晚，俗称办夜校。这又是一种办学形式。办扫盲班夜校的任务也落在这些民办老师们的身上。他们完成了白天的教学任务，还要拖着疲惫的身体，再上两三个小时的夜校，没有补贴一分钱，纯义务劳动，连煤油灯都是学员自带。一些十几岁的女学员，夜里放学路上，老师还必须护送，以保证她们的安全。

当年的民办代课老师站在最艰苦的教学一线，待遇、社会地位低，可正是他们用自己高中、初中、甚至是小学的文化程度边学边教，用自己的青春和热血让那一代的山里穷娃娃接受到最基础的教育，使他们不至于成为新一代文盲，在后来的城乡建设中成为有一定素质的劳动力资源。

20世纪80年代后，民办教师经过自学考试或专业学习，陆续取得教师资格，转为正式教师。而绝大部分的代课老师却得不到转正的机会，他们在教学点工作了几年至十几年后，离开了教育行业，加入农民工队伍。

1990年后，各村完小校办学条件日趋完善，交通条件日趋便利，农村分散办学粗放低效、广种薄收的模式已不再适合发展要求，农村教育开始撤点并校，完小以下各自然村的初小及教学点纷纷撤并到行政村一级的完小校。完小校师生人数空前膨胀，一些山区村为方便学生就学，办起了寄宿制学校。

店下的寄宿制学校，最早是店下农业中学。早在1972年，各乡村如巽城、筼筜、岚亭、马山等较远的学生到该校就读，只能寄宿。当时该校有一半通学生一半寄宿生。寄宿生每周一一早（或周日晚上）赶到学校，一次带来一周的饭菜。宿舍里连床架都没有，被安排在一座新建的空壳教学楼里，四周没有门窗，走廊的空心板也没装起来。我那时是该校的寄宿生，我们在水泥板上铺上稻草，铺上席子，搬来砖头作枕头，晚上没有蚊帐，烧一堆野艾草。

1990年后各偏远农村完小办寄宿制小学，条件依然十分简陋：

一是学校的办学条件落后。如石牌小学的校舍，还是原来知青点留下的破房子，没有粉刷，食堂是知青点养猪场煮猪食的破房子。溪岩小学的200多名学生是在一座破茶厂里睡觉的。这些学校，连个浴室都没有。

二是寄宿生生活艰苦。这一轮办寄宿制的都是山里的学校，寄生人数最多的，当属溪岩小学，其次是石牌小学，还有马山小学、阮洋小学。由于溪岩、石牌两所学校所在地只有几户人家，大部分学生都来自各个山沟里的自然村，寄宿生的比例占到百分之八九十。溪岩寄宿生来自文候山、贡洋、大坪头、罗溪头、罗溪尾、石古等，最多时寄宿生有200多人。石牌学校的寄宿生来自石牌、叠石脚、跳尾头等村，最多时寄宿生近200人。阮洋、马山寄宿生占学生总数一半左右，阮洋的寄宿生主要来自石塘、关盘、渔井、石头尾、腰基坪、詹山里、吴阳等，最多时近80人。马山主要是来自积谷后、水圭岔、王厝下、冬坑等地，也有60人左右。学生年龄段在7至12周岁之间，生活自理能力差，老师们的工作压力很大。他们承担起了老师和家长的双重责任，不仅要完成日常教学任务，还要照顾寄宿生生活，一天二十四小时陪伴在他们的身边，中午不能休息，晚上要陪学生晚自习，完成作业。学生洗澡换衣洗衣，整理寝室，都要一一关照或帮他们去做。学生入睡后，老师们方能静下心来批改作业、备课。处理完自己的事情，入睡前或半夜里还要到学生寝巡查，帮他们盖好被子。

最大的问题还是寄宿生的一日三餐，他们都是在周一早到校，带来的米、下饭的菜随身带来，这些下饭的菜，通常是星期天就煮好的，到周一带来，已经是隔夜菜了，再在食堂里蒸了几次，基本上都烂了。许多寄宿生从星期二之后，就没有配饭的菜了。有的学生带点零钱，到星期三也花得差不多了，高年级的学生会知道留一点钱去小店买点豆瓣酱、豆腐乳之类的，勉强撑到周五。而年纪小的学生，到了周三基本上就断菜了。因此，改善寄宿生的生活，又是摆在老师们面前的紧迫任务。我个人的做法是，尽量争取社会乡贤对寄宿生的关照，哪怕一点点的资金，也要用来改变学生吃饭问题。

好在这些山里的孩子们都很努力，学习刻苦。如今，他们中的很多人都大学毕业，成了社会的栋梁之材，也有很多在外经商创业。

寄宿制学校工作回忆

◎ 许联弟

自1977年8月参加教育工作至2018年11月退休的41年来,我有8个年头在三类校或教学点工作,先后有10个年头在边远山区的寄宿制学校工作。这18个年头,是我教学生涯最艰苦的岁月,尤其是在寄宿制学校的10年,终身难以忘怀。

1987年9月,刚从师范校毕业,我就服从上级安排,到阮洋寄宿制学校当校长。当时有100多名学生,其中一半左右为寄宿生,他们是从石塘、关盘、渔井、石头尾、詹山里、腰基坪等初小校升学到完小来就读的高年级学生,多在10岁以上。其间我拖家带口,拿100来块工资,带领一班民办、代课教师,还管理周边吴洋、詹山里、石塘、关盘、石头尾等一批单人校,校长、教导、辅导员的工作一手抓。白天当任毕业班语文、数学等主要课程教学,中午要带寄宿生到后山割草背回来给厨房当柴火,晚上要教扫盲班,夜里还要起来给寄宿生盖被子,要抓教学质量,要改善办学条件,要养活妻子和一双幼儿,100元工资,勉强坚持半个月,后半个月就不知怎么活下去了。其间的艰辛自不可多言。坚持一年之后,我只好放弃这份心有余而力不足的重任。

2001年8月至2003年7月,我第二次担任完小校长,来到店下镇最边远的山村石牌小学。那是一个破败的被废弃的知青农场,周围几乎没有人烟,学生来自周边几个自然村,寄宿学生108个,通学生只有几个。食堂是知青点遗下的猪圈,教学楼是两层空壳房,没有粉刷,门窗不完备。寄宿生生活和老师们的生活都极其艰苦,我一手抓改善办学条件,一手抓提高教学质量,还要清欠学校过去的欠债,改善学生生活条件,提要教师待遇,要支付炊事员工资。

看到那些从跳尾头、叠石脚等处翻山越岭来到学校寄宿的孩子们,对于同样是由寄宿生过来的我,深知他们的艰难,提高他们的生活质量比提高他们的学习质量更为重要。我多方奔走,在上级和爱心人士的关怀下,两年内,彻底改变了学校的落后面貌,装修了教学楼,新建了厨房,更换了教学设备,留住了一批年轻的老师,使这里成为一所典型的成功的山里寄宿制小学。

2003年8月至2005年7月,我第二次出任阮洋小学校长,这里还有80多名学生,其中有40多名寄宿生。两年里我还清了学校的旧债,带领几位年轻教师和设岗支教老师,大力提高教学质量,把最后一批学生升到或转并到店下中心小学。

由于本人在管理寄宿制学校过程中积累了一些经验,取得一定的成绩,受到上级的重视,2005年至2010年,我又调任另一所山村寄宿制小学——溪岩小学。这是店下学区当时保存的最后一所寄宿制小学。当时还有100多名寄宿生。一个百多人的寄宿制学校,连个洗澡的地方都没有。我带着几位老师扎下根来与学生同甘共苦,多方努力寻求社会各方支持,把这所学校办成了闽东第一所完全免费的山区寄宿制学校,学生从书本费,学杂费,食宿费,学习用品、床上用品、生活用品一切费用全免。老师们白天教学,轮流到食堂当炊事员,晚上辅导学生完成作业,给低年级学生洗澡换洗衣服,夜里起来,给每一个学生盖好被子,我们是老师,也是父母,是生管,又是保安。我们没有上班下班的概念,似乎24小时都在值班,与学生泡在一起。我们站好了这所学校的最后一班岗,先后送走了五届毕业生,最后剩下十几个学生并入中心校或巽城学校。

这10年历程,也是我心灵得以净化的10年,是我成长的10年。这其间,我的论文《情系校园》《我身边的教育故事》《爱心献给寄宿生》《学生的幸福就是我的幸福》《小学语文教师的魅力》《教天下差生,爱满天下》《也谈小学语文阅读教学应注意的问题》《也谈农村学校教育的发展》《打一场农村学校教育质量翻身丈》等一系列论文在期刊上发表。

由于我对党的教育事业的忠诚,工作有些成绩,人民没有忘记我,各级部门给了我很高的荣誉。我获得过"福鼎市乡村好教师"、首届十大"闽东乐教之星""福建省优秀教师"和全国优秀教师提名等近三十项荣誉称号。《福鼎教育》、《闽东日报》、宁德电视台、台湾大爱电视台等多家新闻媒体多次对我进行采访报道。

纵观我40多年的教育工作生涯,大多数时间扎根在艰苦的边远山区,这是我忠实践行忠诚于党的教育事业的承诺,也基于我对山里留守儿童及弱势群体的一份执着的爱。

店下文化活动及文体设施

王美栋　王婷婷

店下素来有"庆丰收"的传统。农民在稻谷收割完毕都会举行"尝新""廪楻埕"等民俗活动，以自己独特的方式庆祝五谷丰登。21 世纪以来，店下镇通过举办"农耕文化节"，开展了接地气、有趣味、有创意的各类活动，为农耕文化的传承与弘扬搭建了良好的平台。每年举办"送戏下乡"等主题活动 30 余场，不断满足群众对精神文化生活新期待。同时发挥店下作为宁德市小城镇综合改革建设试点镇优势，持续打造提升乡村文旅产业发展特色品牌，不断提升文化品位，为集镇高质量发展集聚动能。时代在发展，民俗活动逐渐演变，内容也不断丰富。在此背景下，店下也通过扶持威风锣鼓队，建设综合文化服务中心，玉石山公园等，丰富老百姓的生活，提供良好文化场所，提高群众幸福指数。

威风锣鼓队

店下百人威风锣鼓队总人数 120 人（男 50 名、女 70 名），成员由辖区汉、畲、回三个民族的农民组成，是一支民间文艺团体。威风锣鼓队巧妙地将素有"天下第一鼓"美誉的安塞腰鼓和具有 4000 年历史的威风锣鼓，以及店下父老乡亲勤劳淳朴、热情奔放的民风结合起来。同时将万亩良田丰收喜庆的农耕文化场景，与民间蓬勃发展的全民健身活动有机结合起来，自成一格，独具特色。

下威风锣鼓在表演中（店下镇党政办 供图）

在店下镇党委、政府的高度重视下，威风锣鼓队自 2018 年 4 月重新组建以来，专门聘请山西省临汾市尧都舞者文化"威风锣鼓"高级培训师荣建军为总教练负责教学与编排指导，经过 100 多天紧张有序、科学合理的排练，节目兼具磅礴的气势、雀跃的舞步、铿锵的节奏，威风震撼！

旧时店下电影院（店下镇党政办 供图）　　店下综合文化服务中心（店下镇党政办 供图）

店下镇百人威风锣鼓队曾于2018年11月6日代表福鼎市参加福建省第十届老年人体育健身大会开幕式大型展演于2019年10月16日参加福鼎市第九届老年人体育健身大会开幕式展演，得到了领导和社会各界的充分肯定和高度赞誉。

电影院

店下有着广泛的群众文化活动基础。老百姓在满足了果腹之余，自觉地寻求文化生活。为了满足人民的精神文化生活，早在20世纪70年代，店下政府决定建设电影院，为百姓提供重要的文化娱乐场所。

1976年，时任店下党委书记蓝香庭主持兴建电影院，选址店下集镇三角埕。当时仅兴建一层，内置800余位观众席，满足了人民的文化生活需求。店下镇多为海滩地，土质松软。由于地基问题加之台风频繁，1982年，电影院内部出现坍塌，仅保存外部框架结构。鉴于此，1983年，时任店下党委书记陈立升主持重修电影院，加深内部地基，并在原基础加盖为三层。一层为电影院；二层、三层为电影院、派出所、司法所办公场所和机关部分职工宿舍。

综合文化服务中心

时至新世纪，店下电影院无论是从建筑规模、功能等方面，都与新时代的文化娱乐场所不相适应。加之年久失修，拆除重建势在必行。2003年12月，拆除店下电影院重新建设成店下镇综合文化服务中心。中心由时任店下镇党委书记李绍美、镇长陈维锋主持兴建，于2004年3月竣工并投入使用，坐落于店下集镇中心，占地面积1950平方米，建筑面积2100平方米，由电影院和活动中心组成，为砖混和轻钢屋面结构，层高8.95米，总高度为15.4米。电影院内设有舞台和400余位观众席，一层为设乒乓球室、储存室、演出会场（多功能厅）；二层设体育健身室、荣誉室、非遗陈列室、文物遗址介绍室、民间民俗展览室、阅览室、广播室、文化信息共享工程服务室、科普活动室、本土文化展览室、综合办公室以及文化技术学校等，为丰富店下人民文化娱乐生活发挥了极大作用。

玉石山公园

乡镇农民公园建设，店下走在福鼎全市前列。

玉石山公园于2007年3月，由时任店下镇党委书记林乃平、镇长何光武主持动工建设，是福鼎市首个农民公园。

通过镇财政投入及乡贤筹资等形式，先后投入1300多万元，打造成集运动健身、休闲娱乐为一体的理想场所。公园方圆约300亩，依山而建。建设了长廊、凉亭、沿山台阶、景观灯及园林整体绿化美化等工程，成为店下镇一道靓丽的风景。

店下玉石山公园（店下镇党政办 供图）

店下人民会场和电影院往事

李立华

店下最早的电影放映员是陈培玉，他就住我家隔壁，一直很疼我，从小看着我长大，知道小孩子都喜欢看电影，以前，只要店下有放电影，他都会带上我。为了写这篇相关店下电影院的历史，我特意上门拜访了他，他已经 83 岁，精神很好，最令我欢喜的是他记忆力超强，说起往事娓娓道来，如数家珍。

陈培玉，店下人，1940 年 3 月出，18 岁参军，1963 年退伍回乡，原安排当时县委组织部当干事，因以前店下到桐山步行要过夜，一天半才到，那年，全县有转业军人十几名，结果名额被先来的人顶了，他就被安排在税务所，因有专业部队潜艇技术，三个月后转到龙安油库上班负责开油轮。两年后的一天，时任店下公社党委书记周月俊，通知他去接台山部队卖给店下的一艘退役汽轮船，承担牛矢墩到桐山的客运，后因此船经常故障停开，便到店下农械厂上班。1968 年上级要求公社设立电影队，他因是部队技术员退伍军人，便被福鼎下派的电影放映员陈克意一眼相中，成了店下第一位电影放映员，为增加人员，当时又找了位在店下文工团的陈祖绍，陈祖绍进来一个月，县电影公司刚好下达指标，两人一同转正。

因当时放电影和表演都在店下人民会场。说到放电影，又不得不说店下人民会场。1960 年，店下人民大公社时，因为当时店下没有大会场，大会一般都在南门生产队的晒谷场或借用店下粮站火烧埕一号仓（空仓时）召开。以前，天气预报不会准，有时会议通知了因为下雨就开不了。

一次，时任公社书记林心郑，因临时公社开大会要借用粮站空仓库，因站长坚决不同意而大闹一场，时党委立即决定兴建店下人民会场。当即选址在原土改时没收的店下喻氏祠堂后部分及迁移城头顶原居民喻仁孝、陈乃全两户五间民房，空地一块，并将原国民党炮台岗下的山包用人工打成一块平地，共整出空地面积约 1200 平方米，兴建店下"人民会场"。

会场坐西朝东，砖木结构，正面五间，中间一道大门，前面有一空埕，正前方有 5 米宽的 20 多级石台阶直抵大街。东大门直接进入会场大厅，会场前段建有二层，当时作为店下相关部门办公楼，一楼左边是店下信用社，右边是原小公社办公场所，后间是俱乐部阅览室，左后边有一楼梯通往二楼，二楼中间是空的，两边分别还有广播站、店下文工团、宿舍等。后来一楼的小公社办公室成为店下大队办公室，楼上"文革"后又成为打击办、市管会的办公室。会场大厅没有椅子，立着两排四根大柱子，西向建有木板的大舞台，主要作为公社开大会，文工团宣传队表演及放电影用。当时，店下最早的电影放映员是陈培玉，开大会、观演出、都安排学生将学校椅子搬来，看电影时每人都要自带椅子。

"文革"时，会场内曾发现两只狐狸，被当时大队部民兵们打死一只，还剩下一只时常会有走动，平时放学后，街上小孩子们都特别喜欢在会场内玩"猴子抢柱子"或"捉迷藏"等游戏，快到傍晚时，小孩们玩腻了，总有个忽然会先冒出一句"狐狸来了"，大家就一跑而光，但第二天又会聚着来玩。

1972年人民会场屋顶漏水，后面戏台出现坍塌，因店下大队需建设办公楼，遂将会场拆了，新建一座六榴三层半高的纯方石花岗岩砌成的混凝土石墙房。从此，放电影要么就在店下下街李氏火烧埕粮站内，要么就在集镇三个生产队晒谷场上放电影。当时没了电影院，陈培玉、陈祖绍就被调到秦屿电影院，县里给秦屿、店下、硖门三个乡镇合一个流动放映队，每个月就来个一两场。小孩子们看电影如饥似渴。

1975年1月，在县电影工作站的支持下，各基层公社成立电影放映队，店下公社派知青返乡青年黄绵祥、筼筜村青年翁华清两人前往福鼎培训8.75毫米放映机。3月开始由陈培玉、陈祖绍、黄绵祥、翁华清四人组成店下公社放映队，带着刚配置的16毫米的放映机深入各大队每月轮流放映。第二年黄绵祥调往前岐电影队，又增收杨义生。后来，随着农村电影的进一步开放，店下各村相继出现个体电影播放厅，如岚亭、巽城、洋中、筼筜、东岐都有。店下公社放映队的设备后面也由杨义生放在溪美村播放自负盈亏。

1976年，时任店下党委书记蓝香庭，为丰富店下人民业余文化生活，解决无电影院之大计，主持兴建电影院，由副书记林秀胜负责，选址店下临水宫，旧亦称奶娘宫，在原店下象山过桥头大榕树下，通称过桥宫。该宫始建于明永乐年间，坐东朝西，为青砖灰瓦拱斗建筑，三间两进，中有天井，大门正对太姥山峰，原店下喻姓家族所建，主要供奉临水三位正神。宫庙于民国时被店下粮站用作仓库和门市，为改建店下电影院。1976年被政府拆除，并迁移周边6户群众，连同那棵12人方可合抱、状如天伞的大榕树及象山古桥皆遭砍拆。形成店下目前新旧街结合部的三角埕。

电影院当时仅兴建一层，内置800余位观众席。因店下多为海滩地，土质松软。由于地基问题加之台风频繁，1978年后部后部观众大厅成为危房拆除重建，新置靠椅，装饰一新，百姓称快。

1981年4月，公社党委筹备成立店下电影院，要求电影公司将陈培玉从沙埕电影院调回店下，当时系县社合办。电影院有六名职工负责，陈培玉、陈祖绍、两位系电影公司下派放映员，原本都是店下人。公社安排郑友铸、杨本生、罗维良、陈增爱等4位职工组成，成立店下电影院，陈培玉任院长，镇派郑友铸协助负责。

　　7月1日店下电影院开始正式放映，后来，电影公司增派陈巧明（女），店下镇也陆续增加喻足步、陈存云（女）、倪巧云（女）加入电影院。1984陈巧明调往白琳电影院，翁华清由放映队调入电影院、罗云古从部队转业也安置来电影院。1985年陈培玉被调往县新华书店，期间电影公司陆续下派员工有施增峰、黄敏、吴庆生、阙黎明、朱有泉等6位员工。

　　1983年春，时任店下党委书记陈立生决定完善电影院主楼，由李道锯主任负责，在原一层主楼大厅上加盖为三层。新建电影院主楼房子较大，多余的镇里安排给相关部门入住，如：主楼一层右边为司法所、土地所的办公场所，二层为派出所办公及宿舍，三层为"新美林开发有限公司"，除影院职工宿舍外，还将多余的作为机关部分职工宿舍。

　　1996年，随着影像文化的进一步开放，观看录像成为时尚，看电影的越来越少，时任店下党委决定将电影院拆除，开发店下步行街，电影院就临时租借供销社一楼大厅作为放映厅，放映员只剩陈祖绍、倪巧云（女）、翁华清4人。最后随着文化体制的改革，电影也就退出了人们视野，电影院自然停止营业了。

　　1998年镇党委为了还百姓人民会场及电影院的需求，征地建设店下镇文化中心，因基础打桩问题该工程拖至2003年才竣工验收，从此，店下人民又有了崭新的会场和电影院。

（本文参考了陈培玉、李友信、喻守熙、林初芳、翁华清、郑友铸等人提供的资料）

店下文工团创办始末

李立华

1958年9月，店下人民公社刚成立，为了高举"三面红旗"，丰富乡村群众文化生活，决定抽调批各村爱好文艺京剧表演的青年，组织成立文工团（俗称店下京剧团）。所有演员都是义务表演，没工资，政府只补贴一点伙食。推荐喻仁旦为团长，杨德崧为副团长，溪美的张仁泉为导演兼掌鼓，其他后台乐师由各村吹班中的主干抽调来，方杞洋的方登秋、屿前郑承全先生为二胡主把，台峰王阿銮主三弦，溪美李维钗掌锣、钹，还请来浙江浦门李阿兴先生为京胡主把等，均为当时各地名乐师。主要演员有店下的许惠儿（女）饰花旦，喻妹仔（女）、陈阿兰（女）饰青衣，杨德仁及筼筜的黄苏青饰老生，喻仁碧饰老旦兼唱工老生，林高伦饰大花、彭书谷饰三花，还有店下及来自溪美、巽城、筼筜等地的王根基、张诗中、袭爱弟、洪其钗、岳仙等计有40多人，演员年龄大都在13—16岁之间。

文工团由当时公社党委书记林成淡、社长李承昌（时兼供销社主任）亲自领导，干部朱祖干常务负责。先是借用店下南门兜喻家新厝大厅、二楼祖宗厅做为排练和吃住场所。借了一段时间后搬至白门楼喻仁旦团长家里的大厅演练，最后搬至店下人民会场二楼。由于当时创办经费拮据，戏班的戏装一部分借用筼筜京剧团的戏服，一部分由当时的供销社、合作商店、酒厂等几家大单位捐资，添置了固定的行头，当时新置的戏服却是很高档的，最贵的时价套300多元。"戏笼"（道具箱）上写"店下人民公社文工团"。办团之路极为艰苦，公社给每位演员只补贴每天9两粮票，还在河尾的半山坡划了一亩多的菜园地给团里，作为亦工亦农用地，平时除了演练还要种地瓜和种菜来补助伙食，大家还要自己捡柴烧饭。期间还闹出一段笑话。很多演员因年少力强，可一天9两米实在撑不了，结果饿得大哭起来，恰巧被李主任知道，经党委研究后，即将每人每天9两粮票交给公社食堂，保证大家吃饱，这才解决了肚子问题。其他开销自筹，且无工资，但由于演员都是京剧爱好者，大家依然非常热情。

经过一段紧张的筹备和排练后，第一本戏由李维钗和喻妹仔扮演的《薛仁贵别窑》出台了，表演后引得观众阵阵喝彩。为了提高表演技艺，公社特花高薪（每月100元包吃住）请来浙江京剧团的汪老师，长期任教，还短期聘请温州玉环京剧团著名导演董剑宝先生当教练，使得剧团表演水平迅速提高，唱腔圆正，节奏整齐，前后台配合默契。此后相继排演了《牧羊卷》《二度梅》《法门寺》《四郎探母》《三娘教子》《打銮驾》《狸猫换太子》《骂殿》《秦香莲》《十五贯》《黄淑琮》等很多传统剧目和新编剧本。剧团自觉担负社会宣传活动，每月将新节目组织下乡到全公社14个大队巡回表演一次，回来又排练新的节目，掀起了全民看戏的热潮和民俗文化表演高潮。

福鼎县每年还组织业余剧团汇演比赛，该团连续三年参加。新编剧本《黄淑琮》荣获二等奖，当时在全县剧团排名仅次于福鼎华声京剧团和昌爱宝越剧团。由于演技的提高，一时声名远播，请戏的纷至沓来。从秦屿演到沙埕、白琳、磻溪、霞浦、柘荣以及浙江的矾山、蒲门，一路演着，从不空场。尤其是新排的《八天门扫雪》，剧情感人，演到主人公落难乞讨时，声泪俱下，全场动情，泣不成声，男女老少纷纷掏钱抛向戏台。

随着戏路的拓展，后两年演出的业务在林则畴的外跑下大增，剧团收入逐渐好转，剧团开始按十分制进行分红，最高的十分，每月能拿五六十元工资，再往下排分。直到1960年4月，在点头演完最后一场后，因全县闹饥荒，人们度日维艰，各地群众根本无法请戏，剧团不得不自行解散。

1966年因政策需要，又成立店下公社毛泽东思想文艺宣传队，由郭昌德喻足蒲分管，国营米厂张礼直、文化站长谢加金前后分期负责。除了邀请部分老演员喻妹仔等，新招了姚联延、林延畴、梁阿銮、王赛英（女）、王宝儿（女）、蔡梅娇（女）、喻

店下文工团1977年春节汇演合影（黄绵祥 供图）

爱弟（女）、王秋奶（女）、林淑珍（女）、朱月儿（女）、邱雪梅（女）、陶兰英（女）吕作明等20多人。当时由中学老师李友信编剧的《叶兴水发家史》，描写当地南山一贫下中农家庭，解放后勤劳致富的真人真事，被搬上舞台，下乡宣传巡回表演，形象逼真，惟妙惟肖，群众观后深受教育，拍手叫好。后期改名店下公社宣传队，公社领导谢秉生分管，由转业军人邓伦琴负责。从1969年冬至1974年3月间，主要排演现代歌舞，革命京剧样板戏，如《沙家浜》《红灯记》《智取威虎山》等。还有快板、二人转、三句半等。剧团围绕上级各项中心任务，进行会场献演，并在各乡村晒谷场巡回表演。每年多次到流江、下衙、花眉岩、岭头等部队驻地及舰艇上慰问演出和参加军民大联欢活动。剧目《一分地》《二流子》参加县表演比赛分别获奖。1977年4月，宣传队解散。

店下镇提线木偶剧团

◆ 李立华

店下镇域内原有两班提线木偶剧团，分别是"福鼎店下木偶剧团"和"店下振兴木偶剧团"，前者即1978年成立的"阿三七条线"，由牛矢墩民间艺人阿三创办，后者由店下街西门路林则畴于20世纪80年代末创办。

福鼎店下木偶剧团

阿三，原名邓正武，男，1942年9月出生于东岐村牛矢墩，阿三是他的乳名，县民间戏剧协会副主席。他十二岁就到白琳镇翁江跟随姐夫姚仁贵先生学习提线木偶。1960年3月应征入伍，1966年春退伍回家，"文革"期间，在家务农。他于1978年组建"福鼎店下木偶剧团"，自任团长，历40多年，传承至今。该剧团在唱腔上以皮黄腔为主，以闽调和本地方言为辅；在念白上以韵白为主，以浙南腔闽南话、本地话为辅。阿三戏班也叫"阿三七条线"，因其说唱诙谐，吻合戏迷群众欣赏习惯，深得喜爱和热烈欢迎，在浙闽边界闻名遐迩，"阿三"几乎成了戏班的代名词，本人真名倒是很少人知道。

阿三提线木偶的表演剧目非常丰富，有传统剧、新编历史剧和现代剧共近百个。过去一般是演单本戏，后来基本上采用历史小说改编为连台戏，主题涉及怜贫助困、乐善好施、行侠仗义、除暴安良。二十世纪80年代后，还编演了计划生育现代木偶剧。保留常演的有《说唐》《征东，征西》《薛刚反唐》《粉妆楼》《绿牡丹》《玉持刀》《隋唐演义》《小五义》《续小五义》《再续小五义》《白眉大侠》《海公大红袍，小红袍》《五虎剑侠图》《三侠飞云剑》《独龙剑》《平妖传》《南游记》《北游记》《天地宝图》《三合明珠剑》等一大批传统剧目，至今仍在发挥着积极向上的感化育人作用，是弘扬民族精神正能量和宣传社会主义传统文化新风尚的良好媒介。

店下振兴木偶剧团

该剧团由林则畴先生创办。林则畴，男，1936年12月出生于店下街西门路，对优秀传统古典文化尤其是古装戏剧表演艺术情有独钟。1960年4月他在福安师范普师

验提线木偶表演（福鼎市融媒体中心 供图）

专业中专肄业后，就参加了店下京剧团，因身强力壮、善交际而负责剧团外联业务。20世纪80年代初担任店下建筑社（后改制为建筑公司）会计，80年代末公司解体后，因自身爱好传承提线木偶这一非物质文化遗产，自掏资金筹建"店下振兴木偶剧团"并自任团长，上至招兵买马、添置木偶道具及日常更新维护，下至联系主办单位、组织人员到位、安排食宿往返，均亲力亲为，后因年老力衰于2013年8月解散剧团。2017年11月辞世，享寿82岁。

该剧团主要演职人员由李承樟、周月仙、陈后城、刘发华、张书剑、陈思念、王贞汝等各地民间艺人组成。主要表演剧目有《观音传》《南游传》《平妖传》《北游传》《狄青传》《天地宝图》《日月鞭》《封神榜》《四郎探母》《沙家浜》《杨家将》《三杰闹京都》《五鼠闹东京》《秦香莲》《七侠五义》《江湖四侠》《哪吒闹海》《黄山剑杰》《八巡下山东》《失街亭》《斩马谡》等。该团能将提线木偶拔剑、倒酒、放鞭炮、点火、割人头、变脸、脱衣服、吐火、抽烟、翻跟斗、提笔写字等表演得栩栩如生；说白唱腔跌宕起伏，高亢流畅；后台的大小锣、大小鼓，京胡、二胡、月琴等，和乐齐鸣，铿锵激昂，悦耳动听，深得观众好评。

（本文参考了邓德熙、林亦春提供的资料）

店下卫生发展简史

    钱立仁   李立华   黄益巧

  店下经历了漫长的贫困、落后的岁月，卫生状况差，农村粪坑、楻桶星罗棋布，很多住房与畜舍一体，溪河的饮用区域和洗涤区域不分，垃圾随处丢堆，蚊蝇群集，环境脏臭，霍乱、天花、鼠疫、麻疹、伤寒、流脑、疟疾等传染病时有发生。疾控治疗方面长期缺医少药，农村尤甚。疫病一旦发生，民间多求神问卜、设坛祈禳，误病伤财，每年因传染病致死的人不在少数。民国政府档案曾载：1941年巽城镇天花流行，日有死亡，哭声载道，人心惶惶，民众穷困，无力延医种痘；1945年6月黄岐瘟病流行，十家九病，死300余人。

  1949年后，在国家的重视下，政府采用疫苗、菌苗、类毒素等生物制品，在群众中实行计划免疫；开展爱国卫生运动，加强疾病防控，特别是传染病的防治工作。在20世纪50年代初期，店下已消灭了鼠疫、天花和古典型霍乱等烈性传染病；麻疹、白喉、百日咳、疟疾、脊髓灰质炎、乙脑、流脑等传染病也得到有效控制。

  从清代乾隆年间至1950年，店下开始出现一些散居民间私人开设中（草）药铺兼行医或受聘在私人中药店坐堂看病的中医和青草医；清宣统三年（1911），店下镇的中药铺中，林家的"林和记"、下街李氏的"大德堂"、西园高家的"天一堂"、福安塘谢家的"福生堂"、巽城郑香岩的"香林堂"、溪美林志原的"桔生堂"、筼筜黄氏的"茂源号"等8家老字号较为出名。民国时期，店下民间中医渐多，中医朱博生于1948年领有开业证书，在店下行医10年；此外，在1947至1956年间，医生周在林（周仲儒）在店下、岚亭开设有"在林（福音）诊所"。自古以来，店下群众防治疾病主要依靠中医中（草）药；民国时期，虽在镇上已出现西医诊所，但群众仍习惯于看中医治病防疾，中医药仍居于防病治病的重要地位。1950年以前，中医人才皆出自民间，多是家传、师授或自学成才。民间中医或私人开设诊所或居家兼业看病，或自设药店医药兼营，或受聘为中药铺坐堂应诊，或游走四方流动行医等。其医术主要通过临证实践求得提高，或专治某病（症），或兼善数科，或挟一技之长，或善用草药单方，其中不乏医术精良、医德高尚而为群众所信赖和歌颂者。

  1951年起，政府号召社会医药人员走集体联合办医道路，按照"自愿结合、自筹资金、民主管理、按劳分配"的原则，建立联合诊所。福鼎县委对全县西药店（诊所）逐步实行社会主义改造、联合，1952年2月至1956年8月，店下、巽城组织起中西医联合诊所，受1956年12月成立的县联合诊所管理委员会管理。

联合诊所由组成人员联合集资（包括药品、器械、用具折价投入）。经济上独立核算、自负盈亏，当时人民政府给予劳务补贴、免征税收，人员工资则按技术高低、服务态度和业务收入情况，民主评定、按劳取酬。

1949年后，面对广大农村严重缺医少药的现实状况，在国家的重视下，从50年代初期起，在镇级医疗、防保机构、农村基层的医疗卫生网点逐渐建立，贯彻"预防为主"的方针。1952年12月，县里开始实施公费医疗制度。1958年下半年农村大办人民公社，为适应公社化的新形势，全国通过社会医药人员整风、统筹安排、组织医药入社。1958年冬，店下人民（小）公社成立，在原联合诊所的基础上吸收社会医药人员建立公社卫生院。此段时期，店下公社以联合诊所为基础，合并组成店下公社卫生院（也有称公社医院或公社保健院的），负责人由店下公社委派。另外，把分散的个体医药人员组织起来，建立大队保健站（室）。1959年4月合并大公社，同时公社卫生院统一改称为公社保健院，店下公社卫生院也随之改名为店下公社保健院。

1961年6月公社改为店下区公所，至1965年，店下卫生机构有店下保健院和巽城保健院，隶属福鼎县人民委员会下设的卫生科。1969年3月至1970年2月店下创办起大队合作医疗站（包括原来的大队保健站、室）。到20世纪70年代初，店下基本实现公社和大队有医有药，医疗防保工作有了依托，大大改善了农村群众的基本医疗保健条件，此后，到80年代末，店下农村三级医疗预防保健网得到了进一步充实健全。至1970年成立福鼎县革命委员会生产指挥处卫生局（1971年易名为福鼎县革命委员会卫生局）。1972年12月，店下保健院改称为店下公社卫生院，巽城保健院更名为店下公社卫生院巽城分院，均隶属卫生局（1976年3月后改称福鼎县卫生局）。1983年1月随着店下人民公社革委会改为店下区公所，店下公社卫生院则径称店下卫生院。1987年7月，店下撤区设乡，店下卫生院改称店下乡卫生院。1990年12月撤乡改镇，店下卫生院和巽城卫生院同属集体所有制单位，接受县卫生局和店下镇政府的双重领导，担负本镇的卫生行政管理和卫生业务工作，经济上"独立核算、自负盈亏"。至1990年统计，共有人员69人和必要的医疗设备。

店下的村级卫生机构，自1958年建立以来，经历过大队保健站（室）、合作医疗站和村卫生所3个时期。1958年下半年，店下公社卫生院建立之初，规模很小，以自筹资金为主，新建扩建业务和生活用房。同时，卫生院和保健站（室）的工作人员，由分散的个体开业医药人员，通过7—8月的县卫生科主持开展的社会医药人员整风运动和业务考试考核,经考试合格者发给"开业执照",再由县卫生科统一安排分配到店下,至此店下全镇建立起生产大队保健站(室),归属公社卫生院统一核算;1959年5月体制下放,则由站(室)单独核算。

店下乡镇卫生院基建概况表

院别	建院时		1990年房屋概况						
	时间(年)	房屋面积(平方米)	占地面积(亩)	房屋面积(平方米)	其中(平方米)				
					门诊用房	病房	医疗辅助用房	职工宿舍	其他
店下卫生院	1958	40	4.0	1188	15	388	216	389	180
巽城卫生院	1958	300	0.8	1130	320	160	60	470	120
合计		340	4.8	2318	335	548	276	859	300

1969年3月,全国开始推行合作医疗制度,福鼎率先在店下公社洋中大队搞试点,办起全县第一个大队合作医疗站。医疗站试点过程中,建立了由大队干部、社员、赤脚医生代表组成"三结合"的合作医疗管理小组负责管理,配备经过短期培训的赤脚医生及一部分集体卫生人员,同时公社也相应成立了合作医疗管理委员会加强领导。在试点成功后,洋中大队办站经验在全县农村范围内(各公社大队)全面推广,据统计至1974年底为止,店下公社100%大队都普及合作医疗,其中店下公社的洋中、东岐、马山成为先进典型大队。随之,第二年公费医疗经费发生变化,实行"全额(住院门诊)包干"办法,由县卫生局根据县核定指标,按月拨给店下公社卫生院包干使用,统一管理。

1980年后,随着农村经济体制的重大变革,大队一级的办医形式发生很大变化,合作医疗制度逐渐解体,以谁看病谁出钱的原则,恢复自费就医。1982年起合作医疗全部消失而趋于衰落,但大队医疗站和赤脚医生仍然存在。1983年,大队改乡,大队医疗站改称为乡医疗站。1985年4—6月,县卫生局对乡医疗站按"六条标准"进行全面清理和审查发证,把原"医疗站"名称统一改为"卫生所"。同时,店下乡医疗站卫生人员称呼改称为乡村医生与卫生员。

在当时的经济、社会条件下,全县范围内农村合作医疗的办医模式基本上是单一的,做法上以大队为单位集体办医(简称"大队办"),本大队的社员及其子女参加外还有上山下乡的知识青年以及经贫下中农评议、领导批准、表现好的"四类"(地、富、反、坏)分子及其子女。参加合作医疗的人口一般按每年1—1.5元的标准交纳合作医疗基金,由大队集体(公益金)和社员个人对半分摊,每年分二期(夏收预分和年终分配)收缴,由大队统筹管理,专款专用。至于"社队联办",即在"大队办"基础上,公社也分摊部分基金,基金由大队和公社按比例掌握使用。在合作(报销)形式上分为二种合医合药与合医不合药（或部分合药）2两种。赤脚医生报酬则由大队负担工分（或工资），医疗上提倡简、便、验、廉，和采、种、制、用中草药，广泛使用"一根针、把草"，旨在合理用药，节约开支，减轻群众的负担，根据1969年底洋中大队统计的结果，年人均每月药费开支仅为0.064元。合作医疗普及后，又经过反复整顿巩固阶段。1980年后，大队合作医疗制度随着农村生产体制的变革而逐渐解体，改为谁看病谁出钱，恢复自费就医。1990年7月，店下镇涵头村在"初保"目标的感召下，实行合医合防不合药的集资合作医疗，全村村民460多人全部参加。

20世纪八十年代初在县里开展"五讲四美"活动的号召下，至80年代中期医疗卫生单位已成为文明建设先进单位的要求，分属基层卫生机构的店下卫生院采取增设门诊点，延长服务时间和送医送药下乡等便民措施，方便群众就医。

1980—1982年，店下公社卫生院实行"五定一奖"（定人员、基金、任务、收支、出勤和超额奖励）和科室核算，加强经济管理；1983年，店下卫生院实行"五定两考，联医计酬"的经营责任制并试行浮动奖金；1984年县里在卫生院中开始推行综合承包责任制，店下卫生系统中卫生院相继在全院或部分科室实行"定额核算、保本经营、适当积累、联医计酬"的任务经济承包责任制。1987年，卫生院在试行承包责任制的基础上，从实际出发，合理修订定额指标、积累比例、质量要求、考核标准和奖惩办法以及两级考核制度。在经济核算方面，至1990年，店下和巽城卫生院分别实行两种经营体制：统一管理综合承包（店下）；自收自支，租赁承包（巽城）。两种形式使经营责任制进一步得到完善。

1962年起，店下在爱国卫生运动中结合扑灭副霍乱疫情，每年在主要的法定节日和传统节日进行环境卫生清理工作，清沟积肥、铲除蚊蝇滋生地，对水井、厕所进行消毒。在此期间，店下设专门消毒员，专责定期消毒厕所和水井。据1982年统计，店下公社配有清洁员与季节性消毒员，工生设备方面有板车1部、喷雾器4个等。

1953年12月，东岐、箕笃、店下发现并登记丝虫病病人（仅有临床症状，未经血检证实）。1960年，福鼎县发生水肿病，5月底店下公社在继管阳公社后发现多例水肿病，卫生院抽调多名医药卫生人员，深入发病区，采取"土洋结合，以土为主"（即以土药为主）的办法，大力开展防治工作。利用青草一枝香、牛托鼻配合米糠等进行大面积防治。

1966年7月气候高温、少雨，店下自15日起在继点头镇、白琳区翁江公社、城关后发现乙脑病人。

1975—1982年，店下公社箕笃村，先后发生肝脓肿37例，死亡11例，发病数占全村人口（225户、1058人）的3.5%，病死率为29.73%。为探讨病因，明确诊断，县卫生防疫站前后5次派人员开展防治工作。1982年6月对该村肝脓肿病因进行调查：粪检750人，发现阿米巴原虫感染229人，其中溶组织阿米巴滋养体35人，阿米巴包囊体130人，混合感染64人，感染率达30.53%；同时发现结肠内阿米巴194人，感染率为25.87%。发病原因主要是水源污染。1983年1—2月，用"灭滴灵"为筼筜村该村群众免费治疗。为了彻底消除该村阿米巴疾患，1981—1982年，卫生部门又先后从水改专项经费中拨出1.1万元，补助该村建设自来水工程，此后又得到老区办的重视支持，资助水改经费，从而解决了水源污染问题。1982年以后，老区筼筜村的阿米巴病得到有效控制，未见新病例发生。

为解决霍乱病老疫区的饮用水源问题，1979—1980年，店下公社在国家拨给部分经费和材料支持下，发动群众集资投工，在集镇所在地兴建自来水厂。

1990年，工生院已装备了X光机、电冰箱、显微镜，配有手术刀包、新电图机器超声波诊断仪等。至1995年店下医疗卫生机构共有在职卫生技术人员59名，其中师一级17名，士一级26名（包括其他中医），员一级7名。至1990年，店下卫生院已设有检验室，能开展三大常规检验及当时除秦屿、沙埕、白琳、城关卫生院外的另一个能开展生化检验项目的卫生院。到1990年，店下卫生院已经配置心电图机，是当年配置心电图机的7个卫生院之一。

1976年5月，县卫生局在巽城举办了"中草药剂型改革学习班"，会上交流了各医疗单位中草药剂型改革的经验，由县医院研究所对交流的材料进行汇编，从中选辑县医院暨巽城公社卫生院制作的糖浆、合剂、片剂、冲剂（包括丸、膏）、散剂、茶剂（包括曲剂）、软膏、注射剂等8个剂型的单验方制剂（包括主方、附方）。

店下中心卫生院述略

店下中心卫生院位于店下集镇，现有一座1800平方米的新住院综合大楼，床位30张，在职人员52人；辖区内有14个卫生所（室）（不包括巽城片5个卫生所），共有40个村所卫生技术人员。

2006年8月被宁德市卫生局列为宁德市医院扶持医院，宁德市医院各科专家定期来院开展诊疗活动和技术指导。

店下中心卫生院秉着"科学、民主、规范、高效"的管理理念，按照"以人为本，制度为尊"的管理要求，锐意改革，不断创新，以精湛的技术、精良的设备、精心的管理、优质的服务、优美的环境、优秀的文化成就了医院令人瞩目的业绩，社会效益、经济效益空前提升，医患关系和谐融洽，职工面貌焕然一新。医院于2003年新建1800平方米的业务综合楼和960平方米的集职工宿舍、药库一体楼以及新建两所村卫生所（屿前、三佛塔卫生所），改善了店下人民群众的就医环境和职工住房紧张问题；先后引进血细胞分析仪、半自动生化分析仪、尿十项分析仪、电解质分析仪、美国GEB超诊断仪、彩色胃肠B超诊断仪、电子阴道镜、多功能微波治疗仪、心电监护仪等等先进医疗设备，以及先后选送医疗骨干到省、地、市医院进修普外、心内、妇产、放射、B超等学科，逐渐壮大我院的医疗队伍；一方面为临床医生工作开展提供了重要的参考依据，提高了诊断水平；一方面使以往病员设备简陋无法检查而转外就医的现象逐渐减少；另一方面也让村所转诊来院的病患者治疗检查提供了方便；加强人才建设，引进大中专毕业生充实医疗岗位，从2005年进行了人事制度改革，与大中专毕业生签订聘用合同，切实落实编外人员聘任工作，此次聘任切实保障编外人员的合法权益对稳定我院的卫生人才队伍起着积极的作用。医院于2003年、2005年先后被评为"文明单位""先进职工之家"等。

（本文由店下中心卫生院供稿）

1990年以前店下卫生大事记

钱立仁　李立华　黄益巧

中华民国

1935

1935年4月，中国工农红军闽东独立师第五团在店下石牌乡叠石脚村牛鼻洞设立临时医院。

1941年

巽城天花流行，日有死亡，哭声载道，人心惶惶。

1945年

6月黄岐瘟病流行，十家九病，死300余人。

中华人民共和国

1950年

推行新法接生，并着手进行改造土产婆和培训新法接生员工作。

1958年

下半年成立店下公社卫生院及其下属大队保健站（室）。

1959年

4月，店下公社卫生院统一改称店下公社保健院。

5月，全镇大队保健站（室）由原来公社卫生院统一核算改为站（室）独立核算。全县进行钩虫病普查普治。

1969年

3月，开始推行合作医疗制度，店下洋中大队成立全县第一个合作医疗站。

春，抽调医务人员多人参与全县组成的抗疟工作队，在全县范围内开展疟疾抗复发治疗。

1970年

2月，生产大队实行合作医疗制度，每个大队都建立起合作医疗站，实现合作医疗"一片红"。

1972年

12月，店下公社保健院改称店下公社卫生院。

1978年

7月，副霍乱再次传入，病例遍布公社。

1981年

12月，经地区统考，店下多数赤脚医生领到"乡村医生证"，定为合格赤脚医生。

1982年

6月，县卫生防疫站派员到店下公社篔筜村，对该村肝脓肿病因进行调查，粪检750人，发现带有阿米巴原虫29人，感染率30.53％1984年店下公社卫生院改称店下卫生院。

1985年

6月，经自4月份起乡（原大队）医疗站经清理登记、审查发证后，医疗站统一改称"卫生所"，赤脚医生改称"乡村医生"（卫生员）。

1987年

溪美村卫生所被省卫生厅评为"文明卫生所"。

1990年

7月1日，店下镇涵头村实行集资（合作）医疗制度，全村113户460多人全部参加。

巽城卫生院

◎ 许联弟

巽城卫生院办院有近 70 年的历史。

1953 年，郑香岩、陈明杰两位医生合作开设巽城中西医联合诊所（址在巽城老街，今城明路 12—14 号），由郑香岩医生负责中医，陈明杰医生负责西医。

后经上级批准，成立巽城卫生院，称福鼎县店下人民公社巽城医院。

由于郑、陈两位医生善于学习，工作认真，十里八乡患者纷纷前来就诊，在当时缺医少药时代的乡村，无疑受到老百姓的珍爱。同时医院不断完善，医院职工不断增加，设施从无到有。经过郑、陈两位医生的精心经营，巽城卫生院已有小有名气，1959 年，巽城卫生院还被福建省卫生厅评为省级卫生先进工作单位。

随着医院病人增多，原来仅有两间门面的诊所，已无法容纳日益增多的患者。因此，经上级政府征用原巽城林氏宗祠划归巽医院。上厅右厢房为中药房，左厢房为西药房，架上摆满大大小小的青花瓷药瓶。天井两侧分为中西医门诊部，下厅左右两侧厢房则用作手术、观察、外科诊疗之用。天井正中几盆花草十分雅致。下斤堂上每天都坐满了候诊的患者及家属。宗祠左侧的配房则用作医院的食堂、财会的办公处。

当年，西医的药品及设备十分匮乏，而中药也不足。在这样困难的背景下，巽城卫生院全体医务工作者自觉发扬"自力更生，艰苦奋斗"的精神，由公社划出巽城青年生产队（后称前进生产队）的几块农地（约 3 亩）给医院自己种植中药材。医院经上级批准，成立宁德地区中草药材研发所。医务人员上午坐诊、抓药，服务患者，下午除值班人员外，全部上山种植草药、管理、采收、晾晒、加工、研制，每一个人都增加了许多工作量。尤其是首任院长郑香岩医生，把自己的家搬到了药园中的小木房中，一家老少住上十多年，一直到他生命的最后。他和西医陈明杰医生，他俩白天日程满满，晚上还要研究医案，给学徒授业（他俩手下的学徒后来都成该院的主治医生或院长，有的调往其他乡镇医院），而且还须随时出诊。当时的巽城卫生院有床位 30 多张，医护职工多达 31 人。

郑香岩医生擅长肝肠等内科疾病的治疗，中医造诣很深，在闽东浙南地区享有一定的声誉。几次舍弃调往县中心医院工作的机会，一生扎根于条件十分艰苦的巽城医院，身兼数职，在祠堂边上搭个小木屋，一家子住上十几年，直至生命最后一天。他因积劳成疾，且错过最佳治疗时机，1972年辞世时，年仅59岁。直到今天，当老人们提起当年香岩医生，无不充满敬意。

在那动乱说的岁月里，巽城医院的工作确是做得十分扎实出色。医者的大爱仁心在这古村镇里展现得淋漓尽致。医院虽小，当年的服务范围却几乎涵盖原巽城镇的所有村庄的数万村民，医院从来都是24小时值班，主治医生必须随叫随到。

十里八乡的农民，常有突发疾病，严重而无法长途徒步赶来医院就诊。所以，身为乡村医生，必须常备急救药箱，随时上门出诊。因此，当年他们往往很少能睡几夜安稳觉，不论严寒酷暑，不论刮风下雨，夜里只要有人敲门求诊，必须立刻起来，背上药箱，提马灯或手电，雨天就穿上雨鞋蓑衣，跟着来人翻山越岭去独自面对危重病人，使尽浑身解数，抢救病人，待稳住病情，方能暂时离开，次日一早，再拿出进一步诊疗方案，再送医送药上门做后续治疗。这个过程，是对一个乡村医生的全科全能，独挡乾坤的考验。

而对女医生的夜间出诊更加多重考验。那个年代，每家生孩子都是靠医生上门接生，女医生面对的往往是初产妇或大龄产妇。夜半急诊，多半是要面对危情，母子俩命系于一手。

医生出诊，主人家能拿得出手的，往往只有两三枚鸡蛋，聊做点心，而所收的两三元出诊费，是要上交医院的。

到了1970年，巽城医院的业务范围进一步扩大，建起了住院部和职工宿舍楼，建起了防疫站，担负起传染病预防、市场食品检疫、计划生育工作。

对于预防传染病，医生们总是挨家挨户上门给大人小孩免费接种各种疫苗。因为接种后，针喂部位通常会留下一粒豆大的疤，因此当地人都把接种疫苗称为"种豆"。这项工作的量也是非常大的。

防疫站的职工每天一早都必须到食品站、农贸市场等地检验即将上市的猪肉禽肉，待检验合格后，打上红印，方能上市出售，而村民们对于没有盖红印的肉也是自觉抵制不卖的。对于海产品中的织纹螺（俗称麦螺）、鲀鱼（即河豚）等有毒品种，严格把关，严禁上市出售。

此外，他们还必须定期对全村的所有旱厕、阴沟、下水道等进行喷洒石灰粉、漂白粉、消毒液等进行定期灭蝇灭蚊，保护村民健康。

当全国开始推行计划生育政策的开局之年，摆在巽城医院医护工作者的面前的不仅是医术上的考验，而最大的问题是动员多胎生育的，40岁以上的，还有生育能力的家庭夫妇的思想工作，因为这是一项史无前例的新事，消除种种思想顾虑，就是重中之重。他们把终于做通思想工作的第一批节育对象一个个精心施行结扎手术，绝不允许有一倒的差池。术后再把她们留在医院精心护理，像看护月子一样调养半个月后，个个白白胖胖的，方予出院。第一批工作的成功，并通过这一批人在育龄妇女中的现身说法，后面的工作便轻松了一些。而这项工作坚持了30多年。巽

城医院医务工作者当年的无私奉献，爱岗敬业精神确实令人敬佩。第一任院长郑香岩从建院（1953）起至1972年离世，任期近20年。此后接任者依次为张承智、陈明杰、陈启杜、林俊海、曾呈斌、郑俊、林孙玉、叶良业、杨勤批、陈永郎，感谢他们一任接一任地为巽城医院的辛勤工作和奉献精神。

2000年后巽城医院迁入现址（巽城富民路2号），设备进一步完善，科室也较齐全。现有医务职工17人。巽城医院自成立以来，都备定位为镇级医疗单位，直属福鼎市卫生局管理，这在全国各地是少见的。

2020年起，巽城卫生院已被市卫生局升级为福鼎市医院巽城分院，并将迎来新一波的发展浪潮。

筼筜村肝肿病防治纪实

王国贤

1975年，店下公社筼筜大队筼筜村发生肝脓肿病，随后连年都有新病例出现，到1982年上半年共发病37例，死亡11例，发病数占人口总数3.5%，年均发病率为千分之五，死亡率高达29.7%。病人住院治疗一般都花去上千元，病死者则落得人财两空，严重影响当地群众的健康和生活。

筼筜村是老区基点村，也是革命烈士黄淑宗同志的家乡。该村肝脓肿病发生后，引起各级党政领导和卫生部门的高度重视和关注，县卫生防疫站及时组织力量积极进行防治。

针对当时该村肝脓肿病具有明显的地域性和传播性，且发病率与病死率俱高等特点，从1980年至1982年，县防疫站由分管防疫工作的副站长李如华主持，指派郭一忠、陈朝明医师等防疫专业人员先后4次共27人次深入当地进行流行病学调查，并到地、县、公社各级医院查阅收治该村肝脓肿病人的住院病历，同临床医生共同分析病情、病因和流行因素，同时又采集病人粪便、脓液标本进行检验，查找病原体，为防治工作提供诊断依据。通过反复调查研究和分析探讨，专家认定该村发生的肝脓肿病系由阿米巴原虫感染引起，从而更正了原先临床上所作的"细菌性肝脓肿"的诊断。此后对10余例病人应用以"灭滴灵"为首选药物的抗阿米巴治疗，均取得良好效果，不但使晚期病人康复，而且使濒临死亡的患者得救。

在对现症病人采用抗阿米巴治疗的同时，1982年6月，县防疫站在该村开展人数粪检查源工作，全村粪检750人，从中发现阿米巴原虫感染者229人，感染率达30.53%，突破全国当时报道的最高水平，可见该村疫情的严重性。随后对经过粪检发现的阿米巴感染者在投服"灭滴灵"进行防治效果考核，服药后考核结果表明，感染者阴转率达89.11%，进一步证明应用"灭滴灵"防治该村肝脓肿病的正确性和有效性。于是，又拟定了《全村人口普服二个疗程"灭滴灵"的防治方案》并拨出专款2000元，购买药品，于1983年1月下旬和春节后派出5名专业人员，随带药品下到该村开展二次"全民免费口服灭滴灵"的防治工作，在店下公社卫生院、当地大队干部和赤脚医院密切配合协助下，防疫人员怀着为老区群众消除病害的决心，不辞劳苦，不怕麻烦，坚持每天早、中、晚三次挨家挨户送药上门，做到"分药到手，看服到口，咽下才走"，并结合送药进行卫生防病科学知识宣传，使二次服药率均达到90%以上，扩大和巩固了防治效果。

此外，为消除该病通过水源传播的因素，1981—1982年卫生部门拨款1.1万多元资助该村搞"水改"，改变原来全村共用一口已有100多年历史的露天水井，水源严重污染，群众吃水难、吃脏水的不卫生饮水状况。1982年8月该村安装了小型自来水，改善了饮水条件，群众吃上了安全卫生水。

经过几年坚持不懈的积极防治，特别是由于查明病因，加强了诊断性防治和传染源管理，使该村肝脓肿病疫情得到有效控制，1982年以后该病基本消灭。当地群众深深感受到党和政府对老区人民的关怀和爱护，感染卫生防疫人员所付出的辛劳和爱心。直接参与该病防治的郭一忠、陈朝明、李如华等以此作为科研课题撰写的"阿米巴防治"论文，获得1985年宁德地区科技成果三等奖；其后又撰写"箦笃村肝脓肿37例分析"一文，在《福建医药杂志》1988年第二期上发表。

民俗风情

正月十五闹元宵

李立华

店下闹元宵由来已久。当人们还沉浸在春节的欢乐日子里,福首们就在每年正月的初三后开始忙活了。福首一般是十位当地有威望的青壮年经上年的福首推荐产生。每位在正月十五吃福酒时各领到一个"福头包"("福头包"是特制的大面包,上面印上一个大大的红"福"字)与吉祥灯笼,灯笼上书"顺天圣母"。很多人每年赶去吃福就为能分到一个"福头包"和灯笼,以求来年平安吉祥。

首先,福首们会根据上年的收成情况,商讨布置当年闹元宵活动的规模,按惯例发动全境能人建台阁、舞龙灯、踩高跷、制连灯、马灯、绑铁枝(早期是竹、木质结构,用人抬扛,为单层2—3米高)。经过十多天紧张的筹办演练,农历正月十三至十五这3天,店下街道两旁张灯结彩,敲锣打鼓,舞龙弄狮,提灯看戏,各种民间风俗节目粉墨登场,穿村过户,走街串巷,热闹非凡。同时,还请来多台戏班赛戏,抬出神

店下象山威风锣鼓队在排练中(店下镇党政办 供图)

像看戏，大街小巷还有提线木偶、布袋戏等。家家户户祈福请神，每到入夜街上灯火辉煌，星月交辉。当地的"玉屿"和"珠峰"两境村民抬着"顺天圣母"和"舍人菩萨"神像游境。正月十三和十四两夜均在城堡外围本境所辖的村庄游行。每到一村都有下一村落的青壮年争抬香亭、神轿到各自的祠堂、大厅、家门祭拜一番，往往都要深夜才能回宫。

正月十五是闹元宵的高潮。清晨开始就由福首们聚在宫中礼请法师求神降福，拜诵一些平安经。中午每户来一人在宫中祈福聚餐，俗称"吃福"，全为素食。自始以来，每至午时正，神灵自然回驾龙宫。无畏春寒刺骨，乩童（神汉）托身护体脱光上衣，跃上神桌，自报神号，左手高举令旗，右手挥舞宝剑，口中念念有词，听来像是鸟语，常人无法听懂，好在宫中法师代为传话（翻译）。先是预言当年本境重大事件及自然灾害，尔后用利剑割破舌头，迅速将预备好的黄纸条用舌头上的鲜血画上几道灵符，交由福首如法使用，保证元宵游境安全，人畜平安。言毕即刻脱身返天。午后福首及所有参与群众即忙着晚上游行队伍及风俗节目安排，所有人等早早吃过晚餐，依次施粉化装，拿好各自道具，整装待发。

夜幕降临，城里城外鞭炮声不绝于耳，人间灯火辉煌。这时大鼓三通，铳炮三响，鸣锣开道，先是一百零八位孩童高举令旗踏步在前引路，太平大鼓威震四方。接着是神龛香亭，沿街群众户户点烛烧香，顶礼膜拜，香烟缭绕，烛光冲天。人们此时纷纷赠送红包，一是彩头，二为捐助。遇有盖新房和拜寿的大户人家出手更是大方。后面两位装扮灶君灶婆的抬着火鼎，一边煽火，一边打诨，陪着一路晃晃悠悠走来的踩高跷。店下的踩高跷那才叫令人赞叹，人踩在一米高的木跷上，地上可全是鹅卵石的路，最远的一直要踩到十里远的溪美村。紧接着店下的连灯、马灯、龙灯路舞来，台阁、木枝上装扮表演的"西游记""仙女下凡""桃园结义""鹊桥相会""绿牡丹""观音赐福"等，更是令人关注。在这众多的民俗表演节目中，要数栩栩如生的木（铁）技和台阁的表演，最惹人眼。在人山人海中，欢呼声一浪高过一浪。还有各村组织来的，如屿前、清溪王山的鱼灯，玉岐、箕笃的马灯，泰顺等外地专程赶来的狮灯等。各种节目依次表演，令人目不暇接。每年元宵夜，小小一个店下街，填衢塞巷，人山人海，万头攒动。如果神轿抬到，街上的青壮年更是争相抢夺，每人都想抬上一肩，以祈平安健康。一些强悍的年轻人，更是大显身手，抬着神轿竭尽全力前摇后摆左晃右荡，畅快无比。神像端坐轿中，红光满面，神采奕奕，与民同乐，好不悠哉！群新婚娘子和婆婆奶奶妇女们，求嗣心切，她们在神轿前跪的跪拜的拜，争换红白花的更是殷诚——神轿后面的大人们有的背着或牵着小孩，有大的小的提着各种纸糊的彩灯，争艳斗奇，光彩夺目。沿街两边商铺烟花对射，遍地烟火。到处是喧闹声、锣鼓声、鞭炮声此起彼伏，最后面的是吹班奏着"抬锦"压阵，声乐悠扬。围观群众尽情欢笑、嬉戏，直闹到深夜，真是火树银花不夜天！

夜深了，月亮西斜，全境群众沉浸在一片欢乐的海洋里。缕缕银光披沐着栉比鳞次的农家楼房，欢声笑语融进了象山大地，古老而又丰富多彩的民俗文化活动，造就了一个不夜的店下。元宵过后，各家各户开始送神，老人们便催促着年轻人备耕、早耕，该出门经商的陆续出门，新的一年又开始了。

随着声、光、电技术的发展，店下的闹元宵踩街活动，承先启后，继往开来。近年来，越办越热闹，越办越火红。闹元宵俨然已成为店下对外招商引资，筑巢引凤的一大文化亮点。传统的节日亦成为店下人民的"百姓狂欢节"。由于活动规模的逐年扩大，出于安全考虑，政府及相关部门为了活动的正常举办积极介入，现在闹元宵有了专门的筹备组，成员60多人，一年或三年一换，年年翻新。在传统的节目上推陈出新，每年更新彩车，博古融今，寓教于乐。还增加了人扮财神登门道喜，每年的属肖台阁、大头娃人物面具，管乐队、腰鼓队、象山威风锣鼓队等，有时还特意从外地聘请好节目参与。

"二月二"防火节

李立华

清朝年间,有一年二月初二的晚上,一场大火将整个店下街烧成一片灰烬,只剩下一栋现为喻立泉老家的旧房子。该房系建于明万历年间,底下无柱石。

火灾过后,无奈的村民们纷纷跑到大帝宫求助于神灵,于是大帝宫内连夜擂起宫鼓,神汉跳童,五显大帝显灵示众,要求在街道近中心即现在象前街20号处,人工开挖水池蓄水,并在水池上方设置"水德神公"神龛,初一十五香火供奉。说来也巧,从此店下街面再也没有发生过特大火灾。好事者究其原因有五:一是大灾之后人们增强了安全用火、防火意识;二是有了蓄水池后,发现火情就可立即用水扑灭;三是店下人彻底改变了原来自私思想,发生火灾立即呼人扑救,邻居能团结互助,绝不先搬自家东西,尽力奋勇扑救;四是万一火势严重,一时无法扑灭,迅速拆却左右两边房子,事后大家共同资助重建,杜绝全街着火;五是预防火灾时搬离的家具物件,事后一件不少,物归原主。

民风淳朴、团结互助、夜不闭户的店下已成往事,然而,人们为了时刻牢记火灾之患,及纪念"水德神公"的恩德,便在此后每年的二月初二举行纪念仪式,齐聚大帝宫祭祀神灵"作福"聚餐。参加者一定自带酒水,喝完后用空酒瓶装回一瓶清水,供在家中干净处,以镇火星。年复一年,几百年来从不间断,传承至今。"二月二"俨然成为店下人的民间防火节。

店下"四月八"

> 李立华

从清代开始,店下一带几个大村每年都有定期赶集的习俗,如屿前的"三月三"、溪美的"六月六",都非常热闹。最热闹的该是店下的"四月八"。

每年的这一天,四邻八乡前来赶集的人们从清晨两三点就陆续到来,各地赶集小贩,更是八方云集。鱼鲜、野味、蔬菜、柴炭、木材、毛竹多达几百担,街上摊点林立,货品任人选购。各地赶来走江湖的如耍猴戏、变魔术、弄枪棒、卖丸药、西洋镜等应有尽有,围观者熙熙攘攘。本就不大的店下堡内丁字街,被挤得水泄不通。街上的布庄、酒肆、米铺、药铺等几十家大小店铺内货品琳琅满目。烟馆、赌场更是拥挤不堪,菜馆、食铺生意兴隆。家家户户宴请宾客,沿街张挂布幔,遮天蔽日。

是夜,珠峰境的大帝宫之内宫鼓雷鸣,焚香烧烛,地方头人沐浴斋戒,将五显大帝神像装扮一新,用神轿抬到街中安座。全街市民户户焚香顶礼膜拜,十字街中,高搭戏台,演戏敬神。宫内的黑白无常(俗称高爷、矮爷)披头散发,吐舌瞪目,煞是吓人。高爷手摇白扇,矮爷敲小锣,蹒跚游街,一高一低,到处赶人,惹得妇孺坠簪失鞋,惊怖异常。这种举动,用意是驱鬼保太平、促丰年。

由于"四月八"正处农忙季节,后来随着店下集市的繁荣,人们不再局限于几个"墟市",传统的"四月八"集市慢慢走向消亡。

"头年粽"习俗

> 董欣潘

像福鼎许多地方一样,"端午节"也是店下人民一年中重要的传统佳节之一,俗称"五月节"。

店下"五月节",还有一个民间习俗,就是送"头年粽",即有女儿出嫁的人家都要给男方家送"头年粽"。依照相传的民俗,女儿嫁出去后的第一年,女方娘家要在端午节来时给男方家送上"头年粽"。因为是头年粽,女方娘家在端午节到来之前,便提前准备好包粽子所需的东西,如选用粽叶,即新绿葱翠的竹叶,清洗干净;选购优质的糯米,用清澈的泉水浸泡;还要挑选或制作粽子馅,一般有红枣、蜜枣等,寓意着小日子甜甜蜜蜜,小俩口早生贵子。

准备好后,便开始包粽子。"头年粽"的包法是有讲究的,所包的粽子必须大小统一,每个粽子不能太大,大了显得粗俗,也不能太小,小了又显小气,要大小相宜。据说有人专门定制了标准,即每个粽子含材料是39克。包好的粽子要连结在一起,即"五个一串"寓意"五子登科","十个一组"寓意"十全十美",并要相应搭配"枕头粽",即一种类似于枕头一样的粽子。"头年粽"因为选材和包法不同,有别于其他粽子,在坊间又称之为"娘家粽"。

林西桥与"六月六"

朱如培

隋代大业三年后期、两宋时期到明清时代的林西桥（今溪美）百余家鞋庄的兴衰，乃至今时百业的复兴，千余年间，溪美人制鞋、制茶等各类行业加工和商贸的活动，积淀了深沉厚朴、风格独具、摇曳多姿的溪美文化。这种文化，形成了保留至今最具代表传统民俗特色的溪美"六月六"。溪美村位于店下与沙埕交界处，这里曾是通往沙埕白鹭、黄岐旧城等沿海渔村的必经之路。马驿古道穿村而过，林西桥便在这古道上。

林西桥因其独特的区位优势，明、清时期河滩上建起大小草鞋庄百余家，客栈、酒肆20余家，通往沙埕白鹭、水澳、黄岐旧城等地，各地船只靠往百余艘，南北转运业发达如苏杭古运河道，又名"小杭州"（简称"小杭"）。林西桥因此成为周边黄岐旧城、白鹭、水澳、官城尾乡民生活用品的集散地，并把手工编制草鞋转运到浙南各地销售。早在明清两代，溪美人便着手从事编制草鞋手工行业。溪美原河滩"河流湍急，一雨成灾"，元代至正年间高氏迁置小杭，为便于乡民往来，便率众在河滩上建桥。该桥虽饱经风雨侵蚀，河水冲刷，屡有损毁，清康熙五十九年（1720）由朱天华（幼名朱华二）出巨资重建。而溪美的"六月六"就是为了避灾和修桥减灾而设立的民间祈福会。祈福会期间，家家户户打扫卫生，杀猪宰羊，并举办祭拜神灵等活动，邀请四邻八村前来赶集。《南龙志地理志》记载："汉语曰'六月六'也，其用意无非禳灾祈福，预祝五谷丰盈。"

"六月六"祈福会是一个文化包容性很强的民间传统活动，表达着人们避灾减灾的意愿，它既是宗教活动，也是民间民俗文化和手工艺水平的展示会。同时，在祈福会期间又有戏曲表演等各项文化活动，各地的商贩也纷至沓来，交易日用百货，活跃了当地的文化生活，实现了文化与经济有机联袂。一年一度"六月六"，对溪美人来说，意义非凡，回家团聚，祭祀神灵，沿袭千百年，经久不衰。

店下过"七月半"祭祖习俗

◆ 董欣潘

"中元节"民间俗称"七月半",与除夕、清明节、重阳节等均是中华民族传统的祭祖大节。

店下有过"七月半"的习俗,本地流传"闽南三、本地四、畲族五、乞丐六"的说法,意即:讲闽南话的人家于七月十三过节,讲店下本地话的人家于七月十四过节,畲族人是七月十五节过,讨饭的人过的是七月十六。

历史上作为一个以农业生产为主的地区,店下"七月半"的节庆风俗自然由来已久。"七月半"不仅是民间"吉祥月""孝亲月"等传统习俗,也是初秋庆贺丰收、酬谢大地的节日,有若干农作物成熟,民间按例要祀祖,用新稻米等祭供,向祖先报告秋成,其文化核心是敬祖尽孝,是一种追怀先人、尊崇祖先的文化传统节日。

"七月半"在民间是一个祭祖节,亦称为鬼节,有句俗语:"年没看节没看专看七月半",说的就是"七月半"对于已逝先人而言是一个极其重要的节日。因此,"七月半"的祭祖节,其祭祀方法一般分为两种:一种是"私祭",主要是各姓氏族人对刚去世而尚未进入宗祠的亡人,由其亲属在宗族小祠堂(多为祖厝大厅)的香案上摆放自备的家常饭菜供品和金银纸钱香火,以此祭祀先人;第二种是公祭,即由各姓氏宗族在各自的祠堂里统一祭祀,由宗族理事会头人主持,在香案上摆放各种荤素祭品和香烛,按照一定仪式进行。

岚亭中秋"拖石猴"

周宗飞

　　岚亭村虽小，只有百把户人家，却有两条街，一条叫上街，另一条叫下街。平时，上街热闹一些，因为商店多，住户也多，再加上公路穿街而过，车辆往来比较频繁，好像一整天都没有安静的时候。下街一应是青石铺就，剔透而润滑。一百多米长的街面，在月圆的夜晚闪耀着隐隐的青光，诉说着曾经街面的繁华。据说，以前下街是岚亭的主街，也是方圆数十个村庄的商贸集散地，光油坊就有十多家，还有不少赌场、茶厂。1958年，整条街曾被大火洗劫过，村里人才渐渐搬到上街居住。下街平时冷寂空旷，但到了中秋夜晚，却异常热闹。这一天，全村男女老少都会集中到那里参与"拖石猴"或观看"拖石猴"比赛。

　　石猴，在岚亭村其实就指一块石头，或方或圆或大或小。"拖石猴"最早应该是"拖"，到了后来，"拖"也包含着"推"了。用"拖"，自然已经不够准确，但因为约定俗成，村里人就沿袭了这一叫法。相传"拖石猴"活动起源于戚继光。1562年，为剿灭盘踞在宁德漳湾横屿上的倭贼，戚继光一到宁德就做了安排，单等八月十五这一天到来。到了中秋晚上，漳湾五沃家家门前都挂上大红灯笼，军民个个手执香球、火把，由高灯、响器前导，用渔船上的缆绳绑上一块块大石头，在街头、街尾来回拖曳而过。倭贼发现这边情况异常，便派奸细探听。回报说，戚家军和全村男男女女都在欢度中秋。倭贼头目这才安下心来，便开怀畅饮起来。谁知这正中了戚继光的计谋。到了三更半夜，这边，人人精神振奋，整装待发；那边，个个醉成烂泥，鼾声如雷。当戚家军兵分两路悄悄抵达横屿时，倭贼们都还蒙在鼓里。就这样，困在横屿笼中的近两千倭寇，除部分夺舟外逃仓皇溺海而死外，其余全部被歼灭在岛上。打从这一年起，每年中秋，闽东各地都要举行拖石活动来纪念戚家军歼倭的胜利。

　　而岚亭人，对于这一纪念活动尤其卖劲。因为岚亭以前是半岛，那时候还没有造海堤围垦，明清时候这里也曾是倭寇频频侵扰的地方，村里出现过不少抗倭义士。

　　最早，岚亭的拖石可能与漳湾一样，也就是用缆绳绑上一块大石头，在街头、街尾来回拖曳，后来岚亭的拖石发展成把人当作"缆绳"。每年中秋，村里人就早早备好大石头，一到月亮上山，他们就会三五成群，搬着大石头到下街"拖石猴"。

"拖石猴"在岚亭有多种玩法。最简单的是两个人，其中一个人做"猴身"，仰面躺着，两脚斜顶着石头，另一人双手托着他的双肩，使"猴身"悬空然后用力往前推。这种玩法，石头不宜太大，最好还要光滑一些，推起来不费力，那样可以坚持长久一些。还有一种玩法，需要三个人，其中一个人做"猴身"，另外两个人分布两侧，牵着他的左右手，往前拉，"猴身"背部几乎要贴到地面。最精彩的是，村里的年轻人为了炫耀力气，往往在"猴身"上趴着个人，甚至是两三个人。人数增多，那石头也相应增大，而且还不能太光滑，否则，石头因为惯性与"猴身"容易分离，石头"跑"得比"猴身"还要快，那样就会砸锅了。玩得最好的，花样最多的，都是村里的壮劳力、帅小伙，他们往往刚到结婚年龄，"拖石猴"的同时也想拖住异性的眼球。那时候，男青年在少女面前展示自己的体力和肌肉，往往胜过展示家里的财富。

　　遗憾的是，到了20世纪80年代后，随着经济的发展，电视在村里的出现，再加上其他文化生活的日益丰富，一到中秋，村里人就再也不愿弹奏人与石头的交响了。再后来，下街的青石不见了，代之以水泥路面，再加上村里的年轻人纷纷出门打工，留守的多半是老人妇女，"拖石猴"开始被村里人"拖"出历史舞台了。

上编　店下

海田"九月九"

朱如培

海田村位于店下镇西北部，距集镇8千米，全村人口856人，为店下费氏族群聚居地，历代从事农耕。海田村传统下来有个独特的习俗——"九月九"。

南朝时梁人吴均在《续齐谐记》中记载："汝南桓景，随费长房游学累年长房谓曰九月九汝家中当有灾，宜急去。令家人各作绛囊，盛茱萸以系臂登高饮菊花酒，此祸可除。桓景如言举家登山，夕还，见鸡犬牛羊一时暴死。费长房闻之曰，此可代也。今世人九日登高饮酒，妇人带茱萸，盖始于此。"桓景为感恩，特设立这节俗以纪念费长房。

费氏家族迁至本地，相沿成习，流传至今，古老传说演变为民俗。一年一度的"九月九"，对海田村民来说，非同寻常。回家团聚，欢度佳节沿袭千百年，经久不衰，海田人称之："过年不一定回来，但是，九月九这天必定回来。"每年农历九月九这天，无论身在何处，作为地道海田村费氏后代，都会千里迢迢赶回家与家人团聚，与村民、四邻八村共享节日欢乐。

一个不足900人的费氏小村，每逢佳节"九月九"，海田村到处是张灯结彩，人头攒动，将近有几千余人参加这天活动，来者都是客。这天海田村挨家挨户都会烧上二至三桌、多则十几桌的好菜招待十里八乡前来的客人，无论踏入谁家的门，任你拿上筷子和碗吃喝就是，村民绝不会因为你的身份贵贱或者来路不明将你拒之门外。

海田村"九月九"吃请迎往，与其农耕为主生产活动相联系。村民秋收已经完毕，农事相对比较空闲，这时山野果实又正是成熟的季节，村民纷纷上山下田采集成熟果实和供给农副业用的植物原料。这种上山采集被村民称为"小秋收"，是为了庆祝秋粮丰收、喜尝红粮。

屿前鱼灯

张宗发　冯文喜　王美栋

屿前村有一项颇具特色的民间传统活动——舞鱼灯。屿前鱼灯历史悠久，据传康熙年间，郑氏祖宗从霞浦迁徙到店下镇屿前自然村。屿前是店下东北部的一个村落，原是一座岛屿，此岛屿酷似一尾鲤鱼，首东尾西，头朝东海，活灵活现，栩栩如生。郑氏祖宗迁居之后，发奋图强，围海造田，繁衍后代。据说有一年水患严重，山洪暴发，洪水淹没良田，冲毁庄稼，房屋倒塌，村民损失惨重。翌年春，有村民提出要办灯事，即"鱼灯"，以舞鱼灯来压邪扶正，以期风调雨顺，国泰民安，五谷丰登，年年有余。于是，从那年起，每年的正月初三到元宵的舞鱼灯，便从屿前村兴起，并逐渐影响到周边村庄，一直到沙埕的下半片村落、白琳沿州及秦屿的冷城等地。鱼灯舞到哪里，祥和就到哪里，快乐就带到哪里，深受百姓喜爱。家家户户还会拿出红包、水果、糖、茶慰劳鱼灯队，鱼灯是屿前村沿袭至今较为完美的群体性健康的活动，经久不衰。

屿前鱼灯参加福鼎白茶开茶节民俗文化表演

灯制作是采用竹篾、木架为主体，外面用白布包扎而成，涂上各种颜色。有红色头珠（头饰一颗红色珍珠的大鱼），有鳄鱼三条，红、黑的鲤鱼各一条，鲈鱼、黄瓜鱼、鲳鱼、马鲛鱼、石斑鱼等十一条鱼，如今更是在鱼腹内装上灯来照亮鱼的身体，使鱼的形象更加生动，惟妙惟肖。

编排的内容有 20 多套舞蹈。如双蝴蝶，是由第六节鳄鱼反带，将一队鱼，分成二队鱼，前后有序地整齐并排穿梭地跑动，形成一对对蝴蝶在双双飞舞，朝气蓬勃；如鲤鱼跳龙门，由二条红、黑鲤鱼各带一队鱼群在四方操场上交叉跳跃，重叠飞舞，使一队鱼群龙飞凤舞地尽快欢愉，和美和谐，其乐无穷……还编排有三角操、四角操、梅花操、刀剪操、穿担撇、编篱笆、鱼找珠、结鱼群、圆半月、全月圆、双龙抢珠、开四门、鳄鱼扫埕等。

鱼灯队由 40 多人组成，其中锣鼓、唢呐队 8 人，其余为舞鱼灯队和后勤人员。屿前鱼灯于 2008 年被福鼎市列入第一批福鼎市非物质文化遗产名录。

店下走马灯

黄益巧　蔡祖辉

走马灯又叫跑马灯、串马灯。店下镇店下、玉岐、篔筜、溪美等村的走马灯比较出名，发展至今已有300多年的历史。随着时间的推移，店下马灯在制作技艺及表演形式方面得到不断改进和创新。表演一般是在每年的正月初二、初三至元宵期间进行，为了保证表演顺利，马灯队的队员们一般会在表演的前十天进行紧张的排练。在每年正月里，马灯表演队伍走村串户，每到一处，乡民们都会执香祈愿，并燃放鞭炮欢迎马灯队伍的光临。据传，马灯队伍到哪个村落表演，那个村落将会得到马神的庇佑，来年将会更加风调雨顺、五谷丰登，乡民们将会更加平安健康。

马灯都是由当地马灯组织者或上年纪的老人制作的，制作的过程要求比较严格，需要比较高的制作技艺。制作过程主要有以下几个步骤：一是编马身，马身用软硬适中的篾条，编制成马身前后的整体框架，这是制作马灯的最关键一个步骤，整体框架

灯表演（店下镇党政办 供图）

像不像决定整只马的造型像不像；二是糊马身，根据表演者角色的需要，用各种不同颜色的布将马身糊起来；三是上彩，糊完马身需要给马灯眼睛、嘴巴等部位上色，这样可使马灯更加生动、形象；四是装饰马灯，用带有颜色的布条和毛线等制作马的耳朵和尾巴，并装饰马身，使马灯表演起来更加栩栩如生。而今，在马灯内还装有2至3盏手电筒，以便在夜间表演时开启手电筒，使马灯呈现出各种各样的色彩。整个马灯分头尾两个部分，制作好的马灯前半部分挂在表演者前身，后半部分挂在后背的腰部，远看，人就像骑在马上。

店下走马灯的表演独具地方特色。马灯表演人数一般是14人（其中候补2人），一般是13—14岁的孩子（男女不限）参与表演。表演前，每个演员根据各自所扮演的角色进行化妆，再穿上各自的古装戏曲服饰，具体扮演角色和人数：皇帝1人，娘娘1人，八王爷1人，元帅2人，包公1人，小兵2人，状元或武将若干。演员在表演时，伴着乐队的伴奏（打什锦），根据剧情设定边唱边舞，表演时哼唱《采茶歌》《采花歌》《评话调》《黄梅调》《拜寿歌》等民间小调，表演"编小篱笆""一个螺""当马跳""七星照月""三角螺""半边月""圆篱笆""金马墩""单头叉""三头叉""跳和牌""五个螺""梅花操""长篱笆""英姿马"等套路，整个剧情跌宕起伏，复杂多变。演员们手持马鞭指挥战马，时而群马悠闲，自由自在；时而跃马扬鞭，驰骋疆场；时而战马嘶叫，将士们的斗志倍增，奋勇杀敌。整个表演过程犹如演绎一场振奋人心的战斗场面，为节日庆典增添了许多喜庆色彩。

店下求雨习俗

🍃 李留梅

　　店下是福鼎的米粮仓。旧时店下洋万亩水田，一望平川，却只有一条河港灌溉，大部分是"靠天田"。河床淤浅，蓄水不多，常闹旱涝。尤其夏秋之际，久旱不雨，田土龟裂，禾苗焦黄，农夫忧心忡忡。其时就有头人出面活动，向大帝爷求雨。大帝宫一时热闹起来，头人轮流奉敬，点烛焚香，日夜膜拜。街上几乎家家户户也烧香吃斋。迷信用品供应不求。人们望雨欲穿，借雨解旱。此时便有设坛求雨的一幕。

　　求雨台建在原店下小学前面广阔操场中央。台是用7张或9张甚至11张方桌一层一层叠起来的，最高有10多米高，人们都要仰着头才能看得到。法师按时辰手提牛角号，从底层逐层登上顶，用双脚趾沿桌边慢移一遍又遍，并且吹牛角号施法，声调凄厉。法师这种高风险动作，观众真为他捏把汗。烈日当空，人山人海，似赶庙会，煞是热闹。设台求雨后，群众静待大帝爷赐雨来。

　　在店下、秦屿都曾流传一套独特的祈雨方式——翻九台。"翻九台"即用7张或9张甚至11张叠桌搭台设坛，搭成塔状，桌塔最高层桌面成为"台"，最高达10米。由主坛师父翻越至台上做法事，法师头裹红绸巾，腰围麻木制成的"师裙"，进行翻九台表演。先行提台，即将塔台一侧提起，两只桌脚离地近10厘米，整座台身侧斜，提台后，翻九台表演正式开始，法师手提牛角号，在锣鼓声、鞭炮声中从地面逐层翻身登上高台，登台时脚趾沿桌边慢慢移动，同时吹响牛角号施法念咒，有时还要跳跃"禹步"，到法事结束后，再从最顶上一台台翻将下来，整个仪式过程颇为惊险。

送瘟神

◎ 李留梅

店下是鱼鲜集散地，早晨集市中午散，热闹异常。尤其在夏季，以前人们又不讲究卫生，有时发生中毒现象，俗叫吐泻病。此病传染性极强，传播猛又快，人心惶惶，谈"瘟"色变。有一年此病又蔓延，谣言四起，什么瘟神又来招一批人去了。群众免不了求神拜佛，保佑避厄。当时南门外李某忽然着魔抖跳，自己极力抵制，屡跳不成，被认为他吃狗肉，有秽气菩萨不敢缠身。而这时上街旗杆里喻某躺在睡榻乘凉，忽然像酒醉狂躁，撕掉背衫，翻白眼，念念有词，推开房门直奔北门外大帝宫。全街惊动，纷纷传大帝爷降临，可以除瘟救生，有人打锣沿街宣告，很多人跟随入宫。头人马上摇鼓焚香膜拜。经过一番"神人对话"，全街焚香吃斋，着手为大帝爷出巡做准备。大帝爷出巡是既惊险又有趣的一幕。喻某（附神者）赤身跳坐"刀轿"上，一手执刺球，一手拿剑，醉酒般的发狂，令人惊怕。"刀轿"的底垫是由若干利刃排列，人坐在上面。一手执刺球不断槌打背部，只见一红一白，血流如注，卫护人随即撒上香灰。同时用剑割舌画符，赐给求平安的信男。街道两旁香烟弥漫，纸灰飞扬。全街游遍后，才驾返大帝宫。经过两三天，人们在大帝爷保佑下将瘟神送走。头人糊造一条纸船，五色斑斓，安放几对童男童女的纸人，敲锣打鼓鸣炮烧香，把纸船点燃并放入斗门港中，表示奉送给瘟神，求得全境平安。这样折腾，其实就是求得人的心理的平安。

店下乡村酒令

李立华

店下的先人的确了不起，不但酿出了"店下茅台"——店下白，还发明了种种饮酒的娱乐——行酒令。在店下的美食文化中，酒令更是反映了当地群众的文化意识和价值观，也是店下人民积极乐观、热情好客的充分写照。

店下旧时的酒令分为雅令和俗令。所谓雅令就是席间所行的酒令与礼仪、诗词、经史、文字结合，这类酒令有着丰富多彩的形式，可以填词赋诗、成语接龙、民谣对唱、地名联句、生肖射谜等。由于雅令与文化涵养有关联，以前仅在一定文化层次如旧时的秀才、先生等人中流行。提议者可以随心所欲，只要饮者同意即可，比如，席间年长者先说出成语，然后按说定顺序顶针接龙，达不到要求者即罚酒。又如叠词酒谣"筷子尖尖，酒杯圆圆，新郎不喝酒，新娘分喜烟""新娘尝一尝，新郎分喜糖"等等。

其实，真正脍炙人口盛行乡村的还是俗令，"猜拳"就是具有代表性的俗令，旧称"豁拳""唱寿""传手"（方言），亦称作"哗拳""伐拳""罚拳"。店下人把"猜拳"当作盛情待客的压台戏，亲朋好友相聚最后必有猜拳，否则饮之无趣。婚寿喜庆必须猜拳（唯丧事不可）。特别是结婚酒筵，联席闹房，晚宴一定要由姐夫或者男傧相（俗称"朋友头"）与新郎官先开拳，否则宾客不得动筷，酒筵不得开席，发拳时必先冠于"财到、喜到、开大门、放大炮，传手……"的开场白，寿酒则用"福到，寿到，开大门，放大炮，唱寿……"，绝不能叫"空拳"或"对手"。行令时两人相对，各出手伸指，同时各喊一数字，符合双方伸指数目之和者胜，反之则输，输者罚酒。

"店下白"让外地人喝到"望酒兴叹"。俗话说"没两下不敢去店下"，这不仅指店下人能饮，更是惊叹其善饮。在喝酒时，有一种"店下拳"喝法，即每输一拳罚一杯，第二拳罚两杯……第六拳要六杯，一次全输二十一杯，有的高手甚至用大碗缸呢！在行酒令中，基本上围绕数字游戏，如最早时的"传手""一定高、两相好、三大人、四恭喜、五魁首、六大顺、七进喜、八骏马、九快到、满堂红"，现流行"哥俩好"——"一定高升、兄弟情深、三星高照、四季发财、五魁之首、六六大顺、七巧（鹊桥）相会、八仙过海、九九鸿福、十全十美"，这类酒令更多地寄予一种祝福，特别适合于喜庆之时增添欢乐气氛。

外，旧时店下还有以嵌入地名为内容的方言酒令，如"一点仔（店仔）两（'南'字方言谐音）门兜、三门台、四（泗）风亭、五里牌、六上都、七姐妹、八埕岗、九斗湾、全来到啊"。凡此种种，皆以胜负相论，皆属罚酒令。更加婉转的有流行于闽南语方言的乡村，借助民谣言说历史的形式，如用《三国志》历史内容简编成酒令："单刀赴会、二嫂过关、三请孔明、四别徐庶、五虎上将、六出祁山、七擒孟获、八卦阵图、九伐中原、全归司马。"这种用酒令词来串说历史事物的，使店下的酒令更具文化韵味，其言辞借助民谣曲子的过渡语也很有讲究，如用闽南语方言的曲调对唱如下"三国志呀三呀三国志，单刀赴会抵垒垒呀恰垒垒呀……恰垒垒……"同一调子从一唱到十，随心所欲。行令时两人只同时唱开头及数字内容如："三国志呀三呀三国志呀，单刀赴会（拳手唱），后段大家附和如"抵垒垒呀恰垒垒呀恰垒垒……"（众声和）以此类推，场面非常活跃、热闹。

还有，别具特色的畲族婚礼上也有独特的酒令。晚宴亦是由姐夫（或朋友头）先入席，首先用畲家话的行酒令领唱："一请新郎出厅堂，文武百官排两行；文武百官来喝酒，探花榜眼状元郎。""二请新郎出大厅，文武百官排两边；文武百官来饮酒，探花榜眼年年见。""一位指给新郎官，二指左右坐两旁，三指下四来座位，探花榜眼明年生……"新郎入座，每唱一句，众朋随和"唱得好呀"，各饮一杯。宾客开席，因来客中有汉族朋友，用畲家方言猜拳只前后句不一样，中间内容就差不多，如："（开头）三呀三宝台呀两呀两情钟（两叮咚），（中间）三大人呀！（结尾）一百中一百中。"畲族的行酒令非常之多，年轻人能唱善饮，通宵对唱，双方歌手对歌欢宴，新娘在席间敬酒，并接受宾客与长辈赠送的红包，谓之"讨百家银"。当晚的歌宴要通宵达旦，男方的歌手若唱答不上女方歌手的问题脸上要被抹锅底灰，引得哄堂大笑。

猜拳（店下镇党政办 供图）

吃新和廪楻坪

> 张宗发

吃新,顾名思义就是吃新米饭,是店下农村流传悠久的传统习俗。即是水稻开始收割,农民们会选择黄道吉日,举行开镰节。开镰头一天收割的谷物,将它晒干,碾成大米。举行吃新仪式,即每家每户都会选定日子进行,仪式简单而庄重,充满虔诚与感恩之情:将头一天收割回来的稻谷晒干后存放在较高位置,碾成大米,用二尺四大锅煮熟新米饭。大户人家还准备祭品,即猪头、猪肝、鱼及香菇、木耳等,先将新米饭装碗,摆上八仙桌,净手点香,烧元宝纸钱,先敬奉天地神灵,即祈请天地、土地公和看牛大王,而后祭祀祖先,感恩先人护佑。吃新时,主人除了煮新米饭,还会准备六至八盘菜,邀请十里八乡亲朋好友前来,俗称吃"大锅饭",然后大家按辈分先后分上下座位入席吃新,共享丰收的幸福和喜悦。

廪楻坪(廪为谷仓,楻为打谷楻桶,坪是晒谷场),是一年水稻最后一天收成结束,收割水稻的农具也要收拾干净归堆存放这一天,农民们庆祝丰收的一种形式。农民们举行廪楻坪的仪式同"吃新"形式差不多,不过要加一道粿,粿是用粳米煮熟椿出来揉成团做成。同样,先敬天地、土地公、看牛大王,然后备有酒菜佳肴邀请亲朋好友痛饮共同庆贺。

店下农耕文化节

董欣潘

店下历史悠久，是福鼎早期农业发祥地之一，早在新石器时代晚期至青铜时代，就有先民在这片土地上繁衍生息，创造过灿烂的农耕文化。作为福鼎乃至闽东地区农业大镇，全镇粮播面积3.2万亩，素有"福鼎米粮仓"的美誉，每年夏秋之交，便是稻谷丰收季节。店下镇政府通过举办农耕文化节，用开镰的仪式，庆贺粮食丰收，敬仰天地万民，以此来祈求来年风调雨顺，年年大丰收。

首届农耕文化节始于2017年7月23日。农耕文化节形成包括民俗文艺展示、特色美食小吃品鉴、特色农产品展销、农耕趣味运动会、乡村旅游资源宣传推介、店下农耕文化展示等活动项目，吸引了来自四面八方的宾客。

每届农耕文化节，"开镰仪式"是重头戏。来自店下镇所属各村的200多名村民身着绿色服饰，右手搭在左手上做祈福手势，整齐排列，一步一步走向舞台。村民们举着"庄严""敬仰""风调雨顺""五谷丰登"牌子，六位农民两人一组，分别抬着代表着"米""粮""仓"篮筐，饱含"五谷丰登"的美好意涵，而后举行农耕趣味运动：共有店下片队、东岐队、屿前队、溪美片队、巽城片队、岚亭片队等6支运动队参加，比赛项目有60米插秧、抢收抢种、40米挑粮食、齐争荣光（拔河）、8×200米集体奔小康接力赛跑、3分钟50米抗旱提水保苗赛跑

店下农耕文化展示馆落成（福鼎市融媒体中心 供图）

店下首届农耕文化节现场（福鼎市融媒体中心 供图）

店下农耕文化节的犁田表演（福鼎市融媒体中心 供图）

等，这种将富有农耕文化的农事劳动变身为体育运动项目，既锻炼了身体，又展示了自己，受到农民欢迎。

"耕牛犁地"是一件最重要的农活，考查的是一个农民应该具备的农事技术水平。耕牛犁地分成两个组，即现代化机械组和水牛人工犁地组。机械组，农民发动犁地机，快速地在田地里来回翻出新土。而耕牛组，参赛农民牵来头戴着红花的水牛，牛在前面慢悠悠地走，农民手扶犁则在后面跟，并用力将犁深深地插入土中，随着牛的走动，翻动田地，如此一来二回，反复进行。从农耕文化节上可以看出社会的发展进步，以前科学技术不发达的年代，农民们都是用纯手工的耕牛犁地、镰刀收割等方式来组织开展农业劳动，不仅速度慢，费时费力，其生产效率也很低下。现在进入现代农业时代，农村基本是集约化生产劳动，除非是一小片的稻田，不好操作选择人工，大部分都用上了机器，让人感受现代农业与传统农业的差别。

"插秧比赛"即在农田中每隔一段距离就放着一捆秧苗，一直延伸到农田尽头。比赛一开始，参赛者们手上动作一刻不停歇，拿起秧苗，看准位置，往田里插秧。原先倒着的秧苗直挺挺立在田里，一排排绿油油的。

"割稻比赛"分成现代组和传统组，采用的是代表现代农业的机械化设备，和采用着代表传统农业的纯手工器具。现代组，农民们启动自动收割机，向前推进，之前林立的稻谷齐刷刷的倒下，而后将稻谷分离，谷子装进麻袋。传统组，参赛的农民们各自手拿镰刀，将成熟的稻谷割下，放入特制的机子中，一边脚踩设备，一边移动稻谷，而后将分离的稻谷装进麻袋。

"捉泥鳅比赛"中，参赛农民朋友挽起裤脚，拿着水桶，在泥地里"摸索"。有经验的人一抓一个准，而没经验的人则在泥地里走来走去，等待时机。其实，捉泥鳅是有一定技巧的农活，想要一只手捉泥鳅很难，必须要两只手慢慢从泥里捧起来才行。通过捉泥鳅比赛，让人重回小时候经常和小伙伴们一起去的乐趣。

农耕文化节设置特色美食小吃品鉴区，展示店下地方特色的美食小吃，如店下炒米粉、巽城肉燕、店下鹅肉、九稳包、肉片王、光饼、煎紫菜饼、高丽、燕丸、卤鸡翅、九层粿、豆腐脑、馍馍、白糖芝、马蛋、叠肠、混沌、关公煮（串串）、煎包、冷饮、农家米粽、棉花糖、手工糖画、炸饺子、三角埕花生酥等。

农耕文化节还开辟特色农产品展示区，展示店下地方特色农业产品，如宜美陶器、竹篾器具、黄粿、巽城振忠肉燕、店下米酒、洋中吴思西黑胡椒粉、大黄鱼干、林氏兄弟米粉、硋窑绿盛食用菌、钱盛紫菜、小龙虾、（溪美黑羽乌骨鸡、绿壳鸡蛋）、茶叶等。农耕文化节期间，店下镇展示了特有的民俗文化，如店下腰鼓队、屿前鱼灯队、海田农民乐队、布袋戏等民俗传统项目轮番登台亮相，"全民健身百村行"活动走进店下，更有《中国微演艺》走进店下呈现精彩表演……一系列节目中，还穿插进行的主题为"移风易俗"等知识问答，让更多人在学到知识的同时，拿到精美的奖品。

为展示店下丰富的农耕文化，镇政府翻新修建农耕文化展示馆。农耕文化展示馆位于海田村，总投资70多万元，占地约240平方米，除对店下农耕文化、养殖文化以及店下美食、美景等的图文介绍外，还有脱谷机、蓑衣、石磨、石臼等实物展示。这些"古物件"充分见证店下农村农业悠远的历史与农民的聪明才智，借助乡村广阔平台，进一步挖掘、宣传、推荐店下镇的农耕文化。

店下镇举办农耕文化节，意在全面展示店下名特优农产品、特色美食、民俗风情、乡村旅游等资源，打造农旅乡村旅游品牌，给域外游客提供了集文化、旅游、歌舞、运动等于一体的全方位体验，进一步挖掘乡村旅游资源，开展乡土文化教育，让每个人留住农耕文化中的根和一缕乡愁。

硋窑畲族春耕节

🍃 董欣潘

硋窑畲族春耕节始于 2015 年，至今已成功举办 7 届。畲族春耕节是畲族群众自发组织开展的一项民间民俗活动，也是畲族群众勤劳致富的一个缩影，每年开春举办一次，通过举办畲族春耕节，以节促农，以歌会友，旨在弘扬和传承畲族文化。

硋窑村位于店下西部，既是一个具有畲族特色的少数民族行政村，又是革命老区基点村，全村人口 1769 人，其中畲族人口占 39%，以蓝、钟、雷等畲族姓氏为主。长期以来，畲民们耕山牧地，一路唱着山歌走来，迎来送走一个个春夏秋冬，年年春来不等人，阵阵畲歌唤春耕。

每年畲族春耕节期间，全村人出动，身在外地的畲族人和其他村民也会赶回来参加。春耕节开展民俗文化活动，举办畲族歌会、播种、插秧和等富有畲族特色与农耕文化的劳动比赛项目，展示畲族特色风味美食小吃，祭祀祖先，供奉诸神。畲民们身着艳丽多彩的民族服装，头带富有本民族传统特色的美丽饰品，演绎着畲族原生态传统节目。畲民们纷纷唱起古老的"山哈调"，喝"山哈酒"，载歌载舞，喜迎喜庆春耕节的到来。青年的畲民男女还会借此机会对起山歌，将珍藏在自己心底的心思唱出来，以寻求梦想中的美好幸福的爱情。

店下硋窑村举办第二届畲族春耕节（福鼎市畲族文化促进会 供图）

店下民间方言传统谚语

> 李立华

我国以农立国,先人们根据经验编造了许多农谚作为终年耕种作息的依据。在长期的农业生产实践中,店下人民不断总结农事生产规律,也形成独具特色的店下农谚。这些谚语语言短小精悍、言简意赅、寓意深刻、耐人寻味,兹举部分如下:

1. 没两下不敢来店下。
2. 肥水莫流别人田。
3. 两春夹一冬,无被暖烘烘。
4. 年内春,年外闹冲冲。
5. 立春节日露,秋来水满路。
6. 正月动雷雷转雪,二月动雷雨勿歇,三月动雷田开裂,四月动雷秧打结。
7. 雨水有雨庄稼好,大春小春一片宝。
8. 正月摇摇,二月挞窕(玩耍),三月吃墓酒,四月正起手。
9. 雨水前后,植树插柳。
10. 正月十五雪打灯,一个谷穗打半斤。
11. 过了惊蛰节,耕地不能歇。
12. 春分早,立夏迟,清明种田正当时。
13. 清明在寅时,茶贱没客来。
14. 雨浇小满禾苗壮。
15. 清明前后,种瓜种豆。
16. 立夏晴,蓑衣满田埂;立夏落,蓑衣挂檐下。
17. 蚕豆种得深,大豆种得浅。
18. 芒种芒种忙忙种,芒种一过白白种。
19. 端午夏至连,高山好种田。
20. 穿蓑衣吃粽,打赤膊收冬。
21. 七十二行,种田为王。

22. 捧人饭碗，受人教管。
23. 长年不吃廿四饭。
24. 长年没偷工做死，媳妇没偷吃饿死。
25. 剩饭不吃媳妇的，息事（事情）没做长年的。
26. 做死吃蕃薯米。
27. 粪箕填破蓆，白（米）饭没吃着。
28. 棕（蓑）衣补芋叶，畚箕补破蓆，一年做到晚，白（米）饭没吃着。
29. 坐轿不知扛轿苦。
30. 坐人不晓站人苦，六月初一也叫寒。
31. 拉粪坑嫌少，拉裤头嫌多。
32. 吃水鳝跳下海。
33. 鞋巴拖拖吃黄瓜。
34. 两支脚肚，难牵一个腹肚。
35. 挑柴卖，买柴烧；老婆嫁掉给人招。
36. 有也阿川没也阿川。
37. 看人做地主，宫公做福头。
38. 拿椅不坐讨椅坐。
39. 前妻不当事，后妻当佛祀。
40. 前鼎换后鼎，媳妇别人子。
41. 未睡三床蓆，心事抓不着。
42. 头碗饭好吃，二碗饭难端。
43. 三脚蛤蟆没的娶，四脚蛤蟆有的来。
44. 床头吵架床尾花。
45. 新做粪坑三天香，新娶媳妇会装样。
46. 亲兄弟，明算账。
47. 打虎全靠亲兄弟。
48. 大哥为父嫂为母。
49. 长病无孝子。
50. 子要亲腹生，媳要亲手娶。
51. 有子不叫穷，没子穷到底。
52. 好种不过代，坏种传三代。
53. 老虎不怕怕脱（挑草）。

54. 救蚁救虫，不救吃饭烂脚连。
55. 矮矮会做奶（娘）。
56. 不义钱财汤泼雪。
57. 上桌看下桌猪肉大块。
58. 蟳莫笑蟹糊脚，蟹莫笑蟳大脚。
59. 一斤十六两，相打不过田埂。
60. 打席睏板。
61. 十个缸九个盖。
62. 有这缸就有这盖。
63. 二百五不怕你岁大，病头晕不怕你头大。
64. 金厝边，银亲戚。
65. 好人坏人难瞒厝边，好吃坏吃难瞒嘴边。
66. 面前有佛你不拜，跑去南海求观音。
67. 十指伸出有长短，指头屈里没往外。
68. 老婆莫说真，朋友不讲假。
69. 朋友妻不可欺。
70. 鸭母嘴扁就是扁。
71. 六月讨鱼冻，六月讨火笼，十二月讨蒲扇。
72. 钉对钉，铁对铁。
73. 拦路石头有人搬。
74. 外鬼好治，家贼难防。
75. 穿针穿鼻，看人看志。
76. 拉屎看风势。
77. 牛没癫犁癫，皇帝没急太监急。
78. 货到地头死。
79. 穿担两头尖。
80. 路湿早脱鞋，遇事早安排。
81. 山中无大树，毛草作将官。
82. 家有千口，主事一人。
83. 一人讲，百人传。
84. 自己粪坑越搅越臭。
85. 有钱施舍不落空。

86. 手伸棺材沿死要。

87. 骗死人不偿命。

88. 骗死人过街。

89. 见人说人话，逢鬼说鬼话。

90. 黄亨尾溜（巴）刺，最毒妇人心。

91. 不像鬼，不像怪，不像内鸟，不像肚脐。

92. 破人姻缘三世罪。

93. 修嘴没修心，亏你白念经。

94. 三十无须不成相。

95. 无须讲话没人听。

96. 多一位祖先，多一个香炉。

97. 瘦瘦店好过肥肥田。

98. 鸭多不生蛋。

99. 狗多不拉屎。

100. 狗屎不能挑。

101. 饿死贼莫做，屈死状莫告。

102. 人在人情在。

103. 人一走茶就凉。

104. 人情若好水也甜。

105. 既想做花娘，又想立牌坊。

106. 尪师跟鬼一起讨吃。

107. 同师不同法。

108. 尪师没法真没法。

109. 救人救到底，送人送到家。

110. 打蛇不死被蛇怨。

111. 牙齿嘴舌也会相咬。

112. 同行三分仇。

113. 三个女人一喷车。

114. 坐着说别人，站起别人说。

115. 有嘴说别人，无嘴说自己。

116. 锅头饭可吃，过头话莫说。

117. 比上不足比下有余。

118. 自夸老婆大腿白。
119. 锅里不争碗里争。
120. 粪坑里争屎吃。
121. 厅头椅子轮流坐。
122. 叫花（讨吃）三天仙不做。
123. 看见猪头肉，马上想还俗。
124. 十五晚没月蛮走路。
125. 饭莫乱吃，事莫乱做。
126. 脚（跟）哪脚，手（跟）哪手。
127. 脚也来手也来。
128. 脚踏船舨要船走。
129. 请人涕（哭），没目汁（眼泪）。
130. 山里好吃土里笋。
131. 白（米）饭好吃田难做。
132. 林芹（类似小苹果）好吃树难栽。
133. 石榴好吃肚里籽。
134. 甘蔗好吃中间节。
135. 桂圆好吃第一胎。
136. 杨梅好吃树上摘。
137. 红枣好吃树上红。
138. 鸭蛋好吃肚里红。
139. 枇杷好吃肚里空。
140. 夏至杨梅红到蒂。
141. 杨梅红，不识人。
142. 六月苦桃七月苦没。
143. 山上好吃麂鹿獐，海上好吃马鲛鲳。
144. 一斗菜籽有园撒，一株油菜没地栽。
145. 没欠他一斗米，饿死怎会赖着你。
146. 五行不真绝人人丁，算命不真骗米一升。
147. 云里日头，后侬奶拳头。
148. 抓贼等不到高。
149. 戴眼镜各人合眼。

150. 冬瓜虽大也是菜，小小虾米也是荤。

151. 你这花娘若会变，后门铁树会开花。

152. 笑人肮脏，莫笑人补衫。

153. 笑人十一指，莫笑人脚摆摆。（跛脚）

154. 天上老鸦，地上摆脚。

155. 吃物吃味，听话听音。

156. 做贼心虚，放屁脸红。

157. 海洋虽宽，船头会相撞。

158. 多栽花，少栽刺。

159. 没法冬瓜摆弄瓠。

160. 撩猪不撩狗，撩大不撩小。

161. 相打无好拳，相骂无好语。

162. 上山无好叫，下山无好应。

163. 新粪坑好拉屎。

164. 百艺通，没米舂。

165. 小时偷割瓠，大后偷牵牛。

166. 钓鱼不钓草，多半是白跑。

167. 傀儡囝穿草鞋，脚大于身。

168. 咬起是骨头，放下又是肉。

169. 挑尿桶的不吃力，提尿瓢的倒吃力。

170. 偷吃跟猫似的。

171. 锣提过山敲更响。

172. 乞丐墓不可大祭。

173. 栏里捡桃捡到没。

174. 和尚靠佛力，老人靠饭力。

175. 黄金不值白米饭。

176. 没米下锅加闰月。

177. 半斤对八两，拳头对巴掌。

178. 六十不隔夜，七十不食昼。

179. 莫饮卯时酒，莫吃申时饭。

180. 莫骂酉时妻，一夜受孤凄。

181. 好狗不咬鸡，好汉不打妻。

182. 宠儿不孝，宠鸡爬灶。
183. 强盗抢来贼偷去。
184. 长病成医师。
185. 路在自己嘴上。
186. 靠山山会倒，靠水水会干。
187. 一个田螺九碗汤。
188. 拿自己巴掌打自己嘴巴。
189. 活人不见地，死人快过七。
190. 死了还说头七。
191. 摇一铃，吹一角。
192. 前世没修此世苦。
193. 气死验没伤。
194. 驼背人背镴，吃力又难看。
195. 上厝到下厝点一根蜡烛。
196. 檐尾水滴滴不差移。
197. 吃没不吃有。
198. 吃爽死莫讲。
199. 临时屎，急时尿。
200. 人要溜，饭要悠。
201. 风了社，田中无人企，社了风，田中闹冲冲。

店下民间气象农谚注解

李立华

1. 初一落初二散，初三落到月半。

意为：初一如下雨初二则会放晴，初三若下雨则会下到十五都难估计。

2. 雨浇上元灯，日晒清明种。

意为：上元若下雨，清明时定放晴。

3. 立春落雨至清明。

意为：立春日若下雨，则直至清明这段时间雨量较多。

4. 春寒雨多，冬寒雨散。

意为：春天若天气寒冷，雨水必定多，但冬天天气寒冷，雨水必稀少。

5. 早春晚播田。

意为：立春日如在上年十二月内谓之早春，若播种莫过早也，按季节行事。

6. 春雾散，冬雾雪。

意为：春天多雾少雨水，冬天多雾则有雪。

7. 春雾曝死鬼，夏雾做大水。

意为：观早晨之雾来卜晴雨。

8. 春南夏北，无水磨墨。

意为：春天若吹南风，夏天若吹北风，则雨水甚少，有旱灾之虞。

9. 未惊蛰先响雷，七十二天天不开。

意为：未到惊蛰先响雷，预示有长时间阴雨天气。

10. 春分有雨病人稀。

意为：春分日有雨，则病人就少。

11. 风了社，田中无人企（站；方言），社了风，田中闹冲冲。

意为：先春风后春社，天气寒冷，先春社后春风天气暖和。

12. 雨打五更日晒水。

意为：五更忽然下雨，中午必晴。

13. 三月死泥鳅，六月风拍稻。

注意为：三月若过分酷热，水中部分泥鳅酷死，象征台风及早来，六月稻谷会受灾。

14. 西北落雨，不过田埂。

意为：夏季常见的雷雨（骤雨）来自西北方向，下得愈快，停得愈快。

15. 未食五月粽，破被破褥不能送。

意为：端午节后始无寒气。

16. 空心雷，不过午时雨。

意为：早晨一阵雷响。中午前一定有雨。

17. 六月初一，一雷压九飑。

意为：六月初一日，如有雷鸣，年中则少有台风。

18. 六月十九，无风水也哮。

意为：六月十九日必定有风，否则必有雨。

19. 六月做大浪（天气）乞丐有米扛。

意为：大浪天气指时晴时雨，稻谷很难晒。

20. 七月做秋霖，乞丐有酒挺（斟的方言）。

意为：指收割完成，青苗又逢甘霖主丰收。

21. 七一雷，一雷九台来。

意为：七月初一日若有雷鸣，此后台风必定很多。

22. 立秋无雨最堪愁，万物从来对半收。

意为：立秋日若无雨，万物可能不丰收。

23. 东闪太阳红，西闪雨重重，北闪当面射，南闪闪三夜。

意为：夏秋相交，东闪电无雨，西闪电有大雨，北闪电马上有雨，南闪电迟而少雨。

24. 雷打秋，冬半收。

意为：立秋雷鸣，则迟禾少收之报。

25. 重阳无雨一冬晴。

意为：九月初九日若无雨，可卜下半年雨量稀少。

26. 立冬之日怕逢壬，来岁高田枉费心。

意为：立冬日之天干逢壬字，来年高处之田有歉收之虞。

27. 十二月南风现时报。

意为：十二月间若吹南风则马上下雨。

28. 大寒不寒，人马不安。

意为：大寒日不冷，可卜来年人畜多疾情。

店下婚嫁习俗

✎ 宗 合

俗话说得好："男大当婚，女大当嫁。"人类遵循这一古老法则，一代又一代人繁衍生息而绵延不绝。店下历史悠久、人文荟萃，婚嫁习俗多姿多彩，自古以来民间形成了一套具有地方浓郁特色的婚嫁形式。

相亲 相亲俗称"看照顾"。自古遵循"媒妁之言，父母之命"，适龄青年到了谈婚论嫁时，一般先是男方到女方家。青年到了谈婚论嫁之时，探听到某村有合适的女孩，就会托媒人去问亲。媒人牵线，先带男青年到女方家。这对男青年是一个严峻考验，女孩会发动闺蜜女友偷偷窥视，评头论足，女方长辈会询问一些与婚姻有关无关的话题，对男孩长相以及言语举止会做个大概评估。相亲时，女方会表现出不冷不热不偏不倚的感觉，使人摸不着头脑，是喜欢还是不喜欢，如果女孩看外表喜欢男孩，就会叫父亲辈跟媒人讲，不是直接说喜欢，而是说考虑考虑来日再说。如果不喜欢也会托媒人转达。虽是喜欢男孩，但女孩还须要打听男孩村子地理情况，家人情况，家庭情况，需要一定时间。反过来男孩对女孩感觉如何，也会通过媒人传达。如果任何一方提出"不合适""差距大"之类的话让媒人传达说明这门亲事黄了。如果男女双方都有意，都通过媒人传达，商定女方到男方探访。到了女方去男方家探访，这门亲事就可以说八九不离十了，因为通过前一次相亲的过程，双方对对方长相，高矮胖瘦等一些外貌首先有个认可。相亲后，女方对男方的村庄地理环境，家庭情况，家人情况都作进一步了解，故而同意到男方探访。如果不出意外，此门亲事就能成。女方到男家，男方家庭会做一番准备，诸如饭菜准备，环境卫生清洁，家庭成员穿着也要讲究。一般情况，女方的闺蜜姐妹加上七大姑八大姨整整一桌子。男方要表现热情、大方、礼貌，给女方家人亲戚留下最好印象。如果没有异议，男方会托媒人向女方索要"命纸"，就是女孩的"生辰八字"。这"命纸"是姑娘出世时的生辰八字，男方父母收到"命纸"后，就会找算命先生"合婚"，以此确认男女双方的姻缘是否吻合。

定婚 男女双方相过亲，如果都同意联姻，就商定聘礼数额，婚妆置办等事宜。男家便可择吉日，携礼到女家定婚。前往女家定婚的人，一般都是媒人代劳，也有男方的叔伯或兄弟和媒人一起前往。定婚时，带双方商议好的部分聘礼，主要送"鸡酒面"。所讲的"鸡酒面",一般是一个红布袋线面,另一个红布袋锡壶,内装米酒(糯米红酒)、大公鸡一只,宰好掏肚不开膛,置于壶上,鸡的双脚扎上红丝线或红毛线,插入壶内,叫做"红绳缚鸡脚",专指男女都是初婚的婚姻,说以后夫妻二人健健康康活到八九十岁和和美美子孙满堂,会受到人们尊敬、羡慕,称他俩是"红绳缚鸡脚"至今。以上礼物分别放在两只红布袋里,再放上两丛四季葱,两簇万年青,一束"五色线",一对龙凤贴,一头鸡酒一头面挑到女家,意为"明媒正娶"。当然,定婚戒指也是定婚日带到,女方收下部分鸡肉米酒和线面,余下的作为回礼,并一定要回赠一条双连手巾,有的还回赠女孩所制的裙带。女方在收定亲礼后,要煮点心"鸡酒面"敬奉嫡亲长辈。

送日子单 定婚后两家正式结为亲家,大事小事都会频频走动。到孩子们谈婚论嫁的年龄了,两家就商议为孩子们完婚,到时男方会给女方送"日子单",也叫"送日子",一般在娶亲五六个月前的时间进行。男方送给女方日子单有以下内容:裁剪(开剪)、安床、迎娶等内容,是以男女双方"命纸"为依据,请择日馆先生测算出来,记有吉日良辰的大红单子。日子单由媒人送达女方家,还要叫一人帮媒人挑礼物,因这次送去的是整猪四分之一或干脆猪的二分之一,外加几十斤线面。除了给女方外,还要准备给女方舅父、姨妈、叔伯、姑妈等嫡亲"桶子礼"(用孝顺桶装送),每户一份。旧时桶子礼就是2—3斤猪肉,外加2—3斤线面。回礼是男方送来的猪脚(七寸蹄)部分。男方送来"日子单"后,女方要做好嫁女各项准备,主要准备嫁妆和女儿出嫁时衣物。男方本身也要做好娶媳妇准备,新娘房粉刷装修,床铺购置,衣物添置,给舅舅、姨夫、姑丈等嫡亲"请帖"等。

筹备嫁妆 女方收到男方日子单后,就要筹备嫁妆准。嫁妆要到嫁妆铺定做,或者请木工师傅专门到家里来做家具,主人家将木料、木板采购回来或山上砍伐回来,凉晒干了,就等日子到了做嫁妆。嫁妆多少以家庭经济条件而定,如床铺、衣橱、衣柜、抽屉桌、大盆小盆、大桶小桶、梳头台(镜)、脸盆架等,组成起来甚少三杠(抬),一般人家都五杠。有钱人家嫁妆多达七八杠,更有甚者称之为"半厅面"的,嫁妆更排场。除了上述物件外,还有一套用于厅堂摆设的家具,所以称"半厅面",有八仙桌一张,桌帏一副,桌角一副,八仙交椅两张,毛毯两条,琴椅两张,烛台一对,果盒一对,锡壶一只,酒瓶一对,以及精致的碗、盘、杯、筷等食品用具3—5套。旧时一些财主还陪嫁山场、田地和大厝。如陪嫁田地,则挖带尾稻秆头置于八仙桌上,以示一丛稻秆头代表一亩水田。后来生活有了大幅改善,陪嫁也水涨船高,随着社会经济形势的发展变化,其陪嫁内容也发生变化,从三"转"(缝纫机、自行车、手表)到"三电"(电视、电冰箱、洗衣机),现如今多以小轿车或城市中房产作为陪嫁物,然聘金也随之水涨船高。

担猪脚　　迎娶前一天，男方要到女方送礼，主要是送猪脚猪肉，故叫"担猪脚"。担猪脚的这位大多是新郎同辈兄弟，担着猪脚猪肉，与媒人一同前往。礼担除了猪脚猪肉外，还有毛巾、"姐妹包"、甜糕以及嫁娶双方商定好而未付清的物品和现金，这些礼物是男方给女方闺女出嫁时办酒席和馈送嫡亲的物品，如大号红蜡烛2对，"果盒"（内有百子糕、荔枝、龙眼、花生、糖果）2份，用于新娘梳妆和厅堂谢祖；鞭炮、盐巴、大米若干，供出嫁起轿仪式用；还准备一定数额零钱给女方，新娘上轿后分给在场所有围观者，叫"分路钱"。

理新郎官头　　结婚当天，理发师傅早早就来了。理新郎官头一般在辰时，摆上果盒、丁料和接新娘时小外甥挑的灯笼，烧给土地神的大金。理发师付理发前念念有词，是在请祖师。师傅非常用心，献出最佳手艺，把新郎官的头理好。理后主人家煮蛋酒当点心，包上红包，请理发师傅中午留下来吃"正酒"。

迎亲　　结婚当天，一大早男方家人抬着花轿，吹吹打打到女方家迎娶新娘，如果路途较远，男方家会提前一天来到女方家，一切为了不误吉时举行结婚仪式和办喜宴。女方家按照日子单上的"开脸"时辰"开脸"，点上男方送来的红烛，摆上果盒。开了脸，预先选定好的"福大命大"的女眷，就为女方梳妆，挽髻加簪。红轿出娘家后，男方事前准备好的铜板或小面额钞票让女方向村里围观小孩分发，叫"分路钱"。迎亲队伍回到男方家大埕外时，燃放鞭炮迎接，花轿停在大埕上。开轿门让新娘下轿时，婆家挑选一位父母健在的姑娘，端上一碗甜蛋茶，送给新娘吃，叫"吃蛋茶"，新娘象征性的尝一下，或只是看一下，拿出一个红包放在茶盘上，这是新娘给的"轿门包"，有的地方用红枣，花生泡的糖茶。蛋是生命延续的象征，红枣花生，早生贵子，都是一样的寓意。事先选好的一名晚辈男孩，挑着两只点亮的灯笼在花轿前边迎接新娘，而后挑灯引着新娘走进厅堂，寓意"添丁"。拜堂后，这对"添丁"灯挂在新房内。

拜堂　　新娘接到家，举行拜堂仪式。首先厅堂准备一番，姐夫头等人，将母舅对联、姑丈、姨丈对联贴上，请人写陪联也贴上，场面显得十分喜庆。厅堂中摆一张八仙桌，镶上桌角，围上桌围。摆上新娘陪嫁过来的烛台、锡酒壶、酒瓶。摆上果盒、丁料、红毛巾（拟当福寿牌）、香一只、天金一贴、斗灯，斗灯由米斗，内装大米、尺、剪刀、镜、斗灯神组成，斗灯神是姜子牙画像、三杯茶、五杯酒、烛台点上母舅送来的大号红蜡烛。仪式开始，男方姑姑或伯母、婶婶有父有母有子女的好命人将新娘请下轿，早在旁边等待小姑就是新郎姐或妹，捧茶盘向前请新嫂子喝糖茶，盘上两杯糖茶（一杯新郎的），新娘端起一杯象征性饮一下，然后在茶盘上放一个红包。之后小姑子及早候在旁小外甥挑一对灯笼引路走向厅堂，路上要跨火笼。到厅堂站在八仙桌下方，小外甥挑的灯由姐夫头接过去挂在八仙桌前端。接着姐夫头二人，执上红腊烛一前一后去将郎官请来，回来时新郎官居中。姐夫头还是一前一后捧着红蜡烛。新郎官接来带到厅堂与新娘站在一起，新郎左边新娘右边。这时姐夫头扬起象征福寿牌红毛巾，喊"天赐福寿"，新郎官行跪拜礼，新娘行鞠躬礼，姐夫头红毛巾向地面晃一下，喊"地赠光辉"，新郎官行跪拜礼，新娘行鞠躬礼，然后转身面向厅堂，新郎新娘换位，再次以男左女右站立，换位时新郎要从下方经过，不能让新娘踩到新郎身影子，之后还会进行数次换位。姐夫再次扬起红毛巾，这次手上加一支香和一贴天金，向厅堂福德正神神位扬示，喊"五福临门"，新郎行跪拜礼，新娘行鞠躬礼。礼后姐夫头吩咐将手中的香给土地神点上，天金也烧给土地公。以上三拜是姐夫头用象征福寿牌提示，下面还有九拜，就不用红毛巾了，用八仙桌上实物，新郎还是行跪拜礼，新娘行鞠躬礼，总计12拜。面对神祖牌位喊"五世同堂"。端起红蜡烛喊"麒麟送子"。端起茶杯喊"添丁进财"。示意桌角喊"财丁兴旺"。托起茶盘喊"五子登科"。示意斗灯喊"十子团圆"。端起酒盏喊"百子千孙"。端起酒瓶喊"福禄寿喜"。端起锡壶喊"荣华富贵"。最后姐夫头与新郎官面对面送欢三次礼成。小外甥挑灯走在前面，小姑子捧茶盘，姐夫头二人执红腊烛一前一后，新郎官、新娘居中送入新房。姐夫头唱道："一请新郎起身行，送郎一起送到京，送郎送透学院内，送透院内中头名。""二请新郎便起身，送郎一起送到京，送郎送到皇帝殿，皇帝殿内封朝臣。"整个拜堂过程，新郎官都行跪拜礼，新娘拿着花手绢掩面行鞠躬礼。

讨"瓜子" 女孩出嫁会准备相当数量的"瓜子"，所谓"瓜子"就是炒田埂豆、炒麦豆（豌豆）、花生、水果糖、饼干、红枣、柚子、柑、桔等口食水果之类。新郎新娘拜堂后，"大娘姐"即新郎姐姐或妹妹，就会向前来祝贺以及来看新娘的宾客、特别村里大人小孩分"瓜子"，有的小孩分一次不够，还要求分二次三次，把新房挤得水泄不通，嬉笑声绵绵不断，非常热闹。有句话叫"新娘房三天没大小"，三天新房内都会来很多人，玩耍讲笑话，还夹带粗话，新娘子不但不生气，还要拿出"瓜子"招待。

暖房酒 暖房酒是婚礼中最后一餐酒，旧时办结婚酒，母舅等宾客住两夜三天。婚期前一天晚上那餐叫"起媒酒"。新郎新娘拜堂后，中午这餐酒宴叫"正酒"，当天晚上这餐叫"请母舅"，两个早饭为便餐。三餐酒席"正酒"最隆重，菜肴高档，精致丰富，上的"丰肉"最大。晚上这餐酒名为"请母舅"实为"闹房酒"，从厅堂上柱"母舅联"，拜堂后外甥给母舅行"跪拜礼"，"正酒"酒桌母舅坐"大位"，暖房酒桌上讲"联对令"，专指母舅讲，就实为"暖房酒"也要挂上"请母舅"的名号，无处不体现母舅的崇高地位和威严。

拜堂（店下镇党政办 供图）

　　现在旧制的"暖房酒"越来越少见，现在也有闹房，从内容形式上大不相同。充其量叫"朋友桌"。参与人员伴郎、伴娘和新郎新娘，男一边女一边对面坐，主要是猜拳拼酒，当然主要任务还是送新郎新娘入洞房。旧制"闹房桌"新娘没有参加，女宾也没有参加。闹房有不成文规矩，时间不能超过11点，不能误了新人早早就择的"良辰吉时"。

　　现在这些传统的婚嫁形式和流程因为社会发生变化，大部分已大变样或不存在了。

店下丧葬习俗

◎ 宗 合

店下镇作为福鼎早期农业发祥地之一，在刀耕火种中，先民们形成了有地主或特色的丧葬礼俗。主要如下：

丧仪

寿衣 寿衣就是人死时穿的衣服。老年人一般要提前准备寿衣，大致在50多岁时就得考虑寿衣的事，避免到时因仓促而延误丧事。

寿衣的布料要准备5层或7层的布，只能单数，不能双数，从头到脚齐全。在缝制寿衣的同时要缝制垫褥、盖被和枕头等，一应尽全。

寿方 寿方就是棺材，也要提前准备。旧时实行土葬，寿方至为重要。殷实人家多在生前着手准备寿衣时，也将寿方备好。有些人自行准备木料雇请师傅打造，有的则直接去棺材店定制。民间认为，早一点准备棺材可以"充寿"，也就是延年益寿的意思。打造寿方用杉木（板），表面要涂二至三层桐油，前横面写上"寿"字，后横面写上"福"字，整体呈咖啡色。过去实行"二次葬"，第一次"葬棺"，遗体进棺埋葬入土；第二次是"葬金"，也就是"拾骨葬"，在"葬棺"至少三年后，捡拾遗骸再葬。无论是雇请师傅打造，还是找棺材店定制，都必须提前准备，等到老人临终时再准备来不及。如遇早逝或意外死亡，还没未准备棺材，就只能用"白体寿方"。所谓"白体寿方"，指在棺材店买的没经过油漆的白体棺材。现在全面实行火葬，寿方已不必准备，这种习俗也就自然消失了。

送终 人生之痛，莫过于生离死别。生离还有重逢的可能，死别便从此阴阳两隔。无论如何，最后的一面是一定不能错过的。即使关山阻隔，即使百事缠身，子女、至亲们也要日夜兼程，披风沐雨赶回来，赶上与去世的亲人见一面，送一程，称为送终。子女至亲们满怀悲怆地侍立、守护在临终者的床侧，聆听最后的嘱咐，表达无尽的不舍与悲思。对子女而言，这是尽孝至终，对老人而言，弥留之际子孙满堂敬护身边，是最大的福气。

沐浴 老人"去"时，要燃放一串双响炮，村里人就知道某某老人"走了"。

主家即派人找择日先生择定入殓、出殡、安葬等吉日时辰。备有寿方的，要去把寿方盖掀动一下，称"探棺"；之前未备好寿方就安排人去购买。如果老人生前已修建了寿墓且准备葬棺已择定吉日下葬的，派人敲开寿墓墓门的一块砖，称"探圹"。同时，要给亡者沐浴，换殓衣，由亲属来承担。沐浴的水可用井水，也可用溪水，不管是井水还是溪水，都要用"大金"纸"买"，在水井头或坑头水源处，烧上一百或二百"大金"，即代表"买"的意思。如果取用的是溪水，要顺水流方向淘水。水"买"回后，要拿到锅里烧热，用新毛巾沾水擦身，象征性地前身擦三下，后背擦四下，表示已给亡者沐浴了。沐浴、穿殓衣，属于遗体美容的内容。过去还流行为死者理发的习俗，请理发师傅上门为去世老人理发，也是象征性地"前三后四"剪一剪，表示理过发的意思就行。主家要给理发师傅煮点心、送红包。

穿殓衣　穿殓衣也很有讲究。所穿的上衣和裤子，层数都要奇数，一般上衣穿5层或7层，其中夹衫作2层计算、棉袄作3层计算；下身穿短裤一条，长裤2件；袜子要穿长袜；至于是不是要戴帽，要看亡者生前爱好。穿戴之前，孝子站在凳子上，先用大秤钩上衣服称一下（不挂秤砣），意为"尽秤尾"，看分量、数量是否足够。穿戴后，孝子还要在衣服上"打火号"，用燃着的香在衣襟下端焚个小洞，每在一件衣服上打了"火号"就招呼一声亡者，告知是第几层什么衣服，"火号"打在什么地方。所有衣服都打了"火号"后，还要告知亡者衣服共几层，都是儿女给你做的。

报丧　老人去世，要尽快让亲友知悉。谚语："阿爸死了扛去埋，阿奶死了等人齐。""等人齐"的意思是要等母亲娘家人知情、到齐，才能举办丧事。民间以母舅权力为大，所以报丧的最重要对象是母亲娘家人，母亲去世，孝子要先去母舅家报丧，称之为"赶外（舅）家"。在丧母的治丧活动中，对待母亲娘家的礼节尤为谨慎周到，报丧时要告知死因，出丧日期及相关安排，一定要取得娘家回音，要等到娘家人来，方可入殓。母舅家人来时，孝子要手执香在大门外路口跪接，后堂要及时为母舅家人安排点心、酒菜招待。

孝饭　老人亡故，主家要立即煮"孝饭"。方法是用手抓七把米放到锅里，下米后放水，水只能放一次，饭不管是否夹生。煮好后把饭盛到碗里，插上一双筷子，筷子大头向上，上端夹小簇棉花，米饭上放一个熟鸡蛋。亡者穿戴整齐后便移到木板上，盖上寿被，将其睡床搬走。遗体上首置屉桌，桌上立香炉、烛台，供"孝饭"，再放一盏菜油灯，白天黑夜点着，桌旁架一铁锅，供烧"银子"纸用。遗体旁边放上孝子戴的"稻草冠""孝杖"，有几个儿子备几份。亲人日夜轮流守灵，并不断给死者烧香，添灯油，烧纸钱。传说这时所烧的"大银"归亡者自己受领使用，而在做功德时所烧的纸钱，则由"库官"管理，不能由亡者自己随意取。旧时老人过了六十甲

子去世，一碗"孝饭"敬尊灵，一只香炉点清香，一口铁锅烧纸钱，一盏油灯伴昼夜。那时老人也没照过相，所以也就没有遗像，现在不一样了，老人去世要设灵堂摆遗像、摆设花圈挽联，出殡后才将灵堂拆除。

哭丧　守灵期间，亲人们围坐棺旁，轮番唱哀歌，叫"哭丧"。哭丧时所唱哀歌，又称"白事歌"。唱哀歌者多为女性，除了女儿、老伴直系亲属外，大都是六亲九眷的女客，但也有少数男性，如亲生儿子、老伴等。哀歌主要内容是缅怀祖亲、悼念死者，诉说死者生前乐善为人的功德，祈祷死者安息，表示对死者的尊敬，对自身尽孝不够、照顾不周的忏悔。

收殓入棺　"入殓"即将遗体放进棺材，然后盖棺封口。一时间，锣鼓齐鸣，放双响鞭炮，子女披麻执杖，哭声大作。棺盖一封便是音容永逝。人生之痛，此时为最。所以不唯子孙，现场亲友甚至村邻，也每每忍不住一腔悲痛，或放声大哭，或哽咽低泣。"收棺入殓"有一整套程序，要请尪师来完成。厅堂上摆设了祖师桌，过会儿尪师要"请祖师"即请鲁班仙师和本坛祖师。桌上放一个茶盘，盘中放一本"五雷牌"，置一个"祖师炉"，并备有牲礼一副，茶三杯，酒五杯，"冥斋"五个，荤、素祭品若干，香烛、金银纸若干，"果盒"一个，寿桃一个，茶、米、盐若干，棺钉四枚，无色布纱少许。仪式开始了，先"发鼓"，后"奏乐"，拜祖师，祭请通村地主也就是本都各处境主，县府城隍，本坛祖师，鲁班仙师，九天玄女，最后烧化大金纸。完成了这一套仪式，才能将遗体收棺入殓。据说活人人影不能投入棺内，所以入殓时要避开阳光。

出殡　遗体入殓后，即行"发棺"，也就是"出殡"。出殡时张幡奏乐，一路鸣炮放银子纸，孝子戴草冠、穿麻衣、缚草绳、脚穿草鞋、手执孝杖，一路扶棺而行。亲属捧着亡者香炉。近年都有亡者遗像随于香炉后面，或置于"神轿"内由两人抬行。随行的吹打班（现在大多人家还请了管弦乐队）一路吹奏营造氛围。送葬的亲属宾朋跟在后头。送葬时，亲属因辈分不同所穿衣服、所戴头巾颜色要有区别，孝子女披麻服，孝孙辈戴白色头巾，孝曾孙辈为蓝色头巾，孝玄孙辈为红色头巾，孝来孙辈为黄色头巾。其他送葬人一件白衣即可。全面实行火葬之前，本地一般实行二次葬即"拾骨葬"。所以出殡时先将棺材放在野外，下面垫上几块石头，上面盖上茅草，待日后"拾骨"再葬；或打圹洞将棺材置入，洞口封紧，也是待日后"拾骨"再葬。

下葬　下葬前要举行"白祭"仪式。不管是"葬棺"即一次葬，还是"葬金"即二次葬，都要进行这道环节。"白祭"由主家办一担供品主祭，女婿，外甥等嫡亲也要办"祭"礼祭请，主要就是祭文祭祀。祭文是祭奠死者而写的哀悼文案，叙说亡者生前为人，家人对他的缅怀，抒发亲人的悲哀沉痛之情。这种祭文称之为"白祭就是祭文祭祀。祭文是祭奠死者而写的哀悼文案，叙说亡者生前为人，家人对他的缅怀，抒发亲人的悲哀沉痛之情。这种祭文称之为"白祭文",墓葬收尾还要唱一段"红祭文"。完成了所有这些仪式,送葬的亲友们才能回家。回程时不走原路。所有亲友及帮工出殡归来到家时,均用尪师备好用烧有灵符的"净水"洗手净身,以去秽气

戴孝 死者入土为安,生者哀思不尽。在长辈去世后的很长一段时间里,儿孙们的悲伤之情未消弥,日常生活也因此多了许多节制,不大吃大喝,不欢声笑语,不办喜庆活动。这是戴孝期的讲究。按照传统习俗,长辈去世后,对儿女们的要求尤为严格,孝子要戴孝三年,手臂上戴苎麻布(或黑布)套同,孝女要扎一支苎麻花,以示三年不忘亲人。为什么是三年呢?据说是因为孩子出生后三年不离母亲怀抱,父母死后子女应服丧三年作为回报。

葬后礼

拾骨 就是收拾遗骨改葬。前文说过,过去大多实行二次葬,第一次先将装有遗体的棺材置于野外或直接埋入圹洞,过了三年后遗体化为白骨,要进行改葬,也就是俗称的"葬金"。所谓葬金,就是入葬装有死者遗骨的陶质瓮,这种陶质瓮俗称"金瓶",简称"金"。一般要在"葬棺"后三年才可破棺拾骨。不过,拾骨后未必即"葬金",因为还需条件充分。主要有三,一是已建有坟墓,二是家庭经济许可,三是当年是否吉利。第一项,如祖辈留下了祖墓,可直接葬金,否则便要新建坟墓,这可是一笔不小的开支。墓葬的场面也很大,仪式很烦琐,花费也不少,所以也要考虑经济能力是否能够承担。过去,有些人家一次性葬好几十瓶"金",含几代人,也是出于经济的考虑。不管能否及时葬"金"入墓,葬棺后三年拾骨一般不能后延。这是因为棺材放置野外或葬入圹洞时间太长,不利遗骨的保存。拾骨时间一般选在冬至日前后,冬至连同前后三日破棺拾骨不需再选择吉日,如在其他时间就要选个合适的日子。拾骨时,根据人体结构,从脚趾起到头颅,按顺序逐一将骨骸捡入"金瓶"。不能及时葬墓的,要将"金瓶"先放置在风吹雨淋不到的地方,待日后安葬。还有两种特殊情况下的"拾骨"。一种叫"盘金","盘"带有整理的意思,有些人家一次性入葬多代人的金瓶,部分亡者拾骨时间已久,要将"金瓶"中骨骸按序小心倒出重新整理,用草纸将"金瓶"骨骸擦干净,然后再放入。另种有点类似"衣冠冢",因死者无骸骨,如旧社会被抓去当壮丁几十年无音讯,或做生意一去不回,或落海溺亡尸体捞不回来,等等,墓葬时只好以砖代"金",就是用砖头代葬。

墓葬 人生三大事,娶亲、建房、造墓。如果说娶亲、建房是"我"一人、"我"一个小家庭的事,造墓则事关一个家族、事关几代人。过去平常人家普遍不富裕,往往积几代人之功才修造了一座坟墓,家境稍好一些的人家,也往往叔伯、兄弟数家人

同心协力筹资造墓，所造的新墓要供几代人共用。所以，在人生三大件中，造墓又被视为三件大事中的大事。唯其重要，所以，从选址、动工、建成到墓葬，全程有许多讲究，尤其"择日"极为严格，每一个节点都要选择吉日时辰，这吉日时辰都要请阴阳先生反复推敲、复核才得以最后确定。一个新墓从选址到建成往往积年累月，甚至达数年十数年之久。造墓的重中之重地位，最终要体现在"墓葬"上。墓葬的安葬过程要遵循一整套礼仪：经起马祭、白祭、请厚土、入室、喝山（呼龙）、封龙门、点主、红祭等，每一个节点都要精准按事先择定的时辰进行。葬后第三天还要省墓，俗称"探三天"。

厚土祭礼　无论是"葬棺"还是"葬金"，也就是一次葬还是二次葬，都要举行起马祭、白祭和厚土祭礼。厚土祭礼，也叫请厚土，就是祭祀福德正神（土地神）。请厚土有一个特殊的讲究，祭品单独购置，由专人全程负责祭品的采购、烹饪、存放、挑送到墓地并摆放好，其他人不必也不可以帮忙。专门负责这项事务的人由主人家指定和聘请，祭请完毕后的事务其他人才可以代劳。要记住，去墓山途中祭品不能随意放在地上，所以如果路途较远需要中途歇息，还应安排专人一路扛着凳子相随，挑担人要歇息时及时放下凳子供祭礼摆放。由主人家指定或聘请来专司祭品的这位，一定是对此项事务十分内行、熟练的人，称厚土官，祭祀时还要代主家行礼、拜祀神灵。要祭厚土时，司礼者也就是阴阳先生按次序发令。

呼龙　请厚土后是入室，入室也就是移"金"入墓圹。装有遗骨的"金瓶"入圹后，就要封圹门。在完全封圹门之前要"喝山"，也叫"呼龙"。泥水匠将圹门封至七、八成许，一边口念吉利的话一边从圹里取灯分发，分灯后继续封圹门，直至剩下最后一粒砖，又暂停下来，等待阴阳先生"呼龙"。"呼龙"的内容是驱邪退煞的吉祥话语。阴阳先生每喝一句，吹打班锣手鸣锣一声回应。当阴阳先生喝最后一句"鲁班师傅到"，泥水师傅、吹班先生同时回应"到"，泥水师付即刻封闭最后一粒砖，抹泥灰。吹打班锣鼓喧天，双响鞭炮齐响。

点主　"呼龙"、封龙门后要"点主"。"主"是"木主牌"或称"神主牌"，就是亡者牌位，木主内有薄板，称之内函，上写亡者生卒日期、坟地山名和坟墓坐向。木主正面称之外函，外函的书写格式，上边横写"××郡"，中行竖写"××氏××考妣之神主"，左行写"左昭"，右行写"右穆"，右边竖写"阳男××奉祀"。在书写木主内函、外函时要注意，主字的"主"要先写作"王"字，留待举行点主仪式时再加上一点成"主"字，"点主"之称也由此而来。经"点主"后的木主牌，方可进入宗祠附祖，享受子孙祀典而保佑子孙昌盛。

红祭　完成了墓山的一系列仪式，接下来返回，称作回龙。回龙后在厅堂举行红祭。

探三天 葬后三日，家人省墓，俗称"探三天"。家庭男女老少、亲属、亲戚都参加，清理葬墓遗留下来杂物，如多余的封圹砖、蛎灰等。"探三天"的亲属还要带上豆种，多为豌豆种，树苗多为松柏类，到墓地所属范围栽种。栽种时还要说一通吉利的话，如："种豆种墓环，代代子孙出状元，种豆种过去，代代子孙出进士，种豆种过来，代代子孙出秀才。"来年清明节，葬后第一个清时节祭墓，除分墓饼外，还要分煮熟染红的鸡蛋。

现如今，国家倡导移风易俗，随着新时代和社会的文明发展，传统的葬礼已发生极大变化，民间墓葬虽还进行，但程序和礼俗已大为简化。

店下特色美食拾遗

黄益巧　李立华　钟而赞

店下因盛产优质水稻，被喻为"福鼎米粮仓"，还盛产各类山海物产。农产品方面主要有茶叶、蚕豆、甘薯、西红柿、香芋和竹笋等；畜牧业以马山山羊最为著名；禽类有鸡、鸭、鹅；海产品则有大黄鱼、石斑鱼、梭子蟹、青蟹、对虾、蛏、紫菜、海带等。独特的食材加独特的工艺，使得店下美食独树一帜。闻名遐迩，成为人们舌尖上挥之不去的美味。

店下米酒　店下米酒俗称"店下白"，口味醇厚，含有丰富的维生素、葡萄糖、氨基酸等营养成分，并有活气养血、舒筋活血、滋阴补肾的功能，产妇和妇女经期多吃，尤有益处。

白鸽鹅肉　白鸽鹅肉，并非白鸽和鹅肉同煮，只有鹅肉，没有白鸽肉，白鸽是人们对该店老板的称呼。鹅为本地家养肉鹅，用农家土灶文火慢煮2个小时以上，由于鹅肉肉质优良、调料独门自创、烹煮技艺独特，白鸽鹅肉名扬闽浙边界。由于每天限量，想要吃上白鸽鹅肉需要提前预订。中央电视台《生财有道》栏目组曾到该店进行特色美食专题采访报道。

白鸽鹅肉

九稳包　九稳包的主要原料是番薯。番薯含有丰富的淀粉、维生素、纤维等人体必需成分，还含有丰富的镁、磷、钙等矿物元素和胡萝卜素等。将番薯切皮洗净煮熟，晾凉后与淀粉拌匀，碾成泥状做成长形饺子，填入红糖或白糖、花生仁、芝麻、葱头油等做成的馅，再放入蒸笼里蒸上15—20分钟，便成了香喷喷的九稳包，吃起来又嫩又脆、又香又甜，十分可口。

九稳包

三角埕花生酥 烹煮时须选取上等花生仁、优质白砂糖、饴糖为主要原料，花生仁烘熟或炒熟，再将白砂糖加热融化，熟花生仁与融化后的糖浆混合，最后经过压制、切割而成。根据添加原料不同，又延伸出芝麻酥、红绍酥等。店下三角埕花生酥层次纤薄如丝，入口松软酥，香甜而不腻，回味悠长。

三角埕花生酥

店下黄金粿 其实就是黄栀粿。在店下，每逢传统节日、家庭喜庆或贵宾到来，黄金粿都是不可缺少的食品，也作为礼物互相赠送，或祭祀必备供品。以前，是过年才有的所以称为"年糕"，寓意吃了它年年高升，因此深受人们的喜爱。店下黄金粿的制作，取山中一特种灌木烧成灰，沥其汁（俗称碱），以汁浸泡优质粳米至米色橙黄，浸泡后的粳米倒入烧开的水中并不停地轻轻搅拌以确保受热均匀，加热至取一撮米放手中捏后松开手米团不散为宜，再装入饭甑蒸熟，然后倒入石臼杵打，直到饭粒全融，像棉团状，然后分切小块，趁热将其揉压成圆、扁圆、圆锥等各种形状，即为黄金粿。吃的时候因人而异，可以蒸、煎、炸、炒，也可以水煮。现在属于年节食品，也是店下一种极富特色的传统年糕，传说能吃上黄金粿表示本年的丰收预示着来年的希望，也是当地老百姓在过年赠送亲友的礼品之一。

店下黄金粿

九层粿 也叫千层粿，是过七月半的节令食品。过七月半，店下家家户户蒸"九重糕"。蒸是最核心的一道工序，所以制作九重糕叫蒸九重糕。蒸之前，要先将米用灰碱水浸透，磨成米浆，准备好蒸笼，蒸笼铺盖上布巾（炊巾），用旺火烧，直到架在大锅上的蒸笼冒出滚滚热气，才将米浆倒入蒸笼。第一层蒸熟了，再在上面铺浇第二层，熟一层再铺一层，米浆一层一层地铺陈，一层一层地蒸，达到一定的高度便不再往上铺米浆。蒸笼是有规格的，也不能太满，尺寸的把握人人都心中有数。不过铺了几层蒸了几层，没去注意，"九"为大数，统称"九重糕"，成品"九重糕"十几厘米厚，冷却后切块，一层一层的纹理清晰可见。用以上方法蒸出来的是碱糕，无味，以直接食用，可以蘸酱油、糖、盐食用，也可以煎食，可以作为主食材辅以其他材料煮食。为了让九重糕更可口，人们有时也会蒸成甜糕，即佐以糖、花生、冬瓜糖、桂圆等辅助食料，或蒸成咸糕，即佐以虾米、瘦肉、香菇等辅料，甜糕和咸糕不用加碱。

米面 逢年过节，人们会加工制作一种叫米面的大米加工品。将米浸透后，用石磨磨成米浆。准备一口大锅，锅里装了半锅清水，架上煎盘。锅里的水烧沸时，在煎盆内先抹一层食用油，再倒入一小勺米浆，用专用木梳爬梳。之后盖上锅盖，待到一、二分钟后蒸气将米浆蒸熟，把煎盆里的米面拎起一角，搭在一根一尺多长的小竹管上，再将整片米面挂到竹竿上晾。至此，一片米面就算做完了。接着是反复操作，做出一片又一片米面，晾晒、冷却过后，即可切成细条回锅煮食。当然也可以晒干保存，日后食用。

店下炒米粉

> 王为美

近些年来，店下炒米粉名声大振。它被中国烹饪协会认定为"中国名点"，被第十四届厨师节组委会授予"金厨奖"，在首届福鼎风味小吃大奖赛中获"铜奖"。各地都有炒米粉，店下炒米粉之所以能独领风骚，主要取决于两方面的因素，即米粉的制作过程和米粉的炒作过程。

民国前，店下原有多家米粉作坊，较出名的有"米粉狮"（礁里陈姓）、"米粉财"（后埕喻姓）、"米粉自"（店下喻姓）等。现在只有姓高的一家，他原住在"米粉狮"隔壁，1949年便开始学做米粉。后来，高家博采诸家所长，精益求精，利用店下洋优质大米做出煮不糊、炒不粜的米粉。父子相传，已有60年历史，人们称其为"米粉高"。

制作米粉的主要工艺首先是选米。高家对作米粉选的大米的季节、种类和新鲜度都有严格的要求。选的大米必须是早季的籼米，必须是颗粒完整的米而不是碎米，必须是味香的鲜米而非变质变味的米，而且大米中还不允许夹杂谷粒和稗谷等杂质。其次是洗米，在制作米粉之前，店主在洗米的过程中一边洗一边留心把米中的谷粒、稗谷及砂粒等杂质拣得干干净净，一直洗至清水后才将米磨成米浆。其三是揉粢。米浆沥干后，放在大板块上使劲地推揉成粉粢。这推揉的工夫非一般人可操作。推揉米浆的师傅须双脚后蹬、上身前倾，用劲来回反复地推揉，直至米浆变得有黏性后，再做成条状的米粉粢。其四是炊粿。将米粉粢整齐叠到"笼床"蒸上一个钟头左右工夫后，用粗竹筷把蒸好的米粉粿剪断，看是否熟透，熟了才拿去做米粉。其五是蒸米粉。经粉镜压出来的米粉，要蒸上一炷香的工夫。若不到一炷香时间，则米粉不熟透，不熟透的米粉或炒或煮都会糊。蒸熟的米粉溢散出诱人的芳香。故有人干脆把这刚出笼的米粉拿去现吃，认为这种吃法还挺过瘾。

虽有好米粉，但不是任何人都会把米粉炒得好吃。店下炒米粉之所以博得顾客的喜爱，就因为炒得好。这炒得好，主要原因有：一是在于炒米粉的人身体硬朗，臂力要壮，米粉下锅后要连续炒上半个钟头；二是调料要配好、配精，不宜太油、不宜太咸也不能太淡；三是火候要适中，不能太猛，也不能太文，什么时候猛火，什么时候文火都有讲究，当米粉会在锅壁上跳时即可起锅；四是厨师的性情要不急不躁，在炒的过程中要加几次调料都按严格的规定。为了保证炒米粉的质量，当炒米粉"脱销"、顾客催着要的时候，店主也绝不会轻易将未炒透的米粉盛给客人。要炒到厨师自己尝试满意后方可上桌。

如此，一碟炒米粉上桌，配一碗猪血汤或杂烩汤，吃起来既饱腹营养，又经济实惠。因而店下炒米粉成了乡村百姓的佳肴，也受到城里人的青睐。

店下"肉片王"

🌿 李立华

"肉片王"是店下一种很有特色的小吃,来店下做客的人都喜欢尝一尝店下"肉片王"的肉片。

"肉片王"的老板娘叫周素华,她自幼从娘家上辈人手上学得一手好手艺,十几岁就跟着父母在店下旧街开起了肉片店,生意十分红火。几十年来一年三百六十天都是开到凌晨两三点。她嫁入的喻姓夫家,其祖父是店下以前最有名的厨师——喻阿国师傅。目前,店下绝大多数的厨师皆师出其门。她制作肉片是深得娘家与夫家真传及两家的工艺之精华,所谓"同师各法",福鼎似乎很多人会操作,但技术技巧、肉粉比例各不相同,肉片的制作得靠长期的经验积累及个人悟性,口味、质量就有好坏之分,制作手艺便有优劣之别。店下"肉片王"肉片制作的整个过程都是纯手工操作,比例严格,取料精、工艺巧,所作肉片地道,既韧且脆,爽口,味独特,深得客人称赞。肉片制作的主要原料有两种,一是精肉,二是淀粉。精肉和淀粉的比是1比3。其他原料为盐、糖、味精、小苏打等各少许。肉最好要取猪后腿上的瘦肉,这样做出来的肉片才会松而韧,口感特别好,其他的瘦肉品质则要次得多。淀粉也是要纯藕磨洗出来的细白淀粉,吸附性好,韧度强劲,能和肉混合得恰到好处。

第一步为挑肉。"肉片王"专挑店下农户的家养猪,长期固定的屠夫,会把刚宰杀、热乎乎、最好的家猪大腿瘦肉预留给她,冷却时间太长肉会僵硬缺乏黏性和韧度。然后把肉里面的些许肥肉和肉筋用小刀剔取干净,只剩下精肉。在最短时间内要把精肉切成小长条或小块,冬天的肉更要及时处理,便于剁成新鲜的肉酱,可以在肉里加入适量小苏打、盐等的调料。

第二步添料搓肉。把肉酱放

象山肉片王(店下镇党政办 供图)

在大案板上,用左右手的手腕使劲地搓。大约15分钟,同时可以往肉酱里添加糖、味精、淀粉及其他配料和少许的水,水分几次下,适可而止。然后继续揉搓,用手将肉和调料一起混合搓,手搓动作要快,否则在搓过程中肉发热就失去了它原有的新鲜,直到肉酱黏乎乎的,淀粉完全和肉混合在一起为止。这时看上去只有肉色而看不到粉白时,能自然地黏手、富有弹性方可。

第三步捞煮调味。煮肉片时,先要把水烧至将开时,这样肉片汤会是很清的,不然肉片汤就会浑浊了。把肉片用食指和拇指揪成一小块一小块地放入烧开的水里,加盖两三分钟,可以看到水中的肉片全都浮起来了,此时一定要掌握火候,肉片在锅里的时间一定要恰到好处。否则,口味将相差甚远。再往碗里加入适合个人口味的调味料和汤,地道的调味料有姜丝、醋、辣椒、香菜、紫菜,因人而调,将肉片捞起舀入碗内即可。

记住,最好是要趁热吃哩。

(本文参考了周素华、喻足琴提供的资料)

巽城肉燕

林经雄

　　肉燕，是福鼎逢年过节和招待客人必不可少的一道菜。在巽城，巽城肉燕是福鼎著名的风味小吃。在物资匮乏的年代，肉燕来之不易，只有在婚嫁、满月、周岁等重大喜庆宴会，才会用来招待尊贵的客人。肉燕在福鼎又名"太平燕"，福鼎坊间有俗语："吃一个太平蛋，配一个太平燕，保你一生吉祥永平安！"它寄予人们真心的祝愿，美好的憧憬。

　　肉燕是福建著名的传统食品，已有数百年历史。相传，早在明朝嘉靖年间，福建浦城县有位告老还乡的御史大人，家居山区，吃多了山珍便觉流于平淡。于是，他家厨师取猪腿的瘦肉，用木棒打成肉泥，掺上适量的番薯粉，擀成纸片般薄，切成三寸见方的小块，包上肉馅，做成扁食，煮熟配汤吃。御史大人吃在嘴里，只觉得滑嫩清脆，醇香沁人，连呼"大妙"，忙问是什么点心，那厨师因其形如飞燕而信口说"扁肉燕"。因其味美新颖，其他地主望族争相效仿，在浦城流行开来。后由福州人王世统将其制作工艺带到福州，传向各地。

　　福鼎本无肉燕，是乾隆年间福宁府太守李拔的厨师，将肉燕带到福鼎。人们吃过的福鼎肉燕中当属巽城肉燕工艺最精，口感最佳。智慧的巽城人发挥自己的聪明才智，依据本地特色，将肉燕加以改进，使其更加具有福鼎的山海特色，吃起来油而不腻柔而脆嫩，味鲜适口宛若燕窝兼有荤素风味。

　　巽城肉燕对于制作肉燕的原料要求极高，要刚宰杀、热乎乎猪腿蛋那块精赤瘦肉（冷后或其他部位都缺乏黏性和韧度），不带一丝肥，趁热敲至糯绵，敲得越久越好，直到整堆黏在板上几乎抓不起为止。将根根肉筋剔除尽净，按比例和上细筛过的管阳、叠石等山区产出的优质番薯粉、精盐和水揉成肉坯。所谓"各师各法"，口味、质量就有好坏之分，形状、手艺便有优劣之别。技术可传授、可学，技巧则得靠自己经验的多年积累，悟性。有的师傅制作的燕皮薄如白纸，洁白光滑细润，散发出肉香。食用时颇有燕窝风味，非常爽口。因此，优质的福鼎肉燕成为周边县市的送礼佳品。如若有幸欣赏高手制作肉燕的过程，那简直是一种享受。制作肉燕的工具很简单，就一只木槌、一根擀面棍，一块板床。只见，师傅飞舞木槌，如雷霆之速，眨眼间将热乎

巽城制作（店下镇党政办 供图）

乎的后腿肉锤成肉泥；再把肉泥放在板床上打一套"太极拳"，只见肉泥由胚变团，由圆变扁，天女散花般撒上番薯粉，抹匀；接着上下左右转着用擀面棍赶、撒粉、抹匀，再用棍子卷起来；接着抽出棍，擀薄，展开，撒粉，再卷起来，抽出棍、擀薄……反复多次，直至燕皮薄的像纸一般；只见师傅手腕一运、掌心一抖，"刷"的一声，动作优美，如"小李飞刀"般准确，一条条8厘米宽的长燕皮，如彩练凌空般将落板床；不待彩练落地来，师傅以"快刀斩乱麻"之速，"庖丁解牛"之巧，迅雷不及掩耳之势，将长燕皮切出8厘米见方方片。一张张燕皮新鲜出炉，抓一张薄得透光透亮，吹弹欲破，包上能隐约见内里翠翠红红白白的馅。馅是精肉、虾仁、葱、芫荽、白菜剁碎成末和成的，箸头挖一点往燕皮一角一压一卷，捏住两端轻轻扭合拢，水一粘，成品肉燕色微红而白，质香。沸水一蒸，氽熟后色质晶莹，排米筛内，粉琢玉雕，玲珑剔透，就是一副玉燕迎春图。一只只太平燕，恬然宁静的相互依偎，相互倾诉，不由自主有一种和谐而又庄重的美。令人羡慕不已！肉燕一般都烧汤，但切忌过火，一沸二沸即可。配料常见，但酸辣是最不可或缺的调味品。

随着经济的发展，馅的做法融入了更多的福鼎元素。各类海鲜和各种蔬菜搭配，使肉燕的味道更加多样化，更加吸引人。盛肉燕要用玻璃碗或白色大海碗，入眼晶莹典雅，美观别致，嘴吃鲜脆味，平滑细润，香嫩爽口，色香味俱全。鲜鲜地入碗上勺（连汤一同入口，倍感香鲜），吃后感觉口舌非常清润。那芫荽翠绿如碧，精肉香嫩红美，白菜洁白似玉，圆圆裹在晶莹剔透的燕皮之中，欲语还羞，让人不忍吃下。

店下"糯米酒"

李立华

店下人一直有喝自酿米酒的习惯，在日常生活中，无论是祭祀天地、祖先还是庆贺农业丰收，或是招待亲戚朋友，米酒都是必不可少的，亦算是常见的传统地方风味小吃。

店下许多人家过年前都要做一两缸米酒，春节用来招待客人。有的自己动手酿制，有的请人代劳。一般是秋收后立冬前酿制，春节饮用，故称"年酒"。春节后、立夏前酿的叫"春酒"，用于春耕和清明扫墓时饮用，有些人还特意储存等到秋后喝，称为"夏里酒"。

制作的方法有两种。一是湿酿法。先将糯米浸胀，淘干净，用甑桶蒸成酒饭，一定要熟，然后将甑桶抬放到洗米桶上，马上用凉净水一次性浇淋透，使米饭松散而不黏结，再将酒饭逐层倒入陶制大缸中，先在缸底洒一层白粬，再倒一层酒饭，逐层洒逐层倒，最后全部搅拌均匀，再将表面的酒粬抹平，并在中心处打一酒涡。为促使发酵，酒缸还要根据天气进行保温，这是制作好酒的关键活，不仅缸口覆草盖，缸壁也要裹上稻草、棉絮、塑料薄膜等保暖材料。一两天后，视酒酿渗至近半酒，即可放水（必须是冷水），做酒需备好水，所以以前做米酒的人家，总要赶往各村最好泉眼的水井挑水，酿出来的酒清冽香醇，着实不易。米、水的比例按重量以各占一半为宜，故米、水都要过秤。即使想多放一点水，也不能超过一成。放水后一两天，酒料表面会出现花纹细裂，这时就用棍棒搅拌，俗称"开拌"。须隔日搅拌一次，共搅拌三次，分别称"头拌""二拌""三拌"。此后无须再动。一月后，即可开缸饮用。"开拌"时，酒料表面有否细裂，是决定米酒好坏的主要标志。有细裂者酒不甜，味醇厚，为善饮者所称赏；反之，味甜腻，力不足，只能供妇女小孩饮用。放水至出现细裂的时间，以短为好。一般过一夜即出现细裂，表明发酵正常；若三四天尚未细裂，则酒难成。

二是干酿法。将蒸熟的酒饭，直接摊于竹匾之上，不时翻动，待晾干，然后将酒粬碾碎拌入。酒料入缸前，若天气寒冷须用热水温一温缸。入缸后做法如前，但因未曾淋水，故后期可按比例多放些水。

有"店下茅台"之称的店下糯米酒（店下镇党政办 供图）

  一坛窖藏许久的店下老酒，仿佛从幽深时光隧道翩跹而来的老故事，在默默地告诉你，什么是真正的醇香，什么是让人心旷神怡的味道。

店下"松花"皮蛋

◆ 张宗发

20世纪70年代的福鼎曾经流行着这样一句顺口溜：福鼎有"三皮"，皮革、啤酒、皮蛋！这一顺口溜中的"皮蛋"便是出产于店下的特产——"松花"皮蛋。说起店下松花皮蛋，不仅显示着人们对"三皮"的喜爱和骄傲，更是伴随着20世纪七十年代后出生的人的整个童年。

那时候，店下人民公社党委、政府在抓好粮食生产的同时，充分发挥店下田多和养鸭多的资源优势，秉持物资再增值的发展思路，决定开办乡镇企业——店下皮蛋厂。店下皮蛋厂以店下发电厂旁简陋的场地作为生产车间，收购新鲜的鸭蛋开始加工松花皮蛋。

店下松花皮蛋的生产工艺流程为：敲蛋，将新鲜的鸭蛋进行蛋与蛋相互敲击，左手握2只，右手握1只，左手的2只要互相不停地旋转，右手的1只敲击左手的2只，用耳朵仔细地听，有裂缝的蛋它发出的声音不一样，也就不能用；下缸摆放，要注意蛋体横着摆放，横着摆放是使蛋黄处于平衡的状态；液水浸泡一个月左右，浸没蛋体不能有露出水面，上面用竹笪盖住；成熟后起蛋包裹，包裹用黄沙泥土（晒干）拌浸泡过的液水搅拌呈糊状包裹起来，使其长期受到外层保护，继续生存，最后装缸出售，保持其质量稳定性。

浸泡的液水材料由石灰（蛎灰）、纯碱、食盐、旦底、茶末等组成，搭配好配比，放在大缸里，用烧沸的开水冲下去，放一边凉冷，方可以使用。按照前面的工艺流程进行腌制，在浸泡过程中不要去翻动，使它在静态的情况下慢慢凝固。

松花皮蛋很有名气，是一道地道的美食。皮蛋剥开后，显棕褐色，有松花花纹，一枝枝一簇簇的松花，煞是好看，吃起来特别清香，是下酒下饭的美味佳肴，尤其配啤酒更是回味无穷。"松花"皮蛋还是馈赠亲朋好友的佳品，深受广大消费者的喜爱。

风味多样的店下蚕豆食品

钟而赞

豆俗称茴豆。

蚕豆种植是店下农业的一项重要经济产业，已形成超万亩的种植规模，传统以"早稻＋晚稻"一年两季生产模式的店下"万亩洋"因蚕豆产业的发展壮大形成"早稻＋晚稻＋蚕豆"三季生产模式。种植蚕豆收入在当地农民生产经营收入占比相当大，成为一项新的"富农产业"。

聪明灵巧的店下人光用一个蚕豆，就能制作出不少风味各异的美食。略举如下：

炒砂豆

农家收获蚕豆后，除一部分鲜食，大多带皮晾晒成干豆，便于长久储藏。炒豆用的是干豆，一种是平常的炒法，直接是将干锅烧到炽热，再将带皮的干豆撒进锅里爆炒，直至豆肉炒熟为止；另一种同样需将干锅烧到炽热，然后将带皮的干豆混合砂子撒进锅里爆炒，直到豆肉炒熟为止。前者称炒豆，后者称炒砂豆。炒的过程要不断用锅铲翻炒，以避免豆皮、内炒焦了。无论是炒豆还是炒砂豆，都以皮肉不焦不破裂为上品。

物资匮乏年代，孩子们零食少，炒豆（包括炒蚕豆、豌豆、黄豆）成为最常见的零食之一，即使这样普通廉价的零食，对那时的农村孩子来说也非易得，所以村头村尾的小杂货店的玻璃罐里常年装有炒豆和炒砂豆，那是当作商品要卖的。炒砂豆的机会更少，遇到节日，比如端午节午餐过后，当母亲会炒一锅砂豆，给孩子们当节日零食。

盐渍豆

顾名思义，盐渍就是用盐水浸渍，所以是一种咸味的豆食。盐渍蚕豆的原材料可以是鲜豆，也可以是干豆，均带皮，干豆需事先用水浸泡至皮肉松软。将鲜豆和浸泡后的干豆与盐水同锅煮熟，再晾干，即为成品。成品表面敷有一层盐水结晶物，看上去如披上一层白纱，豆的肉质结实，略带咸味。

莲花豆

在旧时乡村，莲花豆是一种常见的佐酒小菜。只用蚕豆为原料，而且只能是干豆，干豆先用水浸泡至松软，然后用刀先沿豆身前端两片豆肉的中缝轻轻切开，切缝达到豆身中腰部位，再沿豆身正反两面的豆皮正中各轻切一道竖线，小心将皮扯一扯，不可用力过猛，仅使其与豆身略有些分离即可。完成了原材料的加工，再将其抛入滚沸的油锅中，直至油炸到色泽金黄发亮，被切开的几瓣豆皮如花瓣一样张开。因形得名，故称莲花豆。

莲花豆是一种油炸食品，造型美，味道香脆，深受人们的喜爱，也是乡村小食杂店的当家商品，装在玻璃罐里，按粒卖，比炒豆贵了大约一倍。有爱喝两口的，常常就叱一个两个同伴到小店来，让店主打一两碗米酒，捉一小碟莲花豆，呷一口，拈一颗豆，张家长李家短地聊个小半天大半天。

炒蚕豆与莲花豆（店下镇党政办 供图）

蚕豆串

最简单的莫过于蚕豆串。新豆收成，当母亲往往会在煮饭时顺手煮几串蚕豆串，给孩子们当零食，让他们高兴高兴。随手取几枝细细的竹签，把五六颗、七八颗蚕豆穿成一串，扔在锅里和米饭一起煮，饭熟了豆也熟了，然后掏出来，递给孩子。孩子举着豆串蹦跳着出门去了。因为沾了饭香，又是鲜豆，未加任何其他调料，味道特别鲜甜清朗。

五香豆

海的五香蚕豆是很著名的，不过，五香蚕豆却不是上海专有，店下农家妇女家家户户也会做五香蚕豆，做法也大同小异。

可用鲜豆，也可用干豆，以干豆为多。先将干豆用清水浸泡至松软，放入锅里用水清煮至微熟，然后捞出，沥干，再放入锅内，加入五香八角用文火烧煮。五香八角是个通称，指的是茴香、花椒、八角、桂皮、丁香五种主要香料。这次的烧煮一般只需要二三十分钟，不能烧过头了。有些还会加些卤料、少量盐，捞出后加香精搅拌，至冷却便是成品。

蚕豆饭

每年立夏日，店下农家有煮豆饭吃豆饭的习俗。所用的豆，或用豌豆，以蚕豆为多。煮蚕豆饭前，先将鲜豆去皮，去皮后两瓣豆肉青黄相间，撒进油锅里翻炒。讲究些的还添加了其他配料，如肉丝、鱿鱼丝、虾米等，混合着豆肉炒，添些盐巴味精。然后把锅洗干净了，将淘洗过的米加水倒进锅里，将浇过的豆肉连肉丝、鱿鱼丝、虾米等铺在米的表层上，盖上锅盖蒸煮，至煮为止，一锅蚕豆饭就煮成了。一掀锅盖，热气腾腾中扑鼻而来混合着豆香、饭香、肉香、鱼香的美味，让人垂涎。

陈豆炖菜

陈豆炖猪肚或泥鳅、清水藤是一种传承至今的夏季进补方式。所用的食材，陈年蚕豆为主，或加猪肚、泥鳅、清水藤（取茎，晾晒干，切成节块），陈豆要事先炒熟，再与其他一道放在大炖锅里炖，至豆烂熟为止。汤为主产品，豆、猪肚、泥鳅那当然也不能浪费，清水藤煮过后要捞出丢弃。

以陈豆为炖补当然是基于蚕豆所具有的医疗保健功效，所搭配的食材，也都可作为中药，与陈豆相搭配，可相辅相成，增其功效。

店下旧时酒宴"廿四碗菜"

李立华

头碗香姑做头前，二碗蛋燕凑一双；
三碗猪脚太平蛋，四碗目鲞吃半天；
五碗方肉满流流，六碗生蚵紫菜勾；
七碗芹菜拌蜇血，八碗蛏干两个头；
九碗猪肠炒笋丝，十碗紫菜煨跳鱼；
十一鲚仔好煎蛋，十二面粉粘鱼丸；
十三清味大粒蚶，十四木耳炒猪肝；
十五黄虾头掰壳，十六粗粗白金干；
十七鸭蛋炒丁香，十八猪肚莲子汤；
十九笋白好发汤，二十鱼胶添醋香；
廿一黄瓜头黄黄，廿二好吃马鲛鲳；
廿三土鸡垫芋蛋，廿四摆尾红枣汤。

20世纪70年代以前，福鼎各乡村的菜谱和唱法略有不同，皆大同小异。因旧时生活条件较差，以前人们难得吃喝，且食量很大。办酒席的廿四碗菜，现在看来都是家常菜，可在之前乃席中珍品。除了上述"廿四碗菜"还外加"四大金刚"即：第一大盆长寿面，中间依次穿插"店下炒米粉"、炒年粿、汤煮大粒汤圆等。而现在福鼎人民的生活发生了巨大变化，酒宴菜谱也经过了多次的变化，席中皆为山珍海味矣。当人们吃腻了山珍海味，又时常想起地道的"廿四碗菜"，还好，福鼎城区老街专门开有一家"八盘五"和"闹夜晚"传统菜肴的酒楼，就是当年"廿四碗菜"的简约版。

下编 龙安

山川故里

福鼎工业重镇——龙安

李立华

  龙安开发区地处闽边界福鼎市东南隅，东临沙埕港，西靠国家级风景名胜区太姥山与店下镇接壤，南连小白鹭天然海滨度假村。腹地平坦开阔，地理位置优越，资源丰富，气候宜人，水陆交通便利，距福宁高速公路、沈海复线和福温铁路较近，是发展农业、工贸和房地产综合开发的理想区域，也是闽东地区独一无二的万吨级码头建设区。

  龙安开发区前身为1991年围垦竣工的店下杨岐垦区。1998年12月，经福鼎市政府批准，龙安开发区管理委员会正式成立，原店下镇的江南、西澳、涵头、玉岐、杨岐、桑杨6个行政村约4700人划归龙安管辖，并成立龙华社区。1999年6月被列为地区级开发区，赋予正科级行政管理权限。2003年，经福鼎市委、市政府审批，确定龙安为港口工业新城，下辖一个社区和6个行政村。现有户籍总人口9153人，管委会中心区常住人口2万多人，另有外来务工流入人口约1.5万人，有全国23个省618个县市的移民。地域总面积25平方千米，海域面积10平方千米，海岸线长11千米。辖区内有省级龙安化工园区一个。

龙安管委会（龙安管委会 供图）

历史悠久　区位优越

龙安这片土地历史悠久。考古专家发现，距今约4000年的夏商之际，龙安周边就有人类在繁衍生息。宋嘉泰元年（1201），龙安江南村的江姓迁入，是店下原镇区内发现有族谱记载的最早的入迁姓氏。但总体而言，明以前龙安全域人烟稀少，村落不多，交通极为不便，村与村隔山望海，几乎不相往来。

沿线沙埕港，是龙安建造深水码头的最佳海域。港内风平浪静、水深流缓，避风条件极佳，常年不冻不淤，不受潮汐限制，是全省6个能进出5—10万吨船舶的深水良港之一。南距福州200多千米，北上温州100多千米，现建有龙秦（龙安至秦屿）二级公路、八杨（八尺门至杨岐）二级公路、杨岐5000吨码头等，甬台温高速复线贯穿域内并设有互通口，沿岸多个码头已列入省、市重点工程，便捷的水陆交通给当地经济发展创造了有利条件。

龙安地处福鼎市东南沿海，由丘陵山地和沿海滩涂垦区地组成，总体呈西高东低地势。靠山吃山，靠海吃海，靠山的以茶、林为主，沿海村民靠捕捞或滩涂养殖为业，部分以传承的造（修）船技术致富。现在大力推进特色生态农业的发展，建立了黄瓜鱼、跳跳鱼、螃蟹等特色示范种养基地。港内可养殖对虾、青蟹、牡蛎、蛏、蛤贝等，垦区内尚有可供养殖的面积1.2平方千米。

乡土文化　多元发展

龙安有着深厚的历史文化元素，文物古迹不少，如抗倭古城堡、贞节坊、古祠、传统民宅、旗杆石碣、古寺庙等；文化信仰多元，儒、道、释、基督等共存，福鼎最早的大寺庙龙安就占有1个。据清嘉庆《福鼎县志》载，小洋庵，在三都，明隆庆二年（1568）建，为龙安最早寺庙之一。此外，较为出名的有大帝宫、杨府宫、盘古宫等20多座大小特色宫庙。

龙安民间文化较为丰富，主要有马灯、连灯、提线木偶、布袋戏、坐刀轿、吊九楼、祈雨驱瘟神、闹元宵等民俗活动，还有"百家宴""二月二""三月三""谷雨节""四月八""中元节""盘古节""盘山歌"等诸多传统民俗节日和移民文化。

龙安主要通行店下话（桐山话）、闽南话、畲家话、普通话。因移民很多，涉及全国23个省、618个县市，语言五花八门，平常都以普通话沟通为主。

龙安社会各项事业蓬勃发展，现有小学在校生1800多人，初中在校生700人，初中适龄少年入学率达100%。已成立社区卫生服务中心，下设4个街道服务站和1个卫生所，有闽东第一家蛇科专科医院。

龙安步行街（龙安管委会 供图）

工业新城　初具规模

　　福鼎市委、市政府 2005 年将龙安确定为万亩工业园区，总体规划面积 15.3 平方千米，规划容纳总人口 8—10 万人，主要由码头仓储、工业生产、旅游休闲、商贸配套服务和居住区五大功能区组成。其中工业用地 7.33 平方千米，首期启动区为 PU 合成革和超细纤维合成革产业基地，面积 2 平方千米，已引进规模以上项目 42 个，注册资本累计达 10 亿元，总投资达 70 亿元。目前已投产企业 32 家，正在施工建设 6 家，4 家正在加快前期工作。据统计，龙安园区 2022 年总产值 130.89 亿，不含邦普和福能，上缴税收 2.32 亿元。

　　龙安开发区从小到大、由弱至强，从污染淘汰型到生态环保型，已形成革基布—聚氨树脂—合成革制造—皮具、运动鞋等制造"一条龙"的生态合成革产业链，集聚各类合成革企业 52 家，年产值超 200 亿元，产品在国内市场占有率达 25% 以上，并荣膺"中国生态合成革产业园"殊荣，在福鼎、宁德临海工业发展的版图中分量愈发厚重。短短几年间，龙安实现垃圾集中处理全覆盖，完成店下至龙安集镇总计 18.7 千米的污水管网总管建设，围绕店下溪龙安段沿线新建栈道1056米，新建牙基、安洋西路两处总面积达10200平方米的生态景观节点，有力提升龙安整体形象和人民生活品质。

2021年11月，龙安化工园区被认定为宁德市唯一的省级化工园区。目前，龙安化工园以宁德时代、高端装备为代表的特色产业以及以新能源、锂电科技等为代表的新兴产业已经形成产业集群，重点发展电子信息、智能装备、汽车零部件、新材料等主导产业。园区加快皮革产业特色转型，融入了新一代信息技术发展的时代浪潮。

筑巢引凤栖，花开蝶自来。过去的十年，龙安围绕扩大经济总量、提升发展质量双重任务，推动传统合成革产业转型升级，促进合成革企业向水性、无溶剂生产线转变，并充分发挥区位、港口、资源三大优势，着力培育新兴产业，对接引进国泰、汇得、邦普、凯欣、热电等一批新能源、新材料重点项目企业入驻园区。

近年来，龙安开发区聚焦城乡发展一体化，以人居环境综合整治为切入点，推动民生持续改善，城乡品质持续提升。

接续过去的成绩，书写下一个辉煌。开发区将持续贯彻"三抓两创一目标"的落实机制，主动融入宁德大湾区沙埕湾生态临港产业城市建设，积极参与店下龙安片区开发产业带建设。龙安还将着力推进重点项目配套产业发展，加快省级化工园区基础配套设施建设，做大做强新能源、新材料产业，早日成为福鼎千亿产值新增长极。

港口工业新城（龙安管委会 供图）

龙安地理气候

> 李立华

地理

龙安位于福鼎市东南沿海，地处东经120°20′、北纬27°10′之间。东临沙埕港，西连店下镇，北接佳阳乡，南与沙埕镇台峰村、店下镇东岐村接壤，距福鼎市45千米。面积25平方千米，海域面积10平方千米，海岸线长达11千米。

龙安背山面海，属沿海丘陵山地地貌，以丘陵为主。域内大部分微型平原属于山前平原，为山洪冲击而成。域区内平原面积广阔，大部分建设在滩涂上，是周期性的海潮入侵使海积层冲积层相互交错而形成的滨海平原。

气候

龙安地处东南沿海，属亚热带季风气候区，临近海洋，海洋性气候显著，温暖潮湿，秋温高于春温，夏长冬短，春秋均分，冬、夏季风交替，雨季、旱季分明，谱全年无霜期286天。

据福鼎市气象局1971—2000近30的年统计，龙安年平均气温18.2°C，最高月（7月）平均气温28 ℃，最低月（1月）平均气温8.1 ℃。年平均降水量约500毫米，其中10月至次年2月一般雨量少于100毫米，特别是11月至次年1月少的时候不及50毫米；降水主要集中在3—9月，在100毫米以上，其中5—6月大于200毫米，8—9月大于300毫米。由于海陆风的影响，风速的日变化较大，以夏季变化最大，春季次之，冬季为最小；夜间常出现静风，其中1、4、7、10月静风频率大于50%。风向季节性变化明显，主导风向为北风和东南风，静风频率40%。6—8月以东南风为主，9月至次年3月以北风为多；4、5月为冬、夏季风过渡时期，风向较分散，偏南风占相当比重。夏季受台风影响明显，台风暴雨往往造成局部高强度降雨，极易诱发地质灾害。

水文

　　龙安内水系巨大较为发达，河网密度大，水系短促，河床坡降大。店下溪自西向东流经店下镇和龙安新区后，经杨岐水闸流入沙埕港，是一条独流入海的小溪流，流域面积61.24平方千米，流域内主要支流有洪湖溪、清坑溪、宝溪、南澳溪和龙安溪。流域内山地约占四分之三，中南部地势较平坦，人口较密集，为了减少潮水灾害，20世纪90年代初修建了杨岐海堤，保护堤内的1.93万亩耕地和人民的生命财产。

　　围海造田，固然是为了解决人口增长的农耕用地需要，也与地理特征和气候条件有关。过去为"沧海"今天成"桑田"的地区，大多是内海港汊和海滩冲积平原，围垦成本相对较小，沿岸的山体成为屏障，围垦的土地经过淡化便能适宜农作物生长。

　　龙安由于地处北回归线以北的低纬度地带，冷暖空气常在区域附近交汇，容易形成多种灾害性天气。大风是区内全年均可能出现的经常性灾害性天气。尤其是台风为每年7—9月主要的灾害性天气之一，平均每年影响区域的台风有4—6次。2006年超强台风"桑美"对龙安影响十分巨大，给人们的生命、财产造成了非常严重的损害。

　　暴雨也是主要灾害性天气之一，全年均可能出现，以5—9月最为频繁，因暴雨引发的洪涝时常导致龙安万亩洋全面被淹。此外，还有干旱和低温阴雨等灾害性天气。

　　灾害天气促使人们重视农田水利设施建设。近年来，开发区党委政府高度重视垦区水利设施建设，为解决防范海潮倒灌和洪水淹没之害，加大杨岐海堤保护工作，加砌外围防浪墙，为人民的生命和财产安全提供了保障。

龙安建制沿革与行政区划

◎ 李立华

明、清、民国时期

至明、清交替之际，龙安的玉岐、金竹湾等村的围海造田已斐然可观，村庄不大，人口日趋稠密。

明清两代是人口迁入的高峰期。迁入的人口或因政策性移民（如屯种），或因战乱，或因子孙繁衍，原因不一。尤其清中期随着时局稳定和禁海迁界政策的废止，发生了一拨人口向沿海迁移的热潮。至清雍正、乾隆年间，域内的村落、人口布局基本稳定下来，形成今天大致相同的村落、人口分布格局。清嘉庆《福鼎县志》记载清乾隆四年（1793）福鼎设县时的乡都村落可为证：

治东南五十里为四都，原州育仁里十二都，一图。村十四：店下、福安塘、屿前、箩口、深坑（或作清安）、西岐、杨岐、蚶澳、白鹭、上弹、水澳、富家洋、楼下洋、山门底。

治东南四十里为三都，原州育仁里十三都，一图。村二十：沿周、巽城、朱坑、车头、彭家洋、江家岭、澳里、东洋山、印墩、小洋、贡洋、牙基、西澳、小巽、大小白岩、后湾塘、文侯山（又称门头山）、阮洋、高山（今溪岩）、关盘。

治东南七十里为五都，原州育仁里十二都，二图。村十三：玉岐、弹江、澳腰、钓澳、南镇、台家洋、后港、涵头、金竹湾、福屿、牛矢墩、东岐、城门仔。

由上可知，龙安开发区清初属福宁州劝儒乡育仁里十二、十三都，其中玉岐、涵头、金竹湾、杨岐、蚶澳属育仁里十二都，江南、牙基、西澳属育仁里十三都。

福鼎从霞浦析出置县后，行政区划进行了较大的调整，编街、社、坊、都。街、社、坊为城区及城郊地区，都大致为今天的乡镇一级行政区，全县共20个都，今龙安全境分属三、四、五都。

至清末，域内人口、村落、道路分布格局已定型，编撰于清光绪年间的《福鼎县乡土志》记载：

> 治东南五十里起为四都。海水湾环，有内港数处，帆船所达，以堤为岸，外捍潮汐即内护田园。通都横十里，纵二十余里，略成大三角形，店下村居其中……福安塘、屿前、蚶澳悉系港澳支流，土人砌石为塘乃能耕种……箩口、深坑、西岐、杨岐、上弹、富家洋、楼下洋、山门底村户多寡不齐，皆以务农为业。

> 治东南四十里起为三都……其间若沿周，若大小白岩，若巽城，若阮洋，若关盘，若后湾塘为止境，皆沿海岸而成村落……巽城之地处其中……绵亘数村之背有山，曰车头……山之阳颇平旷，村民陈氏聚族居者近三百年。其窈而深、缭而曲者，则畲民数十户之居也。俯瞰而西，别开生面，则高山、文山、东洋山、印墩、小洋里诸村，一览可尽，皆附于兹山而名焉者也。由城东去，过石桥，俗名朱底桥。为朱坑，再为彭家洋、江家岭；由小巽岭下循山西行，曰贡洋、曰牙基，羊肠路小，行者等蜀道之难。

> 治东南七十里起为五都……金竹湾、福屿、涵头紧抱山膝，山坡迤逦，地势平旷，由弹江、东岐、玉岐、城门仔、牛矢墩在焉。

由此可知，江南、西澳属三都，杨岐属四都，玉岐、涵头、金竹湾部分属五都。

清末筹办自治，全县划为19个区，区辖乡，龙安域大致划分为3个区，分别为：巽城区，江南、西澳区域；店下区，涵盖玉岐、涵头、金竹湾、杨岐。

1934年秋，编保甲自治，10户为甲，10甲为保，10保为联保，全县20个区缩编为5个区，区下设乡镇，龙安区域当时分别为店下、巽城二镇。巽城镇并入第二区，店下镇并入第三区。

1940年8月，改联保为乡镇，全县24个乡镇，龙安的玉岐、涵头、金竹湾、杨岐归店下，江南、西澳归巽城。

1944年10月，区划调整，乡以8至15保编成，镇以12至26保编成，保以10至25甲编成，甲以12至30户编成，全县分10乡5镇，今龙安域归玉溪镇、巽城乡。之后，又多次调整。至1948年，配合年度户口与国民身份证总核对，全县区域重新调整，编为15乡镇、212保、2984甲。今龙安区域主体在巽城、玉溪两镇，两镇所辖各保分别为：

巽城镇（1保）

西澳保：西澳、硤衕、三角丘、洋里、蔗岚、花眉岩、半山、江南。

玉溪镇（2保）

玉岐保：牌坊、玉岐城里、涵头、金竹湾、桃树湾、半岭，新宫头、树尾园、马仙宫、王家笼。

蛆江保：杨岐、马岐、吕厝里、马坪、十字岩、岐兜、牙基、龙尾、岗头、南池。

1949年后

1949年6月，全县划为四区一镇，龙安属秦屿区店下乡。1950年6月，店下增设为第六区，1952年5月又改为第四区，1958年8月成立人民（小）公社，分别为店下（小）公社、硤衕（小）公社，1959年4月合并店下"大公社"，1961年6月改为店下区公所，分别为店下（小）公社、硤衕（小）公社，1968年8月又改设店下人民公社革委会，龙安分属屿前大队、玉岐大队、东风大队。1982年8月至1983年又改为店下区，大队改称乡政府，1987年7月区改乡、乡改村。1990年12月，撤乡改店下镇。龙安1998年12月从店下镇分出，成立龙安开发区管委会，江南、西澳、涵头、玉岐、杨岐、桑杨六村约4700人划归龙安管辖，并成立龙华社区。1999年6月，龙安升为地区级开发区（正科级机构）。

沿革多变迁，社会在前进。目前，龙安共辖6个村和1个社区，户籍总人口9153人。人口来源涉及全国23个省、618个县市的移民。其中管委会中心常住人口2万多人。外来务工流入人口约为15000人。辖区内有省级龙安化工园区1个。

从"杨岐"到"龙安"

李立华

龙安开发区前身为杨岐垦区，所以在龙安开发区建设之初，一直就沿用"杨岐"为地名。

当时，随着开发区的宣传，各地前来投资的商人与日俱增，外来客人走南闯北都觉得"杨岐"这个地名不大好听，觉得都是山啊木啊，格局太小，寓意也不好，一致建议改名。

而龙安最早的小地名称"龙庵"。这个"庵"是"庵堂"的"庵"，大家也觉得不好。然后，有人建议把"庵堂"的"庵"改成"安全"的"安"，取名"龙安"。

取名为"龙安"实际上也有两层寓意。第一层，我们都是"龙"的传人，中国人崇拜龙，带有"龙"字的地名、物名、人名遍布全国各地。龙寓意有着升腾之势，可谓是出类拔萃，象征着一种精神，是一个民族图腾。第二层，"安"本义指平静，用"安"字取名有平安、安逸、清静、安康等美好的寓意。

当时，有些群众觉得"龙安"名字很好，在政府层面尚未正式确定公布时，不少人就在私下寄信时与对外交流时便用"龙安"这个地名了。

地名是会说话的历史，其所代表的意义，往往不是地名的表面汉字意思所能涵括的。从"杨岐"到"龙安"地名的演变，汇聚了当地广大劳动人民的智慧，以及当地政府和百姓对龙安的一份热爱和希望。

龙安水陆交通

李立华

龙安交通山海兼行，水上则主要靠码头、港（渡）口和渡船。龙安域内渡口不少，清嘉庆《福鼎县志》就载有杨岐渡、牛矢墩渡、西澳渡、江南村下垅渡等，直到20世纪八九十年代还在作业。

杨岐渡与杨岐港

渡口、渡船的存在实现了沿海各村及其所辐射的周边山区、平原村落之间联结互通，同时也是龙安与境外交流，特别是大宗农副产品外销的重要通道。历史上，龙安域内杨岐轮渡与桐山、沙埕两个大埠头之间交往密切，多个渡口有船只与之直航，通

龙安码头（龙安管委会 供图）

过沙埕港、桐山渡进而北上温州、宁波，再下福州、厦门，甚至到台湾。至民国，龙安的交通状况几乎没什么改变。1949年后的70多年间，龙安经济社会发生了翻天覆地的变化，交通建设也取得了辉煌的成就。

杨岐港曾经是福鼎县内8个主要港口之一，港内涨潮水深3—5米，水道弯曲狭窄，50吨位以下的船只可顺水道乘潮驶入。

1956年，福州港务局三都办事处在福鼎海区开设"闽东号"客班轮航线，定杨岐港为停靠点。第二年在店下屿前村外林自然村石壁头与龙安杨岐村交接处，建了一座石头木构框架混凝土三结合码头。"闽东号"客轮通航，开发了杨岐港，给它带来了一度的繁荣，店下及秦屿、硖门各乡镇群众去往县城，大都先步行至杨岐码头乘船，周围乡村的物资也由此处聚散。1963年杨岐港上游蚶澳塘修海堤建闸门，海堤便成为连接码头的交通大道，改善了该港对店下集镇的陆路交通，但也因此使该港的航道逐渐淤积。1972年，原建木构框架码头腐烂，闽东航运管理总站报经地区交通局批准，拨款6134元改建码头，建成一座54米长的凸堤引桥式码头。1977年，福鼎城关至秦屿和店下的公路建成后，使原从杨岐港口吞吐的客、货，逐渐转向陆路运输，同时"闽东号"客班轮因营业亏损停航，致使水上运输锐减。至20世纪80年代，只有运往店下的大宗物资在杨岐港码头停泊，平时则成为民间小型机动船的停靠码头。80年代末，龙安杨岐海堤建成后，杨岐港随之成为水利河道。

陆路有山上和洋下之分，龙安的围海造田史从明清至今持续了几百年，万亩良田是由一个塘一个塘围成的。围塘的堤坝俗称"塘沽"，这些塘沽也是田间作业的便道、联通各村的捷径。陆路的交通主要有八杨（八尺门至杨岐）公路，旧时龙安洋下几个村落是"以堤为路"是沿海各村陆路主要交通。不少塘沽成为主要的通村道路，之前的龙安、沙埕岐澳头、涵头、玉岐等片区各村之间的通村公路，大多是在塘沽的基础上发展起来的。

茶杨、杨秦公路

龙安域内茶（塘）杨（岐）公路，建于1975年，是在店下沙吕线原有路基上建设的。公路起于省道沙吕线秦屿茶塘村，至杨岐码头，全长12.7千米，桥梁4座，途经海田、岚亭、亥窑、店下、屿前等村，路基宽4.5—6.5米，路面宽3.5米，属等级内道路。其中茶塘至店下集镇段为四级公路，作为沙吕线店下分线。

当年，茶杨公路成了龙安境内的主干路网，直至后来的杨（杨岐）秦（秦屿）公路，也是在原有的茶杨公路上拓宽起来的，镇域路网走向大致没变。

八杨公路和龙秦公路

八杨公路是指八尺门至杨岐码头互通交通战备公路，龙秦公路是指杨岐码头至秦屿（今太姥山镇，下同）互通交通战备公路。

八杨公路起点位于八尺门特大桥下，与白岩至白琳公路相接，路线途经白琳镇白岩村、沿州村，店下的巽城村、阮洋村，龙安开发区的江南村、西澳村，终于杨岐码头，线路全长26.5千米，其中店下12千米。全线按二级公路标准建设，设计速度为40千米/小时，路基宽度10米，全线水泥混凝土路面。

八杨公路由省发展和改革委员会委托宁德市发展和改革委员会批准立项，总投资1.51亿元，2009年正式开工，于2011年9月建成通车。

龙秦公路起点位于杨岐码头（龙安安洋东路终点），路线主要利用龙安经店下至秦屿的原有老路杨秦公路，店下域内途经屿前、东岐、店下、硋窑、岚亭、海田等6个行政村，路线全长18.424千米，全线按二级公路标准设计，设计速度40千米/小时，路基宽度10米。

龙秦公路2005年立项，2006年4月20日开工，2008年1月完工，2011年3月通过竣工验收。

八杨公路和龙秦公路连成一体，环绕龙安开发区中心集镇，拥抱着龙安，两端各连接、温福高铁太姥山站，沈海高速太姥山、巽城、八尺门3个互通口，是龙安通往域外的两条大通道，也是镇域经济社会发展的两条大动脉。随着店下罗口隧道通车及G228沿海旅游风景线的动工，极大缩短了开发区与店下、沙埕下片之间的距离，改善沿线各镇村的交通状况。

八杨公路（龙安管委会 供图）

龙安各村居概况

江南村

江南村位于龙安开发区西北部，沙埕港内沿，与佳阳隔海对望，是革命老区基点村，辖江南、大坪洋、江家岭、柘兰、下罗、罗二、岭脚、下垅、瓜园、花眉岩等10个自然村，距开发区中心集镇8千米，八杨公路横穿岭脚、下垅、瓜园、花眉岩4个村。

全村人口共有385户、1480人。本村现有村民以苏、江、周、林、陈、吴姓为主，还有刘、张、杨、侯等20多个姓氏。村民主要经济收入来源以茶叶、林果、药材、网箱养殖及劳务输出为主。2015年被福鼎市确定为党代表工作室试点单位，是全市50个基层党建示范点之一。

江南村现有耕地面积2460亩，其中水田面积1860亩，农地面积339亩；林地面积3300亩，其中茶园330亩。村委会办公楼占地面积960平方米，建筑面积500平方米。江南村坚持发挥"山海特色"优势，积极推动现代农业提质增效。以本村为试点增施茶叶有机肥，实现全村茶园统防统治100%覆盖；加快发展海洋经济，推动近海网箱改造，2021年实现农林牧渔业总产值300多万元。

江南村历史悠久，人文深厚，江家岭自然村原居民江姓族群，系店下、龙安境内有史可查的最早姓氏之一，信仰儒教。据《江氏族谱》载，江姓始祖于宋嘉泰元年（1201）与董姓一起迁居至店下白琳洋墩坪定居，后改墩坪为江家坪，亦名江家岭，白琳洋为江南。就是因为江氏的人搬到这里居住才叫江家岭的，类似的江南村的名字也是因为江氏而改名，前有居者，已无从考究。

村里还流传有江氏旧宅、七口古井、鲤鱼山等传说故事。中华名小吃"江记鱼片"创始人江声赣就是江南村江氏族人之后裔。

村中有一小龙安寺，现更名龙光寺，历史悠久，始建于北宋天圣元年（1023）。清嘉庆《福鼎县志》载："小洋庵，在三都，明隆庆二年（1568）建。"至今香火兴盛，革命时期还曾作为红军地下联络驻地。

1949年后，江南村原属店下区西澳小公社。"文革"后期，江南曾作为店下公社知青点，后公社拆分。知青点称为东风知青点，到1970年，西澳和江南合并成东风大队。

海上养殖（江南村委会 供图）

东风大队治所在江家岭，后来迁至下罗村。1982年西澳从江南分出，西澳变成西澳村，江南村正式形成。

江南村2006年遭受"桑美"台风破坏严重，随着政府造福工程和地质灾害点搬迁安置，组织搬迁至龙安杨岐里和博爱新村安置68户、212人，目前山上就只有几户老年人居住，房子都在山下，老年人平时在山上管理茶叶，还有几家简易加工白茶的小规模作坊。

为了方便村民办事和改善办公环境，村委会于2010年8月份，选址杨岐里（博爱新村旁）建设新村部，2011年7月竣工投入使用，建筑面积857平方米。

全村各个自然村基本实现道路硬化。下垅、花眉岩、岭脚、瓜园自然村都分别建设了一条水泥道路衔接八杨公路。近年，结合美丽乡村建设，利用下垅自然村山海区位优势，将其打造为垂钓、休闲为一体美丽小渔村，成为江南村一张新名片。

（以上由江南村委会供稿）

玉岐村

玉岐村位于龙安开发区东南部，全村共有448户、1450人，分布于玉岐、牌坊、金竹湾、涵头4个自然村，其中金竹湾属少数民族自然村。

玉岐村现有3个大姓，分别是甘姓、王姓、陈姓，王姓人数最多，其次为甘姓，再次为陈姓。村子里现有的这几大姓氏中，甘姓是最早搬迁到玉岐村，其次是台峰石板埕王氏分支与玉里街王氏，最后是两支陈氏。

当你走进玉岐，向群众了解玉岐的人和事，群众首先就会向你介绍王其烈的传奇故事。王其烈因经商出名，走南闯北，特别是在福、厦、漳、泉一带，声名远扬。传言他曾买断福州马尾半个码头，在马尾办造船厂，当时来讲，是了不起的事，在学习洋务思潮中算个先进人物。

王其烈平素乐善好施，邻村周边群众十分钦佩。有关他的故事，在福鼎也流传甚广。王其烈故居2003年失火，烧了主体建筑，还留下残墙和后院。来到此处，首先被遗址门头"闽海家声"四字迷住，铁红大字，苍劲有力。从"闽海家声"四字，更证实了他当时在福、厦、漳、泉一带的影响。距门前10米左右有2个大旗杆座，十分气派，从遗址的地基巨石、柱础、庭院结构布局也可看出它的规模宏大。后院厅中还挂有巨幅的丈二长五彩王其烈画像，比真人还大，后裔族人已妥善收藏起来。

玉岐村中还建有地主爷宫、太后宫、五显大帝宫、杨府爷宫、南朝宫等。

因龙安工业园区开发所需，玉岐村经历了多次的开发搬迁，现如今玉岐4个自然村家家户户都搬进了龙安小洋楼，过上了安居乐业的小康生活。守望家园，重振家声，挖掘马灯、连灯（板凳龙）和有关地方文史，特别是王其烈的生平事迹，把它们传承下去，是玉岐村民的美好愿景。

玉岐山大榕树（张晋 摄）　　玉岐村委会旁榕树（张晋 摄）

（以上由玉岐村委会供稿）

西澳村

西澳村，位于龙安开发区东北部、沙埕港南岸，八杨公路贯穿其中。现下辖7个自然村：西澳、三角垟、江尾坑、里洋、六斗、半山、土角，村委会设在西澳。村民主要为林（西澳自然村）、苏（里洋和三角垟自然村）、廖（江尾坑自然村）、曾（土角自然村）、兰和雷（半山自然村）等姓。全村共292户、1253人，党员31人。

据族谱记载，明嘉靖年间，林氏先祖由泉州府绍江县浦口迁至此地已有475年历史，居狮子戏球穴澳里，故取村名为"狮澳"，又称"西澳"。

店下成立区公所，西澳称乡，政府办公地点设江家岭，下辖三个大队，西澳、江南、阮洋。1968年8月店下改设人民公社革委会，西澳归属东风大队；1982年店下改区，大队改称乡，西澳从东风大队分出，成立西澳乡政府；1987年7月进行区改乡、乡改村，1998年12月龙安成立管委会，西澳村从店下划归龙安管辖。

西澳村地理位置优越、交通便利；距离龙安开发区2千米，距离太姥山动车站15千米，距离福鼎站33千米，至店下镇10分钟车程，对外交通便利。新建八杨公

西澳村俯瞰（林振仕 摄）

路直达村部和西澳码头，海陆交通便捷。

西澳村总面积789.44万平方米，其中耕地面积55.5万平方米，海岸线7.5千米，海域面积10平方千米。全村有林地约380亩，水田约67亩，农地约161亩。西澳村面向沙埕港，海山资源丰富。海湾恬美，海水静洁，一步一海景，滨海特色十分明显；海拔500米的狮澳山上原始森呈多样性，岩石形态各异；村内古树林立，古道环绕，农家小院建筑依山而建，高低错落，层次分明，置身山海，天然成趣，极目远舒，心旷神怡。

林氏祠堂，坐落西澳后门山，始建于民国丁亥年。因当地资源匮乏，林氏清字辈先祖到福鼎磻溪购买杉木，等雨季溪水高涨将杉木打成捆放溪里流至白琳，再从白琳用船运至西澳，原建有5榴，寓意"五子登科"，曾作为学校供西澳及周边村落乃至江南、杨岐等村学生就读。祠堂于2001年重建，由原5榴改为3榴，占地面积437平方米，建筑面积456平方米。

西澳村，地方虽小，信仰不少，村中还建有地主宫（保障宫）、妈祖宫、五显大帝宫、白马爷宫、牛乳屿宫、九使宫、白马明王宫等7座宫庙和基督教堂1座。西澳堡障宫，俗称地主宫，始建于明朝嘉靖年间，为林元臣等先祖带领全家老小从福建泉州搬迁至西澳村时所建，一直保存至今。

村中尚有保存几百年的古井、古墓。西澳村在20世纪中期还设有合作社、水产门市部，隶属沙埕供应，医疗站由当时店下医院派出专职医生坐诊。

村民主要以海上渔排大网箱养殖、虾塘养殖、蜜蜂养殖及外出打工为生，虾塘养殖约165亩。2018年，借着宁德开启海上养殖综合整治的"东风"，西澳村又发动养殖户对辖区内的"海上牧场"进行全面升级。原有破旧的木质渔排逐步被抗风浪性更强、更环保的塑胶渔排所取代。海上渔排升级改造大网箱241口，小网箱388口，年产大黄鱼约6000吨，总产值约1.4亿。

西澳村2019年委托中国城市建设研究设计院对全村的美丽乡村建设进行了整体规划，建有村级小公园、码头，修复旧炮台，实施村污水管道处理改造工程和乡村记忆馆建设。

2020年全面铺开"一革命四行动"：全村旱改厕4座，农改厕38户；西澳农房整治68间，包括平改坡、立面整治、瓦屋面整治；环境整治全面提升，包括村委会周边护栏、鹅卵石挡墙、绿化工程；基础配套工程，包括码头场地硬化、西澳至里洋道路硬化、土角道路硬化、西澳、土角两个自然村路灯亮化工程、文化挡墙、炮台台阶水沟修复工程、停车场工程、村委会至晒谷场道路建设工程、幸福院工程、西澳村江尾坑溪防洪渠道提升改造工程；以及因地制宜的部分零星工程。通过不懈努力，西澳村旧貌换新颜。

（以上由西澳村委会供稿）

涵头村

涵头村全村现有 167 户、672 人纯属南溪库区移民。南溪，其地形四面环山，就像一个铁窝一样。有 3 条大溪，水从泰顺县向东流而下，汇集到南溪，故而最适合作为水库建设。20 世纪 80 年代，县委决定建设福鼎南溪水库，因建设的需要，淹没耕地 1630 亩，库区移民 439 户、2200 人，拆迁房屋 3170 间。移民户除一部分就地上山安置外，大部分迁到涵头、秦屿、硖门、塘底、管阳、西阳、后溪、竹阳等 6 个乡镇。涵头村民系原安置在店下涵头村的部分移民。2003 年，福鼎市委市政府为了发展经济，全村土地被征用，又将该村再次搬迁到现在的玉涵新村安家落户。集镇相连，交通便利，基础条件良好。

全村总面积 0.5 平方千米，村民主要外出打工和在企业上班为主。2021 年人均收入 1.9 万元左右。现在涵头村的村民分 3 次移民而来，第一次移民搬迁是就地上山、投亲靠友回原籍，第二次移民搬迁在原有的涵头村，第三次移民搬迁现在的涵头村玉涵新村。自 1982 年 4 月 12 日，分别移出何、陈、金、许、赖、夏、张、蒋、傅、李、雷（畲族）、郑、林等 13 个姓，一共迁出 434 人。

涵头村是福鼎典型的移民村，在短短的几十年为了福鼎的建设，历经了 3 次整村搬迁，为了加速推进涵头村社会主义新农村建设步伐，村委会针对广大村民生活条件问题，着眼于村民由农民向工人的转变。近年来围绕"生产发展、生活宽裕、乡风文明、村容整洁、管理民主"的目标要求，完善基础设施，狠抓项目实施。群众文化娱乐生活不断丰富。

溪头村远眺（龙安管委会 供图）

（以上由涵头村委会供稿）

桑杨村

　　桑杨村地处龙安开发区集镇中心。1994年，因桑园水库建设的需要，磻溪镇的桑园村整村搬迁移民至龙安开发区杨岐村中，同时起名为桑杨村。桑杨村成立于1995年6月，全村现有331户，1331人，以翁姓为主。

　　桑杨村土地面积0.75平方千米，其中耕地约788亩，人均0.7亩，现已征用土地300亩。原所辖4个自然村经过整合，现全部居住于龙安开发区龙门路、安江路、安江支路，全村村民纯属桑园水库库区移民，多年来，都以务农、外出打工、小海养殖为生。

　　2012年，桑杨村列入宁德市库区移民环境综合整治试点村，通过清理村庄环境、梳理规范管线、修缮房屋立面、配套基础设施、绿化美化村庄等一系列措施，引导移民共建美丽乡村，共享幸福家园。为增强桑杨移民村群众的归属感和幸福感，各级移民局和龙安管委会投入大量资金用于新村建设。如今的桑杨村，村容村貌焕然一新。

　　近些年，龙安开发区开始引进工业项目，大力招商引资，大量企业看中龙安优良的投资环境入驻龙安工业园区，不仅给龙安经济带来了腾飞式的发展，也给周围村民提供了良好的就业环境。桑杨村村民把握发展机遇，有的到工业园区企业打工，有的在工业园区内办起了小厂，村民收入日渐提高，村人均年收入达到上万元，村财收入

桑杨移民村（龙安管委会 供图）

过 10 万元，这几年高达 13 万元。

来到桑杨移民村，首先映入眼帘的是一个巨大的水泥牌坊，上面刻着"桑杨移民村"几个隶书大字，村内新修的街道宽阔整洁，在街道两边，曾经的黄土黑瓦房已被整齐的楼房取代，昔日的茅厕被干净整洁的新公厕所替代，原来茅厕旁边的猪圈改建为拥有单杠、双杠、乒乓球桌等文化娱乐设施的广场，广场旁边的山路上建起了护栏，脏乱差的卫生死角也都被清理干净，桑杨村初步实现了旧村换新颜。

桑杨村的建设获得了各方的认可，被评为福建省 2011—2013 年小康库区"百村行动示范村"，2012 年宁德市环境综合整治试点村，2013 年省政府水电站库区移民开发区颁发的"平安库区"创建工作先进集体，2013—2017 年福鼎市社会治安综合治理表现突出集体，福鼎市第十三届（2013—2015 年度）文明村，2018 年福建省级民主法治示范村。

（本文由桑杨村委会供稿）

杨岐村

杨岐村位于龙安集镇中心，海陆交通便捷。陆上重峦叠嶂，溪流密布，土地资源丰富，森林覆盖率高，是市级生态村，现下辖杨岐、澳尾两个自然村，共 235 户，总人口 886 人。

由于龙安发展需要，杨岐、澳尾主要耕地被征用，现经济来源，依托山地经济，发展茶、果、蔬，念好山海经，大力发展船泊运输，海上网箱养殖，劳务输出。

杨岐村总面积平方千米，耕地面积约 500 亩，人均耕地 1.8 亩，水田约 220 亩，山地面积 2481 亩。森林覆盖率达 90%，其中，生态公益林 112.4 公顷，杉、松、杂用材林 4794 亩，经济林约 160 亩，竹林约 2600 亩（人均 0.35 亩）。海岸线长 1.5 千米，围垦虾塘面积 210 亩，澳尾半岛沿岸基岩是重要码头泊位建设基地，拥有得天独厚的自然、地理、环境优势。

杨岐村面前浅海近千亩滩涂密布天然红树林，单棵植株高达两米以上，船驶出港湾，不见船影，幽深、静谧，削缓浊浪，十分隐蔽，过去一直是公认避风锚地，同时也是杨岐人讨小海的领地，树底下隐埋多种鱼、贝类，如青蟹、螃蜞、跳跳鱼、八爪鱼等。

杨岐村在龙安开发区成立前，是店下镇屿前村下辖的一个自然村，1999 年龙安经宁德地区公署批准成立龙安开发区管理委员会，因属地管理需要，杨岐便从店下析出，成立杨岐村，隶属龙安开发区。

杨岐村一角(张灵酒 摄)

  刚成立杨岐行政村,没有村部,只有几张办公桌,在当时杨岐开发区楼下一层办公。直到2007年,才建起真正意义上的村部,占地240平方米,建筑面积达720平方米。

  清雍正五年(1727),店下罗口林姓族人林万殷,捐资围垦杨岐塘二十四箩,堤靠海一面用条石垒砌,在杨岐一端造斗门二孔,杨岐斗门头由此而来。当年,林家凭一己之力,在杨岐对面山与桥头之间围海造田,海堤长350米,面积约300亩,历经两年建设,大功告成,罗口林万殷成为靠收租的殷实大户,杨岐人从此便有了租赁土地,开始了种田的历史。

  杨岐村环山面海,十分有利农渔生产,过去,村民的经济来源主要靠割八月草贩卖,圈养肥猪出售,每年开春后,浙南平阳沿海巴糟、宜山、钱库一带草贩把船开到斗门头,桥头一溜草垛下,既是草贩与主人讨价还价的地方也是春播购买种子、肥料的经济园地。塘里有粮,心里不慌,山上有林,饲养家禽,滩涂养殖,生活自足,温饱宜居。

  改革开放后,杨岐充分利用浅海滩涂养殖优势,1985年开始围垦杨岐虾塘,经过3年艰辛努力,围垦养殖虾塘面积达219亩,其中杨岐养殖面积159亩,澳尾养殖面积60亩。继杨岐后,屿前村的蚶澳塘、西澳等陆续跟进。养殖对虾,以及后来虾、蛏立体混养都是致富门道,随着龙安建设发展所需,杨岐的对虾养殖场,陆续成为龙安发展的配套设施用地,原来的养殖场现已作为龙安中小学校址。

杨岐村民还有一个主要经济收入——滩涂养蛏。人们利用杨岐长约千米的港边低潮位滩涂，养殖海蛏。蛏苗除部分村民自抠外，大都组团到宁德漳湾、霞浦盐田购买蛏苗，用车拉回，全家动员，抢在退潮后，赶在涨潮前撒种，让蛏苗植入泥里，不受潮汐影响。

杨岐村一直保持沿袭"做谷雨"的传统习俗，对面山与桥头只隔短短海堤，却有着不尽相同的习俗做法，桥头人做谷雨选当天晚上，而对面山却做中午，理由是互相错开，可以相互邀约对方，利用一年一度串亲机会增进友谊，同时切磋农活事宜。

澳尾除了谷雨节，每年走元宵成为一道独特风俗，这一天晚饭后，青年人都要走亲串户，按路径顺序，挨家挨户猜拳喝酒，无拘无束，一醉方休，推杯换盏把酒言欢。

澳尾龙安五显灵官大帝宫，保留每三年一度的元宵节前后举行规模盛大的祈福禳灾巡境活动，杨岐在农历五月十六日杨府爷诞辰当天，也要做福摆酒唱戏，为全村百姓祈福保安。每年的农历九月廿八日五显灵官大帝圣诞这一天，必须祈福设宴唱戏，福头轮流产生，热闹非凡。

（本文由杨岐村委会供稿）

龙华社区

龙华社区位于龙安开发区集镇中心，成立于2003年9月，辖区有9纵3横共12条街道，是龙安开发区集镇人员主要生活区域。辖区内共分为5个居民小组，现有总人口为11580人，其中户籍人口431户、1780人，流动人口9800人，区内流动人口主要为外来务工人员，分别来自全国21个不同的省份。

流动人口在社区人口中占多数，其中来自寿宁为最多，其次为泰顺，次之为庆元。三地来的人口比例大概有40%—50%，而寿宁又占外来人口50%左右。在社区建设和服务上，龙华居委会本着"建设社区、服务人民"的宗旨，围绕着龙安开发区党委、区政府的工作部署，开展了各项便民、利民、维稳、建设的社区活动。并且以社区服务满意为契机、以创建和谐社区为目标，狠抓落实为居民服务的意识，把为居民做好事、办实事作为社区工作的重点，协助政府相关部门完成了各项基层居民管理工作，为龙安开发区各项基础设施建设贡献力量。

移民新村以龙华居委会为代表的同乡会形式的都市社区。龙华社区当地居民来自不同省份，基本没有聚集的姓氏宗族，反而有较多的同乡会组织，出现同乡同业的现象。

龙安龙华社区街道（周雨童 摄）

（本文由龙华社区供稿）

话说龙安码头

李立华

龙安现有3个码头，即渡口码头、陆岛交战码头、杨岐码头。

渡口码头则纯粹为了老百姓交通来往方便的，是当地民众出海通航客运及小货运的主要码头。通往流江、沙埕等地都是从这个渡口出海，故名。主要功能是走客运和小的货运，比如农民种的一些瓜果蔬菜等农产品要拿去沙埕等过海乡镇卖就会从这个渡口输出，海鲜货物等也从这里上岸，自然而然也就形成了人员集散和贸易往来的重要渡口。从该港口也可直接到福鼎、浙江。以前，乘船一般需要两个小时水路行程。同时还要根据潮势，如果刚好涨潮出海，水往里面涌，那就两个小时，如果是退潮的时候则要两个半小时。以前船没有这么大的马力，像小的木船只有3匹的马力，就很慢，开到对面的沙埕要一个多小时。因为小木板船是不能从海面中间直接过去的，只能是

龙安码头（张灵酒 摄）

从山边沿着海岸线曲曲折折地航行，驶到对岸后才可以横穿过去到沙埕。因为那个大浪或者大船经过就容易打翻小船，会出事故。现在都改为机动船或挂机，速度提高很多，渡口码头时至如今仍在龙安发挥着非常重要的作用。

陆岛交战码头是为了驻军所用，交战码头的建设即是军备之需。沙埕港距离台湾基隆港才124海里，所以龙安这个地方也属于是一个对台的前沿阵地。该码头建起来原来功能主要是战备所用，平时是不用的。台海关系缓和后，台湾的渔船可以来我们这边避风，船可以停靠在沙埕港，渔民经过检查之后还可以上岸，交往是比较密切的。

杨岐码头于2000年由福鼎市交通局承建，截至2003年上游大闸建成始竣工。使杨岐乃至龙安片区成为一个可以停靠500吨级的货运港口。杨岐码头主要用于工业区的运输，对内输入原料，单为火电厂运煤，一年就达到20万吨运输量。

环澳尾半岛拥有万吨级码头泊位，滚装码头建设锚地。杨岐码头，目前是福鼎市重要工业能源吞吐基地，为龙安工业发展奠定了能源储备。

卧龙山休闲漫道

李立华

卧龙山休闲漫道，地处龙安街道西面，依山而建，顺着公路徒步上山，映入眼帘的聚贤亭，正耸立路口欢迎客人稍息赏景，亭联："山观沧海日，亭对闽浙潮。"

从亭口开始，顺着用防腐木搭建的步道依山而上约50米，地上便出现一条亮眼的水泥彩印铺设的漫道，让人赏心悦目。

行走在漫道上，让人想起三位倡议建设漫道的热心乡贤徐永杭、陈先琴、李尚环。2017年春，他们3人在一次无意的闲聊中，谈到龙安百姓休闲健身之事，想到很多人晚上经常开车到店下镇的玉石山公园爬山，遂想在龙安卧龙山建设休闲漫道，三人一拍即合，遂和余茂荣、吴宝峰、张成桥等发出倡议，修建卧龙山休闲健身漫道。

漫山道上的聚贤亭（龙安管委会 供图）

经过发起人徒步现场考察、测量。全程有4.7千米，在原有小山路的基础上，因新辟及拓宽沿途都要涉及村民的山地或茶园及林地，徐永杭、李尚环、余茂荣等站在修路第一线，刚开始施工，部分涉及用地的外村村民阻力很大。

就在他们几乎准备放弃工程建设的时候，施工现场来了位内林村德高望重的林老先生，他已年近八旬，听说卧龙山要修建休闲健身漫道，是爱心人员集资并非政府投资，他主动将自己省吃俭用积攒的2000元捐给发起人，徐永杭接过这笔钱深受感动，第一时间将林老先生的善举转发到自己微信的朋友圈，谁料想竟得到许多朋友的大力支持，从此坚定了他们做路的决心。

在后续的150天，几位头人想方设法做好村民的思想工作，每天晚上都开碰头会，对施工中遇到的阻力，集思广益，调动一切可以调动的人力关系，做好宣传发动工作，感动了当地村民，漫道所经过山地，村民都无偿捐献，他们把爱心工程当成自家工程，

休闲漫道（龙安管委会 供图）

抓工程材料质量、建设质量从不含糊。

后来，乡亲们还大家纷纷倾囊相助，志愿者们不辞辛劳，分工合作，无怨无悔，出工出力，在施工过程涌现出了许许多多感人暖心的故事。修建漫道得到了各界爱心人士的积极响应和广泛参与，在各界爱心人士的大力支持下，短短几个月筹集捐款70多万元，经过不到一年的施工，休闲漫道投入使用。徐永杭有很多感慨："钩机每前进一米，都有一个故事。""为建漫道工程，徐永杭在大庭广众中，曾两次掉下眼泪。"龙安商会会长李尚环补充着说。

如今这条漫道全长5千米，辟有木栈道99个台阶、火烧板石材1.1千米、杨岐路218台阶及彩印漫道2.3千米的步行漫道，沿线风景优美，空气清新，每到傍晚，人们都喜欢带着孩子来这里走一走，欣赏沿途风景，放松一天的辛劳。站在漫道上可以看到龙安的全景，让人十分惬意，心旷神怡。

"卧龙山休闲健身漫道"是打造龙安优美生态景观的重要组成部分，随着龙安公园的建设必将成为龙安居民休闲、游览以及开展各种文体活动的重要场所。

乡土百业

龙安开拓者——新龙安人

◆ 李立华

1991年杨岐围垦工程结束后，在省、地、市和有关部门的大力支持下，龙安先后投入资金8000多万元，配套了水、电、路、码头、市场、学校、有线电视、邮电通讯、金融、卫生等基础设施，吸引了福建、浙江、江西、四川、江苏以及港澳地区7省35县（市）共5000多客商前来投资开发，经商办企业。在此过程之中，一个特殊的群体出现——移民。这些移民有的是跨省移民，有的是水库移民，有的是工业移民，无论是哪种性质，他们都对龙安开发区的建设和发展贡献了自己的力量，他们融入龙安，发扬"自强不息、敢为人先"的龙安精神，为龙安建设做出贡献。

龙安是海滩涂上崛起的一座新城，是一个移民的地方，很多人都来自山区，都向往着自己这一代能够在这里改变命运，并且创造惠及下一代的美好生活，这些跨省移民称自己为"新龙安人"。龙安开发区在建设过程中，每一位移民的心中都有很多感受，也有许多辛酸，但是支持他们坚持下来的正是一种开拓创新的迁移意识，是属于新龙安人的一种迁移意识。"就像哥伦布发现美洲新大陆以后发生的'五月花号'事件，我们都是草根阶层，没有任何资源来到龙安，都是白手起家打拼到现在。"一位移民如是说。

比起较为传统的乡镇来说，龙安代表的是一种相对来说不那么传统，但是有一种力量在里面的文化记忆，他们每个人身上都有一种努力去改变自己、改变环境的力量。龙华社区林振翔老人是这样评价来自全国各地的移民的："每个居民都非常优秀，在很多地方找不到这种内心渴望发展的诉求，他们有一种追梦人的愿望，他们都来自不同的地方，特别有意思，而且每个人内心都有很多不一样的、很真实的感受和想法。我是龙安人，现在我们面临很多压力，如何能让公共资源配置到这些移民的、外地的福鼎人，为我们做贡献的这些人身上，这是当地政府和群众都应该齐心协力去解决的事情。"

龙华社区居委会是2003年才成立的"新组织"。2018年，居委会刚刚完成第六届换届，每三年换届一次。在此之前，都是以临时筹备组的形式进行管理，最终在龙安开发区管理委员会的筹备下，完成居委会的成立工作。龙华社区现在常住人口将近

2000人，人员来自全国各个省市、自治区，据社区干部陶林超介绍，户籍在龙华社区的人员里面，除内蒙古、西藏、新疆、黑龙江、吉林、辽宁以外都有涉及，涵盖全国23个省、618个县的人。居民当时选择在龙安安家的主要原因有三个：

第一，龙安开发区属于海滩。虽然当时经济发展水平不高，各种配套设施也不完善，看似没有什么竞争优势，但是人们参考浙江宁波舟山等东南沿海城市得知，最早这些地方生活环境也很恶劣，百姓穷得叮当响，而后天翻地覆的发展让人看到沿海发展的机遇。

第二，主要是看地形和地理位置，交通比较便利，来往方便。原来这里只有一个沙埕港，当时从福鼎乘船过来所需时间比较短，大概在30海里，当地响应政府号召，打造福鼎"龙港"。在龙安刚开发之初，本地居民的力量是非常有限，需要通过五湖四海的人来帮助开发。作为最先参与建设的移民来说，政府会也有一些配套的优惠政策。龙华社区居民王崇权说："我们刚来这边的时候苦难无边，垦区就只有杨岐有一些房子，开发区当时都没有一条像样的路可以走。1991年那时候，从我家这走到管委会那边是现在五倍的路程，弯弯曲曲，还要绕山路。我们开始建房的时候，一开始都是搭草棚。大概是1992年，我记得下大雨涨潮，里面没有海堤，海滩自然水位多高就是多高，当时有两三千亩的海滩是可以存水泄洪的，比现在可以多存一点。但是那次已经连续下了两三天了，地上都已经饱和了，水抽不去。那天晚上上半夜雨下得并不是很大，但是半夜两三点起来看的时候，整个门都开不了了，外面的海水全部倒灌，外面最深的水位达一米多，鞋子什么都没有了。"

林松发老人祖籍寿宁县城关镇，1992年得知龙安开发区的相关消息前来考察，当时是看到报纸的宣传，亲戚之间互相传递的信息得知了福鼎龙安这个地方。1994年先买下一榴地基。他说："我是1992年来这里看地点的，没直接买房子，1993又来看了也没买，1994年才买下来，之后盖房子。1992、1993年来的时候这里到处都是海滩，没有几个人盖房子，1994年来才有人开始动，所以那个时候才决定买地基。我买了一榴，20米长、4米宽。买地基加上配套费3000多元，地基是1008元，配套费是2000多元，配套费就是水电路的费用。盖房子的时候，第一层花了近8000元，第二层花了10000元，但只是盖个外壳，没有装修。当时，是我一个人来看的房子，自己盖的房子。1996年，我女儿跟着我过来才装修了一下，然后全家7口人就都过来了。我们不是单纯冲着地来的，当时想着从寿宁这个山区搬出去，让后代可以生活好一点。我们来这里，是为了将来发展的。"林松发老人是一个服役7年的铁道兵，1979年退役后，回到城关镇担任武装干事。之后，又辗转多地务工，最终在龙华社区安家。老人到这里两年以后，就担任临时居委会的干部，主要负责管理街道、市场的秩序，还兼任管委会计划生育协会会长和居委会的支部委员。

林松发老人说:"当时我们刚来的时候,管委会还没有成立,都是搭配店下乡镇管理。那时候,龙安有来自全国35个县的移民,我们每个县选一个代表,然后再选出7个,最后再选一个,我就是经过层层选拔最后选出的一个。因为这里没有成立正式的管理机构,我就是这35个县的总代表。我也记不起具体是九几年了,那个时候我当总代表,自己掏腰包去福鼎找政府领导,后来这个领导调到宁德去,我们又跑到宁德,通过合理的诉求,领导也深受感动,并开始意识到移民关键要先稳定人心。移民户口是1999年开始解决的,连福鼎市的公安局都搬到这里来现场办公。后来自来水和电费的问题也陆陆续续得到妥善的解决,我们的生活也越来越好。"

张高魁也是寿宁县人,他说:"我是1965年5月出生在寿宁县,土生土长的寿宁人,1985年从宁德财经学校(中专)毕业,毕业以后被分配到寿宁二轻局担任文秘工作,一直干到1988年。1988年下海经商,去了浙江丽水市景宁县,干的是眼镜行业。1991年7月来到龙安。"据张高魁回忆,当时这里只有牙基自然村(原来属于店下镇的一个自然村,现在属于杨岐村)有几间破房子,其他地区全部都是滩涂,没有任何资源。那时候的中国正扬着"改革开放"的巨帆,张高魁先生恰好听说福鼎这边有一个区域要招商引资,就是龙安。当时这里的地名还不是现在的"龙安"二字,是福鼎市店下镇杨岐垦区。张高魁说:"实际上这个名字最早是这样取出来得。当时,政府层面都是用'杨岐'这个名字,然后群众觉得这个名字不好听啊,最开始是写信、寄信,地址都故意用成'龙安'这个名字,是想用这种方式把'龙安'这个名字推广宣传。虽然用这个名字寄信收信可能会找不到,当时是没有这个地址的,我们是故意把这个名字拓展开来。还有向市政府、镇政府诉求某些事情的时候,比如打电话、信访的时候,也会故意用'龙安'这个名字。这些都是群众故意采取的一些办法,目的是让政府认可这个名字。后面真正认可这个名字是建成龙安农贸市场,现在叫龙安购物中心,政府第一次正式、公开的以'龙安'两个字命名地方。"

张高魁说:"我来到这里的时候,杨岐垦区划了一块地给我们,交了1000多元买了80平方米的地基用来建房。当时我才26岁,所以说很多后面来投资的老板也问过我这些话:'为什么你会看重这里?你当时是个工作人员,又年轻,当时大家都追求有工作是最好的,你怎么会放弃工作来到这边呢?'我当时有两种思想:第一个是中国改革开放政策,这个是大趋势,觉得能开发的地方都有前途;第二个,讲实在话,我们寿宁县是个山区县,交通等各方面资源是比较匮乏得,这是我们的先天条件。后来我们会来龙安,这个深水良港(沙埕港)是最优越且最吸引我们的地方,而且这一片区域的腹地又宽又平,可供开发,再加上背靠国家级旅游景点太姥山,这些都是先天条件，吸引着我们。所以我当时的预感就是说可能在十到二十年之内，龙安这里会有很大的变化，有发展前途。事实证明龙安在十到二十年之内确实发生了天翻地覆的变化。虽然我当时是在寿宁二轻工业局工作，也还算不错。"他还说："1991年至1994年，整个龙安发展都还是一个雏形阶段，发展极其缓慢，这里还是属于店下镇的一个企业，杨岐垦区是一个企业性质，所以说他发展比较缓慢。1994年我真正搬到这里后，在很多事情上都是积极带头去完成。第一，我年轻；第二，我的文化水平也比其他人可能要高一些；第三，我当时的经济实力相对来讲比原来搬到这里的这些人会好一点，所以做公益的事情我都会站出来。"

面对这样一片围垦地，一切都需要从头开始，房子、电路、公路等各个方面的基础设施都不具备，第一批移民团结在一起，集合所有的人力、物力、财力解决实际问题，把吃苦耐劳、踏实奋进、锐意进取的优良品德发挥得淋漓尽致。住宿和出行道路变成了当务之急。

在张高魁的记忆中，当时移民过来的绝大多数都是几个亲戚朋友一起来到龙安的，"因为这边是在海滩上建房子，不像我们老家那样80平方米就能建起来，滩涂是会下沉的，当时10户人有800平方米左右，你连着我我连着你，1栋房子才建起来的，10榴是1栋（幢），这样他就不容易下沉。所以就是因为有了第一批移民带头这样做，后面陆陆续续的其他省、市、县开始来到这边，大部分是'以亲带亲'过来得。认真起来说，我们当时来这里的时候是很艰难的，当时有句话'水停停，电停停，路不平，人还行'，这句话大概就是1993年、1994年那个时候开始流行起来的。当时条件虽然那么艰苦，但是仍然坚持下去，就是大家心中有一个期盼"。

龙安的住房被称为"榴"。在最初的规划中，地基统一为20×4米的面积，这样算作"一榴"，十榴组成"一栋（幢）"。张高魁说："只要从地基到顶层都是属于同一个人建设的房子就叫'榴房'，这是属于个人所有，不属于开发商开发；大城市都不叫'榴'，因为地皮都是开发商买来统一开发的，如果是套房的话都是以套为单位。"2007年前后，在龙安盖一层房子（不算装修）需要一万多，一般一户人家住四五个人，二层一般是客厅、厨房（后门厨房、前门客厅），三层四层一般是卧室。如果顶层有阁楼的话，由于其比较热闷，作为储物比较多，用来堆放一些杂物。张高魁说："我们第一座房子奠基的时候，经过政府允许，我们在墙壁上还刻了一个碑，现在还存在。目的是为了让大家不要忘记这一座房子是第一个开基的。"

在龙安修建道路也不是一件容易的事情，这里是围垦滩涂地地基不稳，而且修路所需要的原料都不能由当地提供，需要外面运输，这就像一个死循环一样封闭着龙安人。"这些路都是我们第一批移民带动修建的，很多东西我们都是第一个参与。外面这一条安洋路原来设计的时候只有 18 米，后来杨岐垦区的总指挥王贞安同志。眼光比较长远，召集我们这些群众，他说如果龙安设计成 18 米的路宽，以后发展格局就定掉了，很小。他的建议是把这条路拓展成 30 米，但是当时的店下镇政府没钱，拿不出这些资金来拓宽这条路，就号召群众能不能发动捐资，等于说政府提供地给我们，但填土方的钱能不能群众自己出。所以说领导跟我谈了以后，我当时也很乐意。我说那行，既然在这里，龙安肯定要发展大格局。当时讲群众，实际上也没多少人，因为就只有十几户人，我们就召集这十几户人开个会，我当时大概在 1995 年的时候自己能够拿出 5000 元，当时一溜地基才 2000 元。结果后来一共捐资 4 万多元，我们把这些钱背到店下镇政府主要领导那里，我们请求他们给我们地，我们捐资填方，我们个行为感动了领导，就将街道拓展了 30 米。"

成功解决了住房和道路建设的问题后，人们又把目光投向通讯方面。这些民生问题一个接着一个出现，这些新龙安人总是充满信心和耐心地一步一个脚印完善家园。龙安的第一部电话出现在 1995 年。张高魁说："当时我们这里没有电话，我们领导提出来，他说要我争取 100 部电话，从店下拉到这，但当时价格也非常高，每一部电话要 3800 元，是很大的一个数字，都可以买一栋房子了。所以说他要我负责，保证 100 至 200 部电话，政府就帮忙从店下把线拉到龙安来，如果没有这个数字，就不让牵。我当时答应了这个任务，也完成了这个任务。我第一部电话登记了以后，就去发动群众去登记安装电话，所以说我当时垫了很多钱，有的人名字登记了，电话给他牵了，但是钱拿不出来，我就帮他把钱垫进去。具体多少钱我也记不清了，但是做公益的事情肯定是要先捐资垫钱，只有这样每件事情才能够做得起来。"

龙安就像这些新龙安人的孩子一样，这些人见证了龙安成长的经历，这个过程荆棘密布，但是他们始终悉心呵护着她成长，如果没有新龙安人的坚持不懈和顽强拼搏，龙安也许就不会成为现在的龙安。张高魁回忆说："在龙安的整个发展过程中，我们这些第一批人是花了很多心血在里面得。第一个，当时治安那么混乱，我们群众自发维护这里的治安；第二个，我们要诉求这里前景的发展，向领导诉求，争取领导同意和关心。所以说我们当时是整个呵护、保护着龙安的发展，后面成立管委会以后就是政府的事情了。实际上现在我们的孩子也在外面工作，房子也在外面再买，但对龙安的情感远远不可能舍去。后面群众来多了，各种思想都有在冲击，但是我们第一批的人见证了龙安的发展，看着龙安不断地成长、壮大，很多东西是舍弃不掉得，不管人家怎么说我们都是要维护它，它能发展到现在这样相当不容易，一是时间短，二是政府当时对龙安的投入是非常有限的，因为其他乡村都是老历史了，我们这边全是新兴的，就是靠这些一点一滴、一步一步发展起来。当时第一批来这里的人回想起来真的很艰难的，要种田田没有，做生意没市场，很多人都是靠挖土、开拖拉机维持生计，生活过的是相当艰难，因为没有资源啊。种田都是要向政府租地，还是滩涂地，种棉花什么的。所以在平常跟第一批人聚会的时候，坐在一起经常会聊起以前的事情，我也经常会跟政府的一些领导讲，这些人为我们龙安前期的发展贡献真的是很大很大，当时要做一个公益事业的时候要捐资，开会的时候没钱的人口袋摸摸有5块就拿5块，我现在回忆起来是很难受的，他们自己生活都难以维持啊，但他们为了龙安的发展，口袋里有多少钱都会扔出来。只要口袋里还有钱，就拿出来贡献给龙安。"

就是龙安第一批外来移民，这十几户人家像星星之火，点燃了龙安发展的燎原之火。新龙安人的后代已经变成了彻彻底底的龙安人，和龙安一起兴旺发达，憧憬更加美好的明天。

龙安工业园

园区概况

2005年，龙安工业项目区被福鼎市委、市政府批准设立为万亩工业园区。根据2010年委托城市建设研究院编制的规划，龙安主要由集镇生活区、生产加工区、工业服务配套区、港口仓储物流区等4大功能区域组成，其中一期规划工业用地6.6平方千米（含店下东岐工业片区）。

近年来，龙安工业园坚持以"以港兴区、工业强区"为发展核心，充分发挥区位、港口、资源三大优势，不断完善道路、供水、供电及环保等基础设施，逐步形成了以合成革产业和现代物流业为主导产业的专业园区。区域产业集聚优势逐步突显，先后累计引进各类工业项目50多个，注册资本累计约25亿元，总投资100多亿元，园区现有投产企业47家，其中规上企业35家合成革及上下游企业37家，含安丰、正利发、联华、强盛、太平洋、福泰、金凤、飞云、实得利、前龙等企业。现有合成革生产线114条，年可生产各类PU、半PU、PVC等产品2.5亿米，后段植绒1000多万米，2008年、2009年分别被省政府确定为省"山海协作示范园区"和"循环经济试点产业园区"。

2010年12月福鼎被中国塑料行业协会授予"中国合成革名城""中国合成革产业示范基地"荣誉称号。

2015年成功承办全国第六届合成革峰会暨宁德合成革产业转型升级大会现场活动，被国家轻工业联合会授予"中国生态合成革产业园"称号。龙安合成革产量占全国市场份额15.6%，2016年纳入园区的35家企业累计完成工业产值138亿元。

2017年龙安工业区规划建设1200亩精细化工园区，成功引进上海汇得、国泰华荣电解液等重点项目，现有"环保2+3项目"，为加快工业发展增添活力。热电联产于2017年3月对园区企业集中供热，6月园区企业所有锅炉烟囱全部拆除完成。

根据最新调整的《龙安工业项目区总体规划（修编）（2017—2030）》，龙安工业园区规划总用地面积约9.2平方千米。

龙安工业园区鸟瞰（龙安管委会 供图）

龙安化工园区通过整合建设实现产业升级、功能转型和空间扩容，重点培植龙头企业。以宁德时代配套的锂电池相关配套化工产业及合成革配套的上游产业为主。

化工园区产业发展重点：一是化工新材料及其合成材料制品，包括聚氨酯新材料，合成橡胶及弹性体、合成树脂、合成纤维、功能性膜材料等；二是新能源材料，包括动力锂电池正极材料、负极材料、电解液、隔膜，太阳能电池背板膜、电池浆料，氢燃料电池用膜等新材料，三是专用化学品，包括高效新型催化剂，特种表面活性剂，油品、化妆品、高性能胶黏剂，环保型水处理剂，为新能源电池配套的电子化学品等。截至目前，化工园区内已有汇得新材料、国泰华荣、安丰特殊树脂、正利发树脂、飞云新材料、乔安树脂、邦普循环科技、凯欣电池材料等8家企业，主要产品为动力锂电池前驱体及正极材料、电池电解液、聚氨酯树脂等。

2021年4月，根据《关于组织开展第二批化工园区认定工作的通知》（闽工信石化〔2021〕35号）、《关于组织开展全省首批化工园区认定工作的通知》（闽工信石化〔2020〕156号）文件相关要求，龙安积极进行组建省级第二批化工园区认定工作。6月初，经省工信、应急、生态环境等部门联合会议后已确定龙安化工园入围本次名单，入围名单确定后由省应急厅组织相关专家部门进行验收。10月9日福建省工业和信息

化厅公布龙安开发区化工园拟定为省级第二批化工园（化工集中区）。11月26日省工信、发改、自然资源、生态环境、应急等5个部门联合发文明确龙安项目区入围第二批认定的化工园区（化工集中区）名单。

龙安化工园区的设立是在开发区的建设热潮中发展起来的，逐渐成为福鼎实施循环经济的重要载体。但它的发展主要以皮革、锂电化工的发展为依托，具有独特的内在特征，也为福鼎尤其是沙埕港湾及周边的潜在环境污染埋下伏笔，由此也引起了各级相关部门的高度重视。

园区部分企业简介

福鼎市凯欣电池材料有限公司 福鼎市凯欣电池材料有限公司是广州天赐高新材料股份有限公司全资子公司，是新能源公司的配套项目，成立于2020年4月28日，公司主要从事锂离子电池材料的研发、制造和销售。公司位于福鼎市龙安工业园区，规划面积46532平方米。广州天赐高新材料股份有限公司成立于2000年，是国内集研发、生产、销售为一体的国家级高新技术企业，于2014年1月在深交所中小企业板成功挂牌上市。天赐材料是国内锂离子电池材料行业的龙头企业和个人护理品行业

汇得新材料（龙安管委会 供图）

的领军企业，拥有国家级博士后科研工作站和国家级企业技术中心，拥有强大的技术研发队伍，承担多项国家级科研项目。福鼎凯欣的管理团队是国内最早涉及锂离子电池配合电解液的团队之一，拥有丰富的行业经验，能为客户提供品质稳定、性能优异的产品和贴心的服务。

福建汇得新材料公司 福建汇得新材料有限公司成立于2016年7月，福建省工业龙头企业，为上海汇得科技股份有限公司为在福建省福鼎市建设"年产18万吨聚氨酯树脂及其改性体"及"聚氨酯系列产品扩建项目"设立的全资子公司，注册资金4.5亿元人民币，位于福建省福鼎市龙安开发区塘运路13号。公司一期项目用地面积7.13万平方米，主要产品和规模为：年产革用聚氨酯树脂10万吨、TPU弹性体5万吨、聚氨酯组合料及改性体2万吨、水性聚氨酯树脂1万吨，该项目已于2020年6月竣工投产，2021和2022年产值均超10亿元。公司拥有独立的研发中心，具备较强的高新技术成果转化能力，已获得有效授权发明专利5项，实用新型专利15个，2022年被认定为国家级高新技术企业。公司二期项目用地面积8.4万平方米，投资9亿元，主要为一期项目进行扩建，该项目投产后形成年产45万吨产品生产规模，达产后预计产值30亿元。

宁德国泰华荣有限公司 宁德国泰华荣新材料有限公司是张家港市国泰华荣化工新材料有限公司，根据新能源产业发展、响应宁德政府号召而设立的，2017年注册，注册资本1亿元，2018年7月在福鼎市龙安工业园区启动年产4万吨锂离子电池电解液项目建设，项目占地4万平方米，投资1.8亿元，招工120名，2020年6月建成竣工并投入生产，产品通过了宁德时代新能源公司和宁德新能源公司的检验检测，工厂也通过了审核，当年开票销售近5000万元。锂离子电池电解液是绿色能源——锂离子电池的四大关键材料（正极、负极、隔膜、电解液）之一，其性能直接决定和影响着锂离子电池的循环寿命、安全、倍率等性能。随着全球新能源锂电产业的加速，国泰华荣正在进行二期项目建设准备工作，扩征项目用地2.3万平方米，充分利用原有土地的资源，建设年产8万吨新材料项目，2021年三季度动工建设，2022年冬建成投产。项目建成后，将形成12万吨的年产能；项目达产后，可实现50亿元的年产值；新增就业300人左右，同时积极促进宁德新能源和新能源汽车产业的发展，为地方社会经济发展做出积极贡献。

宁德市福化环保科技有限公司 宁德市福化环保科技有限公司是福建能化集团旗下由福建省福化环保科技有限公司和宁德市国有资产投资经营有限公司合资公司。公司成立于2017年1月，注册资金8000万元，目前公司员工数量为25人。主要开展危险废物的收集、贮存、处置等业务，对外提供环境突发事故应急救援、环保技术研发与咨询服务。该项目分两期建设，一期项目占地约为5.7万平方米，建设内容包括：固化/稳定化系统设计规模约18000吨/年；安全填埋场约21.85立方米，可处置感光材料废物（HW16）、表面处理废物（HW17）、焚烧处置残渣（HW18）、含铬废物（HW21）、含铜废物（HW22）、含锌废物（HW23）、含砷废物（HW24）、含镉废物（HW26）、含铅废物（HW31）、石棉废物（HW36）、含镍废物（HW46）、有色金属冶炼废物（HW48）、其他废物（HW49）、废催化剂（HW50）、鉴别后危险废物（HW17、HW32、HW34物化后产生的污泥槽渣）15个大类。二期焚烧项目占地约2.4万平方米，设计建设规模为20000吨/年，及配套工程辅助设施。项目处置对象为处理DMF精馏残渣、有机溶剂废物及其他可燃危废。目前，已经完成二期焚烧可研报告和选址论证报告编制，并着手二期项目的前期工作。公司以打造全省最大的危固废处理平台为目标，大力拓展环保产业。公司将依托福化集团、省福化环保公司的整体优势，秉承"绿水青山就

福化环保（龙安管委会 供图）

是金山银山"之理念，切实履行责任、严格规范运营，全力以赴打好新时期环境保护攻坚战，为建设宁德秀美山川、为建设美丽龙安而作出应有贡献。

福建隆祥皮革有限公司　福建隆祥皮革有限公司是最早落户福鼎市龙安工业项目区（生态合成革生产基地）的企业之一，创建于2005年，一期工程于2005年兴建，共投入4500万元，2006年3月投入生产；二期工程于2007年建设，共投入3800万元，2008年7月投入生产；三期工程于2009年建设，共投入4700万元，2010年10月投入生产。公司占地面积100亩，总投资1.3亿元。现拥有员工三百六十名，其中管理人员60多人，高级技术人员5人，中级技术人员10人，初级技术人员21人。公司专业生产和销售压延PVC，干法半PU及湿法PU合成革，引进国内先进压延生产线两条，干法生产线四条，湿法生产线两条及后处理生产设备。主要产品有：文具革、服装革、鞋革、沙发革、半PU及PU服装革等各种中高档合成革。2020年年产量1980万米，年产值达2亿。实现利税超400万。目前，公司正在研发仿超纤、环保型的中高档产品，增加市场竞争力。产品远销欧盟及世界各地。公司拥有完整科学的质量管理、环境管理体系，诚信、实力和质量均获得业界的认可。2010年公司获得福建省诚信促进会授予的"诚信经营单位"，获得福鼎市委授予的"福鼎市第11届文明单位"；2011年公司还获得了"宁德市和谐企业""先进基层党组织""守合同重信用企业"等荣誉；2011至2020年连续十年获得"纳税功勋企业""纳税明星企业"的荣誉。公司坚持以"诚信"为原则，积极承担社会责任，树立守法、诚信、负责的企业形象。公司全面落实环境保护、生态保护各项制度，全面推行清洁生产。

福鼎利都超纤皮革有限公司　福鼎利都超纤皮革有限公司坐落于福建省福鼎市龙安工业项目区，是2008年8月市政府招商引资的重点项目。项目于2010年2月开始进场建设，占地面积45亩，总投资1.2亿元，建筑面积达22000平方米，拥有3条湿法线、3条干法线以及抛光、压花、揉纹、磨皮、印刷、喷涂等先进的人造革后处理加工设备，以及DMF废水、废气回收等整套环保设施，年产能力1350万米以上。公司现有员工240多人，专业技术人员占35%以上，2020年总产值2亿元，上缴税收537万元，2021年产值3亿元，年税收500万元以上，公司拥有各类开发先进检测仪器的实验室，主要从事研发PU系列和超纤系列，可生产100多个品种，广泛应用于国内服装、鞋革、箱包、家具及汽车装饰等领域。公司2013—2018年荣获福鼎市纳税大户、文明单位、明星企业等称号，2019—2020年获得福鼎市功勋企业称号，公司以"高科技、高起点"为立业之本，以"产、销、研一体化"为发展模式，建设具有行业领先水平的PU革生产基地。以"质量、诚信"赢取市场。公司致力提倡环保、节能减排、关爱和谐的管理理念。

福建国泰超纤有限公司　　福建国泰超纤有限公司是一家专注于研发、生产、销售 PU 及超纤合成革为一体的大型工贸企业。公司成立于 2016 年 1 月，注册资本 2580 万元人民币，坐落在福鼎市龙安工业区岐港路 6 号，占地面积 80 亩；目前建有生产厂房、仓库、办公楼及附属设施 2 万多平方米，拥有 3 条湿法线和 2 条干法线及一条无溶剂生产线。年产超纤合成革、PU 合成革 2000 万米，项目总投入达 11600 万元。公司前身系温州市国泰合成革有限公司，创建于 1998 年，是温州市合成革商会副会长单位，也是温州最早一批创办的资深制革企业。在二十二年经营历史里，国泰始终坚持以信为本的理念，锲而不舍地做"大实业"企业，曾多次被温州市龙湾区政府评为"十强企业""优秀企业""守合同重信用企业（5A）"等荣誉称号。2015 年应宁德市温州合成革商会推荐，同年年底国泰斥资收购原福建中信革业有限公司整体项目资产，入驻中国福建福鼎生态合成革产业园，以"人工合成制革"技术为基础核心，形成了针对鞋革、箱包、家具、汽车等不同行业、不同规模、不同应用的三大系列产品供应解决方案，成为浙闽合成革供应业内最具影响力的标杆企业之一。公司秉承"锐意进取、专业执着"的经营理念，采用科学规范的管理制度，严抓产品质量和安全生产，以市场为导向，以创新为动力，以质量求生存，以发展求壮大。

福鼎市固废处置中心　　福鼎市固废处置中心项目于 2015 年 7 月 28 日经福鼎市发展和改革局备案立项批复，9 月 30 日取得集团公司项目投资批复。于 2016 年 6 月完成建设施工，并开始营运。项目占地面积 2.273 万平方米，建筑面积 4783 平方米，总投资人民币 5821 万元。项目由国务院国资委下属中央企业——中国节能环保集团公司投资建设。福鼎市固废处置中心项目主要构筑物有预处理车间、干化车间、精馏车间、干馏车间以及配套的综合楼、配电房、消防安防设施、厂区道路及绿化等。福鼎市固废处置中心属于危险废物利用处理项目，分二期建设。一期建设项目年处理 6600 吨合成革企业精馏残渣危险废物，服务范围为宁德市。

福鼎市纳川水环境发展有限公司　　福鼎市纳川水环境发展有限公司下属店下龙安综合污水处理厂，位于福鼎市龙安开发区，服务范围为店下镇区、龙安开发区生活污水和龙安工业园区工业污水尾水，即龙安工业区园区污水经龙安工业污水理厂处理，达到纳管标准后排入市政管道，进入福鼎市纳川水环境发展有限公司综合污水处理厂进行深度处理，总规模 3 万吨 / 天，占地面积为 4 万平方米。污水处理厂分两期建设，其中一期建设规模 1 万吨 / 天。主要处理构筑物有：粗格栅与进水泵房一座、细格栅与旋流沉砂池 1 座、氧化沟 1 座、配水井与污泥泵房 1 座、二沉池 1 座、二级提升泵站 1 座、次氯酸钠消毒及尾水排放井 1 座、加药间 1 座、储泥池 1 座、综合楼 1 座、配电间 1 座、污泥脱水车间 1 座、尾水检测室 1 座。污水处理厂采用氧化沟处理工艺，出水消毒采用次氯酸钠溶液消毒，污泥处理采用板框压滤机进行脱水。总投资为5850万元。于2019年10月建成并开始调试运行至今已有三年多，水量收集与处理能力已达到设计要求，同时，与"福化环保""上海汇得""宁德国泰"等企业签订了废水纳管协议，已接纳了大部分企业的废水；至今最高的日处理量达到了1.5万吨。

（本文由龙安工业园管委会供稿）

龙安商会

李立华

1988年龙安围垦成功，即面向全国各地招商引资。政府最先的开发只能是招人，从龙安地基规划图先着手。1989年，按照规划图，政府开始卖地引资，此后一大批怀揣着建设美好家园梦想的热血民众，陆续迁移到这片热土之上。20世纪90年代，在改革开放的沐浴下，当地投资人向政府建议成立龙安经济开放区，从起草文件到审批，整个过程耗费了大量的精力、人力和物力，而随着福鼎撤县设市，龙安也从当时的福鼎工业重镇发展成为宁德地区级经济开发区。

龙安商会成立于2007年5月。而在此之前的龙安却经历了前所未有的艰难时刻。事实上，2005年到2007年是龙安开发区发展的低潮时期，在这3年之中，龙安人民经历了3件刻骨铭心的重要事件。一是2005年鞍钢投资项目流产。鞍钢项目是商会成员不断与政府沟通，经过多方努力争取到的项目，此项目一经筹备确定成立起就受到了各方重视，项目运作过程中，需要当地农民搬迁，管委会和商会自己出资出地为百姓提供居住点，但是由于条件简陋，安全出现问题，最终此事上报到上级政府，百姓十分担心，因此遭到了地方民众的不理解甚至反对。最终龙安为此筹划了三年的项目流产，导致很多投资人破产，龙安发展一度受限，陷入低谷。二是2006年"桑美"台风登陆，直接造成龙安几万人受灾，渔民、渔船更是遭到了重创，之后防疫杀菌以及清理洪灾，龙安损耗了大量的财力物力，后来从温州引进了皮革制造项目，龙安经济发展才逐步走出了阴影。三是2007年龙安大多数人参与了民间非法集资活动，最后民间标会倒闭，参与者集体亏损。总之，接连发生的负面事件给龙安人民造成了很大创伤，让很多移民百姓对龙安的发展失去了信心。这期间因为倒会的债务债权问题，群众矛盾纠纷不断，社会发展极度不和谐。这时候政府及时成立清会小组，协调理清各方复杂债务关系，最终平息了倒会风波。

为进一步构建和谐龙安，2007年5月20号，林挺畅、张方穗等7人吸取清会小组的经验，筹备成立龙安商会，并推荐李尚环为商会负责人。在成立至今的十几年中，龙安商会始终以"依托政府，但不依赖政府"为原则，以"服务龙安、和谐龙安、建设龙安"为宗旨，以"整合资源、共谋发展、团结商会为核心，自身建设为重点"作为方针，服务政府，服务百姓，不断为推动龙安发展贡献商会的力量。

为了把民众的潜能激发出来，把龙安生动活泼的姿态呈现出来，众多地方商人支持成立龙安商会。商会的成立把大家的智慧和心力都集中在了一起，各人用不同的声音传递着龙安发展的正能量，商会成了建言堂，成为龙安社会事业发展的助推器，政府与居民沟通的好平台，成为大家访亲交友的渠道。大家一起规划、一起催建、一块商议龙安产业转型发展，思考如何把资金集中起来，拉动龙安投资总量。

龙安商会自成立以来，一直用实际行动来向政府、向民众证明商会的成立是大家正确的选择，始终奉行"地方要发展，建设要先行"的宗旨，主动承担起没人愿意承担的责任，商会会员为了龙安的未来争论、探索，且付出行动，房子一榕挨着一榕，一幢比肩一幢建起来，农贸市场形成了，百益家超市进来了，商业步行街50米、200米、500米……人们每年正月十五的庆祝活动以及龙安舞蹈队员的教师培训，都离不开商会从中沟通协调，而这其中工作的艰难只有商会员们自己知道。

十几年来，在党委和管委会的正确领导下，商会作为地方与政府的桥梁，在建设龙安、促进龙安和谐发展方面起到了非常重要的作用，其多年的工作得到了会员的支持，也获得了地方各界人士的肯定和好评。

龙安商会成立之初，为了缓解当时地基和建屋需求不平衡的矛盾，以及苦于政府无法解决，商会便成立了催建办，主动收集信息联系买家，甚至遇上没钱建房的买家，商会还会自掏腰包为其垫付，因此矛盾才得以缓解，也促进当地的经济发展。商会以步行街为突破口，深入沿街群众挨家挨户进行调查摸底，广泛征求群众意见，在如何建设、如何经营、如何管理商业步行街等方面进了认真的探讨，"政府倡导、商会协调、业主参与""房屋主人出一点，政府出一点"的创新模式得到广泛认可，即由政府指导及补助配套设施建设，商会积极协调衔接各业主出资并按要求建设。在政府及商会的共同努力下，步行街于2012年正式经营，营业之初147家商业场所成功入驻，龙安步行街也逐渐成为当地群众购物、休闲、娱乐的重要场所。在这种创新模式的启发与经验下，龙安美食街、龙安建材市场也以同样的模式相继建成，各商户统一户外立面广告牌，统一店面租金，投入规范化经营。

另外，为了打破传统的建房模式，提升龙安开发区的建设品位，带动周边区域的发展，龙安开发区提倡建设集建材市场、酒店、农贸市场、车行等为一体的金涵商业中心。商业中心实行以业主自行统一规划建设为主，龙安商会主要负责协调各业主在建设过程中的各项事项，积极引导，争取早日为龙安人民提供一个集居家、娱乐、购物为一体的龙安商业中心。

龙安商会积极带头，带动大家一起回报社会，奉献爱心。十几年间，商会捐资帮助灾区、资助孤寡老人、资助失学儿童，累计善款达几十万元。2013年，由商会牵头，于龙安开发区成立了教育发展促进会，促进会成立之初就募集教育基金达200余万元。教育发展促进会的成立促使龙安地区形成了社会各界共同重视教育的良好氛围，极大推动了当地教育事业的发展

在龙安发展过程中，很多企业陆续入驻办厂，商会总会尽最大可能提供切实帮助。同时，商会还积极带动外来移民就业，并适时协调过程中出现的各种矛盾。龙安地区的企业员工来自全国各地，由于地域不同以及文化上的差异，企业与员工之间的交流并不顺畅，再加上劳资纠纷时有发生，则进一步加剧了企业和员工之间的矛盾。针对这个现象，商会积极扮演起中间人的沟通角色，帮助协调解决各类纠纷，在为百姓解难、为政府分忧等方面起了很大作用。

如今龙安开发区正腾飞向前，而龙安商会的发展也更团结、更包容、更多元、更开放。鉴于商会在龙安地方社会发展过程中所起到的关键作用，它成为周边县市商会学习的重要对象，实际上，其他很多地方的商会都曾来此取经。在被问到为什么坚持为龙安做这些事情的时候，商会会员徐永杭曾这样说道："我本身是农村出来，以前生活是很穷的。我现在生活好一点，我的信念就是，在自己的能力范围之内，能做一点好事就做一点好事，这也是为了我们后代的发展。"

正是商会会员始终怀揣着一颗脚踏实地、乐于奉献的真诚之心，龙安商会才能发挥出如此大的作用，并得到地方民众的一致认可。现如今，龙安商会已经在龙安生根发芽，相信在政府的领导下，龙安商会会越来越好，继续为政府和百姓服务，不断推动龙安各项事业的发展。

福能热电

🌿 杨劲松　苏明照

福建省福能龙安热电有限公司成立于2015年，是由福能股份控股（65%）和陕煤新型能源公司参股（35%）投资建设的热电联产企业，注册资本金1.5亿元，占地面积145.72亩，主要经营范围为供热、供电。

公司位于福鼎市龙安工业项目集中区，是园区产业转型升级、节能减排、清洁生产和促进地方经济发展的省重点环保基础配套工程项目，也是闽东地区第一家热电联产企业。现有三炉两机于2018年8月建成投产，实现超低排放，运行稳定可靠，以集中供热方式替代原工业区内合成革企业75台导热油锅炉。项目投产以来，有力地促进龙安工业园区扩园升级和合成革产业的转型升级。

福能热电公司（龙安管委会 供图）

公司贯彻落实"创新、协调、绿色、开放、共享"发展理念，牢固树立"以员工为中心"发展思想，紧密围绕"定位精准、管理精益、队伍精干、技术精湛、设备精良和环境精美"发展目标，营造"风清气正的工作氛围、干净担当的干事氛围、和谐快乐的生活氛围"，彰显团队精神和凝聚力，不断深化"共创共维共享精品热电"建设，全面提升企业管理水平，推动企业高质量发展，继续为闽东区域的经济发展和节能减排添砖加瓦，为集团的电力产业发展添彩着色。

热电联产是现代化工业区的重要标志，它代表着生态型工业区的硬件基础环境水平。龙安热电联产项目完成建设后，能取代高污染、高耗能的分散供热小锅炉，变分散供热为集中供热，有效促进龙安工业区产业转型升级、清洁生产、节能减排，同时将产生巨大的经济效益、环境效益及社会效益，推动福鼎市经济社会又好又快发展。

首先，解决的是原有企业可持续发展问题，福鼎龙安工业项目区先后引进合成革上下游企业40多家，现有燃煤小锅炉75台、烟囱36座。随着企业用热量逐年增加，园区环保排放问题日益严重，面对国家严格的环保政策要求，园区燃煤小锅炉拆除处于倒计时阶段，而龙安热电联产项目的建成将解决园区企业生存与发展的后顾之忧。

其次，为园区转型及扩园升级奠定基础，宁德市政府"十三五"规划，将生态

合成革产业列入宁德市八大集聚发展重点特色产业之一,龙安热电联产项目是实现龙安工业项目区合成革产业转型升级环保配套工程项目,它的建成将有力促进工业园区发展成为绿色生态环保型合成革产业基地,同时为推动园区招商引资和扩园升级奠定基础。

第三,能源高效利用,节能效果显著。龙安热电项目选用了目前先进的高温超高压参数(温度540℃,压力13.7MPa)的循环流化床锅炉,锅炉效率高达92%,选用背压式和新型背压式汽轮发电机组大幅度提高项目的能源利用效率,相比较园区原有燃煤小锅炉不到70%的热效率,每年园区可减少消耗标准煤2—3万吨,节约了自然资源,符合当前低碳经济发展要求。

第四,环保技术超前,减排意义重大。

第五,安全稳定供热,提升用热企业生产效率,降低用热企业的安全风险、管理成本和环保压力。龙安热电项目作为工业区主要热源对区域实现集中供热后,将提供稳定可靠、高品质的蒸汽供热,大大改善企业自备小锅炉频繁启停生产效率低的状况。便捷且清洁无污染的蒸汽供热不仅降低企业管理成本,而且完全消除了原有导热油供热安全风险高、火灾频发的安全压力,同时拆除企业原有小锅炉将极大减轻了企业的环保成本和环保排放压力。

第六,实现"热电、用热企业及当地生态"的共赢局面。集中供热节省了大量的燃煤,因而相对节省了大量的燃煤、灰渣在装卸、运输、储存过程中对环境的污染,减少了用水量和废水排放量,并对废水进行集中处理及循环使用,不仅能增加企业用气的便利,节省大量的锅炉房占地,同时能增加就业岗位,有利于园区的合理规划和发展,有效提升福鼎市龙安工业区的形象及品位,提高人民群众安居乐业的生活环境质量。

福能热电公司党总支书记林敏和何总助(何彪),与他们聊了聊公司的发展历史。作为前期的最早的人员之一,何彪告诉我们,刚来龙安时一个非常切身的感受,就是这里的山好水好人更好,特别是龙安的管委会对于这个项目的支持,不遗余力的帮助,为公司初期的建设解决了许多问题。公司有任何的问题,管委会主任、书记、服务中心的这些人会过来现场办公。

公司建设起来以后就开始向全社会招聘,招的大部分是来自全省各地,以福建为主,也有外地的,也有四川的,也有陕西的。但是那几年因为地域比较偏远,对于福建来讲,地理位置偏了点,可能员工还是有一定的流失率,有的为了照顾家庭,有的为了考公务员,流失率比较高。为此,公司也考虑了很多,特别是职工子女上学的问题。龙安的幼儿园、小学、中学,他们对工业区职工子女的就读非常支持。每年到了开学的之前，公司内部就会做一个摸底，谁家的孩子要上初中，谁家的孩子要上小学，谁家的孩子要上幼儿园。提前列了一个名单，然后去跟教育口对接，像这样可以留住人才。

作为闽东地区第一个热电联产项目，公司秉承"清洁生产，绿色生活"环保理念，精心打造现代化绿色环保热电厂，在项目的初期就提出两个"第一"打造"精品热电"的设想：一是第一时间将超低排放贯彻到项目设计，选择烟煤作为主燃料，结合循环流床锅炉负荷调节，实现低温燃烧，实现运行中低氮氧化物、低二氧化硫的原始排放，为环保技术路线的选择和实际有效的运行控制打下扎实的基础；二是第一次将集团自主知识产权"低真空回热技术"大型化高参数应用到项目设计，把"带低真空回热的新型背压式汽轮机"与低低温省煤器有机结合，提高机组发电能力，避免低低温省煤器低温腐蚀的同时，大幅度降低锅炉排烟温度，提高全厂热效率，提高除尘效率，实现节能、减排、增效三丰收。

热电项目主要技术参数、主机形式以及环保技术路线，充分体现"节约、清洁、安全"能源战略方针，大气污染物排放浓度指标控制在最新标准以内，项目投产后每年消减龙安工业区现有污染物排放总量 NO_x、SO_2 及粉尘分别达 480 吨、1047 吨和 3736 吨，合计 1900 吨以上，年减排率分别达到 86%、95%、97%，有力地促进龙安工业园区扩园升级和合成革产业的转型升级。

邦普宁德新材料产业园

广东邦普循环科技有限公司（简称"邦普循环"）创立于2005年，总部位于广东省佛山市，是国内领先的废旧电池循环利用企业。作为宁德时代新能源科技股份有限公司的控股子公司，邦普循环聚焦回收业务、资源业务与材料业务三大板块。

邦普宁德新材料产业园位于福鼎市龙安化工园，总投资约217亿，规划占地面积约183公顷。该项目分三期建设，2020年12月正式动工，2022年1月实现一期投产，2023年将逐步实现二三期投产。规划产能包括30万吨电池回收、12万吨三元前驱体、8万吨三元正极材料、14万吨磷酸铁前驱体、8万吨磷酸铁锂正极材料、2万吨钴酸锂、4.35万吨碳酸锂、2.1万吨镍化学品和1000吨金属钴。

邦普宁德新材料产业园践行绿色低碳可持续发展理念，一方面将回收的废旧电池再生为可用于电池再制造的正极材料，保障宁德时代电池原材料的安全稳定供应，全力打造自动化、智能化、集约化的绿色低碳示范工厂；另一方面将发挥龙头企业的辐射带动作用，夯实宁德市高质量发展基础，推动产业结构优化升级，协助构建相互支撑、串联山海、梯次布局的锂电新能源产业新格局，助力打造锂电池新能源千亿产业集群。

邦普宁德新材料产业园（龙安管委会 供图）

（本文由邦普循环科技有限公司供稿）

福鼎市安然燃气有限公司龙安分公司

陈万健　林铭瑜　王丽枫

福鼎市安然燃气有限公司成立于2001年6月，是一家国有主导的混合所有制公用事业企业，主要经营城市管道天然气、液化天然气、LNG贸易、新能源以及燃气设备、网络电商等。公司现有员工160多人，设有龙安、太姥山、文渡、液化石油气四家分公司和福建省燃气行业领先的智慧能源管理中心。公司利用集团资金、人才、技术和管理等优势，全力推进基础设施投资、资源共享、技术交流、专业培训、项目运营和信息管理等方面的发展，紧紧抓住西气东输三线入闽和海西二期工程的历史机遇，积极参与投建福建区域天然气支线工程和LNG综合利用工程，全面推进了福鼎市城镇燃气"一张网"大格局建设，目前管网已覆盖中心城区及前岐、点头、白琳、店下、太姥山、硖门、龙安等乡镇和开发区，服务居民及工商业用户近20万户。

龙安分公司成立于2020年2月21日，总投资2.2亿元，2021年建成了全省城市燃气最大的天然气储配站，建设规模5000立方，日供应能力达300万立方米。龙安LNG气化站占地面积46.9亩，主要包括1座5000立方米LNG储罐，16台6000立方米空温式加热器，3台1000立方米空温式加热器，2台1000立方米空温式放散气体加热器，2台500立方米BOG压缩机，2台潜液泵，1台装车泵，8个卸车台和2台装车臂等。站内配套建设综合楼、辅助房、2个2000立方米的消防水池等基础设施。不但为龙安工业园区供气，还为沿线店下镇、太姥山镇以及周边区域的各类用户供气，并具备为整个闽东乃至更大区域调峰、储气等战略支撑能力，成为福建省天然气管网互联互通的重要组成部分，对闽东区域能源储、供安全及社会经济发展，具有积极而深远的影响。

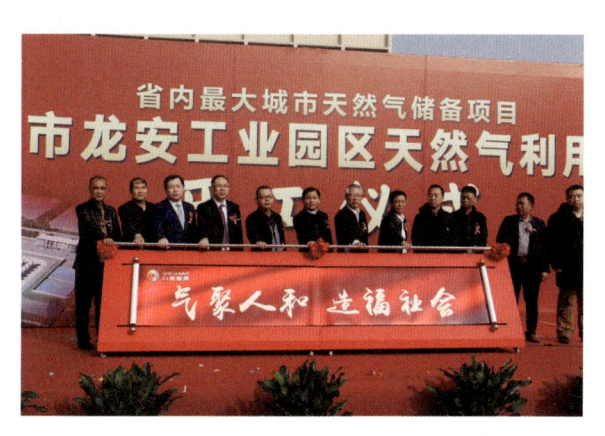

2019年1月安然天然气启动仪式（龙安管委会 供图）

敲罟捕鱼

◆ 张灵酒

20世纪70年代，杨岐生产队主要从事农业生产活动，但也有个别人曾一度参与沙埕水生远海捕捞，这些人长期捕捞，富有经验。村民曾世古曾是敲罟高手，征得生产队同意，愿将收成的鱼货纳入记工分范畴，组织敲罟捕鱼作业。

敲罟是一种古老的捕鱼方式，最早是起源于广东潮汕饶平的传统捕捞方式，从明嘉靖年间一直延续至20世纪80年代初。敲罟，通常由两艘大船、罟公、罟母，运输船，罟顶、四个船队组成，每艘运输船载四条小舢板，船老大即技术员在装网的"罟母"船上，副驶在罟公船上，技术活主要由技术员看潮流，循着潮流的方向撒网，一般是一艘小船一人摇橹，两人敲击，几条小船形成合围之势，群力围捕。从四面围拢，然后一寸一寸地往上收；网里的鱼慢慢浮出水面，此起彼伏地跳跃着，鱼鳞在夕阳的光芒里耀眼生花；闻讯而来的海鸥垂涎地绕着渔船，一圈又一圈地飞。

杨岐于1971年、1972年连续两年，进行敲罟捕鱼，那时候水产资源丰富，喜获丰收，清一色的大黄鱼，生产队仓库里的地上堆成一堆，任村民挑选，先挂账，待年底分红扣除，尽管在当时，能捕捞这么大的鱼货，也算是很了不起，有人除了自己用外，还把大黄鱼作为馈赠品送给亲朋好友。然而，从那个年代走来的人们，一定还记得"大黄鱼5分钱1斤"的年代，吃不光的大黄鱼拿去喂猪，扔在街头腐烂……

人们或许没来得及预料到，这个原本只在小范围流传的捕鱼方式，有一天会给我国的大黄鱼产业，几乎带来灭顶之灾，导致大黄鱼资源极度匮乏。后来，敲罟被国家明令禁止，杨岐从此断了敲罟捕鱼念想，古老的捕鱼方式退出了历史，成为记忆。

讨小海

李立华

20世纪30年代，生活在杨岐、玉岐的村民为了生活而去捕捉滩涂小海鲜，叫作讨小海。讨小海这个词语其实来源于"种田讨海"这个劳动模式。那时候，生活在海边的人们，难以做到全部去耕田，迫于生活压力，人们会去抓滩涂上的海鲜进行贩卖，以谋生计。

讨小海一年四季都可进行，特别是炎热夏天，要头顶烈日，寒冬腊月要迎着刺骨的海风，冻僵的手还要拿张自制的小流网，身上系着一条绳子牵着一个装鱼虾用的箩筐，随人移动。黑夜下海还要带盏自制"风吹不动"的煤油灯照明。趁着潮汐间隙，时常都要浸泡在齐腰深的海水中行进，若能一网放下去就有一网鱼虾出现，那种丰收的喜悦会令他们忘却了自己的辛劳，讨小海的某些项目，也有很大风险。

"靠山吃山、靠海吃海"，大家都知道，以前龙安垦区内有着广阔的滩涂。在滩涂上就生存着非常多种类的小海鲜，像跳跳鱼、海螺、泥螺、蛏、白玉蟹、大脚蟹等等都是在这种滩涂之上抓到的。讨小海工具简单，种类却不少，如篮、箩、筐、铁铲、蛎刀、钉耙、竹筒蟮笼、鳗刀、鲶刀、手罾、缉网、三角锄、青苔钯、涂线钩、弹涂钓、小木桶、溜板（也叫"泥马"）等，依季节、地点和捕捞品种变换使用，也因人而异。骑着"泥马"，乘着天光在邻近海岸线的滩涂上挖掘一些小海鲜这是生活在海边的"老龙安人"的日常。面对广阔未知的大海，关注四季的风向气温，熟知海水的潮涨潮落，日经月累的实践，他们有了一套讨生活的技巧，同时也成了当地的一道四季风景。每当落潮的时候，潮水会退到几千米以外，原来的海洋变成一块块滩涂，这正是当地人心中的金银滩。

挖蛏，讨小海杨岐湾两山夹抱，受店下洋淤泥冲积，杨岐滩涂海水肥沃，盐度适中，自然饵料丰富，得天独厚的海涂环境，使得这里出产的缢蛏个体大、壳薄肉嫩，味道鲜甜。春夏季的滩涂，总有挖蛏人的身影。一天内往往得七八个小时陷在滩涂淤泥里，通过敏捷的双手，抓寻混在泥水里的蛏子，尤其考验耐心和耐力。挖跳跳鱼，又称弹胡、弹涂鱼，因其具有非凡的弹跳能力而得名。它味如珍鲜，却极难捕捉，但这难不倒讨小海的当地人。

龙安滩涂（龙安管委会 供图）

但也有渔民在这样的季节选择在滩涂上抓野生的白章鱼。每年五六月份是望潮最多的时候，也是讨小海的渔民，最愿意捕捉的海货。区别于农耕农民日出而作，日落而息的作息方式。这些渔民的劳作完全是根据潮汐而定。天海相伴，海风相随，当地讨海人，走过春夏秋冬，始终是滩涂上最特别的那道风景线。一般是在潮水退潮时进行，涨潮时把收获的海货，自吃或拿到市场出售。每天，渔民会顺着退潮的潮水把渔船行驶至劳作的海域。等到海上退至能够操作到各类预先埋伏好的陷阱或滩涂露出水面时开始劳作。将各类落入陷阱或留在滩涂上的海鲜收获。看似简单却非常紧张，因为这些渔民必须赶在上涨的潮水淹没左右场所前完成所有的收获。当潮水涨到无法作业时这些渔民才会带着所有的收获，顺着涨潮的潮水返回码头。在之前的时候，人们之所以去抓滩涂上的海鲜，是迫于生活压力。生活在海边的人们，难以做到全去耕田。而在落潮之后，滩涂上的海鲜又非常之多，因此人们渐渐将自己的生活来源转移到了滩涂上，小海鲜随着集镇人的喜爱，慢慢的讨小海的村民也就多了起来。不过在之前的时候，讨小海这个行当其实还是一些小众。因为，根据历史上的记载，一般村里较大的部落占用了较大的滩涂，而那些人丁稀少的人户，就难以讨得更多的海货。

曾经的人们还是将讨小海作为一种经济来源，但是随着现在生活越来越好，把讨小海作为生活全部经济来源的人们越来越少，这不仅仅是因为海货变少，更是因为讨小海这个工作是非常困难的。

一位王姓村民告诉我们，在他小时候最开心的就是去讨小海，一放学就会和一大帮小伙伴一起到海滩边，涨潮时是一片海茫茫，退潮了滩涂上就有很多小海。那时男人们出海捕捞，海边的女人和孩子们几乎全成了"讨小海"的能手。他们腰挂竹篓或

讨小海（龙安管委会 供图）

手提小木桶，在滩涂上骑着"泥马"踏泥而行、动作熟稔。围垦前的滩涂上小海很丰富，退潮的时候海蛏、小螺随处可捡；涨潮的时候也可以钓螃蟹，捞小鱼。特别是涨潮时的白玉蟹，就在岸边的路旁走啊游啊，稍微去捞一下就能捞到好几个，因此还有了一句民谚，"六月鲎，爬上灶"，就是说六月的鲎啊，涨潮的时候它会自己爬上灶头，可见当时的海货之多。那时候捉到的小鱼、螃蟹都很新鲜，捕的鱼虾捞上来就能直接生吃，很有滋味。

讨小海不用为吃饭发愁，新鲜食材随手可得，收成好不好全看潮水的大小。小潮带上岸的鱼虾少就没有很多人去讨小海；大潮留在海滩上海货比较多，去讨小海的人也多一些。而且不同于出海捕捞，什么季节吃什么鱼都有张时间表，小海没有时令的限制，小青蟹是一整年都有的，海蛎是一整年都有的，小鱼也是一整年都有的，这些都是被日复一日的潮涨潮落裹挟而来的食材。吃不完的海货还可以腌制成干，或腌制储备起来在小潮没海货时或者夏天太热、冬天太冷都可以吃。

随着海洋经济的发展和生活水平的提高，现在年轻人都已经不会"讨小海"了。倒是居住在海边的一些中老年人，他们仍会在潮汐间或驾着小木船，或结伴成队踏上海堤外的滩涂去收获来自沙埕港的馈赠。这些滩涂上摸爬的人笑称自己像个"泥人"。要是有游客在海滩边遇见他们，想带点海鲜回家品尝，"讨小海"的人通常不会论斤称两，会说："都是滩涂上捡的，掂量一下，不讲价钱，便宜给你，带回家尝个鲜。"

现在"讨小海"这个行当，已经渐渐淡出大家的视线，将它作为生活经济来源的，变得越来越少。"讨小海"，一个"讨"字，流露出讨海人在大自然面前的卑微姿态和虔诚敬畏，也传递了讨海人对大自然馈赠的满足和感恩。

澳尾扳罾

◆ 张灵酒

龙安杨岐澳尾自然村，这里的原住民有扳罾讨鱼过生活的历史。扳罾先要做罾排船，名乎船其实是毛竹拼凑捆扎的竹排而已，人走在上面，重力缘故，水会涌上拼接的间隙，常常漫过脚脖子，在过去年代，还没有雨衣雨鞋，只有一袭蓑衣，光着脚丫，与昏黄的煤油灯长相厮守。

罾船以前有民间师傅在专门做，从遴选多年的成竹，到节目锯段、晾晒时长都有讲究，最难在于捆扎，在拼拢的竹条上，间距1米至1.2米横卧一块枕木，进行丝绳捆绑扎实，每一次扎紧都要借助专门绑杆，利用杠杆原理，轻松撬动，扎实扎紧。这一道尤为关键，捆绑不扎实，竹排不经久耐用，就像散了架，十分晃荡而不听使唤。澳尾朱成远打小就有捆扎罾排的技艺，远近有名，经他扎过的罾排牢固耐用，恰到好处。

做好罾排选好吉日放下水即是罾船，首尾微翘以迎风逐浪，细心的还嵌上船眼，配划桨及探篙。

船主人先在船尾搭建拱形棚寮以供休憩营宿，在船首架设罾网，一般罾网大小凭借经验制作，以罾网浮出水面承受重力为宜，罾网由一面大网织成，相互交叉的两根弯弯细长毛竹的四个支点撑起罾网四角，呈伞状形，取一根原木一端锁定罾网交叉部位，另一端将原木活动安放在罾船三分之二处，再在原木中心交叉支点绑上绳索，只要人力扳动绳索将带动原木致罾网上下自由旋动。

扳罾人把罾船撑到合适海域下碇，待罾船随潮定位即可开始扳罾，人站稳用力拉近绳索扳动原木开启罾网，并发出吱吱呀呀的咬合声，将罾网徐徐放入海中，跟随涨潮的小鱼虾自然会经过罾网，扳罾人时不时卷起手中绳索扳动罾网，节奏要快，待罾网浮出水面，惊慌失措的鱼虾自然就成了战利品。

毛竹做扳罾船是沿袭最古老的原始方式，后来渐渐搬上木制舢舨船，不需要挽起裤腿、打赤脚，大大改善扳罾条件。

竹排扳罾或船扳罾都是旧时村里较有实力的村民才做得起，多数人在驳岸上只垒起简易石垛，在石垛上安放几根枕木，再把罾网架在枕木上即大功告成，但渔获远不及竹排及船扳罾，扳罾捞起不仅小鱼小虾，逢变天季，鲈鱼、鳜鱼、海鳗等也会上网。

澳尾扳罾（张灵酒 摄）

　　澳尾自然村人均不足一分耕地，因势利导，利用罾船扳罾讨鱼，成了副业收入，他们舍不得吃，一大早把多余小鱼小虾沿村贩卖。

　　杨岐内港扳罾船最多的时候有二三十条，扳罾宛在水中央，记忆中曾是一道亮丽的风景。

大黄鱼养殖

李立华

龙安地处沙埕港内海,连接着东海,海域面积 10 平方千米,海岸线长达 11 千米。这里的人们将著名的青蟹、梭子蟹、大黄鱼出产至世界各地。大黄鱼是我国四大海水经济鱼类之一,有"海水国鱼"美名。自从 20 世纪 80 年代大黄鱼人工繁育成功,大黄鱼产业产生了划时代的变化,由原来的海洋捕捞步入工人养殖时代。目前海湾内从岸边到海面七八千米的地方已经布满了一片片网箱和一座座建立在几个网箱中间的小平屋以及岸边一个个大小不一的育苗场。

大黄鱼又称黄花鱼、黄瓜鱼,其肉质细嫩鲜美、高蛋白、低胆固醇,并富含 EPA、DHA 等高度不饱和脂肪酸,是我国沿海传统海产品。因其体色金黄,唇部橘红,群众视之为吉祥物,赞为"长命鱼""黄鱼小姐"。近年来,龙安沿海网箱养鱼发展很快,已初步走向规模化。养殖大黄鱼网箱 743 口,年创产值近亿元,养殖前景乐观。

大黄鱼网箱人工养殖首先应选择水质肥沃,盐度适宜的海区。沙埕港内湾非常适宜。大黄鱼是温暖性集群洄游鱼类,对温度要求的适用范围是 10℃—32℃,最适生长温度为 18℃—25℃,盐度范围为 24.8—34.5,最适盐度为 30.5,pH 为 7.85—8.35,一般 DO 在 4 毫克/升以上,但人工养殖中,DO 在 6.5 毫克/升以下,最低不能低于 2 毫克/升。养殖当年每尾平均可达 0.75 千克左右,最大的可达 1 千克,活鱼市场售价 50—100 元/千克。

大黄鱼养成阶段的网箱设置与鱼种培育阶段的要求基本相同,只是网箱的规格与网目大小随着鱼种的长大而改变,采用聚乙烯等材料,使用 40—12 目尼龙筛网,网眼大小在 30 毫米左右,为避免鱼体擦伤,采用网衣材料质地比较软,无结节片,网箱的深度一般在 3.5—4.5 米,低潮时海区水深达到 8 米以上,设置的网箱规格为 4×4 米、3×3 米等。养殖时应该选择体型匀称、体质健壮体表鳞片完善、无病、无伤鱼种规格大体相同,每尾平均达到 80—100 克的鱼种。

大黄鱼苗运输需采用封闭的水箱、水桶,专用船配备活水连续 24 小时充气进行运输。在运输过程中密集锻炼,去除过多黏液运输前要停止投喂。鱼种运回后,采用抗生素和福尔马林溶液浸泡消毒后,移至网箱养殖,每平方米放养密度 25—30 尾,放苗时间一般在 5 月 20 日左右，水温在 18.5℃。

在大黄鱼养成期间一般每天早、晚各投喂一次，但阴雨天气可隔一天投喂。当天的投喂量主要根据鱼的摄食情况、天气、水色、潮流变化等情况决定，湿性饵料日投饵率6%—8%（水温在 29℃以上），主要以鲜活饵料、杂鱼、杂虾、蛤肉等为主，养成每只黄瓜鱼用饵料 1.25 千克，费用在 3 元左右。养成阶段生长最快的是在高温期，这时网箱最容易附生动植物，可以留几个网箱养几条海鲫鱼，它们会吃掉围网上的污垢。不过还是要经常换洗网箱，一般每隔 15 天左右换洗一次，每次结合换洗网箱，对网箱的鱼进行抗生素溶液的浸泡消毒，杜绝鱼病发生，并坚持每天早、中、晚三次检查鱼的动态，对潮汐、水流、水质肥沃等情况随时观察了解，防止缺氧死亡发现问题，发现问题及时处理。

到了喂鱼的时间，饲饵纷纷撒出，夕阳照耀下金黄色的海面上鱼跃甚欢。再看看龙安渔民养殖户泛起的笑容，每次都期待着又能卖出好价钱。

有着"海上田园"之称的龙安鱼排网箱养殖，是八杨路上一道美丽的风景，也是摄影家们喜爱的取景点，龙安管委会还特意在公路沿线兴建了几处玲珑别致的海景观景台，早晚不同霞，四季不同景，美不胜收，让人流连忘返。

龙安渔排（龙安参委会 供图）

龙安油库与西澳油库

> 李立华

1965年8月，经县政府报批，原福鼎县石油公司决定利用龙安码头的特殊位置，在龙安投资建设龙安油库。主要用来接收、储存和供应生产及民用的柴油、煤油、机油。油库占地7亩，建有1个500立方米的露天水泥储油罐，并在山洞里藏有3个50立方米储油罐，1个灌油间及桶装仓库，1座宿舍楼，1排1层的员工家属独立小厨房数间，在现海堤管理所处，也是原来油库的两层砖房办公楼。历时两年建成，最早有7位员工，店下人蔡存国曾在此负责，后来员工陆续增多至12人。

随着福鼎经济的发展，龙安油库因库容有限，后经县政府批准，公司于1976年春在西澳村渡船头征地120多亩，1978年动工建设两个1000立方米大型露天水泥储油罐，30个50立方米储油罐，电房1座，付油台1间，4层钢筋混凝土宿舍楼两座，3榴两层办公楼1座，海上引桥、浮埠各1座，至1980年建成西澳油库，取得福建省政府批准的500吨级石油专用码头投入使用，可停靠千吨油轮。当时主要用来接收、储存和供应生产及民用的柴油、机油。西澳油库当时是福鼎最大油库。

老宿舍楼（李立华 摄）

西澳油库建成使用后，龙安油库将柴油、机油合并到西澳油库经营，只保留民用煤油的储存和供应，随着杨岐垦区建设需要拆迁，最后只剩蔡存国和钟功德两人，于1987年龙安停用关闭并被拆除，办公楼作为围垦指挥部临时办公场所。

随着体制改革，西澳油库也实行经营承包，2006年8月10日超强台风"桑美"登陆，龙安油库码头的海上引桥、浮埠被巨浪打得无影无踪。随着中国加入世贸组织，进一步对外开放国内原油、成品油的批发经营权，西澳油库也随着福鼎各乡镇加油站的新增建设，原来依靠海上加油的优势荡然无存，生意日渐消退，于2006年"桑美"台风后停用。现尚存两栋宿舍楼。

（根据原石油公司员工谢丽华、朱国平，西澳村原书记林振照等人口述整理）

龙安鱼露厂

> 李立华

鱼露厂始建于1970年，原由福鼎县沙埕水产站创办，站长李承燕，店下人。店下原是福鼎农业大镇，为结合农业学大寨运动的深入，沙埕水产站决定在店下龙安投资建设一个鱼露厂，作为支持农业学大寨的对援窗口、主要是当时店下缺乏农业生产肥料、而鱼露加工后的下脚料作为番薯和马铃薯的基肥促进增长增收是难得的有机肥。

建厂时第一批员工都是从沙埕水产站派来，当时有陈初招、陈月苹等7位员工。露厂占地面积1300平方米，上面建有单层制露车间一座8间占地约280平方米。3榴两层红砖墙办公楼一座，晒露场约800平方米，上百个晒露大缸，上面盖有竹制大缸斗笠，太阳时打开晒露，雨天盖上，成为当时一道独特风景。

鱼露，又称鱼酱油、虾油，福鼎方言称露，是一种沿海风味独特的水产调味品。闽粤沿海是鱼露的原产地之一。历史悠久，能够延续至今，与其独特的风味密不可分，主要包括鲜味和咸味，是闽菜、潮州菜和东南亚料理中常用的调味品。

鱼露的历史非常悠久。最早的鱼露，应是从腌制咸鱼时排出的鱼汁，这些鱼汁的成分除了盐水，主要是鱼类蛋白水解产生的多种氨基酸，既鲜味又营养，渔民觉得倒掉可惜，就留下来充当调味料开始的。如清光绪《揭阳县正续志》记载说："涂虾如水中花……土人以布网滤取之，煮熟色赤，味鲜美，亦可作醢。"这里"醢"是指用鱼（虾）肉制成的酱料，与上古的字义完全相同。

以前，福鼎渔业兴旺，当时鱼露生产主要是以低值鱼虾或水产品加工下脚料为原料，利用鱼体所含的蛋白酶及其他酶，以及在多种微

鱼露厂（李立华 摄）

生物共同参与下，对原料鱼中的蛋白质，脂肪等成分进行发酵分解，酿制而成。其味咸、极鲜美、营养丰富、含有所有的必需氨基酸和牛磺酸，还含有钙、碘等多种矿物质和维生素。

以前，龙安鱼露厂主要依靠传统的人工天然发酵，将新鲜原料和盐混合（3比1或2比1）投入100多口的大缸中通过前期露天发酵（自溶）—中期发酵—后期发酵（一周，保温40℃—50℃）在经过调配—过滤—检验—杀菌—包装—成品。天然发酵的鱼露风味独特，非常鲜美，但其生产周期较长，一般为数月甚至一年以上。为了获得更好的风味，有的甚至达到二到三年。

鱼露天然发酵过程中，为了防止腐败微生物的繁殖，又能够创造蛋白酶作用的最适条件，同时抑制腐败微生物的繁殖，采用低盐和高温内脏发酵加曲发酵3种方法的结合使用。经一系列的生化反应，形成鱼露特有的风味。还有一种方法是可以从传统鱼露的发酵过程中分离筛选出耐盐、嗜盐菌，把这些菌在合适的条件下扩大培养，再加入盐渍的原料中去，能够加速蛋白质等的分解过程，而且其蛋白质分解度高，鱼露风味较好。

杨岐鱼露厂后因国家农资化肥的充足供应，从减产到慢慢停厂，最后因杨岐围垦工程动工就被拆除了，杨岐老百姓记忆中："露厂晒露发酵很臭，鱼露上桌沾菜很香。"

晒岩盐

🖋 张灵酒

很早以前，龙安有一个晒岩盐的场所，位于杨岐村右首约一千米的海边山腰，大概有一个篮球场大小。

晒岩盐场所一般选择在临海陡峭崖岩，为了防滑，晒盐人会在岩壁上凿出行走路径的脚印痕来增加摩擦力。

只要天气晴朗，晒盐人就会把崖岩杂质清扫干净、再用水清洗一遍，清洁过后，就正式开始晒盐：即用事先舀来的海水装进桶内，尔后挑至崖顶，然后用木柄长瓢将桶里海水，一瓢一瓢舀起泼洒崖岩，海水沿着岩壁自上而下流淌，如此循环反复，利用阳光和风干蒸发浓缩海水，使其充分叠加、过滤饱和，在烈日暴晒下逐渐析出结晶形成固态盐，或称粗盐。当结晶固态盐出现后，用扫把从上往下扫盐归坨，等候装筐即可。

晒岩盐是卖力活，顶着炎炎烈日，需要一挑挑上下来回；需要一瓢瓢尽力甩膀，正常在崖岩行走都觉十分困难，何况肩荷百斤，面对45度以上倾角，只能横着艰难挺进，那是悠悠一步，晃晃一颠，呼吸犹如雷鸣，当地有句谚语，晒盐一天，蜕皮一层，写尽晒盐人的无尽辛酸。

晒盐活即粗放又精细，需要刚柔并济的坚忍与毅力，是灵与肉的极限挑战。虽然看似简单的泼水、蒸发、结晶、归坨，却是十分复杂的过程，当日的风速大小、阳光强弱、水文气候都决定粗盐的质与量。

食盐不可或缺，历来是老百姓重要的物资资源，生活在沿海，过去很多人都会晒岩盐，尽管风险很高，常常有摔倒致伤致惨，可也是变现零碎纹银养家糊口的最直接有效办法，终究还是有人愿意为此付出一生，甚至作为传承，把接力棒交到儿子手上，成为名副其实晒盐人。

随着社会变迁，古法的晒岩盐也早已被现代晒盐技术取而代之了。

八月割山草

◎ 张灵酒

　　杨岐人是拼命的，一百人劳力，以前除了耕种 200 多亩二季稻谷水田，300 多亩山地地瓜，还有 100 多亩茶果园以外，最卖苦力算是割山草，山场蓄长一年，有专人巡山看护，每年每家每户分配一块草场，杨岐有割"八月草"之说，八月天气干燥，北风徐徐，有利山草晾干增色，很受客户青睐，割草放倒、晾干、捆草、挑回、磊垛，工序尤为复杂，其间又要保证不能被雨淋湿，过去长长的杨岐海堤，垒起一溜长长的草垛，这便是杨岐一道与众不同的草垛风景。

　　待来年春后，便有客户驾船陆续前来购买，村里人私下达成盟约，不管村里谁家卖草，其他人都会放下手头活，拿一根串担，自觉帮忙挑山草，草主妇要张罗吃饭，叫作有钱没钱挣个肚子圆。卖山草是杨岐人的习惯，列入当时家庭的主要经济收入之一，直到 1989 年杨岐海堤围垦，草船进不来，又随着乡村液化气的普及，割山草这一苦力活也就成为永远的历史。

承前启后的织渔网业

◎ 李立华

龙安开发区濒临东海,相对来说田地不多。由于靠近海边,捕捞水产自然就成了当地人养家糊口的主要途径之一。以前这里几乎家家都以打鱼为生,打到鱼后换米或是直接售卖。

因此,捕鱼用到的渔网也成了当地人家的必须装备。但是,要织一张好的渔网并非易事,也不是人人都能掌握这门手艺。于是,一些颇有织网手艺的渔民就在闲暇时开始编织渔网,卖给需要的人。渐渐地,织渔网成了当地的一门除捕鱼之外养家糊口的技艺。算起来,编织渔网在当地已有上百年时间了。

自古以来,暑天"嘎绳",冬天结网,休渔时期,人们也各有各的忙碌。出海捕鱼的人们必备的工具便是渔网,到了休渔期,渔民就会将用久了有破洞的渔网修修补补,以便来年再用。从古到今,渔网也在更迭换新,从材质到技艺,每一个渔网,都诉说着一段历史。

渔业兴起——从棍夹到刀砍

龙安自有人开始,便兴起了渔业。当地居民靠海吃海,为了解决生存的基本需要,捕鱼是沿海渔民必须学会的一项基本技能。

相传早年间,人们不懂得结网,只能用最"笨"的方法。那时捕鱼的工具用的是最简单的木棍,将几根木棍插在水不深的浅泥滩固定住,人们将鱼赶到木棍前,个头比较大的鱼穿不过两根木棍之间的缝隙,便会被夹住,因此,被称为"夹棍捕鱼"。但是夹棍捕鱼的效率太低,人们为了得到尽可能多的鱼,可谓费尽心思。甚至借助于家里的砍刀,下海砍鱼。这种场面想象一下,也非常有意思。在水不深的浅滩里,渔民们用木棍将浅滩围成一圈,将鱼圈在里面,三五个人在浅滩拿着砍刀奋力地砍砸水面,被砍中的鱼肚皮向上浮在水面上,被扔上岸。但是因为这些工具作业规模小,产量不大,也不能完全满足生产要求。

渔具发展——结网的出现

到后来人们将芦苇秆用绳子编成草席，用它将鱼圈起来捕鱼。这种捕鱼的草席和现在的凉席非常相似，它的缝隙很小，不会让虾蟹顺着缝隙跑掉，在捕到大鱼的同时，小虾小蟹也出现在餐桌上。直到20世纪70年代，我们还经常看到一些抓毛蟹的会在溪沟用竹竿编插在溪流中，晚上便会有许多虾蟹爬上来被兜住的，现在想起还真好玩的。直到人们会用篾条编篮子，知道稻草可以用来做绳子，筐网、草绳网才相继出现。一切都只能依赖手工的时代，没有工具的帮助，草绳网的节扣都是人们一板一眼打出来的，成品也是很粗糙和简陋的。

随着社会的发展，人们耕种的作物也逐渐增多，棉花的出现使得人们懂得了纺织，同时也带来了渔网的更新换代。早期，这里的古人使用粗布加上麻作为原料，通过捆卷的方法制成渔网。在渔民的记忆中，以前，因为男人们出海，村里而显得稍稍寂静下来，每当日头高高地升起时，家家户户门口的木棚小架或是荫凉处的疏影下，老老少少的女人们围坐一起，或是捻线或是飞梭，大都在忙碌着跟织网有关的工作。行云流水般地绕绳、打结，织满一尺之后，再织造一尺。不经意间，一个个标准匀称的网格有序纵横、整齐划一，呈现均衡的美。一梭一线，都是为了出海的时候能够有个好收成。

材料的变迁——渔网功能细化

随着时代的发展，古时编织渔网的原料，如今也已经从粗布和麻变成了具有高强度和韧性的合成纤维。随着尼龙材料出现之后，逐渐取代了旧时的渔网，但是自然材料制作的渔网，不管是材质的强度，还是日晒的耐受度，都无法和现代的化工尼龙纤维材料相比，极易潮湿腐烂，加以在进入海域之后，渔网经常在海水中浸泡，遭受鱼群及浪潮的外力扯拉，网目之间的绳条更容易被腐蚀脆化，如果保养不当，出现断裂损坏是常态化的情况，所以在休息期间，进行渔网的晾晒和检修工作，是当居民必备的技能之一，"三天打鱼，两天晒网"也正是他们辛勤工作的真实写照。

现在渔民使用的基本是这种用化学纤维制造出来的渔网，不管是耐受力还是抗腐蚀的能力都远胜于往昔的原始棉麻纤维网具，已经没有旧渔网的缺点，只需定期的检查修补，无须往日那样频繁的检修晾晒，倒也是大大地减轻了渔民的劳作强度。随着机械化制网的发展，人们出海渔猎的对象就不只是鱼了，渔网种类便丰富起来，捕什么鱼，用什么网，同时渔民们也深入远海捕鱼。

虽然材料有所改变，但织网的手法却被人们延续了下来。二三十年前，当地约

60%的人家都在织渔网，每天可编织大小不等的渔网800多张。走在龙安开发区的街头总是能看到坐在家中编织渔网的人，于是我们找了其中一位中年女人进行采访。她说，在8岁左右的时候便开始和母亲学织渔网，到现在也有三四十年了。在她家的门厅中，除了必备的家具和电器外，堆放在地上的渔网编织材料和正在进行加工的两张渔网显得极为惹眼。她织渔网的手法非常娴熟。不少当地人看好她的手艺，都会找她帮忙织渔网。在她看来，学织网是一件很简单的事情。她还说："这个只要看着看着就会织了，不用怎么教，只有想织和不想织的区别。小时候在家织网没有固定的时间，只要一有时间就织。我记得，以前织渔网用的丝线就是10元一两，要是谁能买上几两，那就算是了不起的。那个时候织网，我们没有织网的机器，全凭手工织，织出来的网比较精贵。织完以后，不仅可以自己用来捕鱼，其他渔村的人也会来我们这里买渔网。一张网分长、短、高、矮，所以需要的织网时间也是不一样的。"

近年来，很多当地人外出打工，能织网的人逐渐减少。渔网的需求量也不如从前，再加上织网机的出现，使机器织出的渔网在价格和质量上都要优于手工织网。因此，织网这门手艺也开始渐渐淡出了人们的视线。

往事钩沉

玉岐堡抗倭记

李立华

玉岐抗倭历史可以追溯到明朝。玉岐《渤海郡甘氏宗谱》载，甘氏族人甘纲于明嘉靖乙丑年（1565）曾作《玉岐堡记》详细记载了当时倭寇入侵的情况。原文点校如下：

古者人情风土，莫不有记，而山川城池，尤其显者也。溯予始祖甘台莱，创居玉岐后筑土堡，以备不虞，其实有可纪者。堡始营于嘉靖四年乙酉（1525），越六年丁亥（1527）甫成。周匝一里，高一丈五尺，厚乃三之一。雉堞七十有奇，立东、南、北三门。三隅属山，环绕而下，惟南向坦道。三十五年十月二十日，倭寇万余攻秦屿堡不克。贼三十七年（1558）四月十一日，复攻秦屿堡，敌又遁。至八月初四日，倭旋海而来，攻本堡，三战而退。三十八年二月廿七日，由桐而入柘。三月廿六日，攻州城，御之，倭逃。四十一年，倭以十大船归日本。四十五年五月，倭寇经流江、沙埕、望洋至本堡时，把总王公追贼于小石岭而歼之。四十三年十一月，南贼十余船，乘夜来犯。本堡赖乡勇力得全，以知一隅有警，全州贻忧，今幸巩固，可不识之？以为后之聚国族于斯者，一方诚全辖之咽喉。预防，洵生灵之保障也乎？数世而下，有同心竭力者，庶其修葺之，以承先志而勿坠，厥基可也。

甘氏祖先甘台莱迁福鼎时 16 岁，少年英俊，坚毅纯朴。明仁宗丁巳年（1317），进入秦川定寓，业创玉岐。明嘉靖年间，倭寇猖狂。1525 年率族筑堡，历三载。保障一方，御寇有功。

除了《甘氏宗谱》，玉岐《王氏宗谱》也记载倭寇入侵过程。玉岐《王氏族谱》中的《玉堡记》载：

明嘉靖三十七年（1558）八月初四，倭寇攻堡被击退。嘉靖四十三年（1564）一月，倭寇三次攻堡，均战败而退。嘉靖四十五年（1566）五月，倭寇经流江、沙埕、旺洋攻玉岐古堡。把总王公追贼寇于小石岭而歼之。

玉岐古堡内的大榕树（龙安管委会 供图）

每每登上古堡，我们的思绪都会穿越时空，仿佛听到当年敌寇攻堡的厮杀声。这里堡上的每块石头都在诉说倭寇的残暴，诉说玉岐人民的英勇。文物是历史的见证，每个城堡都是一个战场，玉岐古堡是英雄堡，它传递着历史的信息。市政府充分采纳文保部门及百姓的建议，在大拆迁后仍然决定保存住玉岐堡，就是让后人不忘民族的过去，不能毁掉历史遗留下的文物。

堡内有八棵巨大的古榕，当地群众称"八大金刚"，它们和其他的古树名木一起，沿古道而立。古榕树根在地面盘错，游人可坐、可卧，树冠如伞，终年呵护着这座英雄古堡。这些植被同时也保护了这里的水土。树旁有古井，据群众说，这口井，井水清甜、终年不干，村里村外群众做店下糯米酒都到这里挑水。玉岐村在拆迁前的春夏秋冬，常有老人在这水井旁树荫下传颂当年抗倭的英雄故事。

龙安围海造田概述

李立华

龙安自古都是沙埕港湾的内海，海水涨潮时东至龙安、涵头，西至店下牛矢墩，南至玉岐头洋，北至杨岐，当年皆属浅海。据记载，店下自宋代开始，历经元、明、清、至民国，围海造田已形成万亩洋田。

龙安人民耕山驭海，以海为田，古今延续。围海造田是古老的店下、龙安原居民的绝活，是在海滩或浅海上筑围堤隔离外部海水，并排干和抽干围堤内的水使之成为陆地，又称围涂。它为现在的农业、工业、交通、贸易等的发展提供了场所。围海造田多数是与陆地海岸相连，或在岸线以外的滩涂上直接筑堤围涂，或先在港湾口门上筑堤堵港，然后再在港湾内部滩涂上筑堤围涂。围海造田工程基本设施包括围堤及其

龙安垦区今貌（龙安管委会 供图）

上的排水闸或排水站，以及围堤内的排水系统。当排水闸内水高、外水低时，开闸排水；当内水低、外水高时，关闸挡潮，必要时使用抽排。在陆地形成后，堤内排水系统要及时排除涝水，保持适宜的地下水位。当用于农业种植时，要洗淋土壤盐分和布置灌溉渠系适时灌溉，也可种植水稻或耐盐作物。先期农民皆以山上劳作为主，后来的围海造田大大缓解了人口增殖与土地的矛盾，龙安历代不乏筑海成田和保护垦堤的辉煌纪录。

据清乾隆版《福宁府志》的记载，18世纪中期，福鼎县有塘、陂12处。根据历代先人口传及相关族谱记载从古至今分别简述于下：

清康熙中叶[①]罗口居民林万殷于公元1727年前后，围杨岐塘二十四箩。堤靠海一面用石砌筑，在杨岐一端造斗门二孔。又于1763年前后围蚶澳塘九十九箩，堤从屿前塘堤开始连接，在蚶澳塘造斗门二孔。此塘后由林万殷之子林西天继成。

清雍正二年（1724），金竹湾王姓居民围成金竹湾塘，堤从金竹湾左侧山鼻围至涵头内湾，在涵头内湾造斗门一孔。

清雍正十三年（1735）前后，玉岐居民王益溪[②]与其他六姓村民共同围成七十分塘。是按各村民投劳分成七十股份划分，堤从东岐田墩起经官墩至牛矢墩，再围至王家坜，在牛矢墩与王家坜各造斗门二孔。王其烈（益溪公次子）又于清乾隆三十年（1765）率甘姓等乡亲耗资多年财力前后围筑"赤屿塘""下店塘""函口塘""玉岐塘"。赤屿塘堤从牛矢墩至赤屿，并在赤屿造斗门一孔，堤的靠海一面用石砌筑。

1962，沙埕公社水生大队与南镇大队围成涵头塘。从涵头鼻筑至赤屿鼻。在涵头鼻造斗门二孔。1967年涵头围垦工程再次动工，堤用石砌，1971年6月竣工。堤长935米，总投资121万元，围垦面积1200亩。

1963年春，县人民政府拨款建设牛矢墩海堤和闸门，用块石砌筑从牛矢墩至赤屿鼻的两处海堤，修建牛矢墩、蚶姆塘两

清道光年间保护海堤的公约（龙安管委会 供图）

处当时牢固且较为先进的水闸。确保整个店下洋免受海潮灌淹的危害。

1988年3月，杨岐围垦工程动工，历时3年于1990年3月堵口成功，1991年12月竣工并通过省地验收。该工程是当时福鼎最大的围海造田工程，杨岐海堤，全长1.26千米，围垦面积7200亩，流域面积61平方千米，堤高7米，设水闸2座九孔，净宽39米，当时工程总投资612.9万元，共投入劳力82.32万工日，可耕面积5760亩，保护农田19260亩，保护人口2万多人。近年来通过对海堤进行了多次的加固除险。

目前的龙安垦区是历经300年来，经多次的天灾人祸、围垦、抛荒、复垦、修造塘堤，不知花了多少劳力与钱财，流了多少汗水，甚至豁出生命，才开辟一个这样美好的园区给我们后人享用。先民的功绩，实在值得我们后人钦佩和歌颂的！如今，在龙安垦区内建成我省大型化工园区，结束了单一的围海造田历史，把美好的田园建设成更加繁荣昌盛的临海工业新城镇。

玉岐村名轶事

◆ 李立华

玉岐村，曾名甘家岐。以前，靠山面海，其实是个堡。最早居民为魏姓和陈姓。原先为抵御风浪，就筑有简易土堡。因地处海边，旧时，常遭海寇骚扰，魏姓的先民经常被海寇打劫，后来实在住不下去了就陆续搬离该村。

明洪武时甘姓迁入，甘氏先祖带领族人，历经三年，在土堡的外围加砌石头，高一丈五尺，造东、西、北三城门，环山而筑。南面平坦，东北两门内加筑弯曲内墙，成瓮状，为沿海诸堡之少见。此类建造在古建筑中称"瓮城"。后来又迁入王家，先为"外街王"，后来从王家垅迁来"里街王"，而"外街王"人丁兴旺，势力逐渐壮大，成为旺族。王家后来居上，势力逐渐壮大，成为村中望族。

甘家岐在福鼎方言中容易被群众叫成"干巴岐"。当地群众还将福鼎带岐字地名联成顺口溜："前岐、后岐、东岐、西岐，岐头、岐尾、岐角、岐腰，最后岐到干巴岐。"这时，强盛的王家以此为由，欲把甘家岐改为王家岐，但甘家不让，曾经两家打起官司，告到当时的福宁府。福宁知府也知道王家是望族，还出过名人王其烈，怕不好得罪，就灵机一动将王字加一点为玉字，改称玉岐。这样既照顾了王家面子，又不得罪甘家。可是自明代至今数百年，群众都不叫玉岐，还是叫"干巴岐"，真是"俗名传千古，雅号无人知"。

芽基村的来历

张灵酒

明世宗嘉靖二十年（1544），芽基陈氏始祖由泉州南安沿海北上迁居崙山岛后辗转至现龙安开发区澳尾（芽基村）内，当时此处算是蛮荒之地，但陈氏先人看中潜在的码头优势，遂立志落脚生根，不久在村内种下三颗榕树以示开埠，同时期赵姓族人也迁至相邻澳尾村定居。

经过几代族人的不懈开拓，村落逐渐成形，开埠通商也成现实。随着海上贸易日渐频繁，族人对海岸商业贸易中介充满信心，如店下硋窑村烧制的硋制品通过船埠头，载往全国各地行销，据传当时往来商船为宁波籍居多，最多一天五艘商船同时抵埠，可见当时年吞吐能力及规模都超乎想象，另外宁波商贩也随船带回很多宁波盛产的陶瓷大缸，卖到周边乡村。到了第七世，发展已达到鼎盛，族里拥有18根杆秤，由牙人到牙行，实现量到质的跨越。

长期买卖居中介绍，收取佣金，当属牙人，为与官牙避嫌，故以芽字为村名，又有万丈高楼平地起之意取基，合意称"芽基村"。也就在这一时期内，具有一定经济实力的族人，决定在原居住地建设一座两进式四合院以供族人聚居。院后角落挖有两口井，此井于芽基新农村改造中被掩埋。四合院在乾隆年间因失火焚烧殆尽，同年着手重建上下两排房屋，按行房分配居住，若干年后陈氏分支出嗣李家，至此芽基村有陈和李两姓。民国时期一部分族人迁出落户流江。1949年后，有外林氏、王氏、周氏、刘氏、苏氏、华氏、曾氏等迁入，一起组建芽基生产队，20世纪90年代末，芽基村与澳尾村合并统称澳尾自然村。

植于明朝的大榕树（龙安管委会 供图）

涵头村的三次搬迁

李立华

涵头村原系南溪库区移民，全村总人口有167户、672人，1982年国家修建南溪水库需要，整村搬迁到龙安开发区涵头村安家落户。2003年，为了发展经济，全村土地被征用又将该村再次搬迁到现在的玉涵新村安家落户。

据当地村民回忆，第一次搬迁是1978年为了支持福鼎市南溪水库建设，政府当时推出的政策是"原拆原建、投亲靠友"，动员库区村民自主选择投亲靠友，政府再协调安置。但大部分村民还是舍不得故乡，都选择从库底搬到山上住。当时，施工开始后，水库陆陆续续淹掉了村里低洼的居住地，村民们不管山多高，都得往上移。南溪水库于1974年8月10日动工，1983年底建成砌石拱坝、总干渠、坝后一级电站。1984年8月竣工验收，正式交付使用并开始蓄水。村民们都赶在蓄水前搬迁到了山上安居。

第二次是1982年。为什么又要移民呢？1981年8月的一天晚上，突然一个山洪暴发，库区的人还没迁移完，就有老人家溺亡了。第二天，福鼎县委领导就赶来现场，老百姓就问他怎么办。县委副书记陈明枢在村部会议厅召开了一个群众代表会议，共同商议搬迁事宜。政府决定组织第二次搬迁，要留的也可以留在这里，做好登记1982年再搬，就搬到了当时的店下公社涵头村。说1982年搬，其实1981年就提前过来种田了，当时搬过来也没有分配山场，以前不火化，老人也就没有墓地，也没柴烧，每人只有7分围垦的滩涂地，生活很困难。去山上割草也不敢砍割当地村民的草木。田地本来也都是海洋地，盐分很高，收成很不好，一亩只有五六百斤，还是单季。搬迁过来时原来这个地方就叫涵头，原居民后居民100多人。周围附近的邻村也看不起移民，故而总有矛盾发生。后来，跟原居民慢慢相处并有通婚做亲戚了关系才逐渐缓和。

第三次移民是2003年，福鼎市委、市政府为了引进龙安工业项目发展，该村在规划区范围内，整村又搬迁至现在的玉涵新村安居。那时搬过来根据老房子评估，地基分配两榴或者三榴，建5层。没有土地，60岁以上的每个月补贴150元买米，农保另外折算。搬过来以后人均一亩地，移民也只能靠这一亩地。不同于当地人有山，就可以靠种茶、林木、毛竹、果树等维持生计。移民户吃住行、养家人、小孩上学都靠这一亩地。过了几年,很多移民户的木房还因为年久成为危房。还有的是因为围垦造地,地基不稳,有的梁柱塌下去了。有的木头被蚂蚁咬掉。每次下雨都用水盆、泡沫接水。

为了加速推进涵头村社会主义新农村建设步伐,村委针对广大村民生活条件问题,着眼于村民由农民到工人的转变,近几年来积极推进"生产发展、生活宽裕、乡风文明、村容整洁、管理民主"的目标和要求,其中村内建设工程项目已完成绿化美化新村,争取资金3万元,为新村修建垃圾集中转运,改变新村脏乱差现象。雇用清洁工清扫通道,有效遏止脏乱差现象。督促群众建房立面装修,树立涵头村在龙安窗口形象。硬化玉涵新村30米街两侧人行道,总投资45万元。修建玉涵新村30米街至龙安30米街衔接水泥五要工程等硬化总投资29万元。

2011年多方筹集资金,投资105万元,新建村文化活动中心、村办公楼内场地硬化、建立村级综治信访维稳工作站、建设基层组织场所和实施。2012年又筹集资金,修建村内路灯改造工程、新建两条8米和10米的村内道路硬化总投资82.6万元。沿街两侧房子立面装修每榴补助600元。村里每年帮助困难学生上大学,每位学生补助1500元。2013年涵头村健身休闲场所及村道硬化工程总投资约50万元,2014年宅前屋后道路硬化工程项目总投资约95万元,2015年修建两条主干道总投资约92万元。

几年来的项目实施,彻底改善了涵头村"三次"移民的生活环境,提高了群众的生活质量,为本区域的经济发展创造良好环境具有重要意义,亦符合涵头村群众热切期望把家乡建设成布局合理、功能基本齐全、生态环境优美、果树环抱的新农村建设示范点的。

(本文参考了何祥斯、傅建华、张直斌等提供的资料)

桑杨村的由来

桑杨村本不叫"桑杨村",而是"桑园村",桑园村最开始并不在龙安开发区,而是磻溪镇的一个村。据《翁氏族谱》记载,自唐末翁氏始祖宏济公肇基以来,迄今已有1130余年,桑园村不仅是福鼎翁氏的发祥地,也是福鼎域内由中原汉人南移入鼎而形成的最古老的村落之一。

因桑园水库建设之需,村民们便从桑园村移民至龙安。桑园移民来到龙安之后先安置住在了杨岐村,当时市政府、移民办定村名,他们一致认为"桑"字不能丢。于是店下镇政府、移民办、村里有文化的代表就共同讨论决定各取一个字,取"桑园"的"桑"、"杨岐"的"杨",改名"桑杨村"。

(本文由翁氏理事会供稿)

桑杨村的移民史

翁以源

桑杨村，原名桑园村，属于龙安移民村，共 331 户。1331 人，基本都姓翁，原属于磻溪下辖行政村。世代相传，唐朝光启年间，翁氏祖先从江苏无锡搬到了白琳翁江，住了几十年，后来因为海贼多就跑到了太姥山。桑园。自此，桑园便自此成为福鼎翁氏子孙繁衍生息、聚族而居的发源地。桑园翁氏也是福鼎翁氏族群最大的支派，至今，已有上千年历史。

当年，福鼎县为了解决福鼎将来用水用电问题，投资兴建桑园水库工程，于 1992 年 6 月正式开工。提出"桑园为全县，全县为桑园"的动员口号。动员原库底的桑园和海洋两村整村搬迁，在桑园兴建大型水库。全村拆迁民房 45407 平方米，386 户、1723 人异地安置，分别被安迁至福鼎县店下镇杨岐（后改为龙安开发区）和秦屿镇水井头两地重，新村分别冠名为桑杨村和秦海村。桑园村旧址自 1995 年 5 月 26 日桑园水库开始蓄水后便永远的淹没于库底，桑园翁氏故里成为永远的历史，取而代之的是 7350 万立方米蓄水形成的人工湖。

桑园翁氏于 1994 年从桑园移民下来之后，迁徙至龙安开发区杨岐村周边，当时政府、移民办要定村名村民认为"桑"字更不能换掉，最终取"桑园"的"桑"字和"杨岐"的"杨"字，改名"桑杨村"。

刚搬迁至新址，这里一片空荡。村民们开始热火朝天地安置新家，建起红砖灰瓦房，开垦新土地，生活就在一种无奈的忙碌中过着。老书记翁玉宝回忆起当年刚搬迁的情景说道。刚搬下来的时候有的闽南话听不太懂，不习惯。饮食上差别很大，这里海鲜很多，山上没有海鲜。周围的居民对搬迁移民不太友好，当时常因小矛盾就打架。缘于移民

桑杨移民村（龙安管委会 供图）

搬下来，当地的人对外来人员多有看法，年轻人晚上出去玩也常打架，都是二十几岁的年轻人。有一次打得比较严重，造成人员受伤，派出所出面干涉，后来整村去派出所要求放人，县政府和移民办也出面处理了方才平息。自此以后原居民和移民就关系稍缓了一些，慢慢相互认识了，通过交朋结友，现在早已融为一体，和谐相处了。

1998年，龙安开发区成立，桑杨村成为龙安集镇的中心村。随着开发区的开发建设进程的不断推进，这个小村庄的发展与开发区的发展一样蒸蒸日上。居民相处的情况也改善一些，增加了来往。村民刚搬迁下来时住房是每一户72平方米的一榴；有少数在老家有房屋面积较大的，分得两榴。移居村民修建房子有的自己建，有的人没时间下来，花7000元钱交由移民办代建。

2000年，龙安开发区开始引进工业项目，大力招商引资，大量企业看中龙安优良的投资环境入驻龙安工业园区，不仅给龙安经济带来了腾飞式的发展，也给周围村民提供了良好的就业环境。桑杨村村民把握发展机遇，有的到开发区内的企业打工，有的在开发区内办起了小厂，村民收入日渐提高，近几年，村人均年收入达到上万元。

据桑杨村老支书称，在桑园的时候山地多，土地少，搬下来之后按政府统一安排每个人约0.69亩，即7分地，当时整村村民是用柴火灶做饭，本村没有山林，捡柴火都是到其他村山上"小心翼翼"捡，经常被其他村村民驱赶、恶语相对。为此移民局为桑杨村村集体在龙安开发区南榜山，划分一片土质不是很好的约4平方千米的伙食山，为了支持桑杨村发展和殡埋等作用，在杨岐澳尾自然村龙安后山划分1.81万平方米地作为公墓用地。

在当时政策鼓励下，第一年移居下来每个人给500斤稻谷，因为第一年没种田，粮食成为生活所需。到第二年就没有分稻谷了，改分地，推广水稻种植。当时的分地标准还是一个人7分地，多下来的土地就归集体。当时的土地是滩涂地，村民们也没种过稻谷，福鼎市农业局则专门派人员出来做实验，第一年先拿去福鼎市农业局部门试种，成功了之后的第二年把培育出来的种子分到村里每家每户让村民自己种。以前村民们在桑园种的是单季稻，新住地种的是双季稻，产量也相对较高。

虽然桑杨村村民的吃饭问题解决了，但是生计仍比较艰辛，有的村民还要回到老家去采茶叶，有的人在龙安做点小生意，有的人外出打工，有的以滩涂地改造的100亩左右的虾塘以供养殖。当时村民回老家磻溪山路有60多千米，交通也不便，村民通勤主要靠小三轮车。故居的茶园在水库淹的范围之上还有保留，没有被淹的水田如今被磻溪政府征收用于工业建设，旧时用于耕种的土地就此被钢筋水泥所覆盖。

当时刚移居过来的时候，整个开发区除了医院下面有几榴房以外，其他地方都是滩涂地，在太阳的照耀下只是白花花的一片。搬迁村民建房要遵循政府规划，若是要自己建房，政府相应进行补贴。村民以前的房子都是木结构，一榴房子大概获赔偿8000多元，每户能收3140元的搬迁补贴以及500元的搬家运输费。除住房外新迁居村民的其他生存条件也相对艰苦，以前农村相对落后，没有电视机，和外面的通讯也比较少，1995年整个开发区只有一部电话，1996年村里分配了2部数字电话。搬迁任务历时四五年才结束，当时很多人不愿意从桑园搬过来，有部分村民房子被水淹掉以后，在水面之上逃到亲戚的房子暂住一下，或者盖个茅草屋暂住。现在村民基本安于新居，在桑杨村经营出村民的一片新天地。

2013年，桑杨村获得省政府水电站库区移民开发区颁发的"平安库区"创建工作先进集体，是福鼎市唯一列入宁德市库区移民环境综合整治试点村。桑杨村还是为数不多的村财收入过10万的新农村，村集体有一个6.4万平方米左右的虾塘，承包给养殖户，虾塘带来的收入由最初的3万，涨到6万，近几年高达13万，这对村里而言是一笔不菲的收入。收入是提高了，但是生活环境还是"脏、乱、差"的农村，于是，给村民打造一个舒适宜居的环境变得迫在眉睫。为增强桑杨移民村群众的归属感和幸福感，省、市各级移民局和龙安管委会投入大量资金用于新村建设。如今的桑杨村，村容村貌焕然一新。来到桑杨移民村，首先映入眼帘的是一个巨大的水泥牌坊，上面刻着生龙活虎的"桑杨移民村"几个大字，村内新修的街道宽阔整洁，在街道两边，曾经的黄土黑瓦房已被整齐的楼房取代，昔日的茅厕被干净整洁的新公厕所替代，原来茅厕旁边的猪圈改建为拥有单杠、双杠、乒乓球桌等文化娱乐设施的广场，广场旁边的山路上建起了护栏，脏乱差的卫生死角也都被清理干净，桑杨村初步实现了旧村换新颜。在实现旧村换新颜的过程中，桑杨村两委成员做了许多工作，在说服群众的前提下，用推土机将荒草丛生的茅草屋推平，让该区域的环境得到全面改善；为了让群众有一个好的休闲娱乐场所，村干部多次往返福州向省移民局的领导汇报实际工作、说明实际困难，努力争取项目资金。

桑杨村的建设获得了各方的认可，获得了2012年度"平安库区"创建工作先进集体、福鼎市龙安开发区桑杨村福鼎市第十三届（2013—2015年度）文明村、福鼎市龙安开发区桑杨村2013—2017年福鼎市社会治安综合治理表现突出集体、2018年省级民主法治示范村、福鼎市龙安开发区桑杨村支部委员会先进基层党组织等荣誉称号。

杨岐围垦工程始末

李立华

杨岐围垦区，位于沙埕港内湾，系省"七五"重点项目。本工程地垮店下、沙埕两个乡镇，福鼎县政府当年为了解决我县商品粮主要生产基地之一的店下洋农田洪水排泄和水涝灾害，以及店下、沙埕两乡镇人多地少等问题，扩大农业耕地面积，拟对杨岐海滩进行围垦，分2—3年施工。经福鼎县水利水电局设计勘查，可围垦面积7200亩，其中可耕面积6560亩，保护面积12000亩。工程堤外是沙埕深水良港，水深达10—40米，是未来发展港口集镇，建造码头，发展工业用地的好地方。

早在1976年，福鼎县革命委员会主任姬志立，就签发报告福建省人民政府、宁德行政公署，要求批准建设杨岐围垦。同年，福建省水利水电厅"闽水电〔1976〕水210号"文批复，同意建设福鼎县杨岐围垦工程。但当时因受经济条件等诸多因素制约，一直未能动工。直至1986年，时任福鼎县委书记周义务，一直十分关注杨岐围垦工作，县委多次召开专题会议研究。1986年8月7日，县长董东堡再次签署"鼎政〔1986〕综155号"《关于上报〈福鼎县杨岐围垦工程初步设计书〉的报告》向宁德行署提出围垦设计方案。经多方努力，最终得到上级相关部门同意批准立项。

1987年6月16日，董东堡县长、林立慈副县长主持召开会议，决定成立杨岐围垦工程指挥部。由时任店下乡副乡长王贞安任总指挥，沙埕镇副镇长欧细竹、水利水电局施均涨两同志任副指挥，成员抽调店下、沙埕两镇的连秀钦、李大良、林杉、张序古等组成。

经县委确定，杨岐围垦工程由店下沙埕两个乡镇共同实施。按照沙埕、店下三七开，店下占70%、沙埕占30%股份面积比例。1987年10月，杨岐围垦工程施工全面开展。

当时，受经济、技术条件限制，采取传统的土办法在堤中心插竹竿放样，堤顶高程12.5米（沙埕潮水位，系技术部门假设高程，下同），风浪墙顶高程13.5米。堤顶宽度3米，处边坡1比2.5，在外边坡10高程设平台2米。外压载16米长（压载16米+边坡度10米.合计处边坡26米）；内边坡度按1比2，在9高程设平台2米。内压载13米（13米压载+边坡度10米合计23米），实行内外压载。全线抛沙1米高，按1比2间距全线打沙桩，沙桩每根10米深，沙桩直径10厘米，全堤共打沙桩

13800 支。外边坡堆棱体到 10.5 米的高程。中心桩以内全线抛海土。施工都是利用涨潮时间，用小船运海泥、堆海堤，一直填到 12.5 米高程，内坡全线填土闭气。沙、石、土方都利用涨潮进行船运填方。

工程设计水闸两座。建在北岸龙安一座 6 孔，每孔宽度 5 米，净宽 30 米，用电动启闭机，闸底高程 4.5 米。在南岸陈厝里建纳潮闸门一座 3 孔，每孔 3 米，净宽 9 米。闸底高程 5.5 米。

水闸施工，一开始就必须进行围堰，围堰顶高程在 12 米。四边围堰后，闸室全部开挖。闸室长 38 米，宽 24 米，引水坡长 38 米，宽

杨岐围垦（龙安管委会 供图）

7 米，坡度 1 比 0.15，引水坡外建消水池，水闸底高程 4.5 米。以上工程施工完成后，最后进行破堤清港，水闸建设施工完成。南岸纳潮闸施工，也是从四边围堰，开挖闸室，进行闸门施工。然后破除围堰清港。

为了堵口工作方便交通，土石方材料便利运输，经福建省、宁德市水利局研究设计批准，堵口段选择在二号港。工程一开始堵口段就进行扶滩护滩工作，一直扶到 7 米高程。

1989 年 5 月开始堵口。先从 7 高程 110 米长的扶滩，提高到 8 高程。扶滩缩短至 80 米长。再从 8 米高程的扶滩提高至 9 高程。后来，扶滩缩短至 60 米，再从 9 米高程扶滩提升到 10 米高程。内坡全部用海泥填闭气。堵口工程土石方量多、流水急、难度大、时间紧、任务重。当年，为保证工程施工，确保工程万无一失，设计了多项应急预案，还临时从附近各村抽调农民群众 200 人，拖板车 80 架，作为应急梯队，增援堵口工作，经过多方努力成功完成一次性堵口。海堤堵口后，还对堤身进行后期

的加固，加高，加厚。内外边坡护砌，防浪墙护砌。定期观察海堤沉降数字，历经多次大潮冲击，于1990年5月堵口工作圆满完成。

杨岐围垦工程于1991年10月竣工。实际建成后堤长1212米，顶宽3.5米，围垦土地面积7200亩，可利用围垦土地5700亩，完成土石方60万立方米，其中石方25万立方米，土方32立方米，沙3万立方米，木材354立方米，钢材110吨，炸药164吨，投入191万个劳动力。一期总造价610万元。其中国家拨款348万元，县财政补助159万元，店下镇集资73万元，沙埕镇集资30万元。

杨岐围垦工程，是在省、地区、县、乡镇历任各级党委政府的领导下，在各级水利相关部门领导和水利技术员的精心指导下，驻军流江部队及当时店下各村委会和当地群众的鼎力支持下，而胜利竣工的。

当年，杨岐围垦的成功，为店下、沙埕两个乡镇提供了农业、工业、生产用地，也为今天龙安集镇、码头建设和龙安工业区开发发展提供用地保障，并解决外来人口就业问题。将涵头、新塘、牛矢墩、陈厝里，原来海堤4500多米，缩短至1200米的防护，每年可节减抗灾等费用上百万元，节省上万个劳动日，杨岐水闸底高程降底，孔闸宽，排洪流量快，承担了店下洋2万多亩水田的泄洪，减小了店下洋的涝灾，保护了店下集镇2万多人民财产安全。

（本文参考王贞安提供的资料）

围垦建设艰辛之回忆

李立华

说起杨岐海堤的围垦工作，现任龙安海事管理所所长傅建华，他不仅亲身参与当年的杨岐海堤建设，而且如今还担任海底和渡口码头的管理工作，在他的回忆中，一段鲜活的海堤建造历史画面向我们缓缓展开。

回忆起当年参与筑堤往事，傅建华仍感慨万千。"那个时候，建筑海堤所用的土都是用拉板车从山上拉下来填到海堤中间。就一个人拉。我十七八岁的时候，一车土都是500公斤左右。当时一天赚个十来元钱，已经算高收入了。有时候也有去下面挖海土。挖海土就是把海里的泥巴挖上来，用滑溜板送到海堤内外指定压载位置或堆砌作扶滩。当时这个海堤外围是由石头垒起来，退潮的时候每小组工程队有二十几个人下去用木板把海土推到海堤上面来，一点点慢慢累起来才会形成的一条海堤。"十几元的工钱在当时看来也不算很高的薪酬，却要做着比河边拉纤的纤夫还辛苦且危险的工作。

当时的工作组织方式是承包到团体，比如十几二十个人一队，由工头去找人来一起做。项目的负责人就把其中一段大约一百米的海堤工程承包给工头，这一队十几二十个人同心协力做得好的话，工资可能会高一点。做得快的时候，其他工程队做八天，你的工程队做六天就好了，这个工资相对来说就较为可观。一个工程队大概二十来个人，如果没有二十来个人的话做不起来的。海土要推到上面来，这可是要好几个人的，

1988年5月杨岐动工围垦（龙安管委会 供图）

1989年杨岐围垦造地（龙安管委会 供图）

还有工人在底下挖土、搬土的，路上还有很多人在帮忙推到海堤中间，要一块块地把海土叠到海堤里面。以前的山都连着海，山脚下就是海，工人们推拉板车需要在山上人工开挖出一条路径来，然后推着车慢慢走。除非下大雨不出工，很多时候工人们都是一天接着一天地干。"我就曾经有一次推这个板车下坡，下面一个人拉板车上来，我没办法避，就撞上去，我这个鼻子就还留下一道疤在这里。"提到一次因工受伤的经历，傅建华至今仍心有余悸。不过好在当时旁边的小渔村里有个赤脚医生，可以处理一些外伤。

整个海堤横亘海口两岸，长达1200多米。当时的修筑计划是考虑到单边一头修到另一头的话进度太慢，于是采取了两边同时开工一起往中间修筑围堤的方法。海堤修完之后装设闸门，水闸连同码头一起做起来，用石头垒砌而成。1987年开始建，全靠工人们的一双手、一双腿，最多还有个拖拉机拉石头，当时会拖拉机的人少，买得起拖拉机的人更少。工地里并没有提供什么生产工具，板车也是自己买、自己带的。傅建华说："在指挥部里面就是算你拉一车土多少钱，给你发张票。如果是很远的路程运下来就给你一张五毛的票，近一点的就三毛。"海底修建期间还因为几次恶劣天气造成过决堤，大潮汹涌，白白冲洗掉多少劳动者的心酸血汗和国家钱财啊。

傅建华继续说："我们当时忙着赶工啊，一个潮水赶不上就完了。一板车土倒下去，哗就冲走了，特别微不足道，没办法啊，所以必须要多拉，一天两三百人拉板车，一天拉四五十车，那个时候拉板车累得很，不像现在用挖掘机什么的设备多先进啊。"海堤上的土都是一块一块叠起来的，土打两块，叠到五十厘米高，铺一层稻草，铺一层沙。傅建华说："台风来就完蛋了，浪一打就滚掉了！海土很软的！沙土也很容易失掉的。"可想而知，当时，能建起一座这样的海堤要克服多少困难。

提起杨岐围垦，笔者当年也曾被店下镇党委抽调一个月，支持垦区的后期堵口工程建设，亲身经历了当年围垦工作之艰辛，那年的4月17日晚上，台风在沿海登陆，天已断断续续下了一整天的倾盆大雨,正赶上退潮,堵口工作必须冒雨加班,而我的妻子也正在店下针织厂上夜班,因雨大路滑,在上班时不慎跌入厂区内机台旁的水井中,井深有7米,幸好跌落时她下巴奇迹般的挂在了井沿,随即被人救起,而我却在龙安垦堤上抗洪抢险……

另一个参与过修筑海堤的是海事管理所的水闸运行工谢家穗。据他回忆当时的筑堤历程是,1988年修筑海堤,1991年完成项目移交,让他印象最深刻的是有一次他们在走路时候脚被压在板车底下,被那个石头硌着走啊!

当时,护滩是在两边压起来扶滩,土一块一块打上来后,下面的人拿扁担用肩膀挑上来,没有设备,车不能用。后来土堆高到离出水面了,全部再压一层过去。当时车也不敢开,怕溜坡,因路况不好。堵口段在离这管理所不远处,每天堵口段都会发现沉陷,施工期间防浪墙决堤了三次。沉下去了他们再拆掉把它补起来,一天两个潮水,不能停。海堤修建不仅需要防汛,还需要防暴雨。海堤建成之初是土坝,1992年移交的时候海堤并非现在那么宽,堤面宽只有2米左右。后来内外两侧用水泥包浆浇灌起来,才成为现在看到的这么坚固的海堤。

杨岐围垦工程从开始到竣工历时3年多,横亘在杨岐码头的一条延伸至内陆的航道在入海口被拦腰截住,自此围出一块7200亩的浅海滩涂。于是杨岐就从店下镇下辖的一个名不见经传的小渔村,一跃发展成为如今气势磅礴、经济崛起的龙安开发区。

龙安开发区设置始末

王贞安

1990年5月，杨岐围垦堵口成功。龙安垦区建设全面转入基础设施和集镇建设。为发展龙安经济，引进工业，带动农业生产，店下镇重视招商引资工作，先后引进企业30多家，第二年产值突破2000多万元，解决就业1000多人。引进水果、棉花大面积种植，养殖业等也快速发展。随着集镇规划完成，集镇建设步伐加快，几年间，陆续建成民房1000多榴，自来水、小学、医疗站、码头、市场相继设立。

但当时的龙安发展，与上级的希望，与龙安群众的要求，还差距非常之大。主要是经济发展不快。龙安开发公司隶属店下镇政府管理，部门服务不到位，办事难，当时干部都在店下。开张证明都要去店下，买生活用品也要跑到店下。限于当年的镇政府财力，根本无法适应龙安的发展需求，导致基础设施发展很慢，外来的群众意见很大。

为加快发展龙安，建设龙安，当时，店下镇党委政府，进行多次研究，最后形成共识，决定成立龙安开发区管委会，一定要向上级党委、政府要人，要政策。

1994年3月，店下镇向福鼎市委、市政府，宁德地委、地区行政公署。提出《发挥优势，加快龙安开发建设步伐》的请示，要求按镇级机构设立龙安管委会，并给予人员编制。1997年11月10日，店下镇党委政府又向福鼎市委、市政府提交《关于设立福鼎市龙安管委会开发区的初步方案》。1998年11月17日，福鼎市委、市政府向宁德地委、行政公署，宁德地委、地区行政公署再向省委、省政府上报"要求设立福鼎市龙安开发区管委会的设立方案"。1998年12月，经福鼎市政府批准，龙安开发区管理委员会正式成立。1999年6月20日，宁德地委、地区行政公署同意批准《关于将福鼎市龙安开发区列为地区级开发区的批复》并报省民政厅等相关部门批复，同意成立龙安开发区，赋予正科级行政管理权限。

1999年7月1日，福鼎市人民政府机构编制委员会下发《关于设立福鼎市龙安管委会，开发区确定内设机构和人员编制的通知》，决定把原有店下镇管辖的江南、西澳、涵头、玉岐、杨岐、桑杨等6村由龙安管辖，同意龙安管委会下设党政办、经济办、社会事务办，编制24人，其中正科级1名、副科级2名，编制干部从店下镇抽调。

龙安原有设立的龙安开发公司、龙安码头、杨岐海堤管理所、医院、杨岐小学为龙安管委会下属企事业单位。

　　有了人员编制和机构职能，为龙安的发展起了很大的作用。龙安自分离店下，成立龙安开发区管委会以来，在上级党委、政府的领导下，在龙安广大基层干群的努力下。龙安的基础设施日臻完善。水、路、电配套齐全，服务机构设置完整。龙安跟上时代节拍、勇立潮头、从无到有、敢于为先，先后得到福建省、宁德市、福鼎市各级领导的高度关注与肯定，事实证明龙安的发展是成功的。龙安从一张白纸到各行各业蓬勃发展、欣欣向荣，龙安已然成为新兴的临海工业重镇。如今龙安社会经济发展迅猛，一跃成为福鼎港口工业重镇。

龙安开发区成立前后一些事

潘友栋　李立华

龙安在成立杨岐围垦指挥部之前，这边原来都是海、滩涂。那时候，龙安也还不曾叫龙安，杨岐还没从店下划分出来。以前，称杨岐生产队时期属于店下公社屿前大队管辖的，是屿前村下的一个自然村。龙庵是海堤旁的一座小庙。

当时的店下、沙埕两个乡镇早就谋划围垦大计了，开始丈量、测绘等前期筹备工作，最终于1987年才正式动工，到1990年5月围垦堵口成功。形成杨岐垦区。

"龙安原来就是一个海滩地，1987年五月份经过福建省水电厅和水利厅的批准，1988年开始围垦，1991年工程结束。"毛显高回忆起垦区开发的这段历史时，往日如火如荼的建设场景犹如历历在目，"建成之后当地的政府为了开发、利用起来这个地方，政府就采用了报纸宣传的方式，通过《闽东日报》《福建日报》发布新闻向全

1999年6月30日龙安开发区列为地区级开发区（龙安管委会 供图）

国各地宣传，吸引更多的、喜欢来这投资的人来这里买地基、安家。我也是从报纸上看到这里的消息，也听朋友说才来买地基的。"

1988年，店下乡政府围垦工作一开始，便大胆筹划了龙安的开发规划蓝图，1989年提前按照规划图开展实施建设。成立福鼎店下镇杨岐农业开发公司，任命王绍足同志为开发公司经理。当时，由于围垦资金不足，为了筹集资金，便对外预售地基。第一期先是预售地皮条（尚未堵口，在垦区滩涂海水中），地基规格均为20×3.6米共72平方米。4元/平方米，288元/榴；第二期5元平方米，360元/榴；后来，垦区开发公司和指挥部前后分四期出售地皮条共约3600榴，杨岐农业开发公司第三期7元/平方米，504元/榴；第四期15元/平方米，1080元/榴。在1992—1993年之间，杨岐垦区农业开发公司从店下镇派出林朝魏、林时铭、林施笔历任分管领导，主要通过广电宣传、写信、发函、登报、张贴通告等方式进行宣传，通告内容大多为购买地皮后，应在规定时间内登记并缴纳配套费，时限为购买地皮条时起10年内，逾期不缴纳配套费，该地皮条作废。

说到这个"榴"可能有的人就要问了，为什么用"榴"这个词来丈量房子呢？原来"榴"是一个量词，指的是单位面积房子的数量。最早开发的时候，每榴是80平方米，宽4米，长20米，算一榴。10榴组合在一起成一栋（幢）。从地面到顶层如果都是属于同一个人建设的就叫榴房，这是属于个人所有的，不属于开发商；而现在城市的房子都不叫榴了，套房的话都是以套为单位的。

杨岐垦区开始对外招商引流时，吸纳了七省三十七个县市的人慕名前来。而当时还属于店下管辖下的杨岐新区还沿用着"垦区"的名号，但五湖四海过来的人们当时都知道全国各地都有开发区，心里就想，没有开发区怎么发展？于是这边老百姓们就到处寻求上访，大家出钱出力，拼了老命都要去上访，一直上访到宁德地区，要求脱离店下镇管辖，直接归福鼎县政府管理，这样才能有资格成立开发区。

据一些老村民回忆，当时上访是村里有人开着拖拉机载人进城，大家都积极踊跃地往车上挤，热热闹闹地进城去上访，路上七嘴八舌地商讨怎么反映意见和呼声，将"垦区"打造成"开发区"。"当时围垦是由镇政府主持围垦的，开发区是从2001年才开始筹备的，我们1992年一直到2000年，8年的时间，为了龙安的发展，至少有五十几号人发出强烈要求，大家一直向上级反映要求，自发到各级政府上访，在这个8年当中，老百姓都是自掏腰包到各地上访。有时候请记者来报道一下，都要开支，都是我们自己出钱。当时一个乡镇是没有权利设立开发区的，当时还是福鼎县……"说起这段历史，张方穗仿佛回到当年。

最终于1998年杨岐垦区获批，并从店下划分出来，设立地区级开发区。于是升格后的"杨岐垦区"该换成什么一个地名才能当得起这一个开发区的地位呢？据说村民们认为龙安升格后应该在地名上展现出广阔格局和长远眼光，于是"杨岐"这个依山傍木的地名就被摒弃了，改为现今的"龙安"。尽管当时"龙安"这个新地名并未被外界所普遍接受，但政府和群众写信寄信，地址都故意用成龙安这个名字，是想用这种方式把龙安这个名字推广宣传，从而取代旧名。虽然当时用这个名字寄信收信可能会因为没有这个地址而使邮递员找不到，但龙安人民还是借此把这个名字传播开来了。期间群众向县政府、镇政府诉求某些公共事务的时候，比如打电话、信访，也用龙安这个名字。群众主动、故意采取的这些办法，目的是让政府认可这个名字。直到后来真正认可这个名字就是1995年建成"龙安"农贸市场的时候了，现在该市场被称为龙安购物中心，政府终于正式地以龙安为开发区命名。

1998年1月经福鼎市委、市政府批准成立龙安开发区，当时级别为副科级单位，隶属于店下镇，并从店下镇划出玉岐、杨岐、江南、西澳、涵头、桑杨6个村纳入管辖范围。1999年6月被原宁德地区行署授予正科级行政管理权限，作为福鼎市政府派出机构，下辖6个村委会（同前）和1个社区（即龙华，居民主要为外省市各地来龙安的开发户）。辖区总面积17.83平方千米，海域面积15平方千米。

然而，龙安发展历史艰苦卓绝之所在，远不止是其特殊的身份和错杂的身世。1991—1994年，整个龙安的发展仍处于一个雏形阶段，因为受其企业性质影响，发展极其缓慢。龙安在商场上也是历经跌宕和坎坷，这个过程可不止于一波三折，其中由来自各地的商人所组成的商会发挥了举足轻重的作用。

据龙安商会李尚环会长介绍，管委会成立后，商会成员当年跑了几十趟市政府，就为了能帮龙安争取到更多投资项目，后来经过多方努力，市政府争取到了鞍钢项目，此项目一经成立，就得到了各级领导重视。然而问题就出在项目前期实施过程中，需要当地农民搬迁、移民。管委会和商会自己出资出地为百姓提供居住点，可是由于条件简陋，群众并不是十分愿意。于是，此事被一些群众反映上报央视《焦点访谈》，成了2011年3月福建省福鼎地区"无根树事件"，引起社会热议。恰逢那个时期国家对钢铁行业进行整顿，龙安为此筹划了三年的项目宣告流产了。当时钢铁厂的前期厂房都搭建起来了，不曾想在移民搬迁问题上导致项目被叫停，原来简称厂房的大量土地也因此闲置。不仅工程碰壁，很多投资人也因此破了产，发展一度受限。

"龙美"号客运快艇

<small>张灵酒</small>

龙安"龙美"号客运快艇有限公司成立于1997年7月，以澳尾青年王大溪为首筹建，股东由杨岐村与桐城流美村村民组成，总投资70万元。

公司一成立，即向福建南平市延平区玻璃钢船舶制造厂定购3艘小型客运快艇船身，配四冲程150马力雅马哈日产船外机，经福鼎市交通局运管所审核批复，于7月26日开始试营业，8月1日正式营运。

客运快艇（张灵酒 摄）

杨岐码头与流美胜利码头双向对开，为便于客人搭乘接送，福鼎城区与龙安延伸店下段由公司提供专车免费接送，实行一票服务到站，做到严格规范：核准满载10人、上船不超载，沿途不偷带。两点一线、限速直航，恶劣气候停运。人员搀扶上下船，码头汽油安全加注。接受培训驾驶娴熟，熟悉水文，掌握罗盘。

1998年，白琳周仓岭路段严重塌方，交通受阻，多数旅客由陆路辗转水路，换乘快艇，一时运力紧绷，秦屿、店下两镇旅客涌向龙安，常常一票难求，面对机遇与挑战，龙美客运有限公司立即与江苏南通玻璃钢船舶厂家取得联系，新添2艘同类快艇缓解压力。日营运人数单程旅客可达400人次，票价20—25元，营业时间上午6点至下午5点，票点设杨岐码头、桐城钟楼、店下环岛，均有显目灯箱牌子。

当时龙安至福鼎交通闭塞，只有店下至福鼎城关班车往来，龙安也只有木质混装渡船停靠流美码头，有载客优势，但航速很慢，通常顺航要3个小时，极大制约当地人们出行。快艇的诞生，方便人们往来，又节省时间，大大提高进城办事效率，备受青睐。

2003年随着贯穿福鼎的高速公路开通，人们选择班车，进城更加便捷、高效，前往龙安搭乘快艇的客流量日趋减少，快艇渐渐淡出人们的视野。

"桑美"记忆

李立华

　　时间定格在2006年8月10日17点25分，"桑美"台风正式登陆，它在海上所积蓄的能量开始全部爆发出来了！昏天暗地，风在天地间呼啸着，雨从四面八方打来，海上停泊的三艘海军护卫艇都被冲上龙安滩涂，龙安码头刚建的一艘海上流动制冰船被大浪击沉海底，所有的测风仪都到达了上限75米/秒！导致仪器全部损坏失灵。"桑美"很小的环流都意味着巨大的气压梯度，狂风不单单让避风港里的渔船沉没，而且还让福鼎的沿海地区的电网完全瓦解！福鼎、苍南各有一座270千伏变电站全停。狂风肆虐，暴雨倾盆。百年一遇的超强台风"桑美"在沙埕港沿海登陆后，横扫沿海乡镇。刹那间，房顶掀翻、大树折断、船只损毁、交通中断，浙江、福建两省遭遇重创。

　　在宁德市委的紧急部署下，11日凌晨台风刚过，李步泉同志就带领海洋、港务、民政、医护、公安、武警、口岸办等多部门50多人联合入驻龙安，时任福鼎市市长郑其桂也坐镇龙安，配合现场指挥，成立了100多人的临时打捞搜救领导小组，开展寻找海上失踪人员和打捞搜寻遇难人员尸体工作。

　　李步泉回忆说："当时，龙安因受灾无水无电，我们工作人员生活非常艰苦，龙安管委会办公大楼临时腾出给指挥部办公，办公桌旁的地上铺满草席，办公、吃住都在一处。时任龙安管委会书记刘洪建同志更是忙得不可开交，因为物资匮乏，他告诉我们三餐只有大白菜汤下饭，我们大家同甘共苦，大热天曾连续7天7夜因没水大家都没洗澡，好多同志累得趴下了。我在龙安停电缺水的时候整整住了4个月。"

　　时任龙安开发区管委会主任张建忠说，由于这次台风登陆时，海水刚好向龙安海域流动，所以大多数遇难者遗体集中在龙安这边，当时发现的已经有100多具遇难者遗体。当搜救人员的船舶和遇难者亲属的船舶还在海面上四处搜寻，不少失踪者家属站在海岸边，望着茫茫的海面，呼唤着亲人的名字，目光悲戚而茫然，无不令人揪心啊。

　　12日上午，宁德市协调海事、海洋渔业、交通、民政、公安、信访等部门，加大海上搜寻力度。龙安海域60多艘船只、600多人的搜救力量，仍在不分昼夜搜寻失踪人员、打捞尸体。至14日晚，海上已找到尸体148具（其中福鼎籍57人，霞浦籍22人，外地无法确认身份的69人）。全部由龙安码头转送至福鼎殡仪馆。

李步泉主任说:"每捞上一位尸体,我都要亲临现场,后面几天的尸体因海水浸泡,连殡仪馆的标准尸袋都装不下,临时特制加大号装尸袋,对每具尸体都要拍照、编号、提取遗物、进行DNA鉴定,认领,所有用于遗体搜寻、处置、火化的费用由市财政承担。"

面对这一史无前例、人力难以抗拒的特大自然灾害,党中央、国务院十分关心福建的灾情,超强台风登陆后,时刻了解灾情,慰问灾民,指导救灾。民政部启动自然灾害四级响应机制,会同国家有关部门组成联合工作组,农业部也派出工作组,赶来龙安灾区,指导开展救灾工作。

在超强台风正面袭击后的第一时间,福建省委书记卢展工一周内三次赶到福鼎,三次乘船巡视沙埕港,先后两次来到龙安视察灾区、慰问灾民。

后续的几天,管委会组织和发动当地干部群众,迅速开展海上大面积搜救工作,对龙安周边海域进行全面搜救。省武警8710部队、宁德武警支队、驻福鼎部队、边防部队和民兵预备役官兵也投入兵力,协助开展海上搜救。

灾情就是命令!一道道抗击台风抢险救灾命令迅速下达,哪里最危险哪里就有子弟兵,哪里最危险,哪里就是我们的战场。党员干部在关键时刻要站得出来,危险时刻要豁得出去!一支支部队紧急出动奔赴龙安救灾第一线。

做好遇难者家属安抚安置工作,是灾后工作的关键。管委会认真组织安置好灾后群众生活,对每个遇难者的家庭先给予5000元的抚恤金,确保灾民有饭吃、有衣穿、有临时住所、有干净水喝、伤病能及时得到救治。卫生、防疫部门迅速派出工作组,设立卫生、医疗、消毒服务站,深入码头和村居开展消毒防疫工作,确保灾后无大疫。

那段时间,龙安的干部群众确实经历了非常严峻的考验,这种考验不仅仅是因为面对着史无前例的严重自然灾害,面对史无前例的重大损失,还面对着史无前例的社会压力和舆论压力。

灾害发生后,电力、交通、通讯等部门组织力量夜以继日地抢修被毁的基础设施,社会各界纷纷为灾区捐款,龙安老百姓还自发组织起来,为武警战士和遇难者家属免费提供餐饮,以各种方式表达对人民子弟兵的感谢和支持,缓解受灾群众承受着的亲人遇难、财产严重损失的巨大悲痛。龙安在灾后重建工作中也走出了"桑美"的阴影。

(本文据李步泉口述整理)

文物古迹

玉岐古城堡

甘宗芍　李立华

玉岐堡，福鼎市级文保单位。旧称甘家岐堡，《福鼎县志》："明洪武时筑，明嘉靖四年，监生王斯清、里民王功宏倡修。"村里口口相传，最早是由先期住此的魏姓族人带头修筑的土堡。

玉岐城堡依山而建，平面略呈三角形，城墙长700米，总面积3670平方米。城堡由花岗岩石块砌成，城墙厚2米、高3.5—6米。始筑设东、南、北3个门。东门宽2.3米、高3米、厚3米；北门宽1.6米、高2.1米、厚2.4米；城堡环山而筑，南面平坦，东、北两门内加筑瓮城。现东部城墙、城门保留较为完整，西边的城门与周边城墙还有保留。

玉岐《渤海郡甘氏宗谱》载，甘氏族人甘纲于明嘉靖乙丑年（1565）曾作《玉岐堡记》详细记载了当时倭寇入侵的情况。附原文影印如下：

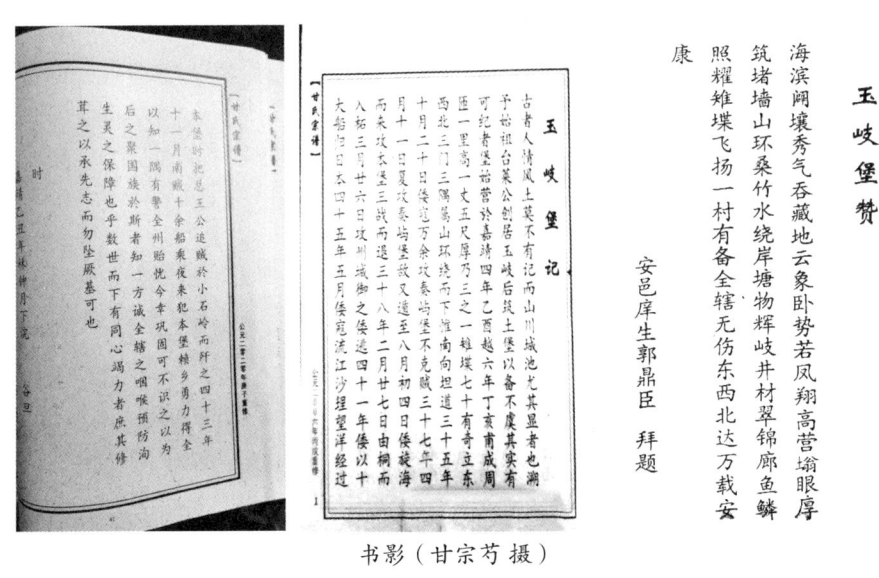

书影（甘宗芍 摄）

《渤海郡甘氏宗谱》还载有安邑庠生郭鼎臣所题《玉岐堡赞》：

　　海滨阙壤，秀气吞藏。地云象卧，势若凤翔。高营壩眼，厚筑堵墙。

玉岐古城堡（李立华 摄）

山环桑竹，水绕岸塘。物辉岐井，材翠锦廊。鱼鳞照耀，雉堞飞扬。一村有备，全辖无伤。东西北达，万载安康。

玉岐城堡一直保存完好，20世纪90年代，村中修建水泥路时，拆掉南向部分城墙，所幸剩余城墙及3个城门，以及同时期八棵巨大古榕树和建于明洪武二年（1369）古墓至今尚在。遗憾的是2020年6月，因龙安化工园区的建设所需，玉岐村整村搬迁，城堡再次遭到破坏，旧城墙只保留一截，古榕树只剩下6棵了。

玉岐甘公石塔墓

甘宗芍

玉岐甘公石塔墓，始建于明洪武二十一年（1388），位于龙安开发区玉岐村玉岐自然村西50米后山山脚，坐西向东，占地面积26平方米。石塔宽0.51米、高0.42米、通高0.7米。石塔碑铭文"甘公石塔、洪武二十一年"，"戊辰太岁七月吉旦造"。

据《甘氏家谱》介绍，玉岐曾经又称"甘家岐"，居民以甘姓为主，明朝初年倭寇攻打玉岐，甘氏先祖英勇抗击倭寇不敌被杀，为纪念抗倭英雄而造塔立碑。甘公石塔墓历史悠久，造型独特，几百年来，默默静卧在茂密的后山中，每年一度接受后人的祭祀，对研究明代抗倭历史及明清石刻具有一定的价值。

甘公石塔墓（李立华 摄）

金竹湾王氏三官厅

> 张灵洒

追溯玉岐金竹湾王氏三官厅的历史，不能遗漏先于王氏的金氏渊源，根据本村几位耄耋老人回忆，金竹湾史上曾经历一起惨绝人寰的"曲蹄杀金"变故。

金竹湾最早肇基始祖系金氏族人，其中有一年十几艘连家船因避台风泊进村脚，白天有疍民进村打水及出行所需生活品补给，天黑清点人数，缺了一位年轻美女子，疑金氏藏匿所为，便纠集众议，伺机报复，是夜趁台风回南走船之利，悄然进村屠杀，无一生还，致金氏灭绝。

这故事应该发生在明朝初年（1420），跟台峰石板埕王氏二世祖，王师銮支祖迁居金竹湾不相上下。王家在此繁衍生息至五世王怀淳，当时任职福宁府经厅，有一年知府进京述职，一切公务由府经厅暂行代理，后知府念怀淳有功上奏朝廷允准，在他老家金竹湾筹建三官厅。从现存遗址看，三官厅坐乙朝辛，前后三进，中为天井，依山拾级而建，占地面积约2000平方米，前廊柱、磴石为四方形制；人行中轴线跨五步台级直抵三官厅正厅，此两点据说唯官府独有，具明显等级规制。其他后廊柱、步柱、脊柱均为圆柱与鼓磴，所用礓石、鼓磴、侧塘石、菱角石、踏步阶沿、尽间阶沿等石构件均为兴化大理石打磨。另外，金竹湾尚珍藏福宁府长方形赤绣绮帐一幅，逢宗亲喜事悬挂厅堂，增添庆典氛围。

三官厅旧址（张灵洒 摄）

据口口相传，金竹湾王氏成也怀淳，败也怀淳，怀淳鼎盛时不可一世，在福宁府霞浦就建有十八储粮仓，年入万四四，当时台峰石板埕王氏有一个在后港狮子寨当寨主，距金竹湾约十华里，寨帮练功习武，为金竹湾王怀淳提供安全保护，王怀淳则会常年供给粮食蔬菜，互相兼顾，互利合作，得到隔岸沙埕古城寨的嫉妒，因此怀恨于心，终于有一年，古城寨心生一计，借操办喜宴为由，骗取狮子寨及怀淳赴约，饭饱酒足之际，将盟友及贵宾一干人马关门残杀，并取下王怀淳首级，有一个随从出于忠心，在慌乱中冒死抢走王怀淳头颅回家禀报，逢退潮船抵澳头上岸，将头颅寄在澳头岩壁下，只身跑步回家，岂料半途火光四起，一打听王怀淳家族早已死伤过半，原来古城寨一边骗取信任诱人赴宴；一边趁其不备，兵分两路，分别偷袭狮子寨及王怀淳家族，至午后古城寨帮就把金竹湾怀淳家族金仓、银仓洗劫一空（据说抬出十八大缸），屠杀狮子寨寨帮及王怀淳族人，并放火烧毁三官厅。

待随从返回想取回寄在澳头的头颅却已不见，渐渐"寄澳头"变成现在的地名"岐澳头"。为顾及王怀淳不屈而死的最后尊严，下葬时以金头颅替代。这一劫王非但怀淳没能逃过，并殃及整个王氏家族，从此地位与身份象征的三官厅化作一缕青烟。

据族人回忆，又过了半个世纪，王氏在慢慢沉淀中终于有了起色，集族人之力重建三官厅，新落成的三官厅不变的只是荡存的地基，地基以上部分都是跨越时空的牵强拼凑，再也没有原来的富足神韵。经岁月洗礼，历台风袭扰，600多年来，三官厅从历史中走来，一度辉煌，几经坎坷，不仅是金竹湾王氏的人文见证，更是金竹湾王氏历史的缩影。

金竹湾村俯瞰（王可地 摄）

玉岐王母李氏节孝坊

◆ 李立华

玉岐村原来有座牌坊名为王母李氏节孝坊。地处玉岐城外石碑记旁，系乾隆五十四年（1789）建，做工精雕细刻，油清绿灰岩石材考究，顶嵌乾隆御旨，因1970年冬平整土地时，被大队拆除作为牛矢墩至下墩通桥之用。1958年的强台风，将镶嵌在牌坊顶端的"圣旨"石牌及部分装饰石构件打落，后有部分散件被周围村民取用。

玉岐王母李氏节孝坊系由时福鼎儒学训导谢国（举人）治牒移署福鼎县知县王履吉（举人），申详福宁府太府江琅，转详福建布政使司依辙布，详请福建全省督学部院陆锡熊，福建巡抚部院徐嗣曾，闽浙总督部堂觉罗伍拉纳，同咨请旨建坊。据考店下《太原郡王氏宗谱·王母李氏节孝序》载：玉岐里人王秉钧，字其和，号凤亭，生雍正元年（1723），卒乾隆十二年（1747）。其妻李氏寿娘生雍正元年（1723），卒嘉庆七年（1802），王秉钧年廿五岁因病而卒，遗孤长五龄，幼才三月，赖妣李氏抚养成人。为褒其节孝，地方各级官员上报朝廷请旨建造。

牌坊石碑《王母李氏节孝序》原文为：

盖闻，潜德有待阐之徽，惟闺壶之幽芳特甚，名教以克荷为重，斯妇人之完职更奇。此朝廷奖节鸿典，所以焕日月而经江河也。鼎邑王君兰圃，斯清者，其母李氏孺人，系出陇西为鼎望族，名庠生会公女，年十九归凤亭王公。公名秉钧，介宾益溪公之长子也。得孺人则淑配相宜，克谐以孝，奈天不愸遗凤亭，二十五龄之寡，上则孝养翁姑，颐养天年，俱登耄耋；下则抚育二儿，以养以教，俾克成立，迄今出嗣孙八，己孙二，曾孙林盛，使王氏两派宗支茂衍者，孺人之力也。至其治家肃而正，勤而法，俭而有度，常以纺织赢己，馀周恤孤寡，为彤史光，不一而足焉。予以徐抚军之聘，掌教鳌峰兰圃，因其邑诸生受学者嘱序以予，具道其祥予曰：母公以勤学过劳，笃生疾疢，孺人焚香祷祝，愿身代者屡，公弗获瘥，将逝，嘱孺人曰："予弗克终养二亲，以菽水之任汝，汝其敬，完予职予，堂兄其绰，早逝乏嗣，命长男斯澄为之后，兹尔二孤小心抚之，毋坠宗友。"言讫而逝。孺人念：

身殉者激烈之小谅，受任者伦常之大纲。乃苦志茹荼，谨承夫命。当是时，静圃仅五龄，兰圃才三月，孺人以之立节彰，彰天壤实，征采诸有司，恩赉邀乎宸眷，又何假予言以垂不朽，母自不朽矣！

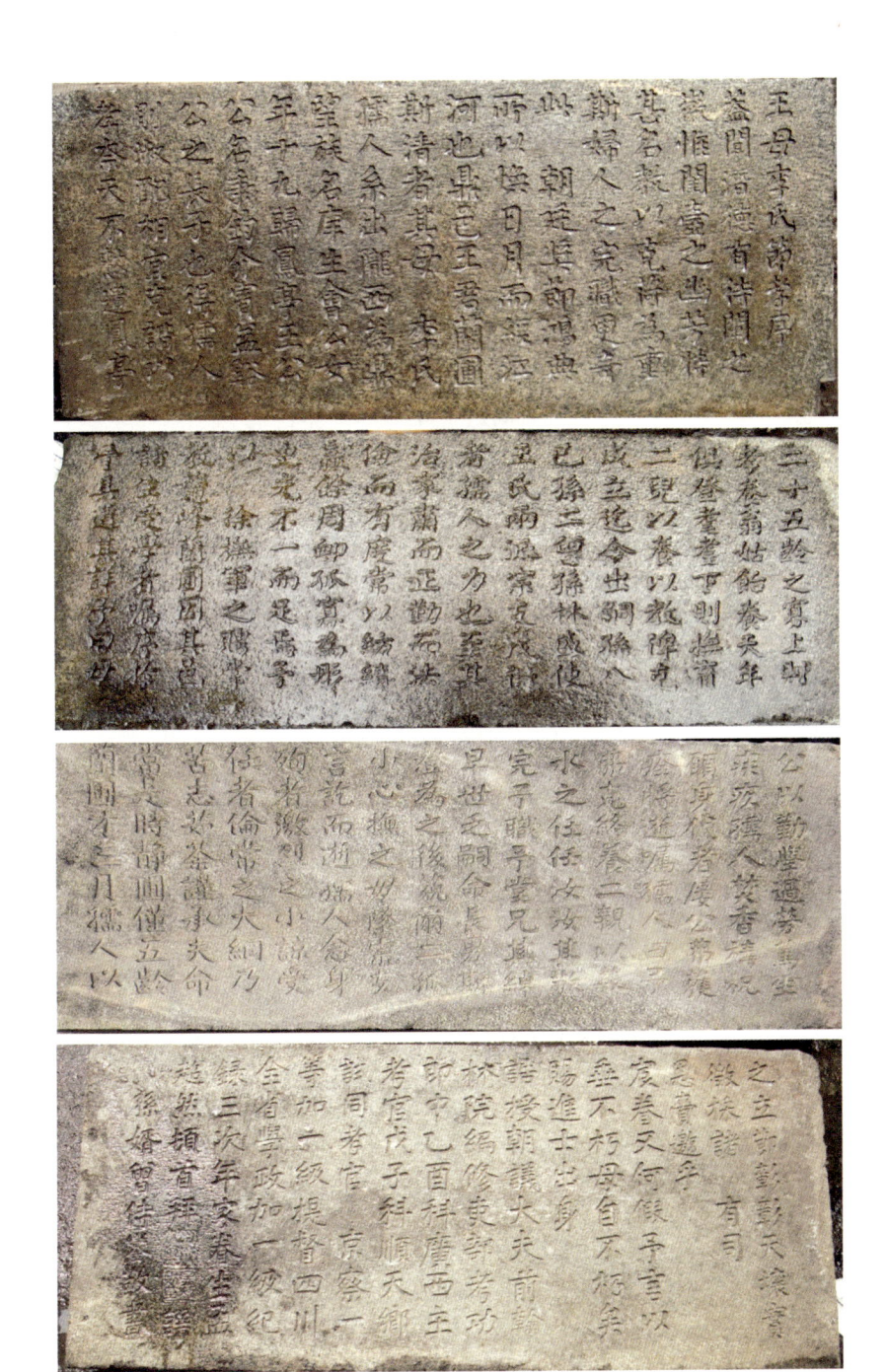

石碑（李立华 摄）

王其烈故居

李立华

王其烈故居位于龙安开发区玉岐村，右门头"闽海家声"四个铁红大字，苍劲有力的颜体，出自大家之手。可惜门楼的右边被后人改建了，题字人便无从考证。

距门前十米左右有两个大旗杆座，十分大气，是福鼎市现存最为气派的旗杆座。从遗址的地基巨石、柱基、庭院结构布局，也可以看出它的规模宏大。

故居始建于明末清初，其平面布局近似正方形，坐西北朝东南。东西宽59.4米，南北深54.80米，占地面积3255平方米。平面以三座独立大院并排布局，中轴为中心，作对称式布局，中轴建筑三进，通面由三个门楼组成，每个门楼由前、中、后三进大院组成，三座大院错落有致，依次为正门楼、大厅和座楼，两侧设左、右门楼，旁边还设有两个楼梯道。以供上下楼用。东、西门楼与中轴各进建筑，既以廊轩互为贯通，又相对独立，形成半封闭院落的格局。正门楼七间加左右走廊，中间大厅最宽一丈六六。左右两门楼各五间两边各有两条梯弄，左右两大厅一丈三八，后厅一丈二六，整个民居分九个院落，前堂、后寝、厨房、望楼，功能分区明确，多为穿斗式、抬梁式结构，有撑拱、斗拱的做法，完整体现了福鼎当地传统民居的布局和风格。

三座大院的正堂大厅壁上均雕刻着人物故事、飞禽走兽、山水花鸟等，形态栩栩如生。大厅左右门扇、雀替，雕刻着人物、祥云、瑞兽等吉祥物。其中有"刘海戏金蟾"和"鲤跃龙门"引人注目，堪称本古民居雕刻之精品。"刘海戏金蟾"寓意财源兴旺，幸福美好。"鲤跃龙门"寓经年努力一朝飞黄腾达。尤其是门窗、雀替、砖雕、石雕等，工艺高超，精美绝伦。窗棂格扇用木质方条拼接成各种图案，廊道用青石铺压，简洁庄重。徜徉古民居内，无论是椽头、门窗、格扇，还是斗拱、梁枋等，都尽展工匠雕刻技艺高超。古宅建筑采用的材料都是上等的杉木，可以想象当年主人的财力和地位。

古宅左边的三进便是厨房间、柴草间和餐厅。左右各有两个小天井至花园风火墙，左、右边的后天井各置一口水井，平时供生活用水和防火之用。屋内生活器具十分考究，有人工打磨的石水缸，有精雕细琢的八仙桌，造型别致的橱柜等。

故居东北面有书房，花厅，前面有个约300平方米的练武场。整体建筑错落有致，别有风格和情趣，凝聚着古人的智慧，是集美学史学与建筑完美的结合。随着时光

故居旁厅（李立华 摄）　　　　　　　　玉岐王其烈故居门楼（李立华 摄）

王其烈故居拆迁后剩下最后的一排厨房（李立华 摄）

的流逝，岁月的侵蚀，古宅散发出的韵味让后人着迷，引人驻足。

弹指一挥间，200多年过去了，古宅虽然褪去了昔日的繁华，但古宅门口一座现代化工城正在拔地而起，历史总是那么令人不可思议。

2003年，王其烈故居不慎失火，主体建筑大部分被烧毁，只留下残墙和原右边"闽海家声"内的部分小院，和左边后面的八间厨房，从八间独立的厨房和留下的供全村共用的特大石磨，就可想当时家里人口兴旺及长工之多。随着近年来龙安的大力开发，玉岐村进行整体搬迁，至2022年7月，一座古老的城堡和庞大的故居已被整体拆除，成为历史留在人们的记忆之中。

西澳村古井

李立华

西澳古井，位于西澳村西澳自然村水井头，西澳52号民居南面5米处，占地面积34.2平方米。古井建于清光绪二年（1876），井深3米，井口直径0.95米，下深2.3米、内圈直径2.3米、外圈直径3.8米，井身呈圆形，上窄下宽，呈瓮状，内、外两圈分别由花岗岩石块和三合土砌成井台，井口由十块花瓣状石块砌成，寓意"十全十美"。

井的南面有一水井公神位，坐南向北，神位用于供奉水井神。龙安开发区西澳村村民林振照说："水井是我曾祖父那个时代建的。当时有个秀才考取功名了，他是专门研究中医、地理风水的，他就在那一直找，觉得那个地方风水很好，就决定在那里建水井了。水井旁边还有个水井公，会有人在初一、十五去烧香。这个水井夏天不能洗澡，很冰凉；冬天的时候，会有热气，很暖和。我们以前没有冰块、冰箱，端午节要是想喝啤酒，大家就弄一个桶，把啤酒放在桶里，把桶吊在井里，早上吊下去，中午提上来，啤酒就很冰了。水井非常清澈，洪水再大它都不会浑浊。500人在这儿居住的时候，这个水井也够吃，现在人很少，水井也不会漫出来。"

古井是古民居的重要组成部分，她所拥有的是民众取之不尽、用之不竭的源头活水。井水知人冷暖，冬天用之不冰手，夏天用之则清凉，她滋养、化育和保护了一代又一代西澳村百姓。西澳水井从古至今浸泡在这深山一隅，村民们尽情地享受着这种物我交融、天人合一的人文情调，更加凸显了西澳水井的生生不息。

西澳古井（龙安管委会 供图）

江家岭的古井

李立华

井，与人类生活息息相关。在远古时期，人们就已经"凿井而饮，挖穴而居"。江南村江家岭自然村，江氏族人在此居住已有一千两百多年，该村的地域虽然不大，小小的村庄却有着八口古井，我带着好奇之心通过江孝松先生，联系到了掌管家谱的江家族人，了解到江家岭，旧有"半月沉缸"之称，后因村口被挖了七口古井故又有"七星照月"之称。

当地村民江孝齐说："我们老村子里一口古井，村外又有七口古井，有五个还在，两个没找到，可能是被杂草或泥土填盖掉了。前几年我们也去过福州找到文物专家，想要把它保护起来，做成文物保护单位，文物专家说请他们来花费很大，他们又得慢慢研究、拍照，他就叫我们先去《霞浦县志》里找。文物专家还问有没有什么能够证明历史时间的文字或史料等，后来问老人家，老人家说以前村里被台风刮了不知道有多少次，也不知道现在什么东西在了，连大树都全部倒掉，这个井建的也很早了，是祖宗来了之后，过了一段日子，应该有钱的时候就做起来的，距今至少也有近千年了。"

提及水井，当地居民非常激动，他们介绍说："我们这些古井可跟水井不一样，水井是直直的，而我们的古井是像水窖一

江家岭古井（李立华 摄）

样，像个大肚子的水杯，底下慢慢大起来，下面可有 10 来平方米大。我们的古井分布就按天上七星北斗的分布一样，样子像把调羹一样。我们的老村落在北面，七口古井分布在老房子的南面，呈北斗七星状，老房子外有围墙，是石头砌成的，一共有两个门，后山有个门和侧门。"

据了解得知，江家岭早期先民当年主要以山下海边晒盐、贩盐为生，以此推断这是主人用来储藏海盐的盐窖，并非水井，此有待后人考证。

江家岭村内靠近后山左边的一口古井里都是山泉水，夏天冰凉清冽，冬天又十分温暖。关于这口井，老村民江孝齐带我到井边才告诉我说，这就是我们旧时不对外传的"酒井"。他说："听祖上老人口口相传，曾经这个水井打出水来稍加热后，喝起来就是酒。相传，很久以前村里的男人都下山到孤坑下面海边去晒盐，女人在家里做家务，有一年秋冬的晌午，有位客人来到村里，特意向女主人讨茶喝，这家女主人正在蒸饭准备酿年酒，预备冬天男主人休闲或春节客人来喝的，农妇很大方，给客人端茶后，就盛了一大碗刚蒸出来的香喷喷的酒米饭给客人吃，但这位客人看到女主人很大方，却没有吃，走到外面就直接将糯米饭倒在了后门这口水井里，客人倒后就回来跟女主人说，以后你就不要酿酒了，如果家人想要酒的话就直接去后门这个井里打，打上来直接就可以加热喝了，但别贪杯，喝多少舀多少烫一下即可，说完就离开了。后来，真的村里人就不用酿酒了，井水是井水，但只要装到酒瓶里一热，就是一壶香喷喷的老酒。人们知道这是过路神仙的恩赐。过了三年，神仙又路过江家岭，女主人认得客人，就说非常感谢您把我们的井水变成了酒，只可惜没酒糟养猪了，那位客人就到后门舀来一碗糟给她，从此，酒井又成水井了。"

随着人们的生活的改变，江家后人都陆续搬迁到城镇居住，古老的村落因无人居住而日渐荒凉，村旁一片遮风挡雨的树林在 1958 年被破坏掉了，只剩下 5 口枯井依然还在。村子里的人依然怀念那些古树、古井，偶尔聚会时，无不津津乐道那些曾经养育了多少代人的老井和为无数人遮阴避雨的古树，还想抽空找到另两口，还原那"七星照月"古朴宁静的江家岭。

（本文参考了江孝齐、陈秋生提供的资料）

杨岐旧渡船码头

李立华

杨岐古渡，古已有之。最早建在土地公鼻外，1949年后移位到企璘地处店下与龙安交界处，旧为牛矢墩渡的下游渡口亦称杨岐渡，是店下以前粮食、茶叶运往城关及海外的主要水路通道和客货运渡口，热闹非凡，一直到杨岐围垦成功后。

以前，涨潮时船可开到牛矢墩渡口，退潮时杨岐渡口发挥着重要作用，是店下的重要出海口，也是秦屿、硖门、店下及沙埕下片去往福鼎城关必经渡口，各乡村民来往客货运的主要水路通道、人流昼夜不息，码头上开有小客栈及货铺，中华人民共和国成立初期由店下杨祖央在经营，成立人民大公社后，由屿前大队集体经营，委派复退军人王世文、村民丁守铨两人负责经营客栈及店铺，以便过往行人歇脚和住宿。集体还成立有十几人的码头搬运队。

以前，码头设计考虑到潮水，虽简易但也科学，从岸边延伸到海中间，内段由石头梯形堆砌约40米长，中段用松木打桩，上面间隔铺设承重形方木条约20米长，以便潮水进退，最外段靠船码头处10米长，由钢筋混凝土浇筑。以前主要是开往沙埕、流江、城关客货机帆船，可直通福鼎县城及周边乡镇和浙江。1956年在杨岐外林石壁头简易渡轮码头建成汽艇停靠站，"闽东3号"客轮每天一班，视潮水往返航行于桐山——杨岐——沙埕之间。杨岐到流江过渡费0.3元，杨岐到福鼎的船票一人0.7元。当时，遇急事1元钱就可包船到对岸流江。

1966年，时任店下区委书记周月俊，把在龙安油库上班负责开油轮，且有专业部队潜艇技术的复退军人陈培玉，通知他去接台山部队卖给店下的一艘退役汽轮船，承担杨岐（涨潮时在牛矢墩渡）到桐山的客运，因此退役船经常故障就停开。随后又添

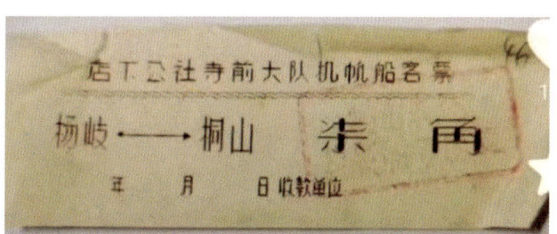

旧船票（张灵酒 摄）

置木船客轮一艘，公社派童守滔负责管理，由店下苏炳丰驾驶，随船还有杨岐的张灵传、牛矢墩的郑祖义等4人。因客人多生意好，第二年，屿前大队也购置一艘，由蚶姆塘张灵从负责兼买票，张宗秀任舵手，江招梅开轮机。两艘船每天一班，随潮水往返航行于杨岐—海尾—桐山。

随着20世纪70年代后客货轮逐步发展及高速路的通车，杨岐内海航道客运基本停运。只剩杨岐到流江、沙埕的两边轮流互开，1991年杨岐围垦工程建成后，现在新的龙安客货运码头又取代了旧小的杨岐渡口和牛矢墩码头。

（本文参考了陈培玉、张灵丛、张灵酒提供的资料）

翁氏宗祠

> 翁以源

"翁氏宗祠"坐落在龙安开发区桑杨移民街，系1995年桑园移民迁移后改建。宗祠构架宏伟，坐北朝南，祠堂通面宽20.8米，通进深40米，占地面积880平方米。时花费约600万元。翁氏宗祠规模宏大，蔚为大观，祠堂建筑俯瞰呈"国"字形，祠堂的整个布局犹如一座城堡，除大门外，并无小门，门楼为重檐歇山式屋顶，面阔三间，进深四间。仪门两侧，一对石狮雄峙，上方悬挂"翁氏宗祠"匾额。大门为仿铜喷金大门金碧辉煌大方厚重。

走进翁氏宗祠，祠为三进双层式建筑纵身分为三个层次，有门廊、前厅、戏台、正厅、天井和后厅，而且祠堂的平面设计成纵阶梯形，蕴含了步步高升的意思；每年举行祭祖庆典时，旺盛的香火将后厅映衬得红彤彤的。

迎面设有照壁，路往左右两边进入中间大厅，大厅可为祭祀、庆典、看戏、聚餐多用前为门厅，后为正殿，抬梁穿斗混合式梁架，悬山屋顶。前中有戏台，前厅的戏

翁氏祠堂戏台（李立华 摄）

台不小，有65平方米，平面呈方形，戏台居中，单间亭阁式，顶棚设八角藻井，歇山顶，四角重拱复斗式藻井。戏台底座前面栏板镶有7幅石雕图案，栏板上面刻有丹凤朝阳、松鹤延年、杜鹃唱梅、牡丹富贵，画面典雅生动，件件巧夺天工，精雕细琢、画龙雕凤，造型优美、气韵生动、色调古朴，让人流连忘返。

仰望顶部，木雕额枋上的一幅鲤鱼跳龙门的图案跃入眼帘，反映出翁氏先人对美好生活的追求和向往；而下一块额枋雕刻的是福、禄、寿三星图。俯首须弥座上的浅浮雕刻花鸟图，一幅幅既生动又别致，让人仿佛置身于花鸟世界。

大厅后是一个大的天井，像是一个大大的口字，这也是祖先希望子孙后代做人有品行，读书有品位，做官有品阶。木料衔接都用木榫。建筑外部采用砖砌全封闭封火山墙。祠堂正门上方"翁氏宗祠"青石匾额。祠堂三进大厅神龛内，存放祖先的神主牌位。逢祭祀，全族聚会，作礼设祭。祠堂中进庭院的石刻栏板，更是石刻精品，祠堂的后进却是另一番天地，石刻栏板上，精雕细刻着造型迥异的花瓶和争妍斗奇的插花，表现出翁氏先人对如花似锦的安宁生活的追求和向往。

龙光寺

李立华

龙光寺位于龙安开发区江南村南榜至江南之间,距龙安开发区集镇6千米路程。旧属三都顺安境,原寺名小洋庵、小龙安、龙安古寺,2011年更名龙光寺。该寺于北宋天圣元年(1023)始建于江家岭祠堂门口下。嘉庆版《福鼎县志》有载:"小洋庵,在三都,明隆庆二年(1568)建。"寺庙占地4000平方米,建筑面积5000平方米。常住4人,寺有水田4.5亩。龙光寺四面朝山,一条新建简易公路沿着山涧小溪蜿蜒出入,人们置身其间,仿佛与世隔绝,别有一番静趣。

龙光寺,史上几经兴废,以前没有这么大,是砖瓦结构。现在的大雄宝殿,左右厢房是于2008年扩建的,常住们每天都在这个大殿里做功课,遇有佛诞日来的人较多,有三四百人。因为这边是比较偏僻的地方,除了菩萨生辰,其他时间来烧香拜佛的很少。路比较偏远,没有车没有香客上来,有人才有香火,寺庙也要维持下去。寺庙为了方便香客来,在山下有免费班车接送。另外,每年正月初一弥勒佛圣诞信众特别多,一般都有五六百人,会来这里上香、吃斋饭。其他时间来寺院的人不会很多,基本上是龙安本地的人。

龙光寺(龙安管委会 供图)

寺院石刻遗存（释界定 摄）

　　因历时久远，"文革"时破坏严重，现在只留下旧龙安寺古老的莲花墩和一个石雕的狮子，年代尚不明确，但也较为久远。大殿门口供有两位童子，殿内最大的神像为释迦牟尼佛，约5米高，两侧有伽蓝菩萨、文殊菩萨、普贤菩萨、地藏菩萨等，佛像周围有众多小佛像，小佛像系迁建时留下的。另外，大殿两侧偏殿还供奉有历代祖师、弥勒佛像等。

（本文参考了陈秋生、江孝齐、释界定等提供的资料）

金乐寺

李立华

金乐寺位于龙安开发区玉岐村金竹湾，离区中心约2千米，该寺始建于1985年，释题昌最早在此建茅寮供佛修行，先后有释盛德、释嘉善、释德金、释界嘉、释祖浈诸大德住持过本寺。

早期，释盛德将原茅草房改建为砖瓦土木结构，殿宇狭小，1988年，玉岐人氏释德金师父接手金乐寺，由本村头人王仁甫、王桃英、王仁镜、李桂英、黄宝钗等人发起改建寺庙之倡议，邀请本村当时在香港出家的释国祥师父莅临金乐寺，并挂名当家，他即出资并筹集建材等，建设了大雄宝殿、墓塔。

1989年，经市民宗局及佛教协会批准，释界嘉因杨岐围垦、寺院搬迁，从龙庵寺派来金乐寺住持。在释界嘉的主持下经多方募化，金乐寺于1989年修建，分前、中、后3座建设，前为山门及天王殿，中为大雄宝殿，后为观音殿及地藏殿。大雄宝殿为双层重檐斗拱式建筑，宽约13米，深约10米，高约7米，殿内宽敞明亮，四根二米粗的立柱高攀着壮实的屋架梁，颇为壮观。寺院占地面近9000平方米，建筑面积近1200平方米。大殿东西两边配置寮房、斋堂、客堂、库房、经房、客房等，装修一新。

扩建后的山门、天王殿、大雄宝殿宽敞舒适，夏季时期周边居民都喜欢来寺里乘凉歇息，每逢诸佛菩萨圣诞日，香客、居士、信士们纷纷从四面八方前来寺院朝拜，法会期间梵呗声声，香烟袅袅，香火极盛。

释界嘉因年老体弱，为精进修行、安度晚年，于是主动将寺院送交佛协。2019年，市佛协委派比丘尼释祖浈担任金乐寺住持。

金乐寺（李立华摄）

杨岐清凉寺

🌿 张灵酒

清凉寺在杨岐村北首柴栏头山腰,龙安至江南公路盘绕寺院,交通便利,坐北朝南,俯瞰龙安,美景尽收眼底。

清凉寺土名上吕厝基,始建于20世纪80年代初期,当时杨岐生产队在上吕厝基周边山地种有茶树,便在厝基里搭建简易茅草房,供劳作歇脚之便。后来原杨岐德妙师父(俗名王承夫)因为自己修行曾在此地翻修茅房。数月后,他有意在此长住,于是当时杨岐生产队队长温怀松找王承夫居士商榷,得到他许可,在极其简陋的茅草屋内,上上香,拜拜佛。3年后王承夫病故,后历经多年,先后有流江五斗丘李阿英、马坪江为红等5位居士先后常住过。因条件艰苦,陆续离开。当地信众为了满足周边

清凉寺(张灵酒 摄)

群众烧香拜佛，修学佛法的需求，至 2003 年，邀请原店下阮洋金光寺住持释界富前来接任清凉寺住持。

释界富师父善于抓住机遇，一边善巧募化，一边规划上报，得到批准后于次年便着手建设大雄宝殿，重檐歇山式，具有浓郁古风，装修后，恭迎释迦牟尼佛、伽蓝菩萨、文殊菩萨、普贤菩萨圣像各一尊，正中释迦牟尼佛像 10 米高。

今日驻足回眸，清凉寺不再清凉，继大雄宝殿后，先后建起左右厢房，共有 3 层 18 间，天王殿、观音殿、地藏殿、斋堂、客堂、僧房及墓塔，迎请弥勒菩萨、韦驮菩萨、四大天王、地藏菩萨、观音菩萨各一尊，各种硬件设施齐备。

清凉寺现占地面积达 3100 平方米，建筑面积达 2200 平方米，不规则锯齿状的山地被逐步削平，正中为砌石护坎，左边砼浇注 12 米高、30 米长的悬壁式挡土墙，公路直通寺院，尽管存在层次代差，但总体结构规划尚为美观。

善庆寺

> 李立华

善庆寺位于龙安开发区卧龙山，占地2000平方米，建筑面积约1500平方米。原名瓦窑寺，最早是德妙师父曾在此地瓦窑岗搭建3间茅房。并于1982年建成简易砖木结构小庙3间，德妙师父出家前系杨岐村村民，俗名王承夫。

原在寺里做木匠的郑祥水师傅，因长期在寺里干活，闲时听经闻法，决心在此出家，剃度法名界光，1991年接任住持。

2006年，界光师父重建300平方米大雄宝殿，气势宏伟，坚固实用，供奉释迦牟尼佛、阿难尊者、迦叶尊者和文殊菩萨、普贤菩萨、珈蓝菩萨、地藏菩萨四位陪神以及太姥娘娘、观音菩萨、阿弥陀佛等。左右两边建有两排双层寮房，斋堂40平方米，财神殿150平方米。右边于2011年建有一座三层1300平方米的龙安居士念佛堂，香火日益兴盛。

2014年四月初四，福鼎市佛协委派现任善根师父住持本寺至今。

善庆寺（李立华 摄）

龙安五显灵官大帝宫

◎ 张灵酒

龙安五显灵官大帝宫，因龙安开发区建设规划，集宋景祐年间"龙定庵宫"的五显灵官大帝，明永乐年间垅头村"夜猫窟宫"的白马明王，崇祯年间澳尾村"岐兜宫"的地主明王，三宫合一，重新组合改扩建而来。坐北朝南，背倚牙基山，南临街道，东西融民宅之中。

大帝宫于2003年秋末竣工落成，占地面积约1800平方米，建筑面积约1080平方米。由当地信众王大溪为首，林垂宝（已故）、陈诗贵、翁日佳、苏万宝、林垂练、王大创、朱成远等人分工协助建设事务。主殿为双檐歇山式，面阔3间，进深1间，屋面为红色琉璃瓦，古香古色，庄严肃穆。四周设回廊，穿斗抬梁式梁架，殿顶用八卦藻顶装饰，结构精细，大方典雅。殿内外均用石柱支撑，牢固大方。殿前拜台左前方立一旗杆，旗座为六角台阶式，玄武岩阳刻龙凤图案贴面，造型别致，作为陛斜阶，古朴雅致，具有古代宫殿建筑的风格。

大帝宫所有斗拱，替雀，垂莲和灯梁柱头，均精雕细刻，缀有各种人物花鸟图案装饰，大殿前置有10米大埕，用条石铺砌，坚固平坦。大殿外正门中央擎起"灵官大帝"正漆贴金四字匾额，正门石柱提有一联："庙貌崭新人杰地灵千古绩。神威显佑民安物埠万家春。"进入大殿正门，神龛上方悬挂"功高华岳"四字贴金匾额，石柱楹联映入眼帘："宝殿喜维新，神光丕显十方清泰蒙神佑；庙貌仰崔巍，圣德普昭彰八境康宁赖圣扶。"左右两边亦挂两块牌匾，分别是"威震八方""普济万民"。

大殿左边有占地200平方米，建筑面积约500平方米的护厝3层3间，一层通间作老人活动中心，是目前龙安开发区重要的集娱乐、休闲、健身于一体的老年人活动中心。二楼为大帝宫理事会办公地点，有福鼎市民间信仰活动联络中心办公室。大殿右边有休憩凉亭，右间护厝建筑面积约100平方米，主要是厨房用缮地方。

大帝宫上埕总面积包括活动及绿化用地达1200平方米。下埕台阶右边为临时性办公场所与仓储间连在一起，建筑面积达80平方米，大殿下埕正前方就是刚刚落成的戏台了，面积约800平方米。单檐悬山式屋顶，屋面为红色琉璃瓦，屋脊泥雕双龙戏珠亭，双龙跃跃欲试、栩栩如生、惟妙惟肖。戏台分前后两进，第一进为类同于干

五显灵官大帝宫（李立华 摄）

阑式的架空戏台，七檩构架。第二进正屋，三开间，明间五架抬梁带前后双步，两厢位置为二层走廊，上层主要在唱大戏时供演员梳妆、休息等用，下层为通道，戏台两侧开有大门，善男信女及观众可通过走廊通往上埕大殿或进入看戏。戏台中央可容纳近2000人的戏厅。采用钢玻璃结构，达到遮风避雨明亮的目的。

现大帝宫祀奉有正殿的五显灵官大帝，左边的白马一郎、通天圣母、土地公公，右边的白马三郎、地主明王、八部将军共7尊神祇。2020年5月，大帝宫被福建省民族与宗教事务厅认定民间信仰活动场所。

玉岐杨府宫

李立华

距玉岐村西南500米处有座杨府圣王宫，始建于清嘉庆年间，占地面积为935平方米。宫内供杨府圣王、南朝地主爷和左将军、右将军两位陪神，主梁上书："公元一九九二年十二月十一日良时吉旦。"杨府圣王宫旁有地主宫，供地主明王像，神像后有一年代久远的石刻嵌于墙中，字迹大部分已漫灭不可见，但仍模糊识别出"乾隆二十年"字样，可知该宫庙至少清代乾隆时期已然建成，后该庙因台风损毁，玉岐村以修旧如旧的原则，近几十年对其进行多次修复。

龙安开发区玉岐村雷开拱说："玉岐村的杨府圣王宫位置有所变动，原来杨府圣王宫的位置是在目前村委会附近，是玉岐王氏的王其烈将其迁移，迁移的原因是唱戏唱太久，对村里周围的治安管理出现了不好的影响，因为这里是村民居住的聚集地，王其烈考虑到了这个问题，所以将杨府圣王宫的位置迁移到远一点的地方。"

杨府圣王宫内有古戏台，每年十月初十都会连演三到七天大戏。这几天也是玉岐村集贸文化活动，集贸上会有点心担、什货摊，甚至也有耍把戏、耍猴戏、卖膏药、唱莲花的来参与。家家有客，村头村尾热闹非常。戏台建筑精美，透雕细刻，并加粉敷，为福鼎市少见。台前左右雀替镂空透雕双狮戏球，造型生动。天花板采用倒八卦藻井构成，用木架组成八卦形，级级相锁。其中画面彩绘戏文花卉，彩料全用矿物质，虽时间久远，色彩犹在。戏台对面为主殿，中间天井，两厢建筑为双层。古时看戏妇女多在两厢楼上，男人在天井。从戏台建筑的精美，可看出玉岐村当年的繁华。

每年正月在这里办马灯、莲灯，牌灯上都书写"开闽第一"四字。据雷开拱介绍，玉岐村以前在五月十八和十月初十都会"做戏"，但现在取消了五月十八"做戏"，只于阴历十月初十"做戏"。"五月十八天气太热，有的人家里也有电视可以看，人们就不愿意出来，所以合并到十月初十一起做，并且仪式从举行1个月改为举行7天。十月初十除了做戏以外还会有'福放'。比如说菩萨生日，会筹备一场平安宴，在城墙的场地附近，搭起棚子，摆放很多桌子，村民中每户会派个家人，中午都会前来一起聚福用餐。有专门的福头（牵头人）来筹备平安宴，福头有8个代表，福头可以在附近村子里随缘邀请村民过来参加。平安宴一般在中午举行，会有专门的厨师来烧菜，

玉岐杨府宫（李立华 摄）　　　　　　玉岐杨府宫古戏台（李立华 摄）

吃的菜品跟平常红白喜事酒席上的菜品无太大差异。一年会举行两场平安宴，一场是五月十八在杨府圣王宫附近举行，一场是十月初十在地主宫附近举行，十月初十举行的那一场叫'吃福'，其实质也就是平安宴，一般来说有180至200人左右参加。每个来参加的人吃完都会根据福首的意思上缴餐费及公摊费用，一般差额部分会由福首自愿摊派。"

五月十八是杨府圣王生日，有村民到杨府圣王宫点香。十月初十地主宫也会有村民点香，还有一场提线木偶戏。提线木偶戏是由8个代表负责去福鼎其他地方请过来的。30年前玉岐村主要有：陈氏、王氏、甘氏3个姓氏，全村的人会一起抓阄，按照抓阄次号轮流下来做代表，确定每一年的八个代表名单。从原先第一次举办平安宴的时候，即开始抓阄的时候到现在已经有几十年的历史了。玉岐村王氏人口最多，22年会轮到1次；陈氏人也比较多，但同王氏相比少一些，18年会轮到1次；甘氏人口占村里的比重小的，经常会被轮到，每6年就会轮到1次。"雷开拱介绍道。据当地村民介绍，正是因为玉岐村请戏班表演、聚会、集会等活动非常频繁，邻里间才有相互熟悉的条件，这样的神圣空间一定程度上促进了不同宗族和同一宗族的和谐相处，对地方稳定发展起到了很好的作用。

玉岐墙头双宫

李立华

进入玉岐古城墙东城门，拾级而上，首先映入眼帘的便是两座并排的宫庙，即玉岐地主宫与太后宫。两宫同处于村东城墙之上。

两宫占地约100平方米左右，历史悠久，始建于明朝年间，历经风雨，香火不绝。原先地主宫内供大帝爷，神像两侧有一阴文石刻楹联"显厥声灵和玉歧而有主，歆兹俎豆同石柱以无疆"，落款"嘉庆四年花月吉旦，监弟子王斯勇、清全建"，横批"福泽绵长"，横批前记"五都玉歧境地主明王"，后有落款"弟子甘先银叩谢乙卯年冬"。

宫中西面墙内嵌有清嘉庆辛未年（1811）阴文碑刻："己巳，夏渠病笃，医者扼腕，家人亟以筊卜诸神，示一医药之，病霍然起，此身非神再造与，感激之，私图所以志不朽者，因勒数言于石曰：于赫神兮，聪明正直，洞隐烛幽，声灵籍籍，微命解悬，恩铭畴昔，至哉感通，如绳如筊，何以纪之，古坛片石。"落款："清嘉庆辛未年梅月沐恩，弟子王良渠率男芳辉、英辉、华辉叩酬"。

宫内石碑（李立华 摄）

杨岐地主宫

 张灵酒

杨岐村"地主宫",始建清乾隆中期,距今有300年历史。

1949年后,地主宫一度改作农业合作社的生产队仓库,到20世纪80年代,农村实行联产承包生产责任制后,仓库失去应有功用,有洪新康(已故)、吕孝信、张存瑞等信众在仓库正中垒石为龛,泥塑神像,重拾道场。但老旧仓库构件残破,门窗脱落,屋顶塌漏,虽多次修葺,仍无法根本解决问题。

杨岐地主宫(张灵酒 摄)

2020年6月,在杨岐村信众吕孝信、吕得彩、陈世钟、王志磊、余振斌等人倡议下,在原址重建杨岐地主宫,历半年时间,一座飞檐翘角,穿斗抬梁,红色琉璃,石雕龙柱,古朴典雅的宫宇宣告竣工。

地主宫占地面积约410平方米,建筑面积约200平方米。主殿为双檐歇山式,面阔3间,进深1间,屋脊泥雕双龙戏珠亭,殿顶呈八龙戏珠,周匝书法彩绘,结构细腻,肃穆典雅。

现大殿供奉有地主明王、五显灵官大帝、杨府候王、白马明王、齐天大圣、顺天圣母、陈夫人、福德正神、八部将军等9位神祇。

"芙蓉宝殿"历建记

> 翁宋灼

桑杨村民众在移民前,水尾宫位于故居桑园的下宅,供奉有五显灵官大帝、土地神、铁扇公主、顺风耳千里眼、判官等神灵。桑园村移民到龙安桑杨时,1995年地主宫随移民迁建于桑杨移民街左边距街约30米高的山腰上。

受移民时的条件限制,搬建的地主宫大部分使用桑园拆下的旧料,历经近30年的时光,又多次遭沿海台风损毁,宫已成危。于2020年村民翁以杰、翁唐全、张成桥、翁启带、翁唐针等被推为理事,经多方筹资300多万元给予重建,重构基址,盘梯而上,雄伟壮观,宫宇进深11.3米、宽16.3米,双层法角,琉璃黛瓦,悬"芙蓉宝殿"四字匾额;八角拱斗穹顶,油漆彩绘,精美堂皇,可谓旧貌换新颜。

1995年搬建前的五显灵官宫(龙安管委会 供图)

翁氏鼻祖宫

> 翁以杰

翁氏鼻祖宫原建在磻溪桑园村口宫墩上，初建于宋朝，清道光年间重建，直至"文革"期间被毁。2020年重建龙安桑杨村地主宫时，众人倡议重建翁氏鼻祖宫，翁以杰、翁以源、翁唐全等为理事通过筹资，在五显灵官宫旁边重建鼻祖宫，塑鼻祖翁乾德及三位夫人像，传承先人之信仰。

翁氏本源始于人文初祖黄帝，脉传商末其后裔姬发灭商建周室称周武王，传成王、康王至昭王即位三年庶子出，缘掌纹之故赐予翁氏，名溢，翁溢乃翁氏元祖。元祖传二十六世至东周景王间有翁乾德者为本宗鼻祖，妣林、刘、夏三位夫人。族人于宋朝在桑园故里为鼻祖建宫宇，以祖神敬奉，传承慎终追远、敬宗尊祖之传统。

重建后鼻祖宫（龙安管委会 供图）

文教卫生

龙安中心幼儿园

龙安中心幼儿园坐落于龙安开发区杨岐里龙祥小区内,占地面积8005平方米,一期建筑面积4394平方米,户外活动面积3380平方米,生均6.63平方米,活动室面积3689平方米,生均7.2平方米,绿化面积1400平方米。设有12个活动室和配套功能室。户外设有大型活动器械、40米跑道、供幼儿嬉戏的沙坑、水池等,及各类户外自制体育活动器械,为幼儿园发展提供良好的硬件基础。

龙安中心幼儿园的前身是福鼎市龙安中心小学附属幼儿园,2011年12月21日由福鼎市政府批复下文独立办园。2012年9月新园正式投入使用,2013年6月被评定为福鼎市示范性幼儿园,2014年12月通过宁德市市级示范性幼儿园评估。

幼儿园环境优美、布局合理、自然景观与人文精神相得益彰,突出德育主题教育。该园现有12个班,幼儿510人。教职工54人(在编18人,劳务派遣3人,临聘33人),专任教师本科学历11人,大专学历8人,中专5人;一线专任教师平均年龄为26.5岁,是一支年轻而又充满朝气的队伍。

龙安幼儿园以"尊重生命、尊重个体,尊重科学、尊重发展"为办园宗旨;以培养"良好习惯、快乐生活、健康成长、学会合作、个性发展"的幼儿为目标;以"团结、

龙安中心幼儿园(龙安管委会 供图)

和睦、快乐、进取"为工作目标；以"热情、大方、耐心、细心"为园训，遵循法律法规科学办园。在管理体制、课程研究、教师专业提升、家园共育等方面进行改革与创新。通过多渠道培养骨干教师，提高教科研能力和水平，使师资力量逐步迈向新台阶。自办园以来，该园承担了"十二五"市级立项课题《在音乐活动中培养幼儿的合作能力》的研究，在研究中该园以"音乐活动"为主线，注重课程的挖掘，开展适合本园的教学活动。

近年来，幼儿园坚持社会主义办园方向，以德育为核心，以实战和创新能力培养为重点，依法治国，以德办园，进一步完善常规管理，深化德育活动，提高教学质量。古人云："少成若天性，习惯成自然""三岁看苗，七岁看老"，由此可见，幼儿期习惯的养成可以影响其一生的发展。该校实施"将德育教育渗透于幼儿一日活动之中"的活动方案，确定了幼儿在衣、食、住、行、与人交往等方面的文明行为习惯标准。从常规训练入手，使德育教育具体化。牢牢抓住"礼、诚、爱"3点，互相衔接、梯次推进、逐步提升，汇聚社会正气，营造了心齐劲足干事业的工作氛围，始终贯彻"学一点、懂一点、做一点"的宗旨，力求使教育落到实处。

龙安幼儿园经过多年的努力，成绩喜人，先后获得了"省网上家长学校实验教育基地""市平安先行学校""市文明学校""市网络安全知识竞赛优秀组织奖""宁德市市级示范性幼儿园"等荣誉称号。

（本文由龙安中心幼儿园供稿）

龙安中心小学

　　福鼎市龙安中心小学位于闽浙边界，沙埕港西岸，前身溯源是店下镇寺前村澳尾自然村教学点。1976年由当地生产队创办，以民房和宫庙作为教室；1984年生产队取消，澳尾教学点随之解散；1989年杨岐垦区开始建设，1993年9月澳尾初小初显规模；1994年8月，在杨岐村租用民房办学，成立杨岐小学；1995年8月库区移民桑杨小学并入办学，校舍搬迁至卧龙岗脚下，首任校长谢平峰。1998年由台湾佛教慈济慈善基金会赞助，兴建杨岐小学"大丰楼"，地点在现在的"龙安建材批发市场"。

　　2000年8月杨岐小学升格为龙安中心小学，2001年6月学校更名为龙安学区，2003年改制后，成立福鼎市龙安中心小学。2007年搬迁至现校区，占地面积35228平方米，建筑面积13002平方米，绿化面积4002平方米，生均面积近20平方米。校园建筑错落有致，环境整洁美观，教学、运动、生活区域分布合理。现有35个教学班，在校学生1818人，来自全国26个省市自治区179个县市的13个民族。在职教师80人，其中，本科学历50人，宁德市骨干教师3人，福鼎市骨干教师12人，骨干班主任1人，福鼎市教坛新秀3人。

　　学校始终坚持正确的办学方向，秉承"向上、向善、向尚"的校训，遵循"多元融和，幸福成长"的办学理念，形成了"八方汇聚，共享融和"的办学特色。校园环境日臻完善，管理水平不断上升，教师队伍不断优化，艺体特色日益彰显。学校坚持育人为先，积极开发体育艺术、学生社团和综合实践活动课程，启迪学生智慧，发展学生特长，努力打造"多元融和"的高效课堂。

龙安中心小学今貌（龙安管委会 供图）

龙安小学图书馆（龙安管委会 供图）

  近年来，学校师生在各级各类竞赛中崭露头角，成绩斐然。有3位教师在"一师一优课，一课一名师"优课活动中获省、部级优课；30多位教师在市级优课评比、青优课比赛、基本功比赛中获一等奖；在市级及以上学术论文、教学案例、教学设计评选中，近80人次获市级及以上奖项；歌舞《白茶飘香》获福建省第五届中小学生艺术节表演一等奖；学校合唱队获宁德市小学生合唱比赛二等奖；校足球队分别荣获宁德市中小学生校园足球联赛二等奖和福鼎市首届青少年足球锦标赛中冠军；校小男篮队在福鼎市第十八届小学生男子篮球赛中勇夺季军等。

  学校先后被评为全国青少年校园足球特色学校、福建省义务教育标准化学校、福建省教科所科研实践基地校、宁德市实施义务教育先进学校、宁德市先锋大队、福鼎市文明校园、福鼎市德育工作达标学校、福鼎市素质教育督导评估优秀学校等。

（本文由龙安中心小学供稿）

龙安中学

福鼎市龙安初级中学成立于2001年，是福鼎市最年轻的一所农村初中，坐落于龙安开发区杨岐村，首任校长江孝松。

多年来，在福鼎市委、市政府、福鼎市教育局和龙安经济开发区党委、政府大力支持下，学校硬件设施大大改善。建校初期两年半，第一年寄在龙安中心小学大丰楼一二层，第二年在中心小学食堂附近搭建简易教学教室3间，教学设施设备简陋。历经20年发展，现学校占地面积32922.8平方米，建筑面积9265.12平方米。有教学楼一幢，综合楼一幢，宿舍楼两幢，300米环形跑道（中小学共用），三个篮球场。物理、化学和生物实验室设施设备齐全，各班均配备班班通或希沃，图书两万册左右。学校现有教学班13个，学生人数676名，在编在岗教师38人，其中，高级教师9名，一级教师13名，教师平均年龄38岁，本科学历达到100%。

学校全面贯彻教育方针，面向全体学生，全面落实素质教育；本着"成就教师，发展学生，让责任与我们同行"的办学理念，秉承"为人正、为学勤、为业精"的校训，坚持"以常规为根基、以质量求生存、以创新谋发展"的办学策略，努力实现"创建福鼎市优质农村初中，让每一个学生适应时代发展"的办学目标。

学校正积极推进新一轮课程改革，积极转变教育观念，树立以生为本的现代教育观、质量观和人才观。以课堂教

龙安中学奠基仪式（龙安管委会 供图）

学为主阵地，以提高课堂质量和效率为主目标，不断优化教学设计，改革教学方法，促进教师教学方式和学生学习方式的转变。学校注重教学过程研究，注重学习方法的指导。鼓励教师在教学过程中不断学习，不断提高，以不断提升教师的专业化水平，使教师的专业知识、专业能力得到不断更新。学校现有《优化教学过程》等3个市级课题，课题研究也在有条不紊地推进之中。

龙安教育发展促进会自2013年9月正式成立，始终以奖教助学为根本宗旨。每学年给予学校毕业班师生发放奖教助学金。2015年学校还成立了"爱心助学"基金会，每年3月份为学校的"聚沙成塔，爱心助学"月，利用基金会资金帮助品学兼优的贫困学生。同时，白鹭边防所、龙安派出所、工业园区等建立共建关系，充分发挥社会的教育功能。工业园区、龙安敬老院、南坂革命纪念亭为我校社会实践基地。此外，学校还建立了青年志愿者服务队，通过社区服务、社会实践等活动，让学生在社会实践中经受磨炼，增强社会责任感。

建校以来，学校在教育教学工作上不断取得突破，受到了上级部门和社会群众的一致好评。2013年中考，取得福鼎市综合成绩评比全市第6名，独立初中第2名。2014年中考，取得福鼎市综合成绩评比全市第10名，独立初中第2名。2015年中考，取得福鼎市综合成绩评比全市第8名，独立初中第1名。2017年中考综合比率进入宁德市一类校。2020届毕业班中考综合比率位列福鼎市第9名，宁德市一类校。2021届毕业班中考综合比率位列福鼎市第13名，宁德市二类校。办学至今考入一中学生达两百多人。

此外，学校在2007年3月被授予"福鼎市实施素质教育工作先进学校"称号，2008年月被评为"福鼎市廉政文化进校园工作先进单位"，2008年4月被评为"福鼎市第十届文明学校"，2008年7月被评为"龙安开发区先进基层党组织"，2009年3月荣获共青团宁德市委五四红旗团委，2010年10月被授予福鼎市2007—2009年度文明校，2011年2月被授予福鼎市德育工作达标校称号2013年12月被授予2010—2013年度福鼎市第十二届文明学校，2014年9月被评为"福鼎市先进基层党组织"，2014年12月荣获"福鼎市中学教学常规管理先进校"称号，2015年12月荣获福鼎市AAAA级"平安校园"，2016年3月荣获福鼎市"班班有歌声"小合唱比赛中学乡镇组三等奖"，2016年3月荣获"福建省青少年校园足球特色学校"荣誉称号，"福鼎市第一届（2016—2018年度）文明校园"、福鼎市级"绿色学校"、宁德市第二届（2018—2020年度）文明校园等荣誉称号。

发展教育是一项任重道远的工作，龙安开发区政府在认识到教育重要性的基础之上，积极引导地区教育发展，连同社会各界以及各企业成立了教育发展促进会，并逐

龙安中学校园（龙安管委会 供图）

渐建立起较为完善的地方义务教育体系。同时坚持以人为本，在学生方面，通过社会资助、民政补助、阳光助学、金秋助学等多渠道资助困难学生；在老师方面致力于营造尊师重教的良好氛围，在关心教师生活的同时还不断完善表彰激励制度，激发了教师工作的积极性，实现了教育各方面的共同发展。而当前的龙安正朝着"教育强区"的目标努力奋进。

（本文由龙安中学供稿）

龙安教育发展促进会

◆ 李立华

龙安开发区教育发展促进会是由龙安开发区党委、管委会发起，由龙安乡贤、爱心人士等组成的以奖教奖学、促进龙安教育事业发展，关心和培养龙安下一代人才为基本宗旨的公益性社团。该会于2013年9月8日成立，成立大会现场就募集首批资金212.52万元。

为了教育发展促进会能够顺利成立，区党委、管委会多次召开专题会议安排部署促进会筹备工作，并指派精干力量全面负责组织实施。在筹备过程中，筹备小组积极整合资源，充分发挥龙安商会、乡贤和企业家的牵头作用。

促进会每年都会拿出一部分资金，作为龙安中心幼儿园、龙安中心小学和龙安中学3所学校开展相关教育活动的启动资金，例如每年的教师节，理事们都会去各学校慰问教师，给教师们送慰问品等。

2019年，徐永杭当选教育促进会会长后，为了更好地与家长交流沟通，牵头成立了家长委员会，促进了全体学生更好地发展。截至目前，促进会已经为龙安各校（园）发放奖教金60多万元，资助该区贫困学生70多人次，发放奖学金和助学金20多万元，收到了地方各界的普遍认可和赞扬。

促进会在改善地方学校基础设施建设方面也发挥着重要作用。目前，促进会正在积极筹备龙安中心小学图书馆建设的事项。关于建设该图书馆，徐永杭介绍说：龙安中心小学之前只有一个房间作为图书馆，空间太小，并且还在楼顶层，小孩子都不愿意上去看书。龙安中心小学现有1400多人，一个房间的图书馆实在是太小了，我们这次也去参观了福安三中、赛岐小学、穆阳小学等学校的图书馆，借鉴了他们的经验。

总之，龙安教育发展促进会的成立凝聚着龙安乡贤、园区企业家和社会各界对龙安教育的支持和奉献。自促进会成立以来，始终以奖教助学为根本宗旨，规范管理，科学运作，让该区优秀的教师和学生得到嘉奖，得到鼓励；同时，加大对龙安籍贫困学生的资助力度，确保他们不因贫失学，最大限度地发挥了资金的效力和作用，促进了龙安开发区教育事业的发展。

龙安医疗发展概述

　　一个地方医疗卫生的发展是保障和改善当地民生的重要工作。龙安开发区成立之前，当地经济水平普遍较低，医疗条件也相对落后。1998年开发区成立之后，医疗条件才开始逐步有所改善，特别是进入21世纪以来，随着地区经济的持续发展以及当地政府重视程度的不断加强，不但成立了社区卫生服区中心（后改设为卫生管理站），而且作为便民医疗服务的私家诊所也开始出现；近20年以来，龙安卫生管理站的医疗条件不断改善提高，专业治疗蛇毒的龙安医院设立起来，同时专业性的养老院也建设完成并投入使用。总体说来，当前龙安开发区已经建立起相对比较完善的医疗卫生服务体系。

　　在龙安开发区成立以前，由于经济、交通条件等问题的限制，该地区的医疗卫生事业的发展相对较为落后，各村医疗事业多以赤脚医生、乡医为主体。比如1976年，年仅18岁的杨光喜从福建平潭开发区来福鼎当兵并在部队学习关于医疗知识，1983年退伍之后，杨医生留在当时店下镇涵头村当赤脚医生。据杨医生所说，当时龙安只有两个像样的卫生所，因此病人不仅来自各村，甚至周围村镇，例如秦屿、沙埕、白琳的病人也会来此看病。那时各村的医疗发展都非常有限。大多数村里只有一个卫生所，且孕妇生产都是靠接生婆。甚至在某些自然村，医生和接生婆都需要去外村请。过去医疗卫生院很少，医生都是外请的，叫到家里来看病。赤脚医生也很少，妇女生产也都是些五六十岁的老太婆来接生，专门的接生婆也很少。那个时候接生条件都很简陋，接生婆用的剪刀都是接生婆自己保管，但是都是会消毒干净的。在涵头村，因为医疗条

龙安社区卫生服务站（龙安管委会 供图）

件和设备有限，卫生所能治疗的大多是一些比较常见的疾病或是一些慢性病。据从前在涵头村医疗卫生所工作的杨医生回忆，当时每天接诊多的时候有上百例患者，少的时候也有四五十例。当时的诊所里有一个经过培训的接生员，大多是去村民家里负责接生工作，因此也被叫作"家庭接生员"。由于交通、通信等条件的限制，接生员的工作相当艰难。因为当时基本上没有路，连自行车都骑不了，只能步行。当时也没有电话之类的，有需要接生的就派人来把我们（接生员）喊到家里去，所以就很耽误时间，那时候忙的话，一年要接生两三百号新生婴儿。

在西澳村，传说当地风水的原因，村里每一代都会出一个有名的中医，除此之外，百姓平时也会在一些特定时期上山采草药来预防一些简单的疾病。回想起那个时期的医疗状况，林振照老人讲述到：我们村后的山上是有中草药的，很多人都去找的。入夏之前，害怕孩子会有暑气，就去山上采一些草药，用来蒸猪脚、猪肚，给孩子吃了就不会中暑。立冬的时候，老百姓会吃补，拿药来煮猪脚、鸡，吃了之后就会大补，希望春耕会有力气一点，现在也很普遍。同时，和其他地方一样，在20世纪90年代之前，该地的巫医神汉也充当了一部分医者的角色。当时正规医院还没有设立完成，正因如此，一旦百姓身患比较严重的疾病只能到福州、福安、温州等地看病，实际上，这一过程经常给患病家庭造成了包括经济及精神上的困难，当地民众也热忱盼望有一天在龙安就能够享受到较高的医疗诊治服务。

一直到2000年龙安成立了社区卫生服务中心，医疗条件开始逐步改善，医护人员不断增加，且分工明确。曾见证了龙安社区卫生服务中心建立始末的杨光喜医生，生动讲述了龙安医疗发展过程中的曲折与艰辛："1999年以后我从店下镇过来这边，因为那时龙安刚刚开发，管委会刚刚成立，没有医疗机构，所有都是空白的。我过来以后，（政府）就开始筹建卫生院。当时龙安地区还是比较匮乏的，龙安虽然叫开发区，但是福建省里面就没有这个行政区域，没有行政区域就是我们当时想批个卫生院都批不下来。当时到了2000年，卫生局就批了一个社区卫生服务中心，然后我们就承担了公共卫生、常见病的救治这方面的责任了，从2000年开始承担这个责任一直到2013年。"

在之前卫生服务中心的基础上设立完成，而这也意味着龙安的医疗水平得到了显著提高。也正是在2000年龙安成立社区卫生服务中心的同时，龙安开发区还成立了一家民营性质的医院——龙安医院，这所以诊治蛇毒为特色的专业医院，在闽东地方社会具有较高的知名度。

除了发展传统的医疗事业，为了更好地照顾社会孤寡以及生活困难的老人，龙安开发区还在2001年成立了龙安养老院。龙安养老院运作采用的是"公建民营"机制，通过社会中介机构、公开招标等方式，承包给具有一定资质，为老年人提供集中居住和照料服务的社会力量运营。同时政府要求在对外营运中必须优先满足辖区"五保"老人入住需求，剩余床位本着"辖区优先"的原则对外运营。按照"管办分离"的原则，实行龙安开发区管委会为管理主体，社会民资机构承办的方式。养老院的成立进一步促进了龙安地区医疗事业的完善。

2013年，对于所有龙安人而言，这是值得铭记的重要一年，因为在这一年属于龙安自己的专业医疗服务机构——龙安卫生管理站，龙安开发区于2002年设立社区卫生服务中心，由于龙安开发区未得到省政府的正式批复，因此组建的卫生院机构也无法得到上级卫生行政部门的批准。2013年政府撤销龙安开发区社区卫生服务中心。福鼎市卫生局为更好地开展龙安开发区辖区的国家基本公共卫生服务项目工作和对农村医疗公共卫生事业的管理工作，于2013年组建了福鼎市龙安卫生管理站机构，并从店下中心卫生院编制人员中划出10名人员用于开展工作，他们的主要职责是承担除医疗服务外的龙安开发区卫生的管理职责，包括提供国家基本公共卫生服务项目免费服务、传染病防治、童预防接种、妇幼保健、公共卫生监督，行政管理以及乡村一体化管理工作，负责对村级卫生机构和乡村医生的业务管理和技术指导等。

医疗卫生的发展事关人民群众的身体健康和生命安全，与广大人民群众的切身利益密切相关。卫生工作做得好，可以有效维护人民的健康权益，反过来也更利于地区的整体发展。龙安地区的医疗发展历史虽不长，但在地方政府、社会各界力量的持续支持，以及众多医护工作人员前赴后继的默默奉献努力下，目前，龙安的医疗卫生条件已经得到了十分显著的提高，并建立起相对完善的基础医疗服务体系。

（本文由龙安卫生管理站供稿）

龙安"蛇伤科"特色医院

龙安医院始建于2000年，是一家非政府办非营利性的一级综合性医院，从最初人手不足的社区卫生服务站成为一支现有52名医护人员组成的医疗团队。近年来，龙安医院发挥"两新组织"党建引领作用，有效提升了医疗服务水平和医疗技术水平。医院现今可以完成大部分日常疾病的诊治。由于龙安地区多为山区，所以毒蛇咬伤时有发生。龙安医院的特色就是治疗毒蛇咬伤。

2017年之前，整个闽东地区也只有龙安医院能够治疗蛇伤，因此霞浦、宁德的蛇伤病人也会慕名而来。从2005年至今，龙安医院每年最多接诊有80多例。谈到最初接触蛇伤，杨光喜院长这样讲述："2005年，当地有户人家的儿子还小，被蛇咬了也没注意就回去睡觉了，凌晨就去世了，从那时我就开始逐渐自学如何治疗蛇伤，也曾经就蛇伤治疗到福建省立医院去进行调研，发现蛇伤的死亡率还是挺高的，所以我就认真钻研这方面的知识。"蛇伤的主要群体为农民，大多是在上山采茶、干农活时被

龙安医院（龙安管委会 供图）

毒蛇咬伤，其中大多是被五步蛇所伤。治疗蛇伤主要的是打抗毒蛇血清。龙安医院目前的抗毒蛇血清都是来自上海赛伦生物技术有限公司。此外，杨光喜院长多年来一直专注于蛇伤的诊治和研究，其曾就蛇毒治疗发表学术论文——《毒蛇咬伤468例的救治临床疗效分析》，文中具体分析了从2006年5月到2016年11月龙安医院收治的468例毒蛇咬伤患者的情况，并详细介绍了针对蛇伤病人的急救措施以及综合治疗方法（包括"封闭"和"局部减压"等）等。目前龙安医院治疗蛇伤的专业临床医生有6人，几乎都是杨光喜医生一手教出来的，龙安医院蛇伤的治疗的成功率也在不断增加。

由于龙安医院是旧管委会办公楼改造而来，所以存在着面积较小、床位紧缺的问题。针对这些问题，从2018年开始，龙安管委会积极划地并开始筹备龙安医院新院区的建设工作。

龙安医院，目前已开放床位40张，总建筑面积约1800平方米。随着医疗业务扩展和群众对医疗需求提高，原有医疗条件根本满足不了广大群众的需求，新院于2021年8月正式投入使用，新门诊综合楼占地10余亩，总建筑面积为7832平方米。注入资金约5000万元，建设一所以二级为标准的综合性医疗机构，该项目作为宁德市民生补短板重点项目，院内门诊大厅敞亮，诊室内部布局合理，住院区安静整洁。开放床位116张，现有职工63人，其中卫生技术人员49人，执业医师21人。

新门诊综合楼的落成启用，是福鼎龙安医院在发展建设进程中的一大转折，也是医院提升医疗服务以满足人民群众日益增长的健康需求所做出的重大举措。医院引进了许多更为先进的仪器、设备，优化了门诊就医流程等，为广大患者和群众的身心健康提供更为优质的服务，为实现医院跨越式发展迈出了更加坚实的一步。

医养结合指医疗资源与养老资源相结合，实现社会资源利用的最大化，其中"医"包括医疗、康复、保健等服务，"养"下包括照顾、精神心理服务，以医养一体化的发展模式，故新院四楼将50张床位作为医养结合楼使用，并跟进相应的人力物力，为老年人提供优质服务。

"两新组织"党建引领，唱响医者初心。由于治疗蛇伤有特色，杨光喜所在的龙安医院成为闽东地区治疗蛇伤的首家医院。龙安医院这几年在杨光喜的带领下发挥"两新组织"党建引领作用，有效提升医疗服务水平和医疗技术水平。

"2013年，龙安医院党支部成立。党员由医院的专业骨干组成，现有7名党员。"杨光喜说。作为支部书记，他时刻牢记作为一名共产党员为民服务的根本宗旨，发挥好党员的示范带头作用，带头学习、带头宣传、带头实干，严格落实"三会一课"、主题党日等制度，积极推动党员"亮身份、亮承诺、比作为"活动，让党员签承诺书，工作戴党徽，并设党员先锋岗等，充分发挥党员的先锋模范作用。

在党建引领和技术领头人杨光喜的带动下，龙安医院一直以服务群众为中心，在医治过程中积极与患者沟通协调，让利于民，不断打造一支求真务实的医疗队伍。"在杨书记的带领下，我们党员职工严格执行护理的职责，把病人的需要放在首位，不管是在语言上、态度上，护士都要非常注意，平时换药、查房，挂瓶都会精致到每一个细微的环节，让病患感到温暖。"龙安医院前任护士长夏爱媚说。

　　近年来，龙安工业区的发展，务工人员大量增加，人口密集。据了解，龙安常住人口8000多人，流动人口10000多人，群众看病就诊的需求大大增加。为了推动龙安区域医疗卫生事业的发展，解决群众看病难的问题，杨光喜出资建设了福鼎龙安医院新院区。"政府规划给我们十五亩地，按二级医院标准建设。"医院于2020年年底建成并投入使用。

（本文由龙安医院供稿）

闽东蛇医杨光喜

李立华

闽东地区多山，蛇也多，常有务农人员被毒蛇咬伤，一旦救治不及时，将会致残、致死。20多年前，一位被筷子般大的银环蛇咬伤后的病人摇摇晃晃地找到杨光喜，由于缺乏抗毒蛇血清以及蛇毒方面抢救经验，一个小时后病人因蛇毒发作心脏停止。"这件事给我的触动很大。"龙安医院院长杨光喜说，从那以后，他开始了解蛇毒。

杨光喜，出生于福建平潭，1977—1983年在福鼎海军某部队服役，并担任卫生员。1983年底退伍后开始扎根龙安，现任福鼎龙安医院院长兼支部书记，曾被评为宁德地区农村卫生协会优秀会员、优秀共产党员、福鼎市"优秀乡医"等。救治蛇伤700余病例。

2006年，杨光喜遇到一个因眼镜蛇咬伤的案例。一名店下姓苏的妇女出现急性溶血、上肢坏死、昏迷等症状。当时福建省内没有抗毒蛇血清，多方打听后联系到上海一家医药公司寄送血清。成功地为这位妇女用上抗毒蛇血清后，由于龙安医院条件有限，杨光喜让该妇女转院。家属由于经济原因辗转无果，请求杨光喜继续治疗。杨光喜说："当时她心跳还在，医生的职责告诉我和我的团队，只要有1%的希望，我们就要用100%的努力抢救生命。"经过七天七夜的全力抢救，该患者终于转危为安。

这个病例，大大激发了杨光喜医治蛇毒的信心。他苦心钻研蛇毒治疗方法，阅读大量医书，并经常跑到部队找战友们帮忙，在实践中不断积累临床经验。为了更好的发展龙安医院特色科（蛇伤科），与温州医科大学协商洽谈，加入"海西联盟"计划，并由温州医科大学引进骨干医护人员，新建创面修复科。

现在，面对蛇伤，杨光喜基本上都能鉴别出患者由何种毒蛇咬伤，伤口有毒与无毒。慢慢地，慕名而来的闽浙两地患者越来越多，杨光喜每年4月至11月都要储备二三百支的血清备用。每年成功救治七八十例蛇伤，且救治成功率为100%。不少患者感激他的救治，送锦旗给他，甚至称他为"蛇王"。

在龙安数十年生活工作中，杨光喜早已把龙安当成自己的家，当成自己的根。他认为，不论地方多小、人口多少，有个医生，老百姓才能安心。所以他一直坚持医者仁心，数十年如一日坚持亲自给患者看病，即使生病也坚持在岗。谈到何时退休，杨光喜说："不为别的，只有继续干。"

民间刮痧能手吕孝桂

 张灵酒

杨岐村吕孝桂，自学刮痧、针灸，几十年来为乡亲邻里无偿义务服务，救急乡民，留下许多感人故事。他没上过一天学堂，不识字，但对针灸却情有独钟，并能准确掌握经络穴位巧于施针，做到"针"到病除，让村里人远离患痧疾苦。

30年前，杨岐是店下镇屿前村下辖的一个自然村，唯一医疗站设在屿前，伤风感冒、寻医抓药都要疾走5千米路程，还未必能找着医生。那时屿前15个自然村配两名赤脚医生，很多时候抱着希望来，却是失望而归。

吕孝桂身居僻壤山村，炎炎夏日，中痧的人十分常见，为减少病人痛苦，他打小自学民间刮痧医技，用瓷碗缘口蘸菜子油，在后背正中线及两侧，或胸腹、或颈项、或肘窝，自上而下轻刮致皮肤泛红隆起呈紫黑色止，以达逐秽、化浊、利气目的。

根据经验，吕孝桂总结把痧分热痧与寒痧之别，他说热痧是暑热内阻，症状为腹闷痛，欲吐不吐，欲泻不泻，头痛发热，舌红苔黄；寒痧表现在腹胀、腹痛、呕吐、麻木肢冷、唇青舌紫、面色苍白。还有一种是绞肠痧，气机闭塞，上下不通，突然出现上吐下泻，四肢发冷，腹部剧烈绞痛。

痧在肌肤只需抓、拧、刮即可，痧在血络，需要采取刺痧较为有效，用三棱针对准委中、曲泽、金津、玉液穴位呈紫青痧筋处放针流血，针灸要注意留针时间，留针过程要加强捻转，通浊邪之所郁，致气血运行通畅。

1976年伏夏，一张姓人亡故，有远房姻亲奔袭劳顿中暑，手脚冰凉嗜睡，唤吕孝桂，只见他在病人印堂中紧紧一拧、脚脖子一咬、腋窝一抓、后背一刮，五分钟立竿见影，这是典型迷痧，若没有及时对症施医，让其昏睡会有生命危险。

有一年牛上坪张某于酷暑天，在一汩冰凉泉眼处劳作卧床不起，遭村医下病危通知，其家属抱着绝望心态，找吕孝桂试试，吕孝桂立判寒症，气血凝阻所致，故用银针在胸部（八卦）行针刺血，数日坚持，祛湿疏浊利气，慢慢恢复健康。

为了方便施针，他常把针灸银针藏身兜里，找上门要他刮痧，他很乐意，要是有脚疾来不了，他都亲自上门。几十年来，他默默付出，不求回报，吃一顿便饭，送几个鸡蛋，都坚决不要。义务刮痧，无偿服务，他人真好，这是全村人对他最好的褒奖。

龙安敬老院

李立华

龙安开发区现有人口约 2.6 万多人，其中五保户对象有 27 人，居无定所、生活困难的老人有 135 人。长期以来，由于缺乏养老机构，许多孤寡和生活困难的老人居无定所、老无所依。为构建和谐社会，倡导全社会尊老敬老的良好氛围。开发区决定建设龙安养老院，并于 2011 年 10 月动工，2015 年 6 月竣工。占地面积 5 亩，建筑面积 1296.32 平方米，床位 50 张，总投资 280 万，申请中央补助 35 万元。

龙安敬老院是宁德地区第一家公建民营的敬老院，目前院里共有 40 多位老人，主要来自龙安，沙埕和店下各乡镇。独居老人偏少，一般是由于子女在外做生意没空照料的老人居多，目前，养老院岁数最大的老人是 99 岁，90 岁左右的老人占到 70% 以上。

龙安敬老院现由福鼎市寿居养老服务有限公司负责日常运营管理，为给老人营造更好更舒适的环境，公司不断巩固养老院硬件环境，致力于把敬老院改造成为设施完善、功能齐全的养老中心，同时加强对院内的安全隐患进行排查，不断完善和改造敬老院环境硬件设施，从而使院内安全设施建设得到有力保障，使院内环境得到进一步优化、美化、净化。另外，公司不断加强敬老院内部管理，促进集中供养健康发展。目前全院共有工作人员 4 人。根据市民政局要求，该院结合实际在 2017 年建立和完善工作岗位责任制，建立健全各项工作表卡登记制度，认真抓好制度的建设和落实，将通过定期或不定期考评，加强对临聘人员业务考核，每月组织交叉检查，全年进行终评比，将责任落实到个人，努力做好具体的供养服务。

在谈到接手龙安敬老院的初衷时，现敬老院负责人林友生讲述：我出生在福鼎，老家在点头镇，我本来是搞餐饮的，我老婆的同事是做这个的（养老院）。后来问我做不做养老事业，因为我本身家里是大家庭出生，一直对长辈很有孝心，同时也是健康管理师。所以接手老人这块很合适，跟老人很合得来。我曾去福鼎培训学习，当时北京的专家问我们："你们认为敬老院的标准是什么？"我说我的标准就是："每个家属带着笑脸进来，出去的时候不单单是笑脸，还怀着感恩的心出去，这就是我的标准。"专家说我说得很好，如果来养老院是为了利，那还是赶快回去。我觉得是为了老人，

龙安敬老院（施鹏跃 摄）

如何把老人照顾，安置好，我是奔着这个来的。

其实，透过林友生的话语，不难看出其对待养老这份事业的热爱与认真，而龙安敬老院的宗旨就是"对待老人像对待自己的亲人一样"，养老护理虽然是当前社会的一个短板。不过近年来，龙安政府在该方面加大了关注力度，倡导养老院"共建民营"。总之，无论是民办还是"共建民营"，归根结底都是要解决老人养老的问题，让人欣喜的是龙安的养老医疗服务正走在健康发展的道路之上。

民俗风情

玉岐马灯道具及歌谱

李立华

据玉岐马灯传承人王仁健先生介绍，玉岐的跑马灯历史悠久，王氏的祖先到这里是清朝顺治年间，那个时候就有马灯。最早也是别的村里传进来，哪里传过来已经不知道了，代代相传玉岐村办马灯起码有7代人了。

马灯常由毛竹编织成马头，马尾，属于灯笼的一种。是民间传统特色手工艺品，亦是福鼎传统节日玩具之一。有点类似荡湖船。但跑马灯只有在春节后元宵节前才有演出，时间也限于正月的头几天。跑马灯队伍有十余人，全都是男性，行当分工明确，跑马的是些十二三岁的孩子，其余则是20出头的后生。那些孩子脸上都涂了厚厚的油彩，身穿五颜六色的衣服，跨着用竹子做骨架糊上纸的马。分马头与马身两段，捆缚在扮演马灯舞者腹前和背后，人居中间，走起来像骑马一样，俗称"马头军"。一般为8匹，其中白马6匹，胭脂马2匹。

马灯道具

元宵节前后，在城区大都由10岁到13岁的男女孩组成，每人胸前有一纸扎马头，下挂着一个小铃，背后有一纸扎马尾，用带系在身上，跑起来能上能下左右摆动，马铃叮叮作响，手中拿着一根竹竿马鞭，晚上，马头、马尾、中部都点上蜡烛。表演时，由一个或两个孩子扮演马童，呼引马队，出场表演。孩子们边跑边唱，加上舞蹈动作，走成"三角""连环""剪刀"等各种队形，乐队齐奏，曲调婉转动听。跑马灯大部在住

马灯服饰（施鹏跃 摄）

旧歌谱（王仁健 供图）

宅前空地上或中堂上表演。演完后由主人赏给柑橘、炒米、蜡烛等，也有给钱的，赏银牌的。清郭钟岳竹枝诗云："歌唱新年乐意腾，满城争演上元灯。滚龙走马喧通夕，火树银花烧不尽。"在跑马时，旁边有乐队伴奏，有锣、鼓、钹、箫、二胡等。值得一提的是打锣的，他扛着一个木架子，上面挂着大小七、八面锣，表演时把架子往墙上一靠就敲打起来。

据史料记载和民间流传，跑马灯舞形成于明代中叶，但那时情节比较简单，只有一些模拟宋辽交兵之际，杨家女将以国事为重，大义凛然，主动请命，奔赴边关，征战沙场，终于凯旋的场面。跑马灯舞就是以此为题材，通过敌我双方在战事上的一个个布阵和破阵的变换演绎，表现双方激战时的紧锣密鼓和杨门女将一往无前的英雄主义气概。

玉岐马灯在制作上同各地马灯并无太大差别，只是跑马灯形式稍有不同。外地马灯表演演员主要是成人组成，相比之下，玉岐马灯队则显得特别而吸引人，演员通常从村中十二三岁的孩子里挑选出12位组成。如今，跑马灯的小演员主要以十五六岁的居多，只要是想学马灯的小孩子，不管来自本村还是他村，都可以学习。至于什么原因，村里人有一种富有传奇色彩的说法："神明田都元帅曾说过该马灯不能外传，所以以前只能在自村找符合条件的小孩"。挑选小演员也是有讲究的，不可随意挑选。之前有去学校找小孩子，让老师找12个小孩子，男女都可以。女孩子最好，小女孩不会调皮而且跳得更好看，以前村里小孩子都会学。那时候小孩子要学之前先给神明上一炷香，意思给神明查看一下，神明就知道这个小孩子能不能学，聪明不聪明。这有点奇怪。12名小演员均分两队，其中，两名扮演带领者的角色，两名指挥者的角色，剩余8名骑上马匹。少年们身穿龙袍，抹上浓妆，前腹和后腰上绑着各种造型的马头和马身，走着马步，列成马队，手中挥舞着刀枪，模拟一些古代传说中的英雄人物，扮演成《穆桂英挂帅》《岳家将》《郑成功收复台湾》《戚继光平倭寇》等人物形象，在锣鼓声中摆成各种阵式，时而表演，时而亮相，亦歌亦舞，极富情趣。

周文基布袋木偶

李立华

布袋木偶，又称掌中木偶戏，是福建省的地方传统戏剧。据史学家推测，木偶戏是唐代随中原河洛移民进入泉州。至宋代，木偶戏在泉州已相当兴盛，当时的泉州木偶头，全部由民间雕刻神像的专业作坊兼营制作，带有很强的佛教艺术痕迹。

闽南人重视民俗与宗教活动，除凶、纳吉、祭煞、敬神礼仪，乃至婚嫁娶媳、生老病死的礼俗中，木偶戏都必不可少。龙安布袋木偶非遗传承人周文基告诉闽东一带的布袋戏最早就是从闽南那边传过来的，泉州木偶雕刻的一套严密程序也一起传了过来，包括开胚、定形、细雕、裱纸、磨光、补隙、刷泥、粉彩、开脸、盖蜡十道工序。

布袋木偶戏之考究，在于千年来始终用闽地盛产的梧桐木来雕刻栩栩如生的木偶头。一只小小的木偶头，不但继承着自唐宋以来的绘画、雕刻和彩塑工艺，也在中国民间美术史上有一席之地。

非遗传承人周文基在龙安做了20多年木偶戏行当，刚满19岁时就跟着师傅学习表演布袋木偶，后来又兴趣使然地开始自己动手制作木偶。"刚拿起刻刀的时候，完全推不动，不知道要怎么用力，应该是要用肩膀带动手腕来推的，用力不对搞不好就要受伤。光是学怎么拿刻刀，就学了好长时间。"而现在，一把粗朴的刻刀拿在他手中，削木如泥，手法圆熟灵巧，刀迹细致明快。如今，游走于各乡镇的木偶剧团多是些老艺人，少有年轻人来做这个。"一位年轻演员要学习操控一只木偶能够上台演出，起码需要五至十年。"周文基说，过去的艺人都是十几岁开始跟师傅学童子功，成熟的木偶演员，要完美地完成木偶站立、颤抖、转身、挥臂、游走、饮酒，甚至是腾空、回荡、飞檐走壁的姿态。

周文基希望可以多培养几个徒弟。尽管木偶雕刻承载着世界无数惊叹的目光，但民间艺术的生命力从来都是顽强而又脆弱的。要学的精，就要有耐心和恒心，要耐得住寂寞，祛除浮躁的心态，抵制外界的诱惑，要深入领会其中的奥妙。但是现在愿意沉下心去学的年轻人毕竟少，仅仅学到皮毛，真正能传承艺术精髓的更是少之又少。不过，他也并未灰心，依旧坚持钻研木偶雕刻艺术，坚持带年轻人，希望把这门传统艺术一直发扬传承下去。

陈宝珠和"桐诗"

李立华

几年前,我特意拜访了陈宝珠,她向我说起了自己和"桐诗"结缘的一些经历。

陈宝珠,她今年66岁,玉岐村民。她娘家是店下坑门自然村人,他小时候家里姐妹兄弟多,从没上过学,不到10岁就参加生产队放牛了。她说自己没文化,但是天生记忆力极强,每天她说最喜欢的就是跟一起放牛的同村哥哥姐姐们学"唱桐诗"和"盘山歌"。

她说"桐诗"就是指用我们福鼎方言唱的诗或歌,又称"筒诗""山歌",可自唱可对唱,故又称"盘山歌"。

以前,农村许多民俗活动都有"唱桐诗"。所以,她经常能听到很多"桐诗"的唱诵,便私底下偷着学,自娱自乐。由于爱好。她就经常将故事或身边的事能自编自唱或两两对唱。渐渐地,在当地拥有了一些名气和"粉丝"。由于她的歌词内容信手拈来又通俗易懂,她说她肚里的"山歌"三天三夜也唱不完的。她为人本来非常乐观,很受村民喜爱。后来,由于家人出现了意外,她为了生计,便很少开喉了。

附:拣茶诗(福鼎方言表演)

正月捡茶正月初,捡茶阿妹赶做鞋,
三寸粗布作鞋里,四寸尼红做招牌。
二月捡茶二月时,苏州茶客还没来,
去年买茶喊亏本,早晓今年莫敢来。
三月捡茶三月三,捡茶阿妹又后生,
面打江南苏州粉,酷比日头正上山。
四月捡茶四月天,雨子落落溅涟涟,
脚穿木鞋蹊跷响,哥撑雨伞遮身边。
五月捡茶五梅花,捡茶阿妹目晭花,
双脚踏落茶盘里,目晭看人手蛮抓。

六月捡茶日又长，捡茶阿妹各样妆，
面打江南苏州粉，头结辫子尺二长。
七月捡茶七月半，捡茶阿妹有耐烦，
今天茶米捡得好，明早带你去台湾。
请问茶客怎样走，哥带阿妹慢慢逛。
八月捡茶八仲秋，捡茶阿妹真风流，
今天跟你有缘分，明年带你去福州。
又问茶客怎样走，阿哥带你慢慢游。
九月捡茶九重阳，妹寄茶客剪衣裳，
哥呐问妹啥样布，也剪福州漂白洋。
十月捡茶是大冬，上浣也捡七八百，下浣捡了奏一千。
十一月捡茶冬至边，妹那留哥做冬至，白糖圆子甜有甜。
十二月捡茶新年边，爹奶寄信催过年，
有钱没钱也要回，莫作葛藤缠路边。

玉岐连灯节

> 李立华

连灯又称排灯，是祈丰年、避邪趋吉的游街活动，主要流行于龙安玉岐、店下东岐等地，早在清代、民国时期，便十分盛行。每年农历正月初八至十五，龙安玉岐村的村民们都会自发组织开展元宵民俗连灯踩街活动。活动期间，龙安各个街头，旌旗林立，鞭炮声、锣鼓声，一派热闹非凡的景象。

连灯是用长长的木头连着做成的，再将一个一个灯放在木头上面。以前，里面都是一根根的蜡烛，现在，放的都是灯泡，灯壳是做好的。

连灯踩街活动，又称连灯节，整个活动大概持续一周，但每天都有不同安排。初八、初九、初十三天，主要是巡游太后宫。巡游抬灯，三四百个灯，一百来人抬，上百米的连灯由几十名男女村民手持撑杆，排成长队。

2018年出现了两种形式的连灯，连灯每到一处沿途企业、商店、居民纷纷用鞭炮烟花迎接，热闹非凡，一派升平景象。男女老幼纷纷上街，一边观看一边用手机拍照、录像，记录下这一热闹喜庆的一幕，与朋友们分享。连灯队伍走动起来，远远望去，似一条五彩斑斓的巨龙，蜿蜒行走于园区企业、集镇大街，场面十分壮观。

十二至十四日，则要办酒席，大家轮着做头。以前都是抽签，谁抽到谁就是头，现在就是直接分组，共有四组，分别负责酒席的各项事宜，与此同时，店下、东岐的人也纷纷参与帮忙。

连灯踩街活动（龙安管委会 供图）

（本文参考了甘宗芍、王仁健提供的资料）

玉岐跑马灯

> 李立华

玉岐村，民间一直留传有"跑马灯"风俗，其历史悠久，制作精美，表演编排独特，为周边乡村老百姓所喜闻乐见。

"跑马灯"亦叫"走马灯"。马灯，是仿照马的形状用蔑扎纸糊而成，也叫"竹马灯"。分马头与马身两段，捆缚在扮演马灯舞者腹前和背后，人居中间，走起来像骑马一样，俗称"马头军"。

马灯是元宵节一定要有的活动。市文化局在有活动的时候依然会找玉岐村去办马灯。跑马灯要准备一件唱戏的龙袍，12个小孩子，马要8匹竹子做的马，外面是纸糊起来。12个人，2个带头，2个指挥，2个骑马。通常王仁健会在里面教他们怎么跑，跑出什么花套图案或什么字。有的时候分成两队跑，看上去跑的很乱，但是其实是有图案的。跑出来很多是牌九里面的图案，以前12个小孩子有时候分两队，一边6个。

玉岐的跑马灯有两个要点，一个是字，一个是唱歌。跑完一个动作，然后慢慢走，走的时候就要唱歌。别的地方是找二三十岁的大人来跳，那都不好看。玉岐的马灯只找十二三岁的孩子来跳，后来也可以找十五六岁的，而且因为不能外传，都是找自己村里的孩子教。之前还有去学校里找孩子的，最好是女孩子，文文气气而且跳得也更好看。还有打锣敲鼓的，要配8个人打乐器的配上去，差不多跟唱戏的一样。唱戏一般是三五天，我们马灯也要三五天，按现在要花费七八千。

元宵节前后，玉岐村"跑马灯"大都由十二三岁的男女孩组成，每人胸前有一纸扎马头，下挂着一个小铃，背后有一纸扎马尾，用带系在身上，跑起来能上能下左右摆动，马铃叮叮作响，手中拿着一根竹竿当马鞭，晚上，马头、马尾、中部都点上蜡烛。表演时，由一个或两个孩子扮演马童，呼引马队，出场表演。孩子们边跑边唱，加上舞蹈动作，走成"三角""连环""剪刀"等各种队形，乐队齐奏，曲调婉转动听。跑马灯大都在村前空地上或大户人家中堂上表演。演完后由主人给红包，还有人家会赏给柑橘、炒米、香烛等。清郭钟岳有诗云："歌唱新年乐意腾，满城争演上元灯。滚龙走马喧通夕，火树银花烧不尽。"

每逢元宵将至，玉岐村会组织"跑马灯"活动，这是一个全村性的活动，因马灯队要去周边各村八境巡回演出，途经金竹湾、涵头、店下等村落，所以开始跑马灯的日子必须提前，一般从农历正月初九便开始了。每到一个村，就由该村的头人接待，将马灯队安排在空旷的场地上表演。在村民们看来，村里来了马灯队是一件吉祥的事情，全村的男女老少都会前来围观一睹跑马灯的风采。至农历正月十四，马灯队结束在其他村子的六天演出并返程，十五在自村跑完马灯就宣告这年的马灯活动结束。玉岐村雷开拱老人告诉我们，"跑马灯"活动主要是为纪念本村的"杨五爷""地主爷"等神灵以庇佑八境、祛邪消灾、祈求四季平安、生意兴隆、风调雨顺、五谷丰登等。

追溯马灯的历史渊源，玉岐村马灯传承人王仁建称："我们家办这个马灯已经有五代了。说起马灯的历史，我们祖先到这里就有了。这也不是说祖传还是怎么样，就是祖先自然而然就做了。以前是庙里的神明跳起来，说咱们这个村不平安了，那么就要跑马灯，马灯来追鬼怪，把它赶走。还有，以前医术没有如今这么高明，小孩子受惊、身体不好什么的，人们都是信仰跑马灯的田都元帅显圣，神明出来解决，跑一下马灯，小孩子就没事了。对信仰佛道文化的人来说，马灯就是和神明有关，就是正月十五元宵节。大概40年前，对面浙江很远的地方有一个村不平安，那个村里的神明就说让当地村民到福鼎玉岐村来找跑马灯的人，也就是我爸，求我爸来做好事，帮帮浙江那个村的村民。当时，那个村里3个人来找我爸去办了5天，那一年我16岁。"

马灯分马头和马身两部分，均由竹篾编扎而成，再在外层包上纱布后喷上各色油漆彩绘作为马的颜色，最后，在里面各点上一根蜡烛，马灯也由此得名。马头的纱布上用彩笔画上马眼、马嘴、马鼻等，在马身上则画上马鞍、皮带；而马的鬃毛和尾巴则用塑料丝做成，制作方法是将塑料丝喷上颜料，经细细梳理后扎起接到马身上。现在马眼已改用电灯来替代，演出时电灯忽明忽暗，极似马儿眨眼，较之过去单纯地画上马眼，形象了不少。制作马灯的过程，既要求制作者有着精湛的技艺，还要求制作者要十分精细。比如在纱布上画马眼、马嘴、马鼻，由于油漆较干，在运笔上一不留神就容易画走样，直接影响视觉效果，有时为画好一个马头而返工了多次。马灯演出的道具很多，最醒目的当数演出服饰头盔、头巾、马甲、马裤、彩鞋。头盔是"将军"所戴，制作可谓精良，它由质地坚韧的纸板做成盔身，其上镶金边，嵌银珠，贴彩饰，再插上亮闪闪的珠花、绒花，其效果直追传统戏剧舞台上演出的头盔。而头巾、马甲、马裤则由各色绸缎制成。这些服饰的颜色须与马色相同，"将军"穿戴齐整，"跨"上战马时，气势十分威武。

王仁建介绍道："相传马灯是明朝开始的，故歌颂宋朝的武将元帅之类的戏本最多。有包公，皇后，小兵，还有武将，元帅，皇上，十一个男的，一个女的角色，女性角色的马要烧掉。两个元帅带头打，一个人脸上画蝎子，一个蛤蟆，两个小兵，一个娘娘，一个包公，一个皇帝的叔叔叫千岁，状元一个，有替补的角色，上去十二个，其他替补，八个人骑马，十二个人都要跑。前面两个是拿旗的，两个元帅两个小兵不用骑马，小兵要扛大旗，元帅指挥。"那些孩子脸上都涂了厚厚的油彩，身穿五颜六色的衣服，相应的服装配不同的头饰。跨着用竹子做骨架糊上纸的马。马头在前，马尾在后，双脚杈当马蹄，模仿骑马动作，摇头摆尾，忽停忽跃，来回穿梭十分滑稽。在跑马时，旁边有乐队伴奏，有锣、鼓、钹、箫、二胡等。刚开始伴着乐队伴奏的打什锦，接着会根据剧情设定边唱边舞，表演时哼唱《拜寿歌》《采茶歌》《采花歌》《评话调》《黄梅调》等民间小调。表演"编小篱笆""一个螺""当马跳""七星照月""三角螺""半边月""圆篱笆""金马墩""单头叉""三头叉""跳和牌""五个螺""梅花操""长篱笆""英姿马"等套路，整个剧情跌宕起伏，复杂多变。值得一提的是打锣的，他扛着一个木架子，上面挂着大小不一的锣，表演时把架子往墙上一靠就敲打起来。

　　此外，跑马灯时还有一套专门的唱词。王仁建介绍道："我们马灯这个花套（跳字）总共要跳十二套（场），每一套（场）都不一样。歌也要配十二首歌，一套一首歌，歌最多三十个字。"十二场演出中，每一场均由鼓乐队结合场面气氛配合演奏不同的插曲，小演员们则在其中一人的领唱下边舞边唱不同的歌曲，唱的都是些老歌，以普通话加上当地方言的形式演唱，主要唱平安。每跑一个动作之后，慢慢走一段，在走的同时唱起歌来。跑一次马灯至少需要一个多小时，一跑就是七天。正月十五在本村跑完马灯之后，十五的夜里就要将八头马中的一头女性角色马焚烧，留下剩余七条马灯来年继续使用。焚烧马灯必须在正月十五当天晚上，村里人相传，若不将该马及时焚烧，这头马便会作妖祸害民间。

　　因此，正月十五这天夜里，村里会请法师来焚烧马灯头，等到来年再做一条和焚烧掉的马灯一模一样的马。"以前村里的人都是迷信，我们这个马灯就是以前传下来就是和迷信有关的，现在文化旅游节马灯办起来就不是迷信了。我们祖先到这里是清朝顺治年间，到现在有四百多年大概，那个时候就有马灯。那个庙里有两个碑，就是祖先到这里祖先建的。"王仁建回忆道。

　　跑一次马灯不仅需要花费不少费用，而且耗费演员们的精力、体力，故筹办一次很难。玉岐村元宵跑马灯活动在过去名噪一时，而如今却很少举办了，回忆起上一次跑马灯，王仁建表示那已经是十几年前的事情了。尽管如此，跑马灯依然承载着玉岐村民的感情和历史记忆。

（本文参考了王仁健提供的资料）

元宵龙安百家宴

> 李立华

百家宴,又称作平安宴,它由最初的"做春福"发展而来。

为欢度元宵佳节,龙安从2016年开始便在龙安步行街组织举办"百家宴"。而后,"百家宴"每年由龙安商会牵头,龙安群众欢聚步行街,以联欢的形式来共庆元宵。

百家宴现场,一条步行街上共计设圆桌宴席百余张,主办方会邀请厨师,为百姓们烹饪丰盛的佳肴,邀请龙安、店下以及附近其他乡镇的百姓聚会吃饭,大家围坐在一起喝点小酒,不管是哪里的,都可以参加,每年在这个步行街举行。观看演出,欢度元宵。演出是由主办方精心组织并筹办的,即元宵文艺晚会,晚会节目种类丰富多彩,从不同的角度满足群众多样化的文化需求,有唱歌、跳舞、魔术表演、二人转、小品、猜灯谜等等,甚至还会请戏班子唱大戏或者我们自己组一个节目队。伴随着阵阵锣鼓、

龙安平安宴(龙安文化站 供图)

铜乐齐鸣，席间众人觥筹交错、交杯换盏，你一言我一语，一起畅想，回忆过去，赞美现在，憧憬未来，吃的酒足饭饱，聊得喜笑颜开。

　　提及举办百家宴的过程，龙华社区吴宝锋先生说："百家宴也是这几年开始办起来的。龙安从浙江泰顺等地迁来的移民较多，民间有一些在其他地方比如是在老家有参与过这样的活动，然后到这边就沿袭效仿组织民间活动，也在这边办起来了，就这样形成的。龙安开发区的百姓虽来自全国 37 个县，但生活在龙安，这些人在保留原住地风俗习惯的同时，也自然而然的和当地百姓的风俗习惯进行交流融合，每年元宵节的百家宴便体现了这样一种文化融合的民俗。这也是地方文化异地文化相互交融的典范。"

杨岐谷雨节

◎ 李立华

谷雨这一天，不管农忙与否，按照旧习俗，杨岐村每家每户需邀请亲戚朋友聚餐。每户人家在各自的大厅前摆席设宴，备点酒菜，酣畅淋漓。"我们龙安当时还没有围垦，海堤还没做的时候，我们杨岐分两个自然村，杨岐自然村和澳尾自然村，不是行政村。后来成立龙安开发区将这两个自然村变成一个行政村，叫杨岐村。历史以来，在每年谷雨的时候，不管农忙或者什么，每家每户都要按旧的风俗在家最少摆一桌两桌，请四面八方的亲朋好友来聚会。"

在杨岐村村民张灵酒的记忆里，因杨岐村村民均有谷雨请亲朋好友聚餐的习俗，过去也会因为聚餐时间过于集中，使得菜场的食品资源不能够得到及时补充，从而引发村民相互争执的局面。"以前，村里人同时做谷雨，货源不够，村内人在店下街起争执，当时打架县太爷还过来调解，叫村民分开做，杨岐同一时间做，澳尾同一时间做，这样货源就有时间补。经过县太爷调解后村里人分成两拨人来做。"

从那以后，杨岐自然村和澳尾自然村便错开聚餐时间，其中一个自然村在谷雨当天的中午聚餐，另一个自然村则选谷雨当天的晚上聚餐。这样一来，食品货源一时间短缺的局面也得到了缓解，村民们也有更多的时间购置物品。

西澳三月十五吃墓酒

李立华

从古至今，西澳人扫祭完都有"吃墓酒"习俗。

西澳村林振照老人说，扫墓祭祖习俗古来已久，以前周边村民都有扫墓请客"吃墓酒"习俗，由于古时各村风俗各异，没有固定的日期，很多地方多选在清明与夏至间扫墓祭祖，周边村庄如江尾坑、半山、六斗、土角都选清明日扫墓，而三角垞、里洋及江南村和柘兰的苏姓则选择谷雨扫墓，但西澳村就与众不同，独在三月十五这天扫墓并请客"吃墓酒"。

每年清明，我们都会先到江尾坑、半山、六斗、土角村做客，谷雨那天三角垞、里洋及江南村柘兰的苏姓亲戚早早就会邀请我们去他们这些村"吃墓酒"，到了三月十五就轮到我们西澳村做东大宴请，据说这和西澳林氏十一世祖之林中珩大墓有关。

林中珩大墓，位于西澳村牛乳屿，墓主人林中珩，字启璁，系西澳林氏十一世祖。那年安葬选的是三月十五日，因西澳村林氏后裔主要自林中珩后兴旺繁衍，后人为了纪念此祖，规定每年于这天作为西澳林氏扫墓祭祖日。

西澳林氏族人受传统文化心理的影响，有着强烈的宗族观念，返本归宗的意识特别浓厚，尤其重视对祖先的崇拜、祭扫祖先的坟墓是对先人的特殊缅怀方式。包括给坟墓除草、清扫垃圾、献花、祭祀等过程。每年到了三月十五这天，全村热闹非凡，各家提前一天就到店下或沙埕采购鱼肉，当天按照习俗，一般在上午各房组织出发扫墓，全村男女老幼都会穿戴整齐，带上果品、茶酒、香烛、牲礼、冥币、墓饼等，大家先到牛乳屿林中珩古墓祭扫拜祭，再分别祭扫各房祖墓。以前没电话，下午各家就开始派人到各村去通知邀请客人，这一天，不管农忙与否，按照旧习俗，每家每户都会邀请亲戚朋友聚餐。每户人家在各自的大厅前摆席设宴，逢客皆邀，热闹异常，谁家客人多，就感觉最体面，热情好客历来是农村人的优良传统，一直流传至今。

玉岐立夏节

◆ 李立华

每年立夏这一天,玉岐村热闹非凡,本就不大的玉岐堡内一字街,被挤得水泄不通。街上的小酒肆等几家小店铺内货品琳琅满目。小摊食铺生意兴隆。家家户户宴请宾客,城内张挂布幔,遮天蔽日。

玉岐村为何做立夏呢?带着疑问找访了村中年老的知情者,他们说福鼎当地传统的扫墓祭祖规定在清明至立夏期间,因玉岐村在海边,早期没围垦,田地少,生活艰难,平时买牲礼祭品都困难,唯等到立夏这最后一天,因滩涂小海货如青蟹、跳鱼、蛏、海鳗、泥螺、香螺、石鲟、梭子蟹,海上还有小黄鱼、白章鱼、乌贼、鲳鱼盛产期。提前一天随便下海就能张罗一桌美味,第二天再上街买点猪肉等祭祀即可上山祭祖。回来后,将这些海鲜祭品做成一桌美食,邀请乡邻戚友来会亲,因为,小海美食太好吃了,绝味的下酒菜,一传十十传百,久而久之,慕名而来的亲朋好友越来越多,玉岐过立夏就成了约定俗成的节日。

近年来,随着市场经济的更加活跃,农村百姓生活的进一步提高,人们吃的多了,来的客人少了,但当地村民立夏日作为扫墓祭祖的风俗仍然延续不断。

五月十六杨府圣王诞辰

李立华

杨府爷宫内供奉杨府圣王,杨府圣王是我国东南沿海最著名的民间神祇之一。信仰群众遍布闽浙粤、港澳台乃至东南亚地区,其影响力仅次于海上女神妈祖。自宋代伊始,闽浙沿海开始出现的杨府爷宫。每年五月十八则为玉岐杨府圣王圣诞日。

杨府圣王是护卫渔事的海神,在科技落后的过去,渔民们便借助民间信仰来祈求出海平安、渔猎丰盛。在龙安人民的心目中,杨府圣王是保天下黎民出入平安,佑四季八节风调雨顺的神明,人们非常尊敬、信仰它,因此供有杨府圣王的宫庙几乎遍布各个村落。

农历五月十六是杨府圣王的诞辰,杨岐村与众不同,在十八纪念杨府圣王的生日。杨岐村杨府圣王生日为农历五月十六这天,是日,村民集中地主宫。"五月十六参加聚餐,以前每丁交四五十块,现在普遍涨价。以前是请村中有声望的人,乐于做公共事情做头。现在过了几年后,有的人说,做了头人啊家里生意就非常好,就是因为他乐于公益啊。所以有的人也想做,所以就在九月二十八聚餐完了抓阄。福首只有一个,下面理事有三四十个,有些人比较有钱的大家都抢着抓啊。"

聚餐是由村中的头人筹办组织的,参加聚餐的人丁每人需上交份子钱。在以前,头人主要是由村中有声望且乐于做公益的人担任,如今,人们愈发觉得当过头人更能受到杨府圣王的保佑和庇护,因此争着当选头人的越来越多,由此演变成抓阄选头人。此外,参加聚餐的人数一年比一年多,从前只有三四桌,而如今已经达到几十余桌了,由此可见当地百姓对杨府圣王的尊敬与信仰。不光聚餐,头人们还会邀请民间戏班子为村民们带来如提线木偶戏、越剧等大戏,使不少村民前来观看,众人围聚戏台前,隆重热闹。

九月廿八五显灵官大帝圣诞

> 张灵酒

在龙安，五显大帝传说得到万民敬仰。传说原来杨岐码头下面有一个龙庵，相距两千多米的海上有一个岛屿叫莲花屿，龙安属于杨岐澳尾自然村，这个"庵"是代表女性的出家人即尼姑住的，旁边有一个五显灵官大帝，这个神在地方有困难的时候都会显灵的。

九月廿八是五显灵官大帝的圣诞。是日宫中要举行隆重的庙会，不仅为五显灵官大帝祝寿，主要是祈求风调雨顺，国泰民安、田禾大熟。以前我们都是五月十六、九月二十八这两个比较大的节日，届时拜祭祈福，群众聚餐。九月二十八村中还会请提线木偶戏班表演，提线木偶戏主要在农村进行表演，在人们看来有着除邪保平安、祈丰收的美好寓意。因此，每逢传统节日或庙会节日，村里热心的村民便会邀请表演木偶戏的戏班子在村中开阔地、古戏台、宫庙中表演。表演剧目多为历史演义故事，并与民间祭祀的神明相结合，带进了民间习俗信仰。而如今，随着经济条件的改善，剧种也变得丰富起来，主要有表演京剧、越剧、黄梅戏等等。

每年的农历久月二十八日是五显灵官大地圣诞，这一天大帝宫热闹异常，几十上百桌盛宴一字排开，义务参加帮忙张罗的人达200多人以上，包括邻村八境头人，满朋宾客足上千人，午间开席，人们一边品尝着美味佳肴，一边细细欣赏着唱戏的段子，劝酒声、划拳声、间杂着指手画脚和听不懂的吆喝声，此起彼伏，就像是红楼梦荣国府结婚庆典那炸锅般的热闹。散席后人们还久久不肯离去，接着看大戏才是他们不枉此行的真正目的。演出通常要5—7天，一般定在农历九月二十四至三十

游境出舟（张灵酒 摄）

之间，做戏办酒席难免是要亏空，不用着急，因为大帝宫久负盛名，美名远播，人们是会提前自愿认捐的，加上龙安工业园区这几年不断加大工业化，城镇化建设步伐，近两万人的滨海新区正大踏步走向更加辉煌的明天。大帝宫的建设及其他的一切民俗活动都离不开他们的鼎力支持。

除了看大戏以外，村民们还吃福酒，是平安宴的一种表现形式，有着祈求一年风调雨顺的美好寓意。"福酒"是村民自发组织举办的，因为大家共同信奉五显大帝，故每一年都会以抓阄的形式选出下一年的"福头"。由固定的一位福头负责统筹安排"福酒"，其余的福头负责帮忙处理一些琐事。"就是前一年的九月二十八的时候一桌十个人坐在一起吃饭，一桌都要抽一福头，比如说有一百桌，就有一百个福头。跟抓阄一样，放十个签，其中一个写个'福'字，谁运气好抓到这个福字，谁就做第二年的头。但除了这些福头以外，每年有几个固定的福头。在写文书时，一般将'福头'的名字写在前面，'福脚（来吃饭的那些人）'的名字写在后面。"

每年正月，杨岐村还会迎请五显大帝，即将宫中的神像请出来，敲锣打鼓，用八仙桌或刀桥抬着巡游八境，沿街信众顶礼膜拜。

江南十月十五"盘古节"

> 李立华

每年农历十月十六为盘古氏生日,民间过"盘古节",而龙安江南村老百姓会在农历十月十五日提前庆祝盘古圣诞。江南百姓一直将盘古认为始祖,认为盘古是万能的伟人,盘古为了人类"鞠躬尽瘁,死而后已"。庆祝的主要活动是祭祀和唱大戏等。

盘古帝王宫始建于元朝年间,"文革"时被破坏,几经修建。2014年由村民自发捐资重修并新塑神像。占地面积200平方米,建筑面积48平方米,主要供奉盘古帝王,陪神为华光大帝、杨府圣王、白马明王、七五相公、陈八大王、八部将军、福德正神。

修建以来,每年十月十五盘古宫都会有庙会,很热闹,进山的小车能排到山底下。在前厅,会看到这么一副对联:"盘古功德昭日月,天地混沌于斯开;保境安民功莫测,除灾祛难法无边。"村民们向开天辟地的盘古大仙祈求人生平安或许有着特殊的含义吧。

本来请戏是农历九月廿八日的,因为九月廿八是五显华光大帝的圣诞,以前都会在那天请戏班子。因为九月廿八晚上都没有月光,天很黑,来看戏的人很多,外村的人来看戏晚上回家的时候,看不见路,早期,很少有手电筒,经常有人找树枝作火把烧起来当路灯回家,有一年外村来看戏的,不小心把路边人家的茶园烧掉了。后来,为了安全,头人商议索性就改在每年十月十五请戏班演戏,就是因为十月十五那天晚上月亮最亮,十六又是"盘古节"。

以前,江南村会在庙里请戏班子来唱戏。戏台子都是村民自己搭的,很不容易。请来的戏班最少表演三个晚

盘古帝王宫(苏正荣 摄)

上，每天大约从晚上6点开场演到10点左右。以前做木偶戏，后来就请人演唱大戏，大戏的表演人员起码得三四十人，戏班子人很多，要不然演不起来。那时请戏班子一次得好几万，这些钱都是大家集资的。以前，也都是按照田亩多少来确定交多少钱，因为做头人很麻烦，每年做头的人一般都是轮流的，戏班子来的话，都是村民家安排请吃饭和住宿的，也是大家集资的。直至2001年后，村民大都渐渐搬离了，村里人越来越少，看戏的人也少了，盘古宫就没请戏班子了。

钓青蟹

🌿 张灵酒

钓青蟹原是杨岐村民一道独特技艺，每年端午前到立秋后是钓青蟹的最佳时节。钓青蟹也是一门技巧话，并非所有人都会做。步骤一，要先钓诱饵螃蜞，为提防好奇的路人干扰，必须于清晨饭前，到房前屋后采摘南瓜花瓣，然后取一棵钓竿，将花瓣集一束系牢绳套中，这样就可以钓螃蜞了，钓手在海堤边一手挎篮，一手持钓，将南瓜花瓣

青蟹（龙安管委会 供图）

诱饵抛入海滩，持竿悠悠拽动，小螃蜞见状跃跃欲试，上前追逐，并抱抢花瓣，这时只要轻轻拉动钓竿，螃蜞也随之轻飘飘升起，将螃蜞精准放入挎篮里，这种左、右手开弓，娴熟技巧配合优雅弧线，堪称精美绝活。步骤二，将螃蜞做成青蟹的诱饵，每抓出一只螃蜞，便将螃蜞中间步足扎进体内，致其不能动荡，再将钓竿一端绳套套牢螃蜞，几十根钓竿全套上后，就算准备就绪，可以钓青蟹了。

钓青蟹必须选择大潮那几天，钓到青蟹的概率比较高，待涨潮时分，先将一根根钓竿作抛物状，将螃蜞抛入海水中，落在海滩面，然后把钓竿一端插进堤沿石缝内，随涨潮的青蟹见到螃蜞会紧抓不放，由于青蟹的咬力产生振荡传导，钓手便能从丝丝晃动的钓绳中确认，机会来了，钓手便蹲下取杆，随着伸腰站立，钓竿步步升腾，即将浮出水面刹那，另一手持着时刻准备的网兜，随着钓手一个腾挪闪转，网兜正罩向不知所措的青蟹，来个网中捉鳖。

钓青蟹是个技术活，有人同样一个响午却钓不到几个青蟹，有人却钓上满满一桶。青蟹味美价高，渔民们往往都舍不得吃，第二天一大早就送到店下集市了。

蒸九层糕

◎ 张灵酒

每当七月半将近，龙安老一辈的人就开始推磨起灶，洗箅刷锅，准备制作九层糕。九层糕，福鼎方言又名九重粿，米粿（面），中元糕等，取长长久久，步步高升之意。是我们沿海地区一种传统的特色糕点小吃之一。古书云，天地之至数，始于一，终于九焉。认为九乃是最高数，九九归一，一即是最大数也表示多，九层糕之名意为多层糕，多重糕，故民间称为九层糕实为一层，九层或十一层，应长长久久永永远远之意。

九层糕是九多色糕点，层匀美观，乳香甜润。除夕，清明，中元，重阳并称中国传统节日祭祖四大节。沿海特别是我们龙安家家户户都会在中元节摆上一些牲礼、瓜果和九层糕祭祀，一方面是阐扬怀念先祖的孝道，另一方面更是为了发扬推己及人，乐善好施的义举。

制作九层粿的原料很简单，就是普通的米。将米放在石盘中盘磨，磨出米浆后放锅里蒸。七月十五大家用米磨成浆，放在一个盆里放到架子上蒸熟。不放菜，会放苏打。底下铺一层白布然后倒一层薄薄的，一层不到一毫米，倒下去它自己会平，蒸熟。然后再倒一层，一层一层的不会粘起来，蒸出来七八厘米厚，最多九层。以前小孩子的吃法就是一层一层掰下来吃。怎么放的是，白布铺在竹子做的蒸笼，放在烧柴的灶上，架一口铁锅，就这样蒸很简单的做法。九层粿口感润滑柔软，富有弹性，深受百姓喜爱。

桑杨村做寿习俗

翁位油

做寿，俗称"过生日""庆寿""祝寿"。一般来说，做寿起始年龄有着严格的限定，即人不过50岁不为寿。老人做寿时，一般不惊动亲友、四邻，只在家中接受直系亲人的拜贺，已出嫁的女儿会携贺礼回家，一家人团聚，热热闹闹，使老人享受天伦之乐。

在龙安桑杨村，做寿不是按照出生日期，而是在正月里为老人做寿，时间一般为正月初二到正月初十。做寿是从老人50岁开始，每10年做1次，即50岁初度寿、60岁花甲寿、70岁古稀寿、88岁米寿，90岁一般不做寿，到96岁做百寿，真正到一百岁的时候再为老人做一次寿。

而在桑杨老家，给老人做寿时不送钱，而是送一碗猪肉。作为感谢，主人家一般会放两根甘蔗、一小把花生在碗中作为回礼。邻里做寿，猪肉切成一粒一粒，在碗中放入猪肉皮，面条捞一下，不完全煮熟，放在猪肉皮上面，鸡蛋煎一个放在上面。拿去给老人做寿。亲朋好友会在做寿人家吃中午饭，有糯米酒、年糕、米粉、笋干等食品。

近些年来，为老人做寿的形式也随着时代的发展而有所变化，据桑杨村村民讲述："以前有一段时间（大概是8年前）朋友间流行包红包，这几年就不流行包红包了，比如说你老爹做寿，你的朋友就会凑钱买烟花、戒指送给你的父母。办寿酒都是主人家出钱，亲戚朋友来庆贺。父母做寿，女儿需要送他们衣服、金首饰，给母亲一般的是金项链、金手镯、金耳环，给父亲的一般是金戒指、金手链、金项链。主要也是看家庭经济状况，富裕的人家送的东西会多一些，经济条件不是那么好的，最少也会送个金戒指。"

不难发现，当前富裕起来的龙安人对老人祝寿仪式越发重视起来，庆典活动已经扩大到亲朋好友之间，并且为了表达儿女对于父母亲的敬爱之情，金质首饰已成为不可或缺的祝寿礼品。实际上，祝寿活动是人至老年，晚辈对比老一辈老人的庆贺，祝寿习俗的形成和流传体现了家庭之中敬老爱老的美好品德。

江家岭奇特的丧葬习俗

◎ 李立华

龙安江家岭自然村古朴优雅的院落错落有致，掩映在郁郁葱葱的山坳林木花草中，自然而和谐。江家岭村的安葬习俗与福鼎其他地方大有不同，该村老人去世，丧礼包括丧、葬、祭三部分。

我专程找访了当地村民，现年90岁高龄的陈秋生老先生，记忆力极好，是村中"五行先生"，大家称他老陈先生，也是目前该村最年长的老人。他说："江家岭村处理逝者丧事，从古至今，从不请道士或僧人来诵经拜忏，敲锣打鼓，老人去世后，家人会为逝者沐浴更衣，亲视合殓，让老者静躺家中大厅，子孙尊礼守孝，并择日安葬，只在出殡前请来族中长者帮忙。我是经常被邀去的，因我以前是读私塾的，在四邻八村大家都很尊重我。通常家里的孝男女等只要会识字的，都会随我们长者一起念诵儒家经典《大学》，可一至三遍，一日至多日皆可，出殡前并按司仪指示三跪九叩祭拜后，逝者即可出丧安葬。仪式简单文明。"

祭主家主要包括儿子、女儿、媳妇、孙子、孙女、侄子、外甥等人，他们是丧葬仪式中的主要参与者。孝子与孝眷站立、行走、跪拜的前后秩序又依照距逝者血缘的远近和长幼安排，男性在前，女性在后，逝者血缘关系近的在前，较远的在后。几百年来，尊礼成俗。

"这有什么典故吗？"我不无惊诧地刨根究底。

"这跟江家岭祖上发生过的一场外甥带领倭寇杀舅的惨案有关。"村民江孝齐说。

原来明朝嘉靖年间，阮洋关盘后湾村有一哑童，系江家岭江姓之外甥，小时常捏泥人玩耍，一次，江家娘舅做客，见他整天玩泥巴，就取笑他，没想到，他小小年纪竟怀恨在心。那时沿海常有倭寇骚扰，一次，倭寇来侵犯关盘村，他竟半夜带领倭寇前往江家岭，倭寇在哑巴外甥指引下，进入江南村如入无人之境，村中不管男女老少，逢人便杀，当晚全村惨遭杀戮。据《江氏宗谱》查得，那时侯、起两辈的红线的确全断，唯剩幼女及长工两人。这两人相依为命，结为夫妻，使江家一脉东山再起，生儿育女，繁衍数百人。此女长大，为报江家岭聋哑外甥愚昧之仇，与阮洋陈永不往来，并发誓江陈二姓誓不通婚，但毕竟两村相邻，有缘男女在所难免，阮洋陈姓女儿为能如意嫁给江姓人只得改归母姓，变通成亲，此是后话。

　　早期江家岭村原世代信仰佛教，并在祖祠堂下门口供建寺院1座。因发生上述惨案后，江姓族人便不相信寺院之签诗，即令该寺迁出江家岭。该寺遂于明隆庆二年搬迁到小洋庵，寺名亦改为"小洋庵"，现名"龙光寺"。

　　从此以后，江家岭族人一概敬奉儒家，大厅上供奉孔圣人为神主，几百年来延续至今。

（本文参考了陈秋生、江孝齐提供的资料）